# Le norvégien
Collection Sans Peine

par Françoise LIÉGAUX HEIDE
et Tom HOLTA HEIDE

Illustrations de J. L. Goussé

94430 Chennevières-sur-Marne
FRANCE

© ASSIMIL 2010
ISBN 978-2-7005-0840-6

Nos méthodes

sont accompagnées d'enregistrements sur CD audio ou téléchargement, et existent également en version numérique*.

*e-méthode disponible sur le site www.assimil.com, Google Play et App Store

Sans Peine

L'allemand
L'anglais
L'anglais d'Amérique
L'arabe
Le bulgare
Le chinois
L'écriture chinoise
Le coréen
Le croate
L'égyptien hiéroglyphique
L'espagnol
Le finnois
Le grec
Le grec ancien
L'hébreu
Le hindi
Le hongrois
L'indonésien
L'italien
Le japonais
Le japonais l'écriture kanji
Le khmer
Le latin
Le malgache
Le néerlandais
Le norvégien
Le persan
Le polonais
Le portugais
Le portugais du Brésil
Le roumain
Le russe
Le sanskrit
Le suédois
Le swahili
Le thaï
Le turc
L'ukrainien
Le vietnamien

Perfectionnement

Allemand
Anglais
Espagnol
Italien
Russe

Langues régionales

Le breton
Le catalan
Le corse
L'occitan

Affaires

L'anglais des affaires

Objectif langues

Apprendre l'allemand
Apprendre l'anglais
Apprendre l'arabe
Apprendre le catalan
Apprendre le chinois
Apprendre le coréen
Apprendre le créole guadeloupéen
Apprendre le danois
Apprendre l'espagnol
Apprendre le grec
Apprendre l'hébreu
Apprendre l'indonésien
Apprendre l'islandais
Apprendre l'italien
Apprendre le japonais
Apprendre le néerlandais
Apprendre le portugais
Apprendre le russe
Apprendre le serbe
Apprendre le tchèque
Apprendre le wolof

Sommaire

Introduction VII
Le Norvégien, mode d'emploi IX
La prononciation du norvégien XI

Leçons 1 à 100
1 I skogen 1
2 Snø... igjen! 3
3 En fin frokost 7
4 En riktig ferie 11
5 Norske studenter 13
6 En moderne far 17
7 Repetisjonsleksjon 21
8 Som vanlig 25
9 Familiebilde 29
10 Likestilling 33
11 Ekte vennskap 37
12 Kaffe og kaker 41
13 Samarbeid 47
14 Repetisjonsleksjon 51
15 Aldri et ord for mye 57
16 En sjømanns betraktninger 63
17 På Karl Johan 67
18 Kjærlighetserklæringer 71
19 Den nye sjefen 77
20 Nyheter fra Svalbard 81
21 Repetisjonsleksjon 85
22 Norske postkortfarger 91
23 Ta det rolig! 97
24 Forkjølelse 101
25 Hobbier 105
26 Miljøvern 109
27 Frisk havluft 115
28 Repetisjonsleksjon 119
29 På toget 125

30	Lørdagskos	131
31	Overtro	135
32	På arbeidskontoret	139
33	Folkevett	145
34	Gøy på stranden	149
35	Repetisjonsleksjon	153
36	Sunnhetsapostel	159
37	Mødre (I)	163
38	Mødre (II)	167
39	"Titteskapet"	171
40	Glade Jul! (I)	175
41	Glade Jul! (II)	179
42	Repetisjonsleksjon	185
43	Lykke på norsk måte	189
44	Etter festen	193
45	Husregler	197
46	Raringer	201
47	Harmoni	207
48	Selskapelighet	211
49	Repetisjonsleksjon	215
50	Øvelse gjør mester	219
51	Bytur	223
52	Skogsfolk	229
53	Krigsminner	233
54	Mareritt	237
55	Mye skrik og lite ull	241
56	Repetisjonsleksjon	247
57	Som tiden går!	251
58	Bjørneliv	255
59	Kommunikasjonsproblemer	259
60	Uflaks	265
61	Ansvar	269
62	Litt om Bergen	273
63	Repetisjonsleksjon	279
64	Olsons formue	285
65	Strid på supermarkedet	289
66	Beundring	295

67	Det er dyrt med barn	299
68	Film er livets speil	305
69	En saga	309
70	Repetisjonsleksjon	315
71	Med ondt skal ondt fordrives	321
72	Motsetninger tiltrekker hverandre	325
73	Bestikkelse	331
74	Mistanke	335
75	Snyltegjesten	339
76	Selvironi	345
77	Repetisjonsleksjon	349
78	Baktalelse forbudt	353
79	Skadefryd	359
80	En mystisk pakke	365
81	Bommerter, fadeser og andre flauser (I)	369
82	Bommerter, fadeser og andre flauser (II)	375
83	Storm i vannglass	379
84	Repetisjonsleksjon	385
85	Kråkeslottet (I)	389
86	Kråkeslottet (II)	395
87	Intervju	401
88	Prosit!	405
89	Pølser på grill	411
90	Tonefallets feller	417
91	Repetisjonsleksjon	421
92	Sterke sinnsbevegelser	427
93	Lyrikk	431
94	Fortidens trykk	437
95	Sammensurium	441
96	Fra en fiskers dagbok (I)	447
97	Fra en fiskers dagbok (II)	451
98	Repetisjonsleksjon	457
99	Det hører med til yrket	461
100	Adjø, da!	469

Index grammatical 478
Appendice grammatical 480

Bibliographie 551
Lexique norvégien-français 552
Lexique français-norvégien 616
Petit vocabulaire nynorsk (néo-norvégien) 683

Nos remerciements vont à l'équipe éditoriale d'Assimil, qui nous a prodigué autant de confiance que de conseils éclairés, à Lars Martin Fosse, pour sa précieuse relecture, ainsi qu'à Nina Strand Cathelineau, son fils Guillaume, Turid Brattaas Gillet, sa fille Marie, et Lillian Larsen, pour leur enthousiaste et mélodieuse contribution aux enregistrements.
Ce livre est dédié à Marcel Liégaux, assimiliste de la première heure, autodidacte impénitent et pédagogue malgré lui.
... og til våre halvnorske barn.
Les extraits littéraires sont publiés avec l'autorisation de l'éditeur H. Aschehoug & Co.

Les chansons – textes et mélodies – sont publiées avec l'autorisation de Norsk Musikkforlag A/S.

Introduction

Si votre rencontre avec la Norvège a commencé avant que vous n'ouvriez ce livre ou si, en philatéliste averti, vous trouvez banal de classer côte à côte des timbres aux motifs de sapins enneigés, de drakkars et de lutins, marqués pour les uns **Norge**, et pour les autres **Noreg**, vous ne vous étonnerez pas que nous introduisions notre propos en remettant en cause – mais à moitié seulement – le titre de "norvégien sans peine". "Sans peine" a bien entendu valeur de promesse : pour peu que vous suiviez nos indications et que vous procédiez avec un minimum de régularité, votre apprentissage ne manquera pas de passer comme une lettre à la poste, ou (pour transposer d'ores et déjà nos métaphores) de glisser comme luge sur les pentes neigeuses – car le norvégien est bel et bien une langue simple, à la grammaire très peu volumineuse et aux mots plutôt courts. Mais la question s'impose : le norvégien... quel norvégien ?

La Norvège a officiellement deux langues, et en réalité beaucoup plus. Dans ce pays des grands espaces, aux vallées profondes et aux côtes en dentelle, la communication entre les groupes de peuplement ne fut pas toujours une évidence. L'histoire, qui fit longtemps de la Norvège une province danoise, a de surcroît superposé – et opposé tout à la fois – parler populaire et langue écrite, ou encore, langue des villes et langues des campagnes. Voilà qui pourrait au premier abord effrayer le futur norvégophone. Pourtant, rassurez-vous : en Norvège, chacun parle comme il lui chante, et tout le monde se comprend, à quelques rares exceptions près. Pour vous qui avez fait le choix d'entrer de plain-pied dans l'esprit et la vie d'un pays, sans passer par la fausse solution d'une tierce langue, la multiplicité du norvégien ne doit nullement être envisagée comme un obstacle, mais comme la perspective de découvertes d'autant plus intéressantes. Encore faut-il, avant que vous ne prononciez les premiers mots du norvégien qui sera le vôtre, que vous sachiez les situer dans cette mosaïque.

Au commencement était le chaos... c'est du moins ainsi que devait appréhender la situation linguistique de son pays un certain **Ivar**

Aasen, érudit du XIXe siècle : d'un côté la langue administrative imposée par les colonisateurs danois, le **riksmål** ("langue du royaume", prononcez *[riksmôl]*, que parlaient les citadins cultivés ou les gens soucieux d'ascension sociale. Ce "norvégien"-là ne différait guère du danois originel que par la prononciation. De l'autre côté, une kyrielle de dialectes circonscrits à des zones géographiques parfois très petites. Éperonné par le souci de rendre à ses compatriotes opprimés leur identité nationale, le démiurge **Ivar Aasen** s'attela donc à une tâche pour le moins ambitieuse : créer à partir des dialectes des campagnes une langue norvégienne unifiée, authentique, épurée des influences extérieures. Le résultat de son labeur fut nommé **landsmål** ou **nynorsk** (prononcez *[nunochk]*), c'est-à-dire "nouveau norvégien", nom légèrement paradoxal puisqu'il s'agissait en fait d'un retour aux sources. Le nynorsk, synthèse grammaticale et lexicale des parlers ruraux, au sens le plus noble du terme, est depuis 1885 l'une des deux langues officielles de la Norvège. La seconde, le **bokmål** (prononcez *[boukmôl]*), est celle que vous trouverez ici. On peut la définir comme le fruit d'une évolution tempérée du riksmål vers plus d'indépendance, un mouvement qui s'est produit peu à peu au cours du XXe siècle, encouragé par les autorités. Certaines formes trop danisantes furent "interdites", c'est-à-dire bannies de l'enseignement et des textes officiels, tandis que la langue des villes, qu'on avait pu, à juste titre, accuser de sécheresse volontaire, de manque de poésie et d'authenticité, s'ouvrait à un certain enrichissement au contact du nynorsk. Ces fluctuences appartiennent aujourd'hui au passé.

S'il demeure en Norvège une certaine "question linguistique", les passions se sont beaucoup apaisées, et le bokmål, comme le nynorsk sont des idiomes bien fixés qui se côtoient sans guerroyer. Dans ce volume que nous rebaptiserons donc ici, pour plus de clarté, "le bokmål sans peine", vous verrez apparaître le mot nynorsk plus d'une fois, pour expliquer l'origine de certaines formes "hors normes", mais qu'il est néanmoins normal d'utiliser. Soulignons enfin, avant d'entrer dans le vif du sujet, que le choix du bokmål par rapport au nynorsk, tout en étant subjectif (comme l'eût été l'inverse), ne représente en aucun cas une fermeture vis-à-vis des autres parlers norvégiens, mais bien un point de départ.

Libre à vous, lorsque vous maîtriserez le bokmål, d'évoluer dans une autre direction. Et n'oublions pas que vos connaissances en bokmål vous offriront en prime la satisfaction de pouvoir accéder, avec encore moins de peine s'il se peut, au danois écrit. Quant au suédois, il ne sera pas non plus bien loin... Bienvenue donc dans le grand clan nordique, où les Norvégiens sont naturellement rois !

Le Norvégien, mode d'emploi

Décidez de consacrer une demi-heure par jour à votre apprentissage du norvégien. Si vous êtes à court de temps, mieux vaut réduire le dosage quotidien que de le supprimer, quitte à passer deux jours sur une même leçon, voire vous contenter d'une incursion "informelle" de quelques minutes sur les pages que vous avez délaissées. Car les structures qui vont se former imperceptiblement dans votre esprit s'y ancreront plus facilement si vous ne leur laissez pas l'occasion de s'effacer d'une séance sur l'autre. Inversement, n'essayez pas d'en faire trop à la fois : c'est en restant modeste et régulier qu'on va finalement le plus loin. Et puis, vous le verrez, c'est dans le plaisir que vous allez découvrir le norvégien et constater que vous le maîtrisez de mieux en mieux : plaisir phonique à découvrir de nouveaux sons et à comprendre une nouvelle langue, et plaisir de la découverte culturelle également – les notes et les dialogues vous apprendront autant sur le pays et ses habitants que sur la langue elle-même.

Un apprentissage en deux phases

1.1 La première vague ou phase d'imprégnation

Elle correspond à la phase d'imprégnation de votre apprentissage. Voici comment procéder :
• Commencez par écouter le dialogue de la leçon pour vous mettre dans l'oreille la prosodie, la "musique" de la langue (du moins si vous disposez des enregistrements, ce que nous recommandons).
• Lisez ensuite le texte norvégien sans vous presser, phrase par phrase, en vous reportant à la traduction française, et en réécoutant chaque phrase.

Aidez-vous, si besoin, de la prononciation figurée, et n'oubliez pas de lire attentivement les notes.
• Puis vient le moment de la répétition. Elle se fera phrase par phrase, immédiatement après l'écoute. Répétez à voix haute, à vitesse normale et sans hésitation (si nécessaire, fragmentez la phrase en deux ou trois morceaux, en respectant les pauses aux bons endroits). L'essentiel est que la phrase, ou le fragment de phrase, sorte naturellement, comme si vous étiez norvégien et que vous prononciez cette phrase spontanément. C'est cette imitation du spontané qui créera peu à peu chez vous les habitudes et réflexes qui constituent la connaissance assimilée d'une langue.
• À la fin de chaque leçon, faites les exercices proposés : ils constituent les applications directes de ce que vous venez d'apprendre. Vous y ferez la découverte de vos propres connaissances... et aussi des lacunes à combler.
• Toutes les sept leçons, les leçons de révision font le point sur vos acquis grammaticaux et lexicaux tout en les complétant. Ces leçons font partie intégrante de votre apprentissage : consacrez-leur autant de temps que pour une leçon nouvelle.

1.2 La deuxième vague ou phase d'activation

À partir de la 50e leçon, votre étude deviendra fondamentalement active : tout en continuant à avancer comme précédemment dans les nouvelles leçons, vous reprendrez une à une celles que vous avez déjà apprises, en commençant par la première et en suivant le même rythme d'une par jour. Nous vous demanderons alors de traduire les textes de chaque leçon en norvégien. Cette "deuxième vague" vous permettra de constater tous les progrès que vous aurez faits tout en vous aidant à les consolider. Nous vous en reparlerons le moment venu.

Les annexes

En fin d'ouvrage, quelques outils complémentaires vous seront d'une aide précieuse :
• Un appendice grammatical qui fait la synthèse des règles de base de la langue norvégienne.
• La liste des principaux verbes forts.

• Des points de repère pour la répartition des deux tons, ainsi qu'un récapitulatif de leur évolution dans les mots variables.
• Un index grammatical.
• Un double lexique (norvégien – français / français – norvégien) qui répertorie le vocabulaire rencontré tout au long de l'ouvrage et indique la leçon où apparaît pour la première fois le terme recherché.

Les enregistrements

Bien que la méthode soit également conçue pour être utilisée avec le livre seul, nous vous recommandons vivement de vous munir des enregistrements. Ils vous plongeront dans la réalité vivante de la langue et vous feront découvrir des sons nouveaux, encore inconnus de vous. Nous avons volontairement choisi des locuteurs aux accents différents pour permettre à votre oreille de mieux se faire à diverses variantes régionales.

Les enregistrements comprennent l'intégralité des dialogues en norvégien ainsi que les exercices 1 jusqu'à la 76e leçon. Les six premières leçons sont enregistrées deux fois, à un rythme très lent – une première fois avec suffisamment de silence entre chaque phrase pour vous permettre de répéter très lentement, et une seconde fois avec des enchaînements plus proches du rythme naturel.

En règle générale, les leçons de révision ne comportent pas d'enregistrements – la phrase Det finnes ikke noe opptak for denne leksjonen est là pour vous le rappeler. Toutefois, quelques-unes de ces leçons vous réservent une agréable surprise...

Avant de vous plonger dans la première leçon, prenez le temps de lire le chapitre traitant de la prononciation, première approche indispensable !

La prononciation du norvégien

Voici quelques remarques et règles à connaître pour prononcer correctement le norvégien. Tout au long de la méthode, vous pourrez aussi vous aider de notre transcription phonétique simplifiée. Il s'agit d'une "phonétique maison" qui figure au-dessous du

dialogue de chaque leçon. Les symboles utilisés sont aussi proches que possible de l'écriture française.
Lisez les dialogues le plus souvent possible à voix haute, en répétant par phrases ou portions de phrases après les enregistrements, si vous en disposez.

1 Les voyelles

Le norvégien, comme d'autres langues européennes, l'anglais ou l'allemand par exemple, connaît deux longueurs de voyelles qu'il est capital de distinguer. Dans la prononciation figurée, les voyelles courtes sont soulignées. Retenez dès maintenant qu'une voyelle est courte si elle précède une consonne redoublée ou, le plus souvent, deux consonnes différentes. Cependant, cette règle n'est pas absolue, nous vous signalerons donc les surprises éventuelles.

Lettre	Transcription Assimil	Prononciation et exemple
a	a	se prononce comme dans *alors*. **Kald** [k<u>a</u>l], froid
e	é	long et fermé comme dans *bébé*. **Tre** [tré], arbre
	è	court et ouvert comme dans *benne*. **Men** [m<u>è</u>n], mais
	ë	en fin de mot, ou de "partie de mot", son situé entre le *é* et le *e* français. **Bare** [barë], seulement
i		comme dans *idiot*. **Igjen** [iyèn], encore
o	ô	long et fermé comme dans *beau*. **Tog** [tôg], train
	o	court et ouvert comme dans *sol*. **Som** [s<u>o</u>m], comme
	ou	comme dans *boule*. **Skog** [skoug], forêt*

* Remarque : ce **ou** est plus ou moins franc, selon que la syllabe porte ou non l'accent tonique. Dans **Oslo**, le premier **o**, qui porte l'accent donne un vrai *[ou]*, tandis que le second, moins audible, est un intermédiaire entre *[ou]* et *[o]*. Pour plus de simplicité, nous noterons simplement *[ou]* dans la prononciation figurée.

Deux voyelles, très proches l'une de l'autre pour les francophones, vous donneront probablement un peu de fil à retordre :

u	u	ressemble le plus au *u* français, et c'est donc ainsi que nous le noterons. Terminez le son par une nuance de *e* français. **Natur** *[natur]*, nature
y	ü	Nous le noterons *ü*. Amorcez un *u*, mais terminez le son par une légère mouillure, comme si vous esquissiez un *i*. **Ufyselig** *[ufüsëli]*, désagréable

Exercez-vous, sur ces quelques mots, à distinguer le **u** du **y** :
– **gul**, **lur**, **tur**, **mur**, **bur**, **kur**, **rus**, **sur**, **lus**.
– **by**, **paraply**, **lyn**, **lys**, **syn**, **tynn**, **tysk**, **tykk**.
Trois voyelles sont des inventions spécifiquement norvégiennes (ou presque : elles existent aussi en danois), mais ne présentent guère de difficultés de prononciation :

æ	Ē	*è* très ouvert, tirant sur le *a*, presque dégoûté. **Jordbær** *[yourbĒr]*, fraise
ø	eu	bien "rond", comme dans *meuh !* **Snø** *[sneu]*, neige
å	ô	*ô* long et fermé comme dans *beau*. **Nå** *[nô]*, maintenant
	o	*o* court et ouvert comme dans *sol*. **Sånn** *[so'n]*, ainsi

On rencontre également quelques diphtongues :

au	eu-u	succession très rapide de *eu* et *u*. **Au!** *[eu-u]*, Aïe !
ei	eï	comme dans *bouteille*. **Vei** *[veï]*, chemin
øy	euï	comme dans *œil*. **Støy** *[steuï]*, bruit

• XIII

2 Les consonnes

Lettre	Transcription Assimil	Prononciation et exemple
d	*muet*	en milieu ou en fin de mot est souvent muet, notamment dans la combinaison **-nd-**. **Nord** *nour, nord*. **And** *[an'n], canard*
g	*g*	devant **a, o, u, ø, å**, se prononce "dur" comme dans *gare*. **God** *[gou], bon*
	y	devant **i, e, y, æ, ø**, se prononce "mouillé", comme le y de l'anglais *yes*. **Gi** *[yi], donner*
		muet dans les mots se terminant par **-ig**. Le son français *j* n'existe pas.
h	*H*	toujours "aspiré" devant une voyelle : ce *H* se prononce en expirant (sans effort excessif) l'air qui se trouve dans la bouche (et non dans le fond des poumons !). **Her** *[Hèr], ici*
	muet	muet devant une consonne. **Hvor** *[vour], où*
j	*y*	comme dans *yaourt*. **Ja** *ya, oui*
k	*k*	se prononce *k* devant **a, o, u, ø, å**. **Kaffe** *[kafë], café*
	Ç	devant **i, y**, donne un son noté *Ç*, identique au "ch" doux allemand de *ich* : souffler en appliquant presque la langue contre le palais, et en esquissant un sourire (ne pas avancer les lèvres comme on le fait en français pour prononcer "ch"). **Kino** *[Çinou], cinéma*. Devant **e**, le **k** se prononce soit *Ç* : **keramikk** *[Çeramikk], céramique*, soit *k* : **kirke** *[Çirkë], église*, l'usage n'obéissant ici à aucune règle précise.
r	*r*	une forte majorité de Norvégiens le roulent légèrement. **Tre** *[tré], arbre*.
s	*s/ss*	toujours "sec" comme dans *assassin* – nous le noterons soit *s*, soit *ss*– le son *z* n'existe pas. **Sikker** *[siker], sûr*.

L'orthographe norvégienne comprend aussi certaines combinaisons de consonnes particulières :

sk	sk	ne se prononce sk que devant **a**, **o**, **u**, **ø**, **å** ; ch. **Skog** [skoug], forêt
	ch	devant **e**, **i**, **y**, se prononce ch, comme dans cheval. **Ski** [chi], ski. Devant **ø**, **sk** produit soit le son ch, comme dans **skøyte**, patiner, soit sk, comme dans **skøyer**, plaisantin.
skj/sj	ch	se prononcent toujours ch. **skje** ché, cuillère ; **sjø** [cheu], mer
tj	ty	en règle générale ty. **Tjene** [tyénë], gagner.
	ç	Exceptionnellement ç. **tjern** [çèrn], étang.
ng	-ng(-)	correspond au son allemand "ng" : la voyelle qui précède est légèrement nasalisée, les deux consonnes se combinent en un son doux estompant le **g**, qui ressemble à la façon méridionale de prononcer les mots français pain, balcon, maman, etc. **ung** [ou-ng], jeune
hv	v	= **v**, **hvor** [vour], où
hj/gj	y	= **j**, **hjelpe** [yèlpë], aider
rs	ch	est fréquemment "chuinté", donnant le son ch– sauf dans l'ouest du pays.
sl	chl	peut également être "chuinté" en chl, surtout dans les régions de l'est.

Ajoutons que la prononciation est sujette à certaines variations géographiques, comme le montrent ces deux dernières remarques. Il y a en Norvège bien plus "d'accents" différents que n'en connaît le français moderne. Citons un exemple : les habitants d'**Oslo** appellent leur ville soit [ouchlou], s'ils y sont nés, soit [ouslou], s'ils se définissent comme des provinciaux "montés" à la capitale. C'est pourquoi, répétons-le, nous avons choisi, pour les enregistrements de nos leçons, des locuteurs originaires de différentes régions.

Le "melting-pot" sonore dans lequel vous vous trouverez ainsi plongé correspond bien à une réalité quotidienne, et non à un pur artifice pédagogique.

3 L'intonation

L'intonation est la seule caractéristique du norvégien qui présente pour les étrangers une difficulté réelle. Encore ne vous interdirat-elle nullement l'accès à la compréhension des norvégophones. Vous devrez simplement vous résigner à ne pouvoir acquérir du premier coup l'intonation autochtone qui vous permettrait de passer incognito dans les conversations. Nous vous donnons néanmoins, dès à présent, quelques éléments théoriques, afin que vous puissiez repérer, au moins partiellement, l'essentiel de son mode de fonctionnement – et nous indiquerons l'accent tonique (en gras) dans les textes des leçons, pour que vous puissiez en ébaucher la pratique. Bien entendu, plus tôt vous vous intéresserez à la question, plus vite "mûrira" votre oreille... Mais il serait inutile, voire nuisible au reste de votre apprentissage, que vous vous acharniez dès le début sur ce point très particulier de la langue norvégienne. La sagesse veut que, sans l'ignorer totalement, vous le considériez provisoirement comme accessoire.

Nous avons regroupé sous le terme "d'intonation" plusieurs faits de langue qui contribuent à donner à la phrase norvégienne sa mélodie. Écoutez parler norvégien... Dès les premiers mots, vous en aurez plein les oreilles : c'est bien là ce qu'on appelle une langue chantante !

Cette mélodie repose sur deux "couches d'intonation" superposées : d'une part le dessin général de la phrase, d'autre part l'accent tonique et la mélodie à l'intérieur de chaque mot.

Nous ne nous attarderons pas sur l'intonation de la phrase, soumise à un trop grand nombre de facteurs pour pouvoir être captée autrement que par imbibition progressive. Elle diffère en effet de l'est à l'ouest de la Norvège, et selon l'humeur de celui qui parle. Remarquons simplement que dans les phrases porteuses d'une certaine insistance, qu'elle soit de l'ordre de l'enthousiasme ou de l'indignation, la voix a souvent tendance à monter. C'est aussi le cas, beaucoup plus banalement, des phrases interrogatives et exclamatives. Pour le reste, faites confiance à votre propre capacité de découverte, qui s'exercera soit à l'écoute des enregistrements, soit lorsque vous aurez l'occasion d'entendre des Norvégiens "en direct".

Mais l'originalité de l'intonation norvégienne tient surtout à la "seconde couche mélodique", qui se situe à l'intérieur même des mots. Comme le suédois, mais aussi comme certaines langues asiatiques, le norvégien est une langue "à tons". Il existe deux tons en norvégien, c'est-à-dire deux possibilités de dessin mélodique. Chaque mot de plus d'une syllabe (sauf les mots d'origine étrangère accentués sur la dernière syllabe) se range dans l'une ou l'autre de ces deux catégories. Les enfants norvégiens, qui saisissent dès le berceau la différence, ne se trompent pas, tandis que l'étranger adulte, volontaire, et doué de toutes les facultés auditives et mentales, est condamné à une plus ou moins longue errance...

Le principe du ton et celui de l'accent tonique sont intimement liés. Aussi est-il possible d'aborder le sujet par une comparaison avec d'autres langues européennes, qui ne connaissent que le phénomène de l'accent tonique. Dans l'anglais ***children***, l'allemand ***Kinder***, l'italien ***bambino*** ou l'espagnol ***niño***, la syllabe accentuée est prononcée non seulement plus fort, mais aussi plus aigu que les autres. Ce qui, représenté graphiquement, donne : ↘ ou ⋀ .

En norvégien, aucune de ces deux possibilités ne se retrouve.

Le ton simple, que nous nommerons ton 1, consiste en une montée linéaire de la voix, qui part donc du grave pour aller vers l'aigu. Dans nos leçons, vous reconnaîtrez un mot portant le ton 1 à la présence d'une voyelle en gras, qui marque aussi l'accent tonique. Vous saurez alors que vous devrez placer votre voix dans le grave au début du mot, et appuyer sur la voyelle en gras avant de monter. On peut représenter le ton 1 par le simple signe : ↗ .

Dans les mots caractérisés par le ton double, ou ton 2, la voix part de l'aigu et amorce une glissade vers le bas avant de remonter.

• XVII

Ce ton 2 vous sera signalé par la présence d'une voyelle en gras indiquant l'accent tonique, et d'une voyelle en italique sur la dernière syllabe, ou sur le mot suivant, dans certains cas où celui-ci est intimement lié au précédent par le sens et la grammaire. Tout se passe en fait comme si l'on avait deux syllabes accentuées dans le mot : un accent "principal" (en gras) et un accent "secondaire" (en italique). Dans la pratique, vous saurez, en apercevant cette der-nière voyelle en italique, que vous devrez placer votre voix dans l'aigu au début du mot, descendre en appuyant au passage sur la voyelle en gras, avant de repartir vers les hauteurs. Représentons le ton 2 comme suit : ↘↗ .

Il convient aussi de remarquer que la mélodie de la phrase a une certaine influence sur les tons. Cette influence, variable d'une région ou d'une personne à l'autre, est surtout perceptible pour les mots du ton 2 situés en fin de phrase : "la remontée" de la voix peut en effet se trouver contrariée.

C'est pourquoi votre attention doit avant tout se concentrer sur le début du mot.

Tout cela à chaque mot prononcé ? – Un dernier élément vient considérablement alléger ce terrible programme... Dans une même phrase, tous les mots n'ont pas la même importance, et tous ne sont donc pas prononcés avec la même intensité. Dans les textes des leçons, vous trouverez, marqués du signe `, les mots porteurs d'un "accent de phrase", qui sont mis en valeur en vertu de leur sens, et doivent donc être prononcés plus fort. Il se trouve, pour notre soulagement commun, que ce sont également les seuls où les tons soient perceptibles. Autrement dit : lorsque vous aurez décidé de vous appliquer à bien prononcer les tons, vous n'aurez à vous concentrer que sur ces mots importants, les autres se trouvant simplement entraînés dans la mélodie générale de la phrase. Cependant, pour que vous puissiez mieux vous familiariser avec ce phénomène, et aussi prononcer les mots isolément (car, libéré de la phrase, chaque mot retrouve pleinement sa propre musicalité), nous avons indiqué les tons sur tous les mots concernés.

Voilà donc ce qu'il convenait de vous dire en guise de prélude. Mais bien entendu, toutes les descriptions d'une musique ne valent pas les trois premières notes. Oubliez ce que vous venez de lire, n'y revenez que lorsque le cœur vous en dira, et passons à des choses moins sérieuses.

1 / Første leksjon

Avant d'entamer votre première leçon, veillez à bien lire les pages qui précèdent. Vous y trouverez toutes les explications préliminaires indispensables à un apprentissage efficace.

Første leksjon [f**eu**rstë l**è**kch**ou**n]

I `skogen

1 – Hvor `er **¹** du ? **²**
2 – Jeg er `her.
3 – Men hvor `er vi ?
4 – Vi er i `skogen.
5 – Hva er `det **³** ?
6 – Det er et **⁴** `tre.
7 – Ja, men `det ?
8 – Det er `bare en **⁴** `elg.   □

Prononciation

*i `skou*gu*ë*n **1** *vour `*è*r du* **2** *yeï* è*r `H*è*r* **3** *mèn vour* è*r `vi* **4** *vi* è*r i `skou*gu*ë*n **5** *va* è*r `dé* **6** *dé* è*r* èt *`tré* **7** *ya mèn `dé* **8** *dé* è*r bar*ë *én `*è*lg*

Remarques de prononciation
- Dans la prononciation figurée, les voyelles courtes sont soulignées.
- Nous avons marqué du signe ` les mots porteurs d'un accent de phrase.

Notes

1 La conjugaison des verbes norvégiens est aussi simple que possible : une seule forme par temps, à toutes les personnes. Nous commençons par le verbe *être* au présent : **jeg er**, *je suis* ; **du er**, *tu es* ; **vi er**, *nous sommes*.

2 La forme interrogative est caractérisée par l'inversion du sujet et du verbe.

3 **det** est un petit mot d'un usage multiple (comme en anglais ***it***, ou en allemand ***es***). Il équivaut d'abord au français *c'/ça/cela*.

1 • **en**

Dans la traduction des dialogues, les crochets [ ] permettent de repérer les mots nécessaires en français mais qui n'apparaissent pas dans la phrase norvégienne. Les mots entre parenthèses ( ) et en italique indiquent la traduction littérale, mot à mot.

Première leçon

Dans la forêt

1 – Où es-tu ?
2 – Je suis ici.
3 – Mais où sommes-nous ?
4 – Nous sommes dans la forêt.
5 – Qu'est-ce [que c'est] ?
6 – C'est un arbre.
7 – Oui, mais ça ?
8 – C'est seulement un élan.

4 Voici les deux articles indéfinis : **et** (*et tre*, un arbre) et **en** (*en elg*, un élan). En norvégien "classique" (bokmål pur et dur), il n'existe que deux genres, représentés par ces deux articles, **et** pour le neutre, **en** pour un genre qu'on pourra appeler "masculin-féminin" ou "genre commun". Ces deux genres sont répartis sans logique. Il vous faudra donc apprendre, pour chaque nom, l'article correspondant. Quant à l'article défini, il n'est pas absent de ce premier dialogue, mais nous vous laissons le temps de deviner où il se cache.

2 / Annen leksjon

▶ **Øvelse 1 – Oversett**
Exercice 1 – Traduisez
❶ Hvor er jeg? ❷ Vi er her. ❸ Er det en elg? ❹ Hvor er det?

***

Øvelse 2 – Fyll ut med de riktige ordene
Exercice 2 – Complétez avec les mots qui conviennent
(un point = un caractère)

❶ Il y a un élan dans la forêt.
Det er en … i …….

❷ Mais qu'est-ce que c'est ?
Men … er … ?

❸ Où est la forêt ?
…. er skogen?

❹ Est-ce un arbre ?
Er det et … ?

2

Annen leksjon *[an'n lèkchoun]*

Dans la traduction française des dialogues, les mots entre parenthèses ( ) correspondent à une traduction mot à mot du norvégien. Les mots entre crochets [ ] n'apparaissent pas dans la phrase en norvégien mais sont nécessaires en français.

▶ ### Snø… igjen!

1 – Det [1] snør [2] nå `igjen!
2 – Hva `sier du?
3 – Det `snør, sier jeg. Uff! [3]
4 – Men det er jo [4] `fint med snø! [5]
5 – Nei da, det er bare `kaldt og `ufyselig.
6 – Sier du `det? `Det er `rart…
7   Er du ikke [6] en riktig `nordmann [7] ?
8 – Jo da!

3 • tre

Corrigé de l'exercice 1
❶ Où suis-je ? ❷ Nous sommes ici. ❸ Est-ce un élan ? ❹ Où est-ce ?

***

Corrigé de l'exercice 2
❶ – elg – skogen ❷ – hva – det ❸ Hvor – ❹ – tre

*Quelle chance ! Dès vos premiers pas en Norvège, **i Norge**, vous croisez l'emblématique élan. Les touristes, eux, doivent souvent se contenter d'emporter en guise de souvenir un panneau de signalisation routière à son image... C'est que les élans, qui, rendus audacieux par la faim, s'aventurent en hiver jusqu'au cœur des villes norvégiennes, se montrent rarement lorsqu'on les cherche. Exception faite pour vous. Prenez donc votre élan pour la suite du parcours !*

Deuxième leçon

[De la] neige... encore !

1 – Voilà qu'il neige à nouveau *(Il neige maintenant à-nouveau)* !
2 – Que dis-tu ?
3 – Je dis qu'il neige *(il neige, dis je)*. Zut !
4 – Mais c'est pourtant bien, la neige *(c'est pourtant agréable avec [de la] neige)* !
5 – Non alors, c'est seulement froid et désagréable.
6 – Vraiment *(Dis tu cela)* ? C'est bizarre...
7   N'es-tu pas un vrai Norvégien ?
8 – Bien sûr que si *(si alors)* !

fire • 4

2 / Annen leksjon

 Prononciation

*sneu iy**è**n **1** dé sneur nô `iy**è**n **2** va `s**i**yër du **3** dé `sneur siy**ë**r yeï. uff **4** m**è**n dé èr you `f**i**'nt mé sneu **5** neï da dé èr bar**ë** `k**a**lt ô(g) `uf**ü**sëli **6** s**i**yër du `dé dé èr `r**a**rt **7** èr du **i**kë én r**i**kti `n**ou**rma'n **8** y**ou**da*

Remarques de prononciation

Les mots portant le ton simple sont signalés par une voyelle en gras, qui marque aussi l'accent tonique.

Le ton double est signalé par la présence d'une voyelle en gras et, sur la dernière syllabe, d'une voyelle en italique (légèrement grisée dans la phonétique simplifiée). Reportez-vous à l'introduction pour des explications plus complètes.

 Notes

1 **det** prend ici la valeur de notre *il* impersonnel.

2 Découvrons de nouveaux verbes : les formes **snør** (dans **det snør**, *il neige*) et **sier** (dans **du sier**, *tu dis*), sont composées du radical de l'infinitif (l'infinitif complet étant **å snø**, **å si**, et de la terminaison **-er** ou **-r**, caractéristique du présent.

3 **Uff!** est une interjection très courante, qui exprime le déplaisir ou le dégoût. *Zut* est bien entendu une traduction très approximative.

***

Øvelse 1 – Oversett
Exercice 1 – Traduisez

❶ Det er riktig fint. ❷ Jeg sier jo det. ❸ Det snør ikke bare her. ❹ Er det ikke rart?

Deuxième leçon / 2

4 Le petit mot **jo** a deux utilités. Il peut servir à renforcer le ton d'une phrase affirmative (phrase 4 : *pourtant*). Lorsqu'il remplit cette fonction, il n'est pas toujours traduisible... Sa présence sera alors justifiée dans la traduction française par la mention *insistance*. Il correspond d'autre part à *si*, en réponse à une phrase négative : **ja**, *oui* ; **nei**, *non* ; **jo**, *si*. Dans le même ordre d'idées, nous trouvons aussi **da**, dont le rôle ressemble souvent à celui d'un point d'exclamation (phrase 5) : **nei da**, *ça non, alors !...* Et l'on peut même combiner ces deux mots miniatures, pour obtenir une affirmation soulignée : **jo da**, *mais bien sûr que si !* (phrase 8).

5 L'expression **det er fint**, très banale, peut signifier, selon le contexte, *c'est bien / c'est beau / c'est élégant / c'est raffiné / c'est chouette*, etc. Retenez-la donc au plus vite, car elle ne manquera pas de vous être utile !

6 Première apparition de la négation **ikke** : **Det er fint**, *C'est bien/beau* ; **Det er ikke fint**, *Ce n'est pas bien/beau* ; **Er det ikke kaldt?**, *Est-ce qu'il ne fait pas froid ?*

7 **en nordmann**, *un Norvégien*, c'est bien entendu un *homme du nord* – déduisez-en que **en mann** signifie *un homme*... Une Norvégienne se dira **en norsk kvinne**.

La chute de quelques flocons duveteux déclenche-t-elle chez vous l'enthousiasme de l'enfance, des réminiscences des contes de Noël, voire quelque talent de poète ? En Norvège, vous risquez de faire sourire... S'il ne neige pas partout en abondance, la blancheur hivernale est tout de même entachée de normalité. Les premiers frimas qui fondent et mouillent, parfois dès la fin du mois de septembre, ceux d'avril qui reculent la perspective du printemps peuvent être accueillis avec une mauvaise humeur certaine. Sans compter la corvée de déblaiement, qui, durant quelques mois, tient lieu de gymnastique matinale aux automobilistes. La neige, les Norvégiens ne l'aiment vraiment que les skis aux pieds, ce qui représente, il est vrai, dans la plupart des cas, une proportion importante de leur existence.

***

Corrigé de l'exercice 1
❶ C'est vraiment bien. **❷** C'est bien ce que je dis *(Je dis insistance ça)*. **❸** Il ne neige pas qu'ici *(seulement ici)*. **❹** N'est-ce pas bizarre ?

3 / Tredje leksjon

Øvelse 2 – Fyll ut med de riktige ordene
Exercice 2 – Complétez avec les mots qui conviennent

❶ Que dis-tu ?
Hva .... du?

❷ C'est un bel arbre.
Det er .. .... tre.

❸ Il fait *(C'est)* froid de nouveau.
... er kaldt ......

❹ Je suis un vrai Norvégien.
Jeg er en ...... nordmann.

3

Tredje leksjon [trèdyë lèkchoun]

En fin `frokost

1 – God `morgen [1], Solveig.
2 – Er frokosten [2] `ferdig?
3 – `Naturligvis er den [3] ferdig. [4]
4   Her er `kaffen og `brødet.
5 – Men hvor er `jordbærsyltetøyet [5]?
6 – Vi har [6] bare `smør og `ost, `nøkkelost [7]
7 – Uff... Til `frokost liker jeg bare `geitost.
8 – Takk for `maten, da! [8]

Prononciation

én fi'n `froukost* **1** *gou-`môrën soulveï **2** *èr froukostën `fèrdi* **3** *`naturliviss èr dèn fèrdi* **4** *Hèr èr `kaféen ô(g) `breuë* **5** *mèn vour èr `yourbĒrsültëteuyë* **6** *vi Har barë `smeur ô(g) `oust neukëloust* **7** *uff. til `froukost likër yeï barë `yeïtoust* **8** *tak for `matën da*

Notes

1 *Bonjour* peut se dire de plusieurs façons en norvégien. Il s'agit ici de la salutation qu'on s'adresse le matin, entre gens polis.

Corrigé de l'exercice 2
❶ – sier – ❷ – et fint – ❸ Det – igjen ❹ – riktig –

Troisième leçon

Un petit déjeuner agréable

1 – Bonjour *(Bon matin)*, Solveig.
2 – Le petit déjeuner est-il prêt ?
3 – Bien sûr qu'il est *(Bien-sûr est il)* prêt.
4 – Voilà *(Ici sont)* le café et le pain.
5 – Mais où est la confiture de fraises *(fraises-confiture-la)* ?
6 – Nous n'avons que *(avons seulement)* [du] beurre et [du] fromage, [du] fromage au cumin *(cumin-fromage)*.
7 – Zut... Au *(Pour)* petit déjeuner, je n'aime que *(aime je seulement)* [le] fromage de chèvre *(chèvre-fromage)*.
8 – [Si c'est comme ça], "merci pour le repas", alors !

2 Il est temps d'éclairer votre lanterne à propos de l'article défini : il est, en fait, identique à l'article indéfini, mais s'accroche sous forme de suffixe à la fin du nom : **en elg**, *un élan* / **elgen**, *l'élan* ; **en kaffe**, *un café* / **kaffen**, *le café* ; (il subsiste dans la prononciation, une trace du **e** disparu, sous la forme d'un léger allongement de celui qui reste). Pour le neutre, le système est le même : **et tre**, *un arbre* / **treet**, *l'arbre* (cette

åtte • 8

fois, les deux **e** ont pu se maintenir). Notez que le **t** ne s'entend généralement pas ; le son produit (prononciation figurée : *[ë]*) se situe entre *[é]* et *[eu]*.

3 Le pronom **den** est utilisé pour remplacer les noms de genre **en** (masculin-féminin) désignant des choses ou des animaux. C'est le pendant de **det** qui, entre autres tâches, remplace les noms neutres : **skogen er fin**, *la forêt est belle* → **den er fin**, *elle est belle* ; **elgen er her**, *l'élan est ici* → **den er her**, *il est ici* ; **her er smøret**, *voici le beurre* → **her er det**, *le voici*.

Øvelse 1 – Oversett
Corrigé de l'exercice 1
❶ Nå er kaffen kald. ❷ Jeg liker ikke ost. ❸ Har du syltetøy? ❹ "Takk", sier jeg. ❺ Her er frokosten.

***

Øvelse 2 – Fyll ut med de riktige ordene
❶ Est-ce que le repas est prêt ?
   Er maten ...... ?

❷ Le petit déjeuner est vraiment bon.
   .... er riktig ....

❸ Bien entendu, j'ai du pain avec du beurre.
   Naturligvis har ... brød ... smør.

❹ Maintenant, nous avons aussi du fromage de chèvre.
   Nå ..... også ....

Troisième leçon / 3

4 Vous étonnez-vous de la construction de cette phrase ? Elle nous amène à une règle importante dont l'application demandera quelque exercice : lorsqu'une phrase commence par un adverbe, un attribut ou un complément (qui se trouve alors mis en relief), le verbe passe avant le sujet. **Nå er jeg ferdig**, *Maintenant, je suis prêt*.

5 Le norvégien affectionne les mots composés… et ne recule pas devant leur longueur : **jordbær**, *fraise* + **syltetøy**, *confiture* = **jordbærsyltetøy**, *confiture de fraises* (attention : ordre inverse par rapport au français !). Profitez de ce mot monstrueux pour exercer votre intonation (descente sur les 2 premières syllabes, remontée sur les 4 suivantes). Écoutez attentivement l'enregistrement, si vous en disposez.

6 Aucune difficulté pour ce verbe *avoir* : **jeg har**, *j'ai* ; **du har**, *tu as*, etc.

7 L'article partitif n'existe pas. Autrement dit : **kaffe**, *du café* ; **brød**, *du pain* ; **ost**, *du fromage*.

8 **Takk for maten** est une formule de politesse incontournable, mais sans véritable équivalent en français. Elle s'emploie pour clore le repas, même si les convives ne sont que deux, et à leur propre table !

***

Corrigé de l'exercice 1
❶ Maintenant, le café est froid. ❷ Je n'aime pas le fromage. ❸ As-tu [de la] confiture ? ❹ Je dis : "merci". ❺ Voici le petit déjeuner.

***

Corrigé de l'exercice 2
❶ – ferdig ❷ Frokosten – god ❸ – jeg – med – ❹ – har vi – geitost

Tout comme dans les pays anglo-saxons, le petit déjeuner est en Norvège un repas important, qui ne se bâcle pas. Des aliments consistants – œufs, fromage, charcuterie – y sont à l'honneur, arrosés de café.

Cette leçon, plus touffue que les précédentes du point de vue grammatical, va nous permettre de mieux "jongler" avec les mots déjà rencontrés… Mais dans un premier temps, contentez-vous de reconnaître, au fil des phrases que nous vous proposons, ces quelques originalités du norvégien.

Fjerde leksjon [fyèrdë lèkchoun]

En riktig `ferie

1 – Hallo. Goddag [1]. Jeg `heter [2] Torstein Halvorsen.
2 Jeg ringer fra [3] `Kristiansand.
3 Du [4] leier *ut* [5] en `hytte, ikke `sant?
4 (...) Har den mange `rom?
5 (...) Ja vel [6], det finnes [7] bare `utedo...
6 Men er det varmt [8] `vann der?
7 (...) Ja, ja, det holder vel med `kaldt.
8 Og hva koster det for en `uke?
9 (...) Jaså. Mange takk. Ha det `bra. [9]

Prononciation

én rikti `férië* **1** *Halou. goudag. yeï `Hétër toursteïn Halvoursën **2** *yeï ri-ng-ër fra `kristiansa'n* **3** *du leïër-ut én `hütë ikë `sa'nt* **4** *Har dën ma-ng-ë `roum* **5** *ya vèl dé finës barë `utedou* **6** *mèn èr dé varmt `va'n dèr* **7** *yaya dé Holër vèl mé `kalt* **8** *ô va kostër dé for én `ukë* **9** *yassô. `ma-ng-ë tak. Ha dé `bra*

Notes

1 Voici, avec **goddag**, un deuxième *bonjour*. Celui-ci est plutôt solennel et s'emploie à n'importe quel moment de la journée, pour entrer en contact avec une personne qu'on ne connaît pas, ou peu. Entre connaissances, parents et amis, on dira simplement le beaucoup plus familier **hei!**

2 **jeg heter**, *je m'appelle* ; **du heter**, *tu t'appelles* ; **å hete**, *s'appeler* : pour ce verbe, inutile d'ajouter un pronom complément.

3 La préposition **fra** indique la provenance ou l'origine.

4 Le vouvoiement a quasiment disparu en Norvège. Nous en reparlerons ultérieurement. On utilise donc couramment ce **du**, dans la rue, aux guichets, dans les commerces et au téléphone. Surmontez vos réticences !

11 • **elleve**

Quatrième leçon

De vraies vacances *(Une vraie vacance)*

1 – Allô. Bonjour. Je [m']appelle Torstein Halvorsen.
2 J'appelle de Kristiansand.
3 Vous louez *(Tu loues)* un chalet, n'est-ce pas *(pas vrai)* ?
4 (...) A-t-il beaucoup de pièces ?
5 (...) Ah bon, les toilettes sont à l'extérieur *(il y a seulement extérieur-toilettes)*...
6 Mais y a-t-il l'eau chaude *(chaude eau)* là-bas ?
7 (...) Oui, oui, l'eau froide suffit bien *(ça suffit bien avec froide)*.
8 Et combien *(quoi)* cela coûte-t-il pour une semaine ?
9 (...) Ah bon. Merci beaucoup *(Beaucoup merci)*. Au revoir.

5 Le verbe français *louer* est ambigu. Le norvégien, en revanche, précise s'il s'agit du locataire ou du propriétaire : pour le premier, on utilisera **å leie**, pour le second **å leie ut**.

6 **ja vel** et **jaså** peuvent tous deux se traduire par *ah bon*, le second étant teinté d'une nuance d'étonnement plus appuyée.

7 Encore une variante sur le thème de *il y a* : **det finnes** veut dire mot à mot "il se trouve". Remarquez la terminaison en **s** de ce verbe – sans en chercher, pour l'instant, la raison.

8 L'adjectif **varm**, *chaud*, est ici affecté de la terminaison **t** qui marque l'accord avec un nom neutre (**vann**). Important : l'adjectif épithète précède toujours le nom. On aura donc : **varm kaffe**, *du café chaud* / **varmt vann**, *de l'eau chaude* ; **en fin skog**, *une belle forêt* / **et fint tre**, *un bel arbre*.

9 **Ha det bra**, mot à mot "que cela aille bien [pour vous/toi]", est un *au revoir* poli. En langage familier, on le raccourcit le plus souvent, ce qui donne : **Ha det!** Tournure apparentée : **jeg har det bra** ou **jeg har det bare bra**, *je vais bien*. Par ailleurs, l'adjectif **bra**, invariable et d'un usage aussi "bateau" que **fin**, peut contenir une nuance de jugement moral, ou encore l'idée de "ce qui convient". **Det er ikke bra**, *Ce n'est pas bien.* / *Ça ne se fait pas.*

5 / Femte leksjon

▶ Øvelse 1 – Oversett

❶ Hva heter du? ❷ Her er doen. ❸ Jeg har en hytte med bare tre rom. ❹ Er du fra Lillehammer? ❺ Er det sant? ❻ Torstein har det bra. ❼ Det finnes bare syltetøy til frokost.

***

Øvelse 2 – Fyll ut med de riktige ordene

❶ Du pain et de l'eau suffisent *(Cela suffit avec du pain et de l'eau)*.
Det ...... med .... og .....

❷ Dans la forêt, il y a un élan.
I skogen .. .. elg.

❸ Pour une semaine, ça coûte seulement 1 000 couronnes.
For en ..., ... det bare 1000 kroner.

❹ Voilà que tu téléphones à nouveau *(Maintenant, tu téléphones à nouveau)* !
.. ringer du .....!

❺ Il n'y a que de la confiture pour le petit déjeuner.
Det .... syltetøy til ....

Femte leksjon *[fèmtë lèkchoun]*

▶ ### Norske [1] `studenter [2]

1 **A**strid og Fr**o**de bor i `**O**slo.
2 De [3] er `stud**e**nter b**e**gge to [4].
3 De har `ett barn [5], en liten [6] `gutt.
4 M**o**ren vil [7] bli [8] `l**e**ge.
5 Hun **a**rbeider `mye [9].
6 V**a**nligvis st**e**ller `f**a**ren med g**u**tten,
7 fordi han har god `tid [10].
8 Han stud**e**rer `**e**ngelsk, `fr**a**nsk og `pedag**o**gikk. ☐

13 • **tretten**

Corrigé de l'exercice 1

❶ Comment t'appelles-tu/vous appelez-vous ? ❷ Voilà les toilettes. ❸ J'ai un chalet avec seulement trois chambres. ❹ Es-tu de Lillehammer ? ❺ C'est vrai ? ❻ Torstein va bien. ❼ Il n'y a que de la confiture pour le petit déjeuner.

***

Corrigé de l'exercice 2

❶ – holder – brød – vann ❷ – er det en – ❸ – uke, koster – ❹ Nå – igjen ❺ – finnes bare – frokost

La couronne, **krone**, *est depuis la fin du XIX*e *siècle le nom de la devise utilisée dans les trois pays scandinaves. Si les couronnes suédoise et danoise ont de fortes chances de devoir à terme abdiquer devant l'euro, l'attachement national à la couronne norvégienne semble aussi peu détrônable que la famille royale elle-même.*

Cinquième leçon

[Des] étudiants norvégiens

1. Astrid et Frode habitent à Oslo.
2. Ils sont étudiants tous les deux.
3. Ils ont un enfant, un petit garçon.
4. La mère veut devenir médecin.
5. Elle travaille beaucoup.
6. Habituellement, c'est le père qui s'occupe du garçon (s'occupe père-le avec garçon-le),
7. parce qu'il a le temps (bon temps).
8. Il étudie [l']anglais, [le] français et [la] pédagogie.

5 / Femte leksjon

Prononciation

n**o**rskë (n**o**chkë) `stud**e**ntër **1** **a**stri ô fr**ou**dë bour i `**ou**slou (`**ou**chlou) **2** di èr `stud**e**ntër b**è**guë tou **3** di Har **è**t barn én lit**e**n `g**u**t **4** m**ou**(r)ën v**i**l bli `l**é**guë **5** H**u**n **a**rbeïdër `m**ü**ye **6** va'nliv**i**ss st**è**lër `f**a**(r)ën mé g**u**tën **7** fordi H**a**n Har gou `t**i**(d) **8** H**a**n stud**é**rër `**è**-ngëlsk `fr**a**'nsk ô `péd**a**goug**ui**k

Notes

1. **en nordmann**, *un Norvégien* (substantif), mais : **norsk ost**, *du fromage norvégien* (adjectif), et aussi : **norsk**, *le norvégien / la langue norvégienne*. De même, sur l'adjectif **fransk**, *français*, on forme **en franskmann**, *un Français*.

2. Voici avec **studenter**, *des étudiants*, une première forme de pluriel des noms, la plus courante pour le genre masculin-féminin : on ajoute la terminaison **-er** au radical du singulier.

3. Continuons la série des pronoms personnels sujets : **de** représente la 3ᵉ personne du pluriel, qu'il s'agisse d'un masculin ou d'un féminin. **Han**, *il* / **hun**, *elle*, s'appliquent uniquement à des personnes.

4. **begge to**, *tous les deux* : formulation familière et redondante, composée de l'adjectif numéral **to**, *deux* et du pronom **begge**, qui à lui seul signifie déjà *tous deux*.

5. **barn** est un mot neutre. Généralement, *un enfant* se dira donc **et barn**. Nous avons ici **ett** au lieu de **et** : il s'agit de l'adjectif numéral, et non de l'article indéfini, ce qui souligne le sens de *un, un seul*. Du côté de la prononciation, remarquez un accent fort sur ce petit mot (l'article n'en porterait pas).

6. L'adjectif **liten**, *petit*, fait à la forme neutre **lite**.

7. **jeg vil**, *je veux* ; **du vil**, *tu veux* ; **han vil**, *il veut*. Ce verbe irrégulier, mais non unique en son genre, a la particularité de se passer du **-er** caracté-

***

Øvelse 1 – Oversett

❶ Vi har god tid. ❷ De har en liten hytte i skogen. ❸ Vanligvis arbeider han mye. ❹ Jeg vil stelle med gutten. ❺ Legen heter Halvorsen.

ristique du présent. Il est en général accompagné d'un autre verbe à l'infinitif sans **å**. Exemples : **Vil du ha brød?**, *Veux-tu (avoir) du pain ?* ; **Jeg vil ikke arbeide**, *Je ne veux pas travailler*. Dans l'usage, le sens de *vouloir* est parfois affaibli en un simple futur proche, mais nous vous en reparlerons...

8 å bli, verbe très utilisé, a une signification double – et contradictoire : *devenir*, mais aussi *rester*. **Det blir kaldt**, *Il se met à faire froid* ("Ça devient froid"). **Hun blir syk**, *Elle tombe* ("devient") *malade*. Mais : **Bli her!**, *Reste ici !*

9 Après **mange**, voici **mye**. Tous deux se traduisent par *beaucoup*, mais **mange** s'utilise devant un nom au pluriel (**mange rom**, *beaucoup de pièces*), tandis que **mye** accompagne les noms singuliers (**mye kaffe**, *beaucoup de café*). C'est la même distinction entre quantités dénombrables et indénombrables qui, en anglais, fait la différence entre **many** et **much**.

10 Jeg har god tid, *J'ai le temps. / J'ai tout mon temps.*

***

Nous notons ici, pour deux mots très récurrents, une variante de prononciation qu'il est important de connaître. L'adjectif **norsk** *s'entend beaucoup plus couramment prononcé [n**o**chk] que [n**o**rsk] (prononciation très "propre" limitée au parler de l'ouest). S'agissant du nom de la capitale, le chuintement, qui était à l'origine caractéristique de l'accent prolétaire des habitants de l'est de la ville, tend à devenir la règle. Les quartiers jadis les plus populaires étant aujourd'hui très appréciés, il est désormais la marque indifférenciée des Osloïtes de toutes conditions. D'une manière générale, si le [sl] chuinté est en usage, depuis toujours et "par nature" dans certaines régions (Trondheim et l'Østerdal), il semble conquérir de plus en plus de terrain un peu partout dans le pays, porté par une vague d'émancipation vis-à-vis du souci de "beau langage".*

***

Corrigé de l'exercice 1

❶ Nous avons tout notre temps. ❷ Ils ont un petit chalet dans la forêt. ❸ D'habitude, il travaille beaucoup. ❹ Je veux m'occuper du garçon. ❺ Le médecin s'appelle Halvorsen.

6 / Sjette leksjon

Øvelse 2 – Fyll ut med de riktige ordene

❶ Elle s'appelle Ingrid Nilsen.
. . . heter Ingrid Nilsen.

❷ Je vais *(veux)* téléphoner.
Jeg . . . ringe.

❸ Naturellement, il n'est pas prêt.
Naturligvis . . . . . ikke . . . .

❹ Où habitent-ils ?
Hvor . . . . . ?

❺ Aime-t-il le fromage de chèvre norvégien ?
. . . . . han . . . . . geitost?

6

Sjette leksjon *[chètë lèkchoun]*

En `moderne¹ far

1 – **I**kke sp**i**s² så m**y**e³ `sjokol**a**de før m**a**ten!
2 – Men p**a**pp**a**, jeg er så `s**u**lten⁴!
3   Og `t**ø**rst er jeg **o**gså.
4 – B**a**re dr**i**kk litt⁵ `m**e**lk, **e**ller `br**u**s!
5 – Nå vil jeg se på⁶ `**TV**.
6   Far⁷ `t**e**nker: det er ikke `br**a** med for m**y**e **TV**...
7   Men jeg vil så gj**e**rne⁸ l**e**se `**a**visen i fred... ☐

Prononciation

én `moudernë far 1 ikë spis sô müyë `choukouladë feur matën 2 mèn papa, yeï ër sô `sultën 3 ô `teurst (teucht) èr yeï oksô (ossô) 4 barë drik litt `mèlk èlër `brus 5 nô vil yeï sé pô `tévé 6 far `tè'nkër dé èr ikë `bra mé for-müyë tévé 7 mèn yeï vil sô yernë lésë `avissën i fré

Notes

1   **moderne** est un adjectif invariable.

Corrigé de l'exercice 2
❶ Hun – ❷ – vil – ❸ – er han – ferdig ❹ – bor de ❺ Liker – norsk –

Sixième leçon

Un père moderne

1 – Ne mange pas tant de chocolat avant le repas !
2 – Mais papa, j'ai si faim *(je suis si affamé)* !
3   Et j'ai soif aussi *(Et assoiffé suis je aussi)*.
4 – [Tu] n'as qu'à boire *(Seulement bois)* un peu [de] lait ou [de] limonade !
5 – Maintenant, je veux regarder *(sur)* [la] télé.
6   [Le] père pense : trop de télévision, ce n'est pas bien *(ce n'est pas bien avec trop beaucoup télévision)*...
7   Mais je voudrais tant *(je veux si volontiers)* lire le journal en paix...

2   Voici une forme d'impératif (2ᵉ personne du singulier ou du pluriel) : le verbe se trouve réduit à son radical minimal (infinitif **å spise**, *manger* ; présent **jeg spiser**, *je mange*. À la forme négative, **ikke** se place devant le verbe à l'impératif.

3   Quelques locutions où entrent **mye** et **mange** : **hvor mye?** / **hvor mange?**, *combien ?* ; **så mye** / **så mange**, *tant/tellement de* ; **for mye** / **for**

atten • 18

mange, *trop (de)*. Bien entendu, **så** et **for** peuvent aussi s'utiliser devant d'autres adjectifs : **Det er så kaldt**, *Il fait si/tellement froid* ; **Hun er for fin**, *Elle est trop élégante*.

4 *J'ai faim / j'ai soif* se traduisent en norvégien par des expressions contenant le verbe *être* et non *avoir* : **jeg er sulten**, *je suis affamé* ; **jeg er tørst**, *je suis assoiffé*.

5 **litt**, *un peu/un peu de*, s'utilise sans préposition : **litt smør**, *un peu de beurre*.

6 De même que nous avions, à la leçon précédente, **å stelle med**, *s'occuper de* ("s'occuper avec"), nous rencontrons ici la préposition **på**, qui a d'abord

***

Øvelse 1 – Oversett
❶ De ser mye på TV. ❷ Rommet er lite, men moderne. ❸ Du spiser for mye. ❹ Det holder med litt melk. ❺ Jeg vil gjerne arbeide i fred. ❻ Er du tørst igjen?

***

Øvelse 2 – Fyll ut med de riktige ordene
❶ Ne mange pas tant de confiture !
Ikke . . . . mye syltetøy!

❷ Avant le repas, il lit le journal.
. . . maten . . . . avisen.

❸ Elle s'en occupe bien.
Hun . . . . bra . . . det.

❹ Beaucoup d'étudiants boivent trop.
. . . . . studenter drikker for . . . .

❺ Cela coûte trop [cher].
Det . . . . . . for . . . .

le sens concret de *sur*, mais sert aussi en combinaison obligatoire avec certains verbes, à la fois à préciser leur sens et à introduire leur complément. Ainsi, **å se**, *voir* ; **å se på**, *regarder*. **Astrid ser på gutten... men han ser ikke Astrid**, *Astrid regarde le garçon... mais il ne voit pas Astrid*.

7 **far** est ici utilisé sans article. Il a la valeur d'un "titre". Les adultes s'adressant à leurs parents, ou parlant d'eux, auront recours à cette formule. **Mor bor i Bergen**, *Ma mère habite à Bergen*.

8 **gjerne**, *volontiers*, sert fréquemment à atténuer d'une nuance polie l'intention ou la volonté contenues dans **vil**. **Jeg vil gjerne ha litt vann**, *Je voudrais/J'aimerais avoir un peu d'eau*.

***

Corrigé de l'exercice 1
❶ Ils regardent beaucoup la télévision. ❷ La pièce est petite, mais moderne. ❸ Tu manges trop. ❹ Un peu de lait suffit. ❺ Je voudrais travailler en paix. ❻ Tu as de nouveau soif ?

***

Corrigé de l'exercice 2
❶ – spis så – ❷ Før – leser han – ❸ – steller – med – ❹ Mange – mye
❺ – koster – mye

7

Syvende leksjon [chuënë lèkchoun]

Repetisjonsleksjon – Révision

Les six premières leçons vous ont mis en contact avec des éléments variés de la langue. Gageons que vous n'y avez rien rencontré de bien effrayant... Le but de cette septième leçon, qui clôt la première semaine d'apprentissage, est de mettre un peu d'ordre dans vos idées, afin de faciliter la mémorisation. Chaque section de la méthode s'achèvera ainsi sur une leçon de révision. Parcourez-la au besoin plusieurs fois, puis relisez les leçons précédentes, avant de passer à la suite.

1 Pronoms personnels sujets

Nous les avons presque tous rencontrés. Récapitulons-les dans l'ordre :

Singulier	
jeg	*je*
du	*tu*
han	*il*, pour un être humain
hun	*elle*, pour un être humain
det	pour une chose ou un animal du genre neutre
den	pour une chose ou un animal du genre masculin-féminin
Pluriel	
vi	*nous*
dere	*vous*
de	*ils* ou *elles*

Remarque : Ce dernier pronom, **de**, servait autrefois également pour la forme de politesse (auquel cas il s'écrit avec un **D** majuscule : **De**), aujourd'hui tombée en désuétude. Ne songez à renouer personnellement avec ce vieil usage que si vous avez vos entrées dans la famille royale... Bien entendu, vous le rencontrerez abondamment lorsque, d'ici quelques temps, vous aborderez la littérature ou encore, dans quelques rares situations administratives, juridiques ou commerciales. Vous pourrez aussi, à l'occasion, l'entendre dans une conversation, utilisé sur le mode ironique.

Septième leçon

Exemple : **Er De Frøken Astrid Nilsen?** donnerait en français une formulation du genre : *Est-ce bien à mademoiselle Astrid Nilsen que j'ai l'honneur ?* Dans cette solennité de ton (doublée ici par le titre **Frøken**, qui frise aujourd'hui le ridicule, de même que les équivalents norvégiens de *monsieur* et de *madame* – **Herr** et **Fru**) vous saurez donc repérer la plaisanterie... À défaut de *monsieur* et *madame*, on s'adresse donc aux gens dans les situations où il est indispensable de les nommer, en les appelant directement par leur prénom et leur nom de famille, ou simplement le nom de famille. En ce qui concerne **du**, dont l'emploi s'est donc généralisé, vous le trouverez traduit, au fil de nos leçons et exercices, soit par *tu*, soit par *vous*, selon le contexte.

2 Les verbes

Leur simplicité doit vous réjouir ! Parmi ceux qui sont apparus durant ces six premières leçons, on peut distinguer deux types :

• Le premier représente la grande majorité des verbes. Leur infinitif est constitué de la particule spécifique **å** précédant le verbe proprement dit (le même phénomène existe en anglais avec ***to***). Ce dernier – réduit éventuellement d'une syllabe – sert d'impératif (singulier et pluriel). Le présent de l'indicatif est caractérisé par la terminaison **-r** ou **-er**.

• Le second groupe ne contient pour l'instant que le verbe **å ville**, *vouloir*, qui se conjugue sans la terminaison **-(e)r** (**jeg vil**, *je veux* ; **du vil**, *tu veux*, etc.). Il s'utilise le plus souvent suivi d'un autre verbe à l'infinitif sans **å**. Sa signification est d'abord celle du verbe vouloir, mais il peut arriver que la traduction française lui préfère un futur proche, l'aspect de volonté étant alors affaibli en une simple intention. Exemple : **nå vil jeg ringe**, *maintenant, je vais téléphoner*. Cependant, on dira tout aussi bien, et même plus volontiers en langage oral : **nå ringer jeg**, la présence du **nå** suffisant à indiquer cette idée d'action imminente. D'autres verbes à la conjugaison et aux particularités d'emploi similaires ne tarderont pas à rejoindre **å ville**.

tjueto •

- Deux verbes vous ont peut-être laissé sur votre faim :
– le verbe *être* – son infinitif, et donc son impératif, ne répondent pas à la règle : **å være** – **Ikke vær så ufyselig!**, *Ne sois pas si désagréable !* Mais la forme du présent, **er**, évoque les verbes du premier type.
– **Det finnes**, *il y a / il se trouve* : il s'agit en fait d'une forme régulière, dérivée d'un verbe régulier, **å finne**, *trouver*. **Jeg finner ikke syltetøyet**, *Je ne trouve pas la confiture*.

3 Les noms et leurs articles, les adjectifs qualificatifs

- Les noms se rangent selon deux genres :
– Le neutre : l'article correspondant est **et**, qui précède le nom à la forme indéfinie (prononciation : *[ett]*), et s'accolle à sa suite à la forme définie (prononciation : *[ë]*).
Exemple : **et barn**, *un enfant* ; **barnet**, *l'enfant*.
– Le masculin-féminin : l'article **en** se place, comme pour le neutre, devant le nom à la forme indéfinie (prononciation : *[én]*), et derrière à la forme définie (prononciation : *[ën]*).
Exemples : **en gutt**, *un garçon* / **gutten**, *le garçon* ; **en skog**, *une forêt* / **skogen**, *la forêt*.
Deux formes d'articles n'existent pas en norvégien : l'article partitif (**vann**, *de l'eau*) et l'article indéfini au pluriel (**hytter**, *des chalets*).

- Quant à la formation du pluriel du nom, nous avons effleuré une première règle générale : les noms masculins-féminins prennent **-er**.
Exemple : **to aviser**, *deux journaux*.

- L'adjectif qualificatif s'accorde avec le nom : lorsqu'il accompagne un nom neutre singulier, il prend la plupart du temps la terminaison **-t**.
Exemple : **osten er god**, mais : **smøret er godt**.
(Souvenez-vous de la différence de prononciation : *[gou]* pour le masculin-féminin, *[gǫt]* pour le neutre.)
Deux exceptions ont déjà été relevées : **liten**, qui au neutre fait **lite** ; **moderne**, qui est invariable. Si vous êtes très observateur, vous aurez également pu remarquer l'absence du **-t** final dans **det er ufyselig** : c'est une règle générale pour tous les adjectifs se terminant en **-ig** (nous en connaissons deux autres : **riktig** et **ferdig**).
L'adjectif épithète précède toujours le nom auquel il se rapporte.
Exemples : **en rar mann**, *un homme bizarre* ; **et fint tre**, *un bel arbre*.

4 Pêle-mêle, quelques petits mots à retenir

Nous avons vu :
- Des pronoms interrogatifs – leurs deux premières lettres les rendent aisément reconnaissables : **hva?**, *quoi ? / que ?* et **hvor?**, *où ?*, ainsi que des locutions formées à partir de **hvor** et d'un adjectif ou d'un adverbe : **hvor mye?** / **hvor mange?**, *combien ?* Nous en "fabriquerons" d'autres au fil des prochaines leçons.
- Une conjonction de subordination : **fordi**, *parce que*.
- Quelques adverbes d'usage très fréquent : **bare**, *seulement* ; **også**, *aussi* ; **naturligvis**, *bien sûr* ; **igjen**, *à nouveau* ; **så**, *si/tellement* et **for**, *trop*. Rappelons que ces deux derniers s'utilisent soit devant un adjectif, soit devant **mye / mange** : **du er for liten**, *tu es trop petit*, mais : **han drikker for mye**, *il boit trop*. Ajoutons à cette liste **jo** et **da**, petits mots moins discrets qu'il n'y paraît (voir 2e leçon, note 4).
- Quant aux prépositions, elles s'utilisent souvent différemment des prépositions françaises. Le sens que nous vous donnons est un sens "principal" qui permet d'orienter votre apprentissage : **med**, *avec* ; **til**, *pour* ; **fra**, *de* (provenance). Vous vous accoutumerez progressivement à leur usage, d'une expression à l'autre. Même si la logique n'en est pas absente, il s'agit moins de comprendre cet usage, que de l'admettre tel qu'il est.

5 L'ordre des mots

C'est peut-être ce que vous aurez rencontré de plus "exotique", encore que la différence par rapport au français ne tienne véritablement qu'à une règle : dans toute phrase commençant par un adverbe, un attribut ou un complément, le verbe passe avant le sujet (la même règle existe en allemand).
Exemples :
Naturligvis er hun her, *Naturellement, elle est ici*.
I skogen er det en elg, *Dans la forêt, il y a un élan*.
Han er ikke sulten, men tørst er han jo, *Il n'a pas faim, mais [par contre], il a soif*.
Le dernier exemple doit vous faire sentir que cette construction, très fréquente, n'est pas une complication gratuite, mais qu'elle a pour fonction de mettre le premier élément en relief.

8 / Åttende leksjon

La forme interrogative, quant à elle, ne devrait vous poser aucun problème : l'inversion sujet-verbe existant aussi en français dans ce cas (mais c'est en norvégien une règle absolue, même en langage familier).
Exemples :
Heter du Torstein?, *Vous appelez-vous/T'appelles-tu Torstein ?, Est-ce que vous vous appelez/tu t'appelles Torstein ?, Vous vous appelez/Tu t'appelles Torstein ?*
Hva heter du?, *Comment vous appelez-vous/t'appelles-tu ?, Vous vous appelez/Tu t'appelles comment ?*

8

Åttende leksjon [<u>o</u>tënë l<u>è</u>kch<u>ou</u>n]

Som `vanlig

1 – Hva er `kl**o**kken? ¹
2 – Det `vet ² jeg ikke,
3 men klokken er sikkert `mange, allerede.
4 Og som ³ `vanlig er `du ikke `ferdig...
5 Du må ⁴ `skynde deg ⁵, `ellers kommer du for `sent igjen.
6 Det er jo det `samme ⁶ `hver ⁷ dag her i huset!
7 – Kan ⁸ du `være så snill å `hjelpe meg ⁹ litt?
8 Jeg har `virkelig ikke `tid til å `krangle med deg. ¹⁰

Prononciation
som va'nli **1** va èr kl<u>o</u>kë'n **2** dé vét yeï <u>i</u>kë **3** mèn kl<u>o</u>kë'n èr s<u>i</u>kërt ma-ng-ë alrédé **4** ô som va'nli èr du <u>i</u>kë `fèrdi **5** du mô `ch<u>ü</u>në-deï <u>è</u>lërs k<u>o</u>mër du for `sé'nt iy<u>è</u>n **6** dé èr you dé `s<u>a</u>më vèr dag Hèr i Hussé **7** k<u>a</u>'n du v<u>Ē</u>rë sô `sn<u>i</u>l à `y<u>è</u>lpë-meï l<u>i</u>t **8** yeï Har v<u>i</u>rkli <u>i</u>kë `tid til ô `kran'glë mé deï

Notes

1 **en klokke**, *une horloge*, mais vous rencontrerez surtout ce mot dans diverses tournures ayant trait à l'heure. Dans notre leçon : **Hva er klok-**

Si ce passage en revue "théorique" vous ôte l'appétit d'apprendre, ne vous y attardez pas ! Le norvégien, mieux encore que toute autre langue, s'apprend aisément par la pratique. Pour assimiler, mieux vaut "grignoter" par petites bouchées... Le banquet du jour se termine, **takk for maten!**

Huitième leçon

Comme d'habitude

1 – Quelle heure est-il ?
2 – *(Ça)* je ne sais pas,
3 mais il est sûrement tard *(l'heure est sûrement beaucoup)* déjà.
4 Et comme d'habitude *(habituel)*, tu n'es pas prête...
5 – Il faut que tu te dépêches *(Tu dois-te dépêcher)*, sinon tu arriveras *(viens)* encore en retard *(trop tard)*.
6 Tous les jours *(chaque jour)*, c'est la même chose *(le même)* dans cette maison !
7 – Peux-tu avoir la gentillesse *(être si gentil)* [de] m'aider un peu ?
8 Je n'ai vraiment pas le temps de [me] disputer avec toi

ken?, *Quelle heure est-il ?* **Klokken er mange**, *Il est tard* (équivalent plus imagé de **det er sent**). Mais aussi : **klokken fire**, *à quatre heures*.

2 Le verbe *savoir* se caractérise par une forme un peu particulière : infinitif **å vite** ; présent **jeg vet**, **du vet**, etc.

3 **som** a des sens multiples, dont le premier est celui de *comme* dans une comparaison.

4 Voici un nouveau verbe qui complète la série inaugurée par **å ville**, *vouloir* : **å måtte**, *devoir/falloir*, au présent **jeg må**, **du må**, etc., exprime

tjueseks • 26

soit l'idée d'une nécessité (**nå må du arbeide**, *maintenant, il faut que tu travailles*), soit une probabilité, une supposition (**Han må vel være litt rar**, *Il doit (bien) être un peu bizarre*).

5 **deg**, *te/toi*, est le pronom personnel complément correspondant à **du**. Exemples : **Jeg ser deg**, *Je te vois*. **Er det deg, Erik?**, *C'est toi, Erik ?*

6 **samme**, *même*, est un adjectif invariable : **De bor i samme hus**, *Ils habitent la même maison* ; **Vi har samme lege**, *Nous avons le même médecin*. Dans l'expression **det samme**, *la même chose*, le genre neutre, qui apparaît avec **det**, suffit à donner l'idée générale de "chose".

7 L'adjectif indéfini **hver**, *chaque*, s'accorde avec le nom comme un adjectif qualificatif : **hver mann**, *chaque homme* ; **hvert barn**, *chaque enfant*.

8 **å kunne**, *pouvoir*, se conjugue comme **å ville** et **å måtte** : présent **jeg kan**, **du kan**, etc. Il traduit une possibilité (**her kan du lese i fred**, *tu peux*

***

Øvelse 1 – Oversett

❶ Hun er virkelig snill. ❷ De krangler gjerne, begge to. ❸ Klokken seks leser han avisen. ❹ Jeg kommer for sent hver dag. ❺ Jeg må skynde meg. ❻ Du sier det samme igjen. ❼ Nå vil jeg hjelpe deg. ❽ Dere vet sikkert hvor hun er.

***

Øvelse 2 – Fyll ut med de riktige ordene

❶ Ça, nous ne pouvons pas [le] savoir.
   Det … vi ikke …..

❷ Ils doivent être dans la forêt.
   De .. …… i skogen.

❸ Dis-le-moi, sinon je reste ici !
   Si … det, …….. … jeg her!

❹ Il parle anglais et un peu français.
   Han … engelsk og …. fransk.

❺ Nous n'avons pas le temps de regarder la télévision.
   Vi har ikke tid … å .. … TV.

Huitième leçon / 8

lire au calme), mais aussi une faculté acquise, intellectuelle, manuelle ou physique : on le traduira alors par *savoir* (**barnet kan allerede lese**, *l'enfant sait déjà lire*). Notez en particulier un emploi important pour vous : **jeg kan norsk**, *je parle norvégien, je sais le norvégien*.

9 Comme **deg** pour **du**, **meg** est le pronom complément correspondant à **jeg**. **Du kan ringe meg**, *Tu peux me téléphoner*. **Si meg det**, *Dis-le-moi*.

10 **Jeg har ikke tid til å spise**, *Je n'ai pas [le] temps de manger*. Remarquez la préposition **til** qui introduit le complément de **tid**, comme l'on a en français *le temps de*. Dans d'autres cas, aucune préposition ne sera nécessaire (phrase précédente : **Vær så snill å hjelpe meg!**, *Sois gentil [de] m'aider !*). L'usage – c'est-à-dire, en un premier temps, la répétition des mêmes expressions – vous apprendra à maîtriser ces petits écueils de la langue, sur lesquels les non-Norvégiens trébuchent facilement.

***

Corrigé de l'exercice 1
❶ Elle est vraiment gentille. ❷ Ils/Elles aiment se disputer *(se disputent volontiers)*, tous/toutes les deux. ❸ À six heures, il lit le journal. ❹ J'arrive en retard tous les jours. ❺ Il faut que je me dépêche. ❻ Tu dis à nouveau la même chose. ❼ Maintenant, je vais *(veux)* t'aider. ❽ Vous savez sûrement où elle est.

***

Corrigé de l'exercice 2
❶ – kan – vite ❷ – må være – ❸ – meg – ellers blir – ❹ – kan – litt – ❺ – til – se på –

tjueåtte • 28

Niende leksjon [niënë lèkchoun]

Familiebilde

1 – Det¹ er et `pent bilde der, på `skrivebordet² ditt³ !
2 Er det `familien din?
3 – Ja, `hele⁴ familien på⁵ min bestemors `fødselsdag⁶.
4 – Er den⁷ damen `her din `bestemor?
5 – Nei, det er min `bror.
6 Jaså, `unnskyld. Og hvem er `det?
7 Sikkert din `søster med `mannen, ikke `sant?
8 – Det er tante `Torbjørg og onkel `Truls.
9 – Hvor er `brillene⁸ mine?

Prononciation
*familiëbildë **1** dé èr èt `pé'nt bildë dèr pô skrivëbourë-ditt **2** èr dé familië'n-di'n **3** ya `Hélë familië'n pô mi'n bèstëmours `feudsëlsdag **4** èr dèn damën `Her di'n `bestëmour **5** nei dé èr mi'n `brour **6** yassô unnchül. ô vem èr `dé **7** sikkërt di'n `seustër mé `manën ikë-sa'nt **8** dé èr ta'ntë `tourbyeurg ô ou'nkël `truls **9** vour èr `brilënë-minë*

Notes

1 **der**, *là/là-bas* – par opposition à **her**, *ici*.

2 Un *bureau*, lorsqu'il s'agit d'une table de travail, se dit **skrivebord**, c'est-à-dire "table à écrire". **Å skrive**, *écrire*. Tout aussi logiquement, **spisebord** désignera *la table à laquelle on mange*.

3 Voici l'apparition de l'adjectif possessif. Pour un possesseur à la 1ʳᵉ personne du singulier, **min**, **mitt** et **mine** se rapportent respectivement à un nom masculin-féminin, neutre et pluriel ; les équivalents pour un possesseur à la 2ᵉ personne du singulier sont **din**, **ditt**, **dine**. Cependant, les adjectifs possessifs norvégiens ont l'originalité de pouvoir s'utiliser de deux façons différentes : soit seuls avec le nom (forme simple), soit

Neuvième leçon

Photo de famille

1 – C'est une belle photo, là, sur ton bureau *(la table-à-écrire ta)* !
2   Est-ce que c'est ta famille ?
3 – Oui, toute la famille à l'anniversaire de ma grand-mère.
4 – Cette dame, là, c'est ta grand-mère *(est cette la dame ici ta grand-mère)* ?
5 – Non, c'est mon frère.
6 – Ah bon. Pardon. Et [ça], qui est-ce ?
7   Sûrement ta sœur avec [son] mari *(homme)*, n'est-ce pas ?
8 – C'est tante Torbjørg et oncle Truls.
9 – Où sont mes lunettes ?

en combinaison avec un article défini (forme développée) – auquel cas le possessif se place derrière le nom. Exemples : **min far**, **faren min**, *mon père* ; **ditt brød** ou **brødet ditt**, *ton pain*. Il n'existe pas de règle concernant l'emploi de l'une ou l'autre forme. "L'oreille" et le "sentiment de la langue" pourront, peu à peu, vous aiguiller vers un choix plutôt qu'un autre – sans que jamais (rassurez-vous), vous ne risquez de commettre aucune "erreur" choquante.

4 **en hel familie**, *toute une famille* / **hele familien**, *toute la famille* ; **en hel dag**, *toute une journée* / **hele dagen**, *toute la journée* ; **et helt brød**, *tout un pain* / **hele brødet**, *tout le pain*. L'adjectif **hel** correspond donc au français *tout/toute*, dans le sens de "entier" (anglais ***whole***). Notez la terminaison **-e** dans les expressions avec l'article défini.

5 Nous trouvons à deux lignes d'intervalle deux traductions de la préposition **på**. La première est concrète : **på bordet**, *sur la table* ; *sur* est en quelque sorte le sens primitif de **på** – mais le français n'utilisera pas *sur* pour tous les compléments de lieu qu'elle introduit, ainsi : **på rommet**, *dans la pièce*. Le second sens est abstrait : **på fødselsdagen din**, *à ton anniversaire* ; **han er på arbeid**, *il est au travail*.

6 **fødselsdag**, *anniversaire*, est un nom composé (litt. "jour de naissance"). Retenons **(en) dag**, *un jour*. **Min bestemors fødselsdag**, *l'anniversaire de ma grand-mère* ; **min fars hytte**, *le chalet de mon père* ; **Olavs frokost**, *le petit déjeuner d'Olav* ; **guttens rom**, *la chambre du garçon*. Ces quelques exemples illustrent la forme dite du génitif, qui correspond à nos compléments du nom, lorsqu'ils marquent l'appartenance – faites la différence entre **jordbærsyltetøy**, *confiture de fraises* (nom composé) et **min bestemors syltetøy**, *la confiture de ma grand-mère* (génitif). Notez que la construction est inversée par rapport au français. Le nom complément, placé devant, porte la terminaison **-s**. Remarquez qu'il n'est possible de combiner le génitif qu'avec la forme simple de l'adjectif possessif. Exemple : **min fars hus** – on ne peut rajouter à **far** à la fois le **-s** du génitif et le suffixe de l'article défini (**-en**).

***

Øvelse 1 – Oversett

❶ Kaffen min er for varm. ❷ Det bildet der er virkelig pent. ❸ Unnskyld, hvem er du? ❹ Jeg må ha briller, legen min sier det. ❺ Hele familien din kommer. ❻ Studentene arbeider ikke mye. ❼ Min søster er snill, vet du! ❽ Han skriver hver dag i avisen. ❾ Dere drikker brus hele dagen.

***

Øvelse 2 – Fyll ut med de riktige ordene

❶ Je ne te vois pas *(peux pas te voir)* bien sur la photo.
   Jeg ... ikke se ... godt .. bildet.

❷ En Norvège, les maisons sont modernes.
   . Norge er ...... moderne.

❸ Il fait chaud dans ma chambre.
   Det er ...... rommet .....

❹ Mon père pense comme le père de Reidun.
   ... far tenker ... . far.

❺ La maison de ma grand-mère est trop petite.
   ... . hus er for .....

Neuvième leçon / 9

7 **den damen**, *cette dame* ; **den mannen**, *cet homme* ; **det huset**, *cette maison* ; **det treet**, *cet arbre* : **den** et **det** sont les deux formes de l'adjectif démonstratif au singulier. Notez que le nom porte alors la marque de l'article défini. On peut encore renforcer l'effet démonstratif en ajoutant derrière le nom l'adverbe **her** ou **der** : **det treet her**, *cet arbre-ci* (tout proche) ; **den mannen der**, *cet homme-là* (un peu plus loin).

8 **briller**, *des lunettes* / **brillene**, *les lunettes* ; ce nom, toujours pluriel, fait apparaître la forme la plus courante du pluriel défini. Autres exemples : **skogene**, *les forêts* ; **hyttene**, *les chalets* ; **husene**, *les maisons* ; **trærne**, *les arbres*.

***

Corrigé de l'exercice 1
❶ Mon café est trop chaud. ❷ Cette photo-là est vraiment belle. ❸ Pardon, qui êtes-vous/es-tu ? ❹ Il faut que je porte *(j'aie)* des lunettes : mon médecin le dit. ❺ Toute ta famille vient. ❻ Les étudiants ne travaillent pas beaucoup. ❼ Ma sœur est gentille, tu sais ! ❽ Il écrit tous les jours dans le journal. ❾ Vous buvez de la limonade toute la journée.

❻ Sais-tu où est le journal d'oncle Øystein ?
 … du hvor … … … … avis er?

Corrigé de l'exercice 2
❶ – kan – deg – på – ❷ I – husene – ❸ – varmt på – mitt ❹ Min – som Reiduns – ❺ Min bestemors – lite ❻ Vet – onkel Øysteins –

Tiende leksjon [tiënë lèkchoun]

Likestilling

1 – `Sover du, Leif?
2 – Nei, ikke `enda ¹.
3 – Hører `du det samme som `jeg ² ?
4 – Det bare `regner, og `vinden `blåser.
5 – Jeg `tror det `er noen ³ på `kjøkkenet!
6 – `Ingen fare: kjøleskapet ⁴ er `tomt.
7 – Jeg har `slett ikke ⁵ `lyst til å `spøke...
8 – Det må være `katten som ⁶ `leter etter ⁷ `mat.
9 – Nei, det kan det `ikke være.
10 Du som er en `mann, `kan du ikke `gå ⁸ og `se?
11 – Kvinner og menn ⁹ er nå `like ¹⁰, `skatten min.

Prononciation
likëstjling 1 `sôvër du leif 2 nei jkë `è'nda 3 `Heurër du dé samë som `yeï 4 dé barë `reïnër ô `vi'nën blôsër 5 yeï `trour dé er noun ën pô `Çeukënë 6 `i-ng-ë'n farë Çeulëskapë er `toumt 7 yeï Har slet jkë `lüst til ô `speukë 8 dé mô vĒrë `kat'n som létër-êtër `mat 9 neï dé ka'n dé jkë `vĒrë 10 du som èr én `ma'n ka'n du jkë `gô ô `sé 11 kvjnër ô mè'n èr nô `likë `skatën mj'n

Notes
1 **ikke enda**, *pas encore*, par opposition à **allerede**, *déjà*.

2 **som** introduit ici le deuxième terme de la comparaison. Remarquez l'utilisation de **jeg**, et non de **meg**, comme cela peut être tentant pour un francophone : **jeg** est en effet sujet d'un second verbe sous-entendu. On pourrait dire : **det samme som jeg hører**, *la même chose que (moi) j'entends*.

3 Nous en arrivons à une série de petits mots très courants dont voici d'abord le sens lorsqu'ils sont employés comme pronoms : **noen**,

Dixième leçon

Égalité

1 – Tu dors, Leif ?
2 – Non, pas encore.
3 – Entends-tu la même chose que *(comme)* moi ?
4 – Il pleut, c'est tout *(Il seulement pleut)*, et le vent souffle.
5 – Je crois [qu']il y a quelqu'un dans *(sur)* la cuisine !
6 – Pas de danger : le réfrigérateur est vide.
7 – Je n'ai pas du tout envie de plaisanter…
8 – Ce doit être le chat qui cherche à manger *(cherche après nourriture)*.
9 – Non, ça ne peut pas être ça.
10 Toi qui es un homme, est-ce que tu ne peux pas aller voir *(aller et voir)* ?
11 – [Les] femmes et [les] hommes sont égaux *(pareils)*, maintenant, ma chérie *(le trésor mon)*.

quelqu'un / **ikke noen** ou **ingen**, *personne* ; **noe**, *quelque chose* / **ikke noe** ou **ingenting**, *rien*. Mais ils ont aussi, employés comme adjectifs, de nombreux usages que nous décrypterons au fur et à mesure de leur apparition. En voici un premier (phrase 6) : **ingen fare**, *pas de danger / aucun danger*. Cette utilisation de **ingen** comme adjectif correspond à un niveau de langue légèrement supérieur à celui de son équivalent grammatical **ikke noen**. **Han er ikke noen god lege** / **Han er ingen god lege**, *Ce n'est pas un bon médecin*. Devant un nom de genre neutre, le norvégien moderne utilise exclusivement **ikke noe**. Craignez-vous d'y perdre votre latin ? Dans ce cas, contentez-vous de vous reporter à cette note chaque fois que la curiosité vous piquera. Il est, de toute façon, bien trop tôt pour du "par cœur".

4 Dans le nom composé **kjøleskapet**, on peut isoler **et skap**, *une armoire*. Quant à la racine de **kjøle**, on la trouve entre autres dans l'adjectif **kjølig**, *frais*. **Det er litt kjølig**, *Il fait un peu frais*.
5 **slett** permet de renforcer la négation : **slett ikke**, *pas du tout*.

10 / Tiende leksjon

6 Deuxième nature de **som** : comme pronom relatif, il peut se traduire par *qui* (pronom relatif sujet), *que* (pronom relatif complément). Exemples : **Her er gutten som heter Lars**, *Voici le garçon qui s'appelle Lars* ; **Lars er gutten som du ser der**, *Lars est le garçon que tu vois là-bas*.

7 La préposition **etter** signifie en premier lieu *après*. Elle est ici liée au verbe **å lete**, *chercher*, dont elle introduit obligatoirement le complément. Imaginez l'image contenue dans **etter** : chercher quelque chose, c'est être à sa poursuite (donc *après*).

8 **å gå** (présent : **jeg går**, etc.), *aller/partir*. Le norvégien rejoint le français dans l'expression : **det går ikke**, *ça ne va pas / ça ne se fait pas / ce n'est pas possible*.

***

Øvelse 1 – Oversett

❶ Han vil ikke sove på det rommet. ❷ Leter du etter brillene dine igjen? ❸ Vi har samme lege som dere. ❹ Har du ikke lyst til å gå? ❺ Hun kan ikke høre hva du sier. ❻ Her regner det virkelig mye. ❼ Tror du det er sant? ❽ Vi er slett ikke tørste. ❾ Kan dere komme? – Nei, det går ikke, fordi vi må arbeide.

***

Øvelse 2 – Fyll ut med de riktige ordene

❶ Ce n'est pas un élan.
   Det er .... elg.

❷ Ce n'est pas du bon pain.
   Det er ikke ... ... brød.

❸ Il n'y a pas de lait dans le réfrigérateur.
   Det finnes .... melk i ....

❹ Personne ne veut venir à mon anniversaire.
   ..... vil komme på .... min.

❺ La femme que tu vois sur la photo est la sœur de ma mère.
   .... du ser .. bildet er ... . søster.

❻ Le chat dort dans la cuisine.
   Katten ..... på ....

Dixième leçon / 10

9 **menn** pluriel irrégulier de **mann**.

10 L'adjectif **lik**, *pareil/semblable/égal*, exprime l'idée d'égalité ou de ressemblance. **Du er lik faren din**, *Tu ressembles à ton père*. Il est ici au pluriel : **Menn og kvinner er like**, *Les hommes et les femmes sont égaux* ; **De er like begge to**, *Ils se ressemblent, tous les deux*. Déduisons-en la règle suivante, qui admet peu d'exceptions : l'adjectif qualificatif au pluriel est caractérisé par la terminaison **-e**.

***

Corrigé de l'exercice 1

❶ Il ne veut pas dormir dans cette chambre. ❷ Tu cherches encore tes lunettes ? ❸ Nous avons [le] même médecin que vous. ❹ Est-ce que tu n'as pas envie de partir ? ❺ Elle n'entend pas *(ne peut pas entendre)* [ce] que tu dis. ❻ Ici, il pleut vraiment beaucoup. ❼ Crois-tu que ce soit vrai ? ❽ Nous n'avons pas du tout soif. ❾ Pouvez-vous venir ? – Non, ce n'est pas possible *(ça ne marche pas)*, parce que nous devons travailler.

***

Corrigé de l'exercice 2

❶ – ikke noen – ❷ – noe godt – ❸ – ikke noen – kjøleskapet ❹ Ingen – fødselsdagen – ❺ Kvinnen som – på – min mors – ❻ – sover – kjøkkenet

11 / Ellevte leksjon

Depuis l'époque où l'écrivain **Camilla Collett** *et le peintre* **Aasta Hansteen**, *égéries des premières féministes norvégiennes, menaient leurs offensives, l'une à la pointe de la plume, l'autre à coups de parapluie, beaucoup d'eau est passée dans les fjords. Quelque cent ans plus tard, dans les années 1970, l'ère des manifestations et des meetings atteignit son point culminant, avec les commandos anti-pornographie du* **Kvinnefront**, *Front des femmes, mais aussi – et peut-être surtout – avec les revendications d'un mouvement masculin : le* **myk**

Ellevte leksjon [èlëvtë lèkchoun]

Ekte `vennskap

1 – Men det er jo `Rolf, min `stakkars [1] gamle [2] `venn!
2 For en `overraskelse å se `deg igjen!
3 Hvordan `har du det?
4 – Jeg har det `bare bra...
5 Min kone [3] og jeg er her for en `uke.
6 – Nei, sier du `det! Er du `gift?! Utrolig.
7 Hvem i `allverden kan `det være...? [4]
8 – Hennes [5] `far er `skipsreder [6] i `Bergen.
9 – Jaså! `Bor dere `der, i `regnværet [7]?
10 – Nei. Firmaet hans eier en stor `leilighet [8] i `Oslo, ved `slottet.
11 – Din `heldiggris [9]. Vi får [10] `håpe det `varer. ☐

Prononciation

èktë `vènskap **1** mèn dé èr you `rolf mi'n `stakars gamlë `vèn **2** for én `ôveraskëlsë ô sé deï `iyèn **3** vourda'n `Har du dé **4** yeï Har dé `barë bra **5** mi'n kounë ô yeï èr Her for én `ukë **6** neï `sièr du dé! èr du `yift?! utrouli **7** vèm i `alvèrdë'n ka'n dé vĒrë **8** Hènës far èr `chipsrédër i `bèrguën **9** yassô! `bour dérë dèr i `reïnvĒrë **10** neï. firmaë Ha'ns èyër én stour `leïliHét i `ouslou vé `slotë **11** di'n `Hèldigriss. vi fôr `Hôpë dé `varër

mann, homme doux, *qui réclamait l'abolition du mythe de la virilité à la mode viking, et le droit à la vulnérabilité ! Ces bouillonnements ont tiré au clair des principes sur lesquels nul, aujourd'hui, ne revient plus, dans les idées comme dans la pratique. L'égalité s'est imposée jusque dans la langue : ne cherchez pas, par exemple, à féminiser un nom de métier – si le rôle est le même, le mot doit aussi être le même... à quelques exceptions près.*

Onzième leçon

Véritable amitié

1 – Mais c'est bien Rolf, mon pauvre vieil ami !
2 Quelle surprise de *(Pour une surprise)* te revoir *(voir à-nouveau)* !
3 Comment vas-tu *(l'as-tu)* ?
4 – Je vais très bien *(Je l'ai seulement bien)*...
5 Ma femme et moi sommes ici pour une semaine.
6 – Non, pas possible *(dis tu ça)* ! Tu es marié ?! Incroyable.
7 Qui diable *(Qui dans le monde entier)* cela peut-il être... ?
8 – Son père est armateur à Bergen.
9 – Vraiment ! Vous habitez là-bas, sous la pluie *(dans le temps de pluie)* ?
10 – Non. Son entreprise est propriétaire *(possède)* [d']un grand appartement à Oslo, à côté du château.
11 – *(Ton)* veinard. Espérons *(Nous pouvons espérer)* [que] ça dure[ra].

11 / Ellevte leksjon

Notes

1. **stakkars**, adjectif invariable servant à exprimer l'apitoiement, ne s'utilise que comme épithète. **Stakkars gutt!**, *Pauvre garçon !*

2. L'adjectif **gammel**, *vieux*, se transforme en **gamle** au pluriel, ou lorsqu'il est utilisé comme épithète dans un groupe défini. D'autres adjectifs subissent de légères mutations du même genre. Ainsi **sulten** devient-il **sultne** au pluriel : **en sulten mann**, *un homme affamé* / **sultne menn**, *des hommes affamés*.

3. Le nom **kone**, *femme/épouse*, est à distinguer de **kvinne**, *femme* par opposition à **mann**. Notez qu'on dira toujours **min kone** (et non pas **konen min**, cf. 14ᵉ leçon).

4. **Hvem/Hvor/Hvordan i allverden…?**, *Qui/Où/Comment diable… ?* L'expression **i allverden**, destinée à renforcer le ton interrogatif d'une question, signifie littéralement "dans le monde entier". **Verden**, *le monde*. Notez que, par exception, c'est ici **all** (et non **hel**) qui traduit l'idée de "tout entier".

5. Nous continuons la série des adjectifs possessifs avec **hennes** et **hans**, qui correspondent tous deux à un possesseur de la 3ᵉ personne du singulier, c'est-à-dire aux possessifs français *son*, *sa* et *ses*… Mais attention : le choix de **hans** ou **hennes**, au lieu de dépendre, comme en français, du genre de l'objet possédé, se fait en fonction du possesseur. Si celui-ci est une femme, on utilise **hennes**, si c'est un homme, on utilise **hans**. Exemples : **hennes** (Astrids) **frokost/rom/briller**, (en parlant d'Astrid) *son petit déjeuner/sa chambre/ses lunettes* ; **hans** (Påls) **frokost/rom/briller**, (en parlant de Pål) *son petit déjeuner/sa chambre/ses lunettes*. La même distinction existe en anglais avec ***his/her***, en allemand avec

***

Øvelse 1 – Oversett

❶ Ser du det skipet der? ❷ Han eier et slott i Frankrike. ❸ Vi får håpe hun er der. ❹ Hvor i allverden er avisen min? ❺ De bor i en liten hytte ved en stor skog. ❻ Har du ikke noe å spise, stakkars barnet mitt? ❼ Hun er gift med en franskmann som heter Michel.

Onzième leçon / 11

sein/ihr. Par ailleurs, **hennes** et **hans** peuvent être placés, comme les autres possessifs, soit devant, soit derrière le nom, qui porte alors la marque de l'article défini : **hans rom** ou **rommet hans** ; **hennes mann** ou **mannen hennes**.

6 **en skipsreder**, *un armateur*, contient le mot neutre **et skip**, *un navire*.

7 **været**, *le temps qu'il fait* (à ne pas confondre avec **tid**, *le temps qui passe*). **Her er det pent vær**, *Ici, il fait beau* ("le temps est beau"). **For et ufyselig vær!**, *Quel temps affreux !* Attention : **været** se prononce *[vĒrë]*... **å være** *[ô vĒrë]*, *être*.

8 À propos de **en leilighet**, *un appartement*, souvenez-vous du verbe **å leie**, *louer*.

9 **en gris**, *un cochon*, symbole porte-bonheur dans plusieurs pays du nord. L'adjectif **heldig** signifie à lui tout seul *chanceux*. Le tout donne une expression colorée et familière, qu'on peut aussi utiliser comme attribut : **du er en heldiggris**, *tu es un veinard*. Quant au **din** qui ouvre la phrase, il sert à apostropher l'interlocuteur – comme nous dirions "espèce de veinard...".

10 **å få**, *obtenir/recevoir* – et par extension *pouvoir* au sens d'*avoir le droit* (on dit aussi **å få lov** – **lov**, *loi* – qui correspond mot à mot à "obtenir la permission") – est un verbe des plus courants. Quelques exemples d'utilisation : **Kan jeg få litt vann?**, *Puis-je avoir un peu d'eau ?* (formule polie, le norvégien ne connaissant pas d'équivalent strict à notre *s'il vous plaît*) ; **Til fødselsdagen min får jeg noe fra min onkel**, *Pour mon anniversaire, mon oncle me donne[ra] quelque chose* ("je reçois quelque chose de mon oncle") ; **Nå får du gå**, *Maintenant, tu peux partir*.

***

Corrigé de l'exercice 1

❶ Vois-tu ce navire, là-bas ? ❷ Il est propriétaire d'un château en France. ❸ Espérons qu'elle est là. ❹ Où diable est mon journal ? ❺ Ils/Elles habitent dans un petit chalet près d'une grande forêt. ❻ N'as-tu rien à manger, mon pauvre enfant ? ❼ Elle est mariée avec un Français qui s'appelle Michel.

førti • 40

12 / Tolvte leksjon

Øvelse 2 – Fyll ut med de riktige ordene

❶ Tu as de la chance de savoir *(qui sais)* le norvégien.
   Du er ...... som ... norsk.

❷ Quel bel appartement ! [En] es-tu propriétaire ?
   ... en pen ....! .... du den?

❸ Sa femme n'est pas gentille. Mais ils sont trop vieux pour se disputer.
   ... ... er ikke snill. Men de er ... . til å ....

❹ Son mari ne sait *(peut)* pas [faire] grand-chose *(beaucoup)*, mais il aime plaisanter.
   ...... mann ... ikke mye, men han ..... å ......

12

Tolvte leksjon *[to̱ltë lèkchoun]*

Kaffe og kaker [1]

1 – Kom `inn [2], alle [3] sammen, velkommen til `oss [4]!
2 Skal [5] jeg ta `yttertøyet [6] deres [7] ?
3 Bare `sett dere [8]!
4 Jeg henter [9] `kaffe og `kake på `kjøkkenet.
5 – Hvor kan vi sette `ryggsekkene våre?
6 – La dem stå [10] i `gangen.
7 – Nå blir det `deilig med en kopp `kaffe etter turen!
8 – Bruker dere `fløte i kaffen?
9 – Jeg får ikke `lov av legen. Jeg må passe [11] `vekten.
10 – Men et lite stykke `kake hører jo `til!
11 Vær så god! [12]

Douzième leçon / 12

❺ Excusez-moi, puis-je avoir un peu de pain ?
........, kan jeg .. litt brød?

❻ Le garçon n'a pas le droit de regarder la télévision, parce qu'il est trop tard.
Gutten ... ikke se .. TV, ... klokken er ......

Corrigé de l'exercice 2
❶ – heldig – kan – ❷ For – leilighet – Eier – ❸ Hans kone – for gamle – krangle ❹ Hennes – kan – liker – spøke ❺ Unnskyld – få – ❻ – får – på – fordi – mange

---

Douzième leçon

[Le] café-gâteaux

1 – Entrez, tous *(ensemble)*, bienvenue chez nous !
2 Je prends *(dois je prendre)* vos vêtements ?
3 Asseyez-vous donc *(seulement asseyez vous)* !
4 Je vais chercher [le] café et [les] gâteau[x] dans la cuisine.
5 – Où pouvons-nous poser nos sacs à dos ?
6 – Laissez-les *(debout)* dans le couloir.
7 – Une tasse de café, ça va faire du bien, maintenant *(maintenant devient ça délicieux avec une tasse [de] café)*, après la balade !
8 – Vous prenez *(utilisez)* [de la] crème dans le café ?
9 – Le médecin me l'interdit *(Je n'ai pas [l']autorisation du médecin)*. Je dois faire attention à mon poids *(au poids)*.
10 – Mais un petit morceau [de] gâteau, ça ne se refuse pas *(ça va avec)* !
11 Servez-vous *(Soyez assez aimables)* !

12 / Tolvte leksjon

Prononciation

`kafë ô `kakër **1** kom `j'n alë samë'n vèlkomë'n til `os **2** skal yeï ta `ütërteuÿë-dérës **3** barë `sèt dérë **4** yeï Hè'ntër `kafë ô `kakë pô `Çeukënë **5** vour ka'n vi sètë `rügsèkënë-vôrë **6** la dem stô i `gang-ën **7** nô blir dé `deïli mé én kop `kafë ètër turën **8** brukër dérë `fleutë i kafën **9** yeï fôr ikë `lôv a léguën. yeï mô passé `vèktën **10** mèn èt litë stükë `kakë Heurër you `til **11** vĒr-sô-gou

ALT HAN SIER ER LITTROLIG.

Notes

1 **kaffe og kaker**, *café et gâteau*, est une expression figée.

2 **inn** est un adverbe (apparenté à la préposition **i**) qui indique un mouvement vers l'intérieur. Il précise ici le sens du verbe **å komme**. De très nombreux verbes norvégiens fonctionnent grâce à ce système. Nous avons déjà entrevu un exemple du même type, avec le verbe **å leie ut**, *donner en location* (4ᵉ leçon). Un troisième nous attend à la fin de cette leçon : **å høre til**, *aller (bien) avec/être indispensable*.

3 **alle**, *tous/toutes* (forme neutre **alt**, *tout*), à distinguer de l'adjectif **hele**, *entier*. Faisons la différence : **Alle kvinner liker kake**, *Toutes les femmes aiment [les] gâteau[x]* ; **Han spiser alt som finnes i kjøleskapet**, *Il mange tout ce qu'il y a dans le réfrigérateur* ; mais : **Jeg vil se hele verden**, *Je veux voir le monde entier*.

4 **oss**, *nous*, est la forme complément du pronom personnel **vi**, *nous*. Nous poursuivons la série dans les lignes qui suivent, avec **dere**, *vous*, 2ᵉ personne du pluriel, identique au pronom sujet, et **dem**, 3ᵉ personne du pluriel, *les/eux*, correspondant à **de**.

5 **skal**, forme conjuguée au présent du verbe **å skulle**, appartient à la famille de **å ville**, **å kunne**, **å måtte**. Il exprime soit l'idée d'un *devoir moral* (comme en allemand **sollen**), soit une nuance de futur (comme en anglais **shall**). Son usage étant assez difficile à cerner, et sa traduction très variable selon le contexte, appliquez-vous à retenir quelques phrases types où il apparaît, par exemple des questions comme : **Skal du ha kaffe?**, *Veux-tu/Voulez-vous du café ?* ; **Skal hun også komme?**, *Est-ce qu'elle viendra aussi ?* ; **Skal jeg si det?**, *Est-ce que je dois le dire ?* **Skal** apparaîtra fréquemment dans les prochaines leçons, et ne saurait tarder à vous devenir familier.

6 **yttertøy**, nom neutre, désigne globalement tous les types de vêtements qu'on porte dehors pour se protéger des intempéries : *manteaux*, *anoraks*, etc.

7 Voici les adjectifs possessifs du pluriel : **deres** correspond à la fois à la 2e et la 3e personnes, **vår** à la 1re. **Deres hus**, *votre maison* (en s'adressant à plusieurs personnes), *leur maison*. **Vår hytte**, **vårt hus**, *notre chalet*, *notre maison*. Notez que **deres** est invariable, tandis que **vår** prend au neutre la terminaison classique **-t**.

8 **å sette**, *poser/placer*. Utilisé avec un pronom personnel complément, il signifie *s'asseoir*. **Sett deg**, *Assieds-toi !*

9 **å hente**, *aller chercher*, c'est-à-dire se déplacer pour prendre quelque chose (ne pas confondre avec **å lete**). Un seul verbe suffit en norvégien.

10 Là où le français, pour indiquer qu'un objet ou une personne *se trouve* à tel ou tel endroit, se contente le plus souvent du verbe *être*, le norvégien précise volontiers la position de l'objet ou de la personne en question : **Bordet står på kjøkkenet**, *La table est (debout) dans la cuisine*. Mais : **Brødet står på bordet**, *Le pain est (debout) sur la table* – même s'il est plutôt posé à plat…

11 **å passe noe**, *faire attention à quelque chose/surveiller*. **Du må passe tiden**, *Il faut que tu fasses attention à l'heure*. **Moren passer barnet**, *La mère surveille l'enfant*. Mais on dit aussi : **Pass på brillene dine**, *Fais attention à tes lunettes*.

12 L'expression **vær så god** n'est, en fait, pas traduisible. Elle s'utilise chaque fois qu'on donne quelque chose à quelqu'un, et accompagne le geste de donner, ou sert de réponse au remerciement reçu.

12 / Tolvte leksjon

Øvelse 1 – Oversett

❶ Alt han sier er utrolig. ❷ Etter maten tar vi en tur i skogen ❸ Alle mennene i huset sover allerede. ❹ Det ostestykket er for stort. ❺ Skal vi arbeide sammen? ❻ La meg være i fred! ❼ Velkommen til Norge! ❽ Kakene står på kjøkkenbordet. ❾ Bruker du smør eller margarin på brødet?

***

Øvelse 2 – Fyll ut med de riktige ordene

❶ Nous irons chercher nos amis.
Vi skal ..... venn ... .

❷ Ne voulez-vous pas vous asseoir ?
Vil dere ikke ....?

❸ En Norvège, on met de la crème dans le café *(de la crème va avec le café)*.
. Norge ..... det fløte til kaffen.

❹ J'ai envie d'un morceau de gâteau, mais je dois faire attention à ma ligne.
Jeg har .... på et ...... kake, men jeg må ..... vekten.

❺ Tu cherches ton sac à dos ? Il est dans le couloir.
..... du ..... ryggsekken ...? .... i gangen.

❻ Prenez donc encore un peu de thé, je vous en prie.
Bare .. litt te igjen, ...

❼ Après le repas, nous faisons *(prenons)* un tour dans la forêt.
.... tar vi ..... i skogen.

Corrigé de l'exercice 1

❶ Tout [ce] qu'il dit est incroyable. ❷ Après le dîner, nous ferons une promenade dans les bois. ❸ Tous les hommes de *(dans)* la maison dorment déjà. ❹ Ce morceau de fromage est trop gros. ❺ Veux-tu que nous travaillions ensemble ? ❻ Laisse-moi *(être)* en paix ! ❼ Bienvenue en Norvège ! ❽ Les gâteaux sont sur la table de la cuisine. ❾ Est-ce que tu mets du beurre ou de la margarine sur le pain ?

***

Corrigé de l'exercice 2

❶ – hente – ene våre ❷ – sette dere ❸ I – hører – ❹ – lyst – stykke – passe – ❺ Leter – etter – din – Den står – ❻ – ta – vær så god ❼ Etter maten – en tur –

Il est possible que ces gâteaux vous paraissent un peu indigestes... question d'habitude, et aussi de climat. Car le **kaffe og kaker** *représente quasiment une institution dans la vie familiale et sociale norvégienne, au quotidien comme pour certaines occasions plus festives – un baptême, par exemple. Si le café (très peu fort) se boit toute la journée, les gâteaux apparaissent de préférence vers sept heures du soir (c'est-à-dire deux heures après le repas principal,* **middag**). *Il en est de fort divers, selon l'époque et le prétexte : imposants et crémeux (pour lutter contre le froid), d'une esthétique très baroque, ou encore petits et de formes variées aux alentours de Noël... Parmi les incontournables des quatre saisons, citons les gaufres, en forme de cœur et relevées de cardamome, qu'on tartine de confitures aux fruits des bois.*

13

Trettende leksjon [trètënë lèkchoun]

Samarbeid

1 – Vet du `hva, gutten min?
2 Din mor er i `byen og gjør [1] noen [2] `innkjøp [3].
3 Istedenfor [4] å `sitte [5] på sofaen og `late [6] oss,
4 skal vi `overraske henne med et rent `hus, når [7] hun [8] kommer `hjem [9].
5 `Synes du [10] ikke `det er en god `idé?
6 Først skal du rydde opp `bøkene og `klærne som `ligger på gulvet. [11]
7 Og så setter du `kjelken, `skiene og `skøytene dine inn i `garasjen,
8 og `kaster alle gamle `brusflasker og tomme `godteposer.
9 Og jeg skal lage `mat og kjøpe `blomster.
10 – Kan vi ikke heller gjøre det `omvendt? □

Prononciation

s*a*marbeï(d) **1** vét du `va guẗë'n mi̱'n **2** di'n mour èr i `büyën ô yeur nou ën `i̱nÇeup **3** istédënfor ô `siẗë pô soufaë'n ô `laẗë os **4** skal vi `ôvërraskë Hènë mé èt rént `Hus' nôr Hu'n ko̱mër `yem **5** `sünës du i̱kë dé èr én gou `idé **6** feurst (feucht) skal du ru̱dë-oup `beukënë ô `klĒrnë som `liguër pô gulvë **7** ô sô sèter du `Çèlkën `chiënë ô `cheuyẗënë-dinë i̱'n i `garachën **8** ô `kastër alë ga̱mlë `brusflaskër ô tou̱më `goẗëpousër **9** ô yeï ska̱l laguë `mat ô Çeupë `blo̱mstër **10** ka̱'n vi i̱kë Hèlër yeurë dé `ou̱mvènt

Notes

[1] Le verbe *faire* se traduit de deux façons différentes : **å gjøre** (jeg gjør) couvre le sens le plus général et le plus abstrait, **å lage** (phrase 9) l'idée de *fabriquer/préparer* quelque chose. Exemples : **Hva gjør han her?**, *Que fait-il ici ?* **Han lager frokosten**, *Il prépare le petit déjeuner*.

47 • førtisju

Treizième leçon

Travail en commun

1 – Tu sais quoi, mon garçon ?
2 Ta mère est en ville pour faire *(dans la ville et fait)* quelques courses.
3 Au lieu de rester assis *(être assis)* sur le canapé à fainéanter *(et nous prélasser)*,
4 nous allons lui faire la surprise *(la surprendre avec)* [d']une maison [toute] propre, quand elle rentre[ra].
5 Tu ne trouves pas [que] c'est une bonne idée ?
6 D'abord *(Premièrement)*, tu vas ranger les livres et les vêtements qui sont *(couchés)* par terre *(sur le sol)*.
7 Et puis tu rentreras *(rentres)* ta luge, tes skis et tes patins dans le garage,
8 et [tu] jetteras *(jettes)* toutes les vieilles bouteilles de limonade et [les] sachets de bonbons vides.
9 Et [moi], je vais faire [le] repas et acheter [des] fleurs.
10 – On ne peut pas *(Pouvons nous pas)* plutôt faire le contraire *(contrairement)* ?

---

2 **noen** prend ici la signification de *quelques*.

3 **å kjøpe**, *acheter* ; **et kjøp**, *un achat* ; **innkjøp**, *des courses/des achats*.

4 Quoiqu'écrit en un seul mot, **istedenfor** correspond littéralement à notre *au lieu de* (**et sted**, *un lieu/un endroit*). Il peut s'employer soit devant un nom, soit devant un infinitif.

5 Nous connaissions **sett deg!**, *assieds-toi !* dérivé du verbe **å sette**, *poser/placer* (autrement qu'à plat). Voici son dangereux sosie, le verbe **å sitte**, *être assis*. Le premier appelle un complément d'objet, le second ne peut en avoir. Dans le même ordre d'idées, nous trouverons plus loin (phrase 6) **å ligge**, *être couché/posé à plat* – qui a lui-même un verbe "symétrique" avec complément : **å legge**, *poser à plat/coucher*. **Han ligger på sofaen**, *Il est couché sur le canapé* ; mais : **Nå vil jeg legge meg**, *Maintenant, je vais me coucher*. Soyez vigilant au changement de voyelle !

13 / Trettende leksjon

6 **lat**, *paresseux*. De cet adjectif vient le verbe utilisé ici. **Jeg later meg**, *Je paresse / je fainéante / je me prélasse*.

7 **når**, *quand* ou *quand ?* – peut introduire une question comme une subordonnée. **Når kommer han?**, *Quand vient-il ?* **Når du vil**, *Quand tu veux*.

8 **henne** est le pronom personnel complément correspondant à **hun**. **Jeg ser henne**, *Je la vois*. Pour le masculin, le parler populaire a de plus en plus tendance à utiliser **han**, c'est-à-dire à ne pas distinguer entre pronom sujet et pronom complément ; mais il est pour nous préférable de commencer par le niveau de langue le plus correct : nous opterons donc pour **ham**. **Jeg hører ham**, *Je l'entends*.

9 **hjem** et **hjemme** sont deux adverbes dérivés du nom **et hjem**, *un foyer* (le "***home, sweet home***" anglais n'est pas loin…). Le premier s'emploie avec un verbe de déplacement pour donner l'idée de rentrer chez soi :

***

▶ Øvelse 1 – Oversett

❶ Jeg synes det er litt rart. **❷** Skiene hans er for gamle. **❸** Han vil heller bli hjemme. **❹** Hun kjøper mange klær. **❺** Nå skal dere hjelpe oss å rydde opp. **❻** Det er ingen overraskelse. **❼** Kan du være så snill å ringe henne? **❽** Hva kaster du på gulvet? **❾** Jeg liker ikke å lage mat.

***

Øvelse 2 – Fyll ut med de riktige ordene

❶ Elle est allongée sur le divan et [elle] dort.
   Hun …… på sofaen og ……

❷ Peux-tu poser ce livre sur mon bureau ?
   Kan du …… den …… på skrivebord …… ?

❸ Il est assis près d'un grand arbre et lit.
   Han …………… et …… tre og ……

❹ Pose tes patins dans le couloir.
   Sett ………… … i …….

❺ Il faut que j'aille faire des courses.
   Jeg må .. og …… innkjøp.

49 • **førtini**

Nå må du gå hjem, *Maintenant, il faut que tu rentres chez toi*. Le second a une valeur statique : **Hun sitter hjemme hele dagen**, *Elle est assise à la maison toute la journée*.

10 **jeg synes**, *je trouve/je pense que*. Ne confondez pas ce nouveau verbe, qui exprime une opinion, avec **å finne**, *trouver quelque chose* ou *quelqu'un*, et admettez pour l'instant sa forme particulière.

11 Pour mieux vous familiariser avec la consonance des pluriels, nous en avons accumulé un bon nombre dans les lignes qui suivent. Voici leurs singuliers : **en bok** (prononcez *[bouk]*), *un livre* / **bøker**, *des livres* ; **klær**, toujours au pluriel, *des vêtements* ; **en kjelke**, *une luge* / **kjelker**, *des luges* ; **en ski**, *un ski* / **ski**, *des skis* ; **en skøyte**, *un patin* / **skøyter**, *des patins* ; **en flaske**, *une bouteille* / **flasker**, *des bouteilles* ; **en pose**, *un sachet* / **poser**, *des sachets* ; **en blomst**, *une fleur* / **blomster**, *des fleurs*.

***

Corrigé de l'exercice 1
❶ Je trouve que c'est un peu bizarre. ❷ Ses skis sont trop vieux. ❸ Il veut plutôt rester à la maison. ❹ Elle achète beaucoup de vêtements. ❺ Maintenant, vous allez nous aider à ranger. ❻ Ce n'est pas une surprise. ❼ Peux-tu avoir la gentillesse de lui téléphoner *(à elle)* ? ❽ Qu'est-ce que tu jettes par terre ? ❾ Je n'aime pas faire la cuisine.

***

❻ Tu ne dois pas *(n'as pas le droit de)* fainéanter quand tous travaillent !
Du ... ikke .... deg ... ... arbeider!

❼ Quand doit-il rentrer à la maison ?
... skal han komme .... ?

❽ Il est marié avec elle, mais elle ne lui dit pas tout.
Han er .... med ....., men hun sier ikke ... til ....

Corrigé de l'exercice 2
❶ – ligger – sover ❷ – legge – boken – et mitt ❸ – sitter ved – stort – leser ❹ – skøytene dine – gangen ❺ – gå – gjøre – ❻ – får – late – når alle – ❼ Når – hjem ❽ – gift – henne – alt – ham

14 Fjortende leksjon [fyourtënë lèkchoun]

Repetisjonsleksjon – Révision

Notre deuxième semaine d'apprentissage s'achève et le norvégien n'est plus tout à fait une langue étrangère pour vous. Vous disposez déjà d'une bonne quantité de mots. Bien entendu, il n'est pas question que vous exigiez de vous-même une mémorisation immédiate : pratiquez sans aucun sentiment de tricherie la technique du coup-d'œil en arrière. Peut-être l'orthographe de certains mots vous paraît-elle encore un peu barbare ? Dans ce cas, fixez avant tout votre attention sur leur prononciation. Quant à vos nouvelles acquisitions grammaticales, le moment est venu d'y mettre un peu d'ordre.

1 Du côté des verbes

• Nous avons quasiment cerné la famille des "verbes de modalité", ainsi dénommés parce qu'ils permettent d'introduire dans la phrase des points de vue, des "modes", des façons d'envisager l'action exprimée par le verbe principal.
Récapitulons :

å ville	jeg vil	je veux/je vais, j'ai l'intention de
å måtte	jeg må	je dois, il faut absolument que/il est probable que
å kunne	jeg kan	je peux (j'ai la possibilité)/je sais
å skulle	jeg skal	je dois, j'ai le devoir de/je vais (ou futur)

Retenez d'ores et déjà que cet auxiliaire est le plus courant pour la formation du futur. Quand le norvégien ne se contente pas de recourir au présent, **skulle** contient l'idée d'un programme établi : **vi skal hjelpe deg**, *nous allons t'aider / nous t'aiderons*. Dans cet emploi à valeur de futur, **å skulle** est beaucoup plus fréquent que **å ville**. Prenons deux exemples parallèles, **Nå vil jeg ringe** et **Nå skal jeg ringe**, que l'on traduira tous deux en français par *(Maintenant) je vais téléphoner* : il demeure ici une assez subtile nuance liée au sens primitif du verbe (vouloir ou devoir). Si vous hésitez entre les deux, optez plutôt pour **skal**. L'auxiliaire **ville**, en revanche, se

Quatorzième leçon

rencontre souvent avec un sujet qui ne représente pas une personne : **Det vil snø**, *Il va neiger*. Mais le chapitre du futur n'est pas encore tout à fait clos...

À cette série de verbes de modalité, on peut ajouter un verbe qui tient occasionnellement le même rôle :

| å få | jeg får | je peux (j'ai le droit) |

Remarque : utilisé à la forme négative, **å skulle** peut rejoindre le sens de **å få**. Exemple : **Du skal ikke gjøre det, du får ikke gjøre det**, *Tu ne dois pas faire ça (ce n'est pas bien, tu n'en as pas le droit).*

• Nous avons aussi rencontré deux autres verbes à conjugaison irrégulière :

| å vite | jeg vet | je sais |
| å synes | jeg synes | je trouve (je suis d'avis que) |

2 Du côté des noms

2.1 Les compléments du nom

Le génitif permet de former des compléments du nom, essentiellement pour marquer la possession d'un "objet" par une personne. Il se construit en plaçant le nom complément, assorti de la terminaison **-s**, devant le nom complété (ordre inverse du français).

Exemples :
Oles bror, *le frère de Ole*
Kirstens hus, *la maison de Kirsten*
min venns kone, *la femme de mon ami*
Mais aussi :
Norges skoger, *les forêts de Norvège*.

Remarque : En langage oral, on évite parfois le génitif, surtout lorsque le nom complément est trop long. On lui substitue une construction similaire à celle du français, à l'aide de la préposition **til**.

Exemple : **min venn Thorvalds hus = huset til min venn Thorvald**, *la maison de mon ami Thorvald*.

De même, lorsque le complément ne désigne pas une personne, on recourt soit à diverses prépositions (**i**, **på**, etc.), soit à un nom composé. Exemples :
bordet på kjøkkenet, *la table de la cuisine*
kjøkkenbordet, *la table de cuisine*.
Notez la nuance entre les deux expressions… Ces deux solutions ne sont donc pas forcément interchangeables.

2.2 Le genre féminin

Le genre féminin ne se cache pas toujours derrière ce que nous avons appelé masculin-féminin. Même en bokmål, certains noms sont rétifs à cette uniformisation bien commode pour les étrangers. Il n'est pas possible d'en dresser une liste stricte et définitive, car sur ce point entrent en jeu la subjectivité de celui qui parle, le ton qu'il souhaite adopter, voire son humeur du moment. D'une manière générale, le féminin s'utilise en bokmål presque exclusivement à la forme définie. Il donne à la langue une couleur plus familière, souvent affective, plus rurale, voire plus moderne – en Norvège, ruralité et modernité n'entrent pas en opposition !

Citons quelques spécimens sur lesquels tout le monde est susceptible de s'accorder :
en hytte, *un chalet* (en nynorsk : **ei hytte**) ; **hytta**, *le chalet*
en kone, *une épouse* (en nynorsk : **ei kone**) ; **kona**, *l'épouse*
en geit, *une chèvre* (en nynorsk : **ei geit**) ; **geita**, *la chèvre*.
en bok, *un livre* (en nynorsk : **ei bok**) ; **boken/boka**, *le livre*
en gate, *une rue* (en nynorsk : **ei gate**) ; **gaten/gata**, *la rue*
en bygd, *un hameau* (en nynorsk : **ei bygd**) ; **bygda**, *le hameau*
en elv, *une rivière, un fleuve* (en nynorsk : **ei elv**) ; **elven/elva**, *la rivière*
en øy, *une île* (en nynorsk : **ei øy**) ; **øya**, *l'île*
en flaske, *une bouteille* (en nynorsk : **ei flaske**) ; **flasken/flaska**, *la bouteille*
et aussi : **solen/sola**, *le soleil*.
Enfin, c'est tout naturellement que le féminin s'est imposé pour le mot **jente**, *fille* (par opposition à **gutt**, *garçon*), y compris, bien souvent, à la forme indéfinie : **ei jente**, *une fille* ; **jenta**, *la fille*.

Et tant qu'à faire, ce vocable militant entraîne vers le "féminin pur" certains noms de parenté se rapportant aux femmes :
en mor, *une mère* ; **moren/mora**, *la mère*
en søster, *une sœur* ; **søsteren/søstra**, *la sœur*
en tante, *une tante* ; **tanten/tanta**, *la tante*
Ce phénomène a une conséquence sur l'emploi du possessif, qui se place alors obligatoirement devant le nom : **min kone**, *ma femme*, **min hytte**, *mon chalet*... à moins que l'on ne préfère opter radicalement pour la tournure empruntée au nynorsk : **kona mi, hytta mi**. Nous vous conseillons en un premier temps de choisir la première solution, plus sage. Vous serez libre par la suite, au fil des conversations, d'adapter votre façon de parler au contexte et au goût de ceux qui vous entourent. Car c'est bien de goût qu'il est ici question, plus que de correction grammaticale. Ne vous mettez donc surtout pas martel en tête, et contentez-vous de reconnaître le féminin lorsque vous le verrez surgir au détour d'une phrase !

2.3 Le pluriel

Le pluriel suit des règles générales que nous pouvons désormais formuler.

• À la forme indéfinie, les noms masculins-féminins prennent la terminaison **-er**, les noms neutres se limitent à leur radical. Exemples : **en flaske**, *une bouteille* / **flasker**, *des bouteilles* ; **et slott**, *un château* / **slott**, *des châteaux*.

Comme il ne saurait y avoir de règle sans exceptions, il vous faudra apprendre au fur et à mesure certains pluriels particuliers. Parmi les noms que vous connaissez déjà :

Genre masculin-féminin :

en mann, *un homme*	**menn**, *des hommes*
en ski, *un ski*	**ski**, *des skis*
en far, *un père*	**fedre**, *des pères*
en mor, *une mère*	**mødre**, *des mères*
en bror, *un frère*	**brødre**, *des frères*
en søster, *une sœur*	**søstre**, *des sœurs*

Genre neutre :

et tre, *un arbre*	trær, *des arbres*
et sted, *un endroit*	steder, *des endroits*

De nombreux noms neutres de plusieurs syllabes prennent également la terminaison **-er** : **et firma**, *une entreprise* ; **firmaer**, *des entreprises*.

• À la forme définie, la quasi-totalité des noms prend la terminaison **-ene**. Exemples : **flaskene**, *les bouteilles* ; **slottene**, *les châteaux*.
Une exception importante : **et barn**, *un enfant*, qui fait au pluriel indéfini **barn**, devient au pluriel défini **barna**. Cette forme peut exister pour d'autres noms, dans un norvégien plus proche du nynorsk.

3 Du côté des petits mots "chevilles"

3.1 Les pronoms personnels compléments

Nous avons fait connaissance avec les pronoms personnels compléments. Replaçons-les face aux pronoms sujets auxquels ils correspondent :

jeg	meg
du	deg
han	ham / han
hun	henne
vi	oss
dere	dere
de	dem

Remarque : lorsque le pronom est attribut du sujet, l'usage opte en général pour le pronom sujet. Mais, à la deuxième et à la troisième personne du singulier, le pronom complément s'impose, dans des phrases minimales du type *c'est moi ! c'est toi !*
Exemples :
Det er vi som kommer, *C'est nous qui venons*.
Det er du som skal ringe, *C'est toi qui dois téléphoner*.
Mais :
Er det deg, Eva?, *C'est toi, Eva ?*
Hvem er det? – Det er bare meg, *Qui est-ce ? – Ce n'est que moi.*

3.2 Les possessifs

Les possessifs sont très directement apparentés aux pronoms personnels – prenez d'ailleurs garde de ne pas les confondre ! Les voici donc en famille :

(jeg/meg)	min, mitt, mine	*mon, ma, mes*
(du/deg)	din, ditt, dine	*ton, ta, tes*
(han/ham)	hans	*son, sa, ses*
(hun/henne)	hennes	*son, sa, ses*
(vi/oss)	vår, vårt, våre	*notre, nos*
(dere/dere)	deres	*votre, vos*
(de/dem)	deres	*leur, leurs*

Attention !
– **Min**, **din**, **vår** prennent la marque **-(t)t** au neutre, et **-e** au pluriel, comme les adjectifs qualificatifs, tandis que **hans**, **hennes** et **deres** sont invariables.
– Avez-vous bien noté la distinction entre possesseur masculin (**hans**) et féminin (**hennes**) ? Pour vous en assurer, refaites les phrases des exercices où ils apparaissent, à partir de la 11e leçon. Il serait bon que ce point vous soit solidement acquis, car la troisième personne n'a pas fini de vous réserver des surprises...
Quant au choix de la construction – forme courte, le possessif étant placé devant le nom à la forme indéfinie, ou forme développée, avec le possessif derrière le nom à la forme définie – ne vous préoccupez pas de chercher des règles, mise à part celle évoquée au paragraphe concernant les noms féminins. Retenez simplement que, d'une façon générale, il est plus naturel de placer le possessif derrière le nom. Pour le reste, écoutez, lisez et usez de votre propre liberté.
Remarque : en apprenant les adjectifs possessifs, vous avez aussi appris les pronoms possessifs. Le norvégien est, ici encore, bien plus simple que le français. Voyez plutôt :
Her er skiene mine, *Ce sont mes skis*. – **Er det dine?**, *Est-ce que ce sont les tiens ?*
Det er huset vårt, *C'est notre maison*. – **Det er vårt**, *C'est la nôtre*.
Det er hans leilighet, *C'est son appartement*. – **Det er hans**, *C'est le sien*.
Et même : **Leiligheten er hans, han eier leiligheten**, *L'appartement est à lui, il en est propriétaire*.

3.3 Les démonstratifs

Ils ont également fait une première apparition, dans leur forme la plus simple, ou doublés par les adverbes **her** et **der**.
Exemples :
Den kaken er god / Den kaken her er god, *Ce gâteau / Ce gâteau-ci est bon.*
Det slottet er pent / Det slottet der er pent, *Ce château / Ce château-là est beau.*

3.4 Quelques nouveautés passe-partout

noe, *quelque chose*
noen, *quelqu'un*
ikke noe, *rien*, **ingenting**
ikke noen, *personne*, **ingen**
ikke noe + nom (neutre), **ikke noen** + nom (masculin-féminin, pluriel), *pas de*
noen + nom (pluriel), *quelques*

Cette liste vous paraît-elle un peu vertigineuse ? Ne vous y attardez pas trop... Et poursuivons :
hver/hvert, *chaque*
alle/alt, *tous/tout*
hele/helt, *tout/entier*

Femtende leksjon [fèmtënë lèkchoun]

Aldri et `ord for mye

1 – I dag er det `endelig `fredag [1].
2   Bare noen `timer med `slit [2], og så [3]...
3   Du, Henrik, skal vi ikke gjøre noe `spennende [4] til `helgen?
4 – Hm...
5 – Vi kunne [5] `besøke Liv og Jens, for `eksempel.

Reprenons quelques exemples : **hele dagen**, *toute la journée* ; **et helt brød**, *tout un pain/un pain entier* ; **hver dag**, *tous les jours*, *chaque jour* ; **alle barna**, *tous les enfants* ; **Er det alt?**, *Est-ce tout ?*

• Deux mots interrogatifs supplémentaires : **Hvem?**, *Qui ?* ; **Hvordan?**, *Comment ?*

• Deux adverbes de temps : **allerede**, *déjà* ; son contraire : **ikke enda** (ou **ikke ennå**), *pas encore*.
Exemples : **Han er allerede hjemme**, *Il est déjà à la maison* ; **han er ikke hjemme enda** (notez la place de **enda** !) ; **Er han fremdeles hjemme?**, *Est-il encore à la maison ?*

• Som joue d'abord le rôle d'instrument de comparaison, dans des expressions du type **Han spiser som en gris**, *Il mange comme un cochon* ; ou encore : **Hun er så lat som jeg/hun er like så lat som jeg**, *Elle est aussi/tout aussi paresseuse que moi* (comparatif d'égalité).
C'est aussi un pronom relatif d'usage universel : **Det er hun som lager mat**, *C'est elle qui fait la cuisine* ; **Maten som hun lager er god**, *La cuisine qu'elle fait est bonne*.
Remarque : Dans ce deuxième exemple, c'est-à-dire lorsqu'il est complément d'objet direct, **som** peut être sous-entendu : **maten hun lager er god**.
Du kan allerede mye norsk, ikke sant? *Vous en savez déjà beaucoup, n'est-ce pas ?*

Quinzième leçon

Jamais un mot [de] trop

1 – Aujourd'hui, c'est enfin vendredi.
2 Juste *(Seulement)* quelques heures de boulot *(avec peine)*, et puis...
3 Dis *(Toi)*, Henrik, si on faisait *(n'allons nous pas faire)* quelque chose d'intéressant pour le week-end ?
4 – Hm...
5 – On pourrait rendre visite à *(visiter)* Liv et Jens, par exemple.

15 / Femtende leksjon

6 Stakkars Liv `kjeder seg ⁶ så, vi skulle `virkelig `gjøre det.
7 Hun ville `sikkert `glede seg over ⁷ å kunne `snakke med noen!
8 Jens er alltid `grei ⁸, men så lite ⁹ `pratsom.
9 `Aldri et `ord `for mye!
10 Jeg kan ikke `skjønne hvordan hun `holder ut med ham ¹⁰.

Prononciation
*a*ldri *è*t `our for m*ü*yë **1** *i* dag èr dé `*è*'ndëli `frédag **2** barë nou*e*n `timër mé `slit (chlit) ôg sô **3** du Hè'nrik skal vi *i*kë yeurë nouë `sp*e*nënë til `Hèlguën **4** Hm **5** vi k*u*në `béseukë liv ô yè'ns for *è*kssè'mpël **6** st*a*kars Liv `Çédër sèï sô vi sk*u*lë virkli `yeurë dé **7** H*u*'n vi*l*ë s*i*kërt `glédë-seï ôvër ô k*u*në `sn*a*kë mé nouen **8** yè'ns èr *a*lti `gr*e*ï m*è*n sô litë `pratsoum **9** *a*ldri *è*t `our for-müyë **10** yeï k*a*n *i*kë `ch*eu*në vourda'n H*u*'n `H*o*lër-ut mé Ham

Notes

1 Les noms des jours de la semaine, chargés de traditions nordiques, se terminent tous par le mot **-dag**, *jour*. En voici la liste : **mandag**, *lundi*, jour de la lune (**månen**, *la lune*) ; **tirsdag**, *mardi*, jour du dieu **Tyr** ; **onsdag**, *mercredi*, jour du dieu **Odin** ; **torsdag**, *jeudi*, jour du dieu **Thor** ; **fredag**, *vendredi*, jour de la déesse **Freia** ; **lørdag**, *samedi*, jour de la lessive (!) ; **søndag**, *dimanche*, jour du soleil (apparenté à **solen/sola**, *le soleil*).

2 **slit**, mot neutre, recouvre l'idée de peine, de tâche fatigante, de corvée. **For et slit!**, *Quelle corvée !*

3 Ne confondez pas **også**, *aussi*, et l'expression **og så**, *et puis*, qui revient beaucoup dans les conversations, comme petit mot de liaison entre deux phrases.

4 **spennende** donne l'idée de suspense (**filmen er spennende**, *le film est plein de suspense*) ou simplement, dans un sens affaibli et très courant, de quelque chose d'intéressant. Il s'agit en fait de la forme de participe présent du verbe **å spenne**, *tendre* (d'où cette image d'une "tension" psychologique).

59 • **femtini**

Quinzième leçon / 15

6   [La] pauvre Liv s'ennuie tellement, on devrait vraiment le faire.
7   Elle serait sûrement contente *(se réjouirait)* de pouvoir parler avec quelqu'un !
8   Jens est toujours sympathique, mais si peu bavard.
9   Jamais un mot [de] trop !
10   Je ne comprends pas *(Je ne peux pas comprendre)* comment elle le supporte *(tient le coup avec lui).*

---

5   Voici, appliquée à trois auxiliaires de mode, une nouvelle forme de conjugaison correspondant au conditionnel français. Elle vous permettra de nuancer votre expression, de la rendre moins affirmative ou plus polie. Ainsi (phrase 4) **vi kunne** + infinitif, *on pourrait* + infinitif ; de même (phrase 6) **vi skulle** + infinitif, *on devrait* + infinitif. Avec la forme **hun ville**, etc. + infinitif (phrase 7), le verbe **å ville** s'éloigne de son sens primitif de *vouloir* et devient "transparent" pour remplir uniquement sa fonction grammaticale d'auxiliaire : **Jeg ville gjerne gå, men han vil ikke det**, *Je partirais volontiers, mais il ne le veut pas.*

6   **seg** est le pronom personnel "réfléchi", singulier ou pluriel, correspondant au français *se* dans *il/elle/ils/elles se demande(nt), se regarde(nt) dans la glace*, etc. Il est toujours complément, et représente la même personne que le sujet, à la différence de **ham** et **henne**. On dira donc : **han kjeder seg**, *il s'ennuie*, **hun setter seg**, *elle s'assied*, **de later seg**, *ils/elles paressent*.

7   **å glede seg over**, *se réjouir de*. La préposition **over** a d'abord le sens concret de *au-dessus/par-dessus*, pour s'élargir ensuite, avec certains verbes, à celui de *sur/à propos*. Exemples : **Han kaster seg over maten**, *Il se jette sur la nourriture* ; **Du skal tenke over det**, *Il faut que tu y réfléchisses* ("que tu penses à propos de cela").

8   S'appliquant à une personne, l'adjectif **grei** aura des traductions assez neutres telles que *un bon garçon, un type sympathique, une fille bien*, etc. Utilisé comme adverbe sous la forme **greit**, il recoupe le sens de **bra** : **alt går greit**, *tout va bien, tout se déroule comme il faut*.

9   **lite**, *peu/peu de*, est le cousin de **litt**, *un peu*.

10   **å holde ut**, *tenir bon/tenir le coup*. D'où, ici, à la forme négative, le sens de *ne pas supporter*.

seksti • 60

15 / Femtende leksjon

Øvelse 1 – Oversett
❶ Du skulle ikke spøke med det. ❷ Jeg skjønner ikke ordet "likestilling". ❸ Vi gleder oss over å være hjemme igjen. ❹ Dere kunne besøke oss, men dere har sikkert ikke lyst til det. ❺ Det er en grei gutt. ❻ For en spennende film! ❼ Det er et riktig slit å rydde barnas bøker. ❽ Han snakker allerede godt norsk. ❾ I leiligheten hennes er det alltid rent og pent.

***

Øvelse 2 – Fyll ut med de riktige ordene
❶ Vendredi, j'irai en ville faire des *(quelques)* achats.
   ...... skal jeg til .... og gjøre noen ....

❷ Est-il enfin à la maison ? – Non, pas encore.
   Er han .... ? – Nei, ikke .....

❸ Vous avez de la chance *(Vous êtes chanceux)* de pouvoir leur rendre visite.
   Dere er .... som kan ....

❹ Quelle surprise ce serait !
   For en .... det ....!

❺ Espérons qu'il viendra pour le week-end.
   Vi ... . han kommer til ....

***

Si les dieux de l'Olympe vous sont plus ou moins familiers, sans doute ceux de la mythologie scandinave restent-ils pour vous nimbés d'étrange mystère ? Pas question de dissiper ici les brumes du Nord... mais évoquons tout de même quelques traits de ces divinités, sur lesquels la mémoire populaire et les recherches des spécialistes en mythologie peuvent s'accorder : **Tyr**, **Thor** *et* **Odin** *sont tous trois des figures masculines qui président à la guerre. Leurs attributions se recoupent, mais leurs personnalités sont sensiblement différentes.* **Tyr** *est le plus ancien. Dieu suprême qui veille sur l'ordre de l'univers et le bon droit de chacun, cousin des Zeus et autres Jupiter, il jouit d'une dignité d'autant plus inébranlable qu'on ignore quasiment tout de lui.* **Thor** *est un personnage franc et naïf, maniant les armes avec la bonne foi du plébéien. Lorsque vous entendez le grondement du tonnerre (en norvégien :* **torden***), ne vous posez plus de questions :*

Quinzième leçon / 15

Corrigé de l'exercice 1

❶ Tu ne devrais pas plaisanter là-dessus. ❷ Je ne comprends pas le mot "likestilling", *(égalité)*. ❸ Nous sommes contents d'être à nouveau à la maison. ❹ Vous pourriez nous rendre visite, mais vous n'en avez sûrement pas envie. ❺ C'est un garçon sympathique. ❻ Quel suspense, dans ce film *(quel film à suspense)* ! ❼ C'est une vraie corvée de ranger les livres des enfants. ❽ Il parle déjà bien norvégien. ❾ Dans son appartement *(à elle)*, c'est toujours propre et beau.

***

Corrigé de l'exercice 2

❶ Fredag – byen – innkjøp ❷ – endelig hjemme – enda ❸ – heldige – besøke dem ❹ – overraskelse – ville være ❺ – får håpe – helgen

*dans un coup de colère, le dieu vient de lancer contre de quelconques ennemis son marteau magique. Mais **Thor** est somme toute moins inquiétant qu'**Odin**, qui allie la ruse à la violence... Ce dieu-là exigea des sacrifices humains jusque vers le Xe siècle de notre ère. **Odin** fut beau, mais il est borgne : telle était sa soif de savoir, que pour pouvoir boire au puits de la sagesse, il a laissé en gage l'un de ses yeux à la sorcière **Mime**. Dans ce puits, creusé au pied du chêne **Yggdrasil**, dont la cime toujours verte atteint le ciel, et qui couvre l'univers de sa ramure, il a trouvé l'éloquence, le don de poésie et la perversité qui le rend si redoutable. N'espérez pas le fuir : personne n'échappe à sa vigilance, car il est toujours accompagné de deux corbeaux-espions, **Hugin** et **Munin**... Et les femmes, dans tout cela ? Si la fertilité est de nouveau l'apanage d'un dieu masculin, nommé **Frøy**, les Scandinaves ont tout de même leur déesse de l'amour, en la personne de sa sœur **Freia**. Notons que la Vénus nordique est d'ailleurs depuis fort longtemps entrée dans cette mythologie moderne qu'est la publicité, sous la forme d'une marque de confiserie au slogan patriotique **Freia – et lite stykke Norge**, un petit morceau de Norvège.*

16

Sekstende leksjon [seïstënë lèkchoun]

En sjømanns [1] `betraktninger

1 Etter `mange `reiser [2] i hele `verden...
2 ... forteller [3] en norsk [4] `sjømann om `inntrykkene sine [5].
3 – "Det er veldig `enkelt med `mennesker [6] :
4 Hvert `folk [7] har sin egen [8] `kultur, sier man.
5 Men i `grunnen er `alle `like.
6 Det `eneste [9] de `ønsker seg er å ha et koselig `hjem...
7 og leve i `fred og `ro med sin `familie.
8 Kinesere og europeere, afrikanere og amerikanere [10] mener [11] det `samme.
9 Men det er noe `irriterende med folk i `utlandet [12] :
10 De `fleste ser ikke `forskjell på `Norge og `Sverige."

Prononciation

én cheuma'ns `bétraktni-ngër **1** ètër ma-ng-ë reïsër i Hélë `vèrdën **2** fortèlër én nochk `cheuma'n oum `i'ntrükëne-sinë **3** dé èr vèldi `è'nkëlt mé `mènëskër **4** vèrt folk Har sin éguén `kultur siyèr ma'n **5** mèn i grunën èr alë likë **6** dé énëstë di eu'nskër-seï èr ô Ha èt kousëli `yem **7** ô lévé i `fré ô `rou mé si'n `familië **8** Çinéssërë ô eu-uroupéérë afrikanërë ô amérikanërë ménër dé `samë **9** mè'n dé èr noué `iritérë'në mé folk i `utla'në **10** di flèstë sèr ikë `forchèl pô `norguë ô `svèryë

Notes

1 *Un marin*, c'est bien entendu un "homme de la mer". **Sjøen** signifie donc d'abord *la mer* – mais aussi *le lac*. Faisons dès maintenant connaissance avec un second mot (car aux yeux des Norvégiens, la mer vaut bien deux mots) qui vous garantira contre les confusions possibles :

Seizième leçon

Réflexions *(considérations)* **d'un marin**

1 Après [de] nombreux voyages dans le monde entier...
2 ... un marin norvégien raconte *(à-propos-de)* ses impressions.
3 – "L'humanité, c'est tout simple *(C'est très simple avec les hommes)* :
4 chaque peuple a sa propre civilisation, dit-on.
5 Mais au fond, tout le monde est *(sont tous)* pareil.
6 La seule chose [qu']on *(ils se)* souhaite*(nt)*, [c']est [d'] avoir un foyer agréable...
7 et [de] vivre en paix *(et au calme)* avec sa famille.
8 [Les] Chinois et [les] Européens, [les] Africains et [les] Américains pensent la même chose.
9 Mais il y a quelque chose d'agaçant chez *(avec)* les gens, à l'étranger :
10 la plupart ne font pas [la] différence entre [la] Norvège et [la] Suède".

---

havet, *la mer* ou *l'océan*. On peut tenter de définir ainsi la nuance qui sépare ces deux dénominations : tandis que **sjøen** évoque le clapotis familier des vagues, **havet** fait davantage allusion à l'immensité des flots. **Han bor ved sjøen**, *Il habite au bord de la mer*. Mais : **Byen ligger 200 meter over havet**, *La ville est située à 200 mètres au-dessus (du niveau) de la mer*.

2 **en reise**, *un voyage*, donne aussi, sous forme de verbe, **å reise**, *voyager*.

3 Si l'on ne raconte pas un conte, une histoire "toute faite", mais qu'on parle de sa vie, de ses expériences, le verbe **å fortelle**, *raconter*, introduit son complément par la préposition **om**, *à propos de*, qu'on emploie aussi, par exemple, avec **å snakke**, *parler*. **Vi snakker aldri om det**, *Nous n'en parlons jamais*.

16 / Sekstende leksjon

4 **norsk**, *norvégien*, est un adjectif qualificatif. Faites la distinction entre **en nordmann**, *un Norvégien* (substantif), et **norsk ost**, *du fromage norvégien*, **norske venner**, *des amis norvégiens*. Notez que *Je suis Norvégien* se dit couramment **Jeg er norsk** - à moins d'ajouter à cette auto-définition une extension sous forme d'adjectif qualificatif ou de proposition relative : **Jeg er en riktig nordmann**, *Je suis un vrai Norvégien* ; **Jeg er en nordmann som ikke liker snø**, *Je suis un Norvégien qui n'aime pas la neige*. Pour le pluriel, *des Norvégiens*, le masculin **nordmenn** s'impose, tandis que pour *une Norvégienne*, on recourt de nouveau à l'adjectif en **norsk kvinne** (litt. "une femme norvégienne"). Le même principe vaut pour **fransk/franskmann**, *français/Français* et autres couples de mots désignant l'appartenance à un pays.

5 Vous croyiez en avoir fini avec les possessifs, et voici l'intrusion d'une petite nouveauté qui ne manquera pas de vous faire trébucher durant un certain temps. **Sin** (masculin-féminin), **sitt** (neutre), **sine** (pluriel) s'utilisent à la troisième personne, lorsque le possesseur de "l'objet" cité et le sujet de la phrase (ou de la portion de phrase) représentent la même personne. Exemples : **Han kommer med søsteren sin** (ou : **sin søster**), *Il vient avec sa sœur* ; mais : **Er det hans søster?**, *Est-ce que c'est sa sœur ?* ; **Barna lager en kake til vennene sine** (ou **sine venner**), *Les enfants font un gâteau pour leurs amis* ; mais : **Deres venner får spise kaken**, *Leurs amis pourront manger le gâteau*. Ne vous effrayez pas d'avance des erreurs que vous commettrez, quiconque apprend le norvégien passe par cette petite épreuve !

6 **et menneske**, *un homme/un être humain*. Ne commettez pas la bévue de le confondre avec **en mann**, *un homme*, par opposition à **en kvinne**, *une femme*… Les féministes sont, en Norvège, particulièrement vigilantes. Notez que la forme indéfinie **mennesker** a ici une valeur de généralité : les hommes, l'humanité.

***

▶ Øvelse 1 – Oversett

❶ Hva mener du med det? ❷ Til fødselsdagen sin ønsker hun seg nye ski. ❸ Begge brødrene hennes bor i utlandet. ❹ Han gjør alltid et godt inntrykk på folk. ❺ Den øvelsen er veldig enkel. ❻ Jeg ville gjerne reise i hele verden. ❼ Folk snakker mye om det. ❽ Han arbeider, men han sier veldig lite.

Seizième leçon / 16

7 et **folk**, *un peuple* (pluriel : **folkene**, *les peuples*). Mais ce mot est surtout courant, employé sans article, dans le sens de *les gens/des gens* : **her er det for mye** (ou : **mange**) **folk**, *ici, il y a trop de gens/trop de monde*.

8 L'adjectif **egen, eget, egne**, indique qu'on a quelque chose *à soi*, en bien propre. Exemple : **Hvert barn har sitt eget rom**, *Chaque enfant a sa propre chambre/sa chambre à lui*.

9 L'expression **det eneste** signifie *la seule chose* : **Det eneste han gjør er å late seg på sofaen**, *La seule chose qu'il fasse, c'est se prélasser sur le divan*. Signalons que **eneste** peut aussi s'utiliser en adjectif, devant un nom – il nous manque, pour ce faire, un petit rouage grammatical que nous découvrirons sans tarder.

10 La plupart des noms de genre masculin-féminin en **-er** font leur pluriel indéfini en **-ere**, et défini en **-erne** : **en amerikaner**, *un Américain* / **amerikanere**, *des Américains* / **amerikanerne**, *les Américains*.

11 Le verbe **å mene** a plusieurs sens qui couvrent les domaines de l'opinion et de l'intention. Voici trois exemples typiques : **Hva mener du om det?**, *Qu'en penses-tu ?* ; **Hva mener du med det?**, *Qu'est-ce que tu veux dire par là ?* (remarquez que la substitution des prépositions **om/med** suffit à changer totalement le sens de la phrase) ; et aussi : **Han mener det godt**, *Son intention est bonne / Ce n'est pas méchant de sa part*.

12 Par **utland** on désigne l'ensemble des pays étrangers. **Hun bor i utlandet**, *Elle habite à l'étranger* ; **Vi skal til utlandet**, *Nous irons à l'étranger* : le changement de préposition est dû à l'idée de déplacement (le "vrai" verbe, auquel **skal** sert d'auxiliaire, est sous-entendu).

***

Corrigé de l'exercice 1

❶ Que veux-tu dire par là ? ❷ Pour son anniversaire, elle veut *(souhaite)* de nouveaux skis. ❸ Ses deux frères *(à elle)* habitent à l'étranger. ❹ Il fait toujours bonne impression sur les gens. ❺ Cet exercice est très simple. ❻ Je voudrais bien voyager dans le monde entier. ❼ Les gens en parlent beaucoup. ❽ Il travaille, mais il dit très peu de choses.

Øvelse 2 – Fyll ut med de riktige ordene

① La plupart de ses amis *(à lui)* sont américains.
   . . . . vennene . . . . er amerikanere.

② Ne vois-tu pas la différence entre la civilisation française et norvégienne ?
   Ser du ikke . . . . på fransk og norsk . . . . . . ?

③ La seule chose qu'il puisse faire, c'est rester ici.
   Det . . . . . . han kan . . . . . er å . . . her.

④ Qu'il est agréable d'être *(assis)* chez soi quand il pleut et que le vent souffle !
   Så . . . . det er å . . . . . hjemme . . . det . . . . . . og . . . . . . blåser!

17

Syttende leksjon [s*eu*tënë l*è*kchoun]

På Karl `Johan

1 – Hei, **i**kke `gå din vei¹, Synn**ø**ve!
2   Jeg v**i**lle gj**e**rne `spørre deg om n**o**e...²
3   Jeg har en **e**kstra `teaterbillet til i `kveld. Er du `interess**e**rt?
4 – Det k**o**mmer nat**u**rligv*is* `an på `hva man sp**i**ller³.⁴
5 – Vel, vel, det må `være **I**bsens `"N**o**ra", **e**ller "Et `d**u**kkehjem" **e**ller "`Villanden"...⁵
6 – Jeg `h**u**sker **i**kke r**i**ktig, men det sp**i**ller **i**ngen `rolle.
7   For det `v**i**ktigste⁶ er hva som skjer⁷ `etterpå...
8   en fin `s**o**mmernatt, på Karl `Johan.
9   Kansk**j**e på `Theatercaféen⁸... Nå, hva `s**y**nes du?
10 (**I**stedenfor å `svare `spør hun:)
11 – Lager de `fortsatt⁹ de `laksesmørbrødene¹⁰
12 som de `k**a**ller¹¹ for "Peer Gynts `fristelse"? □

Corrigé de l'exercice 2

❶ De fleste – hans – ❷ – forskjell – kultur ❸ – eneste – gjøre – bli –
❹ – koselig – sitte – når – regner – vinden –

Dix-septième leçon

Sur [l'avenue] Karl Johan

1 – Salut, ne t'en va pas, Synnøve !
2   Je voudrais te demander *(à propos de)* quelque chose...
3   J'ai un billet de théâtre en trop *(en supplément)* pour ce soir. Es-tu intéressée ?
4 – Ça dépend évidemment de *(sur)* ce qu'on joue.
5 – Voyons, voyons *(Bien, bien)*, ce doit être *Nora* d'Ibsen, ou *Une Maison de poupées*, ou *Le Canard sauvage*...
6 – Je ne [me] souviens pas bien *(correctement)*, mais ça n'a aucune importance *(joue aucun rôle)*.
7   Car le plus important, [c']est ce qui *(quoi)* se passe après...
8   [par] une belle nuit d'été, sur [l'avenue] Karl Johan.
9   Peut-être au Café du Théâtre... Alors *(Maintenant)*, qu'en dis-tu ?
10   (Au lieu de répondre, elle demande :)
11 – Est-ce qu'ils font toujours ces canapés au saumon
12   qu'ils appellent "tentation de Peer Gynt" ?

sekstiåtte • 68

17 / Syttende leksjon

Prononciation

*pô karl youHa'n **1** Hei ikë `gô di'n veï süneuvë **2** yeï vilë yèrnë `speurë deï oum nouë **3** yeï Har én extra `téatërbilètt til i-`kvèl. èr du `i'ntréssèrt **4** dé komër naturliviss `a'n pô va ma'n spilër **5** vèl vèl dé mô `vĒrë ipsë'ns `noura èlër èt `dukëyèm èlër `vila'nën **6** yeï `Huskër ikë rikti mèn dé spilër i-ng-ën `rolë **7** for dé viktikstë èr va som chèr `ètërpô **8** èn fi'n `somërnat pô karl `youHa'n **9** ka'nchë pô téatërcaféën. nô va `sünës du **10** istédé'nfor ô `svarë `speur Hu'n **11** laguër di `fortsat di `laksësmeurbreuënë **12** som di `kalër for "pèr gü'nts `fristëlsë*

Notes

1 **en vei**, *un chemin* ; **a gå sin vei**, *s'en aller*.

2 **å spørre noen om noe**, demander quelque chose à quelqu'un. Notez que l'objet de la question est obligatoirement introduit par la préposition **om** (dont le sens très abstrait ne peut être rendu par une seule préposition française), tandis que le complément représentant la personne qu'on interroge est direct. **Jeg må spørre min kone om det**, *Il faut que je demande ça à ma femme* ; **svaret**, *la réponse*.

3 **å spille**, *jouer*, s'utilise lorsqu'il s'agit de l'activité d'un acteur ou d'un musicien. **Han spiller godt piano**, *Il joue bien du piano*.

4 Voici une expression dont la composition relativement complexe est à retenir telle quelle. **Det kommer an på**, *Ça dépend (de)*, qui peut aussi, familièrement, s'utiliser sans que le **på** soit suivi d'un complément.

5 Quelques titres parmi les pièces du dramaturge Henrik Ibsen, figure emblématique de la littérature norvégienne – la plus connue restant **Peer Gynt**, que nous retrouvons quelques lignes plus loin.

***

Øvelse 1 – Oversett

❶ Etterpå går vi og spiser. ❷ Kan du ikke svare når jeg spør deg? ❸ Han kaller sin kone for "skatten min". ❹ Liker du ostesmørbrødene? ❺ Hvorfor går du din vei allerede? ❻ I kveld skal vi på teater. ❼ Husker du ikke det? ❽ I grunnen spiller det ingen rolle.

Dix-septième leçon / 17

6 À partir de l'adjectif **viktig**, on forme le superlatif **den**, **det**, **de viktigste**, *le/la/les plus important/e/s*. La forme neutre est ici utilisée, comme toujours, pour *la chose la plus importante*.

7 **å skje**, *se passer/se produire/arriver*. **Her skjer det aldri noe**, *Ici, il ne se passe jamais rien*. Nous retrouvons la même racine dans **kanskje** (phrase 9), *peut-être*, qui s'applique logiquement à ce qui *peut*, **kan**, *se passer*, **skje**.

8 **Theatercaféen**, *le Café du Théâtre* fut longtemps le rendez-vous des écrivains et des artistes ; c'est aujourd'hui une brasserie dont le nom et la situation – à proximité directe du **Nationaltheater** – restent mythiques. Remarquez, dans ces deux noms propres, l'orthographe ancienne **theater**, au lieu de **teater**.

9 **fortsatt**, *encore/toujours*, donne l'idée d'une continuité. Exemple : **det regner fortsatt**, *il pleut toujours/encore*, c'est-à-dire *il continue à pleuvoir*. Notez la différence par rapport à **alltid** : **her regner det alltid**, ici, *il pleut toujours*… Et par rapport à **igjen** : **nå regner det igjen**, *voilà qu'il pleut encore/à nouveau !*

10 **et smørbrød** (littéralement : "pain-beurre") c'est d'abord le sandwich de pain bis ou complet, garni de fromage ou de charcuterie, que l'écolier comme l'homme d'affaires emportent le matin pour leur collation de midi ; mais c'est aussi le canapé raffiné qu'on sert en guise de repas léger dans les restaurants… parfois à la surprise du touriste étranger, qui ne s'attendait pas à voir arriver sa salade ou ses crevettes sur un carré de pain de mie.

11 **å kalle**, *appeler* au sens de *nommer*, est accompagné de la préposition **for**. Distinguez-le de **å hete**, *s'appeler*. Exemple : **Jeg heter Beate, men min bror kaller meg for Bibi**, *Je m'appelle Beate, mais mon frère m'appelle Bibi*. Dans ce cas précis, où le complément est un nom propre, on peut omettre la préposition **for**.

***

Corrigé de l'exercice 1
❶ Après, nous irons manger *(allons et mangeons)*. ❷ Est-ce que tu ne peux pas répondre, quand je t'interroge ? ❸ Il appelle sa femme "mon trésor". ❹ Aimes-tu les sandwiches au fromage ? ❺ Pourquoi t'en vas-tu déjà ? ❻ Ce soir, nous irons au théâtre. ❼ Tu ne t'en souviens pas ? ❽ Au fond, ça n'a pas d'importance.

sytti • 70

Øvelse 2 – Fyll ut med de riktige ordene

❶ Au lieu de répondre, il continue à lire son livre.
.... å ..... leser han .... boken ....

❷ Ça dépend de ce que tu en penses.
Det kommer .... hva du .... det.

❸ Je ne comprends pas tout ce qu'il dit.
Jeg .... ikke ... han sier.

❹ Après ses voyages, il a beaucoup de choses à raconter.
..... reisene .... har han mye å ....

❺ Il s'intéresse très peu au théâtre, mais il est *(assis)* au **Theatercafé** tous les soirs.
Han er veldig .... i teater, men han sitter .. Theatercaféen hver ......

❻ Je cherche quelqu'un qui pourrait venir demain.
Jeg .... noen som ..... komme i ....

Attende leksjon [atënë lèkchoun]

Kjærlighetserklæringer

1 – I `grunnen er du veldig `sjenert, Bjørn, ikke `sant?
2 – Det er ingen `skam å være `sjenert,
3 hvis [1] man [2] bare kan `snakke når det `trengs [3].
4 Else, jeg `elsker [4] deg!
5 – Hva `sier du?
6 – Jeg `sier at [5] jeg er `glad i deg...
7 Jeg `mener at jeg `liker denne [6] `genseren som du har `på deg i dag.

*****

8 – Han: – I vår tid får `kvinner `lov til å ta `initiativet.

Corrigé de l'exercice 2

❶ Istedenfor – svare – fortsatt – sin ❷ – an på – mener om – ❸ – skjønner – alt – ❹ Etter – sine – fortelle ❺ – lite interessert – på – kveld ❻ – leter etter – kunne – morgen

Karl Johans gate – **en gate**, une rue – *est la plus grande avenue d'Oslo, entre le château royal et le parlement,* **Stortinget***. Elle fut ainsi baptisée du nom que prit l'ancien officier des armées napoléoniennes Jean-Baptiste Bernadotte lorsque, par un curieux aléa de l'histoire, il fut nommé héritier du royaume de Suède – auquel la Norvège venait d'être cédée après quatre cents ans de tutelle danoise.*

Dix-huitième leçon

Déclarations d'amour

1 – Au fond, tu es très timide, Bjørn, n'est-ce pas ?
2 – Il n'y a pas de honte à *(Ce n'est pas une honte)* être timide,
3 si seulement on sait parler quand c'est nécessaire *(il est-besoin)*.
4 Else, je t'aime !
5 – Qu'est-ce que tu dis ?
6 – Je dis que je t'aime bien...
7 Je veux dire que j'aime bien le pull que tu portes *(as sur toi)* aujourd'hui.

*****

8 – Lui : – À notre époque, les femmes ont le droit de prendre [l']initiative.

18 / Attende leksjon

9 – Hun:– `Mener du det `alvorlig?
10 – Han: – Det er `bare å `prøve...

*****

11 – Du er den `peneste, den `deiligste, den `flinkeste, den `eneste... [7]
12 ... som kan lage så gode `kjøttkaker [8] som `mor.

*****

13 – Skal vi `gifte oss i `morgen?
14 Jeg `lover å gi deg noen `supre [9] dager...
15 til vi `skiller oss [10].

Prononciation

ÇĒrliHétssèrklĒri-ng-ër **1** i grunën èr du vèldi `chénert byeurn ikë-`sa'nt **2** dé èr i-ng-ën `skam ô vĒrë `chénert **3** viss ma'n barë ka'n `snakë nôr dé trè'ngs **4** èlssë yeï `èlskër deï **5** va `siyër du **6** yeï siyër att yeï èr `gla i deï **7** yeï `ménër at yeï likër dènë `guènsërën som du Har `pô deï i dag **8** i vôr `tid fôr kvinër `lôv til ô ta `inissiativë **9** ménër du dé `alvourli **10** dé èr barë ô `preuvë **11** du èr dèn `pénëstë dèn `deïlikstë dèn fli'nkëstë dèn `énëstë **12** som ka'n laguë sô gouë `Çeutkakër som `mour **13** skal vi `yift-oss i `môrën **14** yeï `lôver ô yi deï nouën suprë daguër **15** til vi `chilër os

Notes

1 hvis correspond au *si* français exprimant la condition. Selon le contexte, il peut s'utiliser avec l'indicatif ou le conditionnel. C'est le cas lorsqu'on veut exprimer quelque chose d'irréel. Exemple : **Hvis han kunne, ville han kjøpe et hus,** *S'il pouvait* ("pourrait"), *il achèterait une maison.* Il s'agit là d'un chapitre assez vaste sur lequel nous reviendrons à l'occasion.

2 man, *on,* est bien entendu de la même famille que **en mann,** *un homme* – remarquez la différence d'orthographe. Attention de ne pas en abuser : contrairement au *on* français couramment employé à la place de *nous* en langage parlé, **man** désigne toujours un sujet vague et général ; il ne peut pas se substituer à **vi**.

3 **det trengs,** *c'est nécessaire.* Nous avons déjà rencontré plusieurs expressions où le verbe se termine par **-s**. Celle-ci dérive de l'infinitif **å trenge,**

Dix-huitième leçon / 18

9 – Elle : – **Tu penses ça sérieusement** *(sérieux)* **?**
10 – Lui : – **Essaye donc** *(Il n'y a qu'à essayer)*…

*****

11 – **Tu es la plus belle, la plus délicieuse, la plus intelligente, la seule…**
12 **… qui sache faire d'aussi bonnes boulettes de viande** *(gâteaux de viande)* **que maman.**

*****

13 – **Si on se mariait** *(Allons nous marier nous)* **demain ?**
14 **Je te promets un certain nombre de** *(Je promets [de] te donner quelques)* **jours super…**
15 **jusqu'à ce que nous divorcions.**

---

avoir besoin (de), qui s'utilise par ailleurs de la façon la plus simple : **Jeg trenger nye ski**, *J'ai besoin de nouveaux skis*.

4 Le verbe français *aimer* se traduit différemment selon qu'on aime le saumon fumé, le patin à glace, ses voisins, ou les beaux yeux d'un(e) Norvégien(ne). Le choix des mots dépend aussi de l'intensité des sentiments qu'on veut exprimer. **Å elske** est le verbe le plus fort ; il désigne avant tout l'amour entre homme et femme, mais c'est aussi le terme biblique pour l'amour de Dieu et du prochain ; il peut aussi s'utiliser (parcimonieusement) pour une activité à laquelle on s'adonne avec passion. Exemple : **Hun elsker havet, musikk**, *Elle adore la mer, la musique*. Plus réservé, et aussi plus courant d'emploi, **å være glad i noen/noe**, *aimer beaucoup quelqu'un* ou *trouver beaucoup d'agrément à quelque chose*. L'expression recoupe largement, avec une nuance plus forte, les emplois de **å like**. Exemples : **Jeg er glad i røkelaks** ou **Jeg liker røkelaks**, *J'aime le saumon fumé* ; **Hun er glad i ham**, *Elle l'aime beaucoup* ; **Hun liker ham (godt)**, *Elle l'aime bien*.

5 La petite conjonction **at**, *que*, introduit une proposition subordonnée complétant un verbe tel que **å si** *dire que*, **å mene** *être d'avis/vouloir dire que*, **å tenke**, **å huske** *se rappeler/souvenir que* (propos, opinion, souvenir, etc). Elle a la particularité de pouvoir être souvent sous-entendue. Autres exemples : **Jeg synes at han er litt rar**, *Je trouve qu'il est un peu bizarre* ; **Mener du at det er riktig?**, *Penses-tu que ce soit exact ?*

syttifire

6 Voici une dernière forme de démonstratif : **denne genseren**, *ce pull* / **dette bildet**, *cette photo* / **disse barna**, *ces enfants*. Nous disposons donc à présent de trois variantes entre lesquelles la différence est à peine sensible. Pour plus de clarté, on peut néanmoins les classer, de la plus "terne" à la plus "expressive", dans l'ordre suivant : **den genseren** < **denne genseren** < **den genseren her** ou **der**.

7 Nous trouvons ici quatre nouveaux exemples de superlatif (cf. 17e leçon, note 6), tous caractérisés par la marque **-ste**, placée à la fin de l'adjectif. Sans doute avez-vous reconnu dans **den eneste** un mot déjà

***

Øvelse 1 – Oversett

❶ Det er alltid han som tar initiativet. ❷ Liker du det syltetøyet? ❸ Du skulle prøve å snakke med dem. ❹ Etter bare tre uker vil han skille seg. ❺ Denne gutten er alt for sjenert. ❻ Er du sikker på at det trengs? ❼ I morgen gifter hun seg med en franskmann. ❽ Vi får håpe det varer. ❾ Nå må du endelig spørre henne om det. ❿ Han har alltid på en norsk genser. ⓫ Jeg er veldig glad i norsk folkemusikk.

***

Øvelse 2 – Fyll ut med de riktige ordene

❶ Il adore la mer, parce que son père est marin.
Han ...... havet, fordi faren .... er ....

❷ Je m'ennuie, j'ai besoin de bavarder avec quelqu'un.
Jeg ...... meg, jeg .... å ..... med .....

❸ C'est une drôle [de] déclaration, mais peut-être dit-il cela sérieusement.
Det er en ... ., men .... mener han det ....

❹ L'enfant aime beaucoup son grand-père.
Barnet er .... i bestefaren ....

❺ J'aime la musique folklorique norvégienne.
Jeg ..... norsk .... emusikk.

Dix-huitième leçon / 18

appris à la forme neutre (**det eneste**, *la seule chose*, en 16ᵉ leçon). Notons à présent qu'il n'existe qu'en tant que superlatif.

8 La réussite des **kjøttkaker**, *boulettes de bœuf haché* qui font partie des menus familiaux les plus communs, est censée, selon une tradition ironique, servir de critère de distinction pour les bonnes cuisinières.

9 L'adjectif **super**, **supre**, **supert** est un américanisme très commun.

10 De **å skille**, *séparer*, vient **å skille seg**, *divorcer*, et le substantif **skilsmissen**, *le divorce*.

***

Corrigé de l'exercice 1

❶ C'est toujours lui qui prend l'initiative. ❷ Aimes-tu cette confiture ? ❸ Tu devrais essayer de parler avec eux. ❹ Au bout de *(après)* trois semaines seulement, il veut divorcer. ❺ Ce garçon est beaucoup trop timide. ❻ Penses-tu que ce soit nécessaire ? ❼ Demain, elle épouse un Français. ❽ Espérons que ça durera. ❾ *(Maintenant)*, il faut enfin que tu le lui demandes *(à elle)*. ❿ Il porte toujours un pull norvégien. ⓫ J'aime beaucoup la musique folklorique *(musique du peuple)* norvégienne.

❻ Ces gâteaux sont une vraie tentation.
..... **kakene er en riktig** ....

Corrigé de l'exercice 2

❶ – elsker – hans – sjømann ❷ – kjeder – trenger – prate – noen ❸ – rar erklæring – kanskje – alvorlig ❹ – veldig glad – sin ❺ – liker – folk – ❻ Disse – fristelse

19

Nittende leksjon [nittënë lèkchoun]

Den nye `sjefen

1 – Hvem er den unge `damen ¹ du `smiler til? ²
2 – Vi `kjenner hverandre ³ fra `jobben ⁴.
3 – Jaså... en gammel `kollega ⁵?
4 – Nei... egentlig er hun `ny i firmaet.
5 – Hun ser `godt ut ⁶, må jeg si!
6   En riktig `skjønnhet fra `Syden ⁷, med de brune `øynene ⁸ og det svarte `håret ⁹.
7 – Slike `detaljer legger `jeg aldri `merke til ¹⁰.
8 – A propos, hva `heter den nye `sjefen din
9   som dere snart skal ha et tre dagers `seminar med?

Prononciation
dèn nüyë `chéfën **1** vèm èr dèn ou-ng-ë `damën du `smilër-til **2** vi `Çènër vèra'ndrë fra `yobën **3** yassô én gamël kouléga **4** neï. éguë'ntlig èr Hu̱n `nü i firmaë **5** Hu̱n sèr `got ut mô yeï si **6** én ri̱kti `cheu̱nHét fra `südën mé di brunë `euynënë ô dé sva̱rtë `Hôrë(t) **7** slikë `détaliër lèguër yeï aldri `mèrkë-til **8** aprôpô va `Hétër dèn nüyë `chéfën dji'n **9** som dérë snart skal Ha èt tré dagërs `séminar mé

Notes

1 Nous n'avons jusqu'ici pu utiliser les adjectifs qu'avec des noms à la forme indéfinie. Voici deux remarques importantes qui vont considérablement élargir notre champ d'action. Commençons par la règle dite de la "double détermination" : lorsque le nom à la forme définie – ici **damen**, *la dame* – est précédé d'un adjectif, l'article défini sous forme de suffixe est doublé de la forme **den/det/de** (semblable à la première forme du démonstratif) et l'adjectif porte alors la marque **-e** : **den unge damen**, *la jeune dame*. Concrètement : **det svarte håret**, *les cheveux noirs* ; **det store skipet**, *le grand navire*, **den nye kjolen**, *la robe neuve* ; **de brune øynene**, *les yeux bruns*, **de snille barna**, *les gentils enfants*. Cette

Dix-neuvième leçon

Le nouveau patron

1 – Qui est la jeune dame à qui tu souris ?
2 – On se connaît par le *(du)* boulot.
3 – Ouais… une vieille collègue ?
4 – Non… En fait, elle est nouvelle dans l'entreprise.
5 – Elle a de l'allure, je dois dire *(dois-je dire)* !
6 Une vraie beauté du sud, avec les yeux bruns et les cheveux noirs.
7 – Ce genre de détails, [moi,] je n'[y] fais jamais attention.
8 – À propos, comment s'appelle ton nouveau patron
9 avec qui vous aurez bientôt un séminaire [de] trois jours *(que vous aurez … avec)* ?

nouveauté peut d'abord vous paraître assez épineuse, mais quelques exercices vous permettront bientôt de la maîtriser. En ce qui concerne la terminaison **-e** de l'adjectif, la règle s'applique également avec les possessifs, les démonstratifs, et après un nom au génitif. Exemples : **vårt nye hus**, *notre maison neuve* (= **det nye huset vårt**) ; **denne norske maten**, *ce plat norvégien* ; **Karens deilige kake**, *le délicieux gâteau de Karen*.

2 Nous observons ici un ordre des mots très particulier (que le norvégien a en commun avec l'anglais). À partir d'une phrase contenant un complément avec préposition, comme **han smiler til meg**, *il me sourit*, on obtient des constructions du type : **Jeg vet ikke hvem han smiler til**, *Je ne sais pas à qui il sourit* ; **Hvem smiler han til?**, *À qui sourit-il ?* ; **Det er ikke meg han smiler til**, *Ce n'est pas à moi qu'il sourit* ; ou comme ici : **den damen (som) han smiler til**, *la dame à qui il sourit*. Dans tous ces cas, le complément (**hvem**, **meg**, **som**), étant passé devant le verbe, s'est débarrassé de sa préposition, qui se retrouve rejetée en fin de phrase (alors qu'en français, la préposition et le complément sont indissociables). Le même phénomène est illustré dans les phrases 7 et 9. Là encore, il vous faudra acquérir peu à peu de nouvelles habitudes… Mais parions que vous trouverez vite amusantes (et au fond, pas si compliquées) ces constructions si différentes du français !

19 / Nittende leksjon

3 **hverandre**, mot à mot "l'un l'autre", est la plupart du temps traduit par *se*. C'est un pronom complément qui indique la réciprocité – à la différence de **seg**, pronom réfléchi. Exemples : **De er glade i hverandre**, *Ils s'aiment beaucoup* ; mais : **De setter seg på sofaen**, *Ils s'assoient sur le divan*.

4 Un petit anglicisme norvégisé : **jobben**, *le travail* (au sens professionnel)/*l'emploi*.

5 **en kollega**, *un/une collègue* ; pluriel indéfini : **kolleger**.

6 **å se ut** désigne l'apparence des choses et des gens. **Hvordan ser han ut?**, *De quoi a-t-il l'air ? / À quoi ressemble-t-il ?* **Han ser godt ut**, *Il a belle apparence. / Il est beau.* **De ser gamle ut**, *Ils ont l'air vieux*.

***

Øvelse 1 – Oversett

❶ Hun ser alltid alvorlig ut. ❷ Det er en riktig skam! ❸ Han er for glad i mat. ❹ Snart må du gå på jobben. ❺ Vis meg dette bildet. ❻ Å være gift har mange fordeler. ❼ Hva leter du etter? ❽ Det er ikke deg jeg snakker til. ❾ Den nye sjefen min heter Hansen. ❿ Hva heter filmen du ser på?

***

Øvelse 2 – Fyll ut med de riktige ordene

❶ Il a l'air d'un authentique Viking.
   Han .. .. som en .... viking.

❷ [La] beauté n'a pas une si grande importance.
   .... ikke så .... rolle.

❸ Nous devons les rencontre demain soir.
   Vi skal .... dem ....

❹ C'est quelque chose qu'il ne remarque jamais.
   Det er ... (som) han aldri ...... merke ....

❺ Ça, tu n'en as pas le droit.
   Det ... du ikke ....

❻ Qu'est-ce que tu me demandes ?
   Hva er det du .... meg .. ?

Dix-neuvième leçon / 19

7 **Syden** désigne les pays du pourtour de la Méditerranée (y compris le midi de la France). Mais le sud de la Norvège s'appelle **Sørlandet**, de **sør** (toujours sans article), *le sud* (opposé à **nord**).

8 **et øye**, *un œil*, pluriel indéfini irrégulier : **øyne**, *des yeux*.

9 **håret**, *les cheveux*, est un mot singulier "collectif" désignant la chevelure ; **et hår**, *un cheveu/un poil*.

10 **å legge merke til noe**, *remarquer/faire attention à quelque chose*.

***

Corrigé de l'exercice 1

❶ Elle a toujours l'air sérieux. ❷ C'est une véritable honte ! ❸ Il aime trop manger *(Il aime trop la nourriture)*. ❹ Bientôt, il faut que tu ailles au travail. ❺ Montre-moi cette photo. ❻ Être marié a beaucoup d'avantages. ❼ Que cherches-tu ? ❽ Ce n'est pas à toi que je parle. ❾ Mon nouveau patron s'appelle Hansen. ❿ Comment s'appelle le film que tu regardes ?

Corrigé de l'exercice 2

❶ – ser ut – ekte – ❷ Skjønnhet spiller – stor – ❸ – møte – i morgen kveld ❹ – noe – legger – til ❺ – får – lov til ❻ – spør – om

åtti • 80

20

Tjuende (tyvende) leksjon
[Çuënë (tüvëne) lèkchoun]

Nyheter fra Svalbard [1]

1 – Se `her! Et `brev fra den `optimistiske `Asbjørg!
2 Jeg er `spent [2] på hva hun forteller om `livet på Svalbard.
3 – "Longyearbyen, tyvende juni [3]
4 Kjære alle `sammen!
5 Her er det `vår, etter den lange `mørketiden.
6 Det er nesten `ikke noe `snø igjen [4],
7 `isbjørnene [5] viser seg ikke lenger [6] i `byen,
8 og det er `lyst [7]! Så `deilig å kunne `sole seg!
9 Og i `naturen finnes det så mye som man kan `glede seg over!
10 Ute [8] foran `vinduet har jeg flere `potter med `poteter og `gulrøtter [9].
11 Men `vinteren har også sine `fordeler:
12 Jeg er nesten ferdig med den ypperlige «Assimil»-læreboken [10] i kinesisk". ☐

Prononciation
nüHétër fra svalbard 1 sé `Hèr! èt `brév fra dèn `ouptimistiskë asbyeurg 2 yeï èr `spènt va Hu'n fortèlër oum livë pô `svalbard 3 longyearbüyën tüvënë yuni 4 ÇÉrë alë `samën 5 Hèr èr dé `vôr ètër dèn la-ng-ë `meurkëtidën 6 dé èr nèstën i-ng-ën `sneu iyèn 7 isbyeurnënë vissër-seï ikë lè-ng-ër i `büyën 8 ô dé èr `lüst! sô `deili ô kunë `soulë-seï 9 ô i `naturën finës dé sô müyë som ma'n ka'n `glédë seï ôvër 10 utë fora'n `vinduë Har yeï flérë `potër mé `pôtétér ô `gulreutër 11 mèn `vi'ntërën Har oksô sinë `fordélër 12 yeï èr nestën `ferdi mé dèn `üperlië assimil-lÉrëboukën i `Çinéssisk

Notes

1 L'archipel du Grand Nord connu en France sous le nom de *Spitzberg* s'appelle en norvégien **Svalbard**. Il appartient à la Norvège depuis 1925.

Vingtième leçon

Des nouvelles du Spitzberg

1 – Regarde ! Une lettre de cette optimiste [d']Asbjørg !
2 Je suis impatient de [savoir] (*Je suis tendu sur*) ce qu'elle raconte sur sa nouvelle vie.
3 – "Longyearbyen, [le] 20 juin.
4 Chers tous (*ensemble*),
5 Ici, c'est [le] printemps, après la longue période (*temps*) d'obscurité.
6 Il ne reste presque plus de neige (*Il n'y a presque pas de neige encore*),
7 les ours blancs ne se montrent plus en ville
8 et il fait jour ! Quel délice (*Si délicieux*) [de] pouvoir prendre le soleil (*s'ensoleiller*) !
9 Et dans la nature, il y a tant (*si beaucoup*) [de choses] dont (*à propos de quoi*) on peut se réjouir !
10 Dehors, sur le balcon, j'ai plusieurs pots de (*avec*) pommes de terre et de carottes.
11 Mais l'hiver a aussi ses avantages :
12 j'ai presque fini (*Je suis presque prête avec*) l'excellente méthode de (*en*) Chinois « Assimil »."

2 Vous souvenez-vous de l'adjectif **spennende**, *captivant/intéressant*, participe présent du verbe **å spenne** ? Voici maintenant son "pendant" participe passé, lui aussi utilisé comme adjectif, pour exprimer l'attente de quelque chose d'intéressant, l'impatience, la curiosité. **Jeg er spent på hva han gjør**, *Je suis curieux de savoir/Je me demande ce qu'il fait*.

3 On indique la date à l'aide des nombres ordinaux, avec lesquels vous devez commencer à vous familiariser, grâce à la numérotation de nos leçons. On dira donc : **første april**, *le 1er avril* ; **tredje oktober**, *le 3 octobre* ; **attende juli**, *le 18 juillet*. Profitons-en pour passer en revue les noms des douze mois : **januar, februar, mars, april, mai, juni, juli, august, september, oktober, november, desember**.

20 / Tjuende (tyvende) leksjon

4 Un emploi particulier de **igjen** dans les expressions **det er... igjen**, *il reste...*, et **det blir... igjen**, *il va rester/il restera...* Le verbe **å bli** contient alors une notion de futur. Exemples : **I kjøleskapet er det bare litt melk igjen**, *Dans le réfrigérateur, il ne reste qu'un peu de lait* ; **Hvis du spiser hele kaken, blir det ingenting igjen til meg**, *Si tu manges tout le gâteau, il ne restera rien pour moi.*

5 **en bjørn**, *un ours* (**Bjørn** est aussi un prénom masculin, tout aussi "typé" que **Ulf**, dérivé de **en ulv**, *un loup*) ; **en isbjørn**, *un ours blanc/un ours polaire* (mot à mot : "un ours des glaces"). *(La) glace*, cet élément important de la vie norvégienne, se dit donc **is(en)**, même lorsqu'elle se mange.

6 **ikke lenger** traduit la négation *ne... plus*. Les deux mots peuvent se trouver séparés l'un de l'autre : **Han vil ikke lenger arbeide / Han vil ikke arbeide lenger**, *Il ne veut plus travailler* ; **Du er ikke lenger min venn / Du er ikke min venn lenger**, *Tu n'es plus mon ami.*

7 Les deux adjectifs **lys**, *clair*, et **mørk**, *sombre*, s'emploient bien entendu d'abord pour qualifier les couleurs, entre autres celle des cheveux : **hun er lys / hun har lyst hår**, *elle est blonde* ; **han er mørk / han har mørkt**

***

▶ Øvelse 1 – Oversett

❶ Hvem er dette brevet fra? ❷ Sett disse blomstepottene på balkongen! ❸ Livet hennes er veldig spennende. ❹ I dag er det syttende mai. ❺ Når får vi endelig nyheter? ❻ Klokken fire blir det allerede lyst. ❼ Hennes kinesisk er ypperlig. ❽ Snart blir det vår. ❾ Vis meg den nye kjolen din. ❿ Hun smiler ikke lenger.

***

*En Norvège, même si l'on sait apprécier les joies de l'hiver, les premiers rayons de soleil printaniers se goûtent avec béatitude, le nez en l'air et les yeux fermés. Ce culte de la lumière prend toute sa valeur dans les régions les plus septentrionales, qui sont plongées dans l'obscurité durant des mois. On y vit avec une intensité euphorique la luminosité ininterrompue d'un très court été. Dans le sud, l'alternance de la saison de l'ombre et de celle du soleil, pourtant plus sage, surprend encore : en décembre, à **Oslo**, la nuit tombe vers quatre heures de l'après midi ; en juillet, il fait plein jour à quatre heures du*

hår, *il est brun*. Mais ils s'utilisent aussi pour la lumière du jour (ou l'obscurité) : **Det er lyst allerede**, *Il fait déjà jour* ; **Det blir tidlig lyst**, *Le jour se lève tôt* (ça devient clair) ; **Det er allerede mørkt**, *Il fait déjà nuit* ; **Snart blir det mørkt**, *La nuit va bientôt tomber*. Par ailleurs, *la lumière* se dit **lyset**.

8 Nous avons déjà rencontré plusieurs fois le petit adverbe **ut**, associé à des verbes : **å leie ut**, *louer/donner en location* ; **å se ut**, *avoir telle ou telle apparence* ; **å holde ut**, *tenir bon* ; on peut y ajouter le tout simple **å gå ut**, *sortir* (contraire de **å komme inn**, vu en 12ᵉ leçon). Le point commun à toutes ces expressions est l'idée d'un mouvement vers l'extérieur. Voici à présent son cousin **ute**, *dehors*, qui indique une position fixe à l'extérieur.

9 Deux noms de précieux légumes : **en gulrot**, *une carotte* (litt. "jaune-racine") ; et bien sûr **en potet**, *une pomme de terre*, garniture de n'importe quel plat norvégien.

10 **en lærebok**, c'est *un livre pour apprendre*. *Apprendre* se dit donc **å lære**. **Vi lærer norsk sammen**, *Nous apprenons le norvégien ensemble*.

***

Corrigé de l'exercice 1

❶ De qui est cette lettre ? ❷ Pose ces pots de fleurs sur le balcon ! ❸ Sa vie est très aventureuse *(à suspense)*. ❹ Aujourd'hui, c'est le dix-sept mai. ❺ Quand aurons-nous enfin des nouvelles ? ❻ À quatre heures, il fait déjà jour. ❼ Son chinois est excellent. ❽ C'est bientôt *(Ça devient bientôt)* le printemps. ❾ Montre-moi ta nouvelle robe. ❿ Elle ne sourit plus.

***

matin. Vivre les rythmes du Grand Nord suppose une passion, des attaches familiales ou... un emploi dans la fonction publique : les fonctionnaires norvégiens, qu'ils soient employés des postes ou pasteurs, font tous l'expérience de quelques années du côté de **Tromsø**, *de* **Narvik** *ou de* **Mo i Rana**. *La plupart reviennent, après avoir subi cette épreuve initiatique, sous les cieux méridionaux, tandis que certains s'éprennent pour de bon d'un mode de vie où le manque de soleil est compensé par la chaleur humaine.*

åttifire

21 / Tjueførste (enogtyvende) leksjon

Øvelse 2 – Fyll ut med de riktige ordene

❶ Dans la vie, le plus important c'est [l']amour et [l']amitié.
I ..... er det .... og ....

❷ Il ne reste presque plus de pain.
Det er ...... ikke noe brød ......

❸ Je ne comprends pas comment il peut apprécier *(aimer bien)* de telles gens.
Jeg .... ikke .... han kan .... folk.

❹ Je suis curieux de savoir ce qu'il a envie de [faire].
Jer er .... hva han har lyst ....

21

Tjueførste (enogtyvende) leksjon
*[Çuëf**eu**rstë (énôt**ü**vënë) l**è**kch**ou**n]*

Repetisjonsleksjon – Révision

Au cours de cette troisième semaine d'apprentissage, vous avez rencontré beaucoup de nouveautés, certaines qui paraissent simples, d'autres qui sont plus étranges. Ne vous inquiétez pas si vous n'avez pas tout retenu : vous êtes en train d'acquérir la maîtrise des structures de base, et cela se fait progressivement. Continuez à travailler régulièrement et vos résultats vous surprendront ! Faisons aujourd'hui la synthèse des nouveautés grammaticales des dernières leçons.

Remarquez d'abord la double numérotation de cette leçon. Il existe en effet deux systèmes parallèles pour les nombres ordinaux. Nous avons choisi de donner la priorité au plus moderne. Le second, indiqué entre parenthèses, est calqué sur un système de nombres cardinaux aujourd'hui désuet et qui rappelait l'allemand : **en/og/tyve**, *vingt et un* (*"un/et/vingt"*). Lorsqu'il s'agit des nombres cardinaux, on dit aujourd'hui dans la quasi-totalité des cas **tjueen**, **tjueto**, etc. Mais pour *vingt et unième*, *vingt-deuxième*, etc., le choix demeure. Vous entendrez donc soit **tjueførste**, **tjueandre**, etc., soit **enogtyvende**, **toogtyvende**.

❺ C'est le marin le plus chanceux que je connaisse.
   Det er … heldig … sjømann .. som jeg ……..

❻ Beaucoup de Norvégiens ont [les] cheveux blonds.
   ….. nordmenn har …. hår.

Corrigé de l'exercice 2
❶ – livet – viktigste kjærlighet – vennskap ❷ – nesten – igjen
❸ – skjønner – hvordan – like slike – ❹ – spent på – til ❺ – den – ste
– en – kjenner ❻ Mange – lyst –

Vingt et unième leçon

1 Le conditionnel présent

Nous avons effleuré un nouveau temps/mode de la conjugaison, que pour plus de commodité nous appellerons, comme en français, conditionnel présent.
Ce temps se trouve d'abord appliqué au verbe **kan** dans des formulations polies : **Kunne du være så snill å hjelpe meg?**, *Pourriez-vous m'aider ?* L'emploi de **kunne** au lieu de **kan** permet de nuancer le ton sur lequel on s'adresse à son interlocuteur ; c'est un "outil" d'autant plus utile que le norvégien ne dispose plus du vouvoiement.
De même, pour rendre moins péremptoire la volonté exprimée par **å ville** : **Jeg ville gjerne arbeide i ro og fred**, *J'aimerais travailler en paix* (tournure moins brutale que **nå vil jeg arbeide i ro og fred**).
Avec le conditionnel de **skal** – **jeg skulle**, **du skulle** + infinitif – on souligne la valeur morale de *devoir* : **Jeg synes du skulle besøke ham**, *Je trouve que tu devrais lui rendre visite*.

Mais le conditionnel permet aussi d'exprimer un fait irréel ; **ville** sert alors d'auxiliaire à n'importe quel verbe : **Han ville gifte seg, hvis han bare kunne**, *Il se marierait, si seulement il le pouvait*.

Det ville bli en stor overraskelse, *Ce serait (deviendrait) une grande surprise*.

Ces deux exemples vous donnent sans doute envie d'en savoir plus sur l'expression de la condition. Mais il vous faudra rester pour l'instant sur votre faim. Nous nous contenterons d'utiliser **hvis**, *si*, dans des phrases exprimant une hypothèse future de l'ordre du possible, et où l'on s'en tient donc au mode indicatif. Exemple : **Hvis du kan norsk til neste år, skal vi reise til Norge**, *Si tu sais le norvégien (d'ici) l'année prochaine, nous irons en Norvège*. Comme en français, le verbe qui suit **hvis**, *si*, ne peut pas se mettre au futur. On utilise simplement un présent.

2 Les adjectifs épithètes

• Une première remarque porte sur la **terminaison -e** ajoutée à ces adjectifs, lorsqu'ils sont précédés d'un possessif, d'un nom au génitif, d'un démonstratif ou d'un article défini.
On dit : **en pen kjole**, *une jolie robe* / **et stort rom**, *une grande chambre* ; mais : – **min pene kjole**, *ma jolie robe* / **mitt store rom**, *ma grande chambre* – **Ingrids pene kjole**, *la jolie robe d'Ingrid* / **Påls store rom**, *la grande chambre de Pål*. Comme on le voit, la terminaison **-t** du neutre disparaît au profit du **-e**.
N'oubliez pas, en outre, que tous les adjectifs au pluriel portent déjà la terminaison **-e**, quels que soient les mots qui les précèdent. Cette terminaison **-e** impose à certains adjectifs une légère transformation du côté des consonnes, qui se trouvent alors inversées ou redoublées. Citons quelques cas : **gammel**, *vieux* → **gamle** ; **tom**, *vide* → **tomme**. Les adjectifs en **-ig** prennent le **-e**, mais le **g** ne se prononce pas.

• Deuxième remarque : lorsque le groupe contenant l'adjectif comprend un article défini ou un possessif postposé, on doit appliquer la règle de la double détermination, c'est-à-dire recourir à la fois à **den/det/de** en tête du groupe, et à l'article défini sous la forme des suffixes déjà connus **-en** (masculin-féminin)/**-et** (neutre)/ **-ene** ou **-a** (pluriel). On dit donc :
– **den pene kjolen**, *la jolie robe* ; **den pene kjolen min**, *ma jolie robe* / **det store rommet**, *la grande chambre* ; **det store rommet mitt**, *ma grande chambre*
– **denne pene kjolen**, *cette jolie robe* / **dette store rommet**, *cette grande chambre*.

3 La profusion des démonstratifs

Le paragraphe précédent explique en partie pourquoi le norvégien a besoin de plusieurs formes : **den kjolen** signifie *cette robe* ; mais lorsqu'on ajoute l'adjectif, **den pene kjolen** devient tout simplement *la jolie robe*. Pour retrouver la valeur démonstrative, il est donc nécessaire soit de rajouter **her** ou **der**, soit de recourir à la troisième forme que nous venons d'appendre : **denne** (masculin-féminin), **dette** (neutre), **disse** (pluriel).
Ce qui donne :
den pene kjolen her, *cette jolie robe que voici*
den pene kjolen der, *cette jolie robe, là-bas*
denne pene kjolen, *cette jolie robe dont je parle*
det nye skipet her, *ce bateau neuf que voici*
det nye skipet der, *ce bateau neuf, là-bas*
dette nye skipet, *ce bateau neuf dont je parle*
de gamle hyttene her, *les vieux chalets que voici*
de gamle hyttene der, *les vieux chalets, là-bas*
disse gamle hyttene, *ces vieux chalets dont je parle*.

Dans la pratique, ces diverses formes s'entrecroisent d'une façon moins rationnelle que nous ne le souhaiterions, tout comme en français les distinc-tions s'effacent entre *celui-ci* et *celui-là*, *voici* et *voilà*. On peut par exemple parfaitement dire : **dette nye skipet der**. Ce côté fluctuant de la langue ne doit pas vous dérouter. Envisagez-le comme un espace de liberté !

4 Les pronoms possessifs et réfléchis

Nous avons aussi fait la connaissance du possessif **sin** (masculin-féminin), **sitt** (neutre), **sine** (pluriel) et du pronom personnel **seg**. Tous deux ont en commun la caractéristique de "réfléchis", c'est-à-dire qu'ils font référence au sujet de la proposition. Sans doute faites-vous déjà bien la différence théorique entre : **Marit steller med barna sine (= med sine barn)**, *Marit s'occupe de ses enfants, ses propres enfants* et **Marit steller med barna hennes (= med hennes barn)**, *Marit s'occupe de ses enfants, les enfants d'une autre femme*. Mais pas d'illusions, et surtout pas de découragement ! Il est inévitable que vous vous trompiez encore souvent...

L'essentiel est que vous compreniez, même a posteriori, pourquoi l'on emploie **sin**, **sitt** ou **sine** et non pas **hans**, **hennes** ou **deres** – et inversement.

Remarque : dans un usage peu correct, mais qui tend à se répandre, **sin** est aussi utilisé pour remplacer le génitif/complément du nom. On pourra ainsi entendre : **Marit sine barn** au lieu de **Marits barn**, *les enfants de Marit*. Évitez cette tournure, mais sachez la reconnaître... Nul doute que seg, *se*, vous cause moins de tracas. Vous devez déjà être habitué à le voir figurer devant l'infinitif des verbes pronominaux, exemple : **å kjede seg**, *s'ennuyer*, donnera la conjugaison suivante :

jeg kjeder meg
du kjeder deg
han/hun kjeder seg
vi kjeder oss
dere kjeder dere
de kjeder seg

Le seul petit problème qui puisse se poser pour vous est de ne pas le confondre avec le pronom "réciproque" **hverandre**, qui en français se traduit également par *se*. Si vous avez un doute, voyez si l'on peut doubler le *se* français, par *l'un l'autre* ou *mutuellement*. Distinguez donc entre : **de kjeder seg**, *ils s'ennuient* et **de hjelper hverandre**, *ils s'aident (l'un l'autre, mutuellement)*.

5 Les superlatifs

Ils sont caractérisés par l'ajout du suffixe **-st** précédant la terminaison **-e** éventuelle.
C'est l'occasion de découvrir, toujours sans peine, une commodité supplémentaire du norvégien : les adjectifs peuvent être employés, à la forme neutre, comme adverbes. Exemples :
Hun spiller en fin melodi, *Elle joue une jolie mélodie* (**fin** est adjectif épithète).
Hun spiller fint, *Elle joue joliment* (**fint** a la fonction d'un adverbe). On peut introduire le superlatif dans les deux phrases : **Det er den fineste melodien (som) hun spiller**, *C'est la plus jolie mélodie qu'elle joue* ; l'adjectif prend à la fois le suffixe **-st** du superlatif et la terminaison **-e** nécessaire avec un article défini (cf. § 2).

Det er hun som spiller finest, *C'est elle qui joue le plus joliment* ; l'adverbe prend uniquement le suffixe **-st**.
Il existe quelques superlatifs irréguliers, que nous glanerons au fil des prochaines leçons. Retenez aussi une tournure telle que : **det viktigste**, *le plus important/la chose la plus importante*, qui fait appel au neutre pour compenser l'absence de nom.

6 L'ordre des mots dans la phrase

Nous avons vu (note 2 de la 19ᵉ leçon) comment les prépositions sont rejetées en fin de phrase, lorsque le complément qui en dépend est placé, pour une raison ou pour une autre, devant le verbe (notamment dans les phrases interrogatives). Rappelons quelques exemples :
Hvem skriver du til?, *A qui écris-tu ?* ;
Det er ikke en mann som folk har lyst til å snakke med, *Ce n'est pas un homme avec qui on a* ("les gens ont") *envie de parler*.

7 Les petits mots de la semaine

• **Lite**, *peu* (proche de **litt**, *un peu*) est à la fois le contraire de **mye** et de **mange**.
Han spiser veldig lite, *Il mange très peu*.
Det er lite folk i byen, *Il y a peu de monde en ville*.

• *Toujours* se traduit soit par **alltid** (contraire de **aldri**, *jamais*), soit, lorsqu'il s'agit de donner l'idée d'une continuité, par **fortsatt** ou **fremdeles**.
Vi reiser alltid sammen, *Nous voyageons toujours ensemble*. **Han drikker fortsatt så mye**, *Il boit toujours autant. / Il continue à boire autant*.

• **Egen** renforçant un possessif ou utilisé seul devant le nom à la forme indéfinie, signifie *propre/à moi/à toi/à soi*, etc.
Vi ville gjerne ha vår (ou **en**) **egen leilighet**, *Nous aimerions avoir un appartement à nous*.

• **Den eneste/det eneste**, *le seul/l'unique* (ou, sans nom et à la forme neutre, *la seule chose*) ; et aussi : **en eneste/et eneste**, *un seul/une seule*. C'est en fait un superlatif fabriqué à partir de l'adjectif numéral **en**.

Han har en eneste bror, *Il n'a qu'un frère, un seul frère*.
Det er det eneste (som) jeg kan gjøre, *C'est la seule chose que je puisse faire*.

• **At** se traduit par *que*, *qu'*, conjonction de subordination. Il peut être sous-entendu dans de nombreux cas. Indiquons pour l'instant qu'il est obligatoire en tête de phrase.
Jeg vet (at) han elsker sport, *Je sais qu'il adore le sport*.
Han sier (at) det er veldig kaldt, *Il dit qu'il fait très froid*.
Mais : **At han kommer, er slett ikke sikkert**, *Qu'il vienne, [ce] n'est pas du tout sûr*.

• **Ute**, *dehors*, est l'adverbe qui indique une position à l'extérieur, tandis que **ut** indique un déplacement vers l'extérieur. On dit : **Nå kan vi spise ute**, *Maintenant, nous pouvons manger dehors*, mais : **Nå vil jeg gå ut**, *Maintenant, je sors* ; et aussi **Ut med deg!**, *Dehors !* quand on veut intimer à quelqu'un l'ordre de sortir.

Tjueandre (toogtyvende) leksjon

À partir d'aujourd'hui, nous n'indiquons plus la prononciation que pour certains mots sur lesquels vous pourriez buter.

Norske ˋpostkortfarger

1 – (**U**tlend*in*g:) – Er d**e**re så ˋgl**a**de i fl**a**gget d**e**res at ˋ**a**lle må ha en ˋfl**a**ggstang foran ˋh**u**set?
2 – (**No**rdmann:) – Ja, ˋsånn [1] er det hos [2] ˋoss, i **No**rge.
3 – (U.) Men kan du ˋf**o**rklare meg hva som er så ˋsp**e**si**e**lt med det ˋn**o**rske fl**a**gget?
4 Bet**y**r det **i**kke ˋfrih**e**t [3] og ˋf**e**drelandskjærligh**e**t [4] som ˋ**o**ver**a**lt i v**e**rden?
5 – (N.) – **I**kke bare ˋdet... Tenk på h**a**vets og h**i**mmelens ˋbl**å**farge [5] om ˋs**o**mmeren, på ˋS**ø**rlandet [6]!
6 Og de ˋhv**i**te ˋv**i**nterlandsk**a**pene i ˋ**O**slom**a**rka!

Sur le même modèle, on peut opposer à **inn**, qui indique un déplacement vers l'intérieur, l'adverbe de position **inne**.
Den lille gutten går inn i skogen, *Le petit garçon entre dans la forêt*.
Han sitter inne, *Il est en prison. / Il est assis à l'intérieur*.
mais : **Han sitter mye inne**, *Il reste toujours à l'intérieur, c'est un pantouflard*.

• **Flere**, *plusieurs* ; **de fleste**, *la plupart*, qui s'utilise avec la forme indéfinie du nom, sauf si on veut lui ajouter un possessif : **de fleste kvinner**, *la plupart des femmes* ; **de fleste vennene mine**, *la plupart de mes amis*.

• Récapitulons, pour terminer, les noms des saisons : **våren**, *le printemps* ; **sommeren**, *l'été* ; **vinteren**, *l'hiver* – et ajoutons-y **høsten**, *l'automne* ; les noms des mois : **januar, februar, mars, april, mai, juni, juli, august, september, oktober, november, desember**... Et ceux des jours de la semaine, désormais rythmés par votre leçon de norvégien : **mandag, tirsdag, onsdag, torsdag, fredag, lørdag, søndag**...

Vingt-deuxième leçon

Couleurs de cartes postales norvégiennes

1 – ([Un] étranger :) – Aimez-vous [donc] tant votre drapeau, [pour] que tous aient [doivent avoir] une hampe devant leur *(la)* maison ?
2 – ([Un] Norvégien :) – Oui, c'est comme ça *(ainsi est ce)*, chez nous, en Norvège.
3 – (É.) – Mais peux-tu m'expliquer ce qu'il a *(ce qui est)* [de] si spécial, ce drapeau norvégien ?
4   Est-ce qu'il ne signifie pas liberté et amour de la patrie, comme partout dans le monde ?
5 – (N.) – Pas seulement *(ça)*... Pense au bleu *(bleu-couleur)* de la mer et du ciel, en été, dans le Sørland !
6   Et aux *(les)* paysages d'hiver blancs dans la forêt d'Oslo !

22 / Tjueandre (toogtyvende) leksjon

7 – (U.) – Og hvor er `rødfargen, da? På `kirsebærne ved `Hardangerfjorden ,
8 eller på `ansiktet ditt når du går på `ski?
9 – (N.) – Ikke gjør `narr av meg [7], da!
10 – (U.) – Nei, men for min `skyld kunne de norske `nasjonalfargene `like godt være `grønt som `grantrærne...
11 og `gult eller `gyldent som `midnattsolen...
12 – Et postkort, flere postkort – et flagg, flere flagg – en stang, flere stenger – et landskap, flere landskap – en farge, flere farger – et ansikt, flere ansikter – et grantre, flere grantrær – en fjord, flere fjorder.

Prononciation
1 utlè'ni-ng ... gla ë *2* ... Hous ... *4* ... fédrëla'nsÇĒrliHét ... *5* ... seurla'në *7* ... reufarguën ...ÇissëbĒnë ... *10* ... chül ... nachounal ... *11* ... yüldënt ...

Notes

1 **sånn** peut s'utiliser seul, comme exclamation exprimant la satisfaction d'avoir accompli quelque chose (*sånn!*, *bon, voilà !*) ; il signifie aussi *comme ça/de cette façon* : **Du må gjøre det sånn**, *C'est comme ça que tu dois faire* ; on peut, dans ce cas, lui substituer **slik**, ainsi que pour un autre usage du langage plutôt enfantin, où **sånn** devient un adjectif : **et sånt hus, et slikt hus**, *une maison comme ça, dans ce genre*. On peut dire aussi, avec une nuance péjorative : **sånt et hus, slikt et hus**. D'une façon générale, **sånn** appartient à un registre plus familier que **slik**.

2 **hos** correspond à *chez*, lorsque le verbe ne contient pas l'idée d'un déplacement. **Han bor hos meg**, *Il habite chez moi*. Dans le cas contraire, on emploie une préposition que nous connaissons déjà : **til**. **I morgen kommer han til oss**, *Demain, il vient chez nous*.

3 **frihet(en)** = **fri**, *libre* (adjectif) + **het** (suffixe). Beaucoup de mots de sens abstrait sont construits sur ce modèle. Nous connaissons déjà

Vingt-deuxième leçon / 22

7 – (É.) – Et où est le rouge, alors ? Sur les cerises du *(près du)* fjord Hardanger,

8 ou sur ta figure quand tu fais du *(vas à)* ski ?

9 – (N.) – Ne te moque pas de moi, tout de même !

10 – (É.) – Non, mais à mon avis *(pour mon compte)*, les couleurs nationales norvégiennes pourraient tout aussi *(pareillement)* bien être vert comme les sapins...

11 et jaune ou doré comme le soleil de minuit...

12 – Une carte postale, des *(plusieurs)* cartes postales – un drapeau, des drapeaux – une barre, des barres – un paysage, des paysages – une couleur, des couleurs – un visage, des visages – un sapin, des sapins – un fjord, des fjords.

kjærlighet, *amour*, dérivé de l'adjectif **kjærlig**, *tendre/affectueux*, de la même famille que **kjære venn**, *cher ami*.

4 Pour vous familiariser avec **fedrelandskjærlighet**, découpez-le en trois ou quatre tranches : **fedre**, pluriel de **far** + **land(et)**, *pays* + **kjærlighet**, *amour* = *l'amour du pays de nos pères*.

5 *bleu*, **blå/blått**, pluriel **blå**. Si bleu, rouge, etc. sont des noms, on utilise la forme neutre : **jeg liker blått**, *j'aime le bleu*. On peut aussi ajouter à l'adjectif le nom **farge**, *couleur* : **en pen blåfarge**, *un joli bleu*.

6 Le **Sørland** est la côte balnéaire et le midi de la Norvège. **Sør** signifie *sud* – à ne pas confondre avec **Syden**, forme définie réservée aux pays méditerranéens.

7 **å gjøre narr av noen**, *se moquer de quelqu'un*, litt. "faire un fou de quelqu'un", **narr** étant un vieux mot désignant le *fou* du *roi* ou le *simplet du village*.

nittifire

22 / Tjueandre (toogtyvende) leksjon

▶ Øvelse 1 – Oversett
❶ Han er så snill at alle er glade i ham. ❷ Solen er varm og himmelen er blå. ❸ Overalt finnes det grantrær. ❹ Hun liker å gjøre narr av broren sin. ❺ Se på det fantastiske landskapet! ❻ Jeg ville gjerne se midnattsolen. ❼ Hva betyr dette ordet? ❽ Hvorfor blir du så rød i ansiktet når han smiler til deg? ❾ Skal jeg kjøpe den gule genseren, eller den hvite? ❿ De fleste nordmenn har flaggstang.

***

Øvelse 2 – Fyll ut med de riktige ordene

❶ Elle a les yeux bleus, comme tout le monde.
Hun har ... ., som .....

❷ Bleu, blanc et rouge sont les couleurs du *(sur le)* drapeau norvégien.
....., ... og .... er .... på det norske ....

❸ En ce qui me concerne, tu peux partir en voyage quand tu veux.
For min ..... kan du .... du vil.

❹ Je vois *(peux voir)* sur son visage qu'elle s'ennuie.
Jeg kan se på .... at hun ...... seg.

❺ Ils parlent beaucoup de liberté, mais jamais d'amour de la patrie.
.. snakker mye .. .., men ..... om ....

***

Flaggstangen, *la hampe destinée à hisser le drapeau les jours de réjouissances officielles et privées (le 17 mai, fête nationale norvégienne, mais aussi anniversaires et fêtes familiales), est un élément banal du décor. Ce signe extérieur du patriotisme norvégien, s'il a de quoi surprendre les touristes, fait l'objet d'aussi peu de controverses que la pérennité de la monarchie.*
Oslomarka *est le nom donné à la grande forêt qui couvre les collines entourant* **Oslo**. *S'il appartient pour une part à la commune, et pour l'autre à des propriétaires privés, l'ensemble de cet immense espace*

Vingt-deuxième leçon / 22

Corrigé de l'exercice 1

❶ Il est si gentil que tout le monde l'aime bien. ❷ Le soleil est chaud et le ciel bleu. ❸ Partout, il y a des sapins. ❹ Elle aime se moquer de son frère. ❺ Regarde ce paysage fantastique ! ❻ J'aimerais bien voir le soleil de minuit. ❼ Que signifie ce mot ? ❽ Pourquoi rougis-tu tant quand il te sourit ? ❾ Dois-je acheter le pull jaune ou le blanc ? ❿ La plupart des Norvégiens ont un mât pour le drapeau.

***

Corrigé de l'exercice 2

❶ – blå øyne – alle ❷ Blått, hvitt – rødt – fargene – flagget ❸ – skyld – reise når – ❹ – ansiktet hennes – kjeder – ❺ De – om frihet – aldri – fedrelandskjærlighet

***

boisé est indistinctement accessible au public. Il devient en hiver un domaine rêvé pour le ski de fond. Les Osloïtes en font un usage intensif et jubilatoire, qu'ils s'y rendent après le travail en sportifs solitaires (certaines pistes sont éclairées la nuit), ou optent pour les excursions du dimanche auxquelles participe souvent la famille au grand complet. On skie à tout âge, à tous les rythmes, et dans toutes les tenues vestimentaires, de la plus désuète à la plus moderne. Les complexes et le souci du paraître sont ici fort peu à leur place. Les adultes, avec une persévérance sans faille, inculquent aux plus petits le goût de l'effort au plein air, pilier de la morale norvégienne, à grand renfort d'encouragements et de promesses de casse-croûte. À l'heure de la halte, les auberges-refuges accueillent les skieurs dans une atmosphère conviviale, devant de généreux feux de bois.

Hardangerfjorden, *l'un des fjords les plus réputés de Norvège, s'enorgueillit d'un microclimat particulièrement doux. On vante la beauté rehaussée de ses versants au moment de la floraison des arbres fruitiers, en mai-juin, et l'abondance de ses récoltes de fruits rouges, notamment de fraises et de cerises, qui arrivent sur le marché durant le plein été, provoquant l'apparition de stands le long des routes, et jusque dans les carrefours des grandes villes.*

nittiseks • 96

Tjuetredje (treogtyvende) leksjon

Ta det ˈrolig!

1 – Au da! Det er på ˈtide jeg ˈstår opp! ¹ Fort!
2 Før ² jeg ˈreiser er ³ det ˈmye som skal ˈgjøres. ⁴
3 Jeg må fylle ˈbensin, og så skal ˈbilen ˈvaskes.
4 Jøss ⁵! I går ˈmorges var det ˈminst ˈtre ˈhundrekronersedler i denne ˈlommeboken, og ˈnå er det bare ˈmynter igjen...
5 Jeg har ˈbankkort og ˈsjekkhefte, men ˈlikevel... det ville være ˈbedre ⁶ å ta ut ˈpenger.
6 Ja, men ˈførst vil jeg lage ˈnistepakke ⁷ og koke ˈkaffevann til ˈtermosen.
7 Nå må jeg ta det ˈrolig... ˈKofferten er ˈferdig, jeg er ˈnesten klar... ⁸
8 Jeg har på ˈfølelsen ⁹ at det er noe svært ˈviktig jeg kommer til ¹⁰ å ˈglemme...
9 Skal vi ˈse... ˈgullfisken er allerede hos ˈnaboene,
10 ˈpapegøyen tar min ˈkusine seg av...
11 Nå ˈhar jeg det! Jeg må ha med ˈkassetter ¹¹, så ˈslipper jeg å ˈsnakke med meg selv.
12 – En pengeseddel, flere pengesedler – en mynt, flere mynter – en lomme, flere lommer – et bankkort, flere bankkort – et sjekkhefte, flere sjekkhefter – en sjekk, flere sjekker – en kassett, flere kassetter.

Vingt-troisième leçon

Du calme *(Prends-le avec calme)* !

1 – Oh là là *(Aïe alors)* ! Il est temps [que] je me lève ! Vite !
2 Avant que je [ne] parte, il y a beaucoup de choses à faire *(qui doivent être faites)*.
3 Il faut que je fasse le plein *(remplir essence)* et la voiture doit être lavée.
4 Ça alors ! Hier matin, il y avait au moins trois billets de cent couronnes dans ce portefeuille, et maintenant, il n'y a que des pièces...
5 J'ai [ma] carte bancaire et [mon] carnet de chèques, mais quand même... ce serait mieux [de] retirer de l'argent.
6 Oui, mais d'abord, je vais préparer mon *(le)* casse-croûte et chauffer *(bouillir)* l'eau du café, pour le thermos.
7 Maintenant, du calme *(je dois le prendre calmement)*... La valise est prête, je suis presque prêt...
8 J'ai *(sur)* le sentiment qu'il y a quelque chose de très important [que] je vais oublier...
9 Voyons *(Devons nous voir)*... le poisson rouge *(poisson d'or)* est déjà chez les voisins,
10 le perroquet, [c'est] ma cousine [qui] s'en charge...
11 J'y suis *(Maintenant je l'ai)* ! Il faut que j'emporte des cassettes, comme ça j'évite[rai] de radoter *(parler avec moi-même)*.
12 – Un billet de banque, des billets de banque – une pièce, des pièces – une poche, des poches – une carte bancaire, des cartes bancaires – un carnet de chèques, des carnets de chèques – un chèque, des chèques – une cassette, des cassettes.

nittiätte

23 / Tjuetredje (treogtyvende) leksjon

 Prononciation
*rou*li **1** *oup* ... *fo*urt **4** *yeu*ss ... H*u*ndrëkrounërs*è*dlër ... *lou*mëbouk ... **6** ... k*ou*kë ...

Notes

1. **Det er på tide**, *Il est temps*, expression toute faite suivie soit d'un verbe conjugué, soit d'un infinitif. **Det er på tide å stå opp**, *Il est temps de se lever*. **Å stå opp** ne signifie *se lever* que quand il s'agit de s'extraire de son lit le matin.

2. **før**, que nous connaissions comme préposition, peut aussi introduire une subordonnée avec un verbe conjugué (mais non un infinitif) : **før du svarer**, *avant que tu ne répondes/avant de répondre*.

3. Vous vous souvenez certainement de cette règle de construction de phrases : si la proposition principale ou indépendante commence par autre chose que le sujet (sauf des petits mots comme **men**, **og**), celui-ci passe derrière le verbe. C'est cette même règle que nous trouvons ici élargie : lorsque la principale est précédée par une subordonnée, celle-ci est considérée comme le premier élément de la principale. Elle est donc immédiatement suivie du verbe de la principale. Autre exemple : **Hvis du kommer i morgen, vil jeg kjøpe laks**, *Si tu viens demain, j'achèterai du saumon*.

4. Voici une forme de passif : **det må gjøres** peut se traduire par *cela doit être fait*. Dans d'autres contextes, cette forme du verbe correspond soit à une tournure pronominale, soit à l'emploi de "on". Par exemple : **Ost spises med brød**, *Le fromage se mange avec du pain*. **Det finnes ikke**

***

Øvelse 1 – Oversett

❶ Jeg trenger mynter for å ringe. ❷ Jeg har på følelsen at det må gjøres. ❸ Skynd deg å stå opp! ❹ Hvor kan jeg ta ut penger med bankkort? ❺ I morgen må jeg fylle bensin igjen. ❻ Har du med nistepakke? ❼ Gamle folk snakker ofte med seg selv. ❽ Han har alltid minst to kofferter med. ❾ Vær så snill å forklare meg det! ❿ I morges var de ikke hjemme.

noe å drikke, *Il ne "se trouve" rien à boire. / Il n'y a rien à boire.* **Her snakkes det om politikk,** *Ici, on parle de politique.*

5 **Jøss!** (ou **Jøsses!**) : cette exclamation qu'on peut traduire par *mon Dieu* n'est autre qu'une déformation de **Jesus**.

6 **bedre**, *meilleur/mieux* est le comparatif irrégulier (et invariable, comme d'ailleurs tous les comparatifs) de **god/godt/gode**. **Vaflene dine er gode, men disse er bedre,** *Tes gaufres sont bonnes, mais celles-ci sont meilleures.*

7 **nistepakke** désigne le *casse-croûte*, le paquet de **smørbrød** qu'on emporte en excursion, à l'école ou au travail. Quant à la bouteille thermos, elle accompagne fidèlement voyageurs, randonneurs, sportifs et étudiants.

8 **klar**, *clair*. **Himmelen er klar,** *Le ciel est clair.* **Det er klart,** *C'est clair/évident*. L'expression **å være klar** *être prêt à partir* contient l'image du marin qui, pour larguer les amarres, dénoue, démêle et donc rend "clairs" les cordages.

9 **følelse(n)**, *le sentiment*, est dérivé de **å føle**, *sentir*, pour les sentiments comme pour les sensations tactiles.

10 Encore une tournure que nous traduisons par du futur : **å komme til** + infinitif. L'idée est celle, non plus comme dans **skal** + infinitif d'un devoir, ni comme dans **vil** + infinitif d'une intention, mais d'un fait qui ne manquera pas de se produire. Exemple : **Du kommer sikkert snart til å bli sulten,** *Tu auras sûrement bientôt faim.*

11 **en kassett,** *une cassette* (audio ou vidéo), **en CD** *[sédé]*, un CD, **en DVD** *[dévédé]*, *un DVD*.

***

Corrigé de l'exercice 1

❶ J'ai besoin de pièces pour téléphoner. **❷** J'ai le sentiment que cela devra être fait. **❸** Dépêche-toi de te lever ! **❹** Où puis-je retirer de l'argent avec ma carte bancaire ? **❺** Demain, je dois refaire le plein. **❻** As-tu emporté un casse-croûte ? **❼** Les vieilles personnes *(gens)* parlent souvent seules. **❽** Il emporte toujours au moins deux valises. **❾** Sois gentil de m'expliquer ça ! **❿** Ce matin, ils/elles n'étaient pas chez eux/elles.

Øvelse 2 – Fyll ut med de riktige ordene

1. Ce sera mieux si tu te charges des enfants.
   Det blir .... du ... deg .. barna.

2. Est-ce si important, que tu veuilles *(veux)* en parler au patron ?
   Er det .... at du vil snakke .... det?

3. Tu vas oublier ton portefeuille, comme d'habitude.
   Du .... å glemme .... din, som ....

4. J'y suis ! Il n'a sûrement pas [emporté] d'argent *(avec)*.
   Nå ... jeg ...! Han har sikkert .... med.

Tjuefjerde (fireogtyvende) leksjon

Forkjølelse

1 – Kan du lukke `inngangsdøren? Det `trekker [1] forferdelig.

2 – Døren `er allerede `lukket [2]. `Fryser du da?

3 – Jeg er ikke noen `frossenpinn, men jeg synes at vi skulle `sette på [3] mer [4] `varme:

4 `føttene og `hendene er `iskalde... og jeg har `vondt i `ryggen.

5 – Nå, så du er `forkjølet på grunn av den `siste `fjellturen din!

6 Jeg `maser [5] jo `alltid om at du bør [6] `kle på deg [7] `skikkelig [8]!

7 Du tar ikke `engang `lue på deg! Du burde `virkelig være `forsiktigere [9]!

8 Selv om `snøen `smelter og det blir `mildere, er det `farlig å kle `av seg!

9 Vent nå! Jeg skal `tenne på i `ovnen og hente `lusekoften [10] din.

❺ Comment va-t-il ? Est-il toujours inquiet ? – Non, ça va beaucoup mieux.

.... har han det? Er han .... urolig? – Nei, det går mye ......

Corrigé de l'exercice 2

❶ – bedre hvis – tar – av – ❷ – så viktig – med sjefen om – ❸ – kommer til – lommeboken – vanlig ❹ – har – det – ikke noen penger – ❺ Hvordan – fortsatt – bedre

Vingt-quatrième leçon

[Un] rhume

1 – Peux-tu fermer la porte d'entrée ? Il y a un courant d'air affreux *(Ça tire affreusement)*.
2 – La porte est déjà fermée. Tu as donc froid ?
3 – Je ne suis pas frileux *(une baguette congelée)*, mais je trouve qu'on devrait hausser *(mettre plus de)* [le] chauffage :
4   j'ai les pieds et les mains gelés *(les pieds et les mains sont gelés)*... et j'ai mal au dos.
5 – Et voilà *(maintenant, ainsi)* tu es enrhumé à cause de ta dernière balade en montagne !
6   Je te casse pourtant toujours les oreilles [pour] *(à-propos)* que tu t'habilles *(tu dois t'habiller)* correctement !
7   Tu ne mets même pas de bonnet *(sur toi)* ! Tu devrais vraiment être plus prudent !
8   Même si la neige fond et [qu']il fait plus doux, c'est dangereux de se déshabiller !
9   Attends un peu *(maintenant)* ! Je vais allumer *(dans)* le poêle et aller chercher ta veste en laine *(veste à poux)*.

hundreogto • 102

24 / Tjuefjerde (fireogtyvende) leksjon

10 Det blir `bedre etter en god `solbærtoddy... **11**
Eller skal du `heller ha en liten `konjakk?
11 – Det er ikke så `verst **12** å være `syk.
12 – En dør, flere dører – en fot, flere føtter – en hånd, flere hender – en lue, flere luer – en ovn, flere ovner.

Prononciation

forÇeulëlsë **1** ... loukë ... forfèrdli **4** ... Hènënë ... iskalë ... vount ... **9** ... lusëkouftën **10** ... soulbĒrtodi ...

Notes

1 **å trekke** a pour premier sens *tirer*. Il évoque aussi l'idée d'un passage ou d'un déplacement dans certaines expressions particulières, comme par exemple **villendene trekker sydover**, *les canards sauvages migrent vers le sud*. D'où le sens du passage d'un vent coulis.

2 **lukket** est le participe passé du verbe **å lukke**, *fermer*.

3 L'expression verbale **å sette på** contient l'idée "mettre en marche, allumer": **å sette på varme**, *mettre le chauffage (en marche)*. Autres avatars de cette tournure : **å sette på vann**, *mettre l'eau sur le feu*, et même : **å sette på TV-en**, *allumer la télé*. Distinguez bien ces expressions de celle utilisée plus bas (**tenne på**, phrase 9) pour une action où entre en jeu l'allumette !

4 **mer**, *plus*, est le comparatif irrégulier de **mye**. **Skal du ha litt mer kaffe?**, *Veux-tu un peu plus de café ?*

Vingt-quatrième leçon / 24

10 Ça ira mieux après un bon jus de cassis... Ou préfères-tu *(veux-tu plutôt)* un petit cognac ?
11 – Ce n'est pas si mal d'être malade.
12 – Une porte, des portes – un pied, des pieds – une main, des mains – un bonnet *(une casquette)*, des bonnets *(casquettes)* – un poêle, des poêles.

---

5 **å mase om noe**, *réclamer quelque chose avec insistance / casser les oreilles à quelqu'un à propos de quelque chose*. De ce verbe très couramment employé (car les Norvégiens sont des champions de la particularité individuelle, et à ce titre s'indignent volontiers de l'intrusion d'un tiers dans leurs opinions ou leurs comportements !) dérive le nom **mas(et)** qui représente une *exigence* réitérée et importune.

6 Voici un nouvel auxiliaire de mode : **å burde** (présent : **jeg bør**, conditionnel : **jeg burde**) est utilisé pour donner un conseil à quelqu'un. Son sens est très proche de celui de **å skulle**, mais avec une nuance morale moins appuyée. **Hva bør jeg gjøre?**, *Que dois-je faire ?*

7 **å kle på seg** ou **å kle seg**, *s'habiller*, et son contraire : **å kle av seg**.

8 **en skikk**, c'est *une coutume, un usage*. Ce qui est **skikkelig** est donc *conforme aux usages*, c'est-à-dire *convenable*. **Skikkelige folk / bra folk**, *des gens comme il faut*. **Et skikkelig vær**, *un temps passable*. Utilisé comme adverbe dans la langue orale, **skikkelig** a la valeur de *assez/plutôt*.

9 **forsiktigere**, *plus prudent*, comparatif de **forsiktig**. Notez que le **g** ne se prononce toujours pas. Pour former un comparatif, on ajoute à l'adjectif le suffixe **-ere**. Nous avons déjà rencontré quelques exceptions à cette règle...

10 Cardigan épais orné de motifs jacquard ou de galons brodés, le **lusekofte** est littéralement une "veste à poux" !

11 **solbærtoddy** est une boisson chaude au cassis qu'on propose en guise de remontant, notamment aux relais des épreuves sportives.

12 **Ikke så verst!**, *Pas mal ! / Pas si mal !*, contient le superlatif irrégulier **verst**, *pire*. **Det er det verste**, *C'est le pire/la pire des choses*.

Øvelse 1 – Oversett

❶ Jeg vet ikke engang hva han heter. ❷ Har du ikke vondt i føttene? ❸ Ved sjøen er vinteren mildere. ❹ Hva er det han maser om igjen? ❺ Om høsten tenner vi på i ovnen hver kveld. ❻ Dere burde ta en tur i fjellet. ❼ Kjøleskapet er ikke riktig lukket. ❽ Vi kan ikke reise på grunn av snøen. ❾ Hun er forferdelig sjenert. ❿ Nå må du kle på deg fort!

***

Øvelse 2 – Fyll ut med de riktige ordene

❶ Elle râle toute la journée pour que la chambre des enfants soit rangée.

Hun ..... hele dagen .. at barneværelset skal ....

❷ Même si tu l'aimes, tu ne devrais pas tout lui dire *(à elle)*.

..... .: du ...... henne, ... du ikke si ..... alt.

❸ On devrait mettre le chauffage en marche : il va bientôt neiger.

Vi bør .... varmen: det ...... snart ... å snø.

❹ Qu'est-ce que tu en penses ? – Pas mal !

Hva ..... du .. det? – Ikke .. ..!

Tjuefemte (femogtyvende) leksjon

Hobbier

1 – En av mine `beste [1] `venner er `samlegal [2].
2 Han samler på `islandske `frimerker, `afrikanske `sommerfugler [3], `Stillehavsskjell,
3 tyske `malerier fra det `syttende århundret, `greske vaser...
4 og kan en `masse [4] om hver eneste `gjenstand.
5 Jeg er `glad for [5] å ha en så `lærd venn.
6 – Kanskje `samler han på `godtroende [6] `venner `også?

*****

Corrigé de l'exercice 1

❶ Je ne sais même pas comment il s'appelle. ❷ Tu n'as pas mal aux pieds ? ❸ Au bord de la mer, l'hiver est plus doux. ❹ Qu'est-ce qu'il réclame encore ? ❺ En automne, nous allumons le poêle tous les soirs. ❻ Vous devriez faire une balade en montagne. ❼ Le réfrigérateur n'est pas bien fermé. ❽ Nous ne pouvons pas partir *(en voyage)* à cause de la neige. ❾ Elle est affreusement timide. ❿ Maintenant, habille-toi vite *(tu dois t'habiller vite)* !

***

Corrigé de l'exercice 2

❶ – maser – om – ryddes ❷ Selv om – elsker – burde – henne – ❸ – sette på – kommer – til – ❹ – mener – om – så verst

---

Ivresse sacrée des cultes vikings ou sévérité de la prohibition : nombreuses sont les raisons invoquées pour expliquer la relation très particulière, conflictuelle autant que passionnée, des Norvégiens à l'alcool. Ainsi les vertus curatives du cognac, de la vodka et autres aquavits sont-elles largement admises.

Vingt-cinquième leçon

Loisirs

1 – Un de mes meilleurs amis est un collectionneur passionné *(fou de collections)*.
2   Il collectionne [les] timbres islandais, [les] papillons africains, [les] coquillages du Pacifique,
3   [les] peintures allemandes du dix-septième siècle, [les] vases grecs...
4   et sait un tas de choses sur chaque objet.
5   Je suis content d'avoir un ami aussi savant.
6 – Peut-être collectionne-t-il aussi les amis naïfs ?

*****

25 / Tjuefemte (femogtyvende) leksjon

7 – I ˈfritiden pleier [7] min ˈkone å lage ˈutenlandsk mat.
8 Vi synes ˈbegge to det er ˈviktig å tåle ˈforskjeller.
9 ˈHun lager japanske ˈalger, eller til og med [8] ˈspaghetti,
10 mens ˈjeg nøyer meg med min ˈkjære ˈrisengrynsgrøt. [9]

*****

11 – ˈKom dere bort, barn, ˈgå og ˈlek [10] ˈute!
12 ˈFar arbeider med ˈboken sin om ˈfarsrollen.

*****

13 – Et frimerke, flere frimerker – en fugl, flere fugler – et skjell, flere skjell – et maleri, flere malerier – et århundre, flere århundrer – en vase, flere vaser – en gjenstand, flere gjenstander.

Prononciation
2 ... islaˈnskë ... somërfugl ... stiˈlëHavchèl 3 ... seutënë (sütënë) ... 4 ... yènsta'n 6 ... goutrouèné ... 7 ... utënlaˈnsk ... 10 ... rissëngrüˈnsgreut 11 ... bourt ...

Notes

1 **den/det/de beste**, *le mieux/le meilleur* est le superlatif irrégulier de *god/godt/gode*.

2 L'adjectif **gal** signifie d'abord *fou*. On le combine volontiers à d'autres mots, pour expliquer de quel genre de folie est atteinte la personne en question : **Han er stormannsgal**, *Il est mégalomane. / Il a la folie des grandeurs*. Mais il peut aussi avoir le sens de *faux/pas comme il faut* (contraire, entre autres, de **riktig**) : **gal vei**, *la mauvaise route* ; **Det er noe galt med ham**, *Il y a quelque chose qui ne tourne pas rond chez lui*.

3 Retenez ce très joli mot : **en sommerfugl**, *un papillon*, mot à mot "un oiseau d'été".

Vingt-cinquième leçon / 25

7 – Pendant [ses] loisirs, ma femme a l'habitude de faire de la cuisine étrangère.
8 Nous trouvons tous les deux [qu']il est important d'accepter *(supporter)* les différences.
9 Elle prépare *(fait)* des algues japonaises, ou même des spaghettis,
10 tandis que *(pendant que)* je me contente de *(avec)* mon riz au lait préféré *(cher riz au lait)*.

*****

11 – Allez-vous-en, les enfants, allez jouer dehors *(allez et jouez)* !
12 Papa travaille à *(avec)* son livre sur le rôle du père.

*****

13 – Un timbre, des timbres – un oiseau, des oiseaux – un coquillage, des coquillages – une peinture, des peintures – un siècle, des siècles – un vase, des vases – un objet, des objets.

---

4 (en) masse, *une grande quantité de/beaucoup de choses*, s'utilise aussi souvent comme adverbe synonyme de **mye**. **Han spiser masse poteter**, *Il mange beaucoup de pommes de terre*.

5 Nous avons déjà rencontré **glad** dans l'expression **å være glad i noe/noen**, *aimer quelque chose/quelqu'un*. Seul, ou accompagné d'un complément introduit par **for**, il veut simplement dire *content (de)*.

6 Encore un participe présent, formé sur **å tro**, *croire*. Quelqu'un qui "croit bien" est *naïf*.

7 Premier sens de **å pleie** : *soigner*. **Hun pleier ham når han er syk**, *Elle le soigne quand il est malade*. Adjoint à un autre verbe, il signifie *avoir l'habitude de*.

8 **til og med** est la traduction de *même* dans des phrases comme : **Han spiser til og med om natten**, *Il mange même la nuit*.

9 Le mot **risengrynsgrøt**, *riz au lait*, est composé de **ris** (g. c.), *le riz*, **gryn** (g. n.), *des graines*, et **grøt**, *la bouillie*.

10 Distinguez bien **å leke**, *jouer*, pour des enfants, de **å spille**, que nous connaissions déjà pour le théâtre, et qui s'utilise aussi pour la musique et les jeux de société (**å spille kort**, *jouer aux cartes*).

hundreogåtte

Øvelse 1 – Oversett

❶ Kan du gi meg et frimerke? ❷ Se den gule sommerfuglen på blomsten der! ❸ De skal reise til flere land, til og med Kina. ❹ Lærer dere ikke fransk lenger? ❺ Han kunne leve av risengrynsgrøt. ❻ Kom deg bort, la meg være i ro og fred! ❼ Han kjører som en gal. ❽ Jeg tror vi kjører gal vei. ❾ Han er flink i tysk. ❿ Hva heter denne gjenstanden på norsk?

***

Øvelse 2 – Fyll ut med de riktige ordene

❶ Elle est très contente de pouvoir étudier à l'étranger.
Hun er veldig .... å kunne studere i ....

❷ En hiver, beaucoup de vieux Norvégiens ont l'habitude de migrer vers l'Espagne.
.. vinteren ...... mange gamle .... å ...... til Spania.

❸ Comment une personne aussi instruite peut-elle parler de cette façon ?
Hvordan kan et så ..... snakke ....?

❹ Pendant mes loisirs, je joue les pièces de théâtre d'Ibsen (ensemble) avec des amis.
I .... min .... jeg Ibsens teaterstykker ...... med venner.

❺ Il se contente de peu, tandis qu'elle veut avoir le meilleur.
Han ..... seg ... lite, ... hun vil ha ... .

Tjuesjette (seksogtyvende) leksjon

Miljøvern

1 – Skal du ˋut ¹?
2 – Ja, jeg har ikke noe ˋvalg: jeg ˋmå på ˋposten for å ˋsende dette ˋbrevet.
3 Hvor i ˋallverden er ˋbilnøkkelen min?

Vingt-sixième leçon / 26

Corrigé de l'exercice 1
❶ Peux-tu me donner un timbre ? ❷ Regarde le papillon jaune sur la fleur, là ! ❸ Ils/Elles vont voyager dans plusieurs pays et même en Chine. ❹ Est-ce que vous n'apprenez plus le français ? ❺ Il pourrait vivre de riz au lait. ❻ Va-t'en, laisse-moi en paix ! ❼ Il conduit comme un fou. ❽ Je crois que nous roulons sur la mauvaise route. ❾ Il est bon en allemand. ❿ Comment s'appelle cet objet en norvégien ?

***

Corrigé de l'exercice 2
❶ – glad for – utlandet ❷ Om – pleier – nordmenn – trekke – ❸ – lærd menneske – sånn ❹ – fritiden – spiller – sammen – ❺ – nøyer – med – mens – det beste

Risengrynsgrøt, *le riz au lait aromatisé de cannelle, fréquemment adopté le samedi en guise de* **middag**, *est apprécié autant pour son goût de tradition que pour la facilité de sa préparation, dans un pays où le week-end est sacré.*

Vingt-sixième leçon 26

Défense de l'environnement

1 – Tu sors ?
2 – Eh bien *(Oui)* je n'ai pas le *(pas de)* choix : je dois [aller] à la poste pour envoyer cette lettre.
3 Où diable est ma clef de voiture ?

hundreogti • 110

26 / Tjuesjette (seksogtyvende) leksjon

4 – Du ˋvet da at den ˋalltid ² henger ³ ved siden av ˋkist*a* ⁴, under ˋklokken!

5 ... Men skal du ˋkjøre ⁵, du som så ˋofte sier at du trenger ˋmosjon?

6 Posten er jo bare ˋfem ˋkilometer borte.

7 Selv om ˋNorge har olje i ˋmassevis ⁶, må vi spare ˋenergi!

8 ˋVi vil jo ikke være slike ˋforurensere ⁷,

9 som ikke kan ˋgå, og ˋforsøpler naturen med ˋbilkjøring!

10 – ˋForurensing, ˋenergisparing... Jeg ˋlurer ⁸ på hvor du har disse ˋflotte argumentene fra.

11 – Jeg ˋvar med på det siste ˋmiljøvernmøtet ⁹ ditt, ˋkjære ˋvennen min.

12 – Miljøet – et brev, flere brev – en nøkkel, flere nøkler – et møte, flere møter – et valg, flere valg – en kiste, flere kister – en kilometer, flere kilometer – et argument, flere argumenter. ☐

Prononciation

2 ... s**è**në ... **4** ... **Ç**ist*a* ... **u**nër ... **5** ... **Ç**eurë ... môchoun **6** ... **Ç**iloumétër ... **7** s*e*l ... **o**lyë ... énerg**u**i ...

Notes

1 Lorsque la phrase comprend un auxiliaire de mode et un complément de lieu, ou un petit mot indiquant un déplacement, comme ici **ut**, on sous-entend volontiers le verbe, qui pourrait être ici **å gå**.

2 Nous découvrons ici une des dernières règles essentielles concernant l'ordre des mots : dans les propositions subordonnées, un certain nombre d'adverbes très courants (dans cet exemple, **alltid**) et la négation **ikke** sont placés immédiatement après le sujet, devant le verbe. **Du blir syk hvis du ikke tar på deg lue**, *Tu vas tomber malade si tu ne mets pas de bonnet*.

3 Le verbe **å henge** est double : il signifie d'une part *suspendre/accrocher*, d'autre part *être suspendu/accroché*. Dans la série des verbes symé-

Vingt-sixième leçon / 26

4 – Tu sais bien qu'elle est toujours accrochée à côté du coffre, sous la pendule !
5   ... Mais tu [y] vas en voiture, toi qui dis toujours *(si souvent)* que tu as besoin d'exercice ?
6   La poste n'est qu'à cinq kilomètres *(éloignée)*.
7   Même si la Norvège a du pétrole en quantité, il faut économiser [l']énergie !
8   Nous ne voulons tout de même pas être de ces *(de-tels)* pollueurs
9   qui ne savent pas marcher et salissent la nature avec leurs voitures *(leur manie de rouler en voiture)* !
10 – Pollution, économies d'énergie... Je me demande d'où tu sors *(as)* ces superbes arguments.
11 – J'étais *(avec)* à ton dernier meeting sur la défense de l'environnement, mon cher *(ami)*.
12 – L'environnement – une lettre, des lettres – une clef, des cléfs – une réunion, des réunions – un choix, des choix – un coffre, des coffres – un kilomètre, des kilomètres – un argument, des arguments.

triques (**å ligge**, *être couché* / **å legge**, *coucher* ; **å sitte**, *être assis* / **å sette**, *asseoir*), il occupe donc deux places – et l'on peut dire : **Heng nøkkelen ved døren!**, *Accroche la clef à côté de la porte !*

4   *Le coffre*, **kista** (article défini féminin, comme en nynorsk) est un meuble courant dans les foyers norvégiens. Il contenait traditionnellement les vêtements de fête. *Le coffre d'une voiture* se dit **bagasjerommet**.

5   **å kjøre** s'emploie avec ou sans complément d'objet. **Han kan ikke kjøre bil**, *Il ne sait pas conduire*. **Jeg kjører til jobben hver morgen**, *Je vais au travail en voiture tous les matins*. **Kan du kjøre meg til byen?**, *Peux-tu me conduire en ville ?* La voiture peut aussi être le sujet : **Bilen kjører for fort**, *La voiture roule trop vite*.

6   **i massevis**, *en grande quantité*, n'est qu'une variante de **masse**, *beaucoup*.

7   Dans **forurenser**, *pollueur*, vous reconnaissez **ren**, *propre*. Sachez aussi que le préfixe **u-** a toujours un sens négatif (comme en anglais et en allemand **un-**). Exemple : **mulig**, *possible* → **umulig**, *impossible*.

hundreogtolv • 112

26 / Tjuesjette (seksogtyvende) leksjon

8 **lur** est d'abord un adjectif qui veut dire *malin*. **Å lure noen**, *tromper/rouler quelqu'un*. **Han lurer godtroende folk**, *Il roule les gens naïfs*. **Å lure på** + infinitif, *envisager de faire quelque chose*. **Jeg lurer på å kjøpe en ny leilighet**, *J'envisage d'acheter un nouvel appartement*. Enfin, å **lure på** + question indirecte, *se demander*.

***

Øvelse 1 – Oversett

❶ Han kjøper bøker i massevis. ❷ Se den flotte røde lusekoften! ❸ Jeg lurer på hva du tenker på. ❹ Folk forsøpler skogen. ❺ Hvem har du nyheten fra? ❻ Du kan henge yttertøyet ditt i gangen. ❼ Norge er langt borte. ❽ Det var et godt valg. ❾ Nøkkelen må være i lommen din. ❿ Får jeg lov å sitte ved siden av deg?

***

Øvelse 2 – Fyll ut med de riktige ordene

❶ La pollution et les économies d'énergie sont des choses *(quelque chose)* auxquelles on pense trop peu.

.... og .... er noe som man tenker altfor ....

❷ À cause de la réunion, je ne peux pas regarder la télévision ce soir.

.... av .... ikke se på TV i ......

❸ C'est bien la dernière fois que je vais le voir.

Nå er det virkelig .... jeg .... ham.

❹ Il me conduit jusqu'à Karl Johan, et ensuite je marche un bout [de chemin].

Han ...... meg ... Karl Johan, og .. går jeg et ....

❺ Je sais qu'il n'a pas tant *(que cela)* de vrais amis.

Jeg vet .. han .... så mange .... venner.

❻ Lui qui veut toujours être libre, il n'a pas le choix.

Han som .... være ..., har ikke noe .....

9 et møte, *une réunion*. La vie associative est très développée en Norvège. D'après certaines statistiques, chaque habitant serait membre de quatre associations !

***

Corrigé de l'exercice 1
❶ Il achète des quantités de livres. ❷ Regarde le superbe cardigan rouge ! ❸ Je me demande à quoi tu penses. ❹ Les gens salissent la forêt. ❺ De qui tiens-tu (*as-tu*) la nouvelle ? ❻ Tu peux suspendre ton vêtement (*d'extérieur*) dans le couloir. ❼ La Norvège est loin. ❽ C'était un bon choix. ❾ La clef doit être dans ta poche. ❿ Est-ce que je peux m'asseoir (*être assis*) à côté de toi ?

***

Corrigé de l'exercice 2
❶ Forurensing – energisparing – lite på ❷ På grunn – møtet kan jeg – kveld ❸ – siste gang – besøker – ❹ – kjører – til – så – stykke ❺ – at – ikke har – ekte – ❻ – alltid vil – fri – valg

Le respect de la nature fait partie, en Norvège, des valeurs morales les plus cultivées. Les pollueurs qu'on appelle aussi, sur un ton familier et vindicatif, **naturgriser** *(rappel :* **en gris**, *un cochon), sont montrés du doigt. En revanche, le thème des économies d'énergie, s'il est en théorie accepté, ne se traduit guère dans la pratique, surtout lorsqu'il s'agit d'électricité. La Norvège, après avoir disposé d'une énergie hydroélectrique abondante, profite depuis les années 1970 de ses ressources en pétrole : de quoi combattre efficacement la hantise de l'obscurité ! Les visiteurs étrangers, eux-mêmes surpris de voir parfois à midi, en plein été, les lampadaires allumés dans les rues, ne manquent pas d'agacer lorsqu'ils s'obstinent à appuyer sur les interrupteurs.*

Tjuesjuende (syvogtyvende) leksjon

Frisk havluft

1 – ˋNår går¹ ˋneste ˋbåt til ˋSparkøy²?
2 – Om et ˋkvarter³. Men ˋalle sitteplassene ˋinne er allerede ˋopptatt.
3   Hvis dere ikke ˋorker⁴ å bli ˋstående på ˋdekket, må dere ˋvente til klokken ˋhalv tre⁵.
4 – Så ˋubekvemt er det sikkert ˋikke... ˋBlåser det hardt der ute?
5 – ˋMer enn i går, men ˋmindre enn⁶ i forgårs.
6 – ˋHelt i orden. Vi har ˋgode gensere på og vil ˋgjerne ha frisk luft.
7   Og for å ˋse utover⁷ havet er det ˋsikkert den ˋbeste plassen.
8   Hvor⁸ ˋlenge varer turen?
9 – Bare ˋto og en halv time.
10 (Litt senere:) – Det ˋkunne være verre. Tenk på at ˋvikingene på veien til ˋAmerika
11 ˋikke ˋengang hadde ˋskikkelige regnfrakker, og ˋbare ˋskjold istedenfor ˋparaplyer.
12 – Luften – en båt, flere båter – et kvarter, tre kvarter – en plass, flere plasser – en genser, flere gensere – en frakk, flere frakker – en paraply, flere paraplyer – et skjold, flere skjold. □

Prononciation
2 ... ouptat 3 ... orkër ... stôëne ... 4 ... ubékvemt ... 11 ... chikëlië ... reïnfrakër ...

115 • **hundreogfemten**

Vingt-septième leçon

[L']air frais de la mer

1 – Quand part le prochain bateau pour l'île de Spark ?
2 – Dans un quart d'heure. Mais toutes les places assises à l'intérieur *(dedans)* sont déjà prises.
3 Si vous n'avez pas le courage de rester debout sur le pont, vous devrez attendre jusqu'à deux heures et demie *(heure demi trois)*.
4 – Ça n'est sûrement pas si inconfortable... Ça souffle fort, au large *(là dehors)* ?
5 – Plus qu'hier, mais moins qu'avant-hier.
6 – C'est bon *(Tout-à-fait en ordre)*. On a de bons pulls, et on aimerait respirer *(avoir)* de l'air frais.
7 Et pour voir au loin *(par-delà l'océan)*, c'est la meilleure place.
8 Combien de temps *(Combien longtemps)* dure la traversée *(le tour)* ?
9 – Seulement deux heures et demie.
10 (Un peu plus tard :) – Ça pourrait être pire. Dis-toi bien *(Pense à)* que les Vikings, en route pour l'Amérique,
11 n'avaient même pas d'imperméables corrects, et seulement des boucliers en guise de *(au lieu de)* parapluies.
12 – L'air – un bateau, des bateaux – un quart d'heure, trois quarts d'heure – une place, des places – un pull, des pulls – un manteau, des manteaux – un parapluie, des parapluies – un bouclier, des boucliers.

27 / Tjuesjuende (syvogtyvende) leksjon

Notes

1 Remarquez l'usage de **å gå** pour *partir*, s'agissant d'un train, d'un bateau, etc.

2 **en øy**, *une île*. Ce mot essentiel est ressenti par tous les Norvégiens comme féminin : il prend donc le suffixe néo-norvégien **-a** à la forme définie (**øya**, *l'île* ; pluriel : **øyer/øyene**). Prenez garde de ne pas le confondre avec **et øye** (pluriel : **øyne/øynene**), *un œil*.

3 **om en time**, *dans une heure* ; **om tre dager**, *dans trois jours*. **et kvarter** (mot d'origine latine), *un quart d'heure*.

4 **å orke**, l'infinitif s'utilise le plus souvent à la forme négative ou interrogative *(ne pas) supporter / (ne pas) être capable de / (ne pas) avoir le courage de*. Sa signification s'étend donc de la capacité physique à la force morale. Exemples : **Skal du ha et stykke kake til?**, *Veux-tu un*

***

Øvelse 1 – Oversett

❶ Han står på fjellet og ser utover landskapet. ❷ Brødet fra i går er allerede for hardt. ❸ Det blåser litt mindre enn før. ❹ Vi pleier å spise middag klokken halv fem. ❺ I forgårs var jeg syk. ❻ Når det er pent vær, orker jeg ikke å arbeide. ❼ Sjømannen står på dekket. ❽ Han har det minste huset, men hagen er skikkelig stor. ❾ Her er luften ren. ❿ Vis meg din postkortsamling!

autre morceau de gâteau ? – **Nei, takk, jeg orker ikke mer**, *Non merci, je n'en peux plus.* **Jeg orker ikke å gå den lange veien**, *Je n'ai pas le courage de faire tout ce chemin à pied.*

5 Pour *deux heures et demie*, on dit en norvégien : **halv tre** – et non **halv to**, qui signifierait *une heure et demie.* Autrement dit, on considère la demi-heure qui précède trois heures, et non celle qui suit deux heures. Nous ferons le point sur la façon de dire l'heure à la prochaine leçon de révision.

6 Lorsqu'on emploie un comparatif de supériorité, le deuxième terme de la comparaison est introduit par **enn**. **Du går fortere enn jeg** (ou : **meg**), *Tu marches plus vite que moi.* Rappelons que la langue la plus correcte utilise ici le pronom personnel sujet (**jeg**) et non le pronom complément (**meg**), tout simplement parce que **jeg** est le sujet d'un verbe sous-entendu : *… que je ne marche.* Néanmoins, **meg** tend de plus en plus à s'imposer en style oral "relâché". **Mindre** est à la fois le comparatif de supériorité de **liten**, *petit*, et de **lite**, *peu*, et signifie donc aussi *plus petit/moindre.*

7 **utover** donne l'idée de dominer quelque chose du regard.

8 **hvor**, que nous connaissons depuis notre toute première leçon dans le sens de *où*, peut s'associer à des adjectifs ou des adverbes pour former les locutions interrogatives les plus variées : **Hvor fort kjører vi?**, *À quelle vitesse ("combien vite") roulons-nous ?*

***

Corrigé de l'exercice 1

❶ Il se tient debout sur la montagne et regarde *(au loin)* le paysage. ❷ Le pain d'hier est déjà trop dur. ❸ Le vent *(Ça)* souffle un peu moins qu'avant. ❹ Nous avons l'habitude de dîner à quatre heures et demie. ❺ Avant-hier, j'étais malade. ❻ Quand il fait beau, je n'ai pas le courage de travailler. ❼ Le marin est debout sur le pont. ❽ Il a la plus petite maison, mais le jardin est assez *(convenablement)* grand. ❾ Ici, l'air est pur. ❿ Montre-moi ta collection de cartes postales !

Øvelse 2 – Fyll ut med de riktige ordene

1. Il a plus d'argent que nous, mais nous avons quand même plus de chance *(sommes plus chanceux)*.
   Han har ... penger ... .., men vi er ....

2. Ton imperméable a besoin d'être nettoyé.
   .... din trenger å ....

3. L'île sur laquelle ils habitent est à trente kilomètres.
   ... de bor .. ligger tretti kilometer ......

4. Il est confortablement assis devant le poêle et lit le journal.
   Han sitter .... ovnen og leser ....

5. Ne lui dis rien à ce propos – D'accord *(Tout à fait en ordre)* !
   Ikke si ... til ham .. det. – .... i .....!

28

Tjueåttende (åtteogtyvende) leksjon

Repetisjonsleksjon – Révision

1 L'heure

Profitons de cette leçon de révision pour mettre "nos pendules à l'heure". Ce petit chapitre de la vie quotidienne vaut bien qu'on s'y arrête **et par sekunder**, *quelques secondes*, voire **noen minutter**, *quelques minutes*, peut-être même **et kvarter**, *un quart d'heure*... mais n'allons pas jusqu'à **en time**, *une heure* !

• Pour demander l'heure, on pose la question :
Hva er klokken?, *Quelle heure est-il ?*
ou, en recourant au style indirect :
Vet du/Kan du si meg hva klokken er?, *Savez-vous, Sais-tu / Pouvez-vous, Peux-tu me dire quelle heure il est ?*
Klokken er fire ou den er fire, *Il est quatre heures*.
• Les tournures *et quart* et *moins le quart* se traduisent par **kvart over** et **kvart på** :

Corrigé de l'exercice 2

❶ – mer – enn vi – likevel heldigere ❷ Regnfrakken – renses ❸ Øya – på – borte ❹ – bekvemt foran – avisen ❺ – noe – om – Helt – orden

Chacun des dialogues de la semaine s'est achevé sur un récapitulatif du genre et du pluriel des noms principaux. Cette petite nouveauté a bien entendu pour but de vous "faire l'oreille", sur un point de la langue qui échappe dans une assez large mesure aux règles, et qui doit se fixer le plus tôt possible dans votre savoir spontané. Sur ce chapitre, comme toujours, une seule consigne : pour progresser sans essoufflement, relisez à voix haute, répétez… et laissez-vous norvégiser au rythme lent et régulier du skieur de fond !

Vingt-huitième leçon

Den er kvart på fem, *Il est cinq heures moins le quart*.
Den er kvart over fem, *Il est cinq heures et quart*.
Et de même pour les minutes avant "et quart" ou après "moins le quart" (moitié supérieure du cadran) :
Den er ti på fem, *Il est cinq heures moins dix*.
Den er fem over tre, *Il est trois heures cinq*.
Le norvégien fonctionne donc ici comme le français.

• En revanche, le coup d'œil sur la pendule n'est pas le même lorsqu'on parle de la "demie". Si les francophones considèrent que quatre heures et demie, c'est une demi-heure après quatre heures, les norvégophones (comme les germanophones) voient plutôt sur le cadran une demi-heure avant cinq heures. On dira donc **halv fem**, et non **halv fire** qui veut dire *trois heures et demie*.
• De plus, les minutes comprises entre "et quart" et "moins le quart" (moitié inférieure du cadran) sont comptées par rapport à la demie et non par rapport à l'heure juste. Pour quatre heures vingt, on dira par exemple : **ti på halv fem**, c'est-à-dire "dix [minutes] avant la demie [qui précède] cinq heures". Pour *six heures moins*

hundreogtjue

vingt-cinq : **fem over halv seks**, c'est-à-dire "cinq [minutes] après la demie [qui précède] six heures".
Un peu compliqué ? Vous avez toujours la ressource, le temps que vos réflexes s'installent, de parler comme un appareil numérique ou une annonce d'horaire officiel et de dire : *16.30*, **seksten tretti** ; *09.35*, **ni trettifem**, etc.

2 Les "degrés" de l'adjectif/adverbe

Rappelons tout d'abord que l'adverbe, dans bien des cas, coïncide avec la forme neutre de l'adjectif.

• Dans la famille des superlatifs, nous avons encore rencontré quelques spécimens irréguliers :
– **den/det/de verste**, *le pire*. Cette forme sert de superlatif à trois adjectifs différents ayant le sens de *mal, mauvais*. Nous n'en connaissons pour l'instant qu'un : **vond**. Notez que ce même adjectif/adverbe, lorsqu'il s'applique à la douleur physique – **det gjør vondt**, *ça fait mal* – donne **vondere** (comparatif) et **vondest** (superlatif).
– **den/det/de minste**, *le moins/le plus petit* (superlatif de **liten** et de **lite**). Utilisé comme adverbe, **minst** se traduit par *au moins/du moins*.
Remarque : les superlatifs sont invariables, mis à part l'article qui les précède.

• Et voici les comparatifs de supériorité : **Han kjører fortere enn jeg**, *Il conduit plus vite que moi*. En règle générale, on ajoute donc le suffixe **-ere** à l'adjectif/adverbe. Le deuxième terme de la comparaison est introduit par **enn**. Exemple : **Min kaffe er varmere enn din**, *Mon café est plus chaud que le tien*.
Un avantage : les comparatifs, eux aussi, sont invariables. **Her er det varmt**, *Ici il fait chaud* (neutre) ; mais : **Her er det varmere**, *Ici, il fait plus chaud* (sans **-t**).
Notez qu'on peut renforcer le comparatif à l'aide de l'adverbe **enda** (que nous connaissons dans l'expression **ikke enda**, *pas encore*). **Her er det enda varmere**, *Ici, il fait encore plus chaud*.
Pour les adjectifs en **-ig**, la lettre **g** reste muette au comparatif.

Vingt-huitième leçon / 28

• Nous avons entrevu trois comparatifs irréguliers : **mer**, *plus* (comparatif de **mye**) ; **bedre**, *mieux/meilleur* (comparatif de **god**). Nous pouvons donc récapituler en série : **god**, *bon* → **bedre**, *bien/mieux/meilleur* → **den beste**, *le mieux, le meilleur* ; **mindre**, comparatif de **liten** et **lite**, qui signifie donc *moins* ou *moindre (plus petit)*. Et nous obtenons la série : **lite/liten** → **mindre** → **den/det/de minste, minst**.

3 Les verbes

Voici ce qu'ils nous ont réservé de nouveau cette semaine.

• Un nouvel auxiliaire de mode : **å burde** (**bør, burde**), proche de **å skulle**, et qu'on utilise pour donner un conseil.
Du burde være snillere, selv om du ikke liker henne, *Tu devrais être plus gentil, même si tu ne l'aimes pas.*

• Une nouvelle façon d'exprimer le futur, lorsqu'on ne peut pas recourir à l'un des deux auxiliaires de mode **vil** ou **skal** : **kommer til** + infinitif.
Han kommer til å bli forkjølet, *Il va s'enrhumer.*

• Une forme de passif marquée simplement par la terminaison **-(e)s**, ajoutée au radical du verbe.
Hendene vaskes før maten, *Les mains sont lavées avant le repas.* (c'est-à-dire : *on se lave les mains avant le repas*)
Han må hjelpes, *Il doit être aidé.* (c'est-à-dire : *il faut qu'on l'aide*).
Comme le montre la seconde traduction entre parenthèses, la formulation française correspondante ne fait pas toujours appel à la voie passive. On peut lui préférer un verbe actif, avec pour sujet *on*. Dans d'autres cas, le passif est impossible en français : rappelez-vous **Jeg synes han er snill**, *Je trouve qu'il est gentil* ; **Det trengs**, *C'est nécessaire*.
Enfin, cette forme de conjugaison en **-s** peut avoir en français la valeur d'un verbe assorti d'un pronom réfléchi ou réciproque : **Hvordan skrives dette ordet?**, *Comment ce mot s'écrit-il ?* (le passif est à la rigueur encore possible : *Comment ce mot est-il écrit ?*) ; **De møtes hver lørdag** ou **de møter hverandre hver lørdag**, *Ils se retrouvent tous les samedis.*

hundreogtjueto • 122

• Nous avons rencontré quelques exemples de ces avatars de verbes que sont les participes passés utilisés comme adjectifs. Sans pour l'instant nous préoccuper de leur formation, jetons simplement un coup d'œil sur la façon dont ils s'accordent :
– Utilisés comme épithètes, les participes passés prennent un -e après l'article défini, ainsi qu'au pluriel. **En malt båt**, *un bateau peint* → **den malte båten** → **malte båter/de malte båtene**. **Et malt hus**, *une maison peinte* → **det malte huset** → **malte hus/de malte husene**. **Et lukket vindu**, *une fenêtre fermée* → **lukkete/lukkede vinduer**. Il existe certaines irrégularités dont nous vous parlerons ultérieurement.
– Utilisés comme attributs, ils sont généralement invariables. **Døren er lukket**, *La porte est fermée*. **Vinduet er lukket*, *La fenêtre est fermée*. **Vinduene er lukket**, *Les fenêtres sont fermées*.
Si les participes passés sont des mots "à cheval" entre verbe et adjectif, le norvégien a aussi la possibilité de fabriquer des mots à la croisée du verbe et du nom, grâce au suffixe **-ing**. Dans une liste de **hobbier**, on pourra par exemple écrire : **turgåing**, *randonnée*, ce nom étant composé de **tur** + **gå** + **ing**. Vous entrevoyez là les possibilités offertes par ce système de fabrication de noms "sur mesure". Une petite réserve néanmoins : ces noms ont très souvent une nuance péjorative. Des parents diront par exemple à leurs enfants : **Jeg liker ikke den brusdrikkingen før maten**, *Je n'aime pas de cette façon/manie de boire de la limonade avant le repas*.

4 L'ordre des mots

Pour éviter les embûches, retenez les deux règles qui suivent :

• La première concerne les propositions principales et indépendantes. Lorsque la phrase commence par une proposition subordonnée, le sujet de la principale recule d'un cran, cédant sa place au verbe. Ce n'est là qu'une extension du principe "le verbe en deuxième position", auquel vous êtes sans doute déjà accoutumé. Exemple : **Der jeg bor er det kaldt**, *Là où j'habite* (proposition subordonnée), *il fait froid* (proposition principale).
• La seconde règle concerne la place de la négation et de certains adverbes d'usage très courant dans la subordonnée : ils se glissent devant le verbe.

Exemples :
Hvorfor tror du at han så ofte ringer deg?, *Pourquoi crois-tu qu'il t'appelle si souvent ?*
Jeg vet at han ikke vil komme, *Je sais qu'il ne viendra pas.*
Sont concernés par cette règle, bon nombre d'adverbes de temps (**alltid**, **aldri**, **ofte**...), ainsi que des adverbes marquant une appréciation, comme **bare**, **også**, **virkelig**, **sikkert**, **naturligvis**... Ne sont concernés ni les adverbes de lieu, ni les adverbes de quantité, ni les adjectifs utilisés comme adverbes. Pour plus de détails, reportez-vous à l'appendice grammatical (§ 11 L'ordre des mots).

5 À propos des propositions subordonnées

Si vous manquez de réflexes grammaticaux pour les reconnaître, prenez pour points de repères les mots qui les introduisent.

Vous connaissez déjà :
– les conjonctions de subordination **hvis**, *si* ; **at**, *que* ; **fordi**, *parce que* ;
– les interrogatifs **hva**, *quoi/ce que* ; **hvem**, *qui* ; **hvor**, *où* ; **hvorfor**, *pourquoi* ; etc.
Sont venus s'y joindre cette semaine :
– **selv om**, *même si/bien que/quoique* ;
– **for**, suivi d'un infinitif (= *pour* + infinitif)
– **før**, *avant de/avant que*, que nous avions déjà rencontré sous forme de préposition.
Précisons que **før**, conjonction de subordination, ne peut pas s'utiliser avec un infinitif. Si l'on peut dire, en français, quasi indifféremment, *avant de venir* ou *avant que tu ne viennes*, il n'existe en norvégien qu'une seule possibilité : **før du kommer**.

Enfin, nous disposons d'une nouvelle "recette" de fabrication pour des locutions interrogatives (introduisant éventuellement une subordonnée interrogative indirecte) : **hvor** + adjectif/adverbe.
Exemples :
Hvor gammel er du?, *Quel âge as-tu ?* *("combien vieux es-tu ?")*
Hvor lenge varer det?, *Combien de temps* *("combien longtemps")* *cela dure-t-il ?*
Hvor stor er hun?, *Quelle taille fait-elle ?* *("combien grande est-elle ?")*.

hundreogtjuefire

6 Pêle-mêle, quelques mots à retenir

• **hos**, *chez* (lorsqu'on est chez quelqu'un, par opposition à **til**, lorsqu'on va chez quelqu'un).
• **til og med**, *même*, avec un sens d'étonnement, comme dans : **Han kan flere språk, til og med norsk**, *Il parle plusieurs langues, même le norvégien*.
• **ikke engang**, *même pas*. **Han kan ikke engang norsk**, *Il ne parle même pas le norvégien*.

Tjueniende (niogtyvende) leksjon

På toget

1 – `Unnskyld, hvis jeg ikke tar `feil [1], er `plassen ved `vinduet `min [2].
2 – `Flytt [3] deg, Gro, og la den `unge mannen få `plassen `sin, lille venn [4].
3 – (Jenta:) Nei... Det er `mye bedre å `sitte her og `se på `kuene [5] og `sauene...
4 – Neimen, `Gro...! (til mannen:) Du får `unnskylde: hun er `veldig `naturinteressert, og kan `mye om dyr for sin `alder.
5 – Jaja, `barn er `barn... Det gjør `ingenting. Jeg kan `godt sitte på `høyre side.
6 – Det var `snilt av deg, `takk skal du ha!
7 – (Gro:) Hvor `skal du `hen [6], da? Til `Trondheim? Skal du besøke `kjæresten [7] din?
8 – Ti nå `stille [8], Gro, ikke `plag folk med allverdens `spørsmål!

- **sånn/sånt/sånne**, qui équivaut à **slik/slikt/slike** et signifie *de cette façon/de ce genre/ainsi*. Utilisé comme adjectif, **sånn** ne s'accorde avec le nom que s'il est épithète : **et sånt problem**, *un tel problème* ; mais : **problemet er sånn**, *le problème est ainsi* ; **barna er sånn**, *les enfants sont comme ça*. La forme invariable **sånn** est également celle de l'adverbe : **Hvorfor snakker du sånn?**, *Pourquoi parles-tu comme ça ?*

Vingt-neuvième leçon

Dans le train

1 – Excusez-[moi], si je ne me trompe pas, la place près de la fenêtre [c']est la mienne.
2 – Déplace-toi, Gro, et laisse le jeune homme prendre *(obtenir)* sa place, ma petite *(petit ami)*.
3 – (La fillette :) Non… C'est bien mieux d'être assis ici et de regarder les vaches et les moutons…
4 – Gro, tout de même *(Non-mais)* ! (à l'homme :) Il faut l'excuser *(Tu peux l'excuser)* : elle s'intéresse beaucoup à la nature *(est très intéressée par la nature)*, et elle sait beaucoup de choses sur les animaux, pour son âge.
5 – Bien sûr *(Oui-oui)* les enfants sont des enfants… Ça ne fait rien, je peux bien m'asseoir *(être assis)* du côté droit.
6 – C'est *(C'était)* gentil à vous, merci bien *(merci tu dois avoir)* !
7 – (Gro :) Tu vas où *(donc)* ? À Trondheim ? Tu vas voir ta copine ?
8 – Tais-toi [donc] *(maintenant)*, Gro ! N'embête *(Ne tourmente)* pas les gens avec toutes tes questions *(toutes les questions du monde)* !

9 – (Mannen:) Jeg skal faktisk [9] `helt til `Bodø, hvor jeg skal begynne som `lærer [10].

10 På lange togreiser lærer man tålmodighet, og det trengs jo i mitt yrke.

11 – En jente, jenta, flere jenter – et vindu, flere vinduer – en ku, flere kyr – en sau, flere sauer – et dyr, flere dyr – et spørsmål, flere spørsmål – et yrke, flere yrker.

Prononciation
*2 grou ... **oun'guë***

Notes

1. **en feil**, *une erreur/une faute/un défaut*. **Det er din feil**, *C'est [de] ta faute*. **Han snakker fransk med mange feil**, *Il fait beaucoup de fautes en français*. **Feil** est aussi un adjectif : **vi går feil vei** (= **vi går gal vei**), *nous sommes sur la mauvaise route*. D'où l'expression **å ta feil**, *se tromper*.

2. Les adjectifs possessifs peuvent aussi jouer le rôle de pronoms possessifs : **Det er min genser**, *C'est mon pull* → **det er min**, *c'est le mien* ; **Det er mitt hus**, *C'est ma maison* → **det er mitt**, *c'est la mienne* ; **Det er mine ski**, *Ce sont mes skis* → **det/de er mine**, *ce sont les miens*.

3. **flytte** peut avoir un complément d'objet direct : **Jeg må flytte bilen**, *Il faut que je déplace la voiture*. Il s'utilise aussi seul ou avec un complément de lieu, et signifie alors *déménager* : **Jeg skal flytte til Frankrike**, *Je vais déménager pour la France*.

9 – (L'homme :) En fait, je vais *(tout à fait)* jusqu'à Bodø, où je vais prendre mon premier poste d'instituteur *(commencer comme instituteur)*.

10 Pendant *(Sur)* [les] longs voyages en train, on apprend [la] patience, et on en a *(insistance)* besoin dans mon métier.

11 – Une fille*(tte)*, la fille*(tte)*, des fille*(tte)*s – une fenêtre, des fenêtres – une vache, des vaches – un mouton, des moutons – un animal, des animaux – une question, des questions – un métier, des métiers.

4 L'adjectif **liten**, *petit*, devient ici **lille** : c'est toujours le cas lorsqu'il est épithète dans un groupe nominal singulier défini. Dans l'expression **lille venn**, *mon petit* (mot à mot, "petit ami"), l'article défini ou le possessif est sous-entendu.

5 **en ku**, *une vache*, mot important pour les Norvégiens, qui ont le culte du lait frais ! La forme consacrée au pluriel indéfini est **kyr** – mais les enfants sont en droit de lui préférer **kuer** – tolérance qui vaut également pour les norvégophones débutants…

6 Lorsque le verbe (même sous-entendu, comme ici) contient l'idée d'un déplacement, l'interrogatif **hvor** est souvent doublé par **hen**.

7 Dans l'ironique **kjæresten din**, *ta petite amie/ta copine*, vous reconnaissez le superlatif de **kjære**, *cher/chère*.

8 L'expression figée **ti stille** est redondante, puisque le verbe **å tie**, très rarement utilisé seul, signifie en soi *se taire*, et l'adjectif **stille**, *silencieux/calme/tranquille*. **Han er veldig stille, han er lite pratsom**, *Il n'est pas bavard. / On l'entend peu.*

9 L'adverbe **faktisk** joue très souvent le rôle de "cheville", avec un sens très vague du genre *en effet/au fait/en fait/à vrai dire*.

10 Le mot **lærer** désigne d'abord les enseignants des écoles primaires, mais aussi, dans la langue orale, tous les professeurs, quel que soit leur titre officiel.

29 / Tjueniende (niogtyvende) leksjon

▶ Øvelse 1 – Oversett
① De skal snart flytte til Stavanger. ② Når går toget vårt? ③ Du burde begynne på arbeidet ditt. ④ Hvorfor skal det alltid være min feil? ⑤ Orker dere å reise med tog helt til Spania? ⑥ Ti nå stille! ⑦ Er denne sykkelen din? ⑧ Byfolk kan ikke noe om dyr. ⑨ Hun er enda pen for sin alder. ⑩ Kommer hun til å få en gutt eller en jente? ⑪ Jeg skal begynne i et nytt yrke.

***

Øvelse 2 – Fyll ut med de riktige ordene
① S'il te plaît, pousse-toi *(sois gentil de te pousser)* un peu vers la droite !
.... snill å ...... deg litt til .....!

② Il est huit heures moins vingt.
Klokken er .. over halv .....

③ En fait, il ne sait même pas où il va.
Han vet .... ikke ...... hvor han skal ....

④ Je cherche ce fromage français avec une vache dessus.
Jeg leter ..... den franske osten med en .. ...

⑤ Ce n'est pas une raison pour l'embêter toute la journée.
Det er ingen ..... til å ..... henne .... dagen.

⑥ Je ne supporte pas cette gamine.
Jeg ...... ikke .. med denne ......

"**Barn er barn**"... *S'il se trouve des enfants dans votre entourage norvégien, vous aurez plus d'une fois l'occasion d'entendre cette petite phrase empreinte à la fois d'une philosophie très tolérante de l'éducation, et d'une touche de résignation quant aux conséquences qui peuvent en découler pour la tranquillité des adultes ! La Norvège, qui connut autrefois le régime sévère des écoles anglo-saxonnes, est aujourd'hui parmi les pays champions des droits de l'enfance. La "bonne fessée" ne fait sourire personne : la loi en la matière est aussi rigoureuse que le fut jadis la discipline infligée aux bambins. S'il n'existe que peu de* jardins d'enfants, **barnehager**, *la plongée dans*

Vingt-neuvième leçon / 29

Corrigé de l'exercice 1

❶ Ils/Elles vont bientôt déménager pour Stavanger. ❷ Quand part notre train ? ❸ Tu devrais commencer ton travail. ❹ Pourquoi est-ce que ça doit toujours être de ma faute ? ❺ Vous avez le courage d'aller en train jusqu'en Espagne ? ❻ Maintenant, tais-toi ! ❼ Est-ce que ce vélo est à toi ? ❽ Les gens des villes ne savent rien sur les animaux. ❾ Elle est encore belle pour son âge. ❿ Va-t-elle avoir un garçon ou une fille ? ⓫ Je vais commencer un nouveau métier.

***

Corrigé de l'exercice 2

❶ Vær så – flytte – høyre ❷ – ti – åtte ❸ – faktisk – engang – hen ❹ – etter – ku på ❺ – grunn – plage – hele – ❻ – holder – ut – jenta

*le monde de l'école primaire, **grunnskolen**, se fait en douceur, au cours de la 7e année de l'enfant, avec seulement 2 ou 3 heures de présence par jour. Le rythme scolaire s'intensifie progressivement, mais les journées se terminent au plus tard vers 15 h, même au collège, **ungdomsskolen**, ou au lycée, **videregående skolen**. Le parti pris de non-élitisme est la clef de la pédagogie à la norvégienne depuis le lendemain de la Seconde Guerre mondiale. L'aspect ludique de l'apprentissage est cultivé au maximum, la prise de parole plus prisée que l'écrit. D'une façon générale, le monde de l'enfance est entouré d'un respect similaire à celui qu'on voue aux choses de la nature.*

hundreogtretti

30

Trettiende leksjon

Lørdagskos [1]

1 – Tror du `kiosken på `hjørnet [2] er `åpen end*a*?
2 – Nei men så `rart! Skal du `handle [3] på en `lørdag, klokken `fire?
3   Kanskje er den ikke `stengt [4] ennå [5]. Det kommer `an på eierens `humør!
4   Det er vel ikke `sigaretter du er ute etter? [6]
5 – Nei, `røyking er det en gang for `alle slutt med.
6   Men en liten `sjokoladebit [7] må en sunn og frisk `mann kunne få `kose seg med!
7   Eller har `helsedepartementet noe `imot [8] det `også?
8 – Kanskje kan du `kjøpe litt `frukt [9] ved samme anledning? Jeg har så `lyst på epler.
9   Det skulle `rekke med fire... Og en kilo `appelsiner, hvis han `har noen som ikke er for `sure...
10 Og et `ukeblad [10], men ikke ett av de `dårlige!
11 – Ønsker `fruen [11] noe mer?
12 – Et hjørne, flere hjørner – humøret – slutten – en frukt, flere frukter, frukt – et eple, flere epler – en appelsin, flere appelsiner – et blad, flere blader.

Prononciation
*leur*dags*kous* **7** ... *Hèlsëdépartëma-ng-ën* ... **9** ... *Çilou* ...

Trentième leçon

Les petits plaisirs du samedi

1 – Tu crois [que] le kiosque du *(sur le)* coin [de la rue] est encore ouvert ?

2 – Non mais quelle drôle d'idée *(si bizarre)* ! Tu veux faire des courses *(sur)* un samedi [à] quatre heures ?

3 Peut-être qu'il n'est pas encore fermé. Ça dépend de l'humeur du propriétaire !

4 Ce ne sont quand même pas des cigarettes qu'il te manque *(après lesquelles tu es dehors)* ?

5 – Non, le tabac *(le fait de fumer)*, c'est fini une fois pour toutes *(avec)*.

6 Mais un homme en pleine forme doit pouvoir s'offrir le plaisir d'une petite bouchée de chocolat *(mais une petite bouchée-de-chocolat doit un sain et frais homme pouvoir avoir le droit [de] se faire plaisir avec)* !

7 À moins que *(Ou)* le ministère de la santé n'ait quelque chose contre ça aussi ?

8 – Peut-être pourrais-tu *(peux-tu)* acheter quelques fruits *(un-peu-de fruit)* par la même occasion ? J'ai tellement envie de pommes.

9 Quatre devraient suffire *(Ça devrait suffire avec quatre)*... Et un kilo d'oranges, s'il en a *(s'il a quelques-unes)* qui ne sont pas trop acides...

10 Et un hebdomadaire, mais pas un mauvais *(un des mauvais)* !

11 – Madame désire autre chose *(La madame désire quelque-chose de-plus)* ?

12 – Un coin, des coins – l'humeur – la fin – un fruit, plusieurs fruits, des fruits – une pomme, des pommes – une orange, des oranges – un magazine *(une feuille)*, des magazines.

30 / Trettiende leksjon

Notes

1. Le samedi soir est en Norvège un moment privilégié, volontiers consacré au repos et à la gourmandise en famille. *Passer un moment agréable*, tel est le sens du verbe **å kose seg**, dont est dérivé **lørdagskos** et l'adjectif **koselig**, *agréable*.

2. **et hjørne**, *un coin/un angle*, sous-entendu ici : le coin de la rue. On trouve partout en Norvège de ces petits kiosques où sont vendus tabac, friandises, fruits (le plus souvent à la pièce) et journaux.

3. **å handle**, *faire des courses*, est synonyme de **å gjøre innkjøp**. Il peut aussi s'utiliser avec un complément d'objet : **å handle mat**, *acheter à manger*.

4. À la différence de **åpen**, adjectif ordinaire, **stengt** est un participe passé. On dira donc : **butikken er åpen**, *le magasin est ouvert* ; **vinduet er åpent**, *la fenêtre est ouverte* ; mais : **butikken er stengt**, *le magasin est fermé* ; **vinduet er stengt**, *la fenêtre est fermée*. **Å stenge** s'utilise plutôt pour un magasin ou pour une route barrée, **å lukke** pour une porte, une fenêtre, un objet quelconque.

Øvelse 1 – Oversett

❶ Katten sitter i hjørnet ved ovnen. ❷ Det rekker med ett stykke brød. ❸ Han ser frisk og sunn ut. ❹ Ved første anledning vil de flytte. ❺ Han røyker fortsatt mye. ❻ Skal du ha et stykke eplekake? ❼ Han er alltid ute etter penger. ❽ Klokken fem er alt stengt. ❾ Sitt stille! ❿ De appelsinene er forferdelig sure.

Trentième leçon / 30

5 **ennå** est une variante de **enda**, *encore*.

6 Puisqu'on dit **å lete etter noe**, *chercher quelque chose*, l'expression utilisée dans cette phrase pour *être à la recherche de*, *vouloir quelque chose* recourt logiquement à la même préposition **etter**.

7 **å bite**, *mordre/croquer*. **En sjokoladebit/en ostebit**, *un morceau (une bouchée) de chocolat/de fromage* – et même **en godbit**, *une friandise*.

8 La préposition **mot** et sa variante **imot** signifient à la fois *contre/vers/ envers*. **Han er alltid snill mot meg**, *Il est toujours gentil envers moi*. **Jeg har ingenting mot/imot ham**, *Je n'ai rien contre lui*. **Hun kommer mot/imot oss**, *Elle s'avance vers nous*.

9 **frukt**, nom de genre masculin-féminin, peut s'utiliser soit comme mot singulier collectif désignant *des fruits* (**han spiser mye frukt**, *il mange beaucoup de fruits*), soit comme en français : **en frukt, flere frukter**, *un fruit, plusieurs fruits*.

10 **et blad**, c'est d'abord *une feuille d'arbre* (et moins fréquemment, *de papier*), avant de devenir *un magazine*.

11 **fru**, *madame*, est aujourd'hui ressenti comme trop cérémonieux pour être employé autrement que par ironie, ou précédant le nom de famille pour une dame d'un âge certain. Il en va de même de **herr**, *monsieur*, et de **frøken**, *mademoiselle*. Prénom et nom de famille suffisent à désigner les personnes absentes, comme présentes. Il est par exemple d'usage de se présenter laconiquement par son nom de famille lorsqu'on décroche le téléphone.

***

Corrigé de l'exercice 1

❶ Le chat est assis dans le coin, près du poêle. ❷ Une tranche de pain suffit. ❸ Il a l'air en pleine forme. ❹ À la première occasion, ils/elles déménageront. ❺ Il fume toujours beaucoup. ❻ Veux-tu un morceau de gâteau aux pommes ? ❼ Il est toujours en quête d'argent. ❽ À cinq heures, tout est fermé. ❾ Reste *(assis)* tranquille ! ❿ Ces oranges sont affreusement acides.

hundreogtrettifire

Øvelse 2 – Fyll ut med de riktige ordene

1. Maintenant, il faut que ça cesse *(ça doit devenir [la] fin)*.
   Nå må det bli ......

2. Son mari fait les courses tous les samedis matins.
   ...... mann .... hver ...... morgen.

3. La fenêtre est encore ouverte ? Ferme-la, il y a un courant d'air.
   Er vinduet ..... igjen? .... det ! Det ....

4. Je me demande pourquoi elle a envie de fraises en hiver.
   Jeg .... hvorfor hun har lyst .. jordbær .. vinteren.

31

Trettiførste (enogtrettiende) leksjon

Overtro

1 – Når det gjelder ¹ ˋnorske sagn ² og ˋeventyr, er ordet ˋ"troll" ˋverdensberømt.
2 Men selv om det ˋselges ˋmange av Theodor ˋKittelsens ³ tegninger i ˋturistbutikkene,
3 ˋblander ˋutlendingene sammen ˋnisser og ˋtroll og andre ⁴ ˋovernaturlige vesener ⁵.
4 Nå skal du bare ˋhøre:
5 Et ˋtroll er ˋstort, ˋstygt, med ˋett eller ˋflere ˋskremmende ˋfjes ⁶ – og bor i ˋfjellet eller skogen.
6 Og hvis det kommer ˋned ⁷ til ˋbyen, tar alle beina på ˋnakken ⁸,
7 fordi ˋtroll ˋhater ˋmennesker!
8 Derimot er ˋnissen en hyggelig ⁹ liten ˋfyr ¹⁰ som ˋgjemmer seg i ˋhuset ditt.
9 For det ˋmeste ¹¹ er han snill, men vær ˋforsiktig!

Corrigé de l'exercice 2
❶ – slutt ❷ Hennes – handler – lørdag – ❸ – åpent – Lukk – trekker
❹ – lurer på – på – om –

Trente et unième leçon

Superstition[s]

1 – Quand il s'agit des contes et légendes norvégiens, le mot "troll" est célèbre dans le monde entier.
2 Mais même si l'on vend *(s'il est vendu)* beaucoup des dessins de Theodor Kittelsen dans les boutiques pour touristes,
3 les étrangers mélangent *(ensemble)* [les] lutins, [les] trolls et [les] autres êtres surnaturels.
4 Écoutez un peu *(Maintenant tu dois seulement écouter)* :
5 Un troll est grand, laid, avec une ou plusieurs figures terrifiantes – et habite dans la montagne ou la forêt.
6 Et s'il descend en ville, tout le monde prend ses jambes à son cou *(sur la nuque)*,
7 car *(parce-que)* [les] trolls détestent [les] hommes !
8 Par contre, le lutin est un sympathique petit bonhomme qui se cache dans votre *(ta)* maison.
9 La plupart du temps, il est gentil, mais attention *(sois prudent)* !

31 / Trettiførste (enogtrettiende) leksjon

10 Hvis du `ikke gir ham `grøt av og til, kan han bli `sint,
11 og da kommer det til å skje `underlige `ulykker i `hjemmet!
12 – Et sagn, flere sagn – et eventyr, flere eventyr – en butikk, flere butikker – en fyr, flere fyrer – et ben, flere ben, bena – en ulykke, flere ulykker.

Prononciation
ôvërtrou **1** ... san'gu'n ...

Notes

1 **når det gjelder** est une tournure banale qu'on peut traduire par *en ce qui concerne*, *quant à*, ou encore *quand il s'agit de*. Le verbe **å gjelde** a donc pour premier sens *concerner*.

2 **et sagn**, *une légende* ; **et eventyr**, *un conte*. Les deux mots sont souvent utilisés ensemble.

3 Theodor Kittelsen, dessinateur du XIXe siècle, a donné corps à la légende des trolls par une série de gravures.

4 **andre**, *autres*. Contentons-nous pour l'instant de cette forme de pluriel...

5 **et vesen**, *un être/une créature*. Le mot peut aussi désigner *la personnalité, la nature de quelqu'un*. **Han har et rart vesen**, *Il a une personnalité étrange*.

6 **et fjes** est un synonyme (souvent peu flatteur) de **et ansikt**. **Han har alltid et surt fjes**, *Il fait toujours la tête* ("une figure acide").

7 L'adverbe **ned**, adjoint à un verbe quelconque, donne l'idée de *descendre*.

***

Øvelse 1 – Oversett

❶ Hvor kjenner du denne fyren fra? ❷ Jeg hater å måtte skynde meg. ❸ Kan du tegne et troll? ❹ Hver kveld forteller han barna et eventyr. ❺ Etter ulykken trenger han hjelp. ❻ Det er ikke så ofte hun er på godt humør. ❼ Naboen min har alltid et surt fjes. ❽ Ansiktet hans er stygt, men han har et hyggelig vesen. ❾ Kom ned på kjøkkenet! ❿ Jeg har vondt i bena.

10 Si vous ne lui donnez *(tu ne lui donnes)* pas de bouillie de temps en temps, il peut se mettre en colère *(devenir furieux)*,

11 et alors, il se produira de curieux incidents *(accidents)* à la maison !

12 – Une légende, des légendes – un conte, des contes – une boutique, des boutiques – un gars, des gars – une jambe, des jambes , les jambes – un accident, des accidents.

8 L'image contenue dans **å ta beina på nakken** est exactement la même que dans *prendre ses jambes à son cou*. **Bein/beina** est la variante néo-norvégienne de **et ben**, *une jambe* (pluriel : **bena**, *les jambes*). La coloration nynorsk s'impose fréquemment dans ce genre d'expressions idiomatiques.

9 L'adjectif **hyggelig** qualifie tout ce qui est accueillant, agréable : une ambiance, une pièce (**et hyggelig rom, et koselig rom**, *une pièce agréable*) ou une personne de bonne compagnie (**et hyggelig menneske**, *une personne sympathique*). Notez aussi son équivalent en langage "branché" : **kul**, simple norvégisation de l'anglais ***cool***, qui s'emploie aussi bien pour des personnes, que des objets ou des situations.

10 en fyr, mot familier, peut se traduire par *un type, un gars* ou *un bonhomme*.

11 mest est la forme de superlatif irrégulier de **mye** : **Det er alltid han det snakkes mest om**, *C'est toujours de lui qu'on parle le plus*. L'expression **for det meste** signifie *la plupart du temps/dans l'ensemble*.

***

Corrigé de l'exercice 1

❶ D'où connais-tu ce type ? ❷ Je déteste être obligée de *(devoir)* me dépêcher. ❸ Sais-tu dessiner un troll ? ❹ Chaque soir, il raconte un conte aux enfants. ❺ Après l'accident, il a besoin d'aide. ❻ Ce n'est pas si souvent qu'elle est de bonne humeur. ❼ Mon voisin fait toujours la tête. ❽ Son visage est laid, mais il a bon caractère *(une nature agréable)*. ❾ Descends dans la cuisine ! ❿ J'ai mal aux jambes.

Øvelse 2 – Fyll ut med de riktige ordene

❶ Quand le petit garçon voit son instituteur, il prend ses jambes à son cou.
   Når den ..... gutten ser ...., tar han ..... på ....

❷ Dans les boutiques pour touristes, on vend des vestes de laine et des bonnets.
   I turistbutikkene ...... det .... og .....

❸ La plupart du temps, il prend les choses avec calme, mais de temps en temps, il se fâche.
   For det ..... tar han det ....., men .. og ... blir han .....

❹ Il collectionne les dessins de Kittelsen.
   Han .... Kittelsens ....

❺ J'adore les légendes effrayantes.
   Jeg .... sagn.

***

Vous en savez un peu plus sur les trolls et les lutins norvégiens "appellation contrôlée". Reliefs impressionnants, forêts profondes et rigueurs du climat ne pouvaient que donner naissance à ces personnifications

Trettiandre (toogtrettiende) leksjon

På arbeidskontoret

1 – Goddag. Jeg er ˋute etter en ˋsommerjobb, ˋhelst [1] her i ˋnærheten [2].

2 – Hvor ˋgammel er du?

3 – Tjueåtte. Jeg har ˋutdannelse som ˋdamefrisør.

4 – Jeg er foreløpig ˋarbeidsløs [3], men er ˋveldig ˋtilpasningsdyktig [4].

5 – Vel, de ˋfleste av tilbudene ˋher gjelder ˋelektrikere, ˋrørleggere, ˋdataspesialister [5]...

Corrigé de l'exercice 2

❶ – lille – læreren sin – beina – nakken ❷ – selges – lusekofter – luer ❸ – meste – rolig – av – til – sint ❹ – samler på – tegninger ❺ – elsker skremmende –

***

des dangers qui guettent l'homme, des forces complices ou menaçantes qui l'épient dans sa vie quotidienne. L'iconographie de **Theodor Kittelsen**, *les contes recueillis au début du xixe siècle par* **Asbjørnsen et Moe** *(qui firent en Norvège le même travail que les frères Grimm en Allemagne) ont bien entendu fixé plus ou moins artificiellement ces figures de légendes. La Norvège, prise par le mouvement dit national romantique,* **nasjonalromantikken**, *cherchait alors farouchement son identité dans la culture populaire – quitte à l'intellectualiser. Il est bien difficile d'attribuer à l'imagination du peuple et à celle des artistes leurs parts respectives. Quoi qu'il en soit, c'est bien sous cette forme "romantique" que ces personnages habitent désormais les esprits et les étalages commerciaux. Citons plus précisément le troll à cinq têtes, symbole du paganisme, qui fuit devant les emblèmes chrétiens, ou le troll des lacs,* **draugen**, *qui se transforme en fougueux cheval blanc pour mieux fasciner les petits enfants et les emporter au fond des eaux sinistres. Vous entendrez parler, d'ici peu, d'autres personnages plus curieux encore. Précisons aussi que le Père Noël, qu'on appelle en Norvège* **julenissen**, *litt.* "le lutin de Noël", *est une invention du xxe siècle, et ne mérite donc pas le brevet d'authenticité norvégienne.*

Trente-deuxième leçon

À l'agence pour l'emploi *(bureau du travail)*

1 – Bonjour. Je cherche un travail pour l'été, de préférence dans la région.
2 – Quel âge avez-vous ?
3 – 28 [ans]. J'ai [une] formation de coiffeur pour dames.
4   Je suis pour l'instant *(provisoirement)* au chômage *(sans travail)*, mais j'ai un grand sens de l'adaptation.
5 – Eh bien, la plupart de nos offres *(des offres ici)* concernent des électriciens, des plombiers, des informaticiens...

hundreogførti

6 Men ˈher har jeg ˈogså noe for ˈrengjøringsassistenter **⁶**.

7 – Du, ˈdessverre er jeg ˈallergisk mot støv.

8 – Javel, kan du ˈspråk? ˈTuristkontoret trenger ˈguider til ˈfolkemuseet.

9 – Ja, jeg kan ˈmange nyttige ˈsetninger på ˈengelsk, ˈfransk og ˈspansk, for eksempel:

10 "Skal vi gå ˈut i kveld?"; "Liker du å ˈdanse?"; "Vil du ha en ˈdrink?"

11 – Hm, jeg tror vi heller får ˈsatse på noe annet **⁷**.

12 Mange ˈbønder **⁸** her i området **⁹** spør etter ˈhjelp til ˈjordbærplukking.

13 – Et kontor, flere kontorer – en frisør, flere frisører – støvet – et museum, museet, flere museer – en setning, flere setninger – et område, flere områder.□

Prononciation
... arbeïdskoˈntourë **8** ... gaïdër ... **12** ... yourbĒrpl<u>ou</u>kiˈng

Notes

1 helst exprime la préférence : Jeg drikker helst te med sitron, *Je prends de préférence le thé avec du citron...* Nous pouvons désormais l'intégrer à la série logique : gjerne, *volontiers* → heller, *plutôt* (comparatif) → helst, *de préférence* (superlatif).

2 Dans **nærhet** se cache l'adjectif **nær**, *proche*.

3 Le suffixe **-løs** contenu dans **arbeidsløs** équivaut à *sans* (comme en allemand *-los*). Il existe par ailleurs à l'état d'adjectif à part entière et signifie *détaché/isolé*.

4 **tilpasningsdyktig**, *qui a le sens de l'adaptation*, est construit sur le verbe **å tilpasse**, *adapter*. Han har vondt for å tilpasse seg til livet i utlandet, *Il a du mal à s'adapter à la vie à l'étranger*.

5 **data**, qui désigne d'abord les données informatiques, est aussi un raccourci commode pour l'informatique. Han arbeider med data, *Il travaille dans l'informatique*.

Trente-deuxième leçon / 32

6 Mais là, j'ai aussi quelque chose pour des techniciens de surface *(assistants de nettoyage)*.
7 – Écoutez *(Toi)*, malheureusement, je suis allergique à la poussière.
8 – Ah bon. Vous parlez *(pouvez/savez)* des langues [étrangères] ? Le syndicat d'initiative *(bureau de tourisme)* a besoin de guides pour le musée des traditions populaires *(musée populaire)*.
9 – Oui, je connais de nombreuses phrases utiles [en] anglais, [en] français et [en] espagnol, par exemple :
10 "Si on sortait *(Allons-nous sortir)* ce soir ?"; "Aimes-tu danser ?"; "Tu veux boire quelque chose *(avoir un "drink")* ?"
11 – Hm, je crois qu'il vaudrait mieux *(que nous pouvons plutôt)* miser sur autre chose.
12 Beaucoup d'agriculteurs de la région *(ici dans la région)* demandent *(après)* de l'aide pour la cueillette des fraises.
13 – Un bureau, des bureaux - un coiffeur, des coiffeurs – la poussière – un musée, le musée, des musées – une phrase, des phrases – une région, des régions.

---

6 Les Norvégiens qui, d'une façon générale, affectionnent les titres universitaires et professionnels, savent composer des périphrases pleines de tact : ainsi **rengjøringsassistent** (de **ren**, *propre* + **å gjøre**, *faire/rendre*).

7 Nous connaissons déjà le pluriel **andre**, *autres*. Les formes du singulier sont : **annen** (masculin-féminin) / **annet** (neutre). Veillez à leur prononciation assez particulière – la dernière syllabe est avalée au profit de la première, longue et nasalisée.

8 **bønder** est le pluriel de **en bonde** *[bounë]*. Il est certes encore un peu tôt pour que vous vous appesantissiez sur de délicats exercices de prononciation des tons – néanmoins, ce mot prêtant légendairement à des confusions dans la bouche des étrangers, tâchez de ne pas dire *haricots* ou *prières*, **bønner**, qui sont de parfaits homonymes, au lieu de *paysans*, **bønder** : répétez à haute voix après l'enregistrement... et si vous n'êtes pas sûr de vous, ce qui n'aurait rien d'étonnant, retenez au moins en théorie que **bønder** porte le ton *simple*, c'est-à-dire que la voix part du grave pour aller vers l'aigu, tandis que **bønner** porte le ton double, c'est-à-dire que la voix part de l'aigu et descend légèrement avant de remonter.

***

Øvelse 1 – Oversett

❶ Jeg er allergisk mot fisk. ❷ Du burde ikke satse alt på ett kort. ❸ Foreløpig arbeider han som fotograf for et ukeblad. ❹ Det er veldig nyttig med språk. ❺ Hva betyr den setningen her? ❻ Dessverre er det for sent. ❼ Bor dere i nærheten? ❽ Hun har utdannelse som elektriker. ❾ De fleste bøndene her i området eier sauer. ❿ Jenta sitter i treet og plukker kirsebær. ⓫ Vi må ringe rørleggeren i morgen.

***

Øvelse 2 – Fyll ut med de riktige ordene

❶ Ici, il y a *(posé)* de la poussière partout : il est temps de nettoyer.
Her ligger det .... : det er ...... å gjøre .....

❷ Depuis *(après)* le divorce, il est complètement désemparé *(sans aide)*.
Etter skilsmissen er han helt ....

❸ Il faut t'adapter aux usages norvégiens.
Du må .... deg ... norske skikker.

❹ Quand je suis seul, je préfère prendre un autre chemin.
Når jeg er ....., tar jeg ..... en ..... vei.

❺ Tout ce que disent les autres est faux.
Alt de ..... sier er .....

9 et område, *une région/un domaine* ; *dans cette région*, **i det området** (zone géographique) ; *dans ce domaine*, **på det området** (domaine abstrait).

***

Corrigé de l'exercice 1

❶ Je suis allergique au poisson. ❷ Tu ne devrais pas tout miser sur une carte. ❸ Pour le moment, il travaille comme photographe pour un hebdomadaire. ❹ Les langues sont très utiles *(C'est très utile avec des langues)*. ❺ Que signifie cette phrase, là ? ❻ Malheureusement, il est trop tard. ❼ Habitez-vous près d'ici ? ❽ Elle a une formation d'électricien. ❾ La plupart des paysans de la région possèdent des moutons. ❿ La fillette est perchée dans l'arbre et cueille des cerises. ⓫ Il faut appeler le plombier demain.

***

Corrigé de l'exercice 2

❶ – støv overalt – på tide – rent ❷ – hjelpeløs ❸ – tilpasse – til – ❹ – alene – helst – annen – ❺ – andre – galt

Trettitredje (treogtrettiende) leksjon

Folkevett

1 – Enhver [1] `nordmann må kunne `fjellreglene `utenat:
2 "Vis `respekt for `været og `værmeldingen. Gå ikke `alene. `Lytt til [2] `erfarne `fjellfolk.
3 Det er `ingen skam å `snu [3]. Grav deg `ned i `snøen om `nødvendig [4]..."
4 For hvis du ikke tar `hensyn til sunt `folkevett,
5 kan du `enten gå deg `bort [5] eller `fryse ihjel [6].
6 – Hold `opp med det `gamle `tøyset [7]! Dette `går jeg ikke på!
7 I `våre dager finnes det `redningssentraler, `fly, `helikoptere og `datamaskiner som `gjetter alt `mulig.
8 Forresten er det nesten `synd: Livet var mer `spennende da [8] man kunne `risikere å `overnatte [9] ute,
9 mellom `bjørner, `ulver og de `underjordiske,
10 og bli `vekket av [10] en `skjønn, `halvnaken `kvinne med `langt hår og `kuhale.
11 – Et fly, flere fly – et helikopter, flere helikoptere – en redningssentral, flere redningssentraler – en datamaskin, flere datamaskiner. □

Prononciation
2 ... vĒrm*e*li'nguën ... 8 ... s*ü*n ... 9 ... *u*nëryourdiskë

Trente-troisième leçon

Bon sens populaire

1 – Tout Norvégien doit savoir les règles de la montagne par cœur :
2 "Sois attentif au *(Montre du respect pour le)* temps et à la météo. Ne pars pas seul. Écoute les montagnards expérimentés.
3 Il n'y a pas de honte à *(Ce n'est pas une honte)* faire demi-tour. Ensevelis-toi *(Creuse-toi)* dans la neige si nécessaire…"
4 Car si tu ne tiens pas compte *(prends pas d'égards)* du gros *(sain)* bon sens populaire,
5 tu peux soit te perdre, soit mourir de froid.
6 – Arrête avec ces vieilles sornettes ! Ça ne prend pas *(Ça, je ne vais pas dessus)* !
7 De nos jours, il y a des centres de secours, des avions, des hélicoptères, et des ordinateurs qui devinent n'importe quoi *(tout possible)*.
8 D'ailleurs, c'est presque dommage : la vie était plus palpitante quand on pouvait risquer de passer la nuit dehors,
9 entre les ours, les loups et les créatures du monde souterrain *(les êtres [souterrains])* ,
10 et d'être réveillé par une superbe femme à demi nue, avec de long cheveux et une queue de vache.
11 – Un avion, des avions – un hélicoptère, des hélicoptères - un centre de secours, des centres de secours – un ordinateur, des ordinateurs.

33 / Trettitredje (treogtrettiende) leksjon

Notes

1. **enhver/ethvert**, *chacun*, est d'abord le pronom correspondant à **hver/hvert**, *chaque*. **Enhver (= hvert menneske) har sine feil**, *Chacun a ses défauts*. Utilisé comme adjectif, il équivaut à notre *tout/toute* singulier, dans le sens de *chaque*. Ainsi : *tout Norvégien*, **enhver nordmann**. Cet emploi relève d'un niveau de langue plus soutenu.

2. **å lytte til**, *écouter*, est synonyme de **å høre på noe/noen**.

3. **å snu**, *faire demi-tour/rebrousser chemin*. Le verbe peut aussi avoir un complément d'objet : **Han snur bilen**, *Il fait faire demi-tour à sa voiture*.

4. **om nødvendig** est un raccourci de **om/hvis det er nødvendig**. **Om** et **hvis** sont synonymes lorsqu'il s'agit du *si* exprimant la condition.

***

Øvelse 1 – Oversett

❶ Han sitter hele dagen foran datamaskinen. ❷ Du må ta på deg noe annet. ❸ Han lærer leksjonene utenat. ❹ Det er virkelig synd. ❺ Reiser han med fly eller med tog? ❻ Brevet ligger på skrivebordet mellom bøkene. ❼ Han kommer sikkert til å gå seg bort. ❽ For noe tøys! ❾ Kan du gjette hvor jeg skal hen?

Trente-troisième leçon / 33

5 **å gå seg bort**, *se perdre*, fait appel à l'adverbe **bort(e)**, dont nous avons déjà rencontré quelques usages, pour exprimer, ici encore, une idée d'éloignement. On pourra dire aussi **å ta bort noe**, *enlever/ôter quelque chose*.

6 **å fryse** nous est connu dans son utilisation – en fait secondaire – de *avoir froid*. Il reprend ici son sens d'origine, à savoir *geler*. **Vannet fryser om natten**, *L'eau gèle pendant la nuit*. Quant au mot pittoresque **ihjel**, il contient l'image de la descente aux enfers (ou, plus précisément, de la déesse de la mort, **Hel**). **Fryse ihjel** signifie donc *mourir par le froid*. On peut le combiner à d'autres verbes, par exemple : **En gang kommer han til å kjøre seg ihjel**, *Un jour, il se tuera en voiture*.

7 **Tøys!** se dit couramment quand on estime que son interlocuteur débite des sornettes ou se comporte de façon saugrenue. On peut aussi en faire un verbe : **Han bare tøyser**, *Il ne dit/ fait que des bêtises*.

8 **da**, *quand/lorsque* (et non pas **når**) est utilisé dans le cas d'une action unique située dans le passé.

9 **å overnatte**, *passer la nuit* – **over** : comme si la nuit était un obstacle par-dessus lequel on passe en dormant !

10 Voici la deuxième forme possible du passif : **å bli** sert d'auxiliaire, auquel on adjoint le participe passé du verbe – ici : **vekket**, de **å vekke**, *réveiller* (quelqu'un d'autre). **Huset blir rengjort hver dag, huset rengjøres hver dag**, *La maison est nettoyée tous les jours*. La préposition **av** introduit le complément d'agent.

***

Corrigé de l'exercice 1

❶ Il est assis toute la journée devant son ordinateur. ❷ Il faut que tu mettes autre chose *(vêtement)*. ❸ Il apprend les leçons par cœur. ❹ C'est vraiment dommage. ❺ Voyage-t-il en train ou en avion ? ❻ La lettre est posée sur le bureau, entre les livres. ❼ Il va sûrement se perdre. ❽ Quelle sottise ! ❾ Peux-tu deviner où je vais ?

hundreogførtiåtte • 148

Øvelse 2 – Fyll ut med de riktige ordene

1. Il va finir par mourir d'alcoolisme.
   Til slutt kommer han til å drikke seg ......

2. Soit tu viens me voir, soit je vais chez toi.
   .... du meg, ... jeg kommer ... deg.

3. Ma voiture est entre le chalet et le grand sapin.
   ..... min står ...... hytta og ... store ....

4. Il ne tient jamais compte de ce que les autres désirent.
   Han ... aldri ...... til det som de andre ....

5. Entre eux, c'est fini.
   Det er ..... mellom ....

***

Les **underjordiske (vesener)**, *créatures du monde souterrain, sont l'une des fantasmagories les plus angoissantes engendrées par la longue nuit hivernale. Plus que la légende des trolls, dont nous avons déjà dit qu'elle était fortement stylisée, celle-ci est le fruit d'une pure tradition populaire. On croyait en effet, jusqu'au début du XXe siècle, à l'existence, sous terre, d'une société d'êtres étranges et maléfiques*

Trettifjerde (fireogtrettiende) leksjon

Gøy på stranden [1]

1 – `Einar, nå må du `slutte å `dukke hodet til den `stakkars `hunden ned i det `kalde `vannet!

2 Og la `være [2] å `ødelegge `Lillebrors `sandslott!

3 Hvis du ikke `smører [3] deg inn med `solkrem, blir du `solbrent [4].

4 – Det er `gørr [5] å sitte her, `time etter `time...

Corrigé de l'exercice 2
❶ – ihjel ❷ Enten besøker – eller – til – ❸ Bilen – mellom – det – grantreet ❹ – tar – hensyn – ønsker ❺ – slutt – dem

***

parallèle à celle des hommes, qu'ils observent et jalousent. Ainsi expliquait-on le drame des enfants anormaux : ces créatures, déguisées en courants d'air (d'où l'horreur contenue dans la remarque **det trekker** *!) ont pour coutume d'enlever les nouveaux-nés, qu'ils emmènent sous terre après avoir placé leur propre rejeton dans le berceau. Quant à la* **huldra**, *également apparentée à cet univers, elle a d'une sirène rustique la beauté sauvage et l'audace amoureuse. Mais elle fait toujours face à l'honnête bûcheron, paysan ou promeneur solitaire qu'elle tente de séduire... Car elle porte dans le dos, sous la forme d'une queue de vache, le stigmate de sa vraie nature. Quiconque succombe à ses charmes découvrira trop tard à quel genre de monstre il s'est acoquiné ! Certains y laissent la raison : c'est le lourd tribut qu'ils doivent payer en échange de la liberté. Mais il existe aussi d'autres sortes de* **huldra**, *plus sournoises encore qui, désireuses d'appartenir à la communauté des hommes, parviennent à cacher leur identité et à se faire épouser. La bénédiction nuptiale ayant pour effet de faire disparaître la queue de vache, tout peut fort bien se passer – à moins que le mari ne se laisse aller à maltraiter sa femme : sa vengeance sera alors terrible...*

Trente-quatrième leçon

Les joies de la plage *(Amusant sur la plage)*

1 – Einar, cesse de plonger la tête de ce pauvre chien *(en-bas)* dans l'eau froide !
2   Et n'abîme pas *(abstiens-toi d'abîmer)* le château de sable de ton petit frère *(de Petit-frère)* !
3   Si tu ne mets pas de *(ne te tartines pas avec)* crème solaire, tu vas attraper des coups de soleil *(tu deviens brûlé par le soleil)*.
4 – C'est rasoir d'être assis ici pendant des heures *(heure après heure)*...

hundreogfemti

34 / Trettifjerde (fireogtrettiende) leksjon

5 Får jeg ˈlov å svømme ut til ˈseilbåten der, til ˈvenstre, bak holmen?
6 – Det er for ˈlangt borte: du ˈorker ikke å ˈsvømme tilbake [6],
7 og jeg ˈorker ikke å drive [7] livredning igjen. [8]
8 I fjor måtte [9] jeg ˈslepe på ˈsvigermor i de høye ˈbølgene,
9 selv om jeg ˈikke hadde [10] ˈlyst til å ˈbade.
10 Og det var ˈnok for flere ˈår.
11 – En hund, flere hunder – sanden – et slott, flere slott – kremen – en holme, flere holmer – en bølge, flere bølger. □

Prononciation

… straˈnën 1 … Houdë … 3 … soulbrènt 4 … gueur …

Notes

1 **gøy** est un adjectif familier utilisé essentiellement comme attribut dans **det er gøy**, *c'est amusant/marrant/chouette*. Il est invariable au singulier. Le mot **strand** faisant partie de ceux que la langue orale a de plus en plus tendance à féminiser, on entend très souvent **på stranda**.

2 L'expression **å la være** + infinitif correspond à *s'abstenir de*, ou simplement *ne pas faire quelque chose*.

Trente-quatrième leçon / 34

5 Est-ce que je peux nager *(dehors)* jusqu'au voilier, là-bas, à gauche, derrière le rocher *(îlot)* ?
6 – C'est trop loin : tu ne pourras pas revenir,
7 et [moi] je n'ai pas envie de faire à nouveau du sauvetage.
8 L'année dernière, j'ai dû traîner Belle-Maman *(belle-mère)* dans les hautes vagues,
9 même si je n'avais pas envie de [me] baigner.
10 Et ça m'a suffi *(c'était assez)* pour plusieurs années.
11 – Un chien, des chiens – le sable – un château, des châteaux – la crème – un îlot *(un rocher)*, des îlots – une vague, des vagues.

---

3 Rappelez-vous **smør**, *du beurre*… et vous retiendrez sans mal l'expression **å smøre seg inn med krem**, *mettre de la crème, s'enduire/se tartiner de crème*. On dit aussi : **å smøre en motor**, *graisser un moteur*.

4 **å brenne**, *brûler*, dans tous les sens du terme français : **Det brenner i ovnen**, *Le feu ("ça") brûle dans le poêle* ; mais aussi : **Han brenner av kjærlighet til henne**, *Il brûle d'amour pour elle*.

5 **gørr** (invariable au singulier) qui exprime familièrement un ennui extrême, est le parfait contraire de **gøy**. Il peut aussi s'utiliser en épithète : **en gørr bok**, *un bouquin rasoir* ; mais : **en kjedelig fyr**, *un type rasoir*.

6 **tilbake** indique l'idée d'un retour – quel que soit le verbe de la phrase (ici, **svømme tilbake**, *revenir à la nage/en nageant*). **Når kommer du tilbake?**, *Quand reviens-tu ?* **Gi meg boken tilbake**, *Rends-moi le livre*.

7 **å drive** est un verbe de sens très général pour *exercer une activité* quelconque. On le trouve par exemple dans l'expression **å drive med sport**, *faire du sport*. **Hva er det du driver med igjen?**, *À quoi es-tu occupé ? / Qu'est-ce que tu fabriques encore ?*

8 **å redde livet til noen**, *sauver la vie à quelqu'un*.

9 **måtte** est le passé (dénommé "prétérit") de **jeg må** (infinitif : **å måtte**). Comme toujours, la même forme est valable pour toutes les personnes.

10 **hadde**, prétérit de **å ha**.

hundreogfemtito

Øvelse 1 – Oversett

❶ De måtte overnatte ute. ❷ Du er flinkere til å svømme enn jeg. ❸ Barna pleier å dukke fra seilbåten. ❹ I dag er det høye bølger. ❺ La være å tøyse! ❻ Hunden graver i sanden. ❼ Er det nødvendig å smøre seg inn? ❽ Før hadde vi en hytte på Sørlandet. ❾ Kan du vente her til jeg kommer tilbake?

***

Øvelse 2 – Fyll ut med de riktige ordene

❶ Quelle corvée de traîner cette grosse valise !
For et .... å ..... på denne store ....!

❷ Il déteste être réveillé trop tôt.
Han ..... å .... for tidlig.

❸ Nous avons dû faire demi-tour à cause de la neige.
Vi .... på ..... av snøen.

Trettifemte (femogtrettiende) leksjon

Repetisjonsleksjon – Révision

1 Les possessifs

Commençons notre synthèse hebdomadaire en faisant du nouveau avec de l'ancien, en l'occurrence des pronoms avec des adjectifs possessifs. **Min, din, hennes, hans, vår** et **deres**, ainsi que leurs variantes du neutre et du pluriel, servent en effet aux deux usages. Ils se traduisent donc, selon le contexte, par *mon, ma, mes* ou *le mien, la mienne, les miens/miennes*, par *ton, ta, tes* ou *le tien, la tienne, les tiens/tiennes*, etc.
Exemples :
Min bil er den grønne der, *Ma voiture, c'est la verte, là-bas*.
Den grønne bilen er min, *La voiture verte, c'est la mienne* (ou : *La voiture verte est à moi*).
Vårt hus er lite, *Notre maison est petite*.
Det lille huset her er vårt, *La petite maison que voici est à nous / est la nôtre*.

Corrigé de l'exercice 1

❶ Ils/Elles ont dû passer la nuit dehors. ❷ Tu es meilleur nageur *(plus doué pour nager)* que moi. ❸ Les enfants ont l'habitude de plonger du voilier. ❹ Aujourd'hui, il y a de hautes vagues. ❺ Ne fais pas de bêtises ! ❻ Le chien creuse dans le sable. ❼ Est-il nécessaire de mettre de la crème ? ❽ Avant, nous avions un chalet dans le Sørland. ❾ Peux-tu attendre ici jusqu'à ce que je revienne ?

***

❹ Ce genre de pièces de théâtre modernes est très ennuyeux, je trouve.

 . . . . . moderne teaterstykker er . . . . . , synes jeg.

❺ Malheureusement, les vacances sont finies. Mais c'était vraiment chouette !

 . . . . er det . . . . . på ferien. Men det . . . riktig . . . !

Corrigé de l'exercice 2

❶ – slit – slepe – kofferten ❷ – hater – bli vekket – ❸ – måtte snu – grunn – ❹ Slike – gørre – ❺ Dessverre – slutt – var – gøy

---

Trente-cinquième leçon

2 L'adjectif *annen/annet/andre*

Un adjectif capricieux s'est peut-être signalé à votre attention... Il s'agit de **annen/annet/andre**, *autre*.
Ce mot appelle une première remarque quant à sa prononciation : on peut prononcer **annen** et **annet** soit comme ils s'écrivent, soit contractés en une seule longue syllabe. Le son **e** n'est alors plus perceptible, et l'association **a + nn** donne une nasale prolongée en **n**. Ce son n'est pas fréquent en norvégien, et vaut donc qu'on s'y arrête.
Deuxième remarque : **annen** et **annet** ne sont utilisés qu'après **en** et **et** : **en annen gang**, *une autre fois* ; **et annet sted**, *un autre endroit*. En revanche, après **den** et **det** (c'est-à-dire dans un groupe nominal suivant la règle de la double détermination), la forme appropriée est **andre** – ainsi qu'au pluriel défini ou indéfini : **andre venner**, *d'autres amis* ; **de andre vennene mine**, *mes autres amis* ; **den andre paraplyen**, *l'autre parapluie* ; **det andre toget**, *l'autre train*.

3 L'adjectif *liten*, petit

Il est sujet à des transformations étranges :
– Au singulier, lorsqu'il est utilisé comme attribut ou comme épithète dans un groupe nominal indéfini, il devient **lite** à la forme neutre (exemples : **en liten gutt**, *un petit garçon* / **gutten er liten**, *le garçon est petit* ; **et lite rom**, *une petite pièce* / **rommet er lite**, *la pièce est petite*) ;
– Épithète dans un groupe nominal défini, il devient **lille** (exemples : **Den lille gutten heter Ulf**, *Le petit garçon s'appelle Ulf* ; **Det lille rommet er mitt**, *La petite chambre est la mienne*) ;
– Au pluriel, dans tous les cas, il se transforme totalement pour devenir **små** (exemples : **Han har små øyne**, *Il a de petits yeux* ; **Øynene hans er små**, *Ses yeux sont petits* ; **de små øynene hans**, *ses petits yeux*).

4 Comparatifs et superlatifs

Ce chapitre n'est pas encore clos. Nous avons gagné deux "chaînes de gradation" supplémentaires :
gjerne, *volontiers* → **heller**, *plutôt*, → **helst**, *de préférence* ;
vond/dårlig, *mauvais*, → **verre**, *pire/pis* → **verst**, *le pire/pis*.

5 Le passif

Nous pouvons à présent comparer les deux formes du passif :
– passif en **-s** (cf. leçon de révision 28) ;
– passif construit à l'aide de l'auxiliaire **å bli** et du participe passé.

Si la première forme peut vous avoir paru déroutante – malgré sa simplicité – la seconde ressemble davantage au français. Néanmoins, elle présente ce qu'il faut bien appeler, pour l'instant, un inconvénient : la nécessité de connaître le participe passé du verbe, notre bagage en la matière étant encore léger.
Jouons un peu avec cette double possibilité d'expression :
Frukt kjøpes i kiosken / **Frukt blir kjøpt i kiosken**, *On achète les fruits* / *Les fruits sont achetés au kiosque*.
Barna må vekkes tidlig / **Barna må bli vekket (vekt) tidlig**, *Les enfants doivent être réveillés* / *Il faut réveiller les enfants tôt*.

Alle gamle brev skal brennes / Alle gamle brev skal bli brent, *Toutes les vieilles lettres doivent être brûlées.*
Om kvelden stenges inngangsdøren / Om kvelden blir inngangsdøren stengt, *Le soir, on ferme la porte d'entrée / La porte d'entrée est fermée.*

6 Introduction au passé

Et nous abordons le passé ! Le programme est vaste, un peu plus compliqué que celui du présent, mais encore bien modeste par rapport au français. Commençons à dose infinitésimale... Les trois échantillons rencontrés cette semaine sont : **var/å være**, **hadde/å ha**, **måtte/å måtte**. Ces formes appartiennent à un premier temps du passé dénommé prétérit (comme en anglais et en allemand) et elles peuvent correspondre, selon le contexte, soit à un imparfait, soit à un passé simple, parfois même à un passé composé.
Lørdag var jeg syk, *Samedi, j'étais malade.*
Før hadde de mange penger, *Avant, ils avaient beaucoup d'argent.*
Han måtte hjelpe henne, *Il devait l'aider. / Il dut l'aider. / Il a dû l'aider.*
I går hadde vi regn, *Hier, nous avons eu de la pluie.*
Plusieurs possibilités en français, contre une en norvégien : n'est-ce pas prometteur ?

7 Les conjonctions

• Tirons au clair les rôles respectifs de **om** et de **hvis** comme traduction de *si* : les deux conjonctions sont équivalentes lorsque *si* signifie *à condition que* – mais le langage courant préfère **hvis**.
Hvis/Om du har tid, kan du besøke meg, *Si tu as le temps, tu peux venir me voir.*
Mais attention : seul **om** convient pour traduire le *si* qui introduit une proposition interrogative indirecte :
Jeg lurer på om han vet det, *Je me demande s'il le sait.*
Signalons l'existence d'un troisième larron : **dersom**, *si*, conditionnel, et qu'on trouve plutôt à l'écrit.

• Parmi les pièges à éviter, en voici un autre, dans lequel tombent facilement les enfants norvégiens : les conjonctions de subordination *quand*, *lorsque* se traduisent soit par **når**, soit par **da**. **Da** introduit un fait situé dans le passé et non répétitif (unique, même s'il est prolongé). **Når** sert pour tous les autres cas. Le risque de confusion n'existe donc qu'au passé. Exemples : **da jeg var barn**, *quand j'étais enfant* (fait prolongé, mais unique) ; **når han var sulten**, *quand il avait faim* (chaque fois qu'il avait faim) ; **i går, da jeg måtte arbeide**, *hier, quand j'ai dû travailler* (fait ponctuel).

8 Les prépositions et adverbes de lieu

• Nous en connaissons un nombre suffisant pour qu'il puisse être utile de les récapituler. Les voici donc suivies de leur traduction la plus courante :
på, *sur*
i, *dans*
fra, *de* (provenance)
rundt, *autour de*
over, *au-dessus de* ; **under**, *au-dessous de*
foran, *devant* ; **bak**, *derrière*
ved (qui se dit aussi : **ved siden av**), *à côté de*
mot, *contre*

• Rappelons aussi l'existence de trois curieux petits mots "flèches", qui font toujours équipe avec des verbes de mouvement :
– **hen**, intraduisible, souligne l'idée de l'éloignement contenue dans le verbe : **Hvor skal du hen?**, *Où vas-tu ?* Et aussi : **Hvor vil du hen?**, *Où veux-tu en venir ?*
– **hit**, *ici*, au sens de "vers ici" : **Kom hit!**, *Viens ici !* (mais l'usage accepte aussi **Kom her!**) ; **Hit med pengene!**, *Par ici la monnaie !*
– **dit**, *là-bas*, au sens de "vers là-bas" : **Gå dit og vent på meg**, *Va là-bas et attends-moi*.
Une fonction du même ordre revient à deux autres mots que nous avons rencontrés :
tilbake, idée d'un retour
bort(e), idée d'un départ, d'une disparition.
Han går bort i skogen, *Il s'en va/disparaît dans les bois*.
Kom tilbake!, *Reviens !*
Attention ! L'expression **å gå bort**, utilisée sans complément, est un euphémisme pour "mourir" :
Bestefar er gått bort, *Grand-père est mort*.
Pour éviter tout malentendu, nous vous conseillons plutôt d'utiliser

å gå sin vei (voir la 17e leçon).
Enfin, ces deux mots peuvent aussi s'utiliser seuls, **bort** prenant alors un **-e** final :
Han er tilbake på jobben, *Il est retourné au boulot* ; **Nå er vi endelig tilbake**, *Nous voici enfin de retour* ; **Han var borte en time**, *Il a été absent pendant une heure* ; **Alle er borte**, *Tout le monde est parti.*

Espérons que ces quelques repères spatiaux vous permettront d'avancer sans perdre le nord.

Et voici, pour clore cette séquence **med ekte norsk kultur**, *une chansonnette enfantine* :
Der bor en baker[1] i Østre Aker
Han baker kringler, og julekaker
Han baker store, han baker små[2],
Han baker noen med sukker på.
Un boulanger habite dans l'est de **Aker**
Il fait des **kringler** *("anneaux") et des gâteaux de Noël*
Il en fait de grands, et de petits
Il en fait avec du sucre dessus.
Og i hans vindu står rare saker
Tenk, hester, griser og pepperkaker,
Og har du penger, så kan du få,
Og har du ikke, så kan du gå.
Et dans sa vitrine, il y a de drôles de choses
Pense [donc] : des chevaux et des cochons, et des gâteaux au poivre,
Et si tu as de l'argent, (alors) tu peux en avoir
Et si tu n'en as pas, (alors) tu n'as qu'à / tu peux t'en aller.

[1] Le norvégien a plusieurs verbes pour les différents types de cuisson. **Å bake** se dit pour tout ce qui se met au four. On dit donc **å bake brød**, *cuire* (et, par extension, *faire du pain*). D'où le nom **baker** pour *boulanger*.
[2] **små** : pluriel irrégulier de **liten**.

Trettisjette (seksogtrettiende) leksjon

Sunnhetsapostel

1 – Hva er det ˈdu driver med så tidlig på ˈmorgenkvisten [1]?
2 – Idrett [2]... Jeg har ˈbestemt meg [3] for å begynne et ˈnytt og ˈbedre liv!
3 Jeg har vært så fryktelig ˈlat i det ˈsiste! En riktig ˈslappfisk [4]!
4 Bare ˈsitte på ˈkontorstolen og samle ˈflesk: ˈsånn kan det ikke fortsette!
5 Fra ˈnå av [5] blir [6] det ˈgymnastikk ˈhver ˈmorgen, og ˈjoggetur istedenfor ˈmiddagslur.
6 – Har du tenkt å ˈsmitte hele ˈfamilien med disse fine ˈforsettene dine [7]?
7 Folk som ˈplager andre fordi de ˈselv har oppdaget ˈSannheten, det er det ˈverste jeg vet!
8 – Ingen ˈgrunn til ˈbekymring: alt jeg ˈtrenger er ˈfire lette måltider om dagen, hvis mulig ˈuten kjemiske ˈtilsetningsstoffer,
9 en ny ˈtreningsdrakt, gode ˈsportssko, ˈtrimrom [8] og badstu.
10 – Livet, et hardt liv – et fint forsett, fine forsetter – et godt måltid, gode måltider - et rødt stoff, røde stoffer – en gammel sko, gamle sko – badstua, en stor badstu, store badstuer. □

Prononciation

2 ... beyÿnë ... *4* ... ko'ntourstoulën ... fortsëtë *5* ... gümnastik ... yoguëtur ... *6* ... forsëtënë ... *7* ... oupdaguët ... *8* ... béÇümri'ng ... môltidër ... Çémiskë ... *9* ... sportsskou ... bastu

Trente-sixième leçon

[L']apôtre de la vie saine

1 – Qu'est-ce que tu fabriques *(à quoi es-tu occupé)*, de si bonne heure *(si tôt sur la-branche-du-matin)* ?
2 – Du sport... J'ai décidé de *(Je me suis décidé pour)* commencer une nouvelle *(et meilleure)* vie !
3 J'ai été si terriblement paresseux, ces derniers temps *(dans le dernier)* ! Un vrai mollasson *(poisson flasque)* !
4 [Ne rien faire d'autre que] rester assis sur ma *(la)* chaise de bureau à amasser du lard : ça ne peut pas continuer comme ça !
5 À partir de maintenant, ça sera gymnastique tous les matins, et un jogging au lieu de la sieste.
6 – As-tu l'intention de *(As-tu pensé)* contaminer toute la famille avec ces belles intentions *(tiennes)* ?
7 Les gens qui embêtent les autres parce qu'eux-mêmes ont découvert la Vérité, c'est la pire chose *(le pire)* que [je] connaisse !
8 – [Il n'y a] pas de quoi t'inquiéter *(pas de raison d'inquiétude)* : tout [ce dont] j'ai besoin, c'est quatre repas légers par jour, si possible sans substances *(matières additives)* chimiques,
9 un nouveau survêtement, de bonnes chaussures de sport, [une] salle de gymnastique et [un] sauna.
10 – La vie, une vie dure – une bonne intention, de bonnes intentions – un bon repas, de bons repas – un tissu *(une substance)* rouge, des tissus rouges – une vieille chaussure, de vieilles chaussures – le sauna, un grand sauna, de grands saunas.

hundreogseksti

36 / Trettisjette (seksogtrettiende) leksjon

: Notes

1 **en kvist**, *une petite branche/un rameau*. L'expression **på morgenkvisten** est originaire du vocabulaire des chasseurs – qui guettent l'oiseau perché sur l'arbre à l'aube.

2 **idrett(en)** désigne *(le) sport de haut niveau*.

3 **å bestemme seg**, *se décider*, est conjugué au deuxième temps du passé, le parfait (**perfektum**). Tout comme le passé composé français, il se constitue d'un auxiliaire au présent (la plupart du temps, **har**) et du participe passé du verbe.

4 **slappfisk** se dit de quelqu'un qui ne fait aucun effort physique.

***

Øvelse 1 – Oversett

❶ Han tar en middagslur hver dag. ❷ Grønt og gult sammen: det er det verste jeg vet. ❸ De har alltid vært gode venner. ❹ I livet skal man ikke bare satse på penger. ❺ På landet spiser man flesk med brød. ❻ Faren vil slepe barna med seg på tur. ❼ Kan du gi meg skoene mine tilbake? ❽ Hun bekymrer seg for sønnen sin. ❾ De har bestemt seg for å reise hjem tidligere.

***

Øvelse 2 – Fyll ut med de riktige ordene

❶ D'abord, nous nous plongeons dans l'eau glacée, et ensuite c'est le sauna.
Først . . . . . . vi oss i det . . . . vannet, og så . . . . det . . . .

❷ Combien de temps as-tu l'intention de rester chez eux ?
Hvor . . . . . har du . . . . . å bli . . . dem?

❸ Attention ! Il est fou et pourrait bien te contaminer !
. . . . ! Han er . . . og kunne godt . . . . . . deg!

❹ Il est si terriblement paresseux que tout le monde l'appelle "le mollasson".
Han er så . . . . lat at alle . . . . . . ham . . . "slappfisken".

Trente-sixième leçon / 36

5 **fra... av**, *à partir de/pour le temps*. **Fra da av var de uvenner**, *À partir de ce moment-là, ils furent brouillés*.

6 Retenez cet emploi très courant de **å bli**, qui sert à annoncer ce qu'on va faire : **nå blir det mat**, *et maintenant, on mange !*

7 **disse forsettene dine** combine un démonstratif et un possessif, ce que nous ne pouvons faire en français. L'effet produit est celui d'une certaine distance.

8 **å trimme** est un verbe qui apparaît beaucoup dans le discours des **sunnhetsapostler**. C'est faire régulièrement de l'exercice, réagir au manque de **mosjon**, *d'exercice*.

***

Corrigé de l'exercice 1

❶ Il fait *(prend)* une sieste tous les jours. ❷ Vert et jaune ensemble : c'est la pire chose que je connaisse. ❸ Ils ont toujours été de bons amis. ❹ Dans la vie, on ne doit pas miser seulement sur l'argent. ❺ À la campagne, on mange du lard avec du pain. ❻ Le père veut traîner ses *(les)* enfants *(avec lui)* en promenade. ❼ Peux-tu me rendre mes chaussures ? ❽ Elle se fait du souci pour son fils. ❾ Ils/Elles ont décidé de rentrer chez eux/elles plus tôt.

***

Corrigé de l'exercice 2

❶ – dukker – iskalde – blir – badstu ❷ – lenge – tenkt – hos – ❸ Forsiktig – gal – smitte – ❹ – fryktelig – kaller – for –

La Norvège est un pays où l'on croit à ce qu'on entreprend : le sport fait partie de ces vocations qui ne connaissent guère de demi-mesure... À l'inverse, vous rencontrerez des ennemis jurés du mouvement inutile et de l'idéologie du plein air. Ces farouches **stuegriser***, pantouflards, qui considèrent d'un regard narquois les adeptes du marathon et de la randonnée, proclament une foi tout aussi immodérée dans les vertus de la paresse.*

hundreogsekstito

Trettisjuende (syvogtrettiende) leksjon

Mødre (I)

1 – Det er ˋlenge siden [1] vi har ˋhørt noe om din venninne ˋKaren! Er det noe i ˋveien? [2]
2 – Hun har vært ganske ˋopptatt i det siste med å lære ˋsamisk [3],
3   og få ˋforeldrene sine til [4] å ˋgodta at hun flytter helt til ˋAlta...
4 – Nei, at sånn en søt, intelligent og populær ˋjente skulle [5] ˋhavne så langt av ˋsted!
5   Driver hennes ˋforlovede med ˋrein?
6 – Nei, han har nettopp skrevet en ˋdoktoravhandling i ˋsosiologi om ˋflokkinstinktet i det ˋnordlandske samfunnet.
7 – Aldri hørt ˋmaken [6]! Bare ˋtullprat!
8 – ˋForresten har jeg ˋogså skaffet meg en ny ˋvenn, og han ˋbrenner av lyst etter å bli ˋpresentert!
9   Han er ˋeskimo, ˋekspeditør i en ˋferdig-iglooforretning på ˋGrønland.
10 – ˋKutt ut! For en ˋfrekkhet [7], ˋerte din ˋmor på denne ˋmåten!
11 – En samisk ekspeditør, samiske ekspeditører – en frekk jente, frekke jenter – et hvitt reinsdyr / en hvit rein, hvite reinsdyr / hvite rein – en reinflokk, flere reinflokker – et søtt eple, en søt gutt. □

🗨 Prononciation
3 ... gouta ... 6 ... nourdla'nskë ... 9 ... eskimou ...

Trente-septième leçon

[Les] mères (I)

1 – Il y a longtemps [que] nous [n']avons [pas] entendu [parler] de *(quelque chose sur)* ton amie Karen. Il y a quelque chose qui ne va pas ?
2 – Ces derniers temps *(dans le dernier)*, elle a été très occupée à apprendre le lapon,
3 et à faire en sorte *(obtenir)* que ses parents acceptent qu'elle déménage [pour] tout [là-haut], à Alta...
4 – Dire *(Non)* qu'il fallait qu'une fille si mignonne, intelligente et qui avait tant de succès *(si populaire)* aille atterrir *(accoster)* si loin d'ici *(de l'endroit)* !
5 Son fiancé s'occupe de rennes ?
6 – Non, il vient d'écrire *(il a justement écrit)* une thèse de *(en)* sociologie sur l'instinct grégaire *(de troupeau)* dans la société nordique.
7 – [Je n'ai] jamais rien entendu de pareil ! [Quelles] sornettes *(Que de bavardage stupide)* !
8 – D'ailleurs, moi aussi je me suis trouvé un nouvel ami, et il meurt *(brûle)* d'envie d'être présenté !
9 Il est esquimau, vendeur dans un magasin d'igloos préfabriqués *(prêts)* au Groenland.
10 – Arrête *(Coupe)* ! Quel toupet [de] taquiner ainsi *(de cette façon)* ta mère !
11 – Un vendeur lapon, des vendeurs lapons – une fille effrontée, des filles effrontées – un renne blanc, des rennes blancs – un troupeau de rennes, des troupeaux de rennes – une pomme sucrée, un garçon mignon.

Notes

1 **siden** sert à former plusieurs types de compléments de temps. Il correspond à *il y a*. **Det er allerede tre år siden**, *Il y a déjà trois ans*.

37 / Trettisjuende (syvogtrettiende) leksjon

2 **Det er noe i veien**, *Il y a quelque chose qui ne va pas* – littéralement "il y a quelque chose (un obstacle) sur le chemin".

3 **en same**, *un Lapon*. L'adjectif correspondant est **samisk**. C'est aussi le nom de la langue lapone.

4 **å få noen til** + infinitif, *faire en sorte/obtenir que quelqu'un fasse quelque chose*.

5 La forme verbale **skulle**, que nous connaissons comme conditionnel présent de **å skulle**, est aussi son unique forme de passé (prétérit). La même chose vaut pour **ville**, **burde**, **kunne**. C'est le contexte qui

***

Øvelse 1 – Oversett

❶ Hva er det som er i veien igjen? ❷ Foreldrene hennes er fortsatt sinte på henne. ❸ La være å svare så frekt til din far! ❹ For en søt liten gutt! ❺ Det finnes mange forskjeller mellom det norske og det franske samfunnet. ❻ Hun har skrevet en doktoravhandling i geografi. ❼ Jenta tegner en nisse med rød lue og to rein. ❽ Disse appelsinene er søte.

***

Øvelse 2 – Fyll ut med de riktige ordene

❶ Je suis bien trop occupée pour remarquer ce genre de choses.
Jeg er alt for .... til å .... til .....

❷ Dire que c'était il y a cinq ans déjà !
.... at det var ... fem år ..... allerede!

❸ Il voulait leur présenter son frère, mais il n'a pas pu.
Han ..... presentere ...... sin for ..., men han ..... ikke.

❹ Crois-tu qu'ils accepteront une telle attitude ?
Tror du de ...... til å ..... en ... . ?

❺ Tu dois faire en sorte qu'il travaille un peu moins.
Du må .. ham ... å arbeide litt ....

indique quel temps il convient de choisir pour les traduire en français. Ainsi : **han skulle gjøre det** peut signifier soit : *il devrait le faire* (maintenant), soit : *il devait le faire/il était censé le faire*.

6 **make** est un nom qui désigne chacun des deux objets d'une paire. **Hvor er maken til denne skoen?**, *Où est l'autre chaussure* ("pareille à celle-ci") *?* Mais le mot s'utilise surtout dans les expressions : **(jeg har) aldri sett/hørt på maken**, *je n'ai jamais rien vu/entendu de tel*.

7 Extrayons de **frekkhet** l'adjectif **frekk**, *insolent/culotté*.

***

Corrigé de l'exercice 1
❶ Qu'est-ce qui ne va pas encore ? ❷ Ses parents sont toujours fâchés contre elle. ❸ Ne réponds pas avec autant d'insolence *(si insolemment)* à ton père ! ❹ Quel mignon petit garçon ! ❺ Il y a beaucoup de différences entre la société française et la [société] norvégienne. ❻ Elle a écrit une thèse de géographie. ❼ La fillette dessine un lutin avec un bonnet rouge et deux rennes. ❽ Ces oranges sont sucrées.

***

Corrigé de l'exercice 2
❶ – opptatt – legge merke – sånt ❷ Tenk – for – siden – ❸ – ville – broren – dem – kunne – ❹ – kommer – godta – slik holdning ❺ – få – til – mindre

*Les Lapons, premiers habitants du Grand Nord scandinave, gardent aux yeux des Norvégiens eux-mêmes, leurs colonisateurs, une aura d'exotisme. Nomade par tradition, ce peuple sans doute originaire d'Asie centrale a depuis toujours fait peu de cas des frontières entre la Norvège, la Suède, la Finlande et l'extrême nord de la Russie, les passant et repassant au fil des saisons à la recherche de pâturages pour les troupeaux de rennes, tandis que d'autres communautés, telles les **sjøsamene**, vivaient de la pêche. Aujourd'hui largement sédentarisés, les Lapons n'en demeurent pas moins une ethnie distincte. Ils continuent à parler, en plus du norvégien, leur propre langue, qui appartient au groupe finno-ougrien. Même si les rapports humains peuvent parfois être tendus, la Norvège moderne a entrepris tous les efforts nécessaires pour revenir sur les discriminations du passé. Ce zèle va jusqu'à influer sur le vocabulaire utilisé à l'étranger pour désigner ce peuple et sa langue ! Ainsi s'évertue-t-on, dans les milieux officiels comme dans les brochures touristiques, à imposer*

Trettiåttende (åtteogtrettiende) leksjon

Mødre (II)

1 To eldre [1] `damer prater om sine `barns ekteskap [2].
2 – Min `datter har vært `heldig: `slike menn er det `få [3] av, forteller den `ene stolt [4].
3 Hver `morgen får hun servert `frokost [5] på `sengen som en `dronning.
4 Han er `flink til å stelle i huset, vasker `opp [6], `stryker, pusser `vinduer, og skifter [7] til og med `bleier!
5 – Han må ha fått en `sjelden [8] god `oppdragelse, svarer den andre `damen full av beundring.
6 Det `samme gjelder dessverre ikke min `svigerdatter.

en français le mot "Same" au lieu de "Lapon", où les Norvégiens croient reconnaître les connotations méprisantes dont résonnait jadis leur propre vocable, aujourd'hui banni, **"lapper"** *(d'où vient le mot "Lapons"). Cette petite erreur d'appréciation linguistique est bien sûr vénielle. Il faut y voir la marque d'une bonne volonté réparatrice, allant dans le sens de la protection de la culture lapone (préférez-vous "same" ?) et d'une manière générale, du respect croissant de la diversité humaine à l'intérieur de la société norvégienne. Mais l'identité lapone n'est pas faite que d'artisanat coloré, d'élevage et de pêche. S'y mêlent, entre autres, deux traditions opposées : celle de la magie, avec des chants incantatoires illustrés de mimes, appelés* **Joik**, *et la doctrine religieuse du missionnaire suédois Læstadius, qui ancra dans ces régions au milieu du XIXe siècle une forme très austère et conservatrice du luthéranisme. Les Lapons ont aujourd'hui un parlement régional et disposent d'un certain pouvoir de décision à l'intérieur de l'État norvégien.*

Trente-huitième leçon

[Les] mères (II)

1 Deux dames d'un certain âge parlent *(bavardent)* des mariages de leurs enfants.
2 – Ma fille a eu de la chance *(a été chanceuse)* : des maris comme ça *(de tels hommes)*, il y en a peu, raconte l'une fièrement.
3 Tous les matins, elle se fait servir le petit déjeuner au lit, comme une reine.
4 C'est un as du ménage *(Il est doué pour s'occuper dans la maison)*, [il] fait la vaisselle, repasse, nettoie [les] carreaux *(fenêtres)*, et change même les couches !
5 – Il doit avoir reçu une éducation rare *(rarement bonne)*, répond l'autre dame, pleine d'admiration.
6 Malheureusement, on ne peut pas en dire autant de *(la même chose ne concerne pas)* ma belle-fille.

7 Hun ˈmaser hele dagen på [9] min ˈsønn om at han skal ˈhjelpe henne med ˈditt og ˈdatt...
8 Reie opp ˈsengen, dekke på ˈbordet, osv. (og så videre)
9 Tenk, han er ˈnødt til [10] å skrelle ˈpoteter mens hun er på ˈjobb!
10 – Et moderne ekteskap, moderne ekteskap – en kjærlig datter, kjærlige døtre.

Prononciation
2 ... stolt 3 ... droˈni-ng

Notes

1 **eldre** est le comparatif irrégulier de **gammel**, le superlatif est **eldst**. **Hun er eldre enn jeg**, *Elle est plus âgée que moi*. **Min eldre bror heter Odd**, *Mon frère aîné s'appelle Odd*. **Han er den eldste i familien**, *Il est l'aîné de la famille*. **Eldre** s'emploie aussi, comme euphémisme, pour *d'un certain âge*.

2 **ekteskapet**, *le mariage*, au sens institutionnel. **Hun er mot ekteskapet**, *Elle est contre le mariage*. **Et ektepar**, *un couple marié*.

3 **få** (homonyme de **å få**) est le contraire de **mange**, et signifie donc *peu, peu nombreux* (quantité dénombrable). Il faut le distinguer de **lite**, *peu, en petite quantité* (quantité indénombrable), contraire de **mye**.

4 L'adjectif **stolt** se termine toujours par un **-t** (même à la forme du masculin-féminin). **En stolt mann**, *un homme fier*.

***

Øvelse 1 – Oversett

❶ Han er stolt av sine barn. ❷ Skal denne genseren strykes? ❸ La være å mase på meg! ❹ Min eldre søsters mann er flink til å vaske opp. ❺ Jeg er jo nødt til å vente. ❻ Ekteskapet betyr at man også skal leve sammen i de verste dagene. ❼ Hva heter den søte lille jenta? ❽ Få nordmenn kan samisk.

Trente-huitième leçon / 38

7 Elle casse les oreilles de mon fils toute la journée pour *(à propos)* qu'il l'aide *(doit l'aider)* avec ci et ça...
8 Faire le lit, mettre le couvert *(couvrir sur la table)*, etc.
9 Figurez-vous *(Pense)* [qu']il est [même] obligé d'éplucher [les] pommes de terre lorsqu'elle est au travail !
10 – Un mariage moderne, des mariages modernes – une fille tendre, des filles tendres.

5 Hun får servert frokost, *Elle [se] fait servir le petit déjeuner*. Cette tournure fonctionne avec d'autres participes passés. Jeg må få brillene reparert, *Je dois faire réparer mes lunettes*.

6 å vaske opp, *faire la vaisselle*.

7 Le verbe **å skifte** signifie *changer*, au sens de remplacer une chose par une autre. **Jeg må skifte klær**, *Je dois changer de vêtements*.

8 **sjelden**, *rare*. Exceptionnellement, la forme adverbiale est **sjelden** (et non **sjeldent**, forme neutre de l'adjectif). Exemples : **han reiser sjelden**, *il voyage rarement* ; **et sjeldent frimerke**, *un timbre rare*.

9 Nous connaissions **å mase om noe**, *râler / insister à propos de quelque chose* (24e leçon), voici le même verbe utilisé avec un autre complément : **å mase på noen**, *casser les oreilles à quelqu'un*. Et rappelez-vous : **Han er forferdelig masete**, *Il est affreusement casse-pieds*.

10 **nødt til**, *obligé de*, est le participe passé d'un verbe aujourd'hui inusité.

***

Corrigé de l'exercice 1

❶ Il est fier de ses enfants. **❷** Ce pull doit-il être repassé ? **❸** Ne me casse pas les oreilles *(avec tes exigences)* ! **❹** Le mari de ma sœur aînée est un as de la plonge. **❺** Je suis bien obligé d'attendre. **❻** Le mariage signifie qu'on doit aussi vivre ensemble dans les jours les plus difficiles *(les pires)*. **❼** Comment s'appelle cette mignonne petite fille ? **❽** Peu de Norvégiens parlent lapon.

Øvelse 2 – Fyll ut med de riktige ordene

❶ Elles sont assises devant *(avec)* une tasse de café, et bavardent de choses et d'autres *(de ci et ça)*.
De ...... med en .... kaffe og prater ...... og .....

❷ De telles paroles sont inacceptables *(ne peuvent être acceptées)*.
Slike ord ... ikke ....

❸ C'est la même chose pour moi, malheureusement.
Det samme .... meg.

Trettiniende (niogtrettiende) leksjon

"Titteskapet"

1 – Vær så snill å slå på [1] `TV'en, så [2] vi får `vite hva som har `skjedd [3] i dag, i den store `verden.
2 – Hvor er det `blitt av `fjernkontrollen?
3 – Den har sikkert `babyen lekt med: `kikk [4] etter i `søppelbøtten, eller i `sølvtøyskuffen.
4 – Ha! `Her er den `endelig!... Men vi har gått `glipp av [5] `nyhetene [6].
5 Og som `vanlig sender [7] de `bare disse `dårlige `såpeoperane [8] og `dumme `vaskemiddelreklamene!
6 Kunne man bare `klare seg uten å `glo [9] i det elendige `titteskapet hver kveld,
7 ville `livet være `helt annerledes [10], det `sier jeg deg!
8 – Men `da er det `veldig enkelt: det apparatet `gir vi til `Frelsesarmeen...
9 og så `ringer du `elektrikeren og `sier (til) ham at vi `egentlig `ikke trenger å få `TV'en installert på `hytta.

❹ Tu dois faire envoyer cette lettre aussi vite que possible.
   Du må .. dette ...... sendt så .... som mulig.
❺ Tes lunettes ont besoin d'être nettoyées.
   Brillene dine trenger å ....

Corrigé de l'exercice 2
❶ – sitter – kopp – om ditt – datt ❷ – kan – godtas ❸ – gjelder dessverre – ❹ – få – brevet – fort – ❺ – pusses

Trente-neuvième leçon

"La boîte à images" *(à regarder)*

1 – S'il te plaît, allume *(Sois si gentil d'allumer)* la télévision, qu'on sache *(ainsi nous pouvons savoir)* ce qui s'est passé aujourd'hui dans le vaste monde.
2 – Où est passée *(devenue de)* la télécommande ?
3 – Le bébé a sûrement joué avec : regarde dans la poubelle, ou dans le tiroir à argenterie.
4 – Ah ! la voilà enfin !... Mais on a manqué les informations.
5   Et comme d'habitude, il n'y a *(ils ne diffusent)* que ces mauvaises séries à l'eau de rose et ces stupides publicités de lessive !
6   Si seulement on pouvait *(Pourrait-on seulement)* se passer de *(se débrouiller sans)* regarder bêtement cette fichue "boîte à images" tous les soirs,
7   la vie serait complètement différente, je te le dis !
8 – Mais alors c'est très simple : on donne cet appareil à l'Armée du Salut...
9   et puis tu appelles l'électricien, et tu lui dis que finalement *(au fond)*, nous n'avons pas besoin de faire installer la télé dans notre *(le)* chalet.

39 / Trettiniende (niogtrettiende) leksjon

10 – Ja, men om `fire år er det `vinter-O.L.[11] igjen...
11 – En tom bøtte, den tomme bøtta, tomme bøtter – en full skuff, fulle skuffer – det skjønne sølvtøyet – et godt vaskemiddel, gode vaskemidler – en dum reklame, dumme reklamer – et nytt apparat, nye apparater.

Prononciation

2 ... fyèrnkø'ntrolën **3** ... bébiën ... Çik ... seulteuyskoufën **5** ... sènër ... sôpëopranë ... doumë ... **6** ... glou ... **9** ... tévén ... **10** ou-èl ...

Notes

1 å slå på, *allumer* (la lumière, un appareil électrique), a pour contraire å slå av.

2 Remarquez que les deux **så** qui apparaissent dans cette phrase n'ont aucun rapport du point de vue du sens. Le premier, à valeur adverbiale, rappelle la construction du comparatif d'égalité dans la formule toute faite **vær så snill**, *s'il vous/te plaît, soyez/sois (assez) aimable de* – N'abusez pas de cette expression, beaucoup plus rare que son équivalent français : la politesse courante, lorsqu'on formule une demande, recourt plutôt à un **takk**, *merci*, placé à la fin la demande : **Kan du gi meg saltet, takk?**, *Peux-tu me passer le sel, s'il te plaît ?* Ou encore : **Kan du gi meg saltet, er du snill?** Le deuxième **så**, *pour que, afin que, de sorte que*, est une conjonction introduisant une subordonnée de but ou de conséquence.

Trente-neuvième leçon / 39

10 – Oui, mais dans quatre ans, il y a de nouveau les J.O. d'hiver...

11 – Un seau vide, le seau vide, des seaux vides – un tiroir plein, des tiroirs pleins – la splendide argenterie – une bonne lessive, de bonnes lessives – une publicité stupide, des publicités studipes – un nouvel appareil, des appareils nouveaux.

---

3 **å skje**, *se passer*, a pour participe passé **skjedd**.

4 **å kikke** et sa variante **å titte** sont des verbes familiers pour *regarder*. Ils donnent l'idée d'un coup d'œil rapide ou furtif. **Etter** ajoute, comme souvent, l'idée de *chercher*. **Kikke på** ou **se på**, *regarder*.

5 **å gå glipp av**, *manquer quelque chose*, dans le sens de *ne pas faire qqch./ne pas assister à qqch*. **En** (ou **et**) **glipp** est partiellement synonyme de **feil** : *une erreur/une inadvertance*.

6 **nyhet** signifie à la fois *nouveauté* et *nouvelle*. Il s'utilise aussi pour les informations à la télévision ou la radio.

7 **å sende**, *envoyer*, s'emploie aussi pour *émettre/diffuser*. *Une émission de radio* se dira donc **en radiosending** (ou **et radioprogram**) ; pour la télévision, on préfère **et TV-program**.

8 **en såpeopera**, *"opéra savonnette"*, expression péjorative calquée sur l'anglais ***soap-opera***, désigne les séries télévisées que nous dirions "à l'eau de rose".

9 **å glo** évoque un regard fixe et hébété.

10 **annerledes**, *autre/différent*, ne s'utilise que comme attribut. **Han er blitt helt annerledes**, *Il est devenu complètement différent. / Il a complètement changé*.

11 **O.L.** est l'abréviation de **Olympiske Leker**. Comme on peut s'en douter, les jeux olympiques d'hiver sont chaque fois, pour la plupart des Norvégiens, un événement à ne pas manquer – la Norvège ayant elle-même accueilli les Jeux en 1952 à Oslo et en 1994 à Lillehammer. L'attention des Norvégiens va particulièrement aux épreuves de **langrenn**, *ski de fond*, et de **hurtigløp på skøyter**, *patinage de vitesse*.

hundreogsyttifire • 174

Øvelse 1 – Oversett

❶ Han bare sitter og glor på TV. ❷ Det er nesten ikke noe vaskemiddel igjen. ❸ I utlandet tenker man annerledes. ❹ Har du allerede hørt dagens nyheter? ❺ Klokken sju slår han på radioen for å høre værmeldingen. ❻ Om en uke kommer jeg tilbake. ❼ Alle ekspeditørene er fryktelig opptatt. ❽ Egentlig skulle jeg ikke bekymre meg så mye. ❾ Hvordan i allverden har du havnet der? ❿ Vi går sjelden på teater.

***

Øvelse 2 – Fyll ut med de riktige ordene

❶ Aujourd'hui, il s'est produit quelque chose d'inhabituel.
I dag har det ...... noe ....

❷ Tu ne sais sans doute pas ce que tu as manqué.
Du vet vel ikke hva du har .... av.

❸ Il a l'habitude de se lever à l'aube.
Han pleier å ... ... på ....

❹ Il faut enfin faire réparer cette fichue voiture.
Vi må endelig .. den .... bilen reparert.

Førtiende leksjon

Glade Jul! (I)

1 – Har du allerede `opplevd [1] en `ekte `norsk `jul?
2 – Nei, `hittil [2] har jeg ikke `det.
3 – Hvis du `blir her i `landet, ville vi sette `pris på å feire `jul sammen med `deg.
4 – Vi har `planlagt [3] å `tilbringe [4] `julaften [5] på `oldefars gård i `Telemark.
5 – Tante `Margit har lovet å gjøre `alle `forberedelsene som i `gode `gamle `dager [6].

Corrigé de l'exercice 1

❶ Il ne fait que regarder bêtement la télé *(Il est seulement assis et regarde fixement...)* ❷ Il ne reste presque plus de lessive. ❸ À l'étranger, on pense autrement. ❹ As-tu déjà entendu les nouvelles du jour ? ❺ À sept heures, il allume la radio pour écouter la météo. ❻ Dans une semaine, je reviendrai. ❼ Tous les vendeurs sont très occupés. ❽ Au fond, je ne devrais pas me faire tant de soucis. ❾ Comment diable as-tu échoué ici ? ❿ Nous allons rarement au théâtre.

***

❺ Quand saura-t-il se débrouiller sans toi ?
 . . . kommer han til å . . . . . seg . . . . deg?

Corrigé de l'exercice 2

❶ – skjedd – uvanlig ❷ – gått glipp – ❸ – stå opp – morgenkvisten ❹ – få – elendige – ❺ Når – klare – uten –

40
Quarantième leçon

Joyeux Noël ! (I)

1 – As-tu déjà vécu un vrai Noël norvégien ?
2 – Non, pas jusqu'à présent *(jusqu'à présent, je ne l'ai pas)*.
3 – Si tu restes ici *(dans le pays)*, **nous apprécierions de** *(attacherions du prix sur)* **fêter Noël** *(ensemble)* **avec toi.**
4   Nous avons prévu de passer le soir de Noël à *(sur)* la ferme de *(mon)* arrière-grand-père, dans le Telemark.
5   Tante Margit a promis de faire tous les préparatifs comme au bon vieux temps *(aux bons vieux jours)*.

40 / Førtiende leksjon

6 Og det kan du ˈtro at hun har ˈgreie på [7].
7 Hun har ˈalltid pleid å ˈlage all ˈjulepynten selv, ˈistedenfor å kjøpe "disse ˈmoderne ˈdingsene fra ˈLangtvekkistan [8], som hun sier.
8 Hun må ˈallerede ha ˈskaffet seg ˈmel, ˈegg og ˈsukker i ˈtonnevis.
9 Jeg kan ˈtenke meg at hun akkurat nå ˈstår og ˈstrever for harde ˈlivet [9] med ˈjulebaksten.
10 – Vel, det høres ˈfristende ut [10].
11 – En gård, flere gårder – et brunt egg, brune egg – melet – sukkeret.

Prononciation

... yul **2** ... Hi̱ttil ... **4** ... o̱ldëfa̱rs gôr ... **8** ... so̱ukër ... **9** ... a̱kourat ... Harë ... **10** ... fri̱stënë ...

 Notes

1 å leve, *vivre* ; mais : **å oppleve**, *vivre qqch./faire l'expérience de qqch*. **Han har opplevd mye**, *Il a beaucoup vécu*.

2 **hittil**, *jusqu'à présent*, est construit sur **hit**.

3 Dans **å planlegge**, dont le participe passé irrégulier est **planlagt** (de **å legge**, *poser à plat*), nous trouvons **en plan**, *plan/projet*. **Han har alltid masse planer**, *Il a toujours des tas de projets*.

4 **å tilbringe** équivaut à *passer*, lorsqu'il s'agit du temps.

Quarantième leçon / 40

6 Et tu peux me croire *(Ça, tu peux croire que)*, elle s'y connaît.
7 Elle a toujours eu l'habitude de fabriquer toute*(s)* la *(les)* décoration*(s)* de Noël elle-même, au lieu d'acheter "ces machins modernes [qui viennent] de Dieu-sait-où", comme elle dit.
8 Elle doit s'être déjà procuré des tonnes de farine, d'œufs et de sucre *(de la farine, des œufs et du sucre à la tonne)*.
9 J'imagine *(Je peux me penser)* qu'en ce moment même *(juste maintenant)* elle s'échine sur *(est debout et travaille pour la dure vie avec)* la pâtisserie de Noël.
10 – Eh bien, ça a l'air *(s'entend)* tentant.
11 – Une ferme, des fermes – un œuf brun, des oeufs bruns – la farine – le sucre.

---

5 Le mot **aften** contenu dans **julaften** ne s'utilise plus isolément. On le trouve aussi dans **nyttårsaften**, *la soirée du Nouvel An / la Saint-Sylvestre*.

6 Remarquez que l'expression toute faite **de gode gamle dager** fait une entorse à la règle de la double détermination : c'est le cas de certaines tournures un peu grandiloquentes qui ont gardé la marque de la grammaire danoise.

7 **å ha greie på noe**, *s'y connaître/savoir s'y prendre*... Cette expression vient du verbe **å greie**, *peigner/démêler*. Méditez un instant sur la construction de cette phrase – nous y reviendrons à la 42ᵉ leçon.

8 **langtvekkistan** est une construction humoristique fabriquée à partir de **langt vekk** (= **langt borte**), *loin*, sur le modèle de **Afganistan**, *Afghanistan*, **Kasakhstan**, *Kazakhstan*, **Usbekistan**, *Ouzbékistan*, etc., autrement dit : **der pepperen gror**, "là où pousse le poivre", *à l'autre bout du monde*.

9 L'idée d'un travail pénible contenue dans **å streve** est encore renforcée dans l'expression **streve for harde livet**.

10 De même que pour une chose de bel aspect on peut dire **det ser fristende ut**, *ça a l'air tentant* (apparence visuelle), **det høres fristende ut** qualifie *quelque chose dont on entend parler*.

Øvelse 1 – Oversett

❶ De tilbringer ferien på en gammel gård. ❷ Som sjømann har han opplevd mye. ❸ Jeg liker ikke å planlegge. ❹ Hva er det du strever med? ❺ Det høres interessant ut. ❻ Han lover alltid mye, men gjør veldig lite. ❼ Det er akkurat det jeg har tenkt på. ❽ Sånt har jeg ikke greie på. ❾ Han vil feire fødselsdagen sammen med venner. ❿ Du må greie håret ditt til jul.

***

Øvelse 2 – Fyll ut med de riktige ordene

❶ Espérons qu'il neigera le soir de Noël.
   Vi ... ... det kommer ... å snø på ....

❷ Il est fier d'avoir un arrière-grand-père célèbre.
   Han er .... å ha en .... far.

❸ Jusqu'à présent, il a toujours été un type sympathique *(et gentil)*.
   ...... har han alltid ..... en .... og snill ....

❹ Au bon vieux temps, c'était complètement différent.
   I de .... gamle ..... var det ... .

Førtiførste (enogførtiende) leksjon

Glade Jul! (II)

1 – Og hva med ˋresten av progrˋammet?
2 – Tjuefjerde ˋdesember om ˋmorgenen kan du bli med ˋbarna og kjøre ˋspark [1] til skogen for å hente ˋjuletreet.
3 Pass deg i ˋutforbakkene [2], for de tar ikke ˋhensyn til de ˋeldre.
4 Klokken ˋfire blir det ˋgudstjeneste.
5 På ˋgamleprestens tid måtte ˋstore og ˋsmå smøre seg med ˋtålmodighet...

Corrigé de l'exercice 1

❶ Ils/Elles passent leurs *(les)* vacances dans une vieille ferme. ❷ En tant que marin, il a vécu des tas de choses. ❸ Je n'aime pas faire des projets. ❹ À quoi est-ce que tu te fatigues ? ❺ Ça a l'air intéressant. ❻ Il promet toujours beaucoup, mais il ne fait pas grand-chose *(fait très peu)*. ❼ C'est exactement ce à quoi j'ai pensé. ❽ Ce genre de choses, je n'y connais rien *(je ne m'y connais pas)*. ❾ Il veut fêter son anniversaire avec des amis. ❿ Il faudra te peigner pour Noël.

***

❺ As-tu fini tous tes préparatifs ?
Er du .... alle .... dine?

Corrigé de l'exercice 2

❶ – får håpe – til – julaften ❷ – stolt av – berømt olde – ❸ Hittil – vært – grei – fyr ❹ – gode – dager – helt annerledes ❺ – ferdig med – forberedelsene –

Quarante et unième leçon

Joyeux Noël ! (II)

1 – Et *(quoi avec)* le reste du programme ?
2 – Le 24 décembre au matin, tu pourras suivre *(devenir avec)* les enfants *(et conduire)* en patinette à neige jusqu'à la forêt, pour aller chercher l'arbre de Noël.
3   Attention *(Fais attention à toi)* dans les descentes, car ils ne ménagent pas *(n'ont pas d'égards pour)* les plus vieux.
4   À quatre heures, il y a la messe.
5   À l'époque du vieux pasteur, petits et grands devaient s'armer de *(se tartiner avec de la)* patience...

41 / Førtiførste (enogførtiende) leksjon

6 Men han er `nettopp blitt `avløst av en `ung `søt `kvinne
7 som sikkert har `mer forståelse for vår `matlyst.
8 For etter `kirken `kaster vi oss over `ribben med `surkål, eller `svinekam, eller `lutefisk med øl og dram. ³
9 – Og `gavene? Hvor mange skal `julenissen ha `pakker til?
10 – Skal vi `se... `Astrid og `Tor har `fire `unger ⁴, `Stein og `Randi bare `to, `Ellen tar med sine to `eksmenn og `deres barn fra `tidligere ⁵ ekteskap... Det blir `tolv.
11 – `Da må jeg `kjøre med `hest og `slede.
12 – En lang gudstjeneste, lange gudstjenester – en svart hest, svarte hester – en dyr gave, dyre gaver – en god dram, gode drammer – en kam, flere kammer.

Prononciation
4 ... gudstyénëstë 8 ... svinëkam ... 10 ... ou-ng-uër ... 11 ... sléë

Notes

1 **sparken**, sorte de patinette qui fut en d'autres temps un réel moyen de locomotion, avant de devenir un jouet, doit son nom à la façon dont on se propulse : en tapant du pied sur la neige : **å sparke**, *frapper du pied*.

2 La préposition **utfor** signifie *vers le bas*. **En bakke**, *une côte* ; **en utforbakke**, *une descente*. Le mot **bakke** désigne également le *sol extérieur*.

3 Voici une énumération de plats traditionnels de Noël – la morue séchée est bien entendu plus répandue dans les régions côtières. La bière et l'eau-de-vie se boivent en alternance, dans un grand et un petit verres placés côte à côte. Le mot **dram(men)** désigne précisément ce petit verre d'eau-de-vie (contenant + contenu), l'eau-de-vie elle-même

Quarante et unième leçon / 41

6 Mais il vient d'être *(il a juste été)* remplacé par une jeune femme charmante
7 qui aura certainement plus de compréhension pour notre appétit *(envie de nourriture)*.
8 Car après l'église, on se jette sur le ribbe *(rôti de côtes de porc)* avec de la choucroute, ou le carré de porc, ou la morue séchée avec de la bière et de l'eau-de-vie.
9 – Et les cadeaux ? Pour combien [de personnes] le Père Noël *(lutin de Noël)* devra-t-il avoir des paquets ?
10 – Voyons... Astrid et Tor ont quatre gosses, Stein et Randi seulement deux, Ellen emmène ses deux ex-maris et leurs enfants des précédents mariages... Ça fait douze.
11 – Alors il faudra que je vienne en traîneau à cheval *(avec cheval et traîneau)*.
12 – Une messe longue, des messes longues – un cheval noir, des chevaux noirs – un cadeau cher, des cadeaux chers – un bon verre d'eau-de-vie, de bons verres d'eau-de-vie – un peigne, des peignes.

---

se nommant **akevitt(en)**. Les alcools forts d'une manière générale entrent dans la catégorie **brennevin(en)** ("eau qui brûle"). Notons que le cognac connaît en Norvège un succès hors du commun – la curieuse expression **kaffe avec**, dont l'emprunt au français est sans nul doute une marque de distinction autant que d'attrait mystérieux, s'utilise pour un café accompagné de ce nectar de luxe. Enfin, la prospérité du pays aidant, le vin est largement entré dans les mœurs en accompagnement des repas festifs.

4 **en unge** désigne les petits des animaux. **Katten har fått fem unger**, *La chatte a eu cinq petits*. Familièrement, il équivaut à *môme/gosse*, etc.

5 **tidligere**, comparatif de **tidlig**, *tôt/précoce*, est la traduction de *précédent/ultérieur* ; **i tidligere tider**, *autrefois*.

41 / Førtiførste (enogførtiende) leksjon

▶ Øvelse 1 – Oversett
❶ Hun er hestegal. ❷ Har du ikke lyst å bli med? ❸ Presten holder gudstjeneste på samisk på julaften. ❹ Julenissen er ikke noen ekte norsk eventyrfigur. ❺ Sleden kjører forferdelig fort i utforbakken. ❻ Juletreet står midt i kirken. ❼ Nå må vi smøre oss med tålmodighet. ❽ En gammel spark henger til pynt i gangen. ❾ I går måtte jeg avløse en kollega.

***

Øvelse 2 – Fyll ut med de riktige ordene
❶ Il n'a pas la moindre compréhension pour nos problèmes.
Han har ikke den .... for ...... problemer.

❷ Tore ? Je viens d'entendre dire qu'il est marié.
Tore? Jeg har .... hørt at han er ....

❸ Il avait apporté des cadeaux pour tous les gosses.
Han hadde .... til alle ....

❹ Si tu veux surveiller ton poids, tu ne devrais pas boire autant de bière.
Hvis du vil ...., ... du ikke drikke så mye ....

***

Le chapitre de Noël est loin d'être épuisé. Les traditions, surtout culinaires, varient d'une région à l'autre. Logiquement, le **lutefisk** *est plus apprécié sur les côtes, le* **ribbe** *dans les terres. Mais la particularité et la beauté des Noëls norvégiens tiennent plutôt à la longueur des préparatifs, qui jalonnent toute la durée de l'avent,* **advent**. *Ainsi place-t-on sur la table du petit déjeuner, au fil de ces quatre semaines d'attente, des bougies symboliques rappelant l'avènement de la lumière, tant au sens chrétien que païen du terme : une bougie le premier dimanche, deux le second, etc.*

La pâtisserie de Noël, qui consiste en une grande variété de petits gâteaux aux formes multiples et souvent relevés d'épices, est confectionnée à la maison jusqu'à un mois avant l'événement. Les chants ont aussi beaucoup d'importance. Il est de coutume que les enfants,

Corrigé de l'exercice 1

❶ Elle a la folie des chevaux. ❷ Tu n'as pas envie de venir avec nous ? ❸ Le pasteur organise une messe en lapon le soir de Noël. ❹ Le Père Noël n'est pas un authentique personnage de conte norvégien. ❺ Le traîneau va à toute allure *(terriblement vite)* dans la descente. ❻ Le sapin de Noël se dresse au milieu de l'église. ❼ Maintenant, il faut nous armer de patience. ❽ Une vieille patinette à neige est suspendue dans le couloir, en guise de décoration. ❾ Hier, j'ai dû remplacer un collègue.

***

Corrigé de l'exercice 2

❶ – minste forståelse – våre – ❷ – nettopp – gift ❸ – gaver med – ungene ❹ – passe vekten, burde – øl

en joyeuses bandes, aillent d'une porte à l'autre présenter leurs talents de chanteurs et de clowns, pour récolter des dons en argent ou en friandises. Cette équipée s'appelle **à gå julebukk**, *du nom du "bouc de Noël", symbole de fécondité datant du paganisme, qu'on trouve aussi sous forme de décoration en paille tressée. Noël lui-même ne se limite pas aux deux journées du 24 et 25 décembre. Le 23 est baptisé* **lille julaften**, *petite veillée de Noël, et le 26, férié,* **annen juledag**, *deuxième jour de Noël.*

Quant à l'Église, qui est en Norvège une institution d'État, elle joue à cette époque pleinement son rôle de gardien des traditions. Il n'est guère un Norvégien de la diaspora auquel l'évocation des carillons du 24 décembre n'arrache quelques trémolos émus.

Førtiandre (toogførtiende) leksjon
[feurtia'ndrë]

Repetisjonsleksjon – Révision

1 Le passé (suite)

Nous progressons à reculons : nos incursions dans le passé se font de plus en plus fréquentes !

• Parlons un peu plus du prétérit, que nous avons vu apparaître dans la précédente série de leçons. Nous connaissions **var**, **hadde** et **måtte**, correspondant respectivement à **å være**, **å ha** et **å måtte**. À ces trois verbes essentiels, nous pouvons ajouter, sans qu'il doive vous en coûter un grand effort de mémoire, le prétérit des autres auxiliaires de mode : **skulle, ville, burde, kunne**. N'ont-ils pas un air de déjà-vu ? C'est que, pour ces verbes, le prétérit, le conditionnel présent et l'infinitif (sans **å**) sont identiques. Prenons l'exemple de **å kunne**, *pouvoir* : **vi kunne komme**, *nous pourrions venir* (conditionnel présent), *nous pouvions venir / nous pûmes venir / nous avons pu venir* (prétérit). Cette multiplicité d'usages pour une même forme n'a que des avantages. Précisons même que pour les cinq auxiliaires de mode, il n'existe pas d'autre temps pour exprimer le passé – contrairement aux autres verbes…

• Les autres verbes connaissent, en effet, en plus du prétérit (temps simple) deux temps composés : le parfait et le plus-que-parfait.
Le parfait est constitué de l'auxiliaire **å ha** (ou, beaucoup plus rarement, **å være**) conjugué au présent, et du participe passé du verbe principal. Pour le plus-que-parfait, ce même auxiliaire est mis au prétérit.
Concrètement : **å bestemme seg**, *se décider* ; **hun har bestemt seg**, *elle s'est décidée* ; **hun hadde bestemt seg**, *elle s'était décidée*.
L'auxiliaire **å være** peut être employé au lieu de **å ha** lorsque le verbe exprime un déplacement ou un changement d'état. Cependant, dans la langue d'aujourd'hui, **å ha** gagne de plus en plus de terrain, et l'on ne recourt à **å være** que dans des cas très particuliers, par exemple **å bli**, qui donne : **jeg er blitt**, *je suis*

Quarante-deuxième leçon

devenu(e), ou encore lorsque le sens de la phrase peut dépendre du choix de l'auxiliaire. Exemples :
Han er reist i går, *Il est parti en voyage hier*.
mais : **Han har reist lenge**, *Il a voyagé longtemps*.

• La seule vraie difficulté que présentent ces temps composés réside dans la formation du participe passé. En norvégien comme dans d'autres langues européennes, les verbes sont classés en réguliers et irréguliers, ou encore *verbes faibles*, **svake verb**, et *verbes forts*, **sterke verb**, pour utiliser la terminologie officielle. Ces derniers ont des formes de prétérit et de participe passé qui leur sont propres – vous les apprendrez donc au jour le jour, à mesure de leur apparition. Afin de satisfaire les plus curieux, et de permettre des révisions plus synthétiques, nous signalerons ces verbes par un astérisque à partir de la prochaine leçon, et les verbes forts de la semaine seront répertoriés dans chaque leçon de révision. De plus, vous pourrez, lorsque le cœur vous en dira, vous reporter à la liste exhaustive qui figure à la fin de cet ouvrage.

1.1 Formation du participe passé

Nous pouvons, dès à présent, nous intéresser de plus près au participe passé des verbes faibles. Sa formation répond à quatre règles :

– Si le radical de l'infinitif se termine par une consonne (sauf g et v), on lui ajoute la terminaison **-t**. Exemples :
å lese → les (radical et impératif) → **lest** (participe passé)
å spise → spis → spist
å kjøpe → kjøp → kjøpt
– Si le radical de l'infinitif se termine par plusieurs consonnes, on lui ajoute **-et**. Exemples :
å lukke → lukk → lukket
å snakke → snakk → snakket

– Si le radical de l'infinitif se termine par une voyelle (sauf **e**), on lui ajoute **-dd**. Exemples :
å bo → bo → bodd
å tro → tro → trodd

– Si le radical de l'infinitif se termine par une diphtongue, un **g** ou un **v**, on lui ajoute **-d**. Exemples :
å pleie → plei → pleid
å bygge → bygg → bygd
å leve → lev → levd
(Mais on peut dire aussi : **pleiet, bygget, levet**.)

Ces règles sont bien entendu confirmées par un certain nombre d'exceptions, que nous vous signalerons. Ne vous préoccupez pour l'instant que de vérifier leur fonctionnement sur les participes passés faibles que vous rencontrerez, et comme toujours, comptez plus sur votre mémoire auditive que sur ces simples points de repères théoriques.

1.2 Le passif parfait

Reparlons du passif... et relions-le passé : comme nous venons de le voir, **å bli** fait au parfait **jeg er blitt**. Cette forme peut, comme le présent, devenir auxiliaire du passif : on obtient alors un passif parfait. Exemples :
Huset er blitt bygd, *La maison a été construite*.
Det syke barnet er blitt pleid av moren, *L'enfant malade a été soigné par sa mère*.
Alle bøkene er allerede blitt lest, *Tous les livres ont déjà été lus*.

2 L'ordre des mots dans la phrase

Les contorsions des phrases norvégiennes ne vous font plus peur. Observons donc (pour le plaisir !) une construction plutôt curieuse :
Det kan du tro at hun har greie på, *Tu peux me croire, elle s'y connaît* (cf. 40e leçon).
Si l'on veut démêler et "remettre à plat" cet enchevêtrement, on obtient : **Du kan tro at hun har greie på det**.
Cette deuxième phrase est correcte, mais la première a en plus le "je-ne-sais-quoi" qui en fait une phrase typiquement norvégienne. Traduit en termes grammaticaux : l'espace entre la préposition **på** et son complément **det** (les deux étant inversés) y englobe à la fois la proposition principale et sa subordonnée.

3 Deux homonymes à ne pas confondre

• Le verbe **å få** vous a dévoilé cette semaine quelques tours de passe-passe supplémentaires (il en a encore bien d'autres) :
– Pour **å få noen til** + infinitif, retenons le sens global de faire en sorte que quelqu'un fasse quelque chose. Exemples :
Du må få ham til å lære norsk, *Il faut que tu fasses en sorte qu'il apprenne le norvégien*.
Jeg må få denne maskinen til å gå, *Je dois faire en sorte que cette machine fonctionne*.
Hun får alltid mannen sin til å tie stille, *Elle fait toujours taire son mari*.
– Quant à l'expression **å få noe** + participe passé, elle se traduit en français par *faire* + infinitif, et risquerait facilement d'être confondue avec la précédente. La différence est celle-ci : on n'envisage pas une action qu'il s'agit de déclencher, mais un résultat qu'il s'agit d'obtenir. Exemples :
Du må få klokken reparert, *Il faut que tu fasses réparer la pendule*.
Jeg vil få regnfrakken min renset, *Je vais faire nettoyer mon imperméable*.
On imagine la pendule une fois réparée, l'imperméable une fois nettoyé…

• L'adjectif/adverbe **få**, *peu de*, est le contraire de **mange**, *beaucoup* (pour une quantité dénombrable), comme **lite** est le contraire de **mye** (pensez à l'anglais *few*, contraire de *many*, par opposition à *little*, contraire de *much*). Exemples :
Han har svært få venner, *Il a très peu d'amis* (contraire : **han har mange venner**)
Mais : **Han spiser veldig lite**, *Il mange très peu* (contraire : **han spiser mye**).

Førtitredje (treogførtiende) leksjon

Lykke på norsk måte

1 – Jeg har `funnet* et `drømmested:
2 `midt i Guds `frie natur, ved et `tjern.
3 `Ingen `støy, `ingen `eksos og en `mil [1] til `nærmeste [2] `nabo...
4 Det `eneste som du `kanskje kan bli `forstyrret av, er `elgetråkk og `tiurleik [3]...
5 – `Mygg, `myrull og `geiterams [4] har jeg for `min del sett* ganske `mye av `allerede, må jeg `si!
6 – Men du kan bade `naken, og `leve av `fisk, `multer [5] og `hjemmebakt `brød!
7 – Har `du `peiling på [6] `hvordan man baker `brød?
8 – I slike `omgivelser [7] finner `mennesket `tilbake til `gamle `seder og `skikker.
9 `Urinstinktet [8] overtar [9]!
10 – Er `paradisets `Eva inkludert i prisen?
11 – Et hyggelig sted, hyggelige steder – en utrolig drøm, utrolige drømmer – et skremmende tjern, skremmende tjern – en forferdelig støy – eksosen – den elendige myggen, masse mygg – en urgammel sed (skikk), urgamle seder (skikker). □

Prononciation
3 ... eks**ous** ... 4 ... ti-urle**ï**k 8 ... oumyivëlsër ... séd ô ch**i**k
9 ur-i'nsti'nktë ...

Notes

[1] Les Norvégiens comptent volontiers les distances routières en **mil**, c'est-à-dire en dizaines de kilomètres.

[2] **nærmeste** est le superlatif irrégulier de **nær**, *proche* ; son comparatif est **nærmere**.

Quarante-troisième leçon

Le bonheur à la *(façon)* norvégienne

1 – J'ai trouvé un endroit de rêve :
2 en pleine nature *(au milieu de la nature libre de Dieu)*, près d'un étang.
3 Pas de bruit, pas de gaz d'échappement et dix kilomètres jusqu'au plus proche voisin…
4 La seule chose qui puisse peut-être te déranger *(par laquelle tu puisses peut-être être dérangé)*, c'est le piétinement des élans et la parade amoureuse *(le jeu)* des coqs de bruyère…
5 – Des moustiques, de la "laine des marais" et des "favoris de chèvre", pour ma part, j'en ai déjà vu *(plutôt)* beaucoup, je dois dire !
6 – Mais on peut se baigner nu, et vivre de poisson, de baies arctiques et de pain fait *(cuit)* à la maison !
7 – Tu sais t'y prendre pour faire du pain ?
8 – Dans un cadre pareil, l'être humain retrouve *(trouve en retour vers)* les vieux us et coutumes.
9 L'instinct primitif prend le dessus !
10 – Est-ce qu'Ève *(l'Ève du paradis)* est comprise dans le prix ?
11 – Un endroit agréable, des endroits agréables – un rêve incroyable, des rêves incroyables – un étang effrayant, des étangs effrayants – un bruit terrible, des bruits terribles – les gaz d'échappement – ce fichu moustique, des tas de moustiques – une antique coutume, des coutumes antiques.

---

3 Dans **tiurleik**, nous trouvons le nom d'un oiseau, **tiur**, dont s'enorgueillissent les forêts norvégiennes, *le coq de bruyère*. **Leik** est la forme néo-norvégienne de **lek**, *jeu*. Dans les expressions ayant trait à la nature, le nynorsk s'impose souvent.

43 / Førtitredje (treogførtiende) leksjon

4 Botanisons un peu, avec deux noms de fleurs typiques : **myrull** (**en myr**, *un marais* ; **ullen**, *la laine*) est une plante des zones marécageuses dont la floraison blanche évoque celle du coton (nom officiel : *la linaigrette*). Quant à la plante à fleurs roses appelée **geiterams**, "favoris de chèvre" (*laurier de Saint-Antoine*), elle pullule dans les fossés et les prairies, se risquant même sur les toits herbus des maisons traditionnelles.

5 **multe(n)**, *(la) baie arctique*, est un petit fruit jaune de la forme d'une mûre, qu'on consomme avec de la *crème liquide*, **fløte**, et du sucre.

***

Øvelse 1 – Oversett
❶ Dere forstyrrer meg midt i arbeidet. ❷ Frokost er inkludert i prisen. ❸ Jeg holder ikke lenger ut denne støyen. ❹ Han har levd i to år i urskogen i Sør-Amerika. ❺ Hun har ikke funnet tilbake til det gode humøret sitt. ❻ Hans ekskone var flink til å bake brød. ❼ Aldri sett på maken!

***

Øvelse 2 – Fyll ut med de riktige ordene
❶ Il écrit une thèse sur les us et coutumes traditionnels *(vieux)* dans les pays nordiques.
Han skriver en doktoravhandling .. gamle ..... og .... i ....

❷ Je l'admire, [lui] qui parle tant de langues.
Jeg .... ham ... kan så mange ......

❸ Ici, tu ne dois pas tomber malade : le médecin le plus proche est à 30 kilomètres.
Her må du ...... syk: det er 3 ... til .... lege.

❹ Pourquoi parles-tu de cette drôle de façon : t'es-tu enrhumé*(e)* ?
Hvorfor snakker du .. denne rare .....: er du ..... forkjølet?

Quarante-troisième leçon / 43

6 **å ha peiling på** = **å ha greie på**, *s'y connaître/savoir s'y prendre*.

7 **omgivelser**, mot toujours pluriel, se traduit par *alentours*, *cadre* ou *environnement* (sauf dans le sens *écologique*, où l'on emploie **miljø-et**).

8 Le préfixe **ur-** évoque ce qui est très ancien, lié aux origines. **Urskogen**, *la forêt vierge*.

9 **å overta** a pour sens principal *reprendre une tâche/un magasin/une activité à la suite de quelqu'un*.

***

Corrigé de l'exercice 1

❶ Vous me dérangez en plein *(au milieu de)* travail. ❷ [Le] petit déjeuner est compris dans le prix. ❸ Je ne supporte plus ce bruit. ❹ Il a vécu deux ans dans la forêt vierge d'Amérique du Sud. ❺ Elle n'a pas retrouvé sa bonne humeur. ❻ Son ex-femme savait très bien faire le pain. ❼ [Je n'ai] jamais rien vu de pareil !

Corrigé de l'exercice 2

❶ – om – seder – skikker – Norden ❷ – beundrer – som – språk ❸ – ikke bli – mil – nærmeste – ❹ – på – måten – blitt –

Si les Norvégiens aiment, au quotidien, le confort de maisons spacieuses et bien équipées, beaucoup, répondant à l'appel de Mère Nature, sont aussi de fervents adeptes des robinsonnades dans des chalets noyés de verdure – et de préférence, sans eau courante. La recherche, à intervalles réguliers, d'un style de vie plus simple, loin d'être surfaite, traduit la réalité de leur attachement à la terre et aux coutumes de la paysannerie, quelle que soit leur origine sociale.

Førtifjerde (fireogførtiende) leksjon

Etter festen

1 – Du, ˋMarte, jeg har ˋglemt å ˋpasse på ˋpromillen [1].
2 Det ville være ˋfornuftig om ˋdu ˋkjører, du som ˋbare drikker* ˋananassaft.
3 – For en ˋhykler [2]! Du ˋvisste [3] på ˋforhånd at du kunne ˋstole på ˋmeg.
4 Det ˋer jo så ˋpraktisk... Ta* på deg ˋbilbeltet, i hvertfall!
5 – Herregud! [4] Ikke så ˋfort!
6 – ˋTa det med ˋro.
7 ˋJeg er ikke noen ˋråkjører [5]. Jeg tok [6] ˋsertifikat før deg.
8 – Sving til ˋhøyre!
9 – Jeg ˋkan veien, takk!
10 – Ikke ˋbrems så ˋhardt, da vel! Men hva ˋgjør du nå?
11 – Jeg bare ˋstanser et ˋøyeblikk [7]. ˋHør på meg:
12 Det ˋmangler bare at du ˋtuter i ˋsvingene som ˋAugusta ˋAndersen når ˋmannen kjørte.
13 Hvis du ˋikke holder ˋmunn, vil jeg prøve med ˋvodka i ˋsaften ˋneste gang.
14 – Den verste hykleren, hyklere, de verste hyklerne – en iskald saft – et kort øyeblikk, noen korte øyeblikk – en åpen munn, åpne munner.

Prononciation
3 ... stoulë ...

Quarante-quatrième leçon

Après la fête

1 – Dis *(Toi)*, Marte, j'ai oublié de faire attention à l'alcootest *(sur taux d'alcoolémie)*.
2 Ce serait raisonnable que tu conduises *(si tu conduis)*, toi qui ne bois que du sirop d'ananas.
3 – Quel hypocrite ! Tu savais à l'avance que tu pouvais compter sur moi.
4 C'est tellement pratique... Mets *(sur toi)* ta *(la)* ceinture, en tous cas !
5 – Seigneur Dieu ! Pas si vite !
6 – Calme-toi *(Prends le avec calme)*.
7 Je ne suis pas un chauffard. J'ai passé *(pris)* mon permis avant toi.
8 – Tourne à droite !
9 – Je connais le chemin, merci !
10 – Mais ne freine pas si brusquement *(dur)* ! Et *(Mais)* qu'est-ce que tu fais, maintenant ?
11 Je m'arrête juste un instant. Écoute-moi :
12 il [ne] manque [plus] *(seulement)* que tu klaxonnes dans les virages comme Augusta Andersen quand son *(le)* mari conduisait.
13 Si tu ne tiens pas [ta] langue *(bouche)*, j'essaierai la vodka dans le jus [de fruits] la prochaine fois.
14 – Le pire hypocrite, des hyprocrites, les pires hypocrites – un sirop glacé – un court instant, quelques courts instants – une bouche ouverte, des bouches ouvertes.

44 / Førtifjerde (fireogførtiende) leksjon

Notes

1. **promille(n)** désigne le taux maximal d'alcool dans le sang autorisé pour les automobilistes, une règle de "bonne conduite" avec laquelle on ne plaisante pas en Norvège.

2. **en hykler**, *un hypocrite (nom)* ; mais : **hyklersk**, *hypocrite* (adjectif).

3. **visste** est le prétérit irrégulier de **å vite**. Son participe passé est **visst**. La forme du parfait donne donc : **jeg har visst**.

4. **Herregud**, mot à mot "Seigneur Dieu". Les exclamations à connotation religieuse, qui pour des oreilles françaises semblent souvent anodines, sont à manier avec prudence (sauf **Jøss!** dont le sens de *Jésus* est oublié). Sachez ainsi qu'il n'est pire juron que le nom populaire du diable, **Fanden**. Notez que la prononciation de ce juron induit une nuance dans son degré de virulence : *[fa'ndën]* passe encore pour relativement retenu, *[fa-a'n]* est franchement vulgaire – quoique courant dans certaines bouches. Nous vous conseillons de vous abstenir jusqu'à votre parfaite intégration linguistique… et pour ne pas vous laisser démuni, nous vous proposons une version édulcorée de la même diabolique évocation, sous la forme du prénom du xixe siècle que lui prête une rumeur ancestrale : **Søren!** prononcer : *[seu-ën]*.

5. L'adjectif/adverbe **rå/rått** (invariable au pluriel) a d'abord le sens de *cru* (**rå gulrøtter**, *des carottes crues*), puis de *grossier/brutal* (**rått snakk**, *des propos grossiers* ; **han kjører rått**, *il conduit comme un chauffard*). Autre sens très éloigné : **rått vær**, *un temps froid et humide*.

6. **tok** est le prétérit de **å ta**.

***

Øvelse 1 – Oversett

❶ Etter postkontoret må vi svinge til venstre. ❷ Han tok toget til Trondheim. ❸ Hun hadde planlagt alt lenge på forhånd. ❹ Kan du vente et øyeblikk? ❺ Bussen stanser foran Nasjonaltheatret. ❻ Ikke snakk med mat i munnen! ❼ Du er en forferdelig hykler. ❽ Vi har vært fornuftige og kjøpt den minste bilen. ❾ Du må bremse før svingen. ❿ I norske gater tutes det ikke.

Quarante-quatrième leçon / 44

7 Malgré les apparences, **et øyeblikk** signifie *un instant* (comme en allemand ***Augenblick***) et non un *coup d'œil*. C'est par contre le sens de **et blikk** lorsqu'il est isolé : **å kaste et blikk på noe**, *jeter un coup d'œil (un regard) à quelque chose*.

*Oublier l'alcootest, en Norvège, c'est en effet une excuse invraisemblable. Lorsque se présente la perspective d'une soirée bien arrosée, les couples savent s'organiser en vue du nécessaire retour... En principe, c'est la loi du "chacun son tour", mais dans les faits, le partage des rôles redevient souvent très classique : en général, tandis que monsieur s'autorise à perdre ses facultés, madame veille à conserver les siennes. Petite entorse à la fameuse **likestilling** sur laquelle on ferme les yeux avec indulgence, à moins de faire partie de la tranche de population farouchement abstinente, majoritaire dans certaines campagnes, où la vente d'alcool, y compris de la bière, peut même être interdite par les municipalités. La distribution du vin et des alcools forts est assurée exclusivement par une institution d'État, le* **Vinmonopol** *[vi'nmounoupoul].*

***

Corrigé de l'exercice 1
❶ Après le bureau de poste, on doit tourner à gauche. ❷ Il a pris le train pour Trondheim. ❸ Elle avait tout prévu longtemps à l'avance. ❹ Peux-tu attendre un instant ? ❺ Le bus s'arrête devant le Théâtre National. ❻ Ne parle pas la bouche pleine *(avec de la nourriture dans la bouche)* ! ❼ Tu es un*(e)* affreux*(-euse)* hypocrite. ❽ Nous avons été raisonnables et [avons] acheté la plus petite voiture. ❾ Tu dois freiner avant le virage. ❿ Dans les rues [des villes] norvégiennes, on ne klaxonne pas.

Øvelse 2 – Fyll ut med de riktige ordene

❶ Il est plus difficile de passer son permis de conduire en ville.
Det er .... å .... i byen.

❷ Si elle pouvait, elle vivrait de carottes crues et de salade.
Hvis hun ....., ... hun leve av .. gulrøtter og salat.

❸ Il manque deux billets de 100 couronnes dans mon portefeuille.
Det .... to hundrekroner ...... i .... min.

Førtifemte (femogførtiende) leksjon

Husregler

1 – Takk for ˋmaten.
2 – Vel ˋbekomme! [1]
3 – Og nå vil jeg ˋøve litt på ˋtrompeten, det er ˋbra for ˋfordøyelsen.
4 – Er du ˋgal? Vi bor ikke i ˋstudentbyen lenger. Mellom ˋfire og ˋseks sover ˋnaboene middag [2].
5   Vær så snill å ikke ˋtråkke rundt i ˋstua mens jeg ˋvasker ˋgulvet.
6 – O.K. Da går* jeg ˋned i ˋhagen og ˋklipper ˋgresset. Fru ˋLiene sa* [3] det er ˋvår tur.
7 – Ja, men ˋsøndag ˋettermiddag er det ˋforbudt* [4] i hele ˋblokken med ˋhjemmesløyd og ˋhagearbeid.
8   Fru ˋMarkussen nevnte det forrige ˋuke, da du ˋprøvde [5] å slå* [6] i en ˋspiker i ˋkjøkkenveggen.
9 – Jeg som har ˋvært på ˋBlindern [7] har det ˋvanskelig nok med den slags ˋarbeid,

❹ Tu savais pourtant que tu pouvais compter sur moi.
. . . . jo at du kunne . . . . . på meg.

❺ Tu n'aurais jamais dû oublier ce qu'elle t'avait promis.
Du skulle aldri ha . . . . . det hun hadde . . . . . deg.

Corrigé de l'exercice 2
❶ – vanskeligere – ta sertifikatet – ❷ – kunne, ville – rå – ❸ – mangler – sedler – lommeboken – ❹ Du visste – stole – ❺ – glemt – lovet –

Quarante-cinquième leçon

Règlement intérieur *(Les règles de la maison)*

1 – Merci pour le repas.
2 – Je t'en prie !
3 – Et maintenant, je vais m'exercer un peu à *(sur)* la trompette, c'est bon pour la digestion.
4 – Tu es fou ? On n'habite plus à la cité universitaire. Entre quatre et six [heures], les voisins font la sieste.
5 S'il te plaît, ne piétine pas *(en rond)* dans le salon, pendant que je lave le sol.
6 – O.K. Alors, je descends dans le jardin couper *(et coupe)* l'herbe. Madame Liene a dit [que] c'était *(c'est)* notre tour.
7 – Oui, mais le dimanche après-midi, le bricolage et le jardinage sont interdits *(c'est interdit avec...)* dans tout l'immeuble.
8 Madame Markussen l'a signalé *(nommé)* la semaine dernière *(passée)*, quand tu as essayé de planter un clou dans le mur de la cuisine.
9 – Moi qui suis allé à Blindern, j'ai assez de mal *(je l'ai assez difficile)* avec ce genre de travaux *(travail)*

45 / Førtifemte (femogførtiende) leksjon

10 uten å få* `kritikk fra disse
    `sladrekjerringene [8]!
11 – `Ikke vær så `hissig...
12 Man kan jo `forstå* at folk ikke `liker å høre på
    `hamring og `banking [9] når de skal `hvile seg.
13 Hvor `skal du hen?
14 – Jeg går på `tåspissene og `feier opp i
    `søppelkjelleren.
15 – En deilig hage, deilige hager – grønt gress –
    en farlig spiker, farlige spik(e)re – en solid
    vegg, solide vegger – en stygg kjerring, stygge
    kjerringer.

Prononciation
6 oukô ... **9** ... bli̱nërn ... **15** ... gre̱unt ... soulid ...

Notes

1 **vel bekomme**, littéralement "que cela vous fasse du bien", est la réponse consacrée que donne l'hôte au **takk for maten** des convives. On peut aussi l'utiliser ironiquement au sens de *grand bien vous (lui/leur) fasse* !

2 **å sove middag**, *faire la sieste*, est, parmi les Norvégiens d'âge mûr, une coutume aussi répandue qu'elle est inattendue pour les observateurs étrangers.

3 **sa** est le prétérit de **å si**. Le participe passé est **sagt**.

4 **å forby**, *interdire*, fait au participe passé **forbudt**.

***

Øvelse 1 – Oversett

❶ I fritiden driver han med hjemmesløyd. ❷ Lørdag ettermiddag er alle forretningene stengt. ❸ Da han var i Moskva, prøvde han å lære russisk. ❹ Det er forbudt å tråkke på gresset. ❺ Jeg liker ikke den slags kritikk. ❻ Hun er stor nok til å kunne reise alene. ❼ Jeg synes du burde klippe håret. ❽ Han har gått på Blindern i ti år. ❾ Det er noe i veien med datamaskinen. ❿ Det er deres tur til å spille.

Quarante-cinquième leçon / 45

10 sans recevoir [les] critiques de ces commères !
11 – Ne sois pas si coléreux...
12 On peut comprendre que les gens n'aiment pas entendre des coups de marteau quand ils doivent se reposer.
13 Où vas-tu ?
14 – Je vais sur la pointe des pieds balayer *(dans)* le local à poubelles *(cave à ordures)*.
15 – Un délicieux jardin, de délicieux jardins – de l'herbe verte – un clou dangereux, des clous dangereux – un mur solide, des murs solides – une mégère laide (une méchante mégère), des mégères laides.

5 **prøvde** est le prétérit de **å prøve**.

6 **å slå**, *battre/frapper* ; **å slå i noe**, *enfoncer en donnant des coups*.

7 **Blindern**, nom du quartier d'Oslo où sont situées la plupart des unités de l'université, est devenu synonyme de **Universitetet i Oslo**.

8 **en kjerring**, *une mégère* ; **å sladre**, *cancaner/moucharder*. Aux enfants rapporteurs, on répond : **Sladrehank skal selv ha bank!**, *Le rapporteur lui-même aura des coups*.

9 **hamring og banking** sont associés pour désigner les bruits indésirables produits par les bricoleurs. **En hammer** (emblème du dieu **Tor**), *un marteau*. **Å banke**, *cogner*, est synonyme de **å slå** ; on le trouve par exemple dans **Bank i bordet!**, mot à mot : "Frappons sur la table", équivalent de notre *Touchons du bois !*

***

Corrigé de l'exercice 1

❶ Pendant ses loisirs, il fait du bricolage. ❷ Le samedi après-midi, tous les magasins sont fermés. ❸ Quand il était à Moscou, il a essayé d'apprendre le russe. ❹ Il est interdit de marcher sur *(piétiner)* l'herbe. ❺ Je n'aime pas ce genre de critiques. ❻ Elle est assez grande pour pouvoir voyager seule. ❼ Je trouve que tu devrais te couper les cheveux. ❽ Il a fréquenté Blindern pendant dix ans. ❾ Il y a quelque chose qui ne va pas avec l'ordinateur. ❿ C'est votre tour de jouer.

Øvelse 2 – Fyll ut med de riktige ordene

❶ Il y va sur la pointe des pieds, car il ne veut pas réveiller son oncle qui fait la sieste.

Han går ... på ...., for han vil ....
onkelen som ....

❷ Depuis qu'ils ont emménagé dans [un] immeuble, elle ne rêve que de vaches et d'herbe verte.

..... de flyttet i ....., ... hun bare om ... og
....

❸ Quand il se met en colère, il tape sur la table.

Når han blir ...., ... han i bordet.

❹ Elle a l'air d'une mégère de mauvaise humeur *(acide)*.

Hun ..... som en ....

Førtisjette (seksogførtiende) leksjon

Raringer

1 – Var det `Storvik du sa? Er du i `slekt [1] med den `morsomme `forfatteren det `nylig stod [2] en `artikkel om i `Trangfjordposten?

2 Du vet, han som `alltid kler seg `ut med `vikinghjelm og spyd.

3 – Ja, det `stemmer [3]. Hans `far og min `farfar [4] var `halvbrødre.

4 Og dessuten er `moren hans `kusine til min `kones `svigerinne.

5 – Nei, så `interessant! Har dere holdt `kontakt med hverandre?

6 – Egentlig `ikke. Min `fetter har `alltid `oppført seg som en `raring.

Corrigé de l'exercice 2
❶ – dit – tåspissene – ikke vekke – sover middag ❷ Siden – blokk, drømmer – kyr – grønt gress ❸ – sint, slår – ❹ – ser ut – sur kjerring

---

Après les joies de la nature, voici évoquées les petites contraintes de la collectivité ! L'heure sacro-sainte de la sieste, le tour de rôle pour lessiver les escaliers, véhiculer les poubelles ou tondre les pelouses en font partie, et nul n'échappe à sa responsabilité. Il n'est pas rare qu'un voisin sonne à la porte pour vous rappeler que vous ne vous êtes pas acquitté de votre tâche, ou signaler quelque imperfection, sans que pour autant doive s'ensuivre une brouille... La franchise des rapports humains peut parfois être déroutante pour qui n'y est pas accoutumé.

Quarante-sixième leçon

Drôles d'oiseaux *(Originaux)*

1 – Vous avez dit Storvik *(Etait-ce Storvik [que] tu as dit)* ? Êtes-vous de la famille de *(en famille avec)* cet écrivain rigolo sur qui il y a eu récemment un article dans le *Trangfjordposten* ?
2   Vous savez, celui qui se déguise toujours avec un casque viking et une lance.
3 – Oui, c'est exact. Son père et mon grand-père paternel étaient demi-frères.
4   Et de plus, sa mère est la cousine de la belle-sœur de ma femme.
5 – Comme c'est intéressant *(Non, si intéressant)* ! Vous êtes restés en contact *(avez tenu contact l'un avec l'autre)* ?
6 – En fait, non. Mon cousin s'est toujours comporté en original.

46 / Førtisjette (seksogførtiende) leksjon

7 Han ˋregnes for å være ˋspesialist på **O**lav ˋTryggvason [5], men kan **i**kke ˋro eng**a**ng.
8 Han var den ˋverste ˋsinken på ˋseilkurset, var ˋsjøsyk, og ˋredd for alt ˋmul**i**g [6].
9 – Jeg synes dere ˋlikner litt på ˋhverandre, ˋlikevel.
10 – Nei, vi er ˋveld**i**g ˋforskjellige. For ˋmin del ˋforetrekker* jeg ˋHolberg [7].
11 Jeg klarte ˋnettopp å få ˋtak i [8] den ˋsiste ˋparykken hans på en ˋauksjon i ˋKøbenhavn.
12 En **y**pperl**i**g forf**a**tter, **y**pperl**i**ge forf**a**ttere – en berømt sl**e**kt, berømte slekter – en gul hjelm, g**u**le hj**e**lmer – et l**a**ngt spyd, lange spyd – en snill f**e**tter, sn**i**lle f**e**ttere.   ☐

Prononciation
*3 … H*a*lbreudrë 7 … ou*l*av … rou 9 … li-gn-ër (liknër) …
11 … eu-ukchoun …*

Notes

1 **slekt(en)**, *(la) famille*, au sens large. La Norvège étant un petit pays pour le nombre de ses habitants, il est quasiment normal que des gens qui ne se sont jamais vus aient dans leurs connaissances communes au moins un visage ou un nom.

2 **sto(d)** est le prétérit de **å stå**. Le participe passé est **stått**.

3 **Det stemmer**, *C'est juste. / C'est exact*. **Her er det noe som ikke stemmer**, *Là, il y a quelque chose qui ne va/colle pas*.

4 Plus précis que **bestefar** et **bestemor**, les mots **farfar, morfar, mormor** et **farmor** signifient respectivement *grand-père paternel* et *maternel*, *grand-mère maternelle* et *paternelle*. L'histoire locale (celle du village, voire du hameau) et la généalogie ont une place de choix dans les esprits et les conversations.

5 **Olav Tryggvason**, roi viking (968-1000) et héros de légende se plaisait, dit-on, à courir sur les rames d'un bateau tandis que les rameurs étaient à l'œuvre.

Quarante-sixième leçon / 46

7 Il passe pour *(est compté pour être)* un spécialiste d'Olav Tryggvason, mais ne sait même pas ramer.
8 C'était le pire cancre du cours de voile, [il] avait le mal de mer *(était malade de la mer)* et peur de tout et de rien.
9 – Je trouve [que] vous vous ressemblez un peu, quand même.
10 – Non, nous sommes très différents. Pour ma part, je préfère Holberg.
11 Je viens de réussir *(j'ai justement réussi)* à mettre la main sur sa dernière perruque à *(sur)* une vente aux enchères à Copenhague.
12 – Un excellent écrivain, d'excellents écrivains – une famille célèbre, des familles célèbres – un casque jaune, des casques jaunes – une longue lance, des longues lances – un gentil cousin, des gentils cousins.

6 alt mulig, *tout ce qu'il est possible d'imaginer/toutes sortes de choses/ n'importe quoi.*
7 Le Danemark et la Norvège se disputent la propriété du dramaturge **Holberg**, Molière du XVIIIe siècle nordique, maître de la caricature sur scène.
8 å få tak i (ou på) noe/noen, *dénicher, mettre la main sur quelque chose (le grappin sur quelqu'un)* – le substantif **tak(et)**, *prise* (homonyme parfait de **tak(et)**, *toit*, *plafond*) est dérivé de **å ta**, *prendre*.

46 / Førtisjette (seksogførtiende) leksjon

▶ Øvelse 1 – Oversett

❶ Han kan ikke oppføre seg skikkelig. ❷ Hun likner utrolig mye på sin mormor. ❸ Mens han ror, soler hun seg. ❹ Det maleriet her har jeg kjøpt på en auksjon. ❺ Han kommer godt ut av det med sjefen. ❻ Dere bør holde kontakt med oss. ❼ Jeg er i slekt med en berømt skipsreder. ❽ Min sønn er en sinke i matematikk. ❾ Dessverre stemmer alt han har sagt. ❿ Til og med i hennes alder er hun glad i å kle seg ut. ⓫ Det er synd at han ble sjøsyk.

***

Øvelse 2 – Fyll ut med de riktige ordene

❶ Ne cherche pas ton sandwich : je viens de le jeter dans la poubelle.
Ikke ... etter .... ditt: jeg har .... kastet det i ....

❷ Il passe pour le meilleur écrivain norvégien de notre époque.
Han ...... for å være vår .... beste norske
....

❸ Elle savait sûrement d'avance qu'elle répondrait non.
Hun ...... sikkert på .... at hun ville ..... nei.

❹ Ça ne se reproduira plus. – Touchons du bois !
Det kommer ikke til å .... mer. – .... i bordet!

❺ En Norvège, on met (utilise) [un] casque quand on fait du vélo.
I Norge ...... man ..... når man sykler.

❻ Cesse de jeter n'importe quoi par terre !
.... opp med å kaste alt .... på ......!

Corrigé de l'exercice 1

❶ Il est incapable de *(ne peut pas)* se comporter convenablement. ❷ Elle ressemble incroyablement *(beaucoup)* à sa grand-mère maternelle. ❸ Pendant qu'il rame, elle se fait bronzer. ❹ J'ai acheté ce tableau à une vente aux enchères. ❺ Il s'entend bien avec son patron. ❻ Il serait bon que vous restiez *(vous devriez rester)* en contact avec nous. ❼ Je suis de la même famille qu'un célèbre armateur. ❽ Mon fils est un cancre en mathématiques. ❾ Malheureusement, tout ce qu'il a dit est exact. ❿ Même à son âge, elle aime se déguiser. ⓫ C'est dommage qu'il ait eu le mal de mer.

***

Corrigé de l'exercice 2

❶ – let – smørbrødet – nettopp – søppelbøtten ❷ – regnes – tids – forfatter ❸ – visste – forhånd – svare – ❹ – skje – Bank – ❺ – bruker – hjelm – ❻ Hold – mulig ned – gulvet

Dans une société relativement peu urbanisée et où l'on s'observe beaucoup, les "oiseaux rares" comme ceux dépeints dans cette leçon ne sont pas si rares que ça : la peur du conformisme, de la fadeur et de l'ennui produit un nombre non négligeable de ces personnalités tout entières bâties autour d'une passion, d'un centre d'intérêt souvent très pointu et exclusif. L'un des traits les plus spécifiques de la mentalité norvégienne étant le respect de l'autre et le principe de non ingérence dans l'univers mental d'autrui (quitte à s'en moquer en aparté), quiconque a une lubie la vivra jusqu'au bout sans qu'on l'importune.

Førtisjuende (syvogførtiende) leksjon

Harmoni

1 – ˈDette var en ˈvellykket [1] ˈkveld, ikke ˈsant?
2 – ˈUtmerket [2] ˈorkester, ˈsmakfullt program...
3 – Det er ˈakkurat ˈdet jeg setter* mest ˈpris på.
4 – Jeg likte ˈsærlig den ˈførste delen av konserten: etter ˈpausen ble* [3] det litt ˈkjedelig.
5 – Kjedelig! Det var det mest ˈspennende ˈverket jeg har hørt på ˈmange år.
6 – ˈJeg holdt på [4] å ˈsovne, jeg!
7 – Du har ˈaldri hatt ˈgreie på ˈsamtidsmusikk.
8 – Og ˈdu har ˈalltid vært den ˈverste ˈsnobben i ˈhele ˈOslo ˈKonserthus.
9 – For ˈmin del ˈsynes jeg at ˈMozart-tolkningen [5] minnet [6] om ˈbyorkesteret i ˈ17.-mai-toget [7]!
10 – Forresten, ˈhørte dere hvor ˈfalskt ˈannenfiolinen ˈspilte?
11 – Et interessant verk, interessante verker – et lite orkester, små orkestre – en dum snobb, dumme snobber.

Prononciation
4 ... peüssën ... 9 ... mousart ... seutnë-maï ... 10 ... an'nfi-olinën ...

Notes

1 Dans **vellykket**, nous retrouvons la racine de **lykke**, qui signifie non seulement *bonheur*, mais aussi *chance* et *réussite*.

2 **å utmerke**, *distinguer*. Faites la différence entre les adjectifs à forme de participe passé – comme **vellykket**, *réussi* ou **utmerket**, *remarquable* – qui portent toujours la terminaison **-t**, et les adjectifs "ordinaires" comme **smakfull**, *de bon goût*, qui ne la portent qu'au neutre.

Quarante-septième leçon

Harmonie

1 – C'était une soirée réussie, n'est-ce pas ?
2 – Orchestre remarquable, programme de bon goût...
3 – C'est exactement cela [que] j'apprécie le plus.
4 – J'ai particulièrement aimé la première partie du concert : après l'entracte, c'est devenu un peu ennuyeux.
5 – Ennuyeux ! C'était l'œuvre la plus captivante [que] j'aie *(j'ai)* entendue depuis *(sur)* de nombreuses années.
6 – Moi, j'ai failli m'endormir !
7 – Tu n'as jamais rien compris à la *(Tu ne t'y es jamais connu en)* musique contemporaine *(du même temps)*.
8 – Et [toi,] tu es le pire snob de tout le Palais *(maison)* des concerts d'Oslo.
9 – Pour ma part, j'ai trouvé que l'interprétation de Mozart rappelait la fanfare dans le défilé du 17 mai !
10 – D'ailleurs, vous avez entendu comme le deuxième violon jouait faux *(comme faux le deuxième violon jouait)* ?
11 – Une œuvre intéressante, des œuvres intéressantes – un petit orchestre, de petits orchestres – un stupide snob, des snobs stupides.

---

3 **ble** est le prétérit de **å bli**.

4 **jeg holdt på å** + infinitif (expression toujours au prétérit), *j'ai failli* + infinitif.

5 **tolkning**, *interprétation*, est apparenté à **en tolk**, *un interprète*, et au verbe **å tolke**, *traduire à haute voix*. **Det kan jeg ikke si på norsk: kan du tolke for meg?**, *Je ne sais pas dire ça en norvégien : tu peux traduire pour moi ?*

6 **å minne**, *rappeler qqch. à qqn*, ne doit pas être confondu avec **å huske**, *se rappeler qqch. / se souvenir de qqch*. **Kan du minne meg om det? Ellers kommer jeg ikke til å huske det**, *Peux-tu me le rappeler ? Sinon je ne m'en souviendrai pas*.

47 / Førtisjuende (syvogførtiende) leksjon

7 **tog(et)**, que nous avons rencontré dans le sens de *train*, signifie aussi *défilé*. Celui du 17 mai, fête nationale et anniversaire de l'indépendance, rassemble les écoliers, et notamment les nouveaux bacheliers, qui portent la dénomination collective de **russ(en)** (sans aucun rapport

***

▶ Øvelse 1 – Oversett

❶ Du snakker utmerket norsk. ❷ Hun kler seg smakfullt. ❸ Har du peiling på elektrisitet? ❹ Han setter pris på hennes rolige holdning. ❺ Det er sikkert en falsk tolkning. ❻ Vanligvis sovner jeg ganske sent. ❼ Det var en riktig vellykket fest. ❽ Kan du minne meg om å ta ut penger? ❾ Han ble rød i ansiktet. ❿ Det er de beste vaflene jeg har smakt på lenge. ⓫ De ville seile helt til øya.

***

Øvelse 2 – Fyll ut med de riktige ordene

❶ Nous avons failli nous disputer à cause de cette sottise.
  Vi ..... på å .... på ..... av det ....

❷ Pouvez-vous citer une œuvre de la littérature norvégienne contemporaine ?
  Kan du ..... et .... i den norske .... litteraturen?

❸ Quand il s'agit de musique, c'est un horrible snob.
  ... det .... musikk, er han en fryktelig snobb.

❹ Il y avait plus de suspense dans la deuxième delen av teaterstykket var ... .
  Den ..... delen av teaterstykket var ... .

❺ J'ai décidé de suivre un cours *(prendre un cursus)* de dessin et de peinture.
  Jeg har .... meg ... å .. et kurs i .... og maling.

***

Si la fréquentation des salles de concert appartient aux mœurs citadines, beaucoup de familles norvégiennes ont une pratique musicale vivace. Très tôt, les enfants sont incités à chanter et jouer pour les proches, les amis et les hôtes de passage, une corvée qu'ils acceptent le plus souvent avec un flegme admirable. Le goût pour le folklore a fait

Quarante-septième leçon / 47

avec la Russie), et dont les chahuts connaissent en ce jour de liesse un point culminant. À Oslo, le défilé remonte Karl Johan jusqu'au château, et s'attarde sous le balcon royal.

***

Corrigé de l'exercice 1

❶ Tu parles remarquablement [bien] norvégien. ❷ Elle s'habille avec goût. ❸ Tu t'y connais en électricité ? ❹ Il apprécie son *(attitude)* calme. ❺ C'est sûrement une fausse interprétation. ❻ Habituellement, je m'endors assez tard. ❼ C'était une fête très réussie. ❽ Peux-tu me rappeler de retirer de l'argent ? ❾ Il a rougi. ❿ Ce sont les meilleures gaufres que j'aie goûtées depuis longtemps. ⓫ Ils/Elles ont voulu naviguer à la voile jusqu'à l'île.

***

Corrigé de l'exercice 2

❶ – holdt – krangle – grunn – tøyset ❷ – nevne – verk – samtids – ❸ Når – gjelder – ❹ – andre – mer spennende ❺ – bestemt – for – ta – tegning –

***

redécouvrir le **haringfela**, *violon traditionnel à doubles cordes, venu de l'ouest, qui accompagne les danses. Le son de cet instrument ne flatte pas toujours les oreilles profanes, mais c'est en tout cas un très bel objet, orné de motifs floraux traditionnels peints, de nacre ou de marqueterie.*

Førtiåttende (åtteogførtiende) leksjon

Selskapelighet [1]

1 – Har jeg ˋsagt* deg at vi ˋsnart blir ˋinvitert av ˋOlsens?
2 – Hvorfor ˋdet, om jeg tør* [2] ˋspørre?
3 Så ˋvennlige har de ikke vist seg siden den ˋgangen da jeg ble ˋavbrutt* midt i talen [3]...
4 – Hvordan kan du ˋvære så ˋlangsint? Det var jo på ˋElises bryllup [4], for ˋtre år siden.
5 Nå holder de ˋinnvielsesfest [5] i det ˋnybygde [6] huset sitt.
6 – Å vekke ˋoppsikt, ˋdet er deres ˋsterke side.
7 – Du skulle ˋskamme deg [7]: snakke ˋvondt om ˋfolk som vi har kjent ˋså lenge...
8 – og som ˋnå har ˋskaffet seg et ˋpalass i ˋHolmenkollåsen [8]!
9 – Er du ikke i det ˋminste ˋnysgjerrig?
10 – Nei, og ˋikke ˋmisunnelig [9] heller.
11 Men jeg skal ˋvise dem at ˋenkle folk kan være ˋhøfligere enn ˋstenrike ˋoljespekulanter!
12 – En gørr tale, gørre taler – et fantastisk bryllup, fantastiske brylluper. □

Prononciation
*6 ... **ou**psikt ... 11 ... olyëspékula'ntër*

Notes

1 selskapelighet vient de **selskap(et)**. Ce mot désigne, d'une part, une *société/compagnie*, au sens d'une entreprise, d'autre part la *compagnie d'autrui* – **han trenger selskap**, *il a besoin de compagnie* – et enfin une

Quarante-huitième leçon

Mondanité[s]

1 – Est-ce que je t'ai dit que nous serons bientôt invités par les Olsen ?
2 – En quel honneur *(Pourquoi ça)*, si j'ose poser la question *(demander)* ?
3   Ils ne se sont pas montrés aussi aimables depuis la fois où *(quand)* j'ai été interrompu au milieu de mon *(du)* discours...
4 – Comment peux-tu être aussi rancunier ? C'était au mariage d'Elise, il y a trois ans.
5   Cette fois *(Maintenant)*, ils font *(tiennent)* [une] pendaison de crémaillère dans la maison qu'ils viennent de construire *(dans leur maison nouvellement construite)*.
6 – Faire de l'épate *(Éveiller l'attention)*, c'est leur fort *(leur côté fort)*.
7 – Tu devrais avoir honte [de] dire du mal de gens que nous connaissons *(avons connus)* depuis si longtemps...
8 – et qui viennent de s'offrir *(et qui maintenant se sont procuré)* un palace à Holmenkollåsen !
9 – Est-ce que tu n'es pas au moins curieux ?
10 – Non, ni jaloux non plus *(et pas jaloux plutôt)*.
11   Mais je vais leur montrer que des gens simples peuvent être plus polis que des spéculateurs du pétrole riches comme Crésus *(comme pierre)* !
12 – Un discours barbant, des discours barbants – un mariage fantastique, des mariages fantastiques.

---

réception un peu formelle : **I kveld har vi et selskap**, *Ce soir, nous recevons*. **Selskapelighet** est dérivé de ce dernier sens, et se rapporte, sans connotation critique, à la vie "en société", c'est-à-dire aux échanges d'invitations.

48 / Førtiåttende (åtteogførtiende) leksjon

2 å tore, jeg tør, *oser*.

3 en tale, *un discours* ; å holde tale, *faire un discours*. Si les Norvégiens sont plutôt portés, dans la vie quotidienne, sur la recherche du dépouillement, dans les manières comme dans le mode de vie, ils montrent en certaines occasions un goût déroutant pour la cérémonie. Les discours sont de mise dans les fêtes familiales, mariages, anniversaires ou simples retrouvailles.

4 et bryllup, *un mariage/une noce* – à ne pas confondre avec **ekteskapet**, *l'institution du mariage /la vie conjugale*.

5 innvielsesfest vient de **å innvie**, *inaugurer/étrenner*. **Har du innviet den nye regnfrakken din?**, *As-tu étrenné ton nouvel imperméable ?*

***

Øvelse 1 – Oversett
❶ Jeg tør ikke si ham sannheten. ❷ For en uhøflig fyr! ❸ Kaffen du drikker er altfor sterk. ❹ De holdt innvielsesfest for tre dager siden. ❺ Hun kjeder seg: kan du holde henne med selskap? ❻ Vår gule bil vekker oppsikt. ❼ Hva er det for noe stygt som bygges her? ❽ De er bare misunnelige.

***

Øvelse 2 – Fyll ut med de riktige ordene
❶ "Médire" signifie dire du mal de quelqu'un.
Å sladre betyr å snakke .... noen.

❷ À leur noce, ils s'étaient procuré un vrai orchestre.
På .... hadde de .... seg et riktig ....

❸ Ne m'interromps pas pendant que je parle de quelque chose d'important !
.... meg .... jeg snakker .. noe viktig!

❹ Ils doivent avoir honte de s'être comportés si mal.
De .... seg over å ha .... seg så ....

Quarante-huitième leçon / 48

6 **bygd** est le participe passé de **å bygge**.

7 Bâti sur la racine de **skam**, *honte*, le verbe **å skamme seg** veut dire *avoir honte*.

8 Le site de Holmenkollen, dominant Oslo, est connu pour son tremplin de saut à skis. Holmenkollåsen, quartier résidentiel de luxe, s'étend en contrebas, sur le flanc de la colline.

9 **misunnelig** signifie *jaloux* au sens d'*envieux*, tandis que *jaloux en amour* se dit simplement **sjalu** (adjectif invariable).

***

Corrigé de l'exercice 1
❶ Je n'ose pas lui dire la vérité. ❷ Quel rustre *(type impoli)* ! ❸ Le café que tu bois est beaucoup trop fort. ❹ Ils/Elles ont pendu la crémaillère il y a trois jours. ❺ Elle s'ennuie : ne peux-tu pas lui tenir compagnie ? ❻ Notre voiture jaune attire l'attention. ❼ Qu'est qu'il se construit ici de [si] laid ? ❽ Ils/Elles sont simplement jaloux(-ouses).

Corrigé de l'exercice 2
❶ – vondt om – ❷ – bryllupet deres – skaffet – orkester ❸ Ikke avbryt – mens – om – ❹ – skammer – oppført – dårlig

Førtiniende (niogførtiende) leksjon

Repetisjonsleksjon – Révision

1 Les compléments de temps

Une fois n'est pas coutume : nous commençons nos révisions de la semaine par une mise au point sur les "petits mots", en prenant pour cible un certain nombre de prépositions, conjonctions et adverbes qui constituent des compléments de temps ou entrent dans leur composition. Malgré leur apparence inoffensive, il est important de les maîtriser pour parler une langue bien "propre" :

siden han var her / **siden** 17 mai, *depuis qu'il a été ici / depuis le 17 mai*
for tre dager **siden**, *il y a trois jours*
om tre dager, *dans trois jours*
mens du leser, *pendant que tu lis*
i ferien, *pendant les vacances*
jeg har lært norsk **i** en måned, *j'apprends le norvégien depuis un mois*
om en uke, *dans une semaine*
på festen, *à la fête*
på en lørdag / en lørdag, *un samedi*
til jul, *à Noël*
til i morgen, *jusqu'à demain*
mellom 3 og 4, *entre 3 et 4 heures*
fra morgen **til** kveld, *du matin au soir*
fra nå **av**, *à partir de maintenant*
hittil, *jusqu'à présent*
lenge, *longtemps*
snart, *bientôt*
ofte, *souvent*
sjelden, *rare(ment)*
alltid, *toujours*
aldri, *jamais*
av og til, *de temps en temps*
etter jobben, *après le travail*
før jobben, *avant le travail*.

Quarante-neuvième leçon

Rappelons que **etter** et **før** utilisés comme conjonctions de subordination ne peuvent être suivis que d'un verbe conjugué (et non d'un infinitif, comme c'est souvent le cas en français) :
Før vi reiser burde vi sove litt, *Avant de partir, nous devrions dormir un peu.*
Etter han hadde vært i Frankrike ble han en riktig råkjører, *Après être allé en France, il est devenu un vrai chauffard.*

2 La formation du prétérit

Nous avons vu, cette semaine encore, de nombreuses formes de passé, illustrant pour certaines nos acquis de la 42e leçon (le parfait, en particulier des verbes faibles) et pour d'autres notre propos du jour : le prétérit.

2.1 Formation du prétérit faible

Si vous avez retenu les quatre règles de la formation du participe passé faible, en déduire le prétérit sera un jeu d'enfant :
– Terminaison du radical : 1 consonne → participe passé en **-t** → prétérit en **-te** ; exemple : **å like**, *aimer* → **han har likt / han likte**.
– Terminaison du radical : 2 consonnes → participe passé en **-et** → prétérit en **-et** ; exemple : **å vaske**, *laver* → **han har vasket / han vasket**.
– Terminaison du radical : voyelle accentuée → participe passé en **-dd** → prétérit en **-dde** ; exemple : **å ro**, *ramer* → **han har rodd / han rodde**.
– Terminaison du radical : diphtongue, **-g** ou **-v** → participe passé en **-d** → prétérit en **-de** ; exemple : **å leve**, *vivre* → **han har levd / han levde**.

2.2 Verbes forts de la semaine

Voici également, comme prévu, la liste des verbes forts de la semaine :

Infinitif	Prétérit	Participe passé	Sens principal
å avbryte	avbrøt	avbrutt	*interrompre*
å bli	ble	blitt	*devenir*
å drikke	drakk	drukket	*boire*
å finne	fant	funnet	*trouver*
å forby	forbød	forbudt	*interdire*

tohundreogseksten • 216

å foretrekke	foretrakk	foretrukket	*préférer*
å forstå	forsto(d)	forstått	*comprendre*
å få	fikk	fått	*recevoir*
å gjøre	gjorde	gjort	*faire*
å gå	gikk	gått	*aller*
å holde	holdt	holdt	*tenir*
å se	så	sett	*voir*
å sette	satte	satt	*poser*
å si	sa	sagt	*dire*
å slå	slo	slått	*frapper*
å ta	tok	tatt	*prendre*
(å tore) jeg tør	torde	tort	*oser*

Relisez à voix haute, sans faire violence à votre mémoire si elle s'avère rétive.

2.3 Différence d'usage entre prétérit et parfait

Nous avons désormais suffisamment de matière pour pouvoir définir quelques lignes directrices.

• Le prétérit s'utilise :
– pour un fait, une action unique situé(e) à un moment précis du passé, exemple : **Han så henne i går**, *Il l'a vue hier* ;
– pour un fait répétitif dans le passé, exemple : **Hver gang han så henne, ble han syk**, *Chaque fois qu'il la voyait, il tombait malade*.

• Le parfait s'utilise :
– pour une action, un fait dont il n'est pas précisé à quel moment du passé il (elle) se déroule, exemple : **Jeg har allerede hørt det**, *J'ai déjà entendu [dire] ça* ;
– pour un fait qui a eu dans le passé une certaine durée (sans précision de date) et peut éventuellement se prolonger jusque dans le présent, exemple : **Jeg har bodd her i ti år**, *J'habite ici depuis dix ans*. Référez-vous à ces données de base chaque fois que vous aurez des doutes sur l'emploi de l'un ou l'autre des deux temps.

• Pour clore aujourd'hui le chapitre du passé, jetons un coup d'œil sur deux détails :

– Le prétérit passif… un détail, en effet, puisque le principe reste le même que pour le présent et le parfait : auxiliaire **å bli** au prétérit (= **ble**) + participe passé. Exemple : **Det ble gjort i går**, *Cela a été fait hier*.
– Une expression formée sur le prétérit de **å holde**, *tenir* : **Jeg holdt på å falle**, *J'ai failli tomber*.

3 Quelques mots pour moduler son discours

• Soucions-nous, pour terminer, de moduler notre expression avec, une fois de plus, deux nouveautés du domaine des comparatifs/superlatifs :
– **Er det ikke det mest spennende som finnes?**, *N'est-ce pas ce qui existe de plus captivant ?*
Notez l'emploi de **mest** (pour le superlatif) et de **mer** (pour le comparatif) devant les participes présents qui ne supporteraient pas de se voir affubler d'un suffixe **-ere/-st** comme de vulgaires adjectifs.
– **Legg boken på det nærmeste bordet!**, *Pose le livre sur la table la plus proche !* **Nær**, *proche*, a pour superlatif **nærmest** et pour comparatif **nærmere**. **Neste**, *prochain*, est bien entendu de la même famille.

• Passons également en revue quelques adverbes fort utiles, qui servent à nuancer le sens des adjectifs/adverbes :
– **veldig** et **svært**, *très*, sont équivalents du point de vue de "l'intensité", mais on écrira davantage le second. Exemples : **Han er veldig opptatt**, *Il est très occupé* (langage parlé) ; **Det er et svært viktig spørsmål**, *C'est une question très importante* (langage "sérieux").
– **helt**, *tout/tout à fait/complètement* et **ganske**, *tout/tout à fait/assez*, ont à peu près la même valeur, mais **ganske** est à la fois plus recherché et produit une impression légèrement plus modérée. Exemples : **Han er helt gal**, *Il est complètement fou* ; **Det er noe ganske annet**, *C'est quelque chose de tout à fait différent* ; mais : **Hun er ganske søt**, *Elle est plutôt mignonne*.
– **forferdelig** et **fryktelig** sont de ces mots qui, après avoir exprimé la crainte, l'effroi, etc. se sont usés pour devenir de banales chevilles comment en français *terriblement*, *affreusement* ou *vachement*.
Rappelons, à ce propos, que l'adjectif *effrayant* se dit aujourd'hui **skremmende** ; quant au nom **frykt(en)**, dont est dérivé **fryktelig**, il signifie toujours *la crainte* – craignez surtout de mal le prononcer

et de le confondre avec **frukt**, *fruit*. Si vous jugez **skremmende**, *effrayante* – voire **fryktelig skremmende** – la différence de son entre **u** et **y**, **ta det rolig!**, *gardez votre calme !*, ou comme diraient les pasteurs luthériens, **frykt ikke!**, *ne craignez pas !*, car **strevet bærer frukt**, *la peine porte ses fruits.*

Vous voici au seuil de ce que nous appelons la "deuxième vague", vous venez de franchir une étape importante, félicitations ! La 50ᵉ leçon marquera votre passage de la phase d'imprégnation

Femtiende leksjon

Øvelse gjør mester [1]

1 – `Gratulerer [2] : Du er nå `halvveis [3] i denne `boken som du kanskje `nølte med å `åpne.
2 `Uansett [4] om du sitter* og `leser på `banen [5], på `veien til `hverdagsstresset,
3 eller `ligger* i `hengekøyen, i `skyggen av en `palme,
4 er du kommet* `Norge og `nordmenn `nærmere `uten å betale `flybilletten.
5 `Språket er `nøkkelen til å `forstå norsk `tenkemåte [6] og `livsstil.
6 `Hittil er du bare blitt `bedt* om [7] å `oversette* de norske `tekstene til `morsmålet [8] ditt.
7 Fra `nå av kan du `begynne å stå* på `egne ben.
8 Vi `vedder på at det `bare blir `blåbær

(ou "première vague") à la phase d'activation de votre étude. À ce stade, vos progrès sont déjà considérables : vous avez atteint un certain niveau de compréhension et vous êtes en mesure de construire des phrases relativement simples. Vous avez, au fil des leçons, "enregistré" les bases du bokmål ; vous vous êtes imprégné de la prononciation et de la grammaire et vous maîtrisez un grand nombre d'expressions courantes. Vous êtes donc prêt pour entamer cette deuxième vague. Nous vous en rappelons le mode d'emploi à la fin de la 50ᵉ leçon.

Cinquantième leçon

C'est en forgeant qu'on devient forgeron
([L']exercice fait [le] maître)

1 – Félicitations *(Félicite)* : Vous êtes maintenant à mi-chemin dans ce livre que vous avez peut-être hésité *(avec)* à ouvrir.

2 *(sans tenir compte du fait)* Que vous lisiez assis dans un train de banlieue, en route vers le stress quotidien *(de chaque jour)*

3 ou que vous soyez allongé dans votre *(le)* hamac *(couchette suspendue)*, à l'ombre d'un palmier,

4 vous vous êtes rapproché *(êtes venu plus près)* de la Norvège et des Norvégiens sans payer le billet d'avion.

5 La langue est la clef qui permet de *(pour)* comprendre la mentalité *(façon de penser)* et le mode *(style)* de vie norvégiens.

6 Jusqu'ici, on ne vous a demandé *(vous n'avez été prié sur)* que de traduire les textes norvégiens dans *(vers)* votre langue maternelle.

7 À partir de maintenant, vous pourrez commencer à voler de vos propres ailes *(tenir sur vos propres jambes)*.

8 *(Nous)* Parions *(sur)* que ce ne sera qu'un jeu d'enfant *(des myrtilles)*,

50 / Femtiende leksjon

9 for deg som **i**kke lot* ⁹ deg `**a**vskrekke ¹⁰ av de få `**v**anskelighetene du m**ø**tte.
10 Men husk at `**ø**velse gjør `**m**ester... `**L**ykke til!
11 – En skr**e**mmende sk**y**gge, skr**e**mmende sk**y**gger – på en rar m**å**te – en m**o**rsom tekst, m**o**rsomme t**e**kster – en l**i**ten v**a**nskelighet, små v**a**nskeligheter – en r**i**ktig m**e**ster, r**i**ktige m**e**stere. ☐

Prononciation
1 gratulérër ... **2** ua'nsèt ... **6** Hïtil ... bèt ... moursmôlë ... **8** ... blobẼr **9** ... lout ...

 Notes

1 **mester(en)** signifie *maître* au sens d'une supériorité du savoir, ou d'une hiérarchie, dans certains métiers. **Politimester**, *chef de la police* ; **Han er en mester til å spille piano**, *Il joue remarquablement du piano*.

2 **å gratulere**, *féliciter*. Ce verbe s'emploie non seulement pour congratuler quelqu'un à la suite d'une prestation quelconque, mais encore dans des occasions telles qu'un anniversaire, le 17 mai – si l'on est un peu plus patriote que la moyenne – ou même un jour de victoire sportive. La phrase consacrée sera alors : **gratulerer med dagen**.

3 **halvveis** ou **midtveis** sont des adverbes équivalents à **på halvveien/på midtveien**, *à la moitié du chemin*.

9 pour vous qui ne vous êtes pas laissé effrayer par les quelques *(peu nombreuses)* difficultés [que] vous avez rencontrées.

10 Mais souvenez-vous que c'est en forgeant qu'on devient forgeron *(l'exercice fait le maître)*... [Bonne] chance !

11 – Une ombre terrifiante, des … – d'une façon bizarre – un texte rigolo, des … – une petite difficulté, de petites … – un vrai maître, de …

---

4 **uansett**, *indépendamment de/sans tenir compte de/quel que soit*. On peut l'employer, comme ici, suivi d'une proposition subordonnée introduite par **om**, ou encore directement suivi d'un nom : **alle er velkomne, uansett alder**, *tous sont bienvenus, quel que soit leur âge*.

5 **bane(n)** désigne les différents moyens de transport du type *train de banlieue* ou *métro*.

6 **en måte**, *une façon/une manière/un mode*. Ce nom entre dans l'expression : **på en** *(adj.)* **måte**, *d'une façon (adj.)*.

7 Le verbe fort **å be** (**ba**, **bedt**) signifie à la fois *prier Dieu* et *prier qqn de faire qqch*. Le second complément est introduit par **om**. Attention : là où le français courant préfère *demander à qqn de faire qqch*, **å be** est seul possible (**å spørre** n'implique ni un ordre, ni une suggestion, mais uniquement une question qu'on pose à son interlocuteur). Exemple : **Kan du be din bror om å hjelpe meg?**, *Peux-tu demander à ton frère de m'aider ?* Troisième sens : *inviter*. **Du skulle be ham til middag**, *Tu devrais l'inviter à dîner*.

8 **mål(et)** est un vieux mot équivalent de **språk**. On le trouve d'ailleurs dans notre fameux **bokmål** !

9 **lot** est le prétérit de **å la**. Son participe passé est **latt**.

10 Dans **å avskrekke** sont contenues l'idée de peur (**skrekk**, *frayeur*) et celle de recul devant l'objet (suggérée par **av**), autrement dit celle de dissuasion menaçante.

Øvelse 1 – Oversett

❶ Hvor mye vedder du? ❷ Togbilletten min er ikke lenger i regnfrakklommen. ❸ Han lot seg ikke be to ganger. ❹ Jeg nølte lenge med å reise. ❺ De gikk ikke på tur, fordi været var avskrekkende. ❻ Har du møtt dem allerede? ❼ Hun er en mester til å bake vafler. ❽ Uansett om du har lyst eller ikke, skal du være med oss. ❾ Hvorfor glor du på ham på denne måten?

***

Øvelse 2 – Fyll ut med de riktige ordene

❶ Je n'ai pas compris pourquoi il m'a interrompu.
Jeg .... ikke hvorfor han ...... meg.

❷ Je l'ai laissé partir sans même l'inviter à dîner.
Jeg ... ham gå .... å .. ham til middag ....

❸ Nous avons dû faire demi-tour quand nous avions déjà fait la moitié du chemin.
Vi måtte ... da vi allerede ... kommet ....

❹ Tu ne dois pas te laisser intimider *(dissuader)* par si peu de chose.
Du skal ikke .. deg .... av så .....

❺ Quoi qu'ils fassent *(prétérit)*, ça n'allait pas.
.... hva de ...... var det .....

Femtiførste (enogfemtiende) leksjon

Bytur

1 – Har du fått bestilt ¹ `time hos den fortreffelige `tannlegen din i `Oslo?

2 – Jeg `ringte i `morges ²... Han har så `mange `kunder: det blir først ³ om `ti dager.

3 – Det passer `utmerket: Berg og Dal holder `utsalg ⁴ fra og med `neste `mandag.

Corrigé de l'exercice 1

❶ Tu paries combien ? ❷ Mon billet de train n'est plus dans ma poche d'imperméable. ❸ Il ne s'est pas fait *(laissé)* prier deux fois. ❹ J'ai hésité longtemps à partir. ❺ Ils/Elles ne sont pas allé(e)s en promenade parce que le temps était dissuasif. ❻ Les as-tu déjà rencontré(e)s ? ❼ C'est la championne des gaufres. ❽ Que tu en aies envie ou non, tu dois venir avec nous. ❾ Pourquoi le fixes-tu de cette façon ?

***

Corrigé de l'exercice 2

❶ – forstod – avbrøt – ❷ – lot – uten – be – engang ❸ – snu – var – halvveis ❹ – la – avskrekke – lite ❺ Uansett – gjorde – galt

Deuxième vague : 1re leçon

Son but est de consolider les bases de vos connaissances à mesure que vous progressez. Comment procéder ? C'est tout simple : dorénavant, après avoir étudié votre leçon comme chaque jour, reprenez une leçon depuis le début du livre (nous indiquerons laquelle) et traduisez à haute voix le dialogue français en norvégien. Procédez de la même façon avec l'exercice 1. Ne craignez pas de vous lancer et essayez de ne pas regarder le texte ; vous verrez s'éclaircir au fil des révisions tout ce qui vous paraissait encore difficile ou inexpliqué. Grâce à cette "deuxième vague", vous constaterez immédiatement tout le chemin parcouru depuis la première leçon.

Cinquante et unième leçon

[Un] tour en ville

1 – As-tu réussi à prendre rendez-vous *(obtenu de commander heure)* chez ton extraordinaire *(excellent)* dentiste à Oslo ?

2 – J'ai appelé ce matin… Il a tellement de clients : ça sera *(devient)* dans dix jours seulement.

3 – Ça tombe parfaitement bien *(Ça convient remarquablement)* : Berg og Dal fait *(tient)* des soldes à partir de *(de et avec)* lundi prochain.

51 / Femtiførste (enogfemtiende) leksjon

4 Kanskje gir* de ˈrabatt på de ˈtallerkenene med det ˈnydelige ˈkanin- og ˈgåsemønstret, du vet...
5 – Var det ikke ˈde som ˈkostet like ˈmye per ˈstykk som et ˈtannlegebesøk?
6 – ˈEnhver har ˈsin måte å bruke ˈpengene på.
7 – Jasså, ˈderfor [5] er så mange ˈtallerkener gått i ˈstykker i det ˈsiste...
8 – Det ˈsamme kunne godt gjelde ˈtennene dine!
9 – Pass på å ikke ˈkjøpe mer ˈkopper og ˈkar [6] enn du kan bære* ˈmed deg på ˈtrikken.
10 Vi må nemlig [7] la ˈbilen stå ˈutenfor byen, der det kan parkeres ˈgratis.
11 ˈEllers blir det ikke et ˈøre igjen i sparegrisen [8], hverken til ˈtennene mine, eller [9] til de ˈluksusgrytene dine.
12 – En tann, flere tenner – en tom tallerken, tomme tallerkener – en nydelig liten kanin, nydelige små kaniner – en hvit gås, hvite gjess – et gørr besøk, gørre besøk – et fullt kar, fulle kar – en moderne gryte, moderne gryter. □

Prononciation
2 ... môrës ... 4 ... talèrknënë ... 7 ... talèrknër ...

Notes

1 **å bestille**, *commander* (un article dans un catalogue, une consommation ou un menu dans un lieu de restauration).

2 Distinguez bien **i morges**, *ce matin*, de **i morgen**, *demain*. Pour *demain matin*, on dit **i morgen tidlig**.

3 **først** que nous connaissons (depuis la première leçon !) dans le sens de *premier*, peut aussi se traduire par *seulement*, *ne... que*. Il faut alors prendre garde de ne pas le confondre avec **bare** : **først** s'utilise quand le complément auquel il se rattache logiquement contient une idée de

Cinquante et unième leçon / 51

4   Peut-être feront-ils *(donneront-ils)* une remise sur ces assiettes au motif ravissant, tu sais, avec des lapins et des oies *(ces assiettes avec le ravissant motif de lapin et d'oie)*...
5 – Ce n'étaient-pas celles-là qui coûtaient autant la pièce *(par pièce)* qu'une visite chez le dentiste ?
6 – Chacun a sa façon de dépenser *(utiliser)* l'argent.
7 – Ouais, c'est [donc] pour ça que tant d'assiettes se sont cassées *(sont allées en morceaux)* ces derniers temps...
8 – On pourrait bien en dire autant de tes dents !
9 – Fais attention de ne pas acheter plus de vaisselle *(tasses et récipients)* que tu ne peux en trimbaler *(porter avec toi)* dans le tram.
10 [Parce qu']on devra *(en effet)* laisser la voiture *(debout)* en dehors de la ville, là [où] on peut stationner gratuitement.
11 Sinon, il ne restera plus un centime *(øre)* dans la tirelire *(cochon à économies)*, ni pour mes dents, ni pour tes casseroles de luxe.
12 – Une dent, des ... – une assiette vide, des ... – un ravissant petit lapin, de ... – une oie blanche, des ... – une visite barbante, des ... – un récipient plein, des ... – une casserole moderne, des ...

---

temps. Exemples : **Han kommer først lørdag**, *Il ne viendra que samedi* (on dit aussi, en langage moins soutenu : **ikke før lørdag**) mais : **Han arbeider bare lørdag**, *Il ne travaille que le samedi*.

4 Dans **utsalg(et)**, *(les) soldes*, vous reconnaissez **ut**, qui exprime ici l'idée d'une vente destinée à vider le magasin. Rappelons que *vendre* se dit **å selge (solgte, solgt)**.

5 **derfor** est un adverbe bien commode qui équivaut aux tournures françaises : *c'est pour cela que/c'est pour cette raison que/c'est pourquoi*. Utilisé en exclamation : **aha, derfor!**, il signifie : *ah, voilà, c'était donc ça !*

6 kopper og kar est l'expression consacrée, un peu moqueuse, qui désigne *la vaisselle* ; **et kar**, *un bol/un plat/un récipient*. L'unique voyelle de ce mot est courte, contrairement à **en kar**, homonyme familier, proche du sens de **en fyr**, *un type/un gars*, (mais sans nuance péjorative) et dont le **a** est prononcé long.

7 L'adverbe **nemlig**, qu'on place volontiers après le verbe, donne à la phrase la valeur d'une explication sur ce qui précédait. Son équivalent le plus proche est *en effet*, mais selon le contexte, on peut aussi le traduire par

***

Øvelse 1 – Oversett

❶ Vi bestilte laksesmørbrød og øl. ❷ Sparegrisen er gått i stykker. ❸ Fikk du rabatt på denne genseren? ❹ Han får bare lov å røyke utenfor huset. ❺ Smøret smeltes i gryten. ❻ Vi får ta trikken. ❼ Han liker hverken å spille eller å lytte til musikk. ❽ I en krone er det hundre øre. ❾ For et nydelig blomstermønster på det stoffet her! ❿ Etter besøket hos din tante kunne vi godt ta en liten bytur. ⓫ Alle forretningene holdt utsalg.

***

Øvelse 2 – Fyll ut med de riktige ordene

❶ Il avait très peu de clients. C'est pour ça qu'il a dû changer de métier.
Han ..... veldig .... måtte han ...... yrke.

❷ Il est de mauvaise humeur. C'est qu'il doit aller chez le dentiste.
Han er på ...... humør. Han skal ...... til ....

❸ Il a mangé son gâteau dans une assiette à soupe.
Han ...... kaken sin i en suppe ....

❹ Ça tomberait bien s'il prenait rendez-vous demain matin.
Det ville ..... bra om han ville .... i morgen ....

car/parce que, ou tourner la phrase d'une façon quelconque qui rende cette idée de cause. **Han lærer norsk. Han arbeider nemlig i et oljefirma**, *Il apprend le norvégien : c'est qu'il travaille dans une compagnie pétrolière*.

8 **å spare (penger)**, *faire des économies*. Les tirelires ont volontiers la forme du cochon porte-bonheur, d'où **sparegris**.

9 **hverken... eller**, *ni... ni*, est le contraire de **enten... eller**, *soit... soit*.

***

Corrigé de l'exercice 1
❶ Nous avons commandé des canapés au saumon et de la bière. ❷ La tirelire s'est cassée. ❸ As-tu eu une réduction sur ce pull ? ❹ Il n'a le droit de fumer qu'en dehors de la maison. ❺ On fait fondre le beurre *(le beurre est fondu)* dans la casserole. ❻ On n'a qu'à prendre le tramway. ❼ Il n'aime ni jouer, ni écouter de la musique. ❽ Dans une couronne, il y a cent øre. ❾ Quel ravissant motif fleuri, sur ce tissu : ❿ Après la visite chez ta tante, on pourrait bien faire un petit tour en ville. ⓫ Tous les magasins faisaient des soldes.

***

Corrigé de l'exercice 2
❶ – hadde – få kunder – Derfor – skifte – ❷ – dårlig – nemlig – tannlegen ❸ – spiste – tallerken ❹ – passe – bestille time – tidlig

Un détail pratique : si vous êtes amateur de lèche-vitrines, ne vous laissez pas surprendre par des horaires qui tiennent compte traditionnellement des droits aux loisirs de chacun, y compris des commerçants. Si les supermarchés, notamment dans la capitale, restent souvent ouverts jusqu'à 22 ou 23 h et certains grands magasins jusqu'à 20 h, les petits commerces, en revanche, modulent leurs pratiques d'un quartier ou d'une ville à l'autre, restant souvent attachés aux habitudes ancestrales, très restrictives en termes d'horaires. Il n'est pas rare de trouver toutes portes closes après 18 h, surtout le samedi.

Femtiandre (toogfemtiende) leksjon

Skogsfolk

1 – Kanskje ble du ˋskuffet da du ˋoppdaget
2 at ikke **¹** ˋalle ˋnordmenn ˋser* ut som ˋtømmerhoggere, med rødt ˋskjegg og ˋbrede ˋskuldre.
3 Men har du ˋdrømt om et ˋtømmerhus **²** med ˋsvære ˋbjelker, ˋtregulv **³** og ˋfurumøbler, **⁴**
4 hvor det kan være en riktig ˋglede å holde* seg ˋinnendørs,
5 og fyre **⁵** med ˋbjørkeved **⁶** på ˋpeisen, mens ˋsnøstormen ˋraser ute,
6 så har du hatt ˋrett i det.
7 Før ˋfelte man ˋtrærne med ˋøks og drev* med ˋtømmerfløting på ˋelvene.
8 I ˋdag ˋbråker **⁷** maskinsagene og lukter ˋbensin, og ˋstokkene **⁸** fraktes med ˋlastebil.
9 Men et ˋuhøflig menneske kalles ˋfortsatt ˋubehøvlet, ˋdumme folk for ˋtreskaller,

Quant aux banques, fermées le samedi, elles ne sont ouvertes que jusqu'à 15 ou 16 h en semaine. Les salariés, qui quittent leurs bureaux vers 16 h auraient, dans certaines localités, fort peu de temps pour faire leurs courses, n'étaient les stations-services et les épiceries de dépannage, souvent tenues par des immigrés. C'est du reste aux communautés d'origine étrangère, très présentes à Oslo, que l'on doit d'avoir fait évoluer les mœurs en la matière.

Deuxième vague : 2ᵉ leçon

Cinquante-deuxième leçon

[Les] hommes *(gens)* des bois

1 – Peut-être avez-vous été déçu, quand vous avez découvert
2 que tous les Norvégiens ne ressemblent pas à *(ont l'air)* des bûcherons à *(avec)* [la] barbe rousse *(rouge)* et aux larges épaules.
3 Mais si vous avez rêvé *(Mais avez-vous rêvé)* d'une maison de rondins avec d'énormes poutres, un parquet et des meubles en pin,
4 où il fasse bon *(cela peut être une vraie joie de)* se calfeutrer *(se tenir à l'intérieur des portes)*
5 et faire un feu de *(avec)* bois de bouleau, tandis que la tempête de neige fait rage dehors,
6 alors, vous avez eu raison *(en cela)*.
7 Autrefois, on abattait les arbres à la *(avec)* hache et on pratiquait *(avec)* le flottage du bois *(des rondins)* sur les rivières.
8 Aujourd'hui, les tronçonneuses pétaradent *(scies-machines font du bruit)* et sentent l'essence, et les troncs sont transportés par camion.
9 Mais on continue à qualifier une personne impolie *(une personne impolie est encore appelée)* [de] "mal rabotée", les imbéciles *(gens stupides)* de "crânes de bois",

tohundreogtretti • 230

52 / Femtiandre (toogfemtiende) leksjon

10   og en som ˋvelter glassene **e**ller ˋtråkker d**a**nsepartneren på ˋtærne er en ˋkloss [9].

Prononciation
1 ... **ou**pdagët **2** ... t**eu**mërHog**u**ërë ... **5** ... by**eu**rkëvé ... **7** ... f**è**lte ... **8** ... **lou**ktër (**luk**tër) ...

Notes

1 Notez la place de **ikke**, devant **alle nordmenn** : la négation porte ici non pas sur le verbe, mais uniquement sur l'adjectif indéfini **alle** : il s'agit d'insister sur le fait que certains Norvégiens, peut-être même beaucoup, ont cette imposante apparence... mais pas tous !

2 Contrairement aux apparences, **tømmer** n'est pas un pluriel, mais un singulier collectif de genre neutre, qui désigne du bois, des troncs d'arbre coupés, des grumes.

3 Notre premier mot norvégien, **tre(et)**, se révèle ici avoir aussi le sens de *bois*. Pour dire *en bois*, *en métal*, *en plastique*, on fabrique volontiers, comme ici, un mot composé (**tregulv**, *sol en bois/parquet*), mais on peut aussi utiliser la préposition **av** : *Lampen er av tre*, *La lampe est en bois*.

4 La construction inversée de cette phrase se substitue à l'emploi de **hvis** ou de **om**. Elle exprime donc l'idée de condition, rappelée, quelques lignes plus loin, par **så** qui "relance" la phrase en tête de principale.

***

Øvelse 1 – Oversett

❶ Vikingene oppdaget Amerika i det ellevte århundre. ❷ Det er usunt å holde seg innendørs hele dagen. ❸ Den store furuen, den som jeg var så glad i, er blitt felt. ❹ Hva er det han bråker om igjen? ❺ Jeg fryser på tærne. ❻ Han veltet tallerkenen sin på hennes lusekofte. ❼ Om høsten lukter det godt i skogen. ❽ Posten fraktes med fly. ❾ En vill storm raste i tre dager over landet. ❿ Han ble så rasende at alle tok beina på nakken.

Cinquante-deuxième leçon / 52

10 et quelqu'un qui *(un qui)* renverse les verres ou marche sur les orteils de son cavalier ou sa cavalière est un "billot".

---

5 En norvégien, on joue à cache-cache avec le mot *feu*. Il existe plusieurs noms différents, mais on leur préfère dans la plupart des usages des verbes, par exemple : **å fyre**, *faire du feu* ; **det brenner**, *il y a le feu*.

6 **ved(en)** désigne uniquement *(le) bois de chauffage*. **Å hogge ved**, *couper du bois* (pour le feu) – le verbe **å hogge** se retrouve dans **tømmer-hogger**, *bûcheron*. Rappelons aussi que *bois* au sens de "forêt" (les "petits bois" n'existent guère en Norvège) se dit **skog**.

7 **å bråke** signifie soit *faire du bruit*, soit *faire du raffut/du foin*, au sens figuré.

8 **en stokk** a pour premier sens *un bâton*. **Tømmerstokk**, abrégé en **stokk**, s'utilise pour *les troncs d'arbres*, une fois que ceux-ci ont été abattus (le tronc d'un arbre sur pied se dit **en stamme**). Cette richesse de vocabulaire peut vous sembler déroutante : voyez-y la marque imprimée à la langue par un domaine d'activité privilégié. **Stokk** sert aussi à renforcer certains adjectifs de façon imagée : **et stokk-konservativt menneske**, *un conservateur endurci*.

9 **en kloss**, *un billot*, s'applique donc à quelqu'un de maladroit. Sa variante sous forme d'adjectif est **klossete**. On dit aussi en **klossmajor** *[kl**o**s-mayour]*, *roi des empotés* ("un major des billots").

***

Corrigé de l'exercice 1

❶ Les Vikings découvrirent l'Amérique au onzième siècle. ❷ Il est malsain de rester à l'intérieur toute la journée. ❸ Le grand pin, celui que j'aimais tant, a été abattu. ❹ À propos de quoi fait-il encore tout ce raffut ? ❺ J'ai froid aux orteils. ❻ Il a renversé son assiette sur son cardigan *(à elle)*. ❼ En automne, la forêt sent bon. ❽ Le courrier est transporté par avion. ❾ Une forte tempête fit rage sur le pays pendant trois jours. ❿ Il s'est mis dans une telle rage que tout le monde a pris ses jambes à son cou.

Øvelse 2 – Fyll ut med de riktige ordene

❶ Comment diable un type aussi timide et maladroit a-t-il réussi à se marier *(être marié)* ?
Hvordan .... klarte en så .... og .... kar å bli ....?

❷ Il s'échine à couper du bois derrière le chalet.
Han strever for .... med å .... hytta.

❸ Un pareil idiot, c'est impossible de lui expliquer quoi que ce soit.
.... en .... er det ...... å .... noenting for.

❹ Elle avait suspendu des fleurs et des rameaux de sapin à une poutre.
Hun hadde hengt .... og grantre .... på en ....

Femtitredje (treogfemtiende) leksjon

Krigsminner

1 – `Gjett hvem jeg `traff* [1] på `tyttebærtur! **O**berst `H**å**kon `Falk!

2 – `Stakk**a**rs deg! `Klarte du å bli `kvitt ham [2]?

3 – `Nei. Jeg `b**ø**yde [3] meg `raskt [4] ned og `ford**y**pet meg i `st**u**diet av en `busk,

4 men han hadde `med den `pl**a**gsomme `bikkja si [5]...

5 – Den som `ser ut som en `kalv og `n**y**li*g* `spiste opp [6] din `mors `mobiltelefon?

6 – `Akkurat. Den `sp**o**rer [7] `øyeblikkeli*g* opp `folk som `helst vil fl**y**kte **u**nna den slags `selskap.

7 Den `h**o**ppet rundt og `bj**e**ffet til jeg `omsider [8] så `opp og `hilste.

8 `Naturligv*i*s `fantes det `ingen `tyttebær `der jeg `lette.

Corrigé de l'exercice 2
❶ – i allverden – sjenert – klossete – gift ❷ – harde livet – hogge ved bak – ❸ Slik – treskalle – umulig – forklare – ❹ – blomster – kvister – bjelke

Deuxième vague : 3ᵉ leçon

Cinquante-troisième leçon

Souvenirs de guerre

1 – Devine qui j'ai rencontré à la cueillette aux airelles *(promenade aux airelles)* ! Le colonel Håkon Falk !
2 – Pauvre [de] toi ! Tu as réussi à t'en débarrasser ?
3 – Non. Je me suis penchée en vitesse *(rapidement)* vers le sol *(vers le bas)* et me suis plongée *(approfondi)* dans l'étude d'un buisson,
4 mais il avait avec lui son fichu *(embêtant)* clébard...
5 – Celui qui a l'air d'un veau et [qui], l'autre jour, *(récemment)* a mangé tout entier le téléphone portable de ta mère ?
6 – Exactement. Il flaire *(repère)* immédiatement les gens qui préféreraient fuir *(de préférence fuient)* ce genre de compagnie.
7 Il a sauté autour [de moi] et aboyé jusqu'à ce que je lève les yeux *(regarde vers le haut)* et dise bonjour *(salue)*.
8 Bien entendu, il n'y avait pas d'airelles là où je cherchais.

tohundreogtrettifire • 234

53 / Femtitredje (treogfemtiende) leksjon

9 `Altså begynte den gamle `gubben [9] med å `overlesse meg med `gode råd.

10 Og så kom den `uunngåelige `historien om hvor `lei han var av [10] `bær og `sopp under `krigen, osv. og så videre

11 – Et vellykket selskap, vellykte (vellykkede) selskaper (et internasjonalt selskap, internasjonale selskaper) – ei sint bikkje, sinte bikkjer – et godt råd, gode råd.

Prononciation

1 ... Hôkoun ... *4* ... biÇa si *5* ... moubiltéléfoun *6* ... spourër ... *7* ... oumsidër ... *9* alsô ... *10* ... u-ungôli ...

 Notes

1 å treffe (traff, truffet) est un synonyme de å møte.

2 å bli kvitt noe/noen, *être débarrassé de quelque chose/de quelqu'un*. On dit aussi (expression réservée aux objets) å kvitte seg med noe. L'adjectif kvitt est une norvégisation du français *quitte*. On peut donc dire : Nå er vi kvitt, *Maintenant, nous sommes quittes*.

3 å bøye signifie à la fois *plier*, *courber* et *pencher*.

4 rask est synonyme de fort.

5 Voici une incursion du nynorsk dans notre norvégien "classique" : ei (article indéfini féminin) bikkje, bikkja, *un clébard*. Remarquez aussi la forme néo-norvégienne de sin : si. Le fait d'introduire ainsi un élément appartenant originellement à l'autre langue norvégienne non

Cinquante-troisième leçon / 53

9 Alors, le vieux bonhomme a commencé à m'arroser *(surcharger)* de bons conseils.

10 Et puis est venue l'inévitable histoire : *(sur)* combien il en avait assez des baies et champignons pendant *(sous)* la guerre, etc.

11 – Une fête réussie, des ... (une société/compagnie internationale, des ...) – un cabot furibond, des ... – un bon conseil, de ...

---

seulement ne dérange guère les norvégophones, mais il contribue sciemment à la coloration humoristique de la phrase. Notez qu'on dit : **Det er bikkjekaldt**, *Il fait un froid de canard* ("de clébard").

6 **å spise opp** signifie *manger entièrement/finir de manger*. Son participe passé est **spist opp**. Mais il existe aussi **oppspist** dans des expressions particulières comme **oppspist av mygg**, *dévoré par les moustiques*.

7 **et spor**, *une trace/une piste/une voie*. **Et fotspor, et skispor**, *une trace de pas* ("de pied")*/de ski* (mais une *piste de ski* se dit : **ei skiløype/skiløypa**) ; **et sykkelspor**, *une piste cyclable* ; **toget står på spor fire**, *le train est voie quatre*. On trouve aussi ce nom dans l'expression : **Han var ikke det spor høflig** (ou tout autre adjectif), *Il n'a pas eu une once de politesse*. Quant au verbe qui en dérive, il existe sous deux formes : **å spore opp** (utilisé ici) et **å oppspore**, qui correspond à un style plus écrit. Ce phénomène (qui rappelle le système des "particules" allemandes) concerne un assez grand nombre de verbes. Il n'y a pas lieu de s'en affoler, puisqu'il dénote la souplesse du norvégien. Nous reparlerons des nuances d'expression qu'il peut recouvrir.

8 **omsider**, *enfin/finalement*, est synonyme de **endelig, til slutt**.

9 **en gubbe** est un mot familier et légèrement péjoratif pour désigner un vieil homme. Sa traduction va de *vieux bonhomme* à *vieux chnoque*, selon le contexte. Ce mot entre dans le nom du plus redoutable des trolls, **Dovregubben**, *le Vieux du Dovre* (Dovre désigne une chaîne de montagnes au centre de la Norvège), évoqué par Ibsen dans son *Peer Gynt*.

10 L'adjectif **lei** donne l'idée d'un désagrément, d'une lassitude : **å være lei av noe**, *en avoir assez/être las de quelque chose* ; **en lei historie**, *une histoire/affaire fâcheuse*. **Det var leit**, *C'est bien triste*. **Ikke vær lei deg**, *Ne sois pas triste*.

Øvelse 1 – Oversett

❶ Under krigen flyktet kongen til England. ❷ Til våren får kua til naboen en kalv. ❸ Når hun begynner å prate, er det umulig å bli kvitt henne. ❹ Nå er vi leie av tullet ditt. ❺ Jeg er allergisk mot bjørk. ❻ Til middag blir det fugl med tyttebærsyltetøy. ❼ Det er farlig å bøye seg ut. ❽ Det kommer dere aldri til å kunne gjette. ❾ Her har det gått folk: se på fotsporene i snøen! ❿ Vi er overlesset med arbeid.

***

Øvelse 2 – Fyll ut med de riktige ordene

❶ Il avait l'air si absorbé que je n'ai pas osé le déranger.
Han .. så .... ut at jeg ikke ..... å .... ham.

❷ Finis tes pommes de terre, sinon le troll t'emportera :
...... potetene dine, ... kommer trollet og tar deg!

❸ Si vous passez la nuit près de l'étang, vous serez dévorés par des moustiques.
Hvis dere .... ved ...., blir dere .... av .....

❹ Ce sale cabot a aboyé après le chat toute la nuit.
Den vemmelige .... etter katten .... natten.

Femtifjerde (fireogfemtiende) leksjon

Mareritt [1]

1 – Du ser helt ˋu**t**mattet ut! Du er ˋblek som et ˋl**a**ken [2], har ˋp**o**ser **u**nder ˋ**ø**ynene…

2 – Jeg som har så godt ˋs**o**vehjerte, fikk **i**kke ˋblund på ˋ**ø**ynene før kl**o**kken ˋfem.

3 Først ˋsp**i**lte de ˋbr**å**kete [3] ˋ**u**ngdommene [4] i etasjen ˋ**o**ver ˋp**i**ggtrådmusikk.

Corrigé de l'exercice 1

❶ Pendant la guerre, le roi s'enfuit en Angleterre. ❷ Ce printemps, la vache du voisin aura un veau. ❸ Quand elle commence à papoter, il est impossible de s'en débarrasser. ❹ Cette fois *(maintenant)*, nous en avons assez de tes bêtises. ❺ Je suis allergique au bouleau. ❻ Au dîner, il y aura du gibier *(oiseau)* avec de la confiture d'airelles. ❼ Il est dangereux de se pencher au dehors. ❽ Ça, vous ne pourrez jamais le deviner. ❾ Des gens sont passés par ici : regarde les traces de pas dans la neige : ❿ Nous sommes surchargés de travail.

***

Corrigé de l'exercice 2

❶ – så – fordypet – torde – forstyrre – ❷ Spis opp – ellers – ❸ – overnatter – tjernet – oppspist – mygg ❹ – bikkja bjeffet – hele –

La cueillette des airelles est une des occupations mythiques de l'automne – et le sujet de rédaction que les écoliers sont censés subir traditionnellement au retour des vacances. De cette baie rouge au goût teinté d'une certaine amertume, on fait une confiture. Elle accompagne les plats de viande, en particulier le gibier, d'une saveur aigre-douce.

Deuxième vague : 4ᵉ leçon

Cinquante-quatrième leçon

Le cauchemar

1 – Tu as l'air complètement épuisé ! Tu es pâle comme un linge *(drap)*, [tu] as des poches *(sachets)* sous les yeux...
2 – Moi qui ai le sommeil si facile *(si bon cœur à dormir)*, je n'ai pas fermé l'œil *(pas eu de somme devant les yeux)* avant cinq heures.
3 D'abord, les jeunes de l'étage au-dessus ont passé *(passaient)* une musique d'enfer *(musique fils de fers barbelés)*.

54 / Femtifjerde (fireogfemtiende) leksjon

4 `Deretter var det en `kran som `dryppet i `oppvaskkummen.
5 Og så kom jeg `plutselig til å `tenke på at jeg `snøt* [5] damen på `Vinmonopolet for `femti kroner
6 forrige `fredag, da hun ga meg `vekslepengene for `whisky'en [6] min.
7 – Ja, men `kjære deg, det var da ikke `noe å `bry seg om!
8 – Da jeg hørte `avisbudet [7] i `oppgangen, `slumret jeg `omsider inn,
9 men `drømte at `vinmonopoldamen satt i `kassen og telte [8] om igjen og om igjen...
10 Hun `så på meg og `sa*: "`dette hadde jeg ikke `trodd om `deg!"
11 – Og `avisbudet og disse `bråkebøttene der oppe `skrek* [9] i kor: "ikke en `dråpe mer!"
12 – En kran, flere kraner – en blå plastpose, blå plastposer – et forferdelig mareritt, forferdelige mareritt – en lykkelig ungdom – et utmattet avisbud, utmattete (utmattede) avisbud.   ☐

🗨 Prononciation
1 ... poussër ... *2* ... blu'n ... *3* ... ou-ng-domënë ...
4 ...oupvaskkoumën *5* ...vinmounoupoulë ...*8* ...sloumrët (slumrët) ...
10 ... troud ... *11* ... oupë ...

📝 Notes

[1] Le mot **mareritt(et)**, *(le) cauchemar*, évoque une *créature indésirable*, **mare**, qui rend visite aux dormeurs et les entraîne dans une chevauchée terrifiante (**å ri**, *monter à cheval*).

[2] **et laken**, *un drap*. Petit détail de la vie quotidienne : pour faire un lit en Norvège, il vous faut : **et laken**, *un drap de dessous*, **et dynetrekk**, *une*

Cinquante-quatrième leçon / 54

4 Après ça, c'était un robinet qui gouttait dans l'évier.
5 Et ensuite, je me suis soudain mis à penser que j'ai roulé de cinquante couronnes la dame du comptoir des alcools *(monopole du vin)*
6 vendredi dernier, quand elle m'a rendu *(donné)* la monnaie sur *(pour)* mon whisky.
7 – Mais mon pauvre [vieux], il n'y avait pas de quoi avoir mauvaise conscience :
8 – Quand j'ai entendu le porteur de journaux sur le palier, je me suis enfin assoupi,
9 mais j'ai rêvé que la dame du comptoir des alcools était assise à sa caisse et comptait et recomptait *(comptait encore et encore)*…
10 Elle m'a regardé et elle a dit : "je n'aurais pas cru ça de vous !"
11 – Et le porteur de journaux et les braillards du dessus *(seaux à tapage de là-haut)* criaient en chœur : "plus une goutte !"
12 – Un robinet, des … – un sac en plastique bleu, des … – un cauchemar terrible, des … – une jeunesse heureuse – un porteur de journaux épuisé, des …

housse de couette (**dynen**, *la couette*), et **putetrekk**, *une taie d'oreiller* (**en pute**, *un coussin*).

3 **bråkete**, *bruyant*, est l'adjectif familièrement construit sur **å bråke**, *faire du bruit* et **bråk(et)**, *du tapage*.

4 **ungdommen**, *la jeunesse*. Le pluriel utilisé ici pour *les jeunes* équivaut à **unge mennesker**.

5 **snøt** est le prétérit de **å snyte**. Son participe passé est **snytt**.

6 Remarquez l'apostrophe qui permet d'éviter d'accoler directement l'article norvégien à un mot étranger.

7 Le porteur de journaux fait partie de l'univers matinal des Norvégiens. Les portes d'entrée des appartements sont souvent pourvues d'une fente spécialement prévue pour avaler (en grinçant) le quotidien qu'on parcourt au petit déjeuner.

8 **å telle**, *compter*.

9 **skrek** est le prétérit de **å skrike**. Son participe passé est **skreket**.

***

Øvelse 1 – Oversett

❶ Kan du telle på norsk? ❷ Jeg følte nettopp en regndråpe på nesen. ❸ Han bare tenker på å snyte folk. ❹ Vi slumret i skyggen. ❺ Snøen drypper fra kvistene. ❻ Hun smiler og har god samvittighet. ❼ Sett gryten i oppvaskkummen! ❽ Jeg har bare en hundrekroneseddel: har du vekslepenger? ❾ Han har fått sommerjobb som avisbud. ❿ Vi lette i timevis og fant ikke noe. ⓫ I dag er det bikkjekaldt.

***

Øvelse 2 – Fyll ut med de riktige ordene

❶ Après m'être échiné à couper du bois, j'étais complètement épuisé.
Etter at jeg .... med .... var jeg helt ....

❷ Il était inévitable que nous nous rencontrions dans la rue.
Det var .... at vi ..... hverandre på ......

❸ Je n'ai eu de remise ni sur le drap, ni sur la housse de couette.
Jeg .... ikke .... på .... på dynetrekket.

55

Femtifemte (femogfemtiende) leksjon

Mye `skrik og lite `ull [1]

1 – For et hekt*i*sk `liv! Jeg `løper* som en `gal `d*a*gen lang...
2 Man `sysler med så mange materielle `ting og `ender med å bli `helt `uv*i*tende.

***

Corrigé de l'exercice 1

❶ Sais-tu compter en norvégien ? ❷ Je viens de sentir une goutte de pluie sur mon nez. ❸ Il ne pense qu'à rouler les gens. ❹ Nous nous sommes assoupis à l'ombre. ❺ La neige dégoutte des branches. ❻ Elle sourit et a bonne conscience. ❼ Mets la casserole dans l'évier : ❽ Je n'ai qu'un billet de cent couronnes : as-tu la monnaie ? ❾ Il a obtenu un job d'été comme porteur de journaux. ❿ Nous avons cherché pendant des heures et n'avons rien trouvé. ⓫ Aujourd'hui, il fait un froid de canard.

***

❹ Je croyais que je t'avais déjà demandé de le faire.
   Jeg ...... at jeg allerede .... deg .. å gjøre det.

Corrigé de l'exercice 2

❶ – hadde strevet – vedhogging – utmattet ❷ – uunngåelig – traff – gaten ❸ – fikk – rabatt hverken – lakenet eller – ❹ – trodde – hadde bedt – om –

Deuxième vague : 5ᵉ leçon

Cinquante-cinquième leçon

Beaucoup de bruit pour rien
(Beaucoup de cris et peu de laine)

1 – Quelle vie trépidante ! Je cours comme une folle à longueur de journée...
2 On s'occupe de tant de choses matérielles et [on] finit par *(avec)* devenir complètement ignorant.

55 / Femtifemte (femogfemtiende) leksjon

3 ˋDu som fikk lest ˋavisen til ˋfrokost, kunne jo ˋfortalt* ² è meg ˋdagens nytt.

4 – Vi kan ˋgodt ˋta igjen det ˋforsømte ³. Bare hør ˋher, men ˋfortsett med å sy ˋknappen i ˋbuksa:

5 Konditor ˋNilsen gikk med på ⁴ å ˋslutte. Konditoriet skal drives ˋvidere av ˋnevøen.

6 – Men oppskriftene på ˋpikekyssene og ˋnapoleonskakene får sikkert ˋingen ut av ˋden gamle ˋstabeisen ⁵!

7 – Det er ˋsnakk om å forandre ⁶ ˋkrysset bak ˋrådhuset og utvide ˋfotgjengersonen ved ˋhavnen.

8 – Hadde de ˋgjort det ˋfør, ville doktor ˋFredriksen ˋikke blitt ˋoverkjørt av den der ˋtølperen på motorsykkel!

9 – ˋForsvarsministeren får ˋsnart ˋsvangerskapspermisjon ⁷.

10 – Så ˋfint! Nå kan hun strikke ˋbabyklær etter de ˋharde ˋmilitærøvelsene i ˋFinnmark! ⁸

11 – Det kom ikke noe ˋut av den ˋinternasjonale ˋkonferansen i ˋTimbuktu.

12 – Det ˋtenkte jeg ˋnok. Mye ˋskrik og lite ˋull!

13 – Et farlig kryss, farlige kryss – en uforsiktig fotgjenger, uforsiktige fotgjengere – strikket ull. □

Prononciation

2 … ènër … uvitënë **4** … bouksa **5** ko'nditour … **6** … oupskriftën … **7** … foutyè-ng-ërsounën … **8** … yourt … moutoursükël **9** … svang-ërskapspermichoun **11** … timbuktu

Notes

1 L'expression **Mye skrik og lite ull**, litt. "Beaucoup de cris et peu de laine", évoque la tonte des moutons.

Cinquante-cinquième leçon / 55

3 Toi qui as réussi à lire le journal au petit déjeuner, [tu] aurais bien pu me raconter les nouvelles *(le nouveau)* du jour.
4 – On peut [très] bien rattraper le temps perdu *(reprendre ce qui est manqué)*. Écoute seulement [ceci], mais continue à *(avec)* coudre ton *(le)* bouton sur le pantalon :
5 Le pâtissier Nilsen a accepté d'arrêter [son activité]. La pâtisserie sera reprise *(conduite plus loin)* par son neveu.
6 – Mais ses *(les)* recettes de meringues *(baisers de demoiselles)* et de millefeuilles *(gâteaux de Napoléon)*, personne n'arrivera à [les] obtenir de ce vieux têtu :
7 – Il est question de modifier le carrefour derrière la mairie, et d'étendre la zone piétonne vers le port.
8 – S'ils l'avaient fait avant *(l'avaient-ils fait avant)*, le docteur Fredriksen n'aurait pas été renversé par ce rustre *(là)* à moto :
9 – Le ministre de la Défense va bientôt partir en *(obtenir le)* congé de maternité.
10 – Ça, c'est bien ! Elle va pouvoir tricoter de la layette *(vêtements de bébé)* après [tous] ces entraînements *(exercices)* militaires [si] éprouvants *(durs)* dans le Finnmark :
11 – Il n'est rien sorti de la conférence internationale de Tombouctou.
12 – Je m'en doutais *(Je le pensais assez)*. Beaucoup de bruit pour rien :
13 – Un carrefour dangereux, des ... – un piéton imprudent, des ... – de la laine tricotée.

2 La forme verbale **du kunne fortalt**, *tu aurais pu raconter*, contient le prétérit/conditionnel de **å kunne** et le participe passé de **å fortelle**. On peut la développer en ajoutant l'auxiliaire **å ha** devant le participe passé : **du kunne ha fortalt**, *tu pourrais avoir raconté*. Les deux formulations sont équivalentes en norvégien, mais la plus courte a bien sûr les faveurs de la langue courante, même si la seconde repose sur une construction plus logique.

tohundreogførtifire • 244

55 / Femtifemte (femogfemtiende) leksjon

3 å forsømme, *négliger/manquer*. Han forsømmer arbeidet sitt, *Il néglige son travail.*

4 å gå med på noe, *accepter* (une proposition).

5 en stabeis, *une tête de mule*. Le verbe **å stabbe**, dont provient ce nom, s'emploie pour un animal qui refuse d'avancer ou pour un enfant qui fait ses premiers pas. L'adjectif correspondant est **sta/stae** (invariable au neutre), *têtu*.

6 Nous disposons de trois verbes qui peuvent se traduire par *changer* : **å forandre** s'utilise pour *changer/modifier*, tandis que **å skifte** et **å veksle** (que nous avons trouvé dans l'expression **vekslepengene**, *la monnaie qu'on rend*) signifient tous deux *changer* au sens de "remplacer une

***

Øvelse 1 – Oversett

❶ Vi opplevde en hektisk uke. ❷ De sysler med alt mulig. ❸ Du skulle gjort det før. ❹ Det mangler en knapp på jakken din. ❺ Per er dum som en gås. ❻ Firmaet drives av en inkompetent fyr. ❼ Hun strikker dagen lang. ❽ Du kunne blitt overkjørt. ❾ Det er på tide han utvider horisonten. ❿ Oppskriften på pepperkakene fikk jeg av min farmor. ⓫ Vi må vel forandre planene våre.

***

Øvelse 2 – Fyll ut med de riktige ordene

❶ Quand un piéton veut traverser la rue, les voitures doivent s'arrêter.
Når en .... vil gå over ....., må bilene ....

❷ Nous devrions accepter leur offre.
Vi skulle .... deres ....

❸ Elle portait un pantalon avec un ravissant motif à fleurs.
Hun hadde .. en ..... med et .... blomster ....

❹ Il était question qu'ils déménagent, mais c'est tombé à l'eau *(il n'en est rien devenu).*
Det var .... at de skulle ...., men det ble ikke noe .. det.

chose par une autre". Pour *changer de l'argent*, une seule possibilité : **å veksle penger**.

7 **svangerskap(et)**, *(la) grossesse*, découle de **svanger**, *enceinte*. À cet adjectif élégant mais vieillot, on préfère aujourd'hui **gravid**.

8 Contrairement à bien des pays occidentaux, la Norvège, tout en cultivant un certain intellectualisme, voue aux savoir-faire manuels beaucoup de respect, surtout lorsqu'ils se font porteurs de tradition. Le tricot, la broderie, ou mieux encore, le tissage – activités que l'on regroupe sous le terme de **husflid**, *application domestique* – ne sont donc pas considérés comme des activités incompatibles avec l'émancipation féminine, mais plutôt comme des formes d'art.

***

Corrigé de l'exercice 1

❶ Nous avons vécu une semaine trépidante. ❷ Ils/Elles s'occupent de toutes sortes de choses. ❸ Tu aurais dû le faire avant. ❹ Il manque un bouton à ta veste. ❺ Per est bête comme une oie. ❻ L'entreprise est menée par un type incompétent. ❼ Elle tricote à longueur de journée. ❽ Tu aurais pu te faire écraser. ❾ Il est grand temps qu'il élargisse ses horizons. ❿ Je tiens de ma grand-mère paternelle la recette des gâteaux au poivre. ⓫ Il va sans doute falloir que nous changions nos projets.

❺ Il est arrivé trop tard pour le discours et il n'a rien manqué.
Han ... for sent til talen og gikk ikke ..... av noen ting.

Corrigé de l'exercice 2

❶ – fotgjenger – gaten – stanse ❷ – gå med på – tilbud ❸ – på – bukse – nydelig – mønster ❹ – snakk om – flytte – av – ❺ – kom – glipp –

Deuxième vague : 6ᵉ leçon

Femtisjette (seksogfemtiende) leksjon

Repetisjonsleksjon – Révision

1 Récapitulatif hebdomadaire des verbes forts

Infinitif	Prétérit	Participe passé	Sens principal
å be	ba	bedt	*prier*
å bære	bar	båret	*porter*
å drive	drev	drevet	*mener*
å fortelle	fortalt	fortalt	*raconter*
å gi	ga	gitt	*donner*
å komme	kom	kommet	*venir*
å la	lot	latt	*laisser*
å ligge	lå	ligget	*être couché*
å løpe	løp	løpt	*courir*
å oversette	oversatte	oversatt	*traduire*
å sitte	satt	sittet	*être assis*
å selge	solgte	solgt	*vendre*
å skrike	skrek	skreket	*crier*
å snyte	snøt	snytt	*tromper*
å stå	sto(d)	stått	*être debout*
å treffe	traff	truffet	*rencontrer*

2 L'expression de la condition, de l'hypothèse et de l'irréel

• Rappelons d'abord ce que nous savons concernant le conditionnel présent.
– Pour les auxiliaires de mode **å kunne** et **å skulle**, il est assimilable au prétérit : **jeg kunne**, *je pouvais (j'ai pu, je pus) / je pourrais* ; **jeg skulle**, **jeg burde**, *je devais (j'ai dû, je dus) / je devrais* ; **jeg ville**, *je voulais (j'ai voulu, je voulus) / je voudrais*.
– **Å måtte** constitue un cas un peu particulier : la forme de prétérit **måtte** ne peut pas avoir valeur de conditionnel et l'on doit recourir à la périphrase **ville være nødt til**, *serait obligé de* ; par exemple : **han måtte arbeide**, *il a dû travailler / il dut travailler* ; mais : **han ville være nødt til å arbeide**, *il serait obligé de travailler*

Cinquante-sixième leçon

(remarquez du reste que le français évite également ici *devrait*, qui aurait un sens moral correspondant à **skulle**).
– Quant à **å ville**, si l'on souhaite qu'il conserve son sens de *vouloir* tout en tenant le rôle d'auxiliaire, il suffit de lui ajouter **gjerne** : **han ville komme**, *il viendrait* ; mais : **han ville gjerne komme**, *il voudrait / il aimerait bien venir* (et nous redécouvrons sous un jour nouveau une expression apprise dans l'une de nos premières leçons !).
– Pour les autres verbes, le conditionnel présent adopte la forme composée de **ville** et de l'infinitif sans **å** : **han ville gjøre det**, *il le ferait* ; **vi ville ha penger**, *nous aurions de l'argent*. Bien entendu, ces deux exemples privés de contexte pourraient aussi se traduire par *il voulait le faire* et *nous voulions avoir de l'argent*, puisque **ville**, auxiliaire du conditionnel, est aussi le prétérit du verbe **å ville**, *vouloir* ; mais l'ambiguïté n'existe guère, ni dans les conversations, ni dans les textes écrits.

• Parlons maintenant du conditionnel passé. Ici encore, la forme est composée d'un auxiliaire qui peut être soit **ville**, soit l'un des modaux **kunne**, **skulle**, **burde**, auquel on adjoint une forme d'infinitif passé, c'est-à-dire **ha** + participe passé. Exemples : **jeg kunne ha sagt det**, *j'aurais pu le dire* ; **du skulle ha ringt henne**, *tu aurais dû lui téléphoner* ; **vi ville ha flyktet**, *nous nous serions enfuis* ; **de ville ha vært nødt til det**, *ils y auraient été obligés* ; **vi ville gjerne ha flyktet**, *nous aurions voulu fuir*. Peut-être la longueur relative de ces formes vous effarouche-t-elle ? Dans ce cas, soyez rassuré : les Norvégiens eux-mêmes, partisans du moindre effort lorsqu'il s'agit de conjuguer, les abrègent volontiers en supprimant **ha** – ce qui donne : **jeg kunne sagt det, du skulle ringt henne, de ville vært nødt til det, vi ville flyktet, vi ville gjerne flyktet**.
Enfin, une dernière possibilité : les formes introduites par l'auxiliaire **ville** peuvent être remplacées par un simple plus-que-parfait (cf. 54e leçon, phrase 10) : **de hadde gjort det før** peut être équivalent à **de ville (ha) gjort det før**, *ils l'auraient fait avant*. Ce plus-que-parfait à valeur de conditionnel passé doit être éclairé, ici encore, par le contexte.

• Enfin, examinons de près l'emploi de la conjonction **hvis**, clef des propositions subordonnées de condition. Nous avons déjà

56 / Femtisjette (seksogfemtiende) leksjon

remarqué (cf. 21ᵉ leçon, § 1) qu'elle était incompatible avec un futur. Ajoutons qu'elle l'est aussi avec les formes du conditionnel où entre **ville**. Libre à vous d'ailleurs, si vous êtes amateur de pure logique, de considérer que les autres formes (faisant appel aux auxiliaires de mode ou au plus-que-parfait) appartiennent non au conditionnel, mais à l'indicatif passé. Quel que soit le regard théorique porté sur ce phénomène, le résultat pratique est le même : une ressemblance bien commode avec la fameuse règle qu'on assène aux écoliers français... "Les *si* n'aiment pas les *-rais/t*".
Exemples :
Hvis jeg var rik, ville jeg kjøpe en leilighet på Rivieraen, *Si j'étais riche, j'achèterais un appartement sur la Côte d'Azur.*
Hvis han ikke hadde oppført seg så dumt, ville det ikke skjedd, *S'il ne s'était pas conduit de façon aussi stupide, ça ne serait pas arrivé.*
Hvis jeg kunne (ou, dans un langage plus surveillé : **Hvis jeg hadde kunnet**), **ville jeg kommet**, *Si j'avais pu, je serais venu.*

Nous avons aussi entrevu la possibilité de sous-entendre **hvis**, quand la phrase commence par la proposition de condition (52ᵉ leçon, note 4). L'emploi du conditionnel est alors "libéré" et le verbe, ou l'auxiliaire, est placé en tête de proposition, comme dans une construction interrogative. On peut aussi redonner de l'élan à la phrase (et souligner l'idée de condition) en introduisant la proposition principale qui suit par **så**.
Exemples :
Ville vi gått (hadde vi gått) tidligere, (så) ville vi gått glipp av det beste / hvis vi hadde gått tidligere, ville vi gått glipp av det beste, *Si nous étions partis plus tôt, nous aurions manqué le meilleur.*
Kunne han bare la være å snyte folk, (så) ville han være lykkeligere, *Si seulement il pouvait se passer de rouler les gens, il serait plus heureux.*

Ce chapitre est certes consistant, mais vous pourrez désormais considérer que vous connaissez les grands traits de la conjugaison norvégienne. Il ne vous reste plus qu'à l'assimiler par la pratique, au fil des prochaines leçons et de vos révisions.

3 Les mots-chevilles

omsider, synonyme de **endelig**, *enfin*
hverken... eller, *ni... ni*
enten... eller, *soit... soit*
Nemlig et **derfor** sont tous deux des adverbes de cause, qui s'emploient dans des propositions indépendantes, mais de façon exactement inverse en ce qui concerne la construction de la phrase :
Han kunne ikke kjøre til jobben, snøstormen raste nemlig overalt, *Il n'a pas pu aller au travail (en voiture), (en effet) la tempête de neige faisait rage partout.*
Mais :
Snøstormen raste overalt, derfor kunne han ikke kjøre til jobben, *La tempête de neige faisait rage partout, c'est pour cela qu'il n'a pas pu aller au travail.*
Nemlig permet donc d'énoncer la cause après le fait principal, tandis que **derfor** introduit le fait après sa cause.
Intéressons-nous aussi de nouveau à **først**, dans le sens de *seulement/ne... que* et aussi *une fois que* : son utilisation se limite aux phrases contenant une idée de temps ; exemples :
Han forstod først hva jeg mente da jeg ble sint, *Il n'a compris ce que je pensais que lorsque je me suis mis en colère.*
Når en først har begynt med å røyke, kan en ikke slutte, *Une fois qu'on a commencé à fumer, on ne peut plus s'arrêter.*

*Pour clore cette leçon sur une touche de poésie, voici une chanson dont le texte fut écrit sur une mélodie populaire par le rival d'***Henrik Ibsen**, **Bjørnstjerne Bjørnson** *(prix Nobel de littérature 1903) :*

Ingrids vise

Og reven lå under birkerot[1]
Bortved[2] **lynget, bortved lynget,**
Og haren hoppet på lette fot,
Over lynget, over lynget
"Det er vel noe til solskinns dag!
Det glitrer for og det glitrer bak, (...)"
Og reven lo[3] **under birkerot, (...)**
Og haren hoppet i ville mot, (...)
"Jeg er så glad over alle ting!
Hu-hei, gjør du slike svære spring (...)!"

Og reven ventet bak birkerot, (...)
Og haren tumlet ham midt imot, (...)
"Men Gud forbarme seg, er du der!
- Å, kjære, hvor tør du danse her (...)?"
[1] *On écrirait aujourd'hui* **bjørkerot**
[2] **bortved**, borte ved
[3] **lo** *est le prétérit de* **å le** *(***lo**, **ledd***)*, rire.

La ballade d'Ingrid

Et le renard était couché sous la racine du bouleau
Du côté de la bruyère, du côté de la bruyère,
Et le lièvre sautait d'un pied léger,
Sur la bruyère, sur la bruyère

Femtisjuende (syvogfemtiende) leksjon

Som tiden går!

1 – Jeg må ˋabsol**u**tt ringe ˋ**Ei**des for å si ˋt**a**kk for ˋsist [1].
2 – ˋ**O**mgås [2] dere ˋf**o**rtsatt, nå som de har ˋb**o**satt* seg [3] i den ˋ**a**vkroken [4] der ˋ**o**ppe ved Finnsk**o**gen [5]?
3 – F**o**rrige ˋs**ø**ndag stakk* [6] vi ˋ**i**nnom på vei til ˋSv**e**rige.
4 Vi ble ˋsj**a**rmert av ˋs**ø**nnen deres, ˋG**u**nnar, som aller**e**de er ˋf**e**rdig med ˋmilit**æ**rtjenesten.
5 – ˋBev**a**res! Som tiden går!
6 – Så triv**e**lig en ung ˋm**a**nn hadde vi ikke r**e**gnet med å tr**e**ffe.
7 M**e**llom oss sagt h**u**sket vi ham som en ˋ**u**mulius som b**a**re drev med å ˋ**e**rte de ˋ**a**ndre **u**ngene. Og så ˋgr**å**t* han til ˋst**a**dighet og ble ˋb**o**rtskjemt av m**o**ren.

"Voilà bien une journée ensoleillée :
Brille par-ci, brille par-là *("devant et derrière")*, (...)"
Et le renard riait sous la racine du bouleau, (...)
Et le lièvre sautait, téméraire et folâtre *("en un courage sauvage")*, (...)
"Je suis si content de toutes choses :
Hop, attention, sais-tu faire [comme moi] des bonds énormes *("pareils [aux miens]")* (...) ?"

Et le renard attendait derrière la racine du bouleau, (...)
Et le lièvre fit droit *("au milieu")* vers lui sa cabriole, (...)
"(Mais) que Dieu ait pitié, te voilà :
- Mon cher, où oses-tu danser [ici] (...) ?"

Deuxième vague : 7ᵉ leçon

Cinquante-septième leçon

Comme le temps passe !

1 – Il faut absolument que j'appelle les Eide pour leur dire merci [de nous avoir reçus].
2 – Vous continuez à vous voir *(Vous vous fréquentez toujours)*, maintenant qu'ils se sont installés dans ce coin perdu là-haut, du côté de Finnskogen *(la Forêt des Finnois)* ?
3 – Dimanche dernier, nous avons fait un saut [chez eux] en allant en *(sur le chemin de)* Suède.
4 Nous avons été charmés par leur fils, Gunnar, qui a déjà fini son service militaire.
5 – Grand Dieu *(Nous garde)* : Qu'est-ce que le temps passe *(Comme le temps va)* !
6 – Nous ne nous étions pas attendus à *(nous n'avions pas compté avec)* rencontrer un jeune homme aussi agréable.
7 Entre nous [soit dit], nous nous en souvenions comme d'un gamin impossible qui ne faisait que taquiner les autres gosses. Et puis il pleurnichait constamment et se faisait gâter *(était gâté)* par sa mère.

57 / Femtisjuende (syvogfemtiende) leksjon

8 Nå tar han etter ˋfaren, som alltid har vært en ˋglad laks:
9 han bruker alle ˋkreftene på å finne på ˋvitser.
10 Du skulle ˋhørt ham. Vi ˋlo* i ˋto timer!
11 Det var bare synd at vår ˋElise satte opp et ˋsurt tryne, selv om han ikke ˋdro* [7] i ˋflettene hennes lenger.
12 – En god vits, gode vitser – en lys flette, lyse fletter – trøtte ("trette") tryner. □

Prononciation
2 **ou**mg**o**s ... b**ou**s**a**t ... **a**vkr**ou**k**ë**n ... **3** ... **i**n**ou**m ... **4** ... milit**Ē**rty**é**n**ë**st**ë** **10** ... lou ... **11** ... drou ...

Notes

1 **Takk for sist**, *Merci pour la dernière fois*. C'est ce qu'on dit à une personne lorsqu'on la revoit (ou qu'on lui parle au téléphone) après avoir été reçu chez elle ou avoir passé en sa compagnie un moment agréable. Il s'agit autant d'une brève évocation de souvenirs que d'une formule

***

Øvelse 1 – Oversett

❶ For en rar idé å bosette seg i denne avkroken! ❷ Bare stikk innom en gang! ❸ Det er ikke noe å le av. ❹ Si meg hvem du omgås med, og jeg skal si deg hvem du er. ❺ Jeg måtte dra på denne vemmelige kofferten hele veien. ❻ Han manglet krefter. ❼ Hold opp å erte henne! ❽ Han satt i en krok og gråt. ❾ Hun elsker å overlesse folk med gode råd.

Cinquante-septième leçon / 57

8 Maintenant, il imite *(prend après)* son père, qui a toujours été un joyeux drille *(un joyeux saumon)* :
9 il met toute son énergie *(utilise toutes les forces)* à inventer des blagues.
10 Tu aurais dû l'entendre. Nous avons ri pendant deux heures !
11 C'est *(était)* seulement dommage que notre Elise ait fait *(ait mis)* la tête *(un groin acide)*, même s'il ne lui tirait plus les nattes *(ne tirait plus dans ses nattes)*.
12 – Une bonne plaisanterie, de... – une natte blonde, des... – des bobines fatiguées.

de politesse. L'expression s'utilise aussi, ironiquement, quand on rend à quelqu'un "la monnaie de sa pièce".

2 **å omgås**, verbe de forme réfléchie (passive) signifie soit *se fréquenter* (sans complément), soit *fréquenter quelqu'un* (complément introduit par **med**).

3 **å bosette seg**, *s'installer/s'établir*, est construit sur **å bo**, *habiter* et **å sette**, *mettre*.

4 **en krok**, *un crochet* ; **en avkrok**, *un coin perdu/un bled*.

5 La forêt de **Finnskogen**, située dans le département du Hedmark, à la frontière suédoise, est ainsi dénommée parce qu'elle fut défrichée et peuplée, au XVIIe siècle, par des Finnois fuyant la famine. La langue et les coutumes finnoises se sont perpétuées dans la région pendant plusieurs siècles.

6 **å stikke**, *toucher/piquer*, a pour prétérit **stakk** et pour participe passé **stukket**. **Å stikke innom**, *faire un saut chez quelqu'un*.

7 **dro** est le prétérit de **å dra**, *tirer* ; son participe passé est **dradd**.

***

Corrigé de l'exercice 1

❶ Quelle drôle d'idée de s'installer dans ce coin perdu ! ❷ Passez donc chez nous un jour ! ❸ Il n'y a pas de quoi rire. ❹ Dis-moi qui tu fréquentes et je te dirai qui tu es. ❺ J'ai dû traîner cette fichue valise tout [le long] du chemin. ❻ Les forces lui ont manqué *(Il a manqué de forces)*. ❼ Cesse de la taquiner ! ❽ Il était assis dans un coin et pleurait. ❾ Elle adore arroser les gens de bons conseils.

tohundreogfemtifire

Øvelse 2 – Fyll ut med de riktige ordene

❶ Tout à coup, nous avons découvert qu'il nous avait roulés.
.... vi at han hadde ..... oss.

❷ Il est question que son livre soit traduit en norvégien.
Det er .... boken hans ... . til norsk.

❸ Quand on lui demande de l'aide, il se plonge dans son (le) journal.
Når man ... ham .. hjelp, ... han seg i ....

❹ Il est obligé de se baisser pour ne pas se cogner la tête contre la poutre.
Han er .... til å .... seg for ikke å ... hodet i ....

***

*L'expression **stikke innom** est représentative d'un mode de vie en société et d'une forme d'hospitalité qui fit longtemps loi en Norvège, et reste en vigueur dans les campagnes. Les invitations formelles – comme celles évoquées à la 48ᵉ leçon – y sont par définition des occasions solennelles, et donc relativement rares. Par contre, on a de bonnes chances d'être bien reçu en se présentant spontanément*

Femtiåttende (åtteogfemtiende) leksjon

Bjørneliv

1 – For et `drittvær [1]! `Tykk `tåke, to `kuldegrader... `Rett i sengs [2]!
2   La oss `late* som [3] vi var `bjørner og ligge i `hi!
3 – Har du `låst [4] bilen, og båret inn `snøskuffen, og `sjekket at `alle kokeplatene er `slått av?
4 – Elskede, slike hverdagslige `småtterier gir `bjørner en `god dag i [5].
5   De bare `ruller seg sammen etter at de har fylt `magen og `snorker.
6 – Du er kommet på feil `hylle her i livet.

Corrigé de l'exercice 2
❶ Plutselig oppdaget – snytt – ❷ – snakk om at – blir oversatt – ❸ – ber – om – fordyper – avisen ❹ – nødt – bøye – slå – bjelken

***

chez des amis, à condition d'éviter la grasse matinée du week-end. Il y aura toujours pour l'hôte de passage, au minimum, une tasse de café. Le travail des femmes et le mode de vie citadin, réglé par des horaires plus stricts, ont bien entendu mis un certain frein à cette spontanéité. Il est désormais recommandé de passer un coup de fil avant de se présenter sur le palier. Il n'en reste pas moins que les relations humaines fonctionnent en général d'une façon moins codée que dans bien d'autres pays occidentaux. Des gens dont les chemins se croisent dans la vie quotidienne, dans les transports en commun, au guichet de la poste ou dans les commerces, s'adressent la parole en toute simplicité, sans qu'il soit besoin de procéder auparavant à des présentations officielles. La chaîne des connaissances peut aussi s'alimenter des "amis de nos amis", surtout en voyage, – peut-être faut-il y voir, une fois de plus, une coutume de marin.

Deuxième vague : 8ᵉ leçon

Cinquante-huitième leçon

[Une] vie d'ours

1 – Quel temps de cochon ! Brouillard épais, moins deux degrés *(deux degrés de froid)*... *(Droit)* au lit !
2 Faisons *(Laissons-nous faire)* comme si nous étions des ours et hibernons *(soyons couchés dans la tanière)* :
3 – As-tu fermé la voiture à clef ? Et rentré la pelle à neige ? Et vérifié que toutes les plaques électriques étaient *(sont)* éteintes ?
4 – Mon amour *(Aimée)*, ce genre de pécadilles prosaïques *(petites choses quotidiennes)*, les ours s'en moquent.
5 Ils se contentent de se rouler en boule *(ensemble)* après s'être *(qu'ils ont)* rempli l'estomac, et ils ronflent.
6 – Tu t'es trompé de vocation *(Tu es arrivé sur la mauvaise étagère)* dans l'existence *(ici, dans la vie)*.

58 / Femtiåttende (åtteogfemtiende) leksjon

7 – ˈGodt sagt. ˈPlaske i ˈfjellbekkene og spise seg ˈmett [6] på ˈhonning, ˈdet er mitt ideal.

8 Forresten, kan du ikke snart ˈkjøpe en ˈskuffe av rustfritt ˈstål, så vi i det minste ˈslipper* denne ˈsure ˈplikten ˈhver kveld?

9 – Når du ˈklager på denne ˈmåten lyder* det [7] jo ˈakkurat som ˈbjørnebrumming...

10 Men ˈvet du en ting: ˈbjørner får ikke gåsehud når de ser en ˈedderkopp.

11 Og de ˈeier ˈikke støvsugere [8] til å ˈforsvare seg mot dem.

12 – Du er den ˈgrusomste binna jeg ˈnoen gang [9] har truffet.

13 – En tykk mage, tykke mager – et mørkt hi – en skuffe, skuffen – en skuff, skuffen – en lang hylle, lange hyller – en støvsuger – ei sulten binne, den sultne binna.

Prononciation
3 … sneus<u>kou</u>fën … 5 … r<u>u</u>lë … 11 … st<u>eu</u>vsuguërë …

Notes

1 Même s'il désigne une réalité triviale, le mot **dritt(en)**, *(la) crotte*, est à ranger dans le langage familier, et non vulgaire.

2 Mais **å gå til sengs**, *aller au lit/se coucher*. Le **s** ajouté à **seng(en)** est un reste de grammaire ancienne qui persiste uniquement dans quelques expressions figées. Autres exemples : **til fots**, *à pied* ; **til salgs**, *à vendre*.

3 **å late som**, *faire comme si/faire semblant*, est un avatar du verbe **å la**, *laisser*, avec lequel il a en commun son prétérit (**lot**) et son participe passé (**latt**).

4 **å låse**, *fermer à clef*.

5 **å gi noe en god dag i**, *se moquer/se ficher de quelque chose*.

6 L'adjectif **mett** signifie *qui n'a plus faim*. **Er du mett?**, *As-tu assez mangé ?* **Å spise seg mett på noe**, *manger de quelque chose à satiété/se gaver de quelque chose*.

257 • **tohundreogfemtisju**

7 – Aucun doute *(Bien dit)*. Patauger dans les torrents *(ruisseaux de montagne)* et se gaver de miel, c'est mon idéal.

8 Et puis *(D'ailleurs)*, est-ce que tu ne pourrais pas bientôt acheter une pelle en inox *(acier inoxydable)*, que nous échappions au moins à cette corvée *(cet aigre devoir)* tous les soirs ?

9 – Quand tu te plains de cette façon, ça sonne exactement comme des grognements d'ours...

10 Mais tu sais *(sais-tu une chose)* : les ours n'ont pas la chair de poule quand ils voient une araignée.

11 Et ils n'ont *(possèdent)* pas d'aspirateurs pour se défendre *(contre elles)*.

12 – Tu es l'ourse la plus cruelle [que] j'aie jamais *(une fois quelconque)* rencontrée.

13 – Un gros ventre, de... – une tanière sombre – une pelle, la pelle – un tiroir, le tiroir – une longue étagère, de... – un aspirateur – une ourse affamée, l'ourse affamée.

7 en **lyd**, *un son/un bruit* ; **å lyde**, *sonner/rendre tel ou tel son*. La traduction en français de ce verbe est parfois difficile : **Hvordan lyder spørsmålet?**, *Comment est formulée la question ?* **Det lyder rart, det høres rart ut**, *Ça a l'air bizarre*.

8 **støvsuger(en)** est formé de **støv(et)**, *(la) poussière* et du verbe **å suge**, *sucer/aspirer*.

9 **noen gang** équivaut à notre *jamais* positif : *hvis du noen gang sier det til ham...*, *si jamais tu le lui dis...*

Øvelse 1 – Oversett

❶ Han hadde spist seg mett på risengrynsgrøt. ❷ Bøkene skal ryddes på hyllen til venstre. ❸ Ungene plasket i sjøen mens vi solte oss. ❹ Jeg fylte en flaske med vann fra fjellbekken. ❺ Det kommer til å bli tjue kuldegrader ved Lillehammer. ❻ Denne gryten er av rustfritt stål. ❼ Hun laget en riktig tykk gulrotsuppe. ❽ Han lot som han skjønte hva du sa. ❾ Tror du de kommer til å gå med på de nye planene hennes? ❿ Det er bare blåbær. ⓫ Solveig blir bortskjemt av pappa.

***

Øvelse 2 – Fyll ut med de riktige ordene

❶ Il ne suffit pas de fermer la porte : il faut absolument qu'elle soit verrouillée.
Det ...... ikke med å ...... døren: ... må absolutt ......

❷ Il est venu dès que *(immédiatement quand)* on le lui a demandé.
Han ... . da han ble ...... det.

❸ Débarrassons-nous de cette corvée tout de suite.
.. oss bli ..... denne sure .... en .....

❹ C'est le garçon le plus sympathique que j'aie jamais rencontré.
Det er den .... ste gutten jeg .... har ....

Femtiniende (niogfemtiende) leksjon

Kommunikasjonsproblemer

1 – Hvorfor ˋkaller du meg ikke lenger for
   "ˋskatten [1] min"?
2 – Det ˋminner meg for mye om ˋformuen jeg
   ville ˋtjent [2] hvis vi hadde ˋbodd i ˋSveits.

*****

3 – Jeg ˋtåler ikke disse ˋmislykte ˋakademikerne [3]
4   som ˋbestandig bruker ˋfremmedord [4] for å
    ˋbriske seg.

259 • **tohundreogfemtini**

Corrigé de l'exercice 1

❶ Il s'était gavé de riz au lait. ❷ Les livres doivent être rangés sur l'étagère, à gauche. ❸ Les gosses pataugeaient dans la mer pendant que nous prenions le soleil. ❹ J'ai rempli une bouteille avec de l'eau du torrent. ❺ Il va faire moins vingt du côté de Lillehammer. ❻ Cette casserole est en inox. ❼ Elle a préparé une soupe de carottes bien épaisse. ❽ Il a fait semblant de comprendre ce que tu disais. ❾ Crois-tu qu'ils/elles accepteront ses nouveaux projets ? ❿ C'est un jeu d'enfants. ⓫ Solveig se fait gâter par Papa.

***

❺ Je préférerais rester à l'intérieur.
Jeg ville .... meg ....

Corrigé de l'exercice 2

❶ – rekker – stenge – den – låses ❷ – kom øyeblikkelig – bedt om – ❸ La – kvitt – plikten med – gang ❹ – trivelig – noen gang – truffet ❺ – helst holde – innendørs

Deuxième vague : 9ᵉ leçon

Cinquante-neuvième leçon

Problèmes de communication

1 – Pourquoi ne m'appelles-tu plus "mon trésor" ?
2 – Ça me rappelle trop la fortune que j'aurais gagnée si nous avions habité en Suisse.

*****

3 – Je ne supporte pas ces universitaires ratés
4   qui utilisent constamment des mots étrangers pour se faire mousser.

59 / Femtiniende (niogfemtiende) leksjon

5 Her om `dagen `stanset Finn Holm meg på `gaten
6 og `skrøt* ⁵ av at han `følger et eller annet `kurs i `tibetansk `meditasjon.
7 "Jeg `sublimerer veldig `bra", sa han ... `helt `latterlig!
8 Jeg kunne svart at det er jo `"assortere ⁶" det heter*, men jeg `avholdt meg fra det.

*****

9 – `Kunstkritikeren Ove `Harting er blitt `innlagt* på `sykehus: han hadde `bitt* ⁷ en `statue i `Frognerparken ⁸.
10 – Hva lød* ⁹ `diagnosen?
11 – Tre løse ¹⁰ `tenner og `brudd på `underkjeven.

*****

12 – Var det ikke et `rop om `hjelp? Jeg `hørte noe som `lignet "elp".
13 – Det kan `være, men `for en avskyelig `uttale!

*****

14 – En latterlig akademiker, latterlige akademikere – et mislykket selskap – et uforståelig fremmedord, disse uforståelige fremmedordene – et brudd, flere brudd.

Prononciation
*4 ... frèmëdour ... 6 ... feulër ... 9 ... ouvë ... 10 ... diagnous
13 ... avchüli ...*

Notes

1 **skatten**, *le trésor*, ne vous est pas inconnu. Mais ce mot, qui peut être tendre, veut aussi dire *impôts*. Le système fiscal norvégien prévoit le retrait des sommes dues "à la source". Les Norvégiens n'ont donc jamais à payer d'impôts, ils se contentent de constater, sur leur fiche de paie, l'ampleur des sommes qui ne leur sont pas versées. Ce sujet n'en alimente pas moins les conversations, car la Norvège, très généreuse

Cinquante-neuvième leçon / 59

5 L'autre jour, Finn Holm m'a abordé *(arrêté)* dans la rue
6 et s'est vanté de suivre *(de ce qu'il suivait)* je ne sais trop quel *(un ou un autre)* cours de méditation tibétaine.
7 "Je sublime très bien" [m']a-t-il dit... complètement ridicule :
8 J'aurais pu [lui] répondre qu'on dit "assortir" *(que c'est "assortir" que cela s'appelle)*, mais je me suis retenu *(de ça)*.

*****

9 – Le critique d'art Ove Harting a été hospitalisé *(inclus à l'hôpital)* : il avait mordu une statue du parc Frogner.
10 – Quel a été *(a sonné)* le diagnostic ?
11 – Trois dents branlantes *(détachées)* et une fracture de *(sur)* la mâchoire inférieure.

*****

12 – N'était-ce pas un appel au secours *(à l'aide)* ? J'ai entendu quelque chose qui ressemblait à "elp".
13 – Ça se peut, mais quelle prononciation exécrable !

*****

14 – Un universitaire ridicule, des... – une soirée ratée – un incompréhensible mot étranger, ces... – une fracture, des...

---

en subventions, bourses et pensions diverses, compte fortement sur la contribution des citoyens.

2 **å tjene (penger)**, *gagner de l'argent (en travaillant)*.

3 On appelle **akademiker** toute personne qui a fait des études supérieures.

4 Les **fremmedord**, *mots d'origine étrangère*, constituent une catégorie particulière du vocabulaire norvégien. Une bonne part de ces mots sont d'un usage peu courant et beaucoup ont des doublets purement norvégiens. Il ne faut donc pas s'étonner qu'ils ne soient pas compréhensibles par tous – des dictionnaires (pour norvégophones) leur sont consacrés – et que leur utilisation soit un indicateur sûr permettant de repérer le niveau de formation, l'origine sociale et le degré de snobisme de celui qui s'exprime. Méfiez-vous donc de ces mots qui ressemblent trop au français !

59 / Femtiniende (niogfemtiende) leksjon

5 **skrøt** est le prétérit de **å skryte**, *se vanter* ; son participe passé est **skrytt**.
6 Le verbe sur lequel se trompent ces deux personnages est bien entendu **å assimilere** !
7 **å bite**, *mordre*, a pour prétérit **bet** et pour participe passé **bitt**.
8 **Frognerparken**, également dénommé **Vigelandsanlegget**, est l'un des lieux les plus étonnants d'Oslo, conçu autour des œuvres de **Gustav Vigeland**, sculpteur de l'entre-deux-guerres. Le style de ces statues,

***

Øvelse 1 – Oversett

❶ Han spurte meg hvor mye jeg tjener. ❷ Det nybygde huset deres kostet en formue. ❸ Jeg lurer på hvem den mannen er som følger etter oss. ❹ Talen hans lød veldig optimistisk. ❺ Jeg er blitt bitt av en svær hund. ❻ Læreren vår er helt latterlig, synes jeg. ❼ Hun måtte fort innlegges på sykehus. ❽ Han har avholdt seg fra kaffe i tre måneder. ❾ Vi får håpe det varer. ❿ Jeg har det litt vanskelig med den norske uttalen. ⓫ Lars er en riktig umulius.

***

Øvelse 2 – Fyll ut med de riktige ordene

❶ Tu te plains constamment de payer trop d'impôts, et de ci, et de ça...
Du ...... til .... over at du .... for mye ....., og .... og .....

❷ Elle se vante d'avoir fait du ski dans les Alpes.
Hun .... av at hun har .... på ski i Alpene.

❸ Il n'y a pas de quoi se faire autant mousser.
Det er .... å ...... seg så mye med.

❹ Tu aurais dû te retenir de critiquer le patron.
Du skulle .... deg ... å kritisere ....

❺ L'opinion des autres, il s'en moque.
Andre ..... mening ... han en ....

sur le thème de la vitalité physique, va de l'humoristique au grandiloquent et provoque rarement l'indifférence.

9 **lød** est le prétérit de **å lyde**.

10 Vous souvenez-vous de **arbeidsløs**, *sans travail/au chômage* ? **Løs** a ici son sens le plus concret : *détaché/qui bouge/qui menace de tomber*. Le personnage en question a probablement aussi **en skrue løs**, "une vis détachée", c'est-à-dire *une case en moins, une araignée au plafond*, etc.

***

Corrigé de l'exercice 1

❶ Il m'a demandé combien je gagnais *(gagne)*. ❷ La maison qu'ils/elles viennent de se faire construire *(Leur maison nouvellement construite)* a coûté une fortune. ❸ Je me demande qui est cet homme qui nous suit. ❹ Son discours était *(sonnait)* très optimiste. ❺ Je me suis fait mordre *(J'ai été mordu)* par un énorme chien. ❻ Notre professeur est complètement ridicule, je trouve. ❼ Elle a dû être rapidement hospitalisée. ❽ Il s'abstient de [boire] du café depuis trois mois. ❾ Espérons que ça durera. ❿ J'ai un peu de mal *(Je l'ai un peu difficile)* avec la prononciation norvégienne. ⓫ Lars est vraiment impossible.

Corrigé de l'exercice 2

❶ – klager – stadighet – betaler – skatt – ditt – datt ❷ – skryter – gått – ❸ – ikke noe – briske – ❹ – avholdt – fra – sjefen ❺ – folks – gir – god dag i

Deuxième vague : 10ᵉ leçon

Sekstiende leksjon

Uflaks

1 – ˋUlykkesfugler⁈ Ikke ˋkom med sånt ˋoppspinn ²!
2 Hvorfor ikke ˋspøkelser og ˋhekser, når du først er i ˋgang?
3 – Jeg kan ˋforsikre deg: min kompis ˋArne er ˋforfulgt* ³ av ˋuflaks ⁴.
4 ˋAlt han setter ˋigang ender med ˋforferdelse, og ˋdet kan han ikke noe ˋfor.
5 Forrige uke fikk han ˋsparken fra sin ˋstilling som ˋbedriftspsykolog i A/S ˋNordsko.
6 – Helt vanlig ˋnå til dags! I ˋnæringslivet gjelder bare ˋprofitt og ˋMammons ⁵ makt.
7 – ˋSamme dag kjøpte han en ˋkjempestor gave til ˋforloveden: ˋkonversasjonsleksikon ⁶ i tjue bind.
8 For hun ˋorker ikke lese annet enn ˋtegneserier og lider av ˋmindreverdighetskomplekser på grunn av ˋdet.
9 – ˋDrastisk behandling. Jeg antar at hun ble ˋfornærmet og ˋslo ⁷ opp?
10 – Ja, Arne var ˋknust av sorg, og for å ˋtrøste seg ville han ha en bedre middag med ˋlapskaus ⁸ – det er nemlig hans ˋlivrett.
11 Han ˋklatret opp på en ˋkrakk for å ˋrekke* opp til ˋhermetikkboksen, men ˋgled* ⁹ og brakk* ¹⁰ ˋarmen.

Soixantième leçon

[La] poisse

1 – Des malchanceux chroniques *(Oiseaux à accidents)* ? Ne me parle pas de *(Ne viens pas avec)* ce genre d'inventions !

2 Pourquoi pas des fantômes et des sorcières, tant que tu y es *(quand tu es seulement en marche)* ?

3 – Je peux te [l']assurer : mon copain Arne est poursuivi par la déveine.

4 Tout ce qu'il entreprend *(met en marche)* finit par *(avec)* un désastre, et il n'y peut rien *(ne peut rien pour ça)*.

5 La semaine dernière, il a été mis à la porte *(il a eu le coup de pied)* de son emploi de psychologue d'entreprise chez A/S Nordsko *("Chaussures du Nord S.A.")*.

6 – Tout à fait banal *(habituel)* de nos jours : Dans la vie économique, il n'y a que le profit et l'argent qui comptent *(valent seulement le profit et la puissance de Mammon)*.

7 – Le même jour, il a acheté un cadeau gigantesque à sa fiancée : l'encyclopédie "de la conversation" en vingt volumes.

8 Parce qu'elle n'arrive pas à lire autre [chose] que des bandes dessinées et souffre de complexes d'infériorité à cause de ça.

9 – Traitement de choc *(drastique)*. Je suppose qu'elle a été vexée et a rompu ?

10 – Oui, Arne a été écrasé de chagrin et pour se consoler, il a voulu prendre *(avoir)* un bon *(meilleur)* repas avec du ragoût – c'est *(en effet)* son plat favori *(le plat de sa vie)*.

11 Il a grimpé sur un tabouret pour atteindre *(en haut jusqu'à)* la boîte de conserve, mais a glissé et s'est cassé un bras *(a cassé le bras)*.

60 / Sekstiende leksjon

12 – Og `naturligvis skulle han `delta* i en `ishockeykamp dagen `etter?
13 – Nei, i et `hopprenn.
14 – En kjempeformue – profitten – gamle kompiser – en politisk makt, stormaktene – et bind, flere bind – et dumt kompleks – en deilig rett, deilige retter.

Prononciation
1 … **ou**pspi'n *6* … proufit … *7* … Çèmpëstour … *9* … slou … *11* … glé …

Notes

1 **en ulykkesfugl** a deux sens : l'un correspond au français *oiseau de malheur*, c'est-à-dire quelqu'un dont la seule présence attire la malchance sur autrui ; le second, plus courant (et utilisé ici) évoque quelqu'un qui est lui-même la victime de prédilection du mauvais sort.

2 **oppspinnet**, *une invention*, au sens d'une idée farfelue et sans fondement.

3 **forfulgt** est le participe passé de **å forfølge**, *persécuter*, dérivé de **å følge**, *suivre* ; son prétérit est **fulgte**.

4 **uflaksen**, *la poisse/la déveine* appartient au langage familier, de même que **flaksen**, *la chance*. Leurs équivalents dans un registre plus soutenu sont **hell(et)** et **uhell(et)** dont nous avons déjà rencontré la racine dans l'adjectif **heldig**, *chanceux*.

5 **Mammon**, personnification de l'argent, est un exemple de l'importance des images bibliques dans la langue norvégienne, quel que soit le degré

***

Øvelse 1 – Oversett

❶ Om sommeren driver jeg med fjellklatring. ❷ Det finnes ingen behandling mot dumhet. ❸ Hun deltok i flere TV-programmer. ❹ Jeg er bedriftslege i et oljeselskap. ❺ Du skulle kjøpe deg en norsk-fransk ordbok. ❻ Barna hoppet på magen hans. ❼ Fiskeboller med hvit saus er min livrett. ❽ Vær forsiktig: du kan gli på isen. ❾ Han ville sikkert ikke fornærme deg. ❿ Han har vel en skrue løs.

Soixantième leçon / 60

12 – Et bien entendu, il devait participer à un match de hockey le lendemain *(jour après)* ?
13 – Non, à une compétition de saut à ski.
14 – Une fortune colossale – le profit – de vieux copains – un pouvoir politique, les grandes puissances – un tome, des... – un complexe idiot – un plat délicieux, des...

de (dé)christianisation du locuteur. Il faut y voir la marque du luthéranisme, officiellement introduit dans le pays en 1536 et qui, quelque deux siècles plus tard, fut le moteur de l'alphabétisation de masse.

6 konversasjonsleksikonet, *le dictionnaire encyclopédique*, avait traditionnellement sa place dans toutes les bibliothèques familiales. Le mot **konversasjon** suggère que les connaissances qu'on y puise permettent de briller dans la conversation. Pour désigner les versions plus modernes de ce type d'ouvrage, **leksikon** suffit. *Le dictionnaire de langue* se dit **ordboken**.

7 **slo** est le prétérit de **å slå**, *frapper* ; son participe passé est **slått**. **Å slå opp**, outre le sens de *rompre une liaison*, est aussi synonyme de **å åpne** dans **å slå opp en paraply**, *ouvrir un parapluie*.

8 **lapskaus**, *le ragoût*, a, les jours de disette, la même fonction salvatrice que le cassoulet français. Le mot peut aussi s'utiliser au sens figuré : **Hva er dette for en lapskaus?**, *Qu'est-ce que c'est que cette salade ?* !

9 **gled** est le prétérit de **å gli**, *glisser* ; son participe passé est **glidd**.

10 **brakk** est le prétérit de **å brekke**, *casser/se casser* ; son participe passé est **brukket**. Nous ferons le point sur les diverses traductions de *casser* dans la prochaine leçon de révision.

***

Corrigé de l'exercice 1

❶ En été, je fais de l'escalade. ❷ Il n'y a pas de remède *(traitement)* contre la bêtise. ❸ Elle a participé à plusieurs émissions de télévision. ❹ Je suis médecin d'entreprise dans une compagnie pétrolière. ❺ Tu devrais t'acheter un dictionnaire norvégien-français. ❻ Les enfants lui sautaient sur le ventre. ❼ Les boulettes de poisson à la sauce blanche sont mon plat préféré. ❽ Fais attention : tu pourrais *(peux)* glisser sur la glace. ❾ Il ne voulait sûrement pas te vexer. ❿ Il doit être un peu toqué.

tohundreogsekstiåtte

61 / Sekstiførste (enogsekstiende) leksjon

Øvelse 2 – Fyll ut med de riktige ordene

❶ Je viens de lire le deuxième tome de *Kristin Lavransdatter* de Sigrid Undset.
Jeg har .... lest .... av Sigrid Undsets *Kristin Lavransdatter*.

❷ Il a glissé et a failli tomber dans la rivière avec toutes ses affaires.
Han .... og ...... å falle i ..... med alle .... sine.

❸ Elle m'a donné un coup de pied sous la table pour me faire taire.
Hun .... meg ..... bordet for å .. meg til å ... .

❹ Tant que tu y es, tu pourrais bien leur demander de t'accompagner *(suivre)* jusqu'à la maison.
Nå du ..... er ....., kunne du vel .. dem .. å ..... deg .....

Sekstiførste (enogsekstiende) leksjon

Ansvar

1 – `Unnskyld, jeg tror jeg har `sluppet* [1] `pungen min ned i `bæreposen din, det er så `dumt, så...

2 – Det var et `hendelig [2] uhell [3], ikke ta deg `nær av det.

3 – Jeg kom jo `tilfeldigvis over en `tusenlapp [4] i `vesken din, her forleden [5].

*****

4 – Skal vi be* onkel `Fredrik om å forklare hvordan `svenskene vant* [6] `10 000-meteren ("titusenmeteren") i OL? [7]

5 – `Det gjør dere på `eget ansvar.

*****

6 – Det er ikke `jeg som er `døv, det er `alle `dere som snakker for `lavt!

269 • **tohundreogsekstini**

Corrigé de l'exercice 2

❶ – nettopp – annet bind – ❷ – gled – holdt på – elven – tingene – ❸ – sparket – under – få – tie still ❹ – først – i gang – be – om – følge – hjem

---

Le mot **konversajonsleksikon** *est révélateur d'un trait de civilisation qui ne manque pas de frapper dès que l'on s'introduit dans les foyers norvégiens : dans ce pays, le savoir ne s'engrange guère en silence. Sa vocation première est d'être restitué à la première occasion. Vous assisterez ainsi à des exposés historiques durant les repas entre amis, à des conférences érudites en tous lieux, et vous étonnerez que l'on coupe aussi peu la parole aux auteurs de ces pompeuses interventions.*

Deuxième vague : 11ᵉ leçon

Soixante et unième leçon

Responsabilité

1 – Excusez-moi, je crois que j'ai laissé tomber mon porte-monnaie dans votre sac à provisions *(à porter)*, c'est si bête *(comme ça)*...
2 – C'est *(C'était)* une chose *(un incident)* qui peut arriver, ne vous en faites pas *(ne vous prenez pas ça de trop près)*.
3 Moi, je suis bien tombé sur *(arrivé au-dessus d')* un billet de mille [couronnes] dans votre sac à main, l'autre jour.

*****

4 – Si on demandait à tonton Fredrik de nous expliquer comment les Suédois ont gagné le 10 000 mètres aux Jeux Olympiques ?
5 – C'est à vos risques et périls *(Vous le faites sous votre propre responsabilité)*.

*****

6 – Ce n'est pas moi qui suis sourd, c'est vous tous qui parlez trop bas !

61 / Sekstiførste (enogsekstiende) leksjon

7 Det er **i**kke `jeg som har `d**å**rl**i**g `syn, det er `alle `dere som `skriver for `smått **⁸**!

8 Det er **i**kke `jeg som er `gl**e**msom, det er `alle `dere som `bestand**i**g r**o**ter bort **⁹** `tingene mine!

*****

9 – Hvem har svidd **¹⁰** `steken?

10 – `Min feil kan det `**i**kke være, jeg har **i**kke `satt mine `ben på kj**ø**kkenet på fl**e**re `timer.

*****

11 – Du skulle jo `varsl**e**t politi**e**t da du så `t**y**vene `br**y**te seg **i**nn hos `naboen!

12 – Det var til `pass for ham.

13 Han `n**e**ktet å `**u**ndertegne `**o**ppropet m**i**tt om `solidaritet mellom `rike og `fattige.

*****

14 – Et teknisk **u**hell, tekniske **u**hell – en rød lapp, røde lapper – et **i**nnbrudd, flere **i**nnbrudd. ☐

Prononciation
8 … rout**ër** … **13** … **u**nërtèynë …

Notes

1 **sluppet** est le participe passé de **å slippe**, *laisser tomber/échapper à*. Son participe passé est **slapp**.

2 L'adjectif **hendelig**, *qui peut arriver* (uniquement dans cette expression), dérive du verbe **å hende**, *arriver/se produire*, synonyme de **å skje**. Attention : dans **hende/hender**, le **d** ne se prononce pas. **Kanskje er det hendt ham noe**, *Peut-être lui est-il arrivé quelque chose*.

3 **uhellet**, *la malchance*, a aussi le sens plus ponctuel de *un incident*, de même que **ulykken**, désigne soit *le malheur*, soit *l'accident*.

4 **en lapp**, *un bout de papier*, *un mot écrit*, etc. **En tusenlapp** est synonyme de **tusenkroneseddel**. De la même manière, on dit : **en hundrelapp/en femhundrelapp**, *un billet de 100/de 500 couronnes*.

5 **(her) forleden**, **her om dagen**, **nylig**, *l'autre jour/récemment*.

Soixante et unième leçon / 61

7 Ce n'est pas moi qui ai [une] mauvaise vue, c'est vous tous qui écrivez trop petit !

8 Ce n'est pas moi qui suis distrait, c'est vous tous qui flanquez mes affaires n'importe où *(mettez au loin en désordre mes affaires)* !

*****

9 – Qui a [laissé brûler] *(brûlé)* le rôti ?

10 – Ça ne peut pas être de ma faute, je n'ai pas mis les pieds dans la cuisine depuis des heures *(sur plusieurs heures)*.

*****

11 – Tu aurais dû avertir la police quand tu as vu les voleurs entrer par effraction *(se faire entrer en cassant)* chez le voisin !

12 – C'était bien fait pour lui.

13 Il a refusé de signer ma pétition sur la solidarité entre riches et pauvres.

*****

14 – Un incident technique, des incidents techniques – une contravention *(un billet rouge)*, des contraventions – un cambriolage, des cambriolages.

---

6 vant est le prétérit de **å vinne**, *gagner* au jeu ou lors d'une compétition. Son participe passé est **vunnet**.

7 Citons ici un dicton sportif typiquement norvégien : **Det viktigste er ikke å delta, men å slå svenskene**, *L'important n'est pas de participer, mais de battre les Suédois.*

8 **smått**, *"de façon petite"*, est l'adverbe qui correspond à **liten**. Attention : **han skriver for lite** signifierait *il écrit trop peu*.

9 **å rote**, *mettre en désordre/déranger*. **Bort** ajoute l'idée de perdre quelque chose à force de désordre. On peut aussi l'associer à **etter**, pour évo-quer une recherche frénétique et peu méticuleuse : **Han roter i skuffen etter papiret**, *Il fouille dans le tiroir pour trouver le papier.*

10 **å svi** s'utilise pour tout ce qui est brûlure de surface. Il peut aussi se substituer à **å gjøre vondt** pour parler d'une douleur. **Det svir i øynene**, *J'ai les yeux qui piquent/qui brûlent.* **Det lukter svidd**, *Ça sent le brûlé* (ou, au sens figuré : *Ça sent le roussi*).

Øvelse 1 – Oversett

❶ Jeg hengte en lapp på inngangsdøren. ❷ De traff hverandre helt tilfeldig på Karl Johan. ❸ Programmet ble avbrutt på grunn av et teknisk uhell. ❹ Jeg er lei av at du alltid vinner. ❺ Til fødselsdagen din får jeg laget en kjempestor kake. ❻ Kan du ikke prøve å snorke litt lavere? ❼ Jeg fikk ikke blund på øynene i natt. ❽ Katten ruller seg sammen. ❾ Når folk besøker konen hans, går han i hi. ❿ Trollet så på meg med et grusomt blikk. Han har dårlig syn.

***

Øvelse 2 – Fyll ut med de riktige ordene

❶ Il n'a pas mis les pieds à l'église depuis plusieurs années. – Grand Dieu !

Han har ikke .... sine ... i .... flere år. – .... !

❷ J'ai essayé de le consoler, mais il ne faisait que pleurer, et je n'y pouvais rien.

Jeg ...... å ...... ham, men han bare .... og jeg ..... ikke ... ...

❸ Ils ont pris leurs jambes à leur cou quand ça commençait à sentir le roussi.

De ... bena .... da det begynte å ....

Sekstiandre (toogsekstiende) leksjon

Litt om Bergen

1 – Du er på gjennomreise i `Bergen og har sett deg `mett på den hanseatiske `Bryggen.

2 Du har `brukt opp `pengene på hjemmestrikkede `skjerf og har nytt* [1] en `softis [2] på `fisketorget.

Corrigé de l'exercice 1

❶ J'ai accroché un mot sur la porte d'entrée. ❷ Ils/Elles se sont rencontré(e)s tout à fait par hasard sur l'avenue Karl Johan. ❸ L'émission a été interrompue en raison d'un incident technique. ❹ J'en ai assez que tu gagnes toujours. ❺ Pour ton anniversaire, je ferai faire un gâteau gigantesque. ❻ Ne pourrais-tu pas essayer de ronfler un peu moins fort ? ❼ Je n'ai pas fermé l'œil la nuit dernière. ❽ Le chat se roule en boule. ❾ Quand des gens viennent voir sa femme, il se retire dans son antre *(sa tanière)*. ❿ Le troll me considéra avec un regard cruel. Il a une mauvaise vue.

Corrigé de l'exercice 2

❶ – satt – ben – kirken på – Bevares ❷ – prøvde – trøste – grât – kunne – noe for det ❸ – tok – på nakken – lukte svidd

Deuxième vague : 12ᵉ leçon

Soixante-deuxième leçon

[Coup d'œil] (*un peu*) **sur Bergen**

1 – Vous êtes de passage à (*en voyage à travers*) Bergen, et vous vous êtes mis plein les yeux (*vous vous êtes regardés à satiété sur le*) du Quai Hanséatique.
2   Vous avez dépensé tout (*utilisé entièrement*) votre argent pour acheter (*sur*) des écharpes tricotées main (*tricotées à la maison*) et dégusté une glace à la crème sur le marché au poisson.

3 Du har tatt en ˋmasse bilder av ˋskoleskipet Statsraad ˋLehmkuhl [3] og ˋmatrosene med ˋblå øyne [4].

4 De gikk og ˋsyslet med sitt og lot seg ˋbeundre av de ˋblåøyde turistene.

5 – Nå ville det være ˋlurt å dra* ˋinnom [5] ˋTroldhaugen, Edvard ˋGriegs merkverdige ˋbolig.

6 Huset i ˋnasjonalromantisk stil ble bygd i ˋvakre omgivelser på ˋslutten av ˋ1800-tallet (attenhundretallet).

7 Her møttes ˋdatidens fremste ˋkunstnere, som hadde ˋtilbrakt* [6] ungdomsårene i ˋutlandet for å ˋlære det ˋekte norske.

8 – Og ˋtenk, her ble ˋSolveigs sang fra "Peer Gynt" sunget* av ˋNina Grieg, komponistens ˋkone, mens ˋtilhørerne tørket ˋtårene.

9 Ante [7] noen i den ˋeksklusive kretsen at denne ˋbudeiesangen skulle gi en ˋså effektiv markedsføring for ˋnorske interesser?

10 Den solgte nemlig ˋbedre enn ˋvikingenes ˋheltebrøl og Roald ˋAmundsen og Fridtjof ˋNansens ˋbedrifter.

11 – Et skjerf, flere skjerf – en utenlandsk matros – en bolig, flere boliger – en kjent kunstner – en tåre, tårer.

□

🗨 Prononciation
*3 ... skoulëchipë ... matroussënë ... 6 ... oumyivèlsër ...
7 ... ou-ng-domsôrëne ... 8 ... sou'nguët ...*

Soixante-deuxième leçon / 62

3 Et [vous avez] pris une quantité de photos du navire-école Statsraad Lehmkuhl, et des matelots aux yeux bleus.

4 Ils allaient [et venaient] et vaquaient à leurs occupations *(et s'occupaient du leur)* en se laissant *(et se laissaient)* admirer par les touristes naïfs.

5 – À présent, ça vaudrait la peine *(ce serait malin)* de faire un détour par Troldhaugen *(le tertre aux trolls)*, la curieuse résidence d'Edvard Grieg.

6 La maison, de *(en)* style national-romantique, a été construite dans un cadre *(des environs)* superbe à la fin du dix-neuvième siècle.

7 Ici se retrouvaient les artistes les plus en vue *(en avant)* de l'époque, qui avaient passé leur jeunesse *(années de jeunesse)* à l'étranger pour apprendre [ce qui est] *(l')* authentiquement norvégien.

8 – Et pensez [donc] : [c'est] ici [que] la Chanson de Solveig [extraite] de Peer Gynt fut chantée par Nina Grieg, la femme du compositeur, tandis que les auditeurs séchaient leurs *(des)* larmes.

9 Quelqu'un, dans ce cercle exclusif d'auditeurs, se doutait-il que cette chanson de vachère ferait *(devait donner)* un marketing aussi efficace *(meilleur)* pour les intérêts norvégiens ?

10 Car elle [se] vendit mieux que les rugissements héroïques *(hurlements de héros)* des Vikings et les exploits de Roald Amundsen et Fridtjof Nansen.

11 – Une écharpe, des écharpes – un marin étranger – un logement, des logements – un artiste connu – une larme, des larmes.

Notes

1. **å nyte**, *consommer/déguster/profiter de* quelque chose. **Jeg vil nyte livet**, *Je veux profiter de la vie* ; et au sens plus abstrait : **Han nyter stor respekt**, *Il jouit d'un grand respect.*

2. À la belle saison, les cornets de **softis** se vendent à tous les coins de rue. Il s'agit de *crème liquide*, **fløte**, sucrée et glacée. Le mot est une norvégisation de l'anglais **soft-ice**. Ne vous y laissez pas prendre : "soft" n'existe pas en norvégien.

3. **Statsraad Lehmkuhl** (prononcez *[statsråd]* le double **aa** étant l'ancienne orthographe du son *[o]*), est le nom du splendide voilier-école de la marine norvégienne, qu'on peut le plus souvent admirer amarré dans le port de Bergen.

4. Si **med blå øyne** signifie simplement *aux yeux bleus*, **blåøyde** est réservé au sens figuré qui évoque la naïveté d'un regard transparent.

5. **å dra innom**, *faire un détour par...* Cette expression verbale s'utilise sans préposition, avec un simple complément d'objet.

6. **tilbrakt** est le participe passé de **å tilbringe**, *passer le temps* ; son prétérit est **tilbrakte**.

7. **å ane noe**, *se douter de quelque chose, avoir une intuition/un pressentiment*. **Det aner jeg ikke**, *Je n'en ai pas la moindre idée*. **Det ante meg**, *Je m'en doutais*. Du verbe vient le nom **anelse(n)**, *intuition/pressentiment/soupçon*.

***

Øvelse 1 – Oversett

❶ Barna stod i krets rundt flaggstangen og sang. ❷ Jeg vasker opp og du tørker tallerkenene. ❸ Vi sto der og beundret omgivelsene. ❹ Det var blåøyd av deg å gå med på det. ❺ Han spiser ikke annet enn brød og geitost. ❻ Er det en typisk norsk rett? ❼ På slutten av eventyret gifter de seg. ❽ Bestefar er stokk døv. ❾ Vi tilbrakte en uke på Dovre. ❿ Hun så ut som en ekte norsk budeie, med lyse fletter og rød lusekofte.

Soixante-deuxième leçon / 62

Du XIIIe au XVIIIe siècle, la ville de Bergen fit partie des ports de la Hanse, confrérie de marchands allemands dont l'activité s'étendait essentielle-ment sur le pourtour de la mer Baltique. De cette époque reste l'architecture moyenâgeuse du cœur de la ville, bordant le Quai Hanséatique. La Hanse a également laissé des traces dans la langue norvégienne, qui importa par cette voie une bonne quantité de mots allemands.

*Les explorateurs **Amundsen** et **Nansen** furent, pour les générations de la fin du XIXe et de la première moitié du XXe siècle, les incarnations d'une Norvège aux valeurs de courage et d'indépendance, soucieuse de construire son image internationale à coups d'actes individuels héroïques. **Nansen** traversa le Groënland à ski en 1888, puis, entre 1893 et 1896, explora l'océan Glacial Arctique à bord de son bateau, le **Fram** ("En Avant"). En 1911, **Amundsen** atteignit le premier le pôle Sud, au terme d'une expédition de deux mois en traîneau à chiens, tandis que l'équipe concurrente, britannique, y laissait la vie.*

***

Corrigé de l'exercice 1

❶ Les enfants se tenaient en cercle autour *(de la hampe)* du drapeau et chantaient. ❷ Je fais la vaisselle et tu essuies *(sèches)* les assiettes. ❸ Nous étions *(debout)* là, à admirer *(et admirions)* les environs. ❹ C'était naïf de ta part d'accepter cela. ❺ Il ne mange rien d'autre que du pain et du fromage de chèvre. ❻ Est-ce un plat typiquement norvégien ? ❼ À la fin du conte, ils se marient. ❽ Grand-Père est sourd comme un pot *(tronc)*. ❾ Nous avons passé une semaine dans le [massif du] Dovre. ❿ Elle avait l'air d'une vraie vachère norvégienne, avec des nattes blondes et une veste tricotée rouge.

tohundreogsyttiåtte • 278

Øvelse 2 – Fyll ut med de riktige ordene

1 Aud va et vient dans la cuisine, pendant qu'Øystein fait les carreaux.
Aud .... på kjøkkenet, ... Øystein ......
vinduene.

2 Ils avaient dépensé tout leur argent et attendaient quelqu'un qui puisse les sauver.
De hadde .... pengene og ...... på noen som kunne ..... dem.

3 La police avait été prévenue trop tard, et les cambrioleurs avaient tout emporté.
Politiet var .... for sent og innbrudds ......
hadde .... alt sammen.

Sekstitredje (treogsekstiende) leksjon

Repetisjonsleksjon – Révision

1 Récapitulatif hebdomadaire des verbes forts

Voici les verbes forts de cette 9ᵉ semaine d'apprentissage. Comme vous l'avez peut-être remarqué, ne sont plus signalés par un astérisque que les verbes nouveaux. Si, dans le texte des leçons, vous butez sur une forme qui vous paraît encore étrange, reportez-vous aux tableaux des leçons de révision précédentes, ou au récapitulatif final.

Infinitif	Prétérit	Participe passé	Sens principal
å brekke	brakk	brukket	*casser*
å bryte	brøt	brutt	*rompre*
å dra	dro	dradd	*tirer*
å følge	fulgte	fulgt	*suivre*
å gli	gle	glidd	*glisser*
å gråte	gråt	grått	*pleurer*
å late	lot	latt	*faire semblant de*
å le	lo	ledd	*rire*
å lyde	lød	lytt	*sonner*
å nyte	nøt	nytt	*profiter de*

❹ Les skis d'autrefois *(de l'époque)* étaient en bois et pouvaient casser facilement.

.... ski var .. tre og kunne ....

Corrigé de l'exercice 2
❶ – vimser omkring – mens – pusser – ❷ – brukt opp – ventet – redde – ❸ – blitt varslet – tyvene – tatt med – ❹ Datidens – av – lett brekke

---

Deuxième vague : 13ᵉ leçon

Soixante-troisième leçon

å rekke*	rakk	rukket	*atteindre*
å skryte	skrøt	skrytt	*se vanter*
å slippe	slapp	sluppet	*laisser tomber*
å stikke	stakk	stukket	*piquer*
å synge	sang	sunget	*chanter*
å vinne	vant	vunnet	*gagner*

* Le verbe **å rekke** dont il s'agit ici est à distinguer de son doublet **å rekke – rakte – rakt**, *tendre*, exemple : **Rekk meg saltet, er du snill**, *Passe-moi le sel, s'il te plaît*.

Sans doute avez-vous par vous-même repéré dans certains verbes la racine d'autres verbes déjà appris. À partir d'aujourd'hui, nos tableaux hebdomadaires ne répertorient plus ces dérivés, puisqu'il suffit que vous reteniez les temps des verbes principaux. Ainsi **å forfølge**, *persécuter*, se conjugue-t-il comme **å følge**, *suivre* ; **å delta**, *participer*, comme **å ta**, *prendre* ; **å bosette seg**, *s'installer*, comme **å sette** ; **å innlegge**, *inclure*, comme **å legge**, *coucher*.

Nous espérons que le maniement du prétérit et du parfait commence à vous devenir familier. Néanmoins, vous avez encore droit à l'hésitation ! Jetons un petit coup d'œil sur l'un des pièges qui vous guettent... Faites-vous bien la différence entre : **de arbeidet i to timer**, *ils ont travaillé pendant deux heures* et **de har arbeidet i to timer**, *ça fait deux heures qu'ils travaillent ?* Le prétérit délimite l'action dans le passé, tandis que le parfait, dans ce cas précis, la prolonge jusque dans le présent.

2 Les verbes composés

Parlons encore verbes, en l'occurrence de ces verbes composés que nous rencontrons de plus en plus souvent. Il s'agit de verbes communs dont le sens est modifié par l'adjonction d'un "petit mot", adverbe ou préposition.

Rappelons nos dernières acquisitions en la matière :

• **å stikke innom**, *faire un saut chez quelqu'un* (avec ou sans complément). **De stakk innom oss forrige uke**, *Ils ont fait un saut chez nous la semaine dernière*.
• **å dra innom**, *faire un détour* (avec complément d'objet). **Du burde dra innom Voss**, *Tu devrais faire un détour par Voss*.
• **å sette i gang**, *mettre en route*. **Arbeidet må settes i gang**, *Il faut mettre le travail en route*.
• **å sette opp** et (adj.) **ansikt/fjes/tryne**, *faire une tête/mine/figure*, etc. (adj.) **Hvorfor setter du opp dette ufyselige fjeset**, *Pourquoi fais-tu cette tête imbuvable ?* Mais **å sette opp** peut avoir de nombreux autres sens, par exemple : **Hun pleier å sette opp håret sitt**, *Elle a l'habitude de relever ses cheveux* ; **prisene er blitt satt opp**, *les prix ont été augmentés* ; **Du burde sette opp vinduet**, *Tu devrais ouvrir la fenêtre* ; **Kontrakten skal settes opp neste uke**, *Le contrat sera établi la semaine prochaine*.
• **å komme over noe**, *tomber sur quelque chose* (trouver par hasard). **Jeg er tilfeldigvis kommet over deres kjærlighetsbrev**, *Je suis tombé par hasard sur leurs lettres d'amour*.
• **å ta etter noen**, *imiter quelqu'un, le prendre pour modèle*. **Du skulle ta etter farfaren din**, *Tu devrais imiter ton grand-père*.
• **å finne på noe**, *inventer quelque chose / avoir l'idée (farfelue) de quelque chose*. **Det er bare han som finner på slikt**, *Il n'y a que lui pour avoir des idées pareilles*.

Mais : **å finne opp noe**, *inventer quelque chose / être l'auteur d'une invention*. **Han har ikke funnet opp de dype tallerkenene**, *Il n'a pas inventé le fil à couper le beurre ("les assiettes creuses")*.
• **å rekke opp til noe**, *atteindre quelque chose qui se trouve en hauteur*. **Jeg rekker ikke opp til den siste hyllen**, *Je n'arrive pas jusqu'à la dernière étagère*.
Mais : **å rekke fram til et sted**, *atteindre un lieu*. **Amundsen rakk fram til Sydpolen i 1911 (nittenelleve)**, *Amundsen atteignit le pôle Sud en 1911*.
Votre mémoire se rebiffe-t-elle sur ces petits détails capitaux ? C'est en relisant et réécoutant fréquemment les exemples que vous les apprivoiserez.

3 Synonymes et mots apparentés

Notre vocabulaire prend de l'ampleur. Les synonymes ou mots de sens apparenté commencent à s'accumuler. Occupons-nous aujourd'hui des tra-ductions des verbes français *(se) casser / (se) briser / rompre / écraser* :
• **å bryte** se trouve le plus souvent dans des contextes abstraits ou poétiques. **Skipet bryter bølgene**, *Le navire brise les vagues*. **Endelig brøt isen mellom dem**, *La glace est enfin rompue entre eux*. **Han har brutt med foreldrene sine**, *Il a rompu avec ses parents*. **Å bryte** donne également de nombreux composés, comme **å bryte inn**, *entrer par effraction*, et donc *cambrioler*. Citons aussi **å bryte ut**, *éclater* (pour un événement). **Krigen brøt ut**, *La guerre éclata*.
• **å brekke (brakk, brukket)** évoque la cassure du bois (ou des os :) : **plutselig brakk grenen han satt på**, *tout à coup, la branche sur laquelle il était assis s'est cassée*. **Jeg har brukket venstre skulder**, *Je me suis cassé l'épaule gauche*. Et aussi au sens figuré : **Han kommer sikkert til å brekke nakken på den nye planen sin**, *Il va sûrement se casser les dents ("le cou") sur son nouveau projet*.
• **å knuse** donne plutôt l'idée de quelque chose qui s'écrase, qui est réduit en miettes. **Han har knust et glass**, *Il a cassé un verre*. **Alle eggene er blitt knust**, *Tous les œufs ont été cassés* (mais pour une recette : **Ha to egg i en bolle**, *Cassez deux œufs dans un bol*). Mais nous avons aussi vu **å være knust av sorg**, *être écrasé de chagrin*… et l'on appelle **hjerteknuser** *un bourreau des cœurs*.

• **å gå i stykker** est une expression très générale pour tout ce qui se retrouve en morceaux ou ne marche plus. On peut donc aussi bien dire : **Koppen er gått i stykker**, *La tasse s'est cassée* que **Bilen min er i stykker**, *Ma voiture est en panne*, ou même **Ekteskapet deres gikk i stykker**, *Leur mariage a cassé*. L'expression équivalente avec un complément d'objet direct est **å gjøre** ou (plus violent) **å slå i stykker** : **Han var så rasende at han gjorde (slo) i stykker alt han kom over**, *Il était si furieux qu'il a cassé tout ce qui lui tombait sous la main*.

4 Les expressions de temps

Tiden går fort, *le temps passe vite*, surtout lorsqu'on apprend le norvégien. Et la série des expressions de temps s'est encore allongée. Vous savez désormais dire :
nå til dags, *de nos jours*
forrige uke / **forrige onsdag**, *la semaine dernière / mercredi dernier*
bestandig, *constamment*
samme dag, *le même jour*
dagen etter, *le lendemain*
nå som, *maintenant que*
her om dagen / **her forleden**, *l'autre jour*
Ainsi que l'expression adverbiale correspondant à notre *jamais* positif, **noen gang** : **hvis du noen gang møter ham**, *si jamais tu le rencontres...*

5 *La Chanson de Solveig*

Et voici la fameuse *Chanson de Solveig*, avatar norvégien de Pénélope, dont vous vous languissez certainement de connaître les paroles d'amour fidèle à l'intention du volage **Peer Gynt** ! Une petite surprise vous attend : les textes du xixe siècle portent encore la marque orthographique du danois. Remarquez notamment que tous les noms portent une majuscule (comme en allemand). *Ne*

vous laissez pas intimider, **ikke la deg avskrekke**, *par un peu de poussière*, **litt støv** ! Le norvégien est une langue aux aspects multiples, et cette multiplicité fait sa richesse. Vous avez tâté quelques mots de nynorsk, et voici à présent des vers en dano-norvégien. Rappelons que l'auteur en est **Henrik Ibsen**.

**Kanske (kanskje) vil der (det) gå både Vinter og Vår,
både Vinter og Vår,
og næste (neste) Sommer med, og det hele År
og det hele År
men engang vil du komme, det ved (vet) jeg vist (visst),
det ved jeg vist,
og jeg skal nok vente, for det lovte jeg sidst (sist),
det lovte jeg sidst.**
*Peut-être passeront et l'hiver et le printemps (bis),
et encore l'été prochain, et toute l'année (bis),
mais un jour tu viendras, je le sais* (sans aucun doute) *(bis),
et j'attendrai, car je l'ai promis un jour* (dernièrement) *(bis),*

**Gud styrke dig (deg), hvor du i Verden går
i Verden går,
Gud glæde (glede) dig, hvis du for hans Fodskammel (fotskammel) står,
for hans Fodskammel står.
Her skal jeg vente til du kommer igjen,
du kommer igjen;
og venter du histoppe, vi træffes der min Ven (venn),
vi træffes der, min Ven!**
*Que Dieu te rende fort, où que tu ailles par le monde (bis),
que Dieu te donne la joie, si tu te tiens devant son repose-pieds (bis),
j'attendrai ici jusqu'à ce que tu reviennes (bis),
et si tu attends dans l'au-delà, nous nous rencontrerons là-bas, mon ami (bis) !*

Deuxième vague : 14e leçon

Sekstifjerde (fireogsekstiende) leksjon

Olsons formue

1 – I dag er det ˈjeg som ˈspandˈerer ¹! Vi bestiller ˈbiff med ˈpeppersaus, ˈrødvin og en ˈiskake til dessert!
2 – Men så ˈraus ˈdu er blitt! ˈHar du vunnet i ˈpengelotteriet? Har du ˈarvet?
3 – ˈMidt i blinken! Er du ˈsynsk ²?
4 – Så vidt ˈjeg vet, har du alltid vært ˈpengelens ³ siden ˈLånekassen ikke lenger ˈforsørger ⁴ deg!
5 – Det hører ˈfortiden til. ⁵ Nå kan jeg se ˈlyst på ˈfremtiden!
6 – ˈUt med ˈspråket! Gå ˈrett på saken uten ˈkruseduller, er du ˈsnill!
7 – Det hele ˈbegynte med at jeg fikk en ˈfaks om at jeg skulle sette meg i ˈforbindelse med en ˈamerikansk ˈadvokat...
8 Han ga meg ˈbeskjed ⁶ om at ˈjeg, Jan Peder Olsen, er den ˈeneste ˈslektningen ⁷ til en viss ˈJohn D. ˈOlson,
9 som ˈgrunnla* ⁸ fem ˈpopcorn-fabrikker, eide et ˈlandsted i ˈFlorida og tre ˈforretningsbygg på ˈManhattan.
10 I morgen ˈflyr* jeg til ˈNew York!
11 – Men ˈkjære deg, på ˈflyplassen kommer vel ˈOlsen'er i ˈhundrevis til å ˈryke* ⁹ i ˈtottene på hverandre...
12 – En ˈgledesdreper som ˈdeg skulle man ˈaldri være så ˈdum å betro seg til.

Soixante-quatrième leçon

La fortune de [Monsieur] Olson

1 – Aujourd'hui, c'est moi qui régale ! On va commander des steaks à la sauce au poivre, du vin rouge et un gâteau glacé en dessert !
2 – *(Mais)* que te voilà [donc] devenu généreux ! Tu as gagné à la loterie ? Tu as fait un héritage *(hérité)* ?
3 – Tout juste *(Au milieu de la cible)* ! Serais-tu *(Es-tu)* devin ?
4 – Pour autant que je sache *(Si loin je sais)*, tu as toujours été fauché depuis que la Caisse de prêts [étudiants] ne te nourrit plus !
5 – Cela appartient au passé. Maintenant, je peux voir l'avenir en rose *(de façon lumineuse)* !
6 – Dis ce que tu as à dire *(Dehors avec le langage)* ! Va droit au fait *(à l'affaire)* sans tourner autour du pot *(sans fioritures)*, je te prie *(es-tu gentil)* !
7 – *(Le)* tout a commencé lorsque *(avec que)* j'ai reçu une télécopie disant que *(sur que)* je devais me mettre en rapport avec un avocat américain...
8   Il m'a appris *(donné information)* que moi *(je)*, Jan Peder Olsen, [je] suis le seul parent d'un certain John D. Olson,
9   qui a fondé cinq fabriques de pop-corn, possédait une propriété en Floride et trois immeubles de bureaux *(d'affaires)* à Manhattan.
10   Demain, je m'envole *(je vole)* pour New York !
11 – Mais mon cher *(cher toi)*, à l'aéroport, des centaines d'Olsen vont sûrement se crêper le chignon *(se précipiter dans les touffes de cheveux les uns des autres)*...
12 – On ne devrait jamais être assez *(si)* bête [pour] se confier à un trouble-fête *(tueur de joie)* de ton espèce *(comme toi)*.

tohundreogåttiseks • 286

13 – En god biff – en de**i**l**i**g dess**e**rt – et høyt bygg, høye bygg – en nær forb**i**ndelse – en grønn gr**e**sstott – et lån, fl**e**re lån.

Prononciation
12 … bétrou seï til

Notes

1 **å spandere** s'utilise lorsqu'on offre à quelqu'un le boire ou le manger. La même phrase, dans un autre contexte, se traduirait par *Aujourd'hui, c'est ma tournée !*

2 L'adjectif **synsk** qualifie une personne douée de capacités divinatoires.

3 Dans **pengelens**, *fauché/à sec*, est de nouveau contenue une image maritime, puisque **å lense** signifie *écoper*.

4 **å forsørge noen**, *subvenir aux besoins de quelqu'un*. **Familiefaren måtte forsørge en hel flokk**, *Le père de famille devait nourrir toute une smala ("un troupeau")*.

***

Øvelse 1 – Oversett

❶ Han spanderte en øl på meg. ❷ De to advokatene står i nær forbindelse med hverandre. ❸ Hun torde ikke betro seg til noen. ❹ Frelsesarmeen ble grunnlagt på attenhundretallet. ❺ Er du fortsatt så pengelens som i gode gamle dager? ❻ Det er en vanskelig sak. ❼ Vi har slektninger i området. ❽ Kan du gi meg beskjed når du reiser? ❾ De fikk lånet av en utenlandsk bank.

Soixante-quatrième leçon / 64

13 – Un bon steak – un dessert délicieux – un bâtiment haut, des ... – une relation étroite – une touffe d'herbe verte – un prêt *(emprunt)*, des ...

5 **Det hører fortiden til**, *Cela appartient au passé*, est une expression figée dont la construction archaïque (rappelant les particules séparables en allemand) ne se retrouve pas dans les autres utilisations du verbe **høre til**, *appartenir à, faire partie de*. Exemple : **Han hører til Arbeiderpartiet**, *Il appartient au Parti travailliste*.

6 **beskjed(en)**, qui désigne une information, se trouve principalement dans les expressions **å gi noen beskjed om noe**, *informer quelqu'un de quelque chose* et son pendant : **å få beskjed om noe**, *apprendre quelque chose/être informé de quelque chose*.

7 De **slekten**, qui signifie *la famille* au sens le plus large, dérive **slektningen**, *le parent*.

8 **grunnla** est le prétérit de **å grunnlegge**, *fonder* ; il a pour participe passé **grunnlagt**.

9 Le verbe **å ryke (røk, røkt)** contenu dans **å ryke i tottene på hverandere**, *se crêper le chignon*, a trois sens principaux : *fumer*, verbe fort intransitif, à ne pas confondre avec le verbe faible transitif **å røyke (en sigarett, pipe, fisk**, *une cigarette, la pipe, du poisson*), exemple : **ovnen ryker**, *le poêle fume* ; *se précipiter, filer, tomber, disparaître*, exemples : **ryk og reis!**, *fiche-moi le camp !* **der røk den sjansen**, *l'occasion est passée*. Il peut aussi venir s'ajouter à la liste des verbes *casser, rompre* (cf. 63ᵉ leçon), exemple : **kabelen røk**, *le câble a rompu*.

***

Corrigé de l'exercice 1

❶ Il m'a payé une bière. ❷ Les deux avocats entretiennent des relations étroites. ❸ Elle n'osait se confier à personne. ❹ L'Armée du Salut a été fondée au dix-neuvième siècle. ❺ Es-tu toujours aussi fauché(e) qu'au bon vieux temps ? ❻ C'est une affaire délicate *(difficile)*. ❼ Nous avons de la famille dans la région. ❽ Peux-tu m'avertir quand tu partiras ? ❾ Ils/Elles ont eu leur prêt par une banque étrangère.

tohundreogåttiåtte • 288

Øvelse 2 – Fyll ut med de riktige ordene

❶ Il a fait la connaissance d'un certain Tor Halvorsen, qui était boucher à Stavanger.
Han ble ..... med en .... Tor Halvorsen, som var .... i Stavanger.

❷ Il s'exprime constamment avec tant de circonlocutions que personne ne comprend où il veut en venir.
Han snakker .... med så mange .... at ..... skjønner hvor han vil ....

❸ Sa réponse est tombée en plein dans le mille.
...... hans traff .... i ....

❹ Irez-vous à Rome en avion ? – Non, nous préférons y aller en train.
Skal dere ... til Roma? – Nei, vi vil ...... reise ...... tog.

***

Ne vous étonnez pas que le parent américain du citoyen norvégien **Olsen** *soit un dénommé Olson. Les Norvégiens, émigrés en grand nombre aux États-Unis à partir de la moitié du XIXe siècle, ont ainsi réformé leurs noms, se fondant dans la masse des Scandinaves en mal d'espace qui prirent le chemin du Nouveau Monde.*

Sekstifemte (femogsekstiende) leksjon

Strid på `supermarkedet

1 – La oss `fordele `oppgavene: `du sk**y**ver\* på `handlevognen mens `jeg v**e**lger ut ¹ `v**a**rene.
2 – Nei men så `flott! Der `ser man jo hvor `stor `aktelse du har for `mine `intellektu**e**lle **e**vner!
3 – Jo `**e**ldre du blir, d**e**sto mer `hårsår er du. ²
4 – Du `vet jo at jeg `aldri er så `flau ³ som når jeg skal løpe `etter deg med den `dumme `trillebåren.

Corrigé de l'exercice 2

❶ – kjent – viss – slakter – ❷ – bestandig – kruseduller – ingen – hen
❸ Svaret – midt – blinken ❹ – fly – heller – dit med –

***

Statens Lånekasse *est une institution d'État qui, depuis 1947, distribue des prêts d'un montant confortable aux étudiants, quelle que soit leur origine sociale. Le principe, susceptible de quelques restrictions en période de prudence économique, est très profondément ancré dans la société norvégienne : il y est en effet également inconcevable qu'un individu doive renoncer à poursuivre ses études pour des raisons financières, et que les jeunes de milieux aisés soient, pour la raison inverse, dépendants de leurs familles. Les prêts ainsi accordés ne sont pas soumis à intérêts pendant la durée des études, leur montant est déterminé par la Caisse et leur remboursement peut s'échelonner sur une très longue période.*

Deuxième vague : 15ᵉ leçon

Soixante-cinquième leçon

Conflit au supermarché

1 – Répartissons les tâches : tu pousses *(sur)* le chariot pendant que je choisis *(sélectionne)* les articles.

2 – Magnifique *(Non mais si magnifique)* ! [C'est] là [qu'] on voit quelle haute opinion *(grande estime)* tu as de mes capacités intellectuelles !

3 – Plus tu vieillis *(deviens plus vieux)* plus tu es susceptible.

4 – Tu sais bien qu'il n'y a pas de situation où j'aie aussi honte *(je ne me sens jamais aussi honteux)* que quand je dois te suivre *(courir derrière toi)* avec cette stupide brouette.

65 / Sekstifemte (femogsekstiende) leksjon

5 – Vi `kvinner kan ikke `ta oss så `høytidelig.
6 – `Gjerne for meg [4] : `du står i `kø i `slakteriavdelingen, mens `jeg tar meg av de `dypfryste `grønnsakene.
7 – Ikke `tale om! Jeg går en `runde og ser på `tilbudene.
8 – `Der har vi det! Og kjøper `hva som helst [5] :
9 `harsk `Gudbrandsdalsost, `lyspærer for et helt `tivoli [6], `tjue tannbørster og en `haug med [7] `fiolett dopapir!
10 – Javel, er det `slik du vil `ha det, så tar jeg meg en kopp `kaffe og `venter til det hele er `over [8].
11 – En strid – en tung vogn, tunge vogner – en dyr vare – aktelsen – en trillebår, flere trillebårer – en lang kø – et tilbud, flere tilbud – en pære – en børste – en haug.

Prononciation
*7 ... tal'**oum** ... 9 ... Heu-u ...*

Notes

1 Le verbe **å velge (valgte, valgt)** signifie *choisir*. L'adverbe **ut** lui ajoute la nuance de *sélectionner*.

2 **jo** + comparatif..., **desto** + comparatif... correspond en français à la tournure *plus... plus*. En observant la construction de la phrase, on constate que la proposition principale est la seconde : on y trouve en effet l'inversion sujet-verbe, qui place ce dernier, comme de coutume, en deuxième position (il faut en l'occurrence considérer comme des groupes indissociables **jo** + comp. d'une part, **desto** + comp. d'autre part).

3 L'adjectif **flau** a plusieurs sens. Il évoque d'abord l'idée de fadeur : **flau mat**, *de la nourriture sans goût* ; dans le même esprit : **en flau vits**, *une blague insipide*. Mais il est aussi très couramment employé, comme ici, pour *une personne confuse/embarrassée/honteuse*, ou pour ce qui provoque ce sentiment de gêne : **Du gjør meg flau**, *Tu me fais honte* ;

Soixante-cinquième leçon / 65

5 – Nous [autres] femmes, nous ne pouvons pas nous prendre aussi au sérieux *(solennellement)*.

6 D'accord *(Volontiers pour moi)* : tu fais *(es debout dans)* la queue au rayon boucherie, pendant que je m'occupe des légumes surgelés.

7 – Pas question *(Pas de parole là-dessus)* ! Je fais *(vais)* un tour pour regarder *(et regarde)* les promotions.

8 – Et voilà *(Là, nous l'avons)* ! Et [tu] vas acheter n'importe quoi *(quoi de préférence)* :

9 du fromage du Gudbrandsdal rance, des ampoules *(poires lumineuses)* pour tout un parc d'attraction, vingt brosses à dents et une montagne *(un tas)* de papier-toilette violet !

10 – Ah bon, si c'est comme ça *(est-ce comme ça que tu veux l'avoir, alors)*, je *(me)* prends une tasse de café et j'attends *(jusqu'à ce)* que tu en aies fini *(que le tout soit passé)*.

11 – Un conflit *(une lutte)* – un lourd chariot, de… – une marchandise *(un article)* chère – l'estime – une brouette, des … – une longue file d'attente – une promotion, des … – une poire – une brosse – un tas.

Hun er flau over ham som er så klossete, *Elle a honte qu'il soit aussi godiche* ; **Dette var en flau sak**, *C'était une affaire embarrassante*.

4 **Gjerne for meg** *Soit ! / D'accord ! / Ça ne me dérange pas*, sous-entend une concession qu'on fait à quelqu'un, en exprimant la bonne volonté du locuteur.

5 **hva som helst / hvem som helst / hvor som helst / når som helst**, etc. équivalent *à n'importe quoi / n'importe qui / n'importe où / n'importe quand*, etc., ou encore à d'autres tournures évoquant le vague, l'imprécision, la généralité. Exemple : **Hun kommer til å gifte seg med hvem som helst**, *Elle épousera le premier venu*.

6 **et tivoli** fait allusion à l'ancêtre des parcs d'attractions, le Tivoli de Copenhague, qui conserve une aura mythique en Scandinavie. On dit aussi, de façon moins imagée : **fornøyelsespark(en)**.

7 **en haug med** = *masse*, un tas de. Nous avons déjà rencontré ce mot dans le nom de la maison de **Grieg** : **Troldhaugen**, *le tertre aux trolls* ; il signifie donc d'abord *une élévation du terrain*, puis *un tas*. On le trouve aussi dans l'expression : **gammel som alle haugene**, *vieux comme*

***

Øvelse 1 – Oversett

❶ De viser ingen aktelse for ham som er så lærd. ❷ Jo sjeldnere en vare er, desto dyrere er den. ❸ Det blir aldri slutt på den urgamle striden. ❹ I dag er det dypfryst fisk på tilbud. ❺ Kan du hjelpe meg med å skyve dette skapet i kroken? ❻ Hos ham er det ikke evnene som mangler. ❼ Festen er over. ❽ Smøret lukter harskt. ❾ Han satt ved skrivebordet, bak en haug med papirer. ❿ Hvilken farge har du valgt? ⓫ Juryen skal velge ut de beste til å delta i en internasjonal konkurranse.

***

Øvelse 2 – Fyll ut med de riktige ordene

❶ Ce fut l'instant le plus solennel de toute mon existence.
Det var det mest .... i .... mitt liv.

❷ Penses-tu qu'il soit de ton devoir de raconter ce genre de choses aux voisins ?
Synes du at det er din .... å .... til ....?

❸ J'avais tellement honte que j'aurais préféré me cacher.
Jeg var så .... at jeg ..... ville ..... meg.

❹ Nous avions fait la queue pendant une heure quand le musée a enfin ouvert.
Vi hadde ..... i .. i en time .. museet ....

❺ Comme d'habitude, il a dit n'importe quoi pour se faire mousser.
Som .... han hva ... . for å ...... seg.

Mathusalem, qui rappelle la coutume viking consistant à enterrer les morts dans des tumulus (ou "tertres") funéraires.
8 Voici un sens particulier de **over** : **nå er det over**, *c'est fini / c'est passé*.

***

Corrigé de l'exercice 1
❶ Ils/Elles ne montrent aucun respect pour lui, alors qu'il *(qui)* est si savant. ❷ Plus une marchandise est rare, plus elle est chère. ❸ Ce conflit vieux comme Hérode ne finira jamais. ❹ Aujourd'hui, il y a une promotion sur le poisson surgelé. ❺ Peux-tu m'aider à pousser cette armoire dans le coin ? ❻ Chez lui, ce ne sont pas les capacités qui manquent. ❼ La fête est finie. ❽ Le beurre sent le rance. ❾ Il était assis à son bureau derrière un monceau de papiers. ❿ Quelle couleur as-tu choisie ? ⓫ Le jury sélectionnera les meilleurs pour participer à une compétition internationale.

***

Corrigé de l'exercice 2
❶ – høytidelige øyeblikket – hele – ❷ – oppgave – fortelle sånt – naboene ❸ – flau – helst – gjemt – ❹ – stått – kø – da – endelig åpnet ❺ – vanlig sa – som helst – briske –

Deuxième vague : 16e leçon

Sekstisjette (seksogsekstiende) leksjon

Beundring

1 – Jeg `misunner deg som `alltid er så `blid under `alle slags `forhold.
2 Du har `aldri noe å `bebreide `andre, kommer `godt ut av det med `alle [1],
3 selv med den nye `kompanjongen din, som kunne stått `modell for `"Skriket" til Munch,
4 med den gamle `dragen som har vært din `sekretær i over femten år,
5 og `aldri har gjort `annet enn å `kritisere `fargen på `strømpene dine,
6 med din `kone som `fortsatt `lengter [2] hjem til `Odda, og savner de gode `lefsene på `kaffistova [3],
7 og din `sønn som `stadig kommer hjem med `mulkt,
8 fordi han har tegnet `barter på `statuen av dronning `Maud [4], eller skrevet `"Ibsen + (pluss) `Bjørnson = (lik) gamle `tufser [5]" på `Nationaltheatret.
9 Du er `sannelig `tapper: jeg skulle `ønske jeg kunne [6] ha `slikt et `pågangsmot `hva som `enn [7] skjer!
10 – I livet går det `opp og `ned for `alle: akkurat `nå føler jeg meg litt `deppa [8].
11 – Et nytt forhold, flere nye forhold – en modell – en strømpe, et par strømper – en mulkt – motet.

Soixante-sixième leçon

Admiration

1 – Je t'envie d'être *(qui es)* toujours si content en toutes *(sous toutes sortes de)* circonstances.
2 Tu n'as jamais rien à reprocher aux autres, *(tu)* t'entends bien avec tout le monde,
3 même avec ton nouvel associé, qui aurait pu poser *(être debout comme modèle)* pour Le Cri de Munch,
4 avec le vieux dragon qui est ta secrétaire depuis plus de *(au-dessus de)* quinze ans
5 et qui n'a jamais rien fait rien d'autre que critiquer la couleur de tes chaussettes,
6 avec ta femme qui regrette toujours Odda *(a le mal du pays pour Odda)* et a la nostalgie des bonnes "crêpes à l'eau" de la cafétéria,
7 et ton fils qui rapporte constamment des amendes à la maison,
8 parce qu'il a dessiné des moustaches sur la statue de la reine Maud, ou écrit "Ibsen + Bjørnson = vieux chnoques" sur le Théâtre National.
9 Tu as vraiment du mérite *(es vraiment courageux)* : je voudrais pouvoir avoir *(je devrais souhaiter que je puisse avoir)* un moral pareil, quoi qu'il arrive !
10 – Dans la vie, il y a des hauts et des bas *(ça monte et ça descend)* pour tout le monde : justement, à l'instant, j'ai un petit coup de déprime *(je me sens un peu déprimé)*.
11 – Une nouvelle circonstance/relation/liaison, de nouvelles ... – un modèle – une chaussette, une paire de chaussettes – une amende – le courage.

Prononciation
3 ... mounk

Notes

1 **å komme godt ut av det med noen**, *bien s'entendre avec quelqu'un* (littéralement, "bien s'en sortir avec quelqu'un").

2 Le verbe **å lengte** exprime la nostalgie qu'on ressent pour un lieu, une personne ou même une chose. **Jeg lengter hjem**, *J'ai le mal du pays* (til... précise le "pays" dont il s'agit ou l'objet dont on se languit). **Jeg lengter etter deg**, *Tu me manques*. **Han lengtet etter sin mors pannekaker**, *Il avait la nostalgie des crêpes de sa mère*. Le verbe **å savne** contient la même idée, mais s'utilise uniquement avec un c.o.d. : **Jeg savner deg**, *Tu me manques*.

3 **lefse(n)** désigne une sorte de crêpe qu'on conserve sèche et qu'on fait ramollir dans l'eau avant de la consommer. Quant au **kaffistova**, sorte de *cafétéria-salon de thé* bon marché où l'on sert des plats traditionnels, c'est une institution farouchement norvégienne, née des mouvements de tempérance puissants dans l'ouest du pays. Mais c'est aussi la réponse critique à la culture citadine, soupçonnée de snobisme culinaire, qui règne dans les restaurants du style **Theatercaféen**.

4 La reine **Maud** (1869-1934), petite-fille de la reine **Victoria** et épouse du roi **Haakon VII**, fut la première reine de la nouvelle Norvège indépendante. Elle a laissé dans son pays d'adoption une image de réserve et de grande dignité.

5 **tufs** est d'abord un adjectif familier qui signifie *patraque/mal fichu*. C'est aussi un nom peu flatteur, à la consonance plus comique qu'injurieuse, dont on gratifie la vaste catégorie des imbéciles.

6 Retenez telle quelle la tournure verbale particulièrement contournée de cette phrase : **jeg skulle ønske jeg** + conditionnel, *je voudrais bien* + infinitif.

***

Øvelse 1 – Oversett

❶ For en tufs! ❷ Per har barter og Pål har skjegg. ❸ Til jul lengter alle utenlandsnordmenn hjem. ❹ Vi kommer godt ut av det med naboene våre. ❺ Tre pluss fire lik sju. ❻ Hun har alltid hatt et pågangsmot av stål. ❼ Hva som enn skjer, kommer han til å spise seg ihjel. ❽ Han kommer stadig med spørsmål. ❾ De har vært gift i over tjue år. ❿ Jeg skulle ønske jeg kunne spille hardingfele så godt som du.

7 **hva/hvem som enn**, *quoi que/qui que ce soit qui*. Exemples : **Hva som enn skjer, skal jeg hjelpe deg**, *Quoi qu'il arrive, je t'aiderai* ; **Hvem som enn har gjort det, hadde han rett i å gjøre det**, *Qui que ce soit qui l'ait fait, il a eu raison de le faire.*

8 **deppa** est un adjectif familier (et invariable), abréviation de **deprimert**, *déprimé*.

Le musée consacré au peintre **Edvard Munch** *est l'un des centres d'intérêt principaux que présente la ville d'Oslo pour les amateurs d'art. L'œuvre de ce précurseur du mouvement expressionniste, vouée en grande partie au mal de vivre et à l'angoisse de la mort, résonne toute entière du fameux "Cri". Hommes, femmes et enfants décharnés, minés par la maladie, écrasés par l'oppression des conventions sociales et tourmentés par les désirs inassouvis y déambulent sur un mode fantomatique.* **Munch** *serait-il la face cachée de la Norvège ? S'il n'est pas improbable que vous croisiez, en Norvège comme ailleurs, quelques spécimens psychologiques qui eussent été dignes d'inspirer le maître, l'arbre ne saurait cacher la forêt… La Norvège,* **sunn og frisk***, gourmande de plein air, soucieuse d'authenticité, à l'esthétique verte et au rythme posé, secrèterait plutôt moins de malaises que des sociétés plus sauvagement urbanisées – mais ici encore, le respect de l'individu est absolu : on respecte l'angoisse ou la dépression chez autrui, comme autant de phénomènes naturels qui ne se combattent pas, mais vont et viennent au gré des saisons.*

***

Corrigé de l'exercice 1

❶ Quel imbécile ! ❷ Per porte des moustaches et Pål la barbe. ❸ À Noël, tous les Norvégiens de l'étranger ont le mal du pays. ❹ Nous nous entendons bien avec nos voisins. ❺ Trois et quatre font sept. ❻ Elle a toujours eu un moral d'acier. ❼ Quoi qu'il arrive, il creusera sa tombe avec sa fourchette. ❽ Il ne cesse de poser des questions. ❾ Ils sont mariés depuis plus de vingt ans. ❿ J'aimerais jouer du violon folklorique aussi bien que toi.

Øvelse 2 – Fyll ut med de riktige ordene

1. Il a eu une amende pour avoir klaxonné devant l'hôpital.
   Han fikk .... fordi han hadde ..... foran ....

2. Ils nous ont reproché d'avoir dû nous attendre pendant plus d'une heure.
   De .... oss at de hadde vært .... til å vente .. oss ..... en time.

3. Tu pourrais bien te passer *(éviter)* de critiquer la cuisine de ma femme.
   Du kunne vel ..... å .... min ..... matlaging.

4. Quoi qu'il arrive, il sort son casse-croûte et sa bouteille thermos à onze heures.
   Hva ... ... skjer, tar han frem .... og termosen ....

5. Il est de glace en toutes circonstances.
   Han er iskald ..... alle ....

Sekstisjuende (syvogsekstiende) leksjon

Det er `dyrt med `barn

1 – `Hei, Jørgen! Jeg kom `nettopp forbi [1] og ville bare `hilse på.
2   Å, du får visst [2] `unnskylde, jeg tror jeg `forstyrrer... Du er jo i `full puss: `dress og `hvit `skjorte!
3 – Vi er bedt i `barnedåp om en `time.
4   Men du kommer `akkurat i `rette `øyeblikk: kan du `hjelpe meg med å `knytte slipset? Jeg mangler `trening...
5   ... og Vibeke har `nervene på `høykant: `hårtørkeren er i stykker og hun `klarer ikke å få `bort en `sminkeflekk på `bunaden [3] sin.

Corrigé de l'exercice 2
❶ – en mulkt – tutet – sykehuset ❷ – bebreidet – nødt – på – i over –
❸ – unngå – kritisere – kones – ❹ – som enn – nistepakken – klokken
elleve ❺ – under – slags forhold

Deuxième vague : 17ᵉ leçon

Soixante-septième leçon

Les enfants coûtent cher
(C'est cher avec les enfants)

1 – Salut, Jørgen ! Je passais juste par là *(devant)* et je voulais [vous] dire bonjour *(et voulais seulement saluer)*.
2 Oh, excuse-moi *(tu peux certainement excuser)*, je crois que je dérange... Tu es *(insistance)* sur ton trente-et-un *(en habits du dimanche complets)* : costume et chemise blanche !
3 – Nous sommes invités à un baptême dans une heure.
4 Mais tu tombes bien *(arrives juste au bon moment)* : peux-tu m'aider à nouer ma *(la)* cravate ? Je manque [d']entraînement...
5 ... et Vibeke est à bout de nerfs *(a les nerfs sur le bord haut)* : le sèche-cheveux est en panne et elle n'arrive pas à enlever une tache de maquillage sur son "bunad".

6 Ikke så ˋstramt! Har du noe å ˋhevne deg for?

7 – Ja, det skal du ˋbare vite: jeg har ˋalltid hatt et ˋhorn i siden til deg fra den gangen du ˋslo meg i ˋlangrennssporet mens Nini ˋså på...

8 – Fra ˋspøk til ˋalvor: hva slags ˋpresang mener du at man ˋhelst gir gudbarn?

9 – ˋBestikk i ˋsølv, ˋnaturligvis.

10 – Det påstod [4] ˋVibeke også, og hun ˋga seg [5] ikke...

11 Jeg ville ha ˋforetrukket en ˋrimeligere løsning: noe ˋleketøy, en ˋbamse, eller en ˋspilledåse med "Bæ, bæ, lille lam".

12 Men som ˋvanlig sparte hun ikke på ˋkonfekten: det ble ˋskje, ˋgaffel og et ˋeggeglass med ˋgravert ˋfornavn og ˋdato til ˋalle tre.

13 – Uff, er det ˋtrillinger?!

14 – Ja, du vet, det er blitt ˋmote... Og de skal hete* ˋKasper, ˋJesper og ˋJonathan [6].

15 – en dress – en skjorte – en barnedåp – en presang – en leke, flere leker, leketøy(et) – en skje – en gaffel, flere gafler – et fornavn, flere fornavn – moten. ☐

Notes

[1] **forbi**, préposition ou adverbe, donne l'idée de *passer devant*. Dans ce sens local, on le trouve combiné à des verbes exprimant le mouvement comme **å gå**, **å komme**, etc. Il est aussi utilisé pour évoquer le temps, et signifie alors que quelque chose est fini. Notez dans **nå er det forbi** une consonance tragique qui n'existe pas dans **nå er det over**. Exemple : **Det er forbi med ham**, *C'en est fini de lui*.

[2] **visst** fait partie des adverbes difficilement traduisibles. Son sens primitif se rapproche de *certes/c'est vrai*. Il exprime, selon le contexte, la concession ou l'insistance. Quelques exemples : **Visst er du flink, men likevel...**, *Je sais bien que tu es doué, mais tout de même...* **Visst skal jeg komme!**, *Bien sûr que je viendrai :* **Jo visst!**, *Mais si !*

6 Pas si serré ! Tu as quelque chose à venger *(de quoi te venger)* ?

7 – Oui, sache-le *(tu dois seulement le savoir)* : j'ai toujours eu une dent contre toi *(une corne dans le flanc)* depuis la fois où tu m'as battu dans la piste *(trace)* de fond, alors que Nini regardait...

8 – Trêve de plaisanterie *(De la plaisanterie au sérieux)* : [à ton avis] quel genre de cadeau faut-il offrir *(penses-tu qu'il faille offrir de préférence)* à [un] *(des)* filleul(s) ?

9 – Des couverts en argent, évidemment.

10 – C'est ce qu'affirmait aussi Vibeke, et elle n'a pas voulu en démordre *(se rendre)*...

11 J'aurais préféré une solution plus abordable : un jouet quelconque, un nounours, ou une boîte à musique [qui joue] *(avec)* : "bê, bê, petit agneau."

12 Mais comme d'habitude, elle n'y est pas allée de main morte *(n'a pas économisé les chocolats)* : elle a pris *(c'est devenu)* [une] cuillère, [une] fourchette et [un] coquetier avec le prénom et la date gravés pour tous les trois.

13 – Quoi *(Pouah)* ! Ce sont des triplés ?

14 – Oui, tu sais [bien] que c'est à la mode *(devenu mode)*... Et ils vont s'appeler Kasper, Jesper et Jonathan.

15 – Un costume – une chemise – un baptême – un cadeau – un jouet, des ..., des jouets (mot collectif) – une cuillère – une fourchette, des ... – un prénom, des ... – la mode.

---

3 **bunad(en)** désigne *le costume traditionnel*. La coutume de l'endosser les jours de fête reste vivace chez les femmes, et les hommes l'adoptent de plus en plus. Mais c'est bien entendu le 17 mai que les **bunader** sortent en masse des penderies. Différents d'une région à l'autre, les **bunader** féminins sont le plus souvent composés d'une lourde robe rouge, noire ou verte, passée sur un chemisier blanc, d'un corselet et d'un tablier, le tout orné de galons brodés et de bijoux aux motifs spécifiques.

4 **påstod** est le prétérit de **å påstå**, *affirmer/prétendre*. Son participe passé est **påstått**.

5 **å gi seg** a de multiples usages plus ou moins apparentés à l'idée de *cesser*, d'*abandonner*. Exemples : **Nå må du gi deg!**, *Arrête !* ; **Regnet/snøstormen har gitt seg**, *La pluie/la tempête de neige s'est calmée.*

***

Øvelse 1 – Oversett

❶ Dere må kjøre forbi rådhuset og svinge til høyre. ❷ Han hadde en smørflekk på buksa. ❸ Det så ut som om han hadde tenkt å hevne seg. ❹ Jeg hadde spist meg mett på konfekt. ❺ Hun holdt skjeen med venstre hånd. ❻ Jeg har et horn i siden til kollegaen min. ❼ Hva slags kjøtt er det? – Lam. ❽ Det finnes ti mil med langrennsspor i området. ❾ I Norge lages mange leker (mye leketøy) av tre. ❿ Det mangler en sølvgaffel i skuffen. I år er det mote med høye sko. ⓫ I år er det mote med høye sko.

***

Øvelse 2 – Fyll ut med de riktige ordene

❶ Pourquoi continues-tu à affirmer qu'il avait raison ?
Hvorfor ...... du fortsatt at han hadde .... ?

❷ Il est arrivé juste au bon moment pour sauver le gamin qui allait tomber à l'eau.
Han kom .... i .... øyeblikk for å ..... ungen som holdt .. å falle i vannet.

❸ J'avais noué ma cravate tellement serré que je ne pouvais presque pas respirer.
Jeg hadde .... så ...... at jeg nesten ikke fikk ......

❹ On peut raisonnablement penser *(Il est raisonnable de croire)* que la dernière solution est la bonne.
Det er .... å tro at den .... er den ....

❺ Pouah ! Tu es vraiment peu douée pour te maquiller.
...! Du er .... flink til å ...... deg.

Soixante-septième leçon / 67

6 *Des jumeaux* se dit **tvillinger**. **Kasper**, **Jesper** et **Jonathan** sont des personnages mythiques de la littérature enfantine, créés dans les années 1950 par **Thorbjørn Egner** – trois frères voleurs qui sévissent dans la ville de Kardemommeby, et dont les aventures se terminent par la réconciliation avec le bon droit et la morale.

***

Corrigé de l'exercice 1
❶ Il faut que vous passiez devant la mairie et que vous tourniez à droite. ❷ Il avait une tache de beurre sur son pantalon. ❸ On aurait dit qu'il avait l'intention de se venger. ❹ Je m'étais gavée de chocolats. ❺ Elle tenait sa cuillère de la main gauche. ❻ J'ai une dent contre mon collègue. ❼ Quelle sorte de viande est-ce ? – De l'agneau. ❽ Il y a cent kilomètres de pistes de fond dans la région. ❾ En Norvège, on fait beaucoup de jouets en bois. ❿ Il manque une fourchette en argent dans le tiroir. Cette année, les chaussures à talons hauts sont à la mode *(c'est la mode avec des chaussures hautes)*. ⓫ Cette année, les chaussures à talons hauts sont à la mode *(c'est la mode avec des chaussures hautes)*.

***

Corrigé de l'exercice 2
❶ – påstår – rett ❷ – akkurat – rett – redde – på – ❸ – knyttet slipset – stramt – puste ❹ – rimelig – siste løsningen – riktige ❺ Uff – sannelig lite – sminke –

Les pasteurs norvégiens assurant, entre autres fonctions, celle d'officier d'état civil, le baptême devient, pour la plupart des gens, la cérémonie où un nom est attribué à l'enfant. Le nourrisson, d'abord déclaré sous son seul nom de famille, n'est baptisé qu'au bout de quelques mois. Aussi ne faut-il pas s'étonner de ne l'entendre appeler que **babyen** *jusqu'au grand jour, ni d'assister, en sa vagissante présence, à des pronostics sur son futur prénom. Bien entendu, les anti-cléricaux farouches (ils sont presque aussi peu nombreux que les républicains) peuvent échapper à cette em-prise de l'Eglise d'Etat en s'adressant directement au* **Folkeregisterkontoret**, *bureau d'état civil. Quant à l'aspect religieux du baptême, notons que l'enfant se voit doter de quatre ou cinq parrains et marraines, comme les princesses*

Sekstiåttende (åtteogsekstiende) leksjon

Film er livets speil

1 – Du skulle blitt `med på `kino ¹ sist `helg.
2 – Jeg `gidder ² ikke `gå ut om `kvelden,
og så `trengte jeg å slappe `av ³ etter en
`anstrengende ⁴ uke i `departementet.
3 – Jammen ⁵ er dere `dovne, dere `kontorfolk!
4   Jeg kan `forsikre deg, det var `bryet verd ⁶:
`Dalmanns `siste film `"Jammer og `sukk", et
`riktig `mesterverk!
5   En `så `fabelaktig stund hadde jeg ikke `hatt
på `evigheter! Det kan jo av og til komme noe
godt fra Sverige også!
6 – Hva `handlet det om? `Sikkert noe til å le seg
`skakk av ⁷?
7 – Det er `historien om en `populær `skuespiller
som i `dødens stund `begriper
8   at han `bare har `sløst bort `tiden ved å `spille
andre `roller enn sin `egen.

305 • **trehundreogfem**

de contes de fées. Ajoutons que les Norvégiens, lorsqu'ils ne sont pas de fervents croyants, ont généralement un rapport très détendu à la religion, les bases leur en étant dispensées à l'école, comme un élément culturel, par des enseignants laïcs.

*L'argenterie – **sølvtøy** – est le cadeau traditionnel de toutes les grandes occasions. Les orfèvres norvégiens reproduisent de préférence des modèles anciens, particulièrement ornés. Les jeunes couples font volontiers savoir sur quel motif ils ont jeté leur dévolu et le trésor de famille se constitue ainsi, au fil des cérémonies et des anniversaires.*

Deuxième vague : 18ᵉ leçon

Soixante-huitième leçon

[Le] cinéma, *(est le)* miroir de la vie

1 – Tu aurais dû nous accompagner *(être avec)* au cinéma le week-end dernier.
2 – J'ai la flemme de sortir le soir, et puis, j'avais besoin de me détendre après une semaine fatigante au ministère.
3 – Non mais, ce que vous pouvez être fainéants *(êtes-vous fainéants)*, vous [autres] employés *(gens)* de bureau !
4 Je peux t'assurer que ça valait la peine : le dernier film de Dalmann, Lamentations et Soupirs, un vrai chef-d'œuvre !
5 Je n'avais pas passé un aussi fabuleux moment depuis une *(des)* éternité*(s)* ! Même de Suède *(de Suède aussi)*, il peut venir de bonnes choses *(quelque chose de bon)* de temps en temps !
6 – De quoi s'agissait-il ? Sûrement quelque chose d'hilarant *(de quoi se tordre de rire)* ?
7 – C'est l'histoire d'un acteur à succès qui, sur son lit *(au moment)* de mort, s'aperçoit *(saisit)*
8 qu'il n'a fait que gaspiller son temps à jouer d'autres rôles que le sien.

68 / Sekstiåttende (åtteogsekstiende) leksjon

9   Han blir ˋplaget av ˋsamvittighetsnag fordi han ˋstakk [8] fra sin ˋsjette kone med en ˋtjue år gammel ˋbrasiliansk ˋsangerinne,
10 som han i virkeligheten ˋhatet, men som viste ˋsamme tendens til ˋhysteri som hans egen ˋmor... ˋHelt ˋfascinerende!
11 – Det skal ˋlite til [9] for å ˋmore deg!
12 – En kino – et verk, flere verk – samvittighetsnaget – en populær sanger, populære sangere – en farlig tendens.

Prononciation
2 ... départëma-ng-ë

Notes
1 *cinéma* se traduit par deux mots différents, selon qu'il s'agit du lieu de projection, **kino(en)**, ou de l'art cinématographique, qui se dit simplement **film(en)**.

2 **å gidde (gadd, giddet)** signifie *avoir du courage/de l'énergie*. Il se rapproche de **å orke**, qui s'applique davantage à un effort physique. Exemple : **Jeg gidder aldri skrive brev**, *Je n'aime pas écrire, Je n'ai pas le courage d'écrire des lettres*.

3 **å slappe av** vient de l'adjectif **slapp**, *mou/flasque/fatigué*.

4 **anstrengende** est le participe présent du verbe **å anstrenge seg**, *se donner de la peine/se fatiguer*.

***

Øvelse 1 – Oversett
❶ Hun drømmer om å bli sangerinne. ❷ Det skal lite til for å gjøre ham sint. ❸ Han så på seg selv i speilet og ble forskrekket. ❹ Jeg har ikke spist biff på evigheter. ❺ Hun stakk fra oss midt i måltidet. ❻ Det er ikke bryet verd å besøke dem. ❼ De lo seg skakke da de så ham med parykk. ❽ Blir du med oss å handle? ❾ Han var den mest kjente skuespilleren på den tiden. ❿ Jeg må ha glemt skjerfet mitt på kontoret. ⓫ De er stadig pengelense.

Soixante-huitième leçon / 68

9 Il est tourmenté de remords *(rancune de conscience)* d'avoir quitté *(parce qu'il est parti de)* sa sixième femme pour *(avec)* une chanteuse brésilienne de vingt ans
10 qu'en réalité il haïssait, mais qui avait *(montrait)* la même tendance à l'hystérie que sa propre mère... Vraiment *(Totalement)* fascinant ! :
11 – Il en faut peu *(en plus)* pour t'amuser !
12 – Un cinéma – une œuvre, des ... – le remords – un chanteur à succès, des ... – une tendance dangereuse.

5 L'interjection **jammen** correspond à *dis donc ! / non mais !*
6 L'expression **å være verd(t)** + nom ou adverbe, *valoir* + nom ou adverbe, est construite sur l'adjectif **verd**, de même que le nom **verdien**, *la valeur*. On peut mettre cet adjectif à la forme neutre quel que soit le nom auquel il se rapporte. Exemple : **Denne klokken er ikke mye verd(t)**, *Cette montre ne vaut pas grand-chose*. Dans **ikke bryet verd(t)**, vous reconnaissez la racine de **å bry seg om noe**, *se préoccuper de quelque chose* : **bry(et)** est ici un nom qui veut dire *la peine/le mal qu'on se donne*.
7 **å le seg skakk (av noe)**, *se tordre de rire*. L'adjectif/adverbe **skakk** signifie *de travers/en biais*.
8 Vous avez déjà entrevu le verbe **å stikke** dans **å stikke innom**, voici un autre de ses nombreux usages : **å stikke fra noen**, *quitter/plaquer/planter là quelqu'un*.
9 **til** donne ici l'idée de ce qui est nécessaire, pour parvenir à un but quelconque. **Det skal mye arbeid til**, *Cela demande beaucoup de travail*.

***

Corrigé de l'exercice 1
❶ Elle rêve de devenir chanteuse. ❷ Il en faut peu pour le mettre en colère. ❸ Il se regarda dans la glace et fut effrayé. ❹ Je n'ai pas mangé de steak depuis une éternité. ❺ Elle nous a plaqués en plein repas. ❻ Ça ne vaut pas la peine de leur rendre visite. ❼ Ils/Elles se sont tordu(e)s de rire quand ils/elles l'ont vu avec une perruque. ❽ Tu nous accompagnes aux courses ? ❾ C'était l'acteur le plus connu de son époque. ❿ Je dois avoir oublié mon écharpe au bureau. ⓫ Ils/Elles sont constamment fauché(e)s.

Øvelse 2 – Fyll ut med de riktige ordene

❶ Il a gaspillé la fortune qu'il avait héritée de son grand-père paternel.
Han har .... formuen han hadde ..... etter sin ....

❷ Non mais, qu'est-ce que tu exagères !
...... som du ....!

❸ Il s'agissait à nouveau du même conflit entre le ministère et la Caisse de prêts.
Det .... igjen om den .... mellom .... og Lånekassen.

Sekstiniende (niogsekstiende) leksjon

En saga

1 Etter at Torbjørg `U`lvsdatter var blitt `b`ortført [1], samlet gårdens `m`enn seg under `t`untreet [2] for å `d`røfte fiendenes `f`orslag.
2 For å `f`rigi `j`enta de holdt `f`anget på `Y`tre `H`avvik
3 krevde bandittene `t`i tønner `m`jød, `tj`ue `sk`inker, et `d`rageskip fylt med `r`ug og `t`o med `h`vete, og `T`orbjørgs vekt i `s`ild.
4 `I`ngen i `f`lokken tok til `o`rde for å `b`ytte `h`øvdingens `o`mfangsrike `f`orlovede mot så mange `v`erdifulle `v`arer.
5 Da `r`eiste den `k`raftige Ulf `R`agnarsson seg [3] og `d`iktet:

❹ Elle nous a assuré qu'elle pouvait subvenir elle-même aux besoins de toute la famille.

Hun .... oss at hun kunne .... familien selv.

❺ Détendons-nous un peu après cet exercice fatigant !

.. oss ...... litt .. etter denne .... øvelsen!

Corrigé de l'exercice 2
❶ – sløst bort – arvet – farfar ❷ Jammen – overdriver ❸ – handlet – samme striden – departementet – ❹ – forsikret – forsørge hele – ❺ La – slappe – av – anstrengende –

Deuxième vague : 19ᵉ leçon

Soixante-neuvième leçon

Une saga

1 Après que Torbjørg Ulvsdatter eut été enlevée *(conduite au loin)*, les hommes de la ferme se réunirent sous l'arbre *(de la cour)* pour discuter des *(les)* propositions des ennemis.

2 Pour libérer la [jeune] fille qu'ils gardaient prisonnière à Ytre Havvik,

3 les bandits réclamaient dix tonneaux d'hydromel, vingt jambons, un drakkar *(bateau-dragon)* plein de seigle et deux de froment, et le poids de Torbjørg en harengs.

4 Personne dans le groupe *(troupeau)* ne fut partisan *(prit la parole en faveur)* d'échanger la plantureuse *(riche en circonférence)* fiancée du chef contre tant de marchandises précieuses.

5 Alors le puissant *(costaud)* Ulf Ragnarsson se leva et déclama *(composa des vers)* :

69 / Sekstiniende (niogsekstiende) leksjon

6 "Svak mann med mjød og sild Forbryteren [4] belønner! Ravnenes blodige [5] måltid Sverd og ild forbereder!" [6]

7 Jeg, ˋEinar ˋOlavsson, ble ˋutpekt [7] til å ˋlede toktet mot ˋYtre ˋHavvik, og ved ˋsolnedgang [8] ˋangrep vi.

8 Nesten ˋalle menn på ˋbegge sider ble ˋdrept med ˋspyd og ˋøks.

9 Til slutt var det ˋbare ˋGrym den ˋharde og ˋjeg igjen...

10 Etter ˋto timers kamp ˋløftet jeg ˋendelig det ˋtunge ˋsverdet ˋover ˋhodet hans...

11 Da kom ˋBente, ropte "til ˋbords!" og ˋslo av PCen [9].

12 – En fiende – et forslag, flere forslag.

Prononciation
11 ... pésséën

Notes

1 å bortføre vient de å føre, *conduire/mener*.

2 tuntre(et) désigne l'arbre majestueux, chêne ou frêne, qui orne traditionnellement les cours de fermes (et tun, *ensemble des bâtiments d'une ferme*, est apparenté à l'anglais ***town***).

Selon la coutume, il protégerait la ferme du mauvais sort – un symbole dont on ne saurait dédaigner aujourd'hui la résonance écologiste !

3 Ne confondez pas å stå opp, *se lever le matin/sortir du lit*, et å reise seg, *se lever de son siège*.

4 en forbryter, *un criminel* ; en forbrytelse, *un crime*.

5 blodig vient de blodet, *le sang*. L'adjectif peut aussi avoir une valeur d'hyperbole : Vi betalte en blodig pris, *On a payé les yeux de la tête* ("un prix sanglant").

Soixante-neuvième leçon / 69

6 "Faible est celui à qui l'offense Arrache hydromel et hareng ! Nous donnerons pour récompense Aux corbeaux, un repas sanglant !" *(L'homme faible par l'hydromel et le hareng récompense le criminel : Le repas sanglant des corbeaux, l'épée et le feu [le] prépareront !)*,

7 Moi, Einar Olavsson, [je] fus désigné pour diriger l'expédition contre Ytre Havvik, et au coucher du soleil, nous attaquâmes.

8 Presque tous les hommes des deux côtés furent tués par la lance et la hache.

9 Finalement, ne restèrent plus [en lice] que Grym le dur et moi...

10 Au bout de *(Après)* deux heures de combat, je levai enfin ma *(la)* lourde épée au-dessus de sa tête...

11 À ce moment, Bente est venue, elle a crié "à table !" et elle a éteint le PC.

12 – Un ennemi – une proposition, des ...

---

6 C'est sous le coup de l'émotion qu'**Ulf Ragnarsson** – comme il est d'usage dans ces récits médiévaux en prose que sont les sagas – se met spontanément à composer des vers... Vous avez donc affaire, toutes proportions gardées, à une modeste évocation de ce qu'on nomme *poésie scaldique*, **skaldediktning** ! Précisons que cette poésie-là était basée non sur la rime, mais sur l'alitération et le rythme. **Skalden** était, à l'époque viking, *le barde* attaché au service d'un *chef*, **høvding** ; **å dikte** est aujourd'hui le verbe consacré pour *écrire/faire de la poésie* – ou, au sens figuré, *laisser aller son imagination/fabuler* : **en berømt dikter**, *un écrivain célèbre* ; **Nå dikter du igjen!**, *Te voilà encore en train de fabuler !* ; *un poème* se dit **et dikt**.

7 **å peke**, *montrer du doigt*. On nomme **pekefinger** le doigt qui sert à montrer, c'est-à-dire l'index. D'où **å utpeke**, *désigner*, dans lequel on retrouve en outre la même particule **ut** qui entre dans **å velge ut**, *sélectionner*.

8 Le contraire de **solnedgang**, *coucher de soleil*, est **soloppgang**, *lever de soleil*, ces deux substantifs dérivant logiquement des expressions : **Solen går opp/ned**, *Le soleil se lève/se couche*.

69 / Sekstiniende (niogsekstiende) leksjon

9 **PC(en)** est le terme le plus courant pour un *ordinateur de bureau*. Le mot le plus général pour *ordinateur* est **datamaskin(en)** *[datamachi'n]*, tandis qu'un *ordinateur portable* se désigne volontiers par le simple

***

Øvelse 1 – Oversett

❶ Han krever alltid for mye. ❷ Fikk du byttet den nye skjorten som var for liten? ❸ De så drømmende på solnedgangen. ❹ Ikke pek på folk! ❺ Barna samlet seg rundt juletreet. ❻ Da jeg kom inn, reiste han seg. ❼ Han grep hånden hennes og gråt. ❽ Velkommen til bords! ❾ Møtet ble ledet av finansministeren. ❿ Jeg dikter for å få tiden til å gå. ⓫ Læreren utpekte elevene som skulle reise til Lillehammer. ⓬ Skal du ha skinke eller spekesild?

***

Øvelse 2 – Fyll ut med de riktige ordene

❶ Il est rentré avec le crâne ensanglanté et un œil au beurre noir *(œil bleu)*.
Han kom hjem med .... og et ....

❷ Le troll hurla, souleva une énorme pierre et la jeta vers nous.
Trollet ......, ... en ..... sten og ...... den ... oss.

❸ Par *(à travers)* la fenêtre de la pâtisserie, j'ai vu une dame plantureuse assise devant un millefeuille, une meringue et un chou à la crème.
Gjennom .... så jeg en .... dame som satt foran en ...., et .... og en vannbakkels.

***

Cette leçon n'a pour vocation qu'un très relatif dépaysement historique. Quant aux mots nouveaux qu'elle contient, rassurez-vous : il s'agit là de transpositions en langage moderne. Gardez-vous cependant de nommer **høvding** *le patron norvégien qui vient de vous embaucher, émerveillé par votre don pour les langues :*
restez-en à **sjef(en)**, *comme à la 19e leçon. Le vocabulaire guerrier vous permettra d'entrer la tête haute – avec en mains un prospectus*

adjectif substantivé **bærbar(en)** *[bĒrbar]*, issu de **å bære**, *porter*, à moins que l'on ne recoure à l'anglais **laptop(en)** ou **notebook(en)**. **Alle bildene er på bærbaren min**, *Toutes les photos sont sur mon portable*.

***

Corrigé de l'exercice 1
❶ Il réclame *(exige)* toujours trop. ❷ As-tu réussi à échanger ta nouvelle chemise qui était trop petite ? ❸ Ils/Elles regardaient le coucher de soleil en rêvant. ❹ Ne montre pas les gens du doigt ! ❺ Les enfants se sont rassemblés autour du sapin de Noël. ❻ Quand je suis entré, il s'est levé. ❼ Il lui saisit la main et pleura. ❽ Bienvenue à notre table ! ❾ La réunion était dirigée par le ministre des Finances. ❿ J'écris pour *(faire)* passer le temps. ⓫ Le professeur a désigné les élèves qui devaient partir en voyage à Lillehammer. ⓬ Veux-tu du jambon ou des harengs saurs ?

***

Corrigé de l'exercice 2
❶ – blodig skalle – blått øye ❷ – brølte, løftet – svær – kastet – mot – ❸ – konditorivinduet – omfangsrik – napoleonskake – pikekyss –

***

*en norvégien – au musée viking de **Bygdøy**, à Oslo, où se trouvent exposés les fameux **Osebergskipet** et **Gokstadskipet**, perles des drakkars. N'oublions pas, cependant, qu'il faut se rendre jusqu'en Islande pour entendre l'idiome commun à tous les Vikings, ou du moins la langue qui en dérive le plus directement. Des sonorités et des rigueurs grammaticales disparues, pour votre plus grand bien, du norvégien d'aujourd'hui, s'y sont maintenues intactes, protégées par l'insularité.*

Revenons aux réalités présentes, avec un peu de culture gastronomique : les mots **hvete(n)**, *le froment, et* **rug(en)**, *le seigle, sont utiles pour éviter de perdre son latin sur les rayonnages des commerces. La farine blanche "ordinaire" est désignée par* **hvetemel**, *farine de froment. Le pain, aliment essentiel au petit déjeuner comme aux diverses collations qu'on s'offre en cours de journée, n'est jamais servi en accompagnement d'un repas chaud. Si l'on n'est pas de ceux qui pétrissent par goût, conviction ou nécessité, on achète le pain pour plusieurs jours à l'avance, une ou deux fois par semaine. De plus, le pain blanc,* **loff(en)**, *passe pour une denrée apparentée aux sucreries, dont il serait décadent de vouloir faire son "pain quotidien". On lui préfère, entre autres spécialités boulangères, le* **kneipp(en)**, *pain complet,*

Syttiende leksjon [s<u>eu</u>tiënë]

Repetisjonsleksjon – Révision

1 Récapitulatif hebdomadaire des verbes forts

Les nouveaux verbes forts se font plus rares, et c'est bon signe, **et godt tegn!**

å fly	**fløy**	**fløyet**	*voler*
å gidde	**gadd**	**giddet**	*avoir du courage*
å gripe	**grep**	**grepet**	*saisir*
å hete	**het**	**hett**	*s'appeler*
å legge	**la**	**lagt**	*poser à plat*
å ryke	**røyk**	**røket**	*fumer, se précipiter*
å skyve	**skjøv**	**skjøvet**	*pousser*
å velge	**valgte**	**valgt**	*choisir*

Au lieu de **å ryke**, **røyk**, vous pourrez entendre **å ryke**, **røk**, de même qu'au lieu de **å røyke**, **røykte** l'on peut dire **å røke**, **røkte**. Ceci n'est qu'un exemple des multiples variations auxquelles est sujette la langue norvégienne. Nous vous le signalons, non pour vous "déboussoler" (retenez simplement la forme notée dans le tableau), mais pour que vous preniez conscience que ce côté *le **rugbrød(et)**, pain de seigle, ou le **helkornbrød(et)**, contenant des grains de blé entiers (**korn(et)**), grain/blé/céréale). Un mot aussi sur le hareng, **silden** : après avoir été considéré comme une nourriture de pauvres, il réapparaît sur les tables, noblesse du retour aux sources oblige. Vous le trouverez en particulier au petit déjeuner, sous forme de **spekesild**, hareng saur, le verbe **å speke** s'appliquant à divers modes de conservation de la viande ou du poisson par salaison, séchage ou fumage... Dépaysement gustatif garanti. L'internationalisation gastronomique aidant, le hareng s'accomode aussi désormais (et peut-être même surtout) de sauces exotiques comme la moutarde ou la tomate.*

Deuxième vague : 20ᵉ leçon

Soixante-dixième leçon

fluctuant, "personnalisable" de la langue n'est en rien problématique. Il n'entrave guère la compréhension entre norvégophones, et ne doit donc pas nuire à votre assurance. Lorsque vous aurez assimilé le norvégien que nous vous proposons et côtoyé suffisamment de parlers différents pour en estimer la valeur par vous-même, vous pourrez, à votre tour, jouer de leur coloration.

2 Comparatifs et superlatifs

Vous souvenez-vous encore des comparatifs ? Une excellente occasion de les revoir nous est offerte par l'apparition de la tournure **jo... desto...**, *plus... plus*.
Exemples : **Jo mer han prøver, desto mindre klarer han det**, *Plus il essaie, moins il y arrive*. **Jo styggere en mann er, desto dummere virker han**, *Plus un homme est laid, plus il passe pour bête*.
Desto peut aussi être remplacé par un second **jo**, ou par **dess** : **Jo tykkere han blir, jo sultnere blir han**, *Plus il grossit, plus il est affamé*. **Jo bedre man har det i livet, dess fortere går tiden**, *Plus la vie est agréable ("plus on l'a agréable dans la vie"), plus le temps passe vite*.
En observant la construction de la phrase, on constate que la proposition principale est la seconde : on y trouve en effet l'inversion sujet-verbe, qui place ce dernier, comme de coutume, en deuxième

position. Il faut en l'occurrence considérer comme des groupes indissociables **jo** + comp. d'une part, **desto** + comp. d'autre part.

Profitons-en pour approfondir l'usage de **mer** et **mest**, placés comme "béquilles" devant certains adjectifs qui n'admettent pas les formes régulières du comparatif et du superlatif de supériorité. Voici énumérés les cas principaux où cette intervention est nécessaire :
– Participes présents ou passés : **Han er enda mer irriterende enn sin søster**, *Il est encore plus agaçant que sa sœur* ; **Den som ble mest fornærmet, var Ove**, *Celui qui a été le plus vexé, c'est Ove*.
– Adjectifs en **-et(e)** et **-ed** : **Du er den mest klossete fyren jeg noen gang har truffet**, *Tu es le type le plus maladroit que j'aie jamais rencontré*.
– Adjectifs en **-sk** de plus d'une syllabe : **Det er mer romantisk å bo på landet**, *C'est plus romantique de vivre à la campagne*.
– Adjectifs composés : **Det sølvtøyet er mer verdifullt enn tante Sigrids**, *Cette argenterie est plus précieuse que celle de Tante Sigrid*.
– Adjectifs "longs", souvent d'origine étrangère : **Denne romanen er mer interessant enn den jeg nettopp leste**, *Ce roman est plus intéressant que celui que je viens de lire*.

3 Quelques détails d'expressions glanés au cours de la semaine

sist helg, *le week-end dernier* (mais **forrige søndag**, *dimanche dernier*).
det hele, *tout cela*, *toute l'affaire*.
en viss Olaus Svarterabb, *un certain Olaus Svarterabb*.
Ja visst! Visst kan han norsk!, *Mais oui ! Bien sûr qu'il parle norvégien !*

4 Synonymes et mots apparentés

4.1 Expressions de la fatigue et de la peine

Dans la série "synonymes et mots apparentés", passons d'abord en revue les expressions de la fatigue, de la peine, du mal qu'on se donne :
• **å anstrenge (seg), anstrengende, anstrengelse(n)**, *fatiguer, fatigant, la fatigue/l'effort* : **Du skulle ikke anstrenge synet ditt med å lese så**

sent, *Tu ne devrais pas te fatiguer la vue à lire aussi tard* ; **Vi måtte anstrenge oss for å forstå hva han mente**, *Nous avons dû faire un effort pour comprendre ce qu'il voulait dire* ; **Hun lo litt anstrengt**, *Elle eut un rire un peu forcé* ; **Du ser overanstrengt ut**, *Tu as l'air surmené* ; **Det er et anstrengende arbeid**, *C'est un travail fatigant* ; **Jeg synes virkelig hun er anstrengende!**, *Je la trouve vraiment pénible* (fatigante) ! **Han klarte det uten anstrengelse**, *Il y est arrivé sans effort.*

• **å slite, slitsom, slit(et)**, *peiner/user, fatigant, la peine* : **Bilen sliter i oppforbakkene**, *La voiture peine dans les côtes* ; **Du sliter på nervene mine**, *Tu m'uses les nerfs* ; **Skoene mine er slitt**, *Mes chaussures sont usées* ; **Den ungen er slitsom**, *Ce gosse est usant/exaspérant* (nuance plus forte que dans **anstrengende**) ; **For et slit!**, *Quelle corvée !*

• **å streve, strevsom, strev(et)**, *travailler dur/faire des efforts, travailleur, la peine/les efforts* : **Som du strever !**, *Qu'est-ce que tu bosses !* ; **Han har alltid vært en flink og strevsom student**, *Il a toujours été un étudiant appliqué et travailleur* ; **Etter flere timers (slit og) strev fikk vi bilen ut av snøhaugen**, *Au bout de plusieurs heures d'efforts, nous avons réussi à faire sortir la voiture du tas de neige.*

• **å bry, bry(et)**, *déranger, la peine/le dérangement* : commençons par le sens primitif du verbe : **Kan jeg få bry deg med et spørsmål?**, *Est-ce que je peux te déranger avec une question ?* ; **Ikke bry hodet ditt med det!**, *Ne te fatigue pas à te creuser la cervelle là-dessus !* ; à ne pas confondre avec : **Ikke bry deg om det!**, *Ne t'en fais pas ! / Ne te fais pas de soucis !* ; et par extension : **Bare ikke bry deg (om det)!**, *Ne t'en occupe pas ! / Mêle-toi de tes affaires !* **Han ville ikke ha bryet med å handle alene**, *Il n'a pas voulu se donner la peine de faire les courses tout seul* ; **Det er ikke bryet verdt**, *Ça ne vaut pas la peine.*

Ce paragraphe vous a-t-il paru un peu **slitsom** ? Imbibez-vous simplement de ces tournures (sans vous donner trop de mal !) en les lisant à haute voix. Vous les entendrez fréquemment dans les conversations, car les Norvégiens, auxquels l'habitude ancestrale de conditions de vies rigoureuses a inculqué un bon sens de l'organisation, n'aiment guère les efforts évitables, à moins qu'ils ne portent la noble étiquette de sport ou de nature. Et l'on a toujours beaucoup de mots pour désigner ce qu'on redoute... Profitons-en pour rappeler que *se reposer* se dit **å hvile seg**, et *se détendre*, **å slappe av**. À propos... Comment traduire *le norvégien sans peine* ?.. Nous proposons : **norsk uten strev !**

4.2 *Forhold* et *forbindelse*

Quelques précisions sur deux noms rencontrés plusieurs fois cette semaine : **forhold(et)** et **forbindelse(n)** peuvent tous deux avoir le sens de *rapport/relation*, mais d'une façon générale, **forbindelse** est plus "officiel" ou plus "neutre" (proche de l'idée de "communication"), tandis que **forhold** est plus "personnel". Exemples : **Norge har gode forbindelser med Portugal**, *La Norvège a de bonnes relations avec le Portugal* ; **Legen min står i forbindelse med en kirurg i Oslo**, *Mon médecin est en relation avec un chirurgien d'Oslo* ; **Det finnes ingen forbindelse mellom disse to sakene**, *Il n'y a aucune relation entre ces deux affaires* ; **Det er gode flyforbindelser mellom Oslo og Brussel**, *Il y de bonnes liaisons aériennes entre Oslo et Bruxelles*. Mais : **Hun har et vanskelig forhold til sin svigermor**, *Elle a des rapports difficiles avec sa belle-mère* ; **Jeg tror nok han har et forhold**, *Je crois bien qu'il a une liaison*.

Forhold a aussi la signification très large de *situation/conditions/ circonstances*.

Exemples : **Forholdet er det at han ikke har noen utdannelse**, *Le problème, c'est ("la situation est que") qu'il n'a pas de formation* ; **De måtte arbeide under dårlige forhold**, *Ils ont dû travailler dans* (sous) *de mauvaises conditions* ; **Han er optimistisk i alle forhold**, *Il est optimiste en toutes circonstances* ; **Det er en kjempestor bedrift etter norske forhold**, *C'est une entreprise énorme à l'échelle de la Norvège ("dans des conditions norvégiennes")*.

4.3 Traduction du mot "affaire"

Nous avons déjà vu apparaître plusieurs fois le mot français *affaire*. Un mot aussi vague appelle évidemment des traductions

différentes. Distinguons d'abord entre **ting(en)** et **sak(en)**. **Ting** désigne couramment des objets concrets, tandis que **sak** s'applique plutôt à une affaire au sens d'une situation (par exemple une affaire juridique), d'une histoire, d'un sujet quelconque. **Hvor er det blitt av tingene mine?**, *Où sont passées mes affaires ?* Rappelons à ce propos qu'un *objet* se dit **gjenstand**. Mais : **Advokaten arbeider med denne vanskelige saken**, *L'avocat travaille sur cette affaire difficile* ; **Kom nå endelig til saken!**, *Viens-en donc au fait ("à l'affaire") !* Mais la langue norvégienne ayant plus d'un tour dans son sac, **sak** et **ting** peuvent aussi devenir complices dans l'expression **saker og ting**, *des tas de choses/des trucs/des machins*.

Sachez aussi que **Storting** est le nom du *Parlement norvégien* (**et ting** est un vieux mot pour *assemblée*), comme si les "grandes choses" étaient l'affaire du peuple ! Et puisque **alle gode ting er tre**, *jamais deux sans trois*, citons aussi **forretning**, mot indispensable si vous souhaitez vous définir comme *un homme* ou *une femme d'affaires*, **forretningsmann/-kvinne**. Ce mot nous est déjà apparu dans le sens de *magasin*, ainsi que dans **forretningsbygg(et)**, *un immeuble de bureaux*. **Han har gjort en god forretning**, *Il a fait une bonne affaire*.

Bien sûr, nous n'en avons pas encore fini avec le vocabulaire concret, et sans doute ne pourrez-vous pas de sitôt vous dire **Saken er opp- og avgjort!**, *L'affaire est réglée ! / C'est chose faite !*, même à propos de ces *petites choses toutes simples qui nous entourent*, **tingene omkring oss**. Mais à mesure que nous progressons vers la fin de cet ouvrage, vous voyez votre escarcelle se remplir d'une proportion croissante d'expressions abstraites, plus difficiles à cerner, ainsi que de tournures imagées où s'expriment tout l'humour et la poésie du norvégien. Espérons que vous trouvrez quelque plaisir à cette exploration des méandres de la langue, et qu'en attendant de passer au **forretningsnorsk**, *norvégien des affaires*, vous persisterez à penser qu'apprendre le norvégien, **Det er ingen sak!**, *Ce n'est pas une affaire !*

Deuxième vague : 21e leçon

Syttiførste (enogsyttiende) leksjon
[seutifeurstë (énôsseutiënë)]

Med `ondt skal `ondt ¹ fordrives

1 – Hva er det for en `ekkel `medisin du `sitter og `nipper til? En `blanding av `hostesaft og `tran ², etter `fargen å dømme ³?
2 Æsj! Jeg blir `kvalm bare av å `se på det!
3 – `Takk for `oppmuntringen!
4 – Etter `min mening ville det være `lurere å `svelge det i `en `eneste `slurk enn å `pine deg på `denne `måten!
5 – Det er `lettere sagt enn `gjort, og så skal det være mer `effektivt hvis man `rister ⁴ på flasken og `beholder `medisinen `litt under `tunga ⁵.
6 – Ja, `vel bekomme, `forhast deg for all del ikke! Men hva `feiler du `egentlig? ⁶
7 – Nei, jeg er da `frisk som en `fisk, gudskjelov, men `bedre føre `var enn `etter `snar, vet du.
8 Det skal `hjelpe\* mot `rynker og `gikt, `søvnløshet, `slapphet og gud vet hva.
9 – Og kanskje selv mot `alderen, som jo `enten er en `smittsom eller `arvelig `sykdom, eller `begge deler ⁷.
10 – Sånn en gammel `skeptiker som deg nytter det `naturligvis ikke å ville `overbevise.

Soixante et onzième leçon

Aux grands maux les grands remèdes
(C'est par le mal que le mal doit être chassé)

1 – Qu'est-ce que c'est que ce médicament *(Qu'est-ce pour un médicament)* dégoûtant [que] tu es en train de siroter *(tu es assis et sirotes)* ? Un mélange de sirop *(jus)* contre la toux et d'huile de foie de morue, à en juger d'après la couleur *(après la couleur d'en juger)* ?
2 Berk ! J'ai la nausée *(Je deviens nauséeux)* rien que de le regarder !
3 – Merci pour l'encouragement !
4 – À mon avis, ce serait plus malin de l'avaler d'une seule gorgée, [plutôt] que de te torturer de cette façon !
5 – C'est plus facile à dire qu'à faire *(plus facilement dit que fait)*, et puis, il paraît que c'est plus efficace *(ça doit être plus efficace)* si on secoue la bouteille et qu'on garde le médicament un peu sous la langue.
6 – Oui, bon appétit ! Ne te presse surtout *(pour toute part)* pas ! Mais qu'est-ce qui ne va pas, au juste ?
7 – Oh, mais *(non)* je vais très bien *(je suis frais comme un poisson)*, heureusement *(Dieu soit loué)*, mais il vaut mieux prévenir que guérir *(être sur ses gardes avant que rapide après)*, tu sais.
8 C'est censé être bon *(doit aider)* contre les rides et les rhumatismes, l'insomnie, l'apathie et Dieu sait quoi [encore].
9 – Et peut-être même contre l'âge, qui est une maladie soit contagieuse, soit héréditaire, ou les deux *(les deux parties)*.
10 – Ça ne sert bien sûr à rien de vouloir convaincre un vieux sceptique comme toi.

71 / Syttiførste (enogsyttiende) leksjon

11 – Nei, `slike `nymotens `påfunn [8] tar jeg `vanligvis ikke for `god fisk!
12 Men hvem `vet? Føler du deg `forynget, så får du si `ifra [9]!
13 Kanskje den der `foryngelseskuren din `også finnes i form av `tabletter... `Skål!
14 – En stygg hoste – en rynke – et rart påfunn – en tablett.

Prononciation
1 ... bla`ni-ng ... Houstëssaft ... *3* ... oupmu'ntri-ng-ën ... *4* ... svèlyë ... *5* ... béHoler ... tou-ng-a *11* ... nümoutëns ...

Notes

1 L'adjectif **ond**, de la même famille que **vond**, *mauvais*, se trouve dans un certain nombre d'expressions toutes faites contenant l'idée de méchanceté ou de mal : **et ondt blikk**, *un regard méchant* ; **på godt og ondt**, *pour le meilleur et pour le pire*. Il peut aussi prendre un sens religieux : **Fri oss fra det onde**, *Délivre-nous du Mal*.

2 **tranen**, *l'huile de foie de morue*, qu'on pourrait croire disparue des mœurs médicales modernes, reste en usage dans les régions où le manque de soleil menace davantage les enfants de rachitisme.

3 **etter (...) å dømme**, *à en juger d'après (...)*. Le verbe **å dømme** a généralement la valeur de *faire passer en justice* ou de *condamner* : **Han ble dømt til å betale en mulkt**, *Il a été condamné à payer une amende* (**dom**, *jugement*). Pour *juger de quelque chose*, on utilise le verbe transi-

***

Øvelse 1 – Oversett

❶ Jeg hostet i flere timer i natt. ❷ Gudskjelov klarte jeg til slutt å overbevise dem. ❸ Han vil beholde den gamle bilen sin. ❹ Han feiler alltid noe. ❺ Hun er deppa fordi hun har oppdaget rynker i ansiktet sitt. ❻ Det synes jeg er ganske enkelt. ❼ Etter min mening burde du oppmuntre ham litt. ❽ Forhast deg for all del ikke! Vi har bare ventet på deg i en time. ❾ Det er ikke så lett å bedømme det han gjorde. ❿ Ikke rist sånn på bordet! Skål! ⓫ Skål!

Soixante et onzième leçon / 71

11 – Non, ce genre d'inventions à la mode, d'habitude, je ne [les] prends pas pour argent comptant *(pour du bon poisson)* !
12 Mais qui sait ? Si tu te sens rajeuni, tu [me] préviendras !
13 Peut-être que ta cure de jouvence *(rajeunissement)* existe aussi sous forme de comprimés... À ta santé !
14 – Une vilaine toux – une ride – une drôle de trouvaille/ d'idée – un comprimé.

tif **å bedømme** noe. Bien entendu, en Norvège, si l'on juge, c'est à mots couverts. Et puisqu'on condamne ceux qui sont **dømmesyke**, *qui ont la manie de juger, de condamner autrui*, il est logique que l'expression *juger quelqu'un* soit difficilement traduisible.

4 Il existe deux verbes **å riste** bien distincts : le premier signifie *secouer/ ébranler/trembler*, le second *griller/faire griller* – exemple : **ristet brød**, *du pain grillé*.

5 Ne confondez pas **tunge** (forme définie : **tunga**), *la langue*, partie du corps, et **språket**, *la langue* qu'on parle.

6 Dans **Hva feiler du?** (littéralement "Qu'est-ce qui te manque ?"), qui s'utilise pour s'enquérir de la santé de quelqu'un, se retrouve la racine **feil(en)**, *le défaut/l'erreur/la lacune*.

7 **begge deler**, *les deux, tous/toutes les deux*, s'utilise pour désigner *deux choses*. Rappelons que pour *deux personnes*, on dit **begge to**.

8 **påfunnet**, *l'idée/l'invention/la trouvaille*. Ce mot a le plus souvent une connotation légèrement péjorative.

9 **å si ifra, å gi beskjed**, *avertir quelqu'un*.

***

Corrigé de l'exercice 1
❶ Cette nuit, j'ai toussé pendant plusieurs heures. ❷ Heureusement, j'ai fini par réussir *(finalement réussi)* à les persuader. ❸ Il veut garder sa vieille voiture. ❹ Il a constamment des ennuis de santé. ❺ Elle est déprimée parce qu'elle a découvert des rides sur son visage. ❻ Je trouve que c'est plutôt simple. ❼ À mon avis, tu devrais l'encourager un peu. ❽ Ne te presse surtout pas ! Nous ne t'attendons que depuis une heure. ❾ Il n'est pas si facile de juger ce qu'il a fait. ❿ Ne secoue pas la table comme ça ! ⓫ À ta/votre santé !

Øvelse 2 – Fyll ut med de riktige ordene

① La lessive que j'ai achetée au supermarché n'est pas aussi efficace que celle que j'utilisais avant.

.... jeg kjøpte .... er ikke så .... som det jeg ....

② Chaque fois que nous roulons sur des routes de montagne, les enfants sont patraques *(deviennent nauséeux)*.

Hver ...... gang vi kjører på ..... veier blir barna ....

③ Il parle un mélange de danois et de suédois et prétend que c'est du norvégien.

Han snakker en .... dansk og svensk og ...... at det er norsk.

④ Cesse de te tourmenter en y pensant !

.... å .... deg med å tenke .. det!

Syttiandre (toogsyttiende) leksjon

`Motsetninger tiltrekker ¹ hverandre

1 – Det er en `kjent sak at `motsetninger `tiltrekker `hverandre.

2 Liv og jeg har nemlig helt motsatte `personlighetstrekk ¹, men vi setter ikke desto mindre `pris på den `andres `gode `sider.

3 Ingen `ergrer seg over den andres `uvaner ² og `ingen `innbiller seg ³ at `han eller `hun går `foran med et `godt eksempel.

4 – Det må jeg si er en `eksemplarisk `oppførsel! I det minste `det har dere `felles ⁴!

5 – Ja, men ellers... Hun er et `ordensmenneske, `tenker på `alt, alltid `punktlig, går `systematisk til verks, `logikken i `egen `person!

Soixante-douzième leçon / 72

Corrigé de l'exercice 2
❶ Vaskemidlet – på supermarkedet – effektivt – brukte før ❷ – eneste – fjell – kvalme ❸ – blanding av – påstår – ❹ Hold opp – pine – på –

Dans cette leçon, deux expressions idiomatiques font référence au poisson : **å ta noe for god fisk**, *prendre quelque chose pour argent comptant ;* **frisk som en fisk**, *frais comme un gardon/en parfaite santé. La mer et ses richesses n'en finissent plus de baigner la conscience norvégienne... Rappelez-vous aussi :* **en slappfisk**, *un poisson flasque/une mauviette/un mollasson, et* **en glad laks**, *un joyeux drille/un gai luron.*

Deuxième vague : 22ᵉ leçon

Soixante-douzième leçon

Les contraires s'attirent

1 – Il est *(un fait)* bien connu que les contraires s'attirent.
2 Liv et moi, [nous] avons effectivement des caractères *(traits de personnalité)* opposés, mais nous n'en apprécions pas moins les bons côtés de l'autre.
3 Aucun ne s'agace des mauvaises habitudes de l'autre et aucun ne s'imagine donner *(qu'il ou elle donne)* le *(un)* bon exemple.
4 – Je dois dire que c'est un comportement exemplaire. Vous avez au moins cela en commun !
5 – Oui, mais sinon... C'est une femme *(être humain)* d'ordre, [elle] pense à tout, toujours ponctuelle, [elle] procède *(va à l'œuvre)* de façon systématique *(systématiquement)*, la logique en *(propre)* personne !

72 / Syttiandre (toogsyttiende) leksjon

6 Hun løper `rundt med `nål og `tråd, i tilfelle `buksen kunne `komme til å `sprekke*,
7 og `førstehjelpsutstyr, for man kan jo aldri `vite, noen kunne `ramle i `trappen.
8 `Veggene på hvert `værelse [5] er `tapetsert med en `mengde `kalendere og `huskelapper med `tydelige `meldinger,
9 mens ˌjeg er av den typen som tar `en dag av `gangen, alltid er `forsinket, og må sette `huset på `hodet for å få `tak i et ark `papir [6] og `blyant.
10 – Men hva gikk det `av deg, den `gangen du…?
11 – Jeg ville bare `gi henne en `god `klem [7], men hun `snudde seg og det ble et `kyss på `kinnet.
12 Hun trakk `lynsnart [8] `følgene av det.
13 – En vane, en uvane – en nål – tråden – et utstyr – en kalender – et ark – en blyant – følgen. ☐

Prononciation
mou**tsè**tni-ng-ër ... **2** ... mou**tsa**të ... persou**n**liHétstrèk ... **4** ... **ou**pfeursël ... **5** ... **pou**nktli ... **12** ... feulguënë ...

Notes

1 Dans **å tiltrekke** et **personlighetstrekk**, nous rencontrons de nouveau la racine de *tirer*, **å trekke, trakk, trukket**, contenue dans **å foretrekke**, *préférer*, dans le tout simple **det trekker**, *il y a des courants d'air*, ainsi que dans **fuglene trekker sydover**, *les oiseaux s'envolent pour le Sud*. On pourrait encore y ajouter **å trekke fra**, *soustraire*. Attention à la traîtrise des articles ! Le nom **trekk(et)**, qui s'utilise aussi pour les traits du visage, ou dans des expressions comme : **tre dager i trekk**, *deux jours d'affilée* ; **jeg leste boken i ett trekk**, *j'ai lu le livre d'un seul trait*, a pour frère jumeau **trekk(en)** : **jeg sitter i trekken**, *je suis assis dans le courant d'air*. Au sens figuré, *trait de personnalité* se dit également **trekk(et)**. Notez aussi : **i grove trekk**, *en gros*. Quant au *trait* qu'on trace, il se dit **en strek**.

Soixante-douzième leçon / 72

6 Elle se balade *(court en rond)* avec [une] aiguille et [du] fil pour le cas [où] son *(le)* pantalon viendrait à craquer *(éclater)*,

7 et [une] trousse d'urgence *(attirail de premier secours)*, parce qu'on ne sait jamais *(on ne peut jamais savoir)*, quelqu'un pourrait dégringoler dans l'escalier.

8 Les murs de chaque pièce sont tapissés d'une foule de calendriers et de petits mots avec des messages [bien] clairs,

9 alors que [moi] je suis du genre [de personnes] qui vivent au jour le jour *(prennent un jour à la fois)*, [qui sont] toujours en retard *(retardées)* et [qui sont] obligées de mettre la maison sens dessus dessous *(sur la tête)* pour mettre la main sur une feuille de papier et un crayon.

10 – Mais qu'est-ce qui t'a [donc] pris *(qu'est-il advenu de toi)* le jour où... ?

11 – J'ai seulement voulu lui donner "une bonne accolade", mais elle s'est tournée et ça a donné *(c'est devenu)* un baiser sur la joue.

12 Elle en a tiré les conséquences *([une]suite)* avec la rapidité de l'éclair.

13 – Une habitude, une mauvaise habitude – une aiguille – le fil – un attirail – un calendrier – une feuille – un crayon – la suite/la conséquence.

---

2 **uvane(n)**, *une mauvaise habitude*, contient le même préfixe **u-** fréquent dans les adjectifs à signification négative. Ce procédé se trouve appliqué à d'autres noms, par exemple **ugress(et)**, *des mauvaises herbes*.

3 **å innbille seg noe**, *s'imaginer quelque chose à tort*. L'idée sous-jacente est celle de la vanité.

4 **felles**, *commun*, est un adjectif invariable. **Vi har felles venner**, *Nous avons des amis communs*.

5 **værelse(t)** est un synonyme de **rom(met)**. *La chambre à coucher* se dit par exemple **soveværelse(t)**.

trehundreogtjueåtte • 328

72 / Syttiandre (toogsyttiende) leksjon

6 **et ark papir**, *une feuille de papier*, à ne pas confondre avec **et blad**, *une feuille d'arbre* ou *une revue/un périodique*.

7 Le verbe **å klemme**, qui signifie d'abord *pincer/coincer/presser/aplatir*, donne sous forme de substantif une valeur nettement plus positive... et intraduisible en français. **En god klem (klemmen)**, c'est la marque d'affection la plus chaleureuse que puisse vous accorder un ami norvégien non perverti par les influences étrangères : si vous n'y êtes pas encore initié, attendez-vous à un enlacement discret conjugué avec le contact d'une joue contre l'autre. La grosse bise qui a cours sous d'autres cieux

***

▶ Øvelse 1 – Oversett

❶ Det ergrer meg at han oppfører seg så dumt. ❷ Jeg satte meg på en nål. ❸ Stearinlyset tiltrekker sommerfuglene. ❹ God klem fra tante Agathe! ❺ Jeg ramlet midt i forretningen. ❻ Husker du hva den meldingen betyr? ❼ Nå må du snakke høyt og tydelig. ❽ Ta med deg ark og fargeblyanter! ❾ Ulykken hadde alvorlige følger for miljøet. ❿ Han har klemt fingrene i skapdøren. ⓫ Du er tålmodigheten i egen person! ⓬ Nordmenn liker ikke menneskemengder. ⓭ Du må gå forsiktig til verks.

***

Øvelse 2 – Fyll ut med de riktige ordene

❶ Ils ont beaucoup de choses en commun, mais ils ne s'entendent pas si bien *(l'un avec l'autre)* que cela quand même.
De har mye ......, men de kommer ikke så .... det med hverandre ....

❷ On a mis la maison sens dessus dessous, mais on n'a pas pu mettre la main sur le nounours.
Vi ..... huset ...., men vi kunne ikke ..... i ....

❸ Il prend tout ce qu'on dit à la télé pour argent comptant.
Han tar ... som sies på TV ....

❹ Qu'est-ce qui lui a pris ? Ça ne servait à rien !
Hva .... det .. henne? Det var til ....!

Soixante-douzième leçon / 72

(et qu'on traduit néanmoins par **god klem** au bas des lettres) provoque en Norvège des réactions variées qui vont de l'étonnement au dégoût, en passant par l'erreur d'interprétation.

8 **lynsnar**, *rapide comme l'éclair*, est composé de l'adjectif **snar**, *rapide/ prompt*, que vous connaissez sous la forme adverbiale **snart**, *bientôt*, et de **lynet**, *l'éclair*. Pour dire *Il y a des éclairs*, on utilise le verbe apparenté **Det lyner**.

***

Corrigé de l'exercice 1
❶ Ça m'agace qu'il se comporte aussi bêtement. ❷ Je me suis assis sur une aiguille. ❸ La bougie attire les papillons. ❹ Bons baisers de tante Agathe ! ❺ Je me suis cassé la figure au milieu du magasin. ❻ Te souviens-tu de ce que veut dire ce message ? ❼ Parle haut et clair ! ❽ Emporte des feuilles et des crayons de couleurs ! ❾ L'accident a eu des conséquences graves *(sérieuses)* pour l'environnement. ❿ Il s'est coincé les doigts dans la porte de l'armoire. ⓫ Tu es la patience incarnée ! ⓬ Les Norvégiens n'aiment pas la foule *(les foules de gens)*. ⓭ Tu dois y aller *(procéder)* prudemment.

Corrigé de l'exercice 2
❶ – felles – godt ut av – likevel ❷ – satte – på hodet – få tak – bamsen ❸ – alt – for god fisk ❹ – gikk – av – ingen nytte

Deuxième vague : 23ᵉ leçon

trehundreogtretti • 330

Syttitredje (treogsyttiende) leksjon

Bestikkelse

1. Ved ˋskranken på ˋpolitikammeret:
2. – Du, jeg ˋtrenger å ˋfornye ˋpasset mitt.
3. Det ˋhaster, er jeg redd. ˋAlt er ˋforberedt til ˋoppholdet i ˋSevilla i ˋpåskeuken [1].
4. ˋDatoene ble ˋfastsatt [2] sist ˋhøst, jeg har søkt om [3] ˋferie.
5. Jeg har ˋbook'et ˋplass på ˋflyet og reservert ˋrom på et ˋførsteklasses ˋhotell med ˋsvømmebasseng,
6. og betalt ˋforskudd for ˋalle ˋutfluktene inkludert ˋlunsj med ˋvin.
7. Jeg hadde beregnet ˋalt, unntatt at ˋpasset ˋutløper ˋførste ˋapril. Tror du det ˋgår på så ˋkort tid?
8. – (Kontorfullmektig:) Vel, det blir ˋtemmelig [4] knapt [5]. ˋFristen er normalt ˋtre uker. Prinsipielt liker vi ikke ˋunntak her på ˋkontoret, men, men... Det ˋfinnes en ˋløsning...
9. ... Jeg får snakke med ˋFredrikke ˋPaulsen, hun har en ˋegen ˋevne [6] til å ˋavgjøre ˋkinkige ˋsituasjoner i en ˋfei, på ˋbetingelse av at man ˋsender henne et ˋpostkort fra ˋferiestedet.
10. – Øh vel... Jeg er ikke noe ˋflink i ˋrettskrivning og ikke noen ˋstor ˋspråkkunstner heller.
11. – Du får bare ˋskrive* ˋ"hei ˋRikke", med ˋto ˋK'er. Har du ˋfylt ut ˋskjemaet?
12. – I ˋelleve ˋeksemplarer: ˋalle som ˋlå på ˋventerommet.

331 • trehundreogtrettien

Soixante-treizième leçon

Corruption

1 Au guichet du commissariat de police :
2 – [Bonjour] (Toi), j'ai besoin de [faire] renouveler mon passeport.
3 Je crains que ce ne soit urgent *(C'est urgent, j'ai peur)*. Tout est préparé pour mon séjour à Séville pendant la semaine de Pâques.
4 Les dates ont été fixées l'automne dernier, j'ai demandé *(sollicité)* [mes] congés.
5 J'ai réservé [ma] place dans l'avion et *(réservé)* [une] chambre dans un hôtel de luxe avec piscine,
6 et payé [un] acompte pour toutes les excursions, y compris [les] déjeuner[s] avec [du] vin.
7 J'avais tout prévu *(calculé)*, sauf que mon passeport expirait *(expire)* le 1er avril. Vous croyez que ça marchera en si peu de temps ?
8 – (Fonctionnaire) *(administrateur de bureau)* : Eh bien, ça va être assez juste. Le délai est normalement [de] trois semaines. En principe, on n'aime pas les exceptions, ici *(dans ce bureau)*, mais bon *(mais, mais)*... Il y a une solution...
9 ... Je vais parler à Fredrikke Paulsen, elle a un talent particulier pour régler les affaires *(situations)* épineuses en vitesse, à condition qu'on lui envoie une carte postale depuis son lieu de vacances.
10 – Euh... Je ne suis pas bon en orthographe, et je ne suis pas non plus très doué pour le style *(un grand artiste de la langue)*.
11 – Vous n'aurez qu'à écrire "salut Rikke", avec deux K. Avez-vous rempli le formulaire ?
12 – En onze exemplaires : tous ceux qu'il y avait dans la salle d'attente.

73 / Syttitredje (treogsyttiende) leksjon

13 Og `her er `bildene, vær så snill `ikke å `sammenligne med de `gamle.
14 – `Det kan du være `trygg [7] på: jeg skal `forklare `Fredrikke at `padden `egentlig er en `forvandlet `prins.
15 – En u**t**flukt – et **o**pphold – et pass – et **u**nntak. □

Prononciation
3 ... **ou**pH**o**lë ... 4 datou**ë**në ... 5 ... b**ou**kët ... 9 ... Çi'nkië ...
13 ... samënli-gn-në ...

Notes

1 **Påske**, *Pâques*, donne traditionnellement lieu à une semaine complète de repos, qu'on appelait autrefois **den stille uken**, *la semaine silencieuse/calme*. Si la valeur proprement religieuse de la fête est aujourd'hui largement estompée, les villes se trouvent de fait relativement désertées durant cette période – commerces fermés et administrations closes. C'est sur les sommets enneigés qu'il faut alors chercher bon nombre de Norvégiens. La montagne, trop hostile au cœur de l'hiver, est le lieu privilégié des retrouvailles avec le soleil.

2 **fastsatt** est le participe passé de **å fastsette** (prétérit : **fastsatte**), construit bien évidemment sur **å sette**. L'adjectif **fast**, qui sert ici de préfixe, signifie à la fois *fixe, ferme, solide, permanent*. **Han har en fast stilling**, *Il a un poste fixe*. **Sjokoladepuddingen er god og fast**, *Le pudding au chocolat est bien ferme*. **Skuffen sitter fast**, *Le tiroir est coincé*.

***

Øvelse 1 – Oversett

❶ Jeg hater å måtte stå i kø ved skranken. **❷** Haster det? – Nei, vi har god tid. **❸** Alle detaljene var blitt fastsatt på forhånd. **❹** Vi tok en utflukt til "Prekestolen". **❺** Den norske rettskrivningen er overraskende. **❻** Saken ble avgjort i en fei. **❼** Det finnes en padde i svømmebassenget. **❽** Han har gode evner, men er en riktig lathans. **❾** Det er umulig å sammenligne hans arbeid med ditt. **❿** Må du betale forskudd for å leie hytta? **⓫** Heksen forvandlet nissen til en sopp. **⓬** Alle er blitt bedt på festen unntatt jeg. **⓭** Toget ble forsinket av snøstormen.

Soixante-treizième leçon / 73

13 Et voilà les photos. Ne les comparez pas avec les anciennes, s'il vous plaît.
14 – Soyez tranquille *(Tu peux avoir confiance là-dessus)* : j'expliquerai à Fredrikke que le crapaud est en fait un prince transformé.
15 – Une excursion – un séjour – un passeport – une exception.

3 **å søke om noe** s'utilise pour tout ce qui est de l'ordre de la demande administrative ou de la candidature. **Han vil søke om norsk statsborgerskap**, *Il veut demander la nationalité norvégienne*. On retrouve aussi ce verbe dans des expressions plutôt littéraires, dans le sens de *chercher/être en quête de*. **Han søkte sin lykke i utlandet**, *Il a cherché fortune à l'étranger*.

4 **temmelig**, *assez/plutôt*, est à différencier de **nok**, *assez/suffisamment*.

5 L'adjectif **knapp**, homonyme de **en knapp**, *un bouton*, donne l'idée d'un temps ou d'une quantité trop juste, à peine suffisant(e). **Vi har det knapt med penger**, *Nous avons tout juste assez d'argent*.

6 **evne(n)** désigne d'abord la capacité de quelqu'un à faire quelque chose, son talent, ses dons. Il peut aussi se rapporter aux moyens financiers : **De lever over evne**, *Ils vivent au-dessus de leurs moyens*.

7 **å være/føle seg trygg**, *être/se sentir en sécurité, en sûreté*. **Området rundt jernbanestasjonen er ikke trygt om natten**, *La zone autour de la gare n'est pas sûre la nuit*. D'où le nom **tryggheten**, *la sécurité*.

***

Corrigé de l'exercice 1

❶ Je déteste être obligé de faire la queue au guichet. ❷ C'est pressé ? – Non, nous avons tout notre temps. ❸ Tous les détails avaient été fixés d'avance. ❹ On a fait une excursion à la "Chaire du pasteur" (nom d'un point de vue célèbre dans la région des fjords). ❺ L'orthographe norvégienne est surprenante. ❻ L'affaire a été réglée en un tour de main. ❼ Il y a un crapaud dans la piscine. ❽ Il a beaucoup de *(bonnes)* capacités, mais c'est un vrai fainéant. ❾ Il est impossible de comparer son travail au tien. ❿ Est-ce que tu dois payer des arrhes pour louer le chalet ? ⓫ La sorcière transforma le lutin en champignon. ⓬ Tout le monde a été invité à la fête, sauf moi. ⓭ Le train a été retardé par la tempête de neige.

Øvelse 2 – Fyll ut med de riktige ordene

① Mieux vaut prévenir que guérir. C'est toujours la meilleure solution.
Bedre føre .. ... etter .... Det er alltid den beste
....

② Mon père avait l'habitude de montrer le bon exemple en avalant (et avalait) lui-même l'huile de foie de morue d'un trait.
Far ...... å gå ..... med et godt eksempel og
.... selv ...... i en ......

③ Nous nous étions préparés à passer la nuit dans la voiture au cas où nous ne trouverions pas d'hôtel.
Vi hadde .... oss .. å .... i bilen, i
.... vi ikke skulle finne ... hotell.

Syttifjerde (fireogsyttiende) leksjon

Mistanke

1 – `Kubbestolen har `forsvunnet* ¹... Den må ha blitt `stjålet.

2 – `Kubbestolen?! Nei `hør nå `her... Du er visst ikke riktig `våken.

3 `Tyvene ville fått `hekseskudd bare av å `tenke på å `løfte den!

4 – `Gå og `se selv. Den er jo `borte etter `fem år på samme `plass, mellom `stumtjeneren og `bokskapet.

5 – Nettopp, den ville `kanskje `røre ² litt på seg.

6 – `Den var god, `den. Har du en `annen `forklaring?

7 – Hadde ikke din `mor til `hensikt å `flytte på `møblene for å `støvsuge `teppet?

8 – `Utenkelig, `mor nærmer seg `åtti.

❹ Je vous accompagnerai en excursion, à condition qu'on fasse une bonne pause pour manger.
Jeg skal .... på ...., på .... av at vi tar en skikkelig matpause.

❺ Leur séjour à Londres cet automne a été réussi.
.... i London . .... var ....

Corrigé de l'exercice 2
❶ – var enn – snar – løsningen ❷ – pleide – foran – svelget – tranen – slurk ❸ – forberedt – på – overnatte – tilfelle – noe – ❹ – være med – utflukten – betingelse – ❺ Oppholdet deres – i høst – vellykket

Deuxième vague : 24ᵉ leçon

Soixante-quatorzième leçon

Soupçon

1 – Le fauteuil-tronc a disparu... Il a dû être volé.
2 – Le fauteuil-tronc ? Mais voyons *(Non écoute maintenant ici)*... [Sûr que] tu n'es *(sûrement)* pas bien réveillé.
3   Les voleurs auraient attrapé un lumbago *(tir de sorcière)* rien qu'en pensant à le soulever !
4 – Va voir *(Va et vois)* toi-même. Il est parti après cinq ans à la même place, entre le porte-manteau *(valet muet)* et la bibliothèque.
5 – Justement, il avait peut-être envie de *(voulait peut-être)* se remuer un peu.
6 – Elle est bien bonne, celle-là. Tu as une autre explication ?
7 – Est-ce que ta mère n'avait pas l'intention *(pour intention)* de déménager les meubles pour aspirer la moquette *(le tapis)* ?
8 – Impensable, Maman va sur ses quatre-vingts ans *(s'approche de quatre-vingts)*.

74 / Syttifjerde (fireogsyttiende) leksjon

9 – Når ˋvårrengjøringen ˋbeånder³ henne, blir hun ˋsterk som en ˋokse.
10 ˋÆrlig talt, var du ˋsterkt knyttet til ˋdenne kubbestolen?
11 For ˋmin del er jeg ikke så ˋbløthjertet⁴. Jeg hadde ˋmer enn nok av den ˋblå ˋrosemalingen⁵: den ˋpasset ikke til ˋtapeten.
12 Og disse ˋgamle ˋtennene fra ˋtre generasjoner... det er i ˋgrunnen uhygienisk.
13 – ˋUhygienisk! ˋMine ˋærverdige⁶ forfedres ˋtenner! Hm, jeg tror jeg skal følge et ˋannet spor i ˋetterforskningen...
14 En tyv – hensikten – et teppe. ☐

Prononciation
1 k*u*bëstoulën ... **4** ... m*e*l*ou*m ... **12** ... guénérach*ou*nër ... **13** ... f*eu*lë ...

Notes

1 **forsvunnet** est le participe passé de **å forsvinne** (prétérit : **forsvant**), *disparaître*.

2 **å røre**, *bouger/remuer*. Ce verbe est toujours accompagné d'un complément, soit direct, soit précédé de la préposition **på** : dans les phrases pour lesquelles le français n'exprimerait pas de complément d'objet direct, le norvégien fait appel à un pronom personnel. **Han rører ikke en finger**, *Il ne bouge pas le petit doigt* ("un doigt"). **Kan du røre litt på deg?**, *Peux-tu bouger un peu ?* Le même verbe signifie *toucher*, au sens propre comme figuré : **Bare se, men ikke røre!**, *Regardez, mais ne touchez pas !* **Jeg ble rørt av tårene hennes**, *Ses larmes m'ont touché*.

3 Le nom **ånd(en)** couvre une palette de significations variée, comme le français *esprit*. Quelques exemples : **Den Hellige Ånd**, *le Saint-Esprit* ; **onde ånder**, *de mauvais esprits* ; **Det er en god ånd i gruppen**, *Il y a un bon esprit dans le groupe* ; **Han er ånden bak det hele**, *Il est l'initiateur* ("l'âme") *de cette affaire*. Le verbe **beånde** est essentiellement utilisé de nos jours sur le mode ironique.

Soixante-quatorzième leçon / 74

9 – Quand le [grand] ménage de printemps l'inspire, elle devient forte comme un turc *(un bœuf)*.

10 Franchement, tu étais très attaché *(noué)* à ce fauteuil-tronc ?

11 Moi *(Pour ma part)*, je ne suis pas si sentimentale. J'en avais plus qu'assez de ces roses *(peintures de roses)* bleues : elles n'allaient pas avec la tapisserie.

12 Et ces vieilles dents depuis *(de)* trois générations... Au fond, c'est anti-hygiénique !

13 – Anti-hygiénique ! Les dents de mes respectables ancêtres ! Hum... Je crois que je vais suivre une autre piste pour *(dans)* mon enquête...

14 – Un voleur – l'intention – un tapis/une moquette/un papier peint.

4 **bløthjertet**, littéralement "au cœur tendre". L'adjectif **bløt** signifie aussi *mou* (comme dans le **bløtkake**, *gros gâteau à la crème* incontournable sur la table du **ettermiddagskaffen**), *mouillé* (**jeg er bløt på føttene**, *j'ai les pieds mouillés*), ou *plat*, pour une plaisanterie. *Attendrir* quelqu'un se dit **å bløtgjøre noen**.

5 **rosemaling** désigne les motifs floraux traditionnels, à dominante bleue ou rouge qui ornent notamment les objets en bois. Ces mêmes motifs sont utilisés en orfèvrerie et dans l'artisanat des étains.

6 **ærverdig**, *respectable/vénérable/digne*, découle de **ære(n)**, *l'honneur/la gloire*. **Hun setter sin ære i å lage god mat**, *Elle met (tout) son honneur dans la cuisine*. Autres dérivés de **ære** : **ærgjerrig**, *ambitieux/avare d'honneur* ; **ærlig**, *honnête*.

Øvelse 1 – Oversett

❶ Hun tror på onde ånder. ❷ I april blir det vårrengjøring. ❸ Min mann ligger til sengs med hekseskudd. ❹ Vi har valgt en ny tapet med et fint gult mønster. ❺ Politiinspektør Knutsen er ansvarlig for etterforskningen. ❻ Det er en dårlig ånd i gruppen. ❼ De rørte ikke en finger for å hjelpe oss. ❽ Båten nærmet seg land. ❾ Tyven må ha vært sterk som en okse. ❿ Har du støvsuget under søppelbøtten? ⓫ Knytt skoene dine! ⓬ Jeg tåler ingen unntak. ⓭ Hun ristet meg våken. ⓮ I motsetning til mange andre land har Norge hittil sluppet sosial vold.

***

Øvelse 2 – Fyll ut med de riktige ordene

❶ De nos jours, il n'y a plus de place pour des gens sentimentaux.
Nå ... ... er det ikke ...... plass for .... mennesker.

❷ Je n'ai absolument pas l'intention de me laisser embêter par ce vieux chnoque.
Jeg har ..... ikke til .... å la meg ..... av den gamle ....

❸ Elle est bien bonne. Je me tords de rire.
... ... , ... Jeg ... meg ......

❹ Je soupçonne que *(J'ai un soupçon que)* le délai est déjà passé.
Jeg har en .... om at .... er ....

Syttifemte (femogsyttiende) leksjon

Snyltegjesten

1 – Nå `holder han `på å `barbere seg, vi har et `lite `pusterom.

2 – Minst en `time, mener du!

Corrigé de l'exercice 1

❶ Elle croit aux mauvais esprits. ❷ En avril, on fait le grand ménage de printemps. ❸ Mon mari est couché avec un lumbago. ❹ On a choisi une nouvelle tapisserie avec un joli motif jaune. ❺ L'inspecteur Knutsen est chargé de l'enquête. ❻ Il y a un mauvais esprit dans le groupe. ❼ Ils/Elles n'ont pas levé le petit doigt pour nous aider. ❽ Le bateau s'approcha de la terre. ❾ Le voleur devait être fort comme un turc. ❿ As-tu passé l'aspirateur sous la poubelle ? ⓫ Lace tes chaussures ! ⓬ Je ne tolère aucune exception. ⓭ Elle m'a secoué [pour me] réveiller *(réveillé)*. ⓮ Contrairement à bien d'autres pays, la Norvège a jusqu'ici échappé à la violence sociale.

***

Corrigé de l'exercice 2

❶ – til dags – lenger – bløthjertete – ❷ – slett – hensikt – plage – tufsen ❸ Den var god, den – ler – skakk ❹ – mistanke – fristen – utløpt

*Le **kubbestol** (la traduction que nous en donnons n'est consacrée par aucun dictionnaire) occupe une place de choix dans le mobilier traditionnel : il s'agit d'un fauteuil creusé dans un rondin, et donc d'un confort très relatif. Ce vénérable objet qui trônait autrefois dans la salle de séjour des habitations paysannes, avait parfois, dans certaines régions, pour seconde particularité d'être incrusté de dents – dents de lait des enfants qu'on y plantait à mesure de leur récolte. Il figurait ainsi, dans toute sa stabilité, la fuite du temps...*

Deuxième vague : 25ᵉ leçon

Soixante-quinzième leçon

Le pique-assiette *(Hôte-parasite)*

1 – Maintenant, il est en train de se raser, on peut souffler un peu *(on a un petit temps pour respirer)*
2 – Au moins une heure, tu veux dire !

75 / Syttifemte (femogsyttiende) leksjon

3 – Du må ˈinnse at det ˈogså har noen ˈfordeler at han er en riktig ˈjålebukk [1] som bruker en ˈevighet på å ˈpynte seg...
4 ˈSøren! Jeg har lagt ˈpapirlommetørklene mine ˈigjen på ˈbadet...
5 – Du, tror du ikke han snart blir ˈlei av å være i ˈveien for oss, og kommer til å ˈpakke sammen?
6 – Han sa ˈnettopp at han er meget ˈtakknemlig for den ˈspontane ˈmottakelsen [2] han fikk av deg...
7 – Det ˈbetyr vel ˈto-tre dager til.
8 – Han gjør det ikke med ˈvilje, vet du.
9 – Det er ikke bare ˈhensikten det kommer an på!
10 Hørte du da han sa at ˈvoksduken [3] var ˈklissete og spurte* om en ˈklut [4] for å tørke av den?
11 For en ˈtølper! Og denne ˈsmattingen [5] ved bordet!
12 Og stakkars ˈPus som har vært lukket ˈinne på kottet i en ˈuke, fordi den ˈfornemme [6] ˈherren lider av ˈkattefobi og ˈskjelver* bare han får ˈøye på ˈhalespissen dens!
13 Jeg må nesten be om ˈtillatelse for å kunne gå og ˈtisse! Det får være ˈmåte på! [7]
14 – Vi bør ˈprise oss ˈlykkelige over at vi ˈlikevel ikke flyttet ˈinn i ˈvillaen med ˈutsikt over ˈfjorden.
15 – En fordel – tillatelsen – viljen – et kott – halen. ☐

Prononciation
1 ... pu̱stëro̱u̱m 6 ... mout-takëlsën ...

Notes
1 **jålebukk(en)** s'applique à un homme qui fait preuve de vanité en s'attachant à son apparence extérieure. Le féminin **jålen**, ou **jåleportrettet**,

Soixante-quinzième leçon / 75

3 – Tu dois reconnaître que ça a aussi quelques avantages, que ce soit un bêcheur qui mette *(met)* une éternité à se faire beau *(se décorer)*...
4 Zut ! J'ai oublié *(posé encore)* mes mouchoirs en papier dans la salle de bains...
5 – Dis *(Toi)*, tu ne crois pas qu'il va bientôt se fatiguer *(en avoir assez)* d'être dans nos jambes *(dans le chemin pour nous)*, et qu'il va plier bagage ?
6 – Il vient de dire qu'il était *(est)* très reconnaissant de *(pour)* l'accueil spontané que tu lui as fait *(qu'il a reçu de toi)*...
7 – Ça veut bien dire deux-trois jours de plus.
8 – Il ne le fait pas exprès *(avec volonté)*, tu sais.
9 – Il n'y a pas que l'intention qui compte *(Ce n'est pas seulement de l'intention que ça dépend)* !
10 Tu as entendu quand il a dit que la toile cirée était collante et qu'il m'a demandé un torchon pour l'essuyer ?
11 Quel rustre ! Et cette façon de faire du bruit en mangeant *(à table)* !
12 Et [le] pauvre Minou qui est enfermé dans le cagibi depuis une semaine parce que ce distingué monsieur a la *(souffre de)* phobie des chats et tremble dès qu'il aperçoit le bout de sa queue !
13 C'est tout juste si je ne dois pas demander la permission pour aller faire pipi ! Ça commence à bien faire !
14 – Estimons-nous *(Nous devons nous estimer)* heureux de n'avoir finalement *(quand même)* pas emménagé dans cette villa avec vue sur le fjord.
15 – Un avantage – la permission – la volonté – un cagibi – la queue.

---

la mijaurée/la chochotte, est plus courant encore. On peut aussi utiliser, dans le même esprit, l'adjectif **jålete**, *maniéré*.

2 **mottakelse(n)**, *accueil/réception*, est construit sur la forme verbale **å ta imot**, *accueillir*. **Vi fikk en begeistret mottakelse**, *Nous avons été accueillis dans l'enthousiasme*. **Han tok imot gjestene**, *Il accueillit les invités*.

75 / Syttifemte (femogsyttiende) leksjon

3 **voksduk(en)** se décompose simplement en **voksen**, *la cire*, et **duken**, *la nappe*.

4 **klut(en)** est le nom de divers morceaux de tissus aux utilités domestiques : *chiffon*, *torchon*, *serpillère*, *carré de tissu éponge* servant au nettoyage de la cuisine ou à la toilette.

5 **å smatte**, *faire du bruit en mangeant*. Appréciez l'onomatopée.

***

Øvelse 1 – Oversett
❶ Kan du hente krakken som står på kottet? ❷ Flytt litt på deg, du står i veien for meg. ❸ Hun veltet et glass på duken, men tørket av den. ❹ Vi så bare halespissen av ulven, og så forsvant den. ❺ Haugs har fått tillatelse til å bygge utedo. ❻ Været var så ufyselig at vi måtte pakke sammen etter to dager. ❼ Hun kastet en klut i ansiktet på ham. ❽ Kan du la være å smatte på denne måten? ❾ Han kom ubarbert på arbeid. ❿ Vi nøt den prektige utsikten over elven. ⓫ Mor pyntet juletreet alene. ⓬ Her er det bare fornemme folk.

***

Øvelse 2 – Fyll ut med de riktige ordene
❶ Je suis certain qu'il ne l'a pas fait exprès.
   Jeg er sikker .... han .... med ......

❷ Tu peux te féliciter d'avoir eu le pantalon en solde.
   Du bør ..... deg .... at du ...... buksa på ....

❸ Tes doigts sont collants : va te laver les mains !
   .... dine er ...., gå ....!

❹ Nous sommes très reconnaissants pour tous les beaux cadeaux que nous avons reçus à [l']occasion [de] notre mariage.
   Vi er veldig .... for alle de fine ...... vi fikk i .... bryllupet vårt.

Soixante-quinzième leçon / 75

6 L'adjectif **fornem** (**fornemt**, **fornemme**), qui fait allusion à des mœurs et des goûts d'un raffinement hors du commun, a une valeur ironique.

7 L'expression **Det får være måte på!**, *Ça commence à bien faire !* est apparentée à **Det er ikke måte på hvordan han later seg/kaster bort penger**, etc., *Ce n'est pas croyable, c'est fou ce qu'il peut tirer sa flemme/ dépenser comme argent*, etc.

***

Corrigé de l'exercice 1

❶ Peux-tu aller chercher le tabouret qui est dans le cagibi ? ❷ Déplace-toi, puisque tu es dans mes jambes. ❸ Elle a renversé un verre sur la nappe, mais elle l'a essuyée. ❹ Nous n'avons vu que le bout de la queue du loup, et puis, il a disparu. ❺ Les Haug ont eu l'autorisation de construire des toilettes extérieures. ❻ Le temps était tellement affreux qu'on a dû plier bagage au bout de deux jours. ❼ Elle lui a jeté un torchon à la figure. ❽ Pourrais-tu t'abstenir de faire autant de bruit en mangeant ? ❾ Il est venu au travail sans s'être rasé. ❿ Nous avons profité de la superbe vue sur la rivière. ⓫ Maman décorait le sapin de Noël toute seule. ⓬ Ici, il n'y a que des gens distingués.

Corrigé de l'exercice 2

❶ – på at – ikke har gjort det – vilje ❷ – prise – lykkelig over – kjøpte – utsalg ❸ Fingrene – klissete – og vask hendene ❹ – takknemlige – gavene – anledning –

Deuxième vague : 26ᵉ leçon

Syttisjette (seksogsyttiende) leksjon

Selvironi

1. Har du vært i `Sverige, har du `kanskje støtt ¹ på `vitsehistorier på **O**la ² `**N**ordmanns bek**o**stning.
2. For de `"blågule" ³ er nemlig den jevne ⁴ `nordmann en `tørr, `klossete, men `velmenende fyr
3. som `stadig trasker ⁵ `rundt med `nisselue på hodet. Han er `lett å `lure.
4. `Før i tiden hadde `nordmenn `komplekser overfor ⁶ svensk `rikdom og `bykultur.
5. De `apte ⁷ etter `Sverige i `mangt, og `det ga `svenskene `vann på `mølla.
6. Men `takket være `oljen har `nordmennene reist `kjerringa: heretter `preller svenskenes `fordommer av på dem som `vann på `gåsa!
7. Tvert `imot kan de `nå fortelle `selvironiske vitser, som for eksempel `denne:
8. De `Forente `Nasjoner ba `vitenskapsmenn om å `skrive forskjellige `studier med emnet: `"elefantene".
9. `Amerikanerne `avfattet en `rapport om elefantenes økonomiske `nytteverdi,
10. `franskmennene en avhandling om `elefanterotikk.
11. `Tyskerne skrev tjue `bind om `begrepet `"elefant".

Soixante-seizième leçon

Autodérision

1 Si vous êtes allé *(avez été)* en Suède, vous êtes peut-être tombé sur *(heurté à)* des histoires drôles sur le compte *(aux frais de)* d'Ola le Norvégien.

2 Car pour les "Bleus-Jaunes", le Norvégien moyen est un personnage *(type)* sec, lourdaud, mais plein de bonne volonté

3 qui déambule *(traîne en rond)* constamment avec un bonnet de lutin sur la tête. Il est facile à rouler.

4 Autrefois, les Norvégiens avaient des complexes face à la richesse et à la civilisation urbaine suédoises.

5 Ils singeaient la Suède en bien des domaines *(beaucoup)*, et cela versait *(donnait)* de l'eau au moulin des Suédois.

6 Mais grâce au pétrole *(remercié soit le pétrole)*, les Norvégiens ont repris du poil de la bête *(relevé la vieille femme)* : désormais, les préjugés des Suédois glissent *(ricochent)* sur eux comme de l'eau sur un canard *(sur une oie)* !

7 [Tout] au contraire, ils peuvent maintenant raconter des blagues auto-ironiques, comme celle-ci :

8 Les Nations Unies ont demandé à des scientifiques d'écrire différentes études sur le thème "les éléphants".

9 Les Américains ont rédigé un rapport sur la valeur *(utile)* économique des éléphants,

10 les Français, un traité sur l'érotisme chez les *(des)* éléphants.

11 Les Allemands ont écrit vingt volumes sur le concept d'éléphant.

12 `Nordmennenes `bidrag [8] bar tittelen `"Norge og `nordmennene".

13 En fordom – rikdommen – vitenskapen – et emne – en mølle – et bidrag. ☐

Prononciation
1 … oula … 10 … éléfa'ntéroutik

Notes

1. **støtt** est le participe passé de **å støte** (prétérit : **støtte**), *heurter*. Ce verbe s'utilise aussi au sens figuré : **Jeg støtte på sjefen i byen**, *Je suis tombé sur mon patron en ville*. **Hun ble støtt, fornærmet**, *Elle a été vexée*.

2. **Ola Nordmann** est le nom donné par les Norvégiens eux-mêmes à l'archétype du Norvégien moyen.

3. **de blågule**, les "Bleus-Jaunes" est le sobriquet donné par les Norvégiens aux Suédois, d'après les couleurs du drapeau de la Suède.

4. L'adjectif **jevn** veut d'abord dire *lisse/régulier/égal* (son contraire est **ujevn**) : **Solkremen må smøres jevnt ut**, *Il faut étaler la crème solaire de façon régulière*. **Den jevne nordmann**, *le Norvégien moyen*, c'est-à-dire qui ne se distingue pas de la masse. On dit aussi : **å holde seg på det jevne**, *garder la mesure/le juste milieu*.

***

Øvelse 1 – Oversett

❶ Det er på tide du reiser kjerringa! ❷ Han støtte mot noen i mørket. ❸ Huset vårt ligger rett overfor møbelfabrikken. ❹ De spøker alltid på hennes bekostning. ❺ Jeg er lei av at du aper etter meg i alt. ❻ Hun er velmenende, men har ikke begrep om hvordan man skal oppføre seg. ❼ Spiser du tørt brød til frokost? ❽ Vi kommer til å skrive en avisartikkel sammen. ❾ Jeg skal bidra med hardingfelespill på festen. ❿ Han er en kjent vitenskapsmann. ⓫ Smør syltetøyet jevnt utover kaken.

Soixante-seizième leçon / 76

12 La contribution des Norvégiens s'intitulait *(portait le titre)* "la Norvège et les Norvégiens".
13 Un préjugé – la richesse – la science – une matière/ un sujet – un moulin – une contribution.

5 **å traske** donne l'idée d'une démarche traînante. **Jeg er lei av å traske rundt med de vonde skoene**, *J'en ai marre de me traîner avec ces chaussures qui font mal*. La musicalité du norvégien aimant les redondances, on l'associe parfois à **å gå** : **Han går og trasker i byen**, *Il (marche et) traîne en ville*.

6 **overfor**, *à l'égard de*. Complété par un adverbe comme **rett**, le mot prend une valeur locale et signifie *juste en face de*. **De bodde rett overfor hverandre**, *Ils habitaient juste en face l'un de l'autre*.

7 **å ape etter noen**, *singer quelqu'un*, plus péjoratif que **å ta etter noen**, *imiter quelqu'un*, vient de **ape(n)**, *un singe*.

8 **bidraget**, *la contribution* (y compris financière), est construit sur **å bidra til noe (bidro, bidradd)**, *contribuer à quelque chose*.

***

Corrigé de l'exercice 1

❶ Il est temps que tu reprennes le dessus ! ❷ Il s'est heurté à quelqu'un dans le noir. ❸ Notre maison est juste en face de la fabrique de meubles. ❹ Ils/Elles plaisantent toujours à ses dépens. ❺ J'en ai assez que tu me singes en tout. ❻ Elle est pleine de bonne volonté, mais n'a pas idée de la façon dont *(comment)* on doit se conduire. ❼ Tu manges du pain sec au petit déjeuner ? ❽ Nous allons écrire un article de journal ensemble. ❾ Je vais apporter ma contribution à la fête en jouant du violon folklorique *(contribuer à la fête par le jeu du violon)*. ❿ C'est un scientifique connu. ⓫ Répartir également la confiture sur le gâteau.

Øvelse 2 – Fyll ut med de riktige ordene

❶ Je suis en train de lire un très intéressant traité d'histoire nordique.
Jeg .... å lese en meget interessant .... om nordisk historie.

❷ Il faut toujours garder la mesure.
Man bør alltid ..... seg på det ......

❸ Grâce à la conférence internationale, on a enfin obtenu la paix au Langtvekkistan.
.... den internasjonale konferansen ble det endelig .... i Langtvekkistan.

❹ N'avons-nous rien d'autre à faire que de traîner dans ce centre commercial [si] ennuyeux ?
Har vi ikke noe ..... å gjøre enn å gå og ...... i det .... kjøpesenteret?

***

Soyons objectifs : la Norvège a mis en œuvre le fameux "modèle suédois" à une époque où toute l'Europe en parlait. Et somme toute, elle doit beaucoup à sa voisine, même si cela est à la limite de l'inavouable, et si l'on garde de certains temps troublés un souvenir ambigu. La neutralité suédoise pendant la Seconde Guerre mondiale fut parfois un objet d'indignation, tout en présentant certains avantages sur le plan

Syttisjuende (syvogsyttiende) leksjon

Repetisjonsleksjon – Révision

1 Les verbes

1.1 Récapitulatif hebdomadaire

Parmi les verbes que vous avez maniés cette semaine, très peu ont des "temps forts" nouveaux à vos oreilles :

Infinitif	Prétérit	Participe passé	Sens principal
å forsvinne	forsvant	forsvunnet	*disparaître*
å hjelpe	hjalp	hjulpet	*aider*
å skjelve	skalv	skjelvet	*trembler*

Corrigé de l'exercice 2

❶ – holder på – avhandling – ❷ – holde – jevne ❸ Takket være – fred – ❹ – annet – traske – kjedelige –

***

pratique. Bien des résistants norvégiens, ainsi que quelques Juifs, furent heureux de trouver tout proche la frontière suédoise. Citons l'exemple de l'écrivain **Sigrid Undset***, qui gagna Stockholm au terme d'une pénible équipée dans la neige. Mais le ressentiment vis-à-vis de la Suède remonte surtout à l'époque où les deux royaumes se trouvaient placés sous le sceptre du même roi, dans ce qui fut appelé "Union" (de 1814 à 1905). Le fait d'être représentée par des Suédois devant la communauté internationale constitua pour la Norvège à la fois une vexation et un inconvénient économique. Aussi ne faut-il pas s'étonner des connotations négatives que le mot "union", en soi positif dans les langues du reste de l'Europe, évoque épidermiquement chez les Norvégiens. Ironie de l'histoire : la prospérité de la Norvège moderne attire désormais beaucoup de jeunes Suédois en mal de travail. Ne soyez pas surpris par la prononciation un peu rugueuse de certains vendeurs, serveurs, contrôleurs de billets… Ni votre oreille, ni votre niveau de norvégien ne sont en cause : selon la coutume qui prévaut entre cousins scandinaves, ces immigrés de proche provenance n'adaptent leur parler à la popula-tion locale que dans la stricte mesure de l'indispensable.*

Deuxième vague : 27ᵉ leçon

Soixante-dix-septième leçon

à skrive	skrev	skrevet	*écrire*
à sprekke	sprakk	sprukket	*éclater*
à spørre	spurte	spurt	*demander*

1.2 Les verbes composés

• Vous constatez au fil des leçons que les verbes composés sont légion. Cela a son avantage : nous retrouvons toujours les mêmes racines… et son inconvénient : vous risquez de confondre ces petits adverbes aux airs hypocritement anodins.
Parmi les dernières expressions rencontrées, rappelons :
à velge ut + complément d'objet direct, *sélectionner*
à få ou **ta bort** + complément d'objet direct, *enlever*

à fylle ut + complément d'objet direct, *remplir* (un formulaire)
à pakke sammen, *plier bagage*
à tørke av + complément d'objet direct, *sécher/essuyer*
à prelle av, *rebondir*.

• Les choses se corsent un peu si nous prenons aussi en compte ces verbes dont la forme contient en un seul mot un radical de verbe "minimal", et un préfixe adverbial : **à fastsette**, *fixer* (une date, etc.) ; **à utpeke**, *désigner*. Car, pour des raisons qui tiennent plus à l'histoire de la langue qu'à une quelconque logique, il arrive fréquemment que deux formes cohabitent avec deux significations différentes. Ainsi existe-t-il également : **à sette fast noe** / **à sette seg fast**, *fixer, attacher* (sens concret) / *se coincer* ; **à peke ut noe**, **à velge ut**, *choisir* (l'image du doigt tendu vers la chose choisie étant plus clairement exprimée). La nuance est parfois réduite à l'extrême, au point que seul l'usage puisse faire la différence.
Dans certains cas, l'adverbe placé en préfixe dénotera un langage plus démodé et solennel, ou plus adapté à l'écrit (voir la 53e leçon, note 7 : **à spore opp** et **à oppspore**). Tirons-en une conclusion pour votre apprentissage : notre objectif étant non pas la théorie, mais la pratique, il est plus sage de ne pas chercher de règle là où la langue se caractérise par son goût des fluctuations. Attachez-vous plutôt aux exemples dont vous disposez, en vous efforçant chaque fois de repenser l'infinitif de la forme verbale utilisée.

• Restons dans les mêmes parages et mettons les pieds dans le plat – **à tråkke i salaten**, litt. "piétiner dans la salade" : sans doute ne faites-vous guère la distinction entre les verbes composés évoqués à l'instant, et le fait que beaucoup de verbes soient obligatoirement suivis d'une préposition qui constitue le lien avec leur complément. Et pour cause : entre une préposition et un "adverbe-particule verbale", l'espace est d'autant plus réduit que certains "petits mots" font double usage...
Det hører fortiden til, *Cela appartient au passé*. → verbe **à høre til**
Hun tilhører Høyre/et politisk parti, *Elle est inscrite au Parti Conservateur* (la Droite) / *elle appartient à un parti politique*. → verbe **à tilhøre**
Han hører til den gamle garden, *Il fait partie de la vieille génération* (la vieille garde). → verbe **høre** + préposition **til**.

Ici encore, la pratique est reine et seul le résultat "parlé" compte pour nous !

Ce paragraphe a donc pour but essentiel de vous faire prendre conscience (si ce n'est déjà le cas !) que les prépositions "fixes" qui régissent un complément autre que circonstanciel ne sont pas une perversité propre au norvégien, mais une caractéristique commune à la plupart des langues européennes. De même qu'on dit en français, par exemple, "se réjouir <u>de</u>", "être attentif <u>à</u>", l'on dit en norvégien : **å hevne seg <u>for</u>**, *se venger de*, **å regne med**, *compter sur*. La palette des prépositions concernées est simplement plus variée en norvégien, aussi variée qu'en anglais, en allemand ou en russe. Profitons donc de l'occasion pour récapituler quelques exemples supplémentaires de ce phénomène très banal, mais quelque peu acrobatique pour la mémoire :
å minne noen om noe, *rappeler quelque chose à quelqu'un*
å skryte av noe, å briske seg med noe, *se vanter de quelque chose*
å ta seg av noe, *se charger de quelque chose*
å spare på noe, *économiser quelque chose* (mais on dit aussi **å spare penger**, *faire des économies*)
det handler om noe, *il s'agit de quelque chose*
å betro seg til noen, *se confier à quelqu'un*
å nippe til noe, *siroter quelque chose*
å ergre seg over noe, *s'énerver à propos de quelque chose*
å røre på noe, *remuer, (faire) bouger quelque chose*...

Et pour clore (provisoirement) ce chapitre, jetons un regard grammatical sur une expression qui parachève le système : **det kommer an på**, *ça dépend (de)*... Nous y trouvons un adverbe **an** et une préposition **på**, tous deux liés *pour le meilleur et pour le pire*, **på godt og ondt**, au verbe racine **komme**.

2 Quelques mots à retenir

En bref, regroupons :
• Trois expressions servant à introduire une opinion : **etter min mening**, *à mon avis* ; **for min del**, *pour ma part* ; **for min skyld**, *en ce qui me concerne* ;

• Trois adverbes qui introduisent subrepticement cette notion d'opinion : **dessverre**, *malheureusement* ; **heldigvis**, *heureusement* et son équivalent plus coloré **gudskjelov**, *Dieu soit loué*, dont la connotation religieuse est néanmoins très affaiblie ;

• Une nouvelle préposition : **overfor**, *face à/en face de/envers/à l'égard de*. Exemples : **Han satt overfor meg**, *Il était assis en face de moi* ; **Hun hadde blandede følelser overfor ham**, *Ses sentiments à son égard étaient mélangés* ("elle avait des sentiments mélangés à son égard").

La locution **takket være**, *grâce à*, qui contient une forme verbale désuète, le subjonctif **være** à valeur d'impératif, *que soit remercié !*

3 La prononciation

Où en est votre prononciation ? Si l'intonation vous laisse encore plus ou moins perplexe, ne vous en irritez pas. Faites simplement de votre mieux en écoutant les enregistrements, si toutefois vous en disposez. Nous prendrons le temps, d'ici la fin de cet ouvrage, de nous pencher de nouveau sur la question.

La prononciation proprement dite, c'est-à-dire l'énonciation des différents sons du norvégien, ne doit plus, quant à elle, vous poser de problème majeur. Pour mieux vous délier la langue, essayez-vous donc à cette comptine, sans trop chercher, pour une fois, à en explorer la signification... Sachant qu'une majorité de Norvégiens prononcent le **r** "roulé", pourquoi ne pas en faire autant – ne serait-ce que pour varier les plaisirs ? Attention : la lettre **u** ne se prononce *[ou]* que dans **plukke** et **krukke**.

Runde, rare Rulle rusk[1]
Rapset rips[2] på Ibsens busk

Syttiåttende (åtteogsyttiende) leksjon

Baktalelse [1] forbudt

1 – P**a**pp**a**!
2 – `Hva for n**o**e?
3 – Vet du hva de `s**i**er om `matem**a**tikklæreren vår?
4 – Ikke `bl**a**nd deg opp i `**a**ndres `s**a**ker, `**v**ennen min... Hva er det `forr**e**sten som [2] s**i**es?

Ibsen kom og skulle plukke
Rips til rørte rips på krukke
Ned i krukken raspet Ibsen
Rulle som en rips blant ripsen
Rund og rød som ripsen selv
Ble han syltet samme kveld
Un gaillard, bizarre et rondouillard
Chipait des groseilles dans les buissons d'Ibsen
Ibsen vint pour cueillir
Les groseilles, pour [faire] des groseilles au sucre dans une jatte
Dans la jatte, Ibsen fit tomber, en grapillant,
Le gaillard comme une groseille, parmi les groseilles
Rond et rouge comme elles,
En confiture [il] fut cuit le soir même

André Bjerke, **Runde, rare...** (Hagerup: Så rart – barnevers © H. Aschehoug & Co, Oslo 1970).

[1] **Rusk** est un mot fantaisiste, qui nous laisse ici toute liberté d'interprétation : **en rusk**, *un sacré morceau* ; **en rusk av en laks**, *un énorme saumon* ; mais : **et rusk**, *une poussière, quelque chose de tout petit* ; autre sens : **Er du rusk?!, Er du gal?!**, *Tu es fou ?!*

[2] **Rips**, *des groseilles*, est un mot singulier collectif. Les fruits rouges, qui abondent autant dans les jardins que dans la nature, sont l'un des régals favoris des Norvégiens. On les mange non seulement en confiture, mais comme dessert : "**rørte**", c'est-à-dire crus et mélangés avec du sucre.

Deuxième vague : 28ᵉ leçon

Soixante-dix-huitième leçon

Défense de médire *(Médisance interdite)*

1 – Papa !
2 – Quoi ?
3 – Tu sais ce qu'on dit *(ce qui est dit)* sur notre prof de maths ?
4 – Ne te mêle pas des affaires des autres, mon grand *(mon ami)*... D'ailleurs, qu'est-ce qu'on dit ?

5 – At han ˈslett ikke er ˈcand. real. [3], ikke ˈen gang hadde ˈbegynt på ˈhovedfag...
6 men ˈbare fikk den ˈstillingen fordi ˈfaren til ˈsamboeren [4] hans er ˈordfører og har ˈstor ˈinnflytelse!
7 – Først og fremst skal man ikke ˈstole på ˈrykter: det er ˈoverdrevet alt ˈsammen.
8 For det ˈandre er det ikke ˈbare ˈeksamener som teller, ˈerfaring betyr jo ˈmye mer.
9 Og for det ˈtredje snakker du som om det skulle ˈvære en ˈhelt spesiell ˈære å måtte ˈundervise en flokk ˈuoppdragne og ˈinnbilske ˈgrønnskollinger som ˈdere!
10 – Han er ikke noe videre [5] ˈbeskjeden heller.
11 I dag ble vi ˈskjelt ut [6] fordi Odd Kristensen hadde klistret [7] ˈtyggegummien sin på ˈvesken hans.
12 For en ˈskyllebøtte vi fikk! Han ˈeksploderte rett og slett og ˈskrek at vi ˈalle er ˈpappagutter
13 som ikke ˈduger til [8] annet enn å ˈvente på å bli ˈbutikkinnehavere i ˈvår tur, og selge ˈkulepenner [9] eller ˈmopper!
14 – Og hva tror ˈhan ˈhan er da? Da han var ˈyngre [10], var han ikke noe å skrive ˈhjem om!
15 Han måtte ta ˈprivatundervisning i ˈnynorsk, og holdt på å ˈstryke* [11] til ˈartium fordi han ˈstadig ˈbesvimte i ˈbiologitimene!
16 – Innflytelsen – et rykte – en eksamen – en kulepenn – en mopp.

Prononciation
*5 ... Houvëdfag 9 ... u'nërvissë ... u oupdrag-në ... 13 ... sèlë ...
15 ... artchioum ... bioulouguitimënë*

Soixante-dix-huitième leçon / 78

5 – Qu'il n'est pas *(du tout)* "*candidatus realium*", [et qu'] il n'a même pas commencé le "**hovedfag**"...

6 mais [qu'] il a eu le poste uniquement parce que le père de sa copine est maire et a beaucoup d'influence !

7 – Premièrement *(et tout en avant)*, on ne doit pas se fier aux racontars : tout cela, c'est exagéré.

8 Deuxièmement, il n'y a pas que les diplômes *(examens)* qui comptent, [l']expérience a beaucoup plus d'importance *(signifie insistance beaucoup plus)*.

9 Et troisièmement, tu parles comme si c'était un honneur *(tout)* particulier de devoir enseigner [à] une bande *(un troupeau)* de blancs-becs mal élevés et prétentieux comme vous !

10 – Il n'est pas spécialement modeste [lui] non plus.

11 Aujourd'hui, on s'est fait attraper parce qu'Odd Kristensen avait collé son chewing-gum sur son cartable [le cartable du professeur].

12 On s'est pris un de ces savons *(Quel seau à rincer nous avons reçu)* ! Il a carrément *(purement et simplement)* explosé et a crié qu'on était tous des fils à papa

13 qui ne sont capables de rien d'autre que d'attendre de pouvoir devenir petits commerçants *(propriétaires de boutiques)* à notre tour, et de vendre des stylos à bille ou des balais-éponges !

14 – Et pour qui se prend-il donc, lui *(que croit-il qu'il est donc)* ? Quand il était plus jeune, il ne cassait pas les barreaux de chaises *(il n'y avait pas de quoi écrire [une lettre] à la maison à son propos)* !

15 Il a dû prendre des cours particuliers en néo-norvégien, et il a failli louper son bac parce qu'il s'évanouissait régulièrement *(constamment)* pendant les cours de sciences naturelles !

16 – L'influence – un bruit *(une rumeur)* – un examen – un stylo à bille – un balai-éponge.

Notes

1. **baktalelse(n)** provient du verbe **å baktale noen**, *médire de quelqu'un/parler derrière son dos*.

2. Dans les propositions interrogatives indirectes ayant pour sujet **hvem** ou **hva**, on rajoute obligatoirement le pronom relatif **som**. Cette forme rappelle le *ce qui* français dans *je te demande ce qui se passe*, **jeg spør deg hva som skjer**. Et de même : **Han visste ikke hvem som skulle komme**, *Il ne savait pas qui devait venir*.

3. **Candidatus realium** est le titre latin, abrégé en **cand. real.**, du diplôme qui donnait traditionnellement accès à un poste d'enseignement scientifique. Quant au terme **hovedfag**, litt. "matière principale", il désignait, dans le système universitaire norvégien aujourd'hui réformé, aussi bien le cursus poursuivi (en l'occurrence, avec les mathématiques comme matière dominante), que le diplôme correspondant ou la matière elle-même. Le préfixe **hoved-**, qui dérive de la forme ancienne du mot **hode**, *tête*, permet de traduire l'adjectif principal : **hoveddelen**, *la partie principale*.

4. **samboer(en)** désigne la personne de l'un ou l'autre sexe avec laquelle on vit maritalement.

5. **ikke noe videre**, *presque pas/guère/pas particulièrement*. Autre exemple : **Jeg synes ikke hun er noe videre tiltrekkende**, *Je ne la trouve guère attirante*. **Hun spiste ikke noe videre**, *Elle n'a presque pas mangé*.

6. **å skjelle ut noen**, *attraper/enguirlander quelqu'un*.

***

Øvelse 1 – Oversett

❶ Han snakker alltid svært beskjedent om seg selv. ❷ Moppen står i kroken. ❸ Jeg skriver helst med kulepenn. ❹ Samboeren hennes er innehaver av en berømt restaurant. ❺ Du har en dårlig innflytelse på dem. ❻ De blander seg gjerne opp i andres saker. ❼ Jeg underviser i økonomi på Blindern. ❽ For det første skulle du ikke være så godtroende. ❾ Vi kommer til å få en skyllebøtte. ❿ Filmen var ikke noe å skrive hjem om. ⓫ Glassene må skylles. ⓬ Frimerker er hans hovedinteresse i livet.

Soixante-dix-huitième leçon / 78

7 **å klistre** est l'un des verbes employés pour *coller*. Il en existe d'autres : **å klebe** et **å lime**, qui en sont des synonymes quasiment parfaits. Dans **klistre**, vous reconnaissez la même racine que dans **klissete**, *collant/poisseux*, dérivé plus directement de **å klisse**, *poisser/rendre collant*. Complétons la série : on parle de **sentimentalt kliss** pour les *histoires à l'eau de rose* (rappelez-vous : **såpeopera**, *film à l'eau de rose*). Enfin, un *collant*, vêtement féminin, se dit **strømpebukse** "pantalon-chaussette".

8 **å duge til noe**, *être capable de quelque chose*, au sens positif.

9 **kule(n)**, contenu dans **kulepenn**, *stylo à bille*, se traduit selon les contextes par *boule/bille/globe*.

10 **yngre** est le comparatif irrégulier de **ung**. Son superlatif est **yngst**.

11 **å stryke (strøk, strøket)**, ici employé dans son sens familier de *se faire coller à un examen*, a aussi des significations concrètes comme : *caresser, repasser (du linge), étendre (de la peinture sur un mur)*, ou encore *rayer (un mot dans un texte)*, qui ont toutes en commun l'image d'un passage de la main. Cette même idée de passage, au sens de *trépasser*, demeure présente dans : **Han strøk med i ulykken**, *Il a péri dans l'accident*.

Corrigé de l'exercice 1

❶ Il parle toujours très modestement de lui-même. ❷ Le balai-éponge est dans le coin. ❸ Je préfère écrire au stylo à bille. ❹ Son copain est propriétaire d'un célèbre restaurant. ❺ Tu as une mauvaise influence sur eux. ❻ Ils/Elles aiment s'occuper des affaires des autres. ❼ J'enseigne l'économie à [l'université de] Blindern. ❽ Premièrement, tu ne devrais pas être aussi naïf. ❾ On va se prendre un savon. ❿ Le film ne cassait pas les barreaux de chaises. ⓫ Il faut rincer les verres. ⓬ Les timbres sont son centre d'intérêt principal dans la vie.

trehundreogfemtiåtte • 358

Øvelse 2 – Fyll ut med de riktige ordene

❶ Il n'est capable de rien d'autre que de dépenser la fortune de son grand-père, qui était le plus riche armateur de la ville.
Han ..... ikke til ..... enn å .... til bestefaren sin, som var ....

❷ Je me demande comment elle peut supporter de se faire critiquer par ce blanc-bec prétentieux.
Jeg ..... på hvordan hun kan .... å bli kritisert .. den ....

❸ Le bruit court *(Des bruits courent)* qu'il voudrait se faire élire *(choisir)* maire.
Det går ...... om at han gjerne ville bli ..... til ....

❹ Quand elle était plus jeune, cette mijaurée faisait régulièrement semblant de tomber dans les pommes.
.. hun var ....., lot denne ..... stadig som om hun ....

79

Syttiniende (niogsyttiende) leksjon

Skadefryd [1]

1 – Du husker vel Sigurd `Danielsen som ble valgt til `russeformann i vårt `kull [2]?
2 – Om jeg `husker ham! Etter `tjue år er jeg `fortsatt `flau over de `elendige `blødmene i `talen hans...
3 Men alle `jentene i klassen `sverget bare til denne `smukkasen [3]!
4 – Ja, du vet, vi må jo `innse at selv `demokratiet har sine `ulemper.
5 I `alle fall er han nå `kommet på `skråplanet!

Corrigé de l'exercice 2

❶ – duger – annet – bruke formuen – byens rikeste skipsreder
❷ – lurer – tåle – av – innbilske grønnskollingen ❸ – rykter – valgt – ordfører ❹ Da – yngre – jålen – besvimte

Un mot du vocabulaire attaché à l'organisation des études universitaires : par-delà les expressions traditionnellement norvégiennes qui perdurent en partie dans les conversations (vous pouvez encore entendre parler de **grunnfag***, matière de base, ou de* **hovedfag***, matière principale), la terminologie relative aux degrés universitaires s'est radicalement internationalisée. Elle se calque désormais sur celle de l'Europe : on parle ainsi de* **bachelor** *pour le diplôme obtenu après trois ans d'études et de* **master** *au bout de cinq ans. Quant au* **doktorgrad***, le doctorat, il désigne deux diplômes différents, selon que l'on se place dans l'ancien ou le nouveau système.*

Petit à petit, l'assimilation des sons et du rythme des mots norvégiens vous devient familière. C'est la raison pour laquelle l'exercice 1 n'est plus enregistré à partir d'aujourd'hui. Vous êtes désormais suffisamment à l'aise pour voler de vos propres ailes.

Deuxième vague : 29ᵉ leçon

Soixante-dix-neuvième leçon

Joie mauvaise *(Joie de nuire)*

1 – Tu te souviens bien de Sigurd Danielsen qui avait été élu *(a été choisi)* président des bacheliers de notre promotion ?
2 – Si je m'en souviens ! Après vingt ans, j'ai encore honte des calembours minables dans son discours...
3   Mais toutes les filles de la classe ne juraient que par ce beau gosse !
4 – [Et] oui, tu sais, il faut *(nous devons)* reconnaître que même la démocratie a ses inconvénients.
5   En tous cas, maintenant, il est sur la mauvaise pente *(sur le plan oblique)* !

trehundreogseksti • 360

79 / Syttiniende (niogsyttiende) leksjon

6 – Det `forundrer meg `ikke. Allerede `dengangen hadde han en `lurvete ⁴ `moral.
7 `For* ⁵ `stadig med `løgn og `knep... En `plage for `redelige folk!
8 – `Rekorden var jo da han skjøt* ⁶ opp et `fyrverkeri like utenfor `pinsevennenes `bønnemøte ⁷...
9 og `innbilte Antonia `Traude at det var `verdens `ende...
10 Det var nok `artig, men riktig `ondskapsfullt av ham: jeg `skammet meg på hans `vegne ⁸.
11 – Sitter han i `fengsel?
12 – Ikke `enda, men det er nå på `nære nippet!
13 – Hva slags `forseelse har han gjort seg `skyldig i? `Narkotikahandel? `Bankoverfall?
14 – Han `stoppet ikke for `fotgjengerfeltet `foran `eldresentret ⁹.
15 – En blivende `morder, altså ¹⁰! Det er jo `det jeg sa!
16 – En ulempe – en løgn, en løgner – et knep – et fengsel – en forseelse.

Prononciation
7 four ... leuïn (leug'n) ... **8** ... cheut ... **9** ... treu-ud ... **è**në
10 ... **ou**nskapsfult ... veïnë **13** ... narkoutikaHa'ndël ...
14 ... foutyè-ng-ërfëlt**ë** ... **15** ... blivënë mourdër ...

Remarque de prononciation
(13) Observez l'effet produit par l'association de **narkotika** et de **handel** : le ton 2 est le plus fort, et l'on obtient *[narkoutikaHa'ndël]*! Pour plus de précisions, reportez-vous à l'appendice grammatical, § 12.1

Notes

1 **å skade**, *endommager/nuire à*. Allié à **fryd**, le mot donne l'idée d'une satisfaction ressentie à propos des déboires d'autrui. Quant au nom **fryden** lui-même, *la joie/le plaisir*, on le trouve dans des expressions

Soixante-dix-neuvième leçon / 79

6 – Ça ne m'étonne pas. Dans le temps déjà, il avait une morale douteuse.
7 Il passait son temps à raconter des mensonges et à jouer de mauvais tours aux gens (passait constamment avec des mensonges, et des tours)... Un fléau pour les gens honnêtes !
8 – Le pompon (record), c'était (insistance) quand il avait (a) tiré un feu d'artifice juste à côté de (à l'extérieur de) la réunion de prière des pentecôtistes (amis de la Pentecôte)...
9 et avait (a) fait croire à Antonia Traude que c'était la fin du monde...
10 C'était plutôt marrant, mais carrément méchant de sa part : j'ai eu honte pour lui (en son nom).
11 – Il est en prison ?
12 – Pas encore, mais maintenant, ça ne tient plus qu'à un fil !
13 – De (Dans) quel genre de délit s'est-il rendu coupable ? Trafic (Commerce) de drogue ? Attaque de banque ?
14 – Il ne s'est pas arrêté au (pour le) passage piéton devant le centre du troisième âge (des plus âgés).
15 – Un assassin en puissance (Un devenant assassin), donc ! C'est bien ce que je disais !
16 – Un inconvénient – un mensonge, un menteur – un tour/une farce – une prison – un délit.

---

comme **Hun lo så det var en fryd å se på henne**, *On avait plaisir à la regarder rire*.

2 **kull(et)**, *promotion d'élèves*, se dit aussi pour une *portée de petits animaux* ou une *nichée d'oisillons*.

3 **smukkas(en)**, *beau gosse/bellâtre*, dérive du vieil adjectif **smukk**, *beau/joli*.

4 **lurvete**, *mal soigné/malpropre/malhonnête*.

trehundreogsekstito • 362

79 / Syttiniende (niogsyttiende) leksjon

5 Le verbe **å fare (for, faret)**, qui signifiait autrefois *voyager/se rendre/aller*, est aujourd'hui désuet, sauf dans des expressions fixes, comme **å fare med fusk og fanteri**, *jouer de méchants tours* ; **å fare med sladder**, *colporter des médisances* ; **å fare med løgn**, *débiter des mensonges*, etc. L'idée du déplacement reste plus nette dans **å fare av sted**, *partir en trombe*. Par ailleurs, *un menteur* se dit **en løgner**, et le verbe *mentir*, **å lyve* (løy, løyet)**.

6 **skjøt** est le prétérit de **å skyte** (participe passé : **skutt**), qui signifie *tirer*, s'agissant des armes ou des explosifs. **Han skjøt på reven**, *Il a tiré sur le renard*. Mais : **Han skjøt kaninen**, *Il a tué le lapin*. D'une façon plus générale, ce verbe contient l'image d'un mouvement rapide ou de grande

***

Øvelse 1 – Oversett

❶ I vårt kull er det bare fem som er gift. ❷ Du må altså innse at hun har rett av og til. ❸ På nyttårsaften blir det fyrverkeri. ❹ Det forundret oss ikke at han ga opp. ❺ Hun snakket på vegne av sjefen. ❻ Morderen ble sport opp etter noen dager. ❼ Blivende mødre liker bløtkake til frokost. ❽ Du må stoppe for rødt lys. ❾ Han har gjort seg skyldig i flere alvorlige forseelser. ❿ Han er lurvete på håret. ⓫ La smøret stå utenfor kjøleskapet!

***

Les traditions liées au baccalauréat doivent manifestement beaucoup à l'influence anglo-saxonne dans le domaine de l'éducation, et s'inscrivent, en moins sérieux, dans la même tradition associative. Le **russ** *(promotions d'élèves de terminale, rappelez-vous la 47e leçon) élit chaque année l'un de ses membres pour le traditionnel discours, auquel succèderont des défilés et festivités qui ont pour témoin l'ensemble de la ville. Les bacheliers arborent à cette occasion la* **russelue**, *une casquette rouge à pompon.*

La religion prend en Norvège des formes variées qui côtoient la confession officielle luthérienne, néanmoins majoritaire à plus de

envergure. **Ungen skyter i været**, *Le gosse pousse comme un champignon* ("monte dans l'atmosphère").

7 **bønnen**, *la prière (religieuse)*, à ne pas confondre avec **bønnen**, *le haricot*, ni avec **bønder**, pluriel de **bonde**, *paysan*.

8 **på mine vegne**, *en mon nom* / **på vegne av alle**, *au nom de tous*.

9 **eldre** est le comparatif irrégulier de **gammel**. Son superlatif est **eldst**.

10 L'adverbe **altså**, *donc/alors*, évoque une conséquence, une conclusion. Il peut aussi simplement donner un caractère exclamatif à la phrase : **Hun er så snill altså!**, *Qu'est-ce qu'elle est gentille !*

***

Corrigé de l'exercice 1
❶ Dans notre promotion, il n'y en a que cinq qui sont mariés. ❷ Tu dois donc reconnaître qu'elle a raison de temps en temps. ❸ Le soir du Nouvel An, il y a un feu d'artifice. ❹ Ça ne nous a pas étonné qu'il ait abandonné. ❺ Elle parlait au nom du patron. ❻ Le meurtrier a été repéré au bout de quelques jours. ❼ Les futures mères aiment le gâteau à la crème *(mou)* au petit déjeuner. ❽ Il faut t'arrêter au feu rouge. ❾ Il s'est rendu coupable de plusieurs délits graves. ❿ Il a les cheveux douteux. ⓫ Laisse le beurre hors du réfrigérateur !

***

90 %. Les pente-côtistes, baptistes, adventistes, et même quelques catholiques ont leurs églises ou chapelles respectives. En dehors des offices dominicaux, des réunions pieuses sont fréquemment organisées, où s'affirme l'identité de chaque groupe. C'est l'un des avatars de la vie sociale, au même titre que la participation aux nombreux cercles de réflexion politique, de protection et d'histoire des sites ou bâtiments locaux, et des associations de loisirs, dont vous pressentez peut-être qu'ils représentent, dans ce pays de gens souvent avares en vaines paroles, un prétexte utile à la communication et un moyen pour démontrer ses choix.

Øvelse 2 – Fyll ut med de riktige ordene

❶ Le propriétaire de la boutique a juré qu'il n'avait rien vu et était innocent.

Butikk .... på at han ikke hadde sett .... og var ....

❷ Ces menteurs ont essayé de me faire croire que j'avais gagné à la loterie.

Disse .... å .... meg at jeg hadde ...... i ....

❸ À en croire les rumeurs, il est sur la mauvaise pente.

Etter .... å ..... er han kommet på ....

Åttiende leksjon

En mystisk pakke

1 – Det er nettopp kommet en `pakke til `Jan i `posten [1].

2 – Fra hvem da?

3 – `Avsenderadressen er `ikke til å bli `klok av, `helt `uleselig!

4 Den ble `skrevet med `tusjpenn og er blitt `visket ut av `fuktigheten.

5 – Den er jo `lett som en `fjær, denne `pakken, `myk og nokså [2] `flat... hadde det vært `vekter til `trimrommet hans, hadde den vært `mye større, `lengre og `tyngre [3]!

6 – `Halve `innpakningspapiret er revet* [4] i `stykker, men `esken [5] er `solid:

7 det `nytter ikke å `kjenne på [6] den...

8 – Og vi skal ikke `drive `nysgjerriheten for `vidt [7].

9 – Den må ha vært `lenge `underveis.

❹ La chose a ses avantages et ses inconvénients.
Saken har .... og ....

Corrigé de l'exercice 2
❶ – innehaveren svor – noenting – uskyldig ❷ – løgnerne prøvde – innbille – vunnet – pengelotteriet ❸ – ryktene – dømme – skråplanet ❹ – sine fordeler – ulemper

---

Deuxième vague : 30e leçon

Quatre-vingtième leçon

Un colis mystérieux

1 – Il vient d'arriver un colis pour Jan, au courrier.
2 – De qui donc ?
3 – Il n'y a rien à tirer de l'adresse de l'expéditeur *(L'adresse de l'expéditeur n'est pas à devenir intelligent)*, complètement illisible !
4   Elle a été écrite au crayon feutre et a été effacée par l'humidité.
5 – Il est léger comme une plume, ce colis, mou *(souple)* et plutôt plat... Si ç'avaient été des haltères *(poids)* pour sa salle de gymnastique, il aurait été beaucoup plus gros *(grand)*, plus long et plus lourd !
6 – Le papier d'emballage est à moitié déchiré *(demi papier d'emballage est déchiré en morceaux)*, mais la boîte est solide :
7   ce n'est pas la peine de le tâter...
8 – Et on ne va pas pousser la curiosité trop loin.
9 – Il a dû faire un long voyage *(Il doit avoir été longtemps en chemin)*.

10 – En av vår ˋkjære brors ˋhemmelige ˋkvinneerobringer, det er ˋbombesikkert!

11 – Tror du ˋJans ˋerobringer er den type ˋmennesker som drikker ˋurtete [8], stopper ˋstrømper og sender ˋpakker i ˋposten?

12 Han som bare ˋsnakker om å dra på ˋtelttur [9]...

13 – Kanskje ˋliker han ˋvariasjon mer enn ˋdu kan ˋforestille deg [10].

14 Fra ˋjentefuten til ˋstuegrisen er det ˋbare et ˋskritt.

15 Jan begynner å få ˋmåne... Jeg vedder på at det er ˋtøfler, eller en ˋbrodert ˋpute!

16 – En eske – et telt – en variasjon, variasjonen – en jentefut – en hodepute – en tøffel, flere tøfler. □

 Prononciation

3 ... klouk ... **4** ... fou̱ktiHétën **6** Ha̱lë ... soulid **10** ... bou̱mbësi̱kërt

Notes

1 Second sens de **posten** : *le courrier*.

2 **nokså**, proche de **temmelig**, se traduit par *plutôt/assez*.

3 Voici trois comparatifs irréguliers : **tyngre**, de **tung**, *lourd* ; **større**, de **stor**, *grand* et **lengre**, de **lang**, *long*.

4 **å rive (rev, revet)**, *déchirer/écorcher/arracher*. Le sens du verbe est le plus souvent précisé par un adverbe ou un complément. Ainsi *déchirer*, pour du papier, du tissu, etc. se dit-il **å rive i stykker**. **Å rive bort noe**, *arracher quelque chose*. Mais on dit aussi, par exemple, **å rive ost**, *râper du fromage*.

5 **eske(n)** désigne une boîte en bois ou en carton. On dit : **en eske fyrstikker**, *une boîte d'allumettes* ; mais : **frukt på boks**, *des fruits en boîte*. Rappelez-vous aussi **spilledåse**, *boîte à musique*. Ajoutons-y **postkasse**, *boîte à lettres*.

6 **å kjenne på noe**, *tâter*. Sont construits avec la même préposition **å ta på noe**, *toucher*, et **å føle på noe**, *toucher/tâter/sentir*.

7 L'adjectif **vid** signifie d'abord *ample/large* : **buksen min er for vid**, *mon pantalon est trop large*. Utilisé comme adverbe, il entre dans la composition de

Quatre-vingtième leçon / 80

10 – Une des conquêtes féminines secrètes de notre cher frère, ça ne fait pas un pli *(c'est sûr comme une bombe)* !

11 – Tu crois que les conquêtes de Jan sont le type de personnes qui boivent de la tisane, reprisent les chaussettes et envoient des colis par la poste ?

12 Lui qui ne parle que de partir faire du camping…

13 – Peut-être que Jan aime la variété plus que tu ne l'imagines *(ne peux l'imaginer)*.

14 Du coureur de jupons au pantouflard *(cochon de salon)* il n'y a qu'un pas.

15 Jan commence à avoir une calvitie *(lune)*… Je parie que ce sont des chaussons, ou un coussin brodé !

16 – Une boîte – une tente – une variation, la variété – un coureur de jupons – un oreiller – un chausson, des chaussons.

plusieurs expressions comme **så vidt jeg vet**, *pour autant que je sache*, ou encore ici : **å drive noe for vidt**, *pousser quelque chose trop loin*.

8 Dans **urtete** est caché **urte(n)**, *herbe* (médicinale, culinaire). Parmi les tisanes les plus consommées en Norvège, citons le **nypete**, d'une belle couleur rouge, *tisane de cynorrhodon*, autrement dit de fruit d'églantier.

9 **teltet**, *la tente*. On dit : **å ligge i telt**, *dormir sous la tente*.

10 **å forestille seg noe**, *se représenter/s'imaginer quelque chose*, est à différencier de **å innbille seg**, *s'imaginer à tort*. *Représenter*, pour une œuvre d'art par exemple, se dit **å fremstille** (l'idée de **frem** étant celle de *placer en avant/mettre en exergue*).

Øvelse 1 – Oversett

❶ Hvorfor ser du så mystisk ut? ❷ Vi kan ikke tapetsere fuktige vegger. ❸ Der drev du ondskapen for vidt. ❹ Kan du være så snill å legge en pute under hodet mitt? ❺ Han samler på kvinneerobringer. ❻ De dro på telttur sist helg. ❼ Per er opptatt med å løfte vekter på trimrommet. ❽ Kan du forestille deg slikt? ❾ Jeg kunne veddet på det. ❿ Har du sett den fuglen med røde fjær? ⓫ Barna har laget en tusjflekk på duken. ⓬ Har du bruk for den nydelige esken? ⓭ Jeg er enda tyngre enn deg.

***

Øvelse 2 – Fyll ut med de riktige ordene

❶ Lorsqu'il eut fini de lire la lettre, il la déchira.
  Da han hadde .... brevet, ... han det i ....

❷ C'est un vrai pantouflard qui reste toujours *(seulement)* à l'intérieur à lire le journal.
  Han er en riktig ...., som bare .... avisen.

❸ C'était moins deux qu'il arrive *(C'est tout juste s'il n'est pas arrivé)* un accident.
  Det var på .... det ikke ble en ....

Åttiførste (enogåttiende) leksjon

Bommerter, fadeser og andre flauser (I) [1]

1 – Jeg ble ˋfrastjålet* [2] ˋsmykkene
 mine: ˋhalsbånd, ˋringer, ˋøredobber,
 ˋbunadsbrosjen... ˋalt sammen!
2 – Tyven kommer til å sitte ˋfint i det med ˋalt
 det ˋstjålne [3] ˋjuggelet!

*****

Corrigé de l'exercice 1
❶ Pourquoi as-tu un air aussi mystérieux ? ❷ On ne peut pas tapisser des murs humides. ❸ Là, tu as poussé la méchanceté trop loin. ❹ Peux-tu mettre un coussin sous ma tête, s'il te plaît ? ❺ Il collectionne les conquêtes féminines. ❻ Ils/Elles sont parti(e)s faire du camping le week-end dernier. ❼ Per est occupé à soulever des haltères dans la salle de gymnastique. ❽ Peux-tu t'imaginer une chose pareille ? ❾ J'aurais pu le parier. ❿ As-tu vu cet oiseau avec des plumes rouges ? ⓫ Les enfants ont fait une tache de feutre sur la nappe. ⓬ Est-ce que cette jolie boîte te sert à quelque chose ? ⓭ Je suis encore plus lourd que toi.

Corrigé de l'exercice 2
❶ – lest ferdig – rev – stykker ❷ – stuegris – sitter innendørs og leser – ❸ – nære nippet – ulykke

Deuxième vague : 31ᵉ leçon

Quatre-vingt-unième leçon

Gaffes à gogo (I)
(Bourdes, gaffes et autres bévues)

1 – Je me suis fait voler mes bijoux : colliers, bagues, boucles d'oreilles, broche pour le "bunad"... Tout *(ensemble)* !
2 – Le voleur sera dans de beaux draps *(sera assis joliment dedans)* avec tout ce toc volé !

*****

81 / Åttiførste (enogåttiende) leksjon

3 – Men `Erling, det er jo `galskap! `Parfyme fra Paris og et `rålekkert [4] `silketørkle [5]...

4 – Flyvertinnen `forvekslet meg med en `annen `passasjer som fikk `mine `tollfrie sigaretter.

5 – `Værsågod! `Forsyn dere `en gang til!

*****

6 Rex har `magesår og `dyrlegen `frarår [6] `matrester.

*****

7 – Han: – Hva synes du er `mest tiltrekkende hos en `mann?

8 En kraftig `kroppsbygning, `pene ansiktstrekk, eller `intelligens?

9 – Hun: – I `mine øyne har alt dette `begrenset [7] betydning.

10 Bare de `færreste [8] menn har noe `av det, og `uansett er det `deg jeg er `forelsket i.

*****

11 – Vet du `mamma, da `pappa fulgte meg på `søndagsskolen i morges, gikk `Atle [9] og `mammaen hans `foran oss på `fortauet.

12 Jeg kikket på Atle, og `pappa kikket på Atles `mamma.

*****

13 – Passer ikke `denne frisyren bedre til meg?

14 – `Frisøren er sikkert `fersk [10] i `yrket: `tydeligvis er det ikke `viljen det skorter [11] på.

*****

15 – Et bånd – en ring – en øredobbe – tollen – et sår – et fortau. □

Prononciation

boumërtër ... fleu-ussër 14 ... fechk ...

Quatre-vingt-unième leçon / 81

3 – Mais Erling, c'est [de la] folie ! [Un] parfum de Paris et un ravissant foulard en soie...
4 – L'hôtesse de l'air m'a confondu avec un autre passager qui a eu mes cigarettes duty-free *(libres de douane)*.
5 – Je vous en prie ! Resservez-vous *(Servez-vous une fois de plus)* !

*****

6 Rex a un ulcère *(une plaie à l'estomac)* et le vétérinaire [lui] déconseille les restes.

*****

7 – Lui : – À ton sens, qu'est-ce qui est *(Que trouves-tu est)* le plus attirant chez un homme ?
8 Un corps bien bâti *(une construction de corps robuste)*, de beaux traits, ou [l']intelligence ?
9 – Elle : – À mes yeux, tout cela [n']a [qu'une] importance relative *(signification limitée)*.
10 Bien peu d'hommes *(Seulement les hommes les moins nombreux)* ont l'un des trois, et de toutes façons, c'est de toi que je suis amoureuse.

*****

11 – Tu sais, maman, quand papa m'a accompagné au catéchisme *(suivi à l'école du dimanche)* ce matin, [il y avait] Atle et sa maman [qui] marchaient devant nous sur le trottoir.
12 Je regardais Atle, et papa regardait la maman d'Atle.

*****

13 – Est-ce que cette coiffure ne me va pas mieux ?
14 – Le coiffeur est sûrement novice *(frais dans le métier)* : de toute évidence, ce n'est pas la [bonne] volonté qui manque.

*****

15 – Un ruban/un lien – un anneau – une boucle d'oreille – la douane – une plaie – un trottoir.

81 / Åttiførste (enogåttiende) leksjon

Notes

1. **bommert(en)**, **fadese(n)** et **flause(n)** peuvent tous trois se traduire par *gaffe*.

2. Le verbe **å frastjele (stjal, stjålet)**, dérivé de **å stjele**, *voler*, s'utilise surtout au passif. Comme l'indique le préfixe **fra-**, il signifie que la personne concernée s'est trouvée dépouillée, privée de quelque chose par les soins d'un voleur.

3. Remarquez que le participe passé de **å stjele**, qui est ordinairement **stjålet**, se trouve mué ici en **stjålne**. C'est l'effet que produit la double détermination, autrement dit le participe passé utilisé comme adjectif à la position d'épithète dans un groupe défini.

4. **rålekker** est une forme familièrement renforcée de l'adjectif **lekker**, *délicieux/ravissant/raffiné*, auquel a été adjoint, en guise de préfixe, un

***

Øvelse 1 – Oversett

❶ Det lukter parfyme. ❷ Kan du følge meg hjem? ❸ Er alle forsynt? ❹ Nå kjører vi over grensen. ❺ Unnskyld, jeg forvekslet deg med en annen tykk mann. ❻ Hvor har du funnet de rålekre gardinene med gjess på? ❼ De hadde vært lenge underveis og trengte å hvile seg. ❽ Tydeligvis er hun forelsket i den grønnskollingen. ❾ Foretrekker du fiskebollene ferske, eller på boks? ❿ Nå sitter vi fint i det. ⓫ Skyt ikke på pianisten!

Quatre-vingt-unième leçon / 81

autre adjectif que nous connaissons déjà avec les significations négatives de *cru/grossier/brutal*. On pourrait aussi bien dire, par exemple, **råfin**.

5 **silketørkle(t)** est composé de **silken**, *la soie*, et de **tørklet**, *le foulard/le fichu/le carré de tissu* (cf. **lommetørklet**, *le mouchoir*).

6 Sur **rådet**, *le conseil*, sont construits **å frarå(de) noen noe**, *déconseiller quelque chose à quelqu'un*, et **å tilrå(de) noen noe**, *conseiller quelque chose à quelqu'un*.

7 **å begrense**, *limiter/réduire*, vient de **grense(n)**, *limite/frontière*.

8 **de færreste**, *les moins nombreux/une minorité de*, est le superlatif irrégulier de **få**, *peu nombreux* ; son comparatif est **færre**, *moins nombreux*.

9 N'est-il pas surprenant de retrouver le redoutable roi des Huns, Attila, dans **Atle**, un prénom norvégien courant ?

10 **fersk**, *frais*, s'applique d'abord aux denrées comestibles : **fersk fisk**, *du poisson frais*, **fersk frukt**, *des fruits frais* ; mais on dit aussi : **fersk maling**, *peinture fraîche* ; **fersk** signifie aussi *frais* au sens de *neuf/nouveau* : **ferske nyheter**, *des nouvelles fraîches*, **ferske ansikter**, *de nouveaux visages*. Ne le confondez pas avec **frisk**, dont l'idée de fraîcheur est liée à celle de bonne santé (**han er frisk igjen**, *il est rétabli*), ou encore de **friske farger**, *couleurs vives*. Enfin, pour *frais/frisquet*, on utilise **kjølig**, dont la racine vous est connue dans **kjøleskapet**, *réfrigérateur*.

11 **Det skorter på noe. / Det mangler noe**, *Quelque chose manque*. Le nom **skorten** désigne *le manque, la pénurie*.

***

Corrigé de l'exercice 1
❶ Ça sent le parfum. ❷ Peux-tu m'accompagner à la maison ? ❸ Tout le monde est-il servi ? ❹ Maintenant, nous passons la frontière. ❺ Excusez-moi, je vous ai confondu avec un autre gros monsieur. ❻ Où as-tu trouvé ces ravissants rideaux avec des oies ? ❼ Ils/Elles avaient fait une longue route et avaient besoin de se reposer. ❽ De toute évidence, elle est amoureuse de ce blanc-bec. ❾ Préfères-tu les boulettes de poisson fraîches ou en boîte ? ❿ Nous voilà dans de beaux draps. ⓫ Ne tirez pas sur le pianiste !

trehundreogsyttifire

Øvelse 2 – Fyll ut med de riktige ordene

❶ Elle rêve de devenir hôtesse de l'air dans une compagnie d'aviation internationale.

Hun .... å bli .... i et internasjonalt fly ....

❷ Elle s'est fait voler tout ce qu'elle possédait, même le collier qu'elle avait eu à son anniversaire.

Hun ble .... alt hun ...., hun hadde fått til ....

❸ Il est déconseillé d'emporter autant de bouteilles, sinon on peut avoir des problèmes avec la douane.

Det ...... å ..... så mange flasker, ... kan man få problemer med ....

Åttiandre (toogåttiende) leksjon

Bommerter, fadeser og andre flauser (II)

1 – Jeg hører jo at det blir `taust ¹ hver gang jeg `nærmer meg `bordet deres!
2 Dere `prater vel om noe som `angår meg!
3 – Tvert `imot: det `angår deg `ikke.
*****
4 – `Husker du vårt `opphold på `dette hotellet?
5 Den `prektige `utsikten mot `Jotunheimen ², og den `deilige kvelden `vi to hadde `alene på `terrassen...
6 – `Beklager ³, det må ha `vært to andre...
*****
7 – La meg få `presentere dr. Styggnes, `spesialist i `kosmetisk kirurgi.
8 Et `uunnværlig `bekjentskap for `mange, `særlig for `deg.
*****

❹ Le problème doit pouvoir être résolu avec un peu de bonne volonté.

Problemet . . . . . . løses med litt god . . . . . .

Corrigé de l'exercice 2
❶ – drømmer om – flyvertinne – selskap ❷ – frastjålet – eide, til og med halsbåndet – fødselsdagen ❸ – fraråds – ta med – ellers – tollen ❹ – må kunne – vilje

---

Deuxième vague : 32ᵉ leçon

Quatre-vingt-deuxième leçon

Gaffes à gogo (II)

1 – J'entends bien que vous vous taisez (que ça devient silencieux) chaque fois que je m'approche de votre table !
2 Vous parlez sûrement de quelque chose qui me concerne !
3 – Au contraire : ça ne te concerne pas.

*****

4 – Te souviens-tu de notre séjour dans cet hôtel ?
5 La vue magnifique vers le Jotunheimen, et la délicieuse soirée que nous avons passée tous les deux (nous deux) tout seuls, sur la terrasse…
6 – Désolée ([je] regrette), ce devaient être deux autres personnes…

*****

7 – Permettez-moi de [vous] présenter Dr. Styggnes, spécialiste en chirurgie esthétique (cosmétique).
8 Une relation incontournable *(connaissance indispensable)*, **surtout** *(particulièrement)* **pour vous.**

*****

82 / Åttiandre (toogåttiende) leksjon

9 – Goddag! Jeg `kommer fra A/S Fikser ⁴ Alt. Er det en `voksen ⁵ `hjemme?
10 – Jo for `så vidt ⁶, jeg er `faktisk `allerede over `førti.
11 `Mammaen min `treffer du `neppe ⁷: `hun er på aldershjem.

*****

12 – Disse `nydelige `akvarellene burde du sette i `glass og `ramme ⁸ istedenfor å `feste dem skjevt på veggen med `tegnestifter og `teip!
13 – Du har ikke den `ringeste ⁹ estetiske sans!
14 De har bare `affeksjonsverdi, vet du, jeg fikk dem til `jul av deg for `ti år siden. ☐

Prononciation
1 … teu-ust … 3 … imout … 5 … youtunHeïmën …

Notes

1 **taus**, *silencieux/muet*, se dit pour une personne, ou comme ici à la forme neutre avec le sujet **det**, pour signaler qu'*un ange passe*, expression française ayant un exact équivalent norvégien : **Det går en engel gjennom rommet**, *Un ange traverse la pièce*.

2 Situé au centre de la Norvège, entre Oslo et Bergen, le **Jotunheimen** ("maison des **Jøtner**", forme primitive, et plus effrayante encore, des trolls) est la chaîne de montagnes la plus élevée du pays.

3 Le verbe **å beklage** sert d'abord à formuler des excuses, le pronom personnel sujet étant omis : **Beklager, men vi må gå**, *Désolés/Excusez-nous, mais nous devons partir*. Utilisé à la forme réfléchie, il signifie *se plaindre* : **Det er ikke måte på hvordan han beklager seg**, *C'est fou ce qu'il se plaint*.

4 **å fikse**, *réparer/arranger*.

5 **voksen**, *adulte*, est un adjectif utilisé comme nom commun. Méfiez-vous donc de sa forme au pluriel : **voksne**. La racine est celle du verbe **å vokse**, *pousser/grandir/croître*. Pour un enfant, on dit : **Jenta har vokst**, *La fillette a grandi*.

Quatre-vingt-deuxième leçon / 82

9 – Bonjour ! Je viens de la société Répar'tout. Y a-t-il un adulte dans la maison ?
10 – Eh bien, c'est-à-dire *(Si, dans cette mesure)*... en fait, j'ai déjà dépassé [les] quarante [ans].
11 Ma maman, vous n'avez pas de grandes chances de la voir : elle est à la maison de retraite.

*****

12 – Tu devrais encadrer *(mettre dans [du] verre et [un] cadre)* ces jolies aquarelles, au lieu de les fixer au mur de travers, avec des punaises et du scotch !
13 – Tu n'as pas le moindre sens esthétique !
14 Elles n'ont qu'une valeur sentimentale *(affective)*, tu sais, c'est toi qui me les as offertes à Noël *(je les ai reçues de toi pour Noël)*, il y a dix ans.

---

6 Nous retrouvons **vid** (cf. 80ᵉ leçon, note 7) : **for så vidt som**, *dans la mesure où*, est ici détourné de sa valeur littérale pour exprimer une hésitation : *certes, mais/c'est-à-dire que...* Le véritable *c'est-à-dire* explicatif se dit simplement **det vil si**, abrégé en **d.v.s.**

7 Attention à l'adverbe **neppe**, qu'il convient de traduire par *il est peu probable que, il y a peu de chances que...* Contrairement à **neppe**, l'adverbe **knapt** s'applique à une réalité. Deux exemples : **Jeg får knapt tid til å lære norsk**, *C'est tout juste si j'ai le temps d'apprendre le norvégien* ; **Jeg får neppe tid til å lære norsk**, *Je n'aurai probablement pas le temps d'apprendre le norvégien*. Ce sens de **knapt** est complémentaire de *bref/tout juste* (73ᵉ leçon, note 5).

8 **rammen**, *le cadre*. Ce nom s'utilise aussi au sens figuré, par exemple dans des expressions comme **å falle innenfor/utenfor rammen av...**, *entrer dans le cadre/sortir du cadre de...* Pour *cadre* au sens de *décor/environnement*, rappelez-vous **omgivelser**.

9 L'ancien adjectif **ringe**, *insignifiant/petit/mauvais*, ne s'utilise plus qu'aux formes de comparatif et de superlatif, pour donner couramment **ikke det ringeste**, *pas le moins du monde*.

Øvelse 1 – Oversett

❶ Det faller utenfor kontraktens ramme. ❷ Han er neppe gammel nok til å reise alene. ❸ Jeg har tråkket på en tegnestift. ❹ Da han kom inn, ble det plutselig taust. ❺ Visse menn blir aldri voksne. ❻ På terrassen er det deilig og varmt. ❼ Klokken henger skjevt. ❽ Han har ingen sans for humor. ❾ Beklager, vi har ikke noen laksesmørbrød igjen. ❿ Jeg er særlig interessert i matematikk og kjemi. ⓫ Jeg husker knapt gymnastikklæreren vår.

***

Øvelse 2 – Fyll ut med de riktige ordene

❶ La plupart des Norvégiens parlent anglais, mais seulement une minorité sait l'allemand.

De ...... nordmenn snakker ...., men bare de .... tysk.

❷ Ce que le ministre des Finances a déclaré à propos des impôts concerne tout le monde, sauf les fraudeurs.

Hva finansministeren .... om .... alle, ... skattesnyterne.

Åttitredje (treogåttiende) leksjon

Storm i vannglass

1 – Hei, falleri, fallera!... `Helvete [1], der ringer `telefonen!... I dette `huset kan man ikke `engang få tatt et `velfortjent bad.

2 (roper:) Kan du ta `telefonen, Else?... Uff, hun `hører ingenting... Vever `vilt [2] i kjellerstua [3] eller `sylter som om det var `smalhans i huset...

Corrigé de l'exercice 1

❶ Cela n'entre pas dans *(sort du)* le cadre du contrat. ❷ Il n'est probablement pas assez âgé pour voyager seul. ❸ J'ai marché sur une punaise. ❹ Quand il est entré, tout le monde s'est tu d'un coup. ❺ Certains hommes ne deviennent jamais adultes. ❻ Sur la terrasse, il fait bon *(délicieusement chaud)*. ❼ La pendule est suspendue de travers. ❽ Il n'a pas le sens de l'humour. ❾ Je suis désolé, nous n'avons plus de canapés au saumon. ❿ Je m'intéresse particulièrement aux mathématiques et à la chimie. ⓫ Je me souviens à peine de notre professeur de gymnastique.

❸ Nous approchons de la haute montagne : il commence à faire frais.
Vi .... oss høy ....: det .... å bli ....

Corrigé de l'exercice 2

❶ – fleste – engelsk – færreste kan – ❷ – forklare – skatten angår – unntatt – ❸ – nærmer – fjellet – begynner – kjølig

Deuxième vague : 33ᵉ leçon

Quatre-vingt-troisième leçon

[Une] tempête dans [un] verre d'eau

1 – Tralala, tralalère !... Oh, voilà que ce maudit téléphone se met à sonner *(Enfer, là sonne le téléphone)*... Dans cette maison, il n'y a même pas moyen de *(on ne peut même pas)* prendre un bain bien mérité.

2 ([Il] appelle :) Tu peux décrocher *(prendre le téléphone)*, Else ?... Zut, elle n'entend rien... [Elle] tisse comme une folle *(sauvagement)* à la cave, ou elle fait des confitures comme si on tirait le diable par la queue *(comme s'il y avait Jean-le-Maigre dans la maison)*...

83 / Åttitredje (treogåttiende) leksjon

3 Lars!... han er `ute og `aker [4]... Kutt ut [5] denne `ringingen!

4 `Au! Nå renner* [6] `skummet ned i `øynene mine!... fort, et `håndkle... der er såpen... Elses kontaktlinser... en svamp... shampooen...

5 Det er ikke til å holde `ut å bli `forfulgt på denne `måten! `Alle stiller så høye `krav [7] til meg...

6 Skal jeg løpe `dryppende våt gjennom `tre rom for å `bukke og `skrape for en eller annen `statssekretær i `telefonen?

7 De kan `dra dit `pepperen gror `alle sammen!

8 Livet er `urettferdig! Så mange `forpliktelser [8]! Menn med `stort ansvar er `alltid ensomme!

9 Men nå er jeg `lut lei [9]... en gang kommer jeg til å `fratre* [10] embetet [11], det er `klart, `koste hva det `koste vil, og da kan de `ha det så godt...

10 – `Øyvind! Doktor `Langmann er på tråden... Han spør* om du er `fornøyd med de nye `nervetablettene han foreskrev.

11 Uff! Hvor mange `flodhester har du hatt `med deg i `badet?

12 – Staten – plikten – et krav – ensomheten. □

Prononciation

1 ... téléfo**u**n**ë**n ... *4* ... sk**ou**më ... H**o**'nklë ... ch**a**'mpoun
6 ... b**ou**kë ... *7* ... grour ... *11* ... fl**ou**dH**è**stër ...

Notes

1 **helvete**, juron sulfureux à réserver à des situations extrêmes, signifie *enfer*. On y voit se profiler la déesse norroise du royaume des morts, **Hel**. On pourrait aussi dire : **Nå ringer den helvetes telefonen**, *Voilà ce maudit téléphone* ("ce téléphone d'enfer") *qui sonne*.

Quatre-vingt-troisième leçon / 83

3 Lars !... il est dehors à faire *(et fait)* de la luge...
Arrêtez-moi cette sonnerie !

4 Aïe ! Maintenant *(Voilà que)* la mousse me coule dans les yeux *(coule dans mes yeux)* !... vite, une serviette... [ça] c'est le savon... les lentilles d'Else... une éponge... le shampoing...

5 C'est insupportable *(à ne pas supporter)* d'être persécuté comme ça ! Tout le monde a *(pose)* trop d'exigences envers moi...

6 Est-ce qu'il va falloir que je courre trempé *(Dois-je courir dégoulinant mouillé)* à travers trois pièces pour faire des courbettes à *(me courber et gratter devant)* je ne sais quel secrétaire d'État *(un secrétaire d'État ou un autre)* au téléphone ?

7 Ils peuvent tous aller se faire voir *(aller là où pousse le poivre, tous ensemble)* !

8 La vie est injuste ! Toutes ces *(tant d')*obligations ! Les hommes qui ont beaucoup de *(avec une grande)* responsabilité[s] sont toujours solitaires !

9 Mais j'en ai ma claque... Un jour, je démissionnerai [de mes] *(des)* fonctions, coûte que coûte *(que cela coûte ce que cela veut coûter)*, et alors tant pis pour eux *(ils peuvent l'avoir bonne)*...

10 – Øyvind ! Le docteur Langmann est au bout du *(sur le)* fil... Il demande si tu es content des tranquillisants qu'il [t'] a prescrits.

11 Oh là là ! Combien d'hippopotames *(chevaux des flots)* as-tu invités *(as-tu eu avec toi)* dans ton bain ?

12 – L'État – le devoir – une exigence – la solitude.

---

2 Le tissage fait partie de ces activités manuelles couvertes par le terme de **husflid**, *artisanat domestique*, dont nous avons déjà évoqué la réputation flatteuse. On appelle **vevstol** *un métier à tisser*.

3 **kjelleren**, *la cave*. Certaines maisons norvégiennes comportent, en plus du **stua**, *salon/salle de séjour*, une seconde grande pièce en entresol ou rez-de-jardin, appelée **kjellerstua**, souvent plus intime, et qui sert aux loisirs familiaux.

4 **å ake (kjelke)**, *faire de la luge*. Il est logique qu'une expression aussi importante cherche le raccourci : le nom **kjelke(n)**, *la luge*, est le plus souvent omis.

5 **å kutte ut**, construit sur **å kutte**, *couper/sectionner*, se trouve très couramment dans le langage familier, comme quasi-synonyme de **å holde opp**, *cesser/arrêter*. On peut traduire **Kutt ut** (sans complément) par *Laisse tomber !*

6 **å renne (rant, rant)**, *couler*.

7 **kravet**, *l'exigence*, vient de **å kreve**, *exiger*.

8 Dans **forpliktelse(n)**, *obligation/engagement/charge*, nous trouvons la racine **plikten**, *le devoir moral*.

***

Øvelse 1 – Oversett

❶ Barna aker bak huset. ❷ Hjelp! Jeg mistet nettopp en kontaktlinse i søppelbøtten. ❸ Kutt ut med det maset! ❹ Det skjedde ofte at det var smalhans i huset. ❺ Kaffen renner ned på gulvet. ❻ Den nye legen foreskriver en masse medisin. ❼ Håndklærne vi hadde før var mykere. ❽ Det er noen som roper i kjelleren. ❾ Forsvarsministeren fratrådte forrige onsdag. ❿ De kan dra dit pepperen gror!

***

Øvelse 2 – Fyll ut med de riktige ordene

❶ Il fait constamment des courbettes au P.D.G. : j'ai honte pour lui.
Han ...... og .... bestandig for generaldirektøren: jeg .... meg på hans ......

❷ Ils avaient décidé de partir coûte que coûte.
De hadde .... seg for å reise, ... hva det ....

❸ Tu es beaucoup trop exigeante *(Tu poses des exigences trop grandes)* quant à ton propre travail.
Du stiller altfor store .... til ditt .... arbeid.

9 **Jeg er lut lei!**, *J'en ai plus qu'assez ! / J'en ai marre !*, contient le nom **lut**, qu'on retrouve dans **lutefisk**, *la morue séchée et lessivée*, l'une des spécialités alimentaires traditionnelles les plus courantes. Devenu adverbe de renforcement dans des expressions familières, ce petit mot **lut** peut donc être interprété comme si le sujet en question était *lessivé d'ennui* ou encore, dans **lut doven**, *lessivé de paresse*.

10 **å fratre en stilling**, *démissionner d'un poste*. Son contraire serait **å tiltre en stilling**, *prendre un poste/entrer en fonction*. Le vieux verbe **å tre (trådte, trådt)**, *marcher*, ne se trouve aujourd'hui que dans des expressions administratives (**å tre i kraft**, *entrer en vigueur*), ou dont l'élégance se teinte d'humour : **jeg må tre av på naturens vegne**, *"je dois m'en aller au nom de la nature"*, c.-à-d. aux toilettes.

11 **embetet**, *le poste/la fonction/la charge*, toujours pour un fonctionnaire haut placé.

***

Corrigé de l'exercice 1
❶ Les enfants font de la luge derrière la maison. ❷ À l'aide ! Je viens de perdre un verre de contact dans la poubelle. ❸ Arrête de nous casser les pieds ! ❹ Il arrivait souvent qu'on soit fauché. ❺ Le café coule par terre. ❻ Le nouveau médecin prescrit un tas de médicaments. ❼ Les serviettes de toilette que nous avions avant étaient plus douces. ❽ Il y a quelqu'un qui appelle dans la cave. ❾ Le ministre de la Défense a démissionné mardi dernier. ❿ Qu'ils/elles aillent se faire voir !

***

Corrigé de l'exercice 2
❶ – bukker – skraper – skammer – vegne ❷ – bestemt – koste – koste vil ❸ – krav – eget –

Deuxième vague : 34ᵉ leçon

Åttifjerde (fireogåttiende) leksjon

Repetisjonsleksjon – Révision

1 Les verbes

1.1 Verbes forts de la semaine

Pour mieux vous familiariser avec les verbes forts de cette semaine, leurs significations diverses et leurs variantes composées, il pourrait être utile que vous relisiez les notes les concernant : n° 11, 78ᵉ leçon (**å stryke**) ; n° 5, 79ᵉ leçon (**å fare/å lyve**), n° 6, 79ᵉ leçon (**å skyte**) ; n° 2, 81ᵉ leçon (**å stjele**), n° 10, 83ᵉ leçon (**å fratre**).

å fare	for	fart	(expressions fixes)
å fratre	fratrådte	fratrådt	*démissionner*
å lyve	løy	løyet	*mentir*
å renne	rant	rant	*couler*
å rive	rev	revet	*déchirer*
å skyte	skjøt	skutt	*tirer (arme)*
å stjele	stjal	stjålet	*voler*
å stryke	strøk	strøket	*être collé*

1.2 Verbes composés d'un radical et d'une particule adverbiale

Reparlons-en pour nous intéresser à leurs participes passés... Nous en avons rencontré deux exemples cette semaine : **vi ble skjelt ut**, *on s'est fait enguirlander*, provenant de l'infinitif **å skjelle ut** ; **adressen er visket ut**, *l'adresse est effacée*. C'est la forme la plus couramment employée en norvégien moderne, mais non la seule. Certains de ces verbes admettent aussi une forme qu'on peut qualifier de plus "conservatrice", autrement dit plus proche du dano-norvégien. Ainsi un locuteur plus âgé, utilisant un langage plus soutenu, aurait-il pu dire : **vi ble utskjelt** ou **adressen er utvisket**, l'adverbe se transformant en préfixe. L'usage, ici encore, est le seul maître. Aucune grammaire norvégienne ne saurait prétendre le réglementer. Considérez-vous donc simplement comme informé

Quatre-vingt-quatrième leçon

de l'existence de cette curiosité, et soyez prêt à recueillir les spécimens qui passeront à votre portée.
Voici d'ores et déjà quelques autres exemples parmi les verbes que nous connaissons :
Skjemaet er allerede utfylt (= **fylt ut**), *Le formulaire est déjà rempli.*
Hun ble utvalgt (valgt ut) til å delta i konkurransen, *Elle a été sélectionnée pour participer à la compétition.*
Han blir etterapet (apet etter) av sønnen, *Il est singé par son fils* (mais : **tatt etter**, *imité*).

En deux mots : la forme dédoublée (sur le modèle de l'infinitif suivi d'une particule adverbiale) existe toujours, la forme à préfixe parfois. Attention ! N'oubliez pas qu'il s'agit ici des verbes dont l'infinitif est d'ores et déjà "en deux morceaux" : prenez bien garde de ne pas vous mettre à dédoubler au participe passé des verbes dont l'infinitif et toutes les formes conjuguées sont toujours construites sur le modèle préfixe + radical ! **Jeg har fast-satt datoen**, *J'ai fixé la date* (verbe **å fastsette**, cf. 77ᵉ leçon) – mais : **Skuffen har satt seg fast**, *Le tiroir s'est coincé.* L'erreur, qui pourrait être cocasse, guette non seulement les apprentis norvégophones, mais quelquefois les Norvégiens eux-mêmes ! Consolez-vous donc de ne pouvoir maîtriser au sortir de ce paragraphe ce point particulièrement délicat de leur langue.

2 Les degrés de l'adjectif

Il est temps de clore ce long chapitre.

• Au cours des six dernières leçons, nous avons rencontré plusieurs comparatifs irréguliers, que voici de nouveau énumérés, flanqués des superlatifs correspondants :
– **stor**, *grand* → **større**, *plus grand* → **den/det største**, *le plus grand*
– **lang**, *long* → **lengre**, *plus long* → **den/det lengste**, *le plus long*
– **tung**, *lourd* → **tyngre**, *plus lourd* → **den/det tyngste**, *le plus lourd*
– **ung**, *jeune* → **yngre**, *plus jeune* → **den/det yngste**, *le plus jeune*
– **gammel**, *vieux* → **eldre**, *plus vieux* → **den/det eldste**, *le plus vieux.*

Comme vous pouvez le constater, cette propension au changement de voyelle est l'apanage d'adjectifs monosyllabiques très courants (si vous avez tâté de l'allemand, vous y reconnaissez le jeu des **Umlaut** caractéristique de ce même type d'adjectif : *kurz* → **kürzer**, *lang* → **länger**, etc.).

Complétons cette liste avec deux autres exemples un peu à part :
– **nær**, *proche* → **nærmere**, *plus proche* → **den/det nærmeste**, *le plus proche*

– **få**, *peu nombreux* → **færre**, *moins nombreux* → **de færreste**, *les moins nombreux*.

• Ajoutons encore une remarque importante : le système du comparatif et du superlatif concerne, comme vous le savez déjà, non seulement les adjectifs, mais également les adverbes. Parmi ceux-ci se trouvent bon nombre de petits mots servant à indiquer une position dans l'espace, dont vous pouvez avoir quelque peine à identifier la nature, bien que les ayant croisés au détour de plus d'une phrase. Vous ne sauriez vous le reprocher, d'autant que certains de ces mots jouent aussi, à leur heure, le rôle de prépositions. Ainsi **bak**, *derrière* ; **ut/ute**, *dehors* ; **under**, *dessous* ; etc. sont-ils sujets à ces modulations. Nous en avons déjà survolé quelques exemples dans la pratique – sans nous y arrêter – entre autres sous la forme d'un nom de lieu fictif : **Ytre Havvik** (cf. 69e leçon), qu'on pourrait très inesthétiquement traduire par *la baie qui est située à l'extérieur vers la mer* (**havet**, *la mer* / **viken**, *une baie*). **Ytre** est à l'origine le comparatif de **ut/ute** ; son superlatif étant **ytterst**. Si la valeur de comparaison contenue dans le superlatif s'est conservée, la forme de comparatif a, quant à elle, changé de signification, pour devenir aujourd'hui un nouvel adjectif au "degré zéro" : **ytre** signifie donc simplement *extérieur* tandis que **ytterst**, gardant sa nature d'adverbe, peut se traduire par *le plus à l'extérieur*.

Voici, après ces quelques considérations théoriques, une liste illustrée des dérivés d'adverbes de lieu les plus usités :
– **bak**, *derrière* → **bakerst**
De lateste sitter alltid bakerst i klassen, *Les plus paresseux sont toujours assis au fond de la classe/le plus en arrière dans la classe.*

Quatre-vingt-quatrième leçon / 84

– **frem,** *en avant* → **fremst**
Han hører til de fremste kunstnerne i Norge, *Il fait partie des artistes les plus en vue de Norvège* ("les plus en avant").
– **foran,** *devant* → **forrest**
Jeg sto forrest i køen, *J'étais tout devant dans la queue.*
– **inn / inne,** *dedans* → **indre** → **innerst**
Det blir regn i indre deler av Oslofjorden, *Il pleuvra sur l'intérieur* ("les parties intérieures") *du fjord d'Oslo.*
Byen ligger innerst i landet, *La ville est tout à fait à l'intérieur des terres* ("du pays").
– **ut/ute,** *dehors* → **ytre** → **ytterst**
De ytre bydelene er bedre å bo i, *Il fait meilleur vivre dans les quartiers périphériques* ("extérieurs") *de la ville.*
Pass på glasset som står ytterst på kanten av bordet!, *Fais attention au verre qui est tout au bord de* ("le plus à l'extérieur sur le bord") *de la table !*
– **ned/nede,** *en bas* → **nedre** → **nederst**
Det finnes ikke noen nedre grense, *Il n'existe pas de limite inférieure.*
Norge ligger nederst på statistikken, *La Norvège est au plus bas dans les statistiques.*
– **opp / oppe,** *en haut* → **øvre** → **øverst**
øvre grensen, *la limite supérieure*
De sitter på øverste dekk, *Ils sont installés sur le pont supérieur* ("le plus haut").
– **under,** *dessous* → **underst**
Passet ditt ligger underst i bunken, *Ton passeport est le dernier de la pile* ("est posé le plus en dessous dans la pile").
– **nord,** *au nord,* **sør,** *au sud,* **øst,** *à l'est,* **vest,** *à l'ouest* → **nordre, søndre, østre, vestre** : ces adjectifs se retrouvent fréquemment dans des noms de rues, comme **Vestregate,** *rue de l'Ouest.*

Enfin, le comparatif "prêt à l'usage" de ces adverbes étant aujourd'hui archaïque, on recourt pour le remplacer à **lenger** + adverbe. On dira donc : **Jeg vil gjerne sitte litt lenger foran/bak/ oppe,** etc., *J'aimerais être assis un peu plus à l'avant/à l'arrière/ en haut,* etc. , tout comme l'on peut dire aussi : **lenger til høyre/ til venstre,** *plus à droite/à gauche.*

3 Rapporter des propos

Après ces aridités grammaticales, retournons au bavardage informel. Dans les dialogues que nous vous proposons, le papotage et les on-dit sont aussi récurrents que les pommes de terre à l'eau dans un **god norsk middag**. On aime, ou on n'aime pas. C'est le propre d'une société villageoise, son charme et aussi son inconvénient... Et c'est en tout cas très humain !

Résumons notre savoir-faire dans l'art de colporter nouvelles et ragots :
å sladre, *cancaner*
en sladrekjerring, *une commère*
onde tunger, *les mauvaises langues*
å snakke vondt om noen/å baktale noen, *dire du mal de quelqu'un*
å fare med sladder/baktalelse, *colporter des ragots/des médisances*
å betro noen en hemmelighet, *confier un secret à quelqu'un....*

Åttifemte (femogåttiende) leksjon

Kråkeslottet (I)

1 – Du ˈaner ikke hvilket ˈhus jeg har ˈbesett i ˈformiddag...
2 – Jeg har ikke ˈlyst til å gjette ˈgåter. La meg ˈheller få lov å ˈstille deg ˈspørsmålet [1] rett ˈfrem, siden [2] det er ˈdet du så ˈgjerne vil.
3 – På ˈhøyden like overfor ˈkirkegården... 350 kvadratmeter ˈboligflate, en ˈ5 mål [3] stor ˈhage og ˈprivatbrygge ˈnedenfor [4]!
4 – Ikke Admiral ˈPaulsens, vel? Vil fru Paulsen kvitte seg med det gamle ˈkråkeslottet?!

Il est aussi des façons diverses pour introduire ces précieux propos qu'on rapporte :
Han skal ikke ha gjort det med vilje, *On prétend qu'il ne l'a pas fait exprès.*
Han har ikke gjort det med vilje, heter det, det heter at han ikke har gjort det med vilje, *Il ne l'a pas fait exprès, paraît-il ("il paraît que...").*
Et le tout simple : **De sier at han ikke har...**, *On dit ("ils disent") qu'il...*
ou, dans un langage plus soutenu : **Det sies at han ikke har...**
Har du hørt siste nytt?, *Tu sais la nouvelle ("la dernière chose nouvelle") ?*
Jøss! det var litt av en nyhet!, *Ça alors, c'est une nouvelle !*

Des timides, de grands civilisés aux dehors glacés, des sans-façons au verbe direct, de prolixes conférenciers, des amateurs de papotage... Le rapport des Norvégiens à la parole, voilà qui constitue un sujet pour le moins vaste et complexe ! C'est d'ailleurs – l'avez-vous compris ? – l'un des sujets principaux de cet ouvrage, par-delà votre rapport au parler norvégien.

Deuxième vague : 35e leçon

Quatre-vingt-cinquième leçon

Le manoir aux corneilles (I)

1 – Tu ne devineras pas *(Tu ne te doutes pas)* quelle maison j'ai visitée ce matin...
2 – Je n'ai pas envie de jouer aux devinettes. Permets-moi *(Laisse-moi)* plutôt [de] te poser directement *(tout droit)* la question, puisque c'est ça que tu veux *(puisque tu le veux si bien).*
3 – Sur la hauteur, juste en face du cimetière... 350 mètres carrés [de] surface habitable, un jardin de 5 000 mètres carrés *(cinq mesures)*, et un embarcadère privé en bas !
4 – Pas celle de l'amiral Paulsen, tout de même ? Est-ce que Mme Paulsen veut se débarrasser de ce vieux "manoir aux corneilles" ?!

85 / Åttifemte (femogåttiende) leksjon

5 – Jo da. Nils `Andersens gate er `speilglatt helt fra det `fryser* på ⁵:
6 den gamle `damen er `besatt ⁶ av tanken på at hun kunne `brekke `halebenet som `mannen.
7 Og så er det ikke så `lett for henne å holde `huset ved `like.
8 – Hun har vel `hjelp?
9 – Ja, men siden hun ble `enke ⁷ i `fjor ⁸ har hun det `vanskelig økonomisk...
10 – `Den må du `lenger ut på landet med!
11 – Det er neppe `noen som løper ned `dørene hos ⁹ `henne:
12 sønnen er `ingeniør på en `oljeplattform i `Nordsjøen, og hun har `falt ut med `konen hans.
13 Man kan jo `forstå at hun vil `tilbringe de få `årene hun har igjen ved `spanskekysten.
14 – Kort sagt: du `oppfatter `kjøpet som en `god `gjerning ¹⁰, liksom...
15 – En gåte – et spørsmål. □

Prononciation
*3 ...tréHu'ndrëfèmti ...bouliflatë ...fèm 9 ...i-fiour ...eukounoumisk
12 ... i'nchénieur ... nourcheuën ... 14 ... oupfatër ... liksoum*

Notes

1 **å stille et spørsmål**, *poser une question*. Le verbe **å stille** se rencontre souvent dans des expressions abstraites de ce type. Autres exemples : **å stille et forslag**, *faire une proposition* ; **å stille betingelser**, *poser des conditions*. Mais il a aussi quelques acceptions concrètes : **å stille en klokke**, *mettre une montre à l'heure* ; **å stille seg i køen**, *se placer dans la queue*. Enfin, un deuxième **å stille**, homonyme du premier et dérivé de l'adjectif **stille**, *calme/silencieux*, signifie *calmer/apaiser* : **Han stilte sulten med et eple**, *Il a calmé sa faim avec une pomme.*

2 **siden**, que nous connaissons déjà dans le sens de *depuis*, peut aussi avoir le sens de *puisque*.

Quatre-vingt-cinquième leçon / 85

5 – Mais si. La rue Nils Andersen est glissante comme une patinoire *(un miroir)* dès qu'il commence à geler *(tout à fait depuis qu'il gèle)* :
6 la vieille dame est obsédée par l'idée qu'elle pourrait se casser le coccyx comme son *(le)* mari.
7 Et puis, ce n'est pas facile pour elle d'entretenir la maison.
8 – Elle a bien de l'aide ?
9 – Oui, mais depuis qu'elle est devenue veuve l'année dernière, elle a des problèmes financiers…
10 – À d'autres *(Celle-là, il faut que tu ailles plus loin dans le pays avec)* !
11 – Et on ne se bouscule pas chez elle *(Il y a à peine quelqu'un pour enfoncer les portes chez elle)* :
12 son *(le)* fils est ingénieur sur une plate-forme pétrolière en mer du Nord, et elle s'est brouillée avec sa femme.
13 On peut comprendre qu'elle veuille *(veut)* passer les quelques *(peu nombreuses)* années qui lui restent sur la côte espagnole.
14 – Bref *(Dit de façon courte)* : tu envisages cet *(l')* achat pour ainsi dire comme une bonne action *(comme une bonne action, pour ainsi dire)*…
15 – Un énigm/une devinette – une question.

---

3 **mål** a d'abord le sens général de *mesure(s)/dimension(s)* : **Jeg må ta mål av rommet**, *Je dois prendre les mesures de la pièce*. C'est ensuite une unité de surface utilisée pour les terrains : **1 mål**, *1 000 m²*.

4 **nedenfor** est un adverbe qui exprime l'idée d'être situé en bas par rapport à quelque chose. De la même façon, on peut construire sur le même modèle **innenfor**, *à l'intérieur* ; **utenfor**, *à l'extérieur* ; **ovenfor**, *au-dessus*.

5 **Det fryser på**, *Il gèle*. **Å fryse** est par ailleurs un verbe fort : **frøs, frosset**.

6 **besatt** est le participe passé du verbe **å besette** (prétérit : **besatte**) – ne le confondez pas avec **å bese** (**beså, besett**, *visiter*), qui, au sens le plus concret, signifie *garnir, orner de* ou *occuper* : **Genseren er besatt**

med broderte mønstre, *Le pull est orné de motifs brodés*. **Den køyen er besatt**, *Cette couchette est occupée*. **Under krigen ble Norge besatt**, *Pendant la guerre, la Norvège a été occupée*. Cette idée "d'occupation" est bien la même qu'on retrouve dans "obséder, occuper entièrement l'esprit". Le nom qui en dérive est **besettelse(en)**.

7 Le nom **enke(n)**, *veuve*, a pour masculin **enkemann(en)**.

8 **i fjor**, *l'année dernière*, est la contraction d'une forme archaïque de l'adjectif **forrige** et du nom **år**.

***

Øvelse 1 – Oversett

❶ Huset ligger på høyden. ❷ De beså alle museene på to dager. ❸ Han er omtrent, men ser mye eldre ut. ❹ Er plassen ved vinduet besatt? ❺ Det er en gåte for meg hvordan du kan lære så fort. ❻ I fjor snødde det helt fra oktober. ❼ Jeg oppfatter det som min plikt. ❽ Hun lå på bryggen og solte seg. ❾ De pleide å ta en søndagstur til kirkegården. ❿ Siden han ble enkemann er han kommet på skråplanet. ⓫ De kan ha det så godt!

***

Øvelse 2 – Fyll ut med de riktige ordene

❶ Il avait gelé pendant la nuit, et le trottoir était glissant comme une patinoire.
Det hadde .... natten, og .... var speil ......

❷ J'en ai plus qu'assez que les enfants des voisins soient toujours fourrés chez nous.
Jeg er .... naboenes .... dørene hos oss.

❸ Ils sont obsédés par l'idée qu'ils pourraient se faire voler leurs belles cuillères en argent.
De er ...... av tanken .... de kunne ... . de pene .... sine.

❹ Il n'a même pas répondu à la question que je lui avais posée.
Han ...... ikke engang .... som jeg hadde ..... ham.

Quatre-vingt-cinquième leçon / 85

9 å løpe ned dørene hos noen, *être toujours fourré chez quelqu'un/ l'encombrer de ses visites.*

10 gjerningen, *la besogne/le travail/l'action*, entre dans des expressions idiomatiques comme **å ta noen på fersk gjerning**, *prendre quelqu'un sur le fait.*

***

Corrigé de l'exercice 1

❶ La maison se trouve sur la hauteur. ❷ Ils/Elles ont vu tous les musées en deux jours. ❸ Il a environ vingt-cinq ans, mais il a l'air beaucoup plus âgé. ❹ La place près de la fenêtre est-elle occupée ? ❺ C'est pour moi une énigme [de savoir] comment tu peux apprendre aussi vite. ❻ L'année dernière, il a neigé dès octobre. ❼ Je considère ça comme mon devoir. ❽ Elle était couchée sur le pont à prendre le soleil. ❾ Ils/Elles avaient l'habitude de faire la promenade du dimanche jusqu'au cimetière. ❿ Depuis qu'il est veuf, il est sur la mauvaise pente. ⓫ Tant pis pour eux/elles !

***

Corrigé de l'exercice 2

❶ – frosset på om – fortauet – glatt ❷ – lutlei av at – barn løper ned – ❸ – besatt – på at – bli frastjålet – sølvskjeene – ❹ – svarte – på spørsmålet – stilt –

La migration vers l'Espagne des Norvégiens âgés, que la crainte des rhumatismes et des trottoirs glissants hante l'hiver venu, est désormais un fait de longue date. Forts de leur solide pouvoir d'achat, ces Nordiques frileux se sont constitué au soleil de véritables colonies autarciques, malheureusement plus ou moins réussies sur le plan architectural, où l'on vit à la norvégienne et où l'on fête avec ferveur le 17 mai. S'il s'agit pour une part d'installations saisonnières, nombreux sont aussi les Norvégiens qui choisissent d'y demeurer à l'année, sans pour autant renier la mère patrie.
Pour toute une partie de la population masculine norvégienne, le travail sur les plates-formes pétrolières a pris le relais des métiers traditionnels

Åttisjette (seksogåttiende) leksjon

Kråkeslottet (II)

1 – Er `huset i `god stand?
2 – Middels ¹... men det er bygget av `mur! ²
3 – Finnes det ikke `hull i `taket?
4 – To `bitte ³ små på `verandaen ⁴ og bare `ett over `gjesteværelset.
5 Men det er ikke blitt `vannskade av `regnet: de har `satt inn en `stor `balje opp på `loftet.
6 – Og `inni huset?
7 – Så som så... Noen `bagateller må `fikses. En `vegg eller `to må `fjernes. Det kan vi `gjøre `litt etter `litt.
8 `Annenhver `stikkontakt sitter `løst og jeg `snublet i en elektrisk `ledning i `gangen, men `oljefyren er `splitterny ⁵ og kan `slås på i en `fei!
9 Man må `klatre opp `tre `bratte trinn for å komme på `toalettet... Riktig `spennende!

de la mer, la découverte du pétrole ayant quasiment coïncidé avec le déclin de la marine de commerce. L'extrême sophistication technique de ces villes flottantes (fruit d'une ingénierie nationale de très haut niveau), le niveau de confort impressionnant dont y jouit le personnel, les revenus gratifiants qui lui sont offerts pour des qualifications parfois modestes, tout y parle d'une ère résolument moderne où le "progrès" serait inconditionnellement au service du mieux-être matériel. Mais le destin des familles restées à terre reste rythmé par les absences (d'une longueur plus raisonnable, il est vrai) de ces enfants gâtés de l'industrie.

Deuxième vague : 36ᵉ leçon

Quatre-vingt-sixième leçon

Le manoir aux corneilles (II)

1 – La maison est en bon état ?
2 – Moyen... mais elle est construite en maçonnerie !
3 – Il n'y a pas de trous dans le toit ?
4 – Deux tout petits sur la marquise, et seulement un au-dessus de la chambre d'amis.
5   Mais la pluie n'a pas fait de dégâts *(il n'y a pas eu de dégâts des eaux par la pluie)* : ils ont mis une grande bassine *(en haut)* dans *(sur)* le grenier.
6 – Et à l'intérieur *(de la maison)* ?
7 – Couci-couça... Il y a quelques bagatelles à arranger *(quelques bagatelles doivent être arrangées)*. Il y a une ou deux cloisons à abattre *(enlever)*. On peut faire ça petit à petit *(peu après peu)*.
8   Une prise de courant sur deux *(Chaque deuxième prise de courant)* est détachée, et je me suis pris les pieds dans un fil électrique, dans le couloir, mais la chaudière à mazout *(pétrole)* est flambant neuve et s'allume *(peut être allumée)* en un tour de main !
9   Il faut grimper trois marches raides pour accéder *(venir)* aux toilettes... [C'est] tout à fait pittoresque *(à suspense)* !

86 / Åttisjette (seksogåttiende) leksjon

10 Vasken er ˈsprukken og ˈveggflisene er ˈsannsynligvis ikke ˈhelt etter ˈdin ˈsmak, men du ˈvenner deg nok [6] til dem,

11 og ˈbadekaret kommer du ˈsikkert til å ˈsverme for: det har ˈløveføtter.

12 Astri Paulsen sa at det ˈskjærer* [7] henne i ˈhjertet å ˈskille seg fra ˈbadekaret hvor ˈadmiralen ble ˈbadet som ˈbaby...

13 Og både ˈfløyelsgardinene og den ˈpraktfulle ˈlysekronen på ˈspisestuen skal henge* [8] igjen!

14 – ... Samt ˈspindelvev fra ˈrokokkotiden og ˈstøvdotter i ˈtoppklassen, ˈantar jeg?

15 Men du, ˈærlig talt, har vi ˈråd til [9] sånt?

16 – ˈGunnarsens har... Og du vet jo hvor ˈærgjerrige de er. Hvis vi ˈnøler en ˈtime for ˈlenge, kommer de til å ˈsnappe ˈhuset ˈrett for ˈnesen på oss.

8 ... stik-ko'ntakt ... 13 ... lüssëkrounën ... 14 ... roukoukoutidën

: Notes

1 **middels**, *moyen*, est un adjectif-adverbe invariable.

2 Dans un pays où la construction fait en quasi-totalité appel au bois, les exceptions attirent logiquement l'attention, et bénéficient même d'un certain prestige.

3 **bitte liten**, *tout petit*, est de la même famille que **en sjokoladebit**, *un morceau/une bouchée de chocolat*.

4 **veranda(en)** désigne la galerie couverte, vitrée ou à l'air libre (**balkongen**), qui court le long de certaines maisons.

5 **splitterny**, *flambant neuf* ; le même préfixe (qui existe aussi sous la forme de **splinter**, contenant l'idée "d'éclat") peut renforcer d'autres adjectifs : **splitternaken**, *nu comme un ver* ; **splittergal**, *fou à lier* (et sa variante : **splitter pine gal** – **pine** signifie *torturer*).

Quatre-vingt-sixième leçon / 86

10 Le lavabo est fêlé et les carrelages muraux ne correspondent sans doute *(vraisemblablement)* pas à ton goût, mais tu t'y habitueras certainement,

11 et tu raffoleras certainement de la baignoire : elle a des pieds de lion.

12 Astri Paulsen a dit que ça lui fendait *(coupe)* le cœur de se séparer de la baignoire où l'on baignait l'amiral *(baignait)* [quand il était] *(comme)* bébé...

13 Et *(à la fois)* les rideaux de velours [aussi bien que] *(et)* le superbe lustre de *(dans)* la salle à manger resteront *(suspendus)* !

14 – ... Avec *(Y compris)* des toiles d'araignée de l'époque rococo et des moutons *(touffes de poussière)* de grand style *(classe sommet)*, je suppose ?

15 Mais [dis-moi] *(toi)*, franchement *(parlé)* : on a les moyens d'un pareil achat *(d'une chose de ce genre)* ?

16 – [Les moyens], les Gunnarsen [les] ont... Et tu sais bien comme ils sont ambitieux. Si nous hésitons une heure de trop, ils nous souffleront *(happeront)* la maison sous le nez *(pour nous)*.

6 Sur la même racine que **venne seg**, *s'habituer à*, on trouve l'adjectif **vant (til)**, *habitué à*. **Det er en vanesak**, *C'est une question ("affaire") d'habitude*.

7 **å skjære (skar, skåret)** est l'un des nombreux verbes qui peuvent se traduire par *couper*.

8 Le double verbe **å henge**, qui vous est connu depuis longtemps, a la particularité de se dédoubler plus clairement au prétérit et au participe passé : tandis que **å henge**, verbe transitif, *suspendre*, prend des formes faibles, **å henge**, verbe intransitif, *être suspendu*, fait **hang** au prétérit et **hengt** au participe passé. Nous ferons un bilan des verbes de position et de leurs correspondants transitifs dans la prochaine leçon de révision.

9 **å ha råd til noe**, *avoir les moyens de/les ressources financières pour*. **Råd(et)** que nous connaissons aussi dans le sens de *conseil*, entre dans d'autres expressions de la même veine : **Det er ikke råd å få henne til å arbeide**, *Il n'y a pas moyen de la faire travailler* ; **Det blir nok en råd**, *Il y aura bien un moyen*.

Øvelse 1 – Oversett

❶ Jeg har en tann som sitter løst. ❷ Den må du lenger på landet med. ❸ Han snappet forretningen like for nesen på oss. ❹ Hver gang vi skilles, gråter han. ❺ Jeg snublet i teppet og veltet stumtjeneren. ❻ Han tok med dyne og hodepute og la seg på verandaen. ❼ Hun fjernet alle rokokkostatuene som stod til pynt i hagen. ❽ Jeg tilbrakte hele formiddagen i badekaret. ❾ Det er et hull i baljen. ❿ Du har ikke råd til å reise verden rundt, antar jeg? ⓫ Hytta vår er bitte liten. ⓬ Han skryter av den splitternye bilen sin. ⓭ Inni huset, på soveværelset, er det mørkt og kjølig.

***

Øvelse 2 – Fyll ut med de riktige ordene

❶ Elle n'ose pas entrer, parce que le grenier est plein d'araignées et de toiles d'araignée.
Hun ... ikke gå ..., fordi ...... er fullt av
.... og ....

❷ Le lit est trop bas : il est impossible d'enlever les moutons qui sont dessous.
Sengen er for ...: det er umulig å ....
som ligger ..... den.

❸ Les routes sont en mauvais état et la commune n'a pas les moyens de les entretenir.
Veiene er i .... og kommunene har ikke ...
til å ..... dem ved .....

❹ Ça m'a fendu le cœur qu'elle se soit débarrassée de cette robe splendide.
Det .... meg i .... at hun hadde ....
den .... kjolen.

Quatre-vingt-sixième leçon / 86

Corrigé de l'exercice 1

❶ J'ai une dent qui bouge. ❷ À d'autres ! ❸ Il nous a soufflé l'affaire. ❹ Chaque fois qu'on se sépare, il pleure. ❺ Je me suis pris les pieds dans le tapis et j'ai renversé le portemanteau. ❻ Il a emporté sa couette et son oreiller et s'est couché sur le balcon. ❼ Elle a enlevé toutes les statues rococo qui étaient en décoration dans le jardin. ❽ J'ai passé toute la matinée dans la baignoire. ❾ Il y a un trou dans la bassine. ❿ Tu n'as pas les moyens de faire le tour du monde, je suppose ? ⓫ Notre chalet est minuscule. ⓬ Il se vante de sa voiture toute neuve. ⓭ À l'intérieur de la maison, dans la chambre à coucher, il fait sombre et frais.

***

Corrigé de l'exercice 2

❶ – tør – inn – loftet – edderkopper – spindelvev ❷ – lav – fjerne støvdottene – under – ❸ – dårlig stand – råd – holde – like ❹ – skar – hjertet – kvittet seg med – praktfulle –

Deuxième vague : 37ᵉ leçon

Åttisjuende (syvogåttiende) leksjon

Intervju

1 – (Journalist:) – Lisbeth `Lyngren, du har tatt `beslutningen om å gå `tilbake til `yrkeslivet etter `femten års `fravær.

2 "Norsk Kvinneblad" ville gjerne få `vite hvilke `årsaker som `ligger `bak dette.

3 – Vel... Det er en `tanke som `gradvis har `modnet [1]

4 fra den `dagen min `datter uten videre [2] `erklærte at hun `mente hun var `stor nok til å `kjøpe **BH**ene [3] og `trusene sine `selv.

5 Med det `samme ble jeg `målløs [4], men med `tiden ble jeg meg mer og mer `bevisst at man må la de `"små" bli `voksne og `leve sitt `eget `liv...

6 ... og at `tillit er den `beste gaven en [5] kan `skjenke barna sine. Man kan ikke `vente at de `bare skal `adlyde* [6].

7 – Det var altså `fare for at `familieforholdene ble `ødelagt?

8 – Ja, det må jeg `tilstå. Det gikk til og med så `langt at jeg `kalte min sønn for en `enfoldig `stakkar

9 bare fordi han `spiste `speilegget sitt med `hodetelefonen til `kassettspilleren [7] på `ørene.

10 Og så må jo `ethvert menneske være til `nytte i samfunnet, ikke `sant?

11 Når `alt kommer til `alt, er det ikke `min `livsoppgave å drive `jakt [8] på `skittentøy [9] og sy `puter under `armene på `motvillige `ungdommer.

Quatre-vingt-septième leçon

Interview

1 – (Journaliste :) – Lisbeth Lyngren, vous avez pris la décision de retourner à la vie professionnelle après [une] absence de quinze ans.
2 "Femme Norvégienne" *(le magazine norvégien des femmes)* voudrait *(pouvoir)* savoir les *(quelles)* causes de cette décision *(qui sont derrière cela)*.
3 – Eh bien... C'est une idée qui a mûri progressivement
4 depuis le jour où ma fille [m']a déclaré de but en blanc *(sans plus)* qu'elle pensait être *(qu'elle était)* assez grande pour acheter ses soutiens-gorge et ses slips toute seule *(elle-même)*.
5 Sur le coup, les bras m'en sont tombés *(je suis restée sans voix)*, mais avec le temps, j'ai pris peu à peu conscience *(je me suis devenue de plus en plus consciente)* qu'on doit laisser les "petits" devenir adultes et vivre leur vie...
6 ... et que la confiance est le plus beau *(meilleur)* cadeau qu'on puisse offrir à ses enfants. On ne peut pas simplement [s']attendre [à ce] qu'ils obéissent.
7 – Il y avait donc [un] risque que les relations familiales se détériorent *(soient abîmées)* ?
8 – Oui, je dois l'admettre. C'est même allé jusqu'au point où *(si loin que)* j'ai traité mon fils de pauvre innocent
9 juste parce qu'il mangeait son œuf sur le plat *(œuf miroir)* avec les écouteurs du baladeur sur les oreilles.
10 Et puis, chaque être humain doit avoir son utilité *(être utile)* dans la société, n'est-ce pas ?
11 En fin de compte *(Quand tout vient à tout)*, ce n'est pas ma vocation *(le devoir de ma vie)* de faire la chasse au linge sale et de tout faire pour des *(de coudre des coussins sous les bras de)* jeunes gens pleins de mauvaise volonté *(récalcitrants)*.

87 / Åttisjuende (syvogåttiende) leksjon

12 – Går det `an [10] å `spørre deg hva slags `stilling du `søkte på?
13 – `Ekspeditør i en `spesialforretning for `tenåringer [11].
14 Jeg skal selge `allslags `varer: `rocke-CDer, `videospill, midler mot `kviser, `skinnjakker, `moteklær og `undertøy i `friske farger.
15 – En årsak – et spill – undertøyet – en BH – en truse – et middel – tilliten.

Prononciation

i'ntërviu 3 ... moudnët 4 ... béHôënë ... 11 ... l<u>i</u>vs<u>ou</u>pgavë ... moutviliyë ou-ng-d<u>o</u>mër 13 ... t<u>è</u>nôri-ng-ër 14 ... sédéër ... moutëklĒr ...

Notes

1 å modne, *mûrir*, vient de l'adjectif moden, *mûr*.

2 videre, comparatif de vid, *large/vaste*, entre dans plusieurs expressions exprimant l'idée de suite : vous vous souvenez sans doute de og så videre, *et cætera* ; uten videre, isolé, signifie *sans plus/de but en blanc/brusquement/sans en rajouter* ; joint à un verbe, videre équivaut à fortsette, *continuer* : Han skrev videre, *Il a continué à écrire*.

3 BHen, *le soutien-gorge* est l'abréviation de brystholderen (brystet, *la poitrine/le sein*) ; trusen, *le slip/la culotte*, fait partie de la lingerie exclusivement féminine, les hommes devant se contenter du mot unisexe underbukse (litt. "sous-pantalon"). Quant aux femmes qui "portent la culotte", on en dit : hun bestemmer hvor skapet skal stå, *elle décide où on doit mettre l'armoire*.

12 – Peut-on *(Est-il correct de)* vous demander pour quel genre d'emploi vous avez postulé ?
13 – Vendeuse dans un magasin spécialisé pour adolescents.
14 Je vais vendre toutes sortes d'articles : des CD de rock, des jeux vidéo, des produits contre les boutons, des blousons de cuir, des vêtements mode et de la lingerie *(sous-linge)* de couleurs vives.
15 – Une cause – un jeu – les sous-vêtements – un soutien-gorge – une culotte – un produit/un moyen – la confiance.

4 **mål(et)** contenu dans **målløs** est aussi un vieux synonyme de **stemme** (cf. leçon 85, note 3).

5 **en** joue ici le rôle de **man**. C'est très souvent le cas dans la langue courante. Ce **en** pronom peut aussi se traduire, selon le contexte, par *quelqu'un* ou *vous* : **det står en nede i gangen**, *il y a quelqu'un en bas, dans le couloir* ; **han er en sterk en**, *c'est un costaud* ("quelqu'un de fort").

6 **å adlyde**, *obéir*, a pour prétérit **adlød**, et pour participe passé **adlydt**.

7 Le vieux baladeur à cassettes a bien sûr vécu, mais le terme **spiller(en)** – désignant un appareil qui permet de "jouer", c.-à-d. de passer de la musique, autrement dit, un *lecteur* quelconque – peut s'adapter à tous types de supports musicaux. On dira ainsi : **CD-spiller**, **MP3-spiller**, **iPod-spiller**, etc.

8 **jakt(en)** est dérivé de **å jage**, qui a perdu son sens premier de *chasser du gibier*, **å gå på/drive jakt**, pour se limiter à un sens plus général : **Kyrne jager bort fluene med halen sin**, *Les vaches chassent les mouches à coups de queue* ; **Utlendingene ble jaget ut av landet**, *Les étrangers furent chassés du pays*.

9 **skittentøy** combine l'adjectif **skitten**, *sale*, et le nom **tøyet**, *le linge/le vêtement*. Ce dernier se retrouve fréquemment sous forme de suffixe, soit en conservant son sens de *tissu/vêtement* (**yttertøy**, *vêtement pour l'extérieur*), soit avec la signification très vague de *chose* : **syltetøy**, *confiture* ; **leketøy**, *jouet* ; etc.

10 **å gå an** donne l'idée de ce qu'on peut faire ou non, d'après les convenances sociales. **Det går ikke an!**, *Ça ne se fait pas !*

11 **tenåring**, *adolescent*, est bâti sur le modèle de l'anglais ***teenager***.

Øvelse 1 – Oversett

❶ Han har ødelagt den splitternye spilleren. ❷ Du har en stygg kvise på nesen. ❸ Kirsebærne er ikke modne enda. ❹ Jeg har tillit til ham. ❺ Hos dem er familieforholdene veldig spent. ❻ Når alt kommer til alt, hadde du kanskje rett i det. ❼ Har du et effektivt middel mot mygg? ❽ Det er forbudt å drive elgjakt om våren. ❾ Nå har jeg sydd puter under armene på ham i tjue år. ❿ Millionæren kom tilbake til Norge etter tretti års fravær. ⓫ Jeg klarer ikke å slå på oljefyren. – For en kloss du er! ⓬ Han brølte som en løve. ⓭ Katten har klatret på taket. ⓮ Er han flink i fysikk? – Så som så! ⓯ Selger dere jakker i denne forretningen?

***

Øvelse 2 – Fyll ut med de riktige ordene

❶ Il a pris la décision de demander le poste, même s'il n'est pas bien payé.

Han . . . . om å . . . . på . . . . , ...
.. den . . . . . . godt . . . .

❷ Elle ne se doutait vraisemblablement pas que tout le monde disait du mal d'elle.

Hun . . . . ikke at alle . . . . henne.

❸ Il n'a jamais voulu admettre que c'était la cause de ses problèmes dans la vie professionnelle.

Han ville aldri . . . . . . at det var . . . . til hans
problemer i . . . .

88

Åttiåttende (åtteogåttiende) leksjon

Prosit! [1]

1 – Hvordan står det ˋtil med deg? [2]
2 – Ikke det ˋhelt stoˉre, jeg har ˋhøysnue.

Corrigé de l'exercice 1

❶ Il a abîmé le lecteur tout neuf. ❷ Tu as un vilain bouton sur le nez. ❸ Les cerises ne sont pas encore mûres. ❹ J'ai confiance en lui. ❺ Chez eux, les rapports familiaux sont très tendus. ❻ En fin de compte, tu avais peut-être raison. ❼ As-tu un produit efficace contre les moustiques ? ❽ Il est défendu de chasser l'élan au printemps. ❾ Cela fait vingt ans que je le materne. ❿ Le millionnaire est rentré en Norvège après une absence de trente ans. ⓫ Je n'arrive pas à allumer la chaudière. – Ce que tu peux être mal dégourdi ! ⓬ Il rugissait *(braillait)* comme un lion. ⓭ Le chat a grimpé sur le toit. ⓮ Il est bon en physique ? – Couci-couça ! ⓯ Est-ce que vous vendez des blousons dans ce magasin ?

***

❹ Le patron nous a expliqué les causes et les conséquences du projet.
...... forklarte prosjektets .... og ....

Corrigé de l'exercice 2

❶ – tok beslutningen – søke – stillingen, selv om – ikke er – betalt
❷ – ante sannsynligvis – baktalte – ❸ – tilstå – årsaken – yrkeslivet
❹ Sjefen – årsaker – følger

Deuxième vague : 38ᵉ leçon

Quatre-vingt-huitième leçon

À tes souhaits !

1 – Comment vas-tu ?
2 – Ce n'est pas la grande forme *(pas le tout à fait grand)* :
j'ai le rhume des foins.

88 / Åttiåttende (åtteogåttiende) leksjon

3 Det ˋkiler i ˋhalsen, øynene ˋklør ³, og jeg ˋpuster og ˋpeser som en ˋhval ⁴ bare fordi jeg har ˋgått opp denne ˋlille trappen!

4 Jeg har ˋinntrykk av at jeg er blitt ˋinvalid på ˋtre ˋdager.

5 Akkurat nå når ˋalle bare tenker på å ˋdra av ˋgårde ⁵ og ˋtumle rundt i ˋskog og ˋmark ⁶, og ˋrulle seg i ˋblomsterengene!

6 Og som ikke ˋdet var nok, blir jeg ˋattpåtil ˋuglesett av ˋAnne...

7 Hun ˋfarer opp hver gang jeg ˋnyser, og sier at det ˋlyder som et ˋhornorkester ⁷ når jeg ˋpusser ˋnesen. Og så ˋsnorker jeg ˋhalve natten.

8 Hvor mye jeg ˋenn prøver er ˋmanérene ⁸ mine aldri ˋfine nok for ˋhenne: hun ˋkunne jo vise litt ˋforståelse, ˋsynes du ikke? Men hun er ikke av det ˋmilde slaget ⁹.

9 Og selvfølgelig ˋsmører min ˋsvigerinne ˋtykt ˋpå... Hun har forresten alltid ˋsnurret hele ˋfamilien rundt ˋlillefingeren.

10 Hun ˋklapper og roper ˋ"hurra!" ved hvert ˋnyseanfall, kommer ˋstadig med ˋerting, ˋplager ˋlivet av meg:

11 "Hvorfor er du så ˋhoven og ˋoppblåst i ˋansiktet? Har du ˋskrellet løk, eller er det en ˋknute på ˋtråden?" Haha...

12 – Synes ingen ˋsynd på deg ¹⁰, da?

13 – ˋLangt ifra! Begge ˋto ˋvet jo hvordan ˋsyke folk skal ˋbehandles og hvordan man skal ˋslåss ¹¹ mot ˋsykdom:

Quatre-vingt-huitième leçon / 88

3 Ça chatouille dans la gorge, [j'ai] les yeux [qui me] démangent et regarde : je suis essoufflé *(je respire et halète comme une baleine)* rien que d'avoir *(seulement parce que j'ai)* monté ce petit escalier !

4 J'ai l'impression d'être devenu *(que je suis devenu)* infirme en trois jours.

5 Juste au moment où *(quand)* tout le monde ne pense qu'à s'en aller *(hors de la ferme)* et s'ébattre dans les bois et les champs, et à se rouler dans les prairies en fleurs !

6 Et comme si ça ne suffisait pas, par-dessus le marché, je me fais mal voir *(considérer d'un regard de chouette)* par Anne...

7 Elle sursaute chaque fois que j'éternue, et dit que ça sonne comme un orchestre de cuivres *(cors)* quand je me mouche *(nettoie le nez)*. Et puis, je ronfle la moitié de la nuit.

8 J'ai beau essayer, mes manières ne sont jamais assez raffinées pour elle : elle pourrait montrer un peu de compréhension, non *(tu ne trouves pas)* ? Mais elle n'est pas du genre complaisant *(doux)*.

9 Et bien entendu, ma belle-sœur en remet une couche *(tartine en couche épaisse)*... D'ailleurs, elle a toujours fait marcher toute la famille *(enroulé toute la famille autour du petit doigt)*.

10 Elle applaudit et crie "hourra !" à chaque crise d'éternuement, me taquine *(vient avec des taquineries)* constamment et m'en fait voir de toutes les couleurs *(m'embête à faire sortir la vie de moi)* :

11 "Pourquoi as-tu le visage si enflé *(es-tu si enflé et gonflé sur le visage)* ? Tu as épluché des oignons, ou bien il y a de l'eau dans le gaz *(un nœud sur le fil)* ?" Haha...

12 – Personne n'a donc pitié de toi ?

13 – Oh que non *(Loin de là)* ! Toutes les deux savent bien comment on doit traiter les *(gens)* malades et se battre contre la maladie :

firehundreogåtte • 408

14 " `Ta deg sammen! `Kvikk deg opp [12] med en skikkelig `springmarsj og en `kald `dusj!"

15 – Løken – en mark – en eng.

Prononciation

5 … t**ou**mlë … 9 … svigri̱në … 10 … roupër …

Notes

1 Prosit, *À tes/vos souhaits !*, est un emprunt au latin.

2 **Hvordan står det til?** est une variante un peu plus recherchée de **Hvordan har du det?** Ce verbe sert par ailleurs dans les situations où l'on décide de mettre fin à une hésitation : **Vi får la det stå til !**, *"Alea jacta est!", Allons-y, on verra bien ce qui se passera !*

3 **å klø**, *démanger/gratter*, s'utilise avec ou sans complément.

4 *Souffler comme un phoque* se dit *souffler comme une baleine*, ces deux animaux n'ont donc pas pour seul point commun de servir de cible aux chasseurs du grand Nord, et de cheval de bataille aux défenseurs des coutumes traditionnelles. Apprenons néanmoins qu'*un phoque* se dit **en sel**.

5 **å dra av gårde** (littéralement "partir de la ferme") est une expression courante pour *s'en aller*. Le verbe **å tumle**, *chanceler/remuer/s'ébattre/*etc., exprime l'idée de précipitation et d'agitation : **Barna tumler seg i hagen**, *Les enfants s'ébattent dans le jardin* ; **De tumler med**

***

Øvelse 1 – Oversett

❶ De krangler og slåss hele tiden. ❷ Ungene trenger litt tumleplass. ❸ Hun snurrer mannen sin rundt lillefingeren. ❹ Hold opp å kile Lillebror! ❺ Jeg tror nok det er en knute på tråden mellom de to. ❻ Det går ikke an å klø seg på denne måten når folk ser på. ❼ Uff! Du er skitten på hendene. ❽ Nå må vi av gårde med en gang. ❾ Attpåtil har de det vanskelig økonomisk. ❿ Hun ble bra behandlet av alle. ⓫ Det er vel ikke uunnværlig at du smører så tykt på! ⓬ Nå vil jeg kvikke meg opp med en god kopp kaffe. ⓭ Nå får han et anfall igjen. ⓮ Jeg er lei av å adlyde deg.

Quatre-vingt-huitième leçon / 88

14 "Secoue-toi ! Revigore-toi avec une bonne course à pied et une douche froide !"

15 – Les oignons – un champ – une prairie.

---

tanken på å flytte, *Ils remuent des projets de déménagement* ; **Han slo seg mot bjelken og tumlet videre**, *Il se cogna à la poutre et continua son chemin en chancelant*.

6 **i skog og mark**, *par les bois et les champs*, est une expression figée. **Marka**, *le champ*, déjà entrevu dans le nom de la *forêt d'Oslo*, **Oslomarka**, est à distinguer de **engen**, *la prairie/le pâturage*.

7 **et horn**, *une corne/un cor* (instrument de musique).

8 **manérer**, *manières*, emprunté au français, est un des seuls mots norvégiens dotés d'un accent.

9 **slaget**, *la sorte/l'espèce*.

10 **å synes synd på noen**, *plaindre/avoir pitié de quelqu'un*. **Synden** est à l'origine un mot religieux, *le péché* ; nous l'avons aussi rencontré dans **det var synd**, *c'est dommage*.

11 **å slåss**, *se battre/se bagarrer*, dérivé de la forme "réciproque" de **å slå**, *battre/cogner*, a pour prétérit **sloss** et pour participe passé **slåss** (les trois formes se prononçant de la même façon). Il suit donc orthographiquement la conjugaison de **å slå**.

12 **å kvikke seg opp** vient de l'adjectif **kvikk**, *vif/rapide*.

***

Corrigé de l'exercice 1

❶ Ils/Elles se querellent et se battent à longueur de temps. ❷ Les gosses ont besoin d'un peu de place pour s'ébattre. ❸ Elle mène son mari par le bout du nez. ❹ Arrête de chatouiller ton petit frère ! ❺ Je crois bien qu'il y a de l'eau dans le gaz entre les deux. ❻ Ça ne se fait pas de se gratter comme ça quand les gens regardent. ❼ Pouah ! Tu as les mains sales. ❽ Il faut qu'on s'en aille tout de suite. ❾ Par-dessus le marché, ils/elles ont des difficultés pécuniaires. ❿ Elle a été bien traitée par tout le monde. ⓫ Il n'est sans doute pas indispensable que tu en remettes autant ! ⓬ Maintenant, je vais prendre une bonne tasse de café pour me remonter. ⓭ Il a de nouveau une crise *(ou : Le voilà qui pique encore sa crise)*. ⓮ J'en ai assez de t'obéir.

Øvelse 2 – Fyll ut med de riktige ordene

❶ Quoi que je fasse et que je dise, tu n'es jamais satisfait.
Hva jeg ... gjør og sier, ... aldri ....

❷ Je me suis cogné la tête contre la grosse poutre du garage, c'est pour ça que j'ai le nez enflé.
Jeg .... den store .... i garasjen, ... har jeg fått en ..... nese.

❸ Elle a été affreusement déçue, mais elle a réussi à se reprendre.
Hun ble forferdelig ...., men hun klarte å ... .

Åttiniende (niogåttiende) leksjon

Pølser på grill

1 – Pølsene er ˋferdig ˋstekt [1]! ˋHit med ˋbrødskivene deres, med ˋen gang! Det blir ˋingenting ˋigjen til ˋsomlepaver [2]!

2 Kan noen ˋgi meg en ˋskarpere kniv? Den her er ˋsløv.

3 – Nøff, nøff, jamret ˋgrisen ˋfortvilet da den ˋså det ˋlange ˋskinnende ˋbladet, nå ˋender jeg som ˋpålegg [3]!

4 – ˋIvar, jeg vil ha meg ˋfrabedt [4] ˋden slags ˋkommentarer. Du er ˋufordragelig [5].

5 – Hvorfor skulle man ˋdrepe dyr som ˋaldri har ˋgjort ˋnoen noe ˋvondt, når det finnes ˋsalat, ˋagurker, ˋpommes-frites, ˋhavregryn, ˋcornflakes og ˋjoghurt?

6 Mat er ˋmord; ˋdette kan jeg ˋikke være ˋenig i [6]!

7 – Kan du for ˋen gangs skyld ˋunngå å ta ˋmatlysten fra oss med denne ˋhersens [7] ˋvegetariske ˋpropagandaen?

❹ Ce n'est pas une raison pour être regardé de travers par les gens honnêtes.
Det er . . . . å bli . . . . av . . . . folk.

Corrigé de l'exercice 2
❶ – enn – er du – fornøyd ❷ – slo hodet mot – bjelken – derfor – hoven – ❸ – skuffet – ta seg sammen ❹ – ingen grunn til – uglesett – redelige –

Deuxième vague : 39ᵉ leçon

Quatre-vingt-neuvième leçon 89

Les saucisses au barbecue

1 – Les saucisses sont *(prêtes)* cuites ! Passez *(Par ici avec)* vos tranches de pain tout de suite ! Il ne restera rien pour les traînards !
2 Est-ce que quelqu'un peut me donner un couteau mieux aiguisé ? Celui-là ne coupe rien *(est émoussé)*.
3 – Groink, groink, gémit le cochon désespéré lorsqu'il vit la longue lame *(feuille)* brillante, voilà que je vais finir sur une tartine *(maintenant je vais finir comme garniture de tartine)* !
4 – Ivar, je voudrais être dispensé *(m'avoir dispensé)* de ce genre de commentaires. Tu es insupportable.
5 – Pourquoi devrait-on tuer des animaux qui n'ont jamais fait de mal à personne, alors qu'il existe la salade, les concombres, les frites, les flocons d'avoine, les corn-flakes et le[s] yaourt[s] ?
6 Manger, c'est assassiner *(La nourriture, c'est le meurtre)* ; je ne peux pas être d'accord avec ça !
7 – Pourrais-tu pour une fois te passer de nous ôter l'appétit avec ta fichue propagande végétarienne ?

89 / Åttiniende (niogåttiende) leksjon

8 Slik `er det nå `engang her i `verden, at vi `spiser `dyr. Og det er `Herrens `vilje.
9 – `Rettere sagt: `"var"... fordi det på `hans tid ikke var `vanlig med `cornflakes.
10 – Rolf, `ta det rolig! Husk at du kan få `slag i denne `fæle [8] heten [9]! `Ivar, rekk meg `saltet!
11 – Tenke seg til at hans `oldefar var en `hvalfangsthelt som har fått en hel `gate `kalt opp etter seg!
12 – Kjære Gud, la `menneskehetens `grusomhet, `blindhet og `kulde [10]...
13 – Nå `går det over `streken!
14 – En skive – en agurk – havregrynet – kulden. ☐

Prononciation
5 ... **you**gurt **12** ... **ku**lë

Notes

1 **å steke** (ou **steike**, une forme courante plus proche du néo-norvégien) s'applique à des modes de cuisson divers : *cuire sur le grill/à la poêle/dans la friture/faire rôtir* ; **ste(i)kovnen**, *le four*. Souvenez-vous de **å bake**, qui s'utilise pour la cuisson du pain ou des gâteaux, et **å koke** pour la cuisson à l'eau, y compris la préparation d'eau bouillante pour le café.

2 **å somle (med noe)**, *traîner/lambiner*. **Somlepave(n)**, *lambin/traînard*, contient le nom **pave(n)**, *le pape*.

3 **pålegg(et)** désigne tout ce qui est susceptible de garnir les **smørbrød** : *tranches de fromage, charcuterie, confiture*, etc.

4 **å frabe**, *demander à être dispensé de*, s'utilise toujours dans des contextes du genre de celui-ci, au ton plutôt acerbe. Autre exemple : **Jeg fraber meg enhver kritikk**, *Je me passe de/je vous prie de me dispenser de toute critique*.

5 **ufordragelig**, *insupportable*, vient de **å fordra**, proche de **å tåle**, ou **å holde ut** : **Jeg kan ikke fordra den fyren/den piggtrådmusikken**, **Jeg tåler ikke/klarer ikke synet av den fyren** ou **Jeg tåler ikke/holder ikke**

Quatre-vingt-neuvième leçon / 89

8 C'est comme ça *(maintenant une fois)* en ce bas monde *(ici dans le monde)*, [que] nous mangeons les animaux. Et c'est la volonté du bon Dieu *(Seigneur)*.

9 – Ou plutôt *(Plus exactement dit)* : "c'était" [sa volonté]... parce qu'à son époque, les corn-flakes, ça n'était pas courant *(ça n'était pas habituel avec des corn-flakes)*.

10 – Rolf, du calme ! Rappelle-toi que tu pourrais avoir une attaque *(un coup)* par cette affreuse chaleur ! Ivar, passe-moi le sel !

11 – Dire que son arrière-grand-père était un héros de la pêche à la baleine, et qu'on a donné son nom à une rue entière *(qui a eu toute une rue nommée d'après lui)* !

12 – Mon Dieu, fais que *(laisse)* la cruauté, l'aveuglement et la froideur du genre humain *(de l'humanité)*...

13 – Là, ça passe les bornes *(Maintenant, ça dépasse le trait)* !

14 – Une tranche – un concombre – le flocon d'avoine – le froid/la froideur.

---

ut den piggtrådmusikken, *Je ne supporte pas ce type/cette musique d'enfer.*

6 å være enig i (om) noe/med noen, *être d'accord avec (sur) quelque chose / avec quelqu'un.*

7 hersens, *fichu/maudit*, est un adjectif invariable du registre familier.

8 fæl, adjectif/adverbe passe-partout, peut se traduire par toute une palette de mots comme : *vilain, moche, affreux, désagréable*, etc. Exemples : **Hun oppførte seg riktig fælt**, *Elle s'est conduite de façon très moche* ; **Han er fæl (= grov) i munnen**, *Il a un langage de charretier* ; **Du er fæl til å sladre**, *Tu as une fâcheuse tendance à dire du mal des gens* ; **De hadde slåss og så fæle ut**, *Ils s'étaient battus et avaient piètre allure.*

9 heten, *la grande chaleur/la canicule*, est à distinguer de **varmen**, plus positif, qui peut aussi vouloir dire *la chaleur humaine* et... *le chauffage*.

10 kulde(n) veut aussi bien dire le *froid* que la *froideur* : **I dag er det ti kuldegrader**, *Aujourd'hui, il fait moins dix* (dix degrés de froid) ; **Vi ble mottatt med kulde**, *Nous avons été reçus avec froideur.*

89 / Åttiniende (niogåttiende) leksjon

▶ Øvelse 1 – Oversett

❶ Som du somler! ❷ Hva slags pålegg skal du ha på brødskiven? ❸ Kan du rekke meg pepperet? ❹ I dag er det ti kuldegrader. ❺ Når han dro ut på hvalfangst, tørket hun tårene. ❻ Er du enig med ham? – Langt ifra! ❼ Nå til dags er det vanlig med to biler i familien. ❽ Hun hadde gjemt sparegrisen i stekeovnen. ❾ Han kan ikke fordra oberster. ❿ Han er fæl til å lyve. ⓫ Nå kommer du igjen med de hersens bemerkningene dine. ⓬ Det lukter stekt løk. ⓭ Han så helt fortvilet ut. ⓮ Hold opp med den jamringen din!

***

Øvelse 2 – Fyll ut med de riktige ordene

❶ Fais attention de ne pas te couper les doigts ! La lame du grand couteau est affreusement coupante.
.... deg så du ikke .... deg på fingrene! ...... på den store ...... er fryktelig ....

❷ Si tu n'es pas d'accord avec lui, ce n'est pas la peine d'essayer de le convaincre.
Er du ikke .... med ham, .. er det ingen ..... i å prøve å .... ham.

❸ Je me passerais volontiers de ton regard critique.
Jeg vil gjerne ha meg .... ditt kritiske ......

❹ Elle était occupée à faire le grand ménage de printemps et avait piteuse allure.
Hun hadde vært .... med .... og så .... ut.

❺ Quand il s'agit de protection de l'environnement, il n'a pas confiance dans les scientifiques.
Når det ...., har han ingen ...... til ....

Quatre-vingt-neuvième leçon / 89

Corrigé de l'exercice 1

❶ Qu'est-ce que tu lambines ! ❷ Que veux-tu sur ta tartine ? ❸ Peux-tu me passer le poivre ? ❹ Aujourd'hui, il fait moins dix. ❺ Quand il partait pour la chasse à la baleine, elle séchait ses larmes. ❻ Es-tu d'accord avec lui ? – Loin de là ! ❼ De nos jours, il est courant d'avoir deux voitures dans une famille. ❽ Elle avait caché la tirelire dans le four. ❾ Il ne supporte pas les colonels. ❿ Il a une fâcheuse tendance à mentir. ⓫ Te voilà de nouveau avec tes fichues remarques. ⓬ Ça sent les oignons frits. ⓭ Il avait l'air complètement désespéré. ⓮ Arrête tes pleurnicheries *(Arrête de gémir)* !

***

Corrigé de l'exercice 2

❶ Pass – skjærer – Bladet – kniven – skarpt ❷ – enig – så – nytte – overbevise – ❸ – frabedt – blikk ❹ – opptatt – vårrengjøringen – fæl – ❺ – gjelder miljøvernet – tillit – vitenskapsmenn

Deuxième vague : 40ᵉ leçon

Nittiende leksjon

Tonefallets feller

1 – Her sitter jeg med min ˈnorskleksjon og ˋsvetter og ˋergrer meg [1]...
2 Dette med ˋtonefallet... Jeg ˋskjønner ikke et ˋkvekk av det [2]!
3 ˋIngen vil ˋnoen gang ˋta meg for en ˋnordmann!
4 Jeg kan ˋgodt ˋbleke [3] håret og gå ˋrundt med ˋmønsterstrikket ˋgenser, ˋaksenten min ˋavslører meg med det ˋsamme jeg ˋåpner munnen!
5 Og jeg som ˋinnbilte meg at jeg hadde ˋgehør...
6 – ˋSå komplisert er det vel ˋikke... på ˋnorsk går ˋstemmen gjerne ˋoppover [4]:
7 enten ˋstiger* [5] den med ˋen gang, eller så ˋfaller den ˋførst litt og ˋstiger straks ˋetterpå.
8 – Jaha. Det er det ˋlett for ˋdeg å si. I ˋteorien er det i ˋorden, men i ˋpraksis går det ˋhelt ˋrundt for meg!
9 – Jeg kan litt av et ˋknep [6] – ˋrene ˋhokuspokus [7]:
10 Det ˋviktigste er å ˋmerke seg om ordets ˋførste ˋstavelse uttales ˋhøyt eller ˋdypt.
11 Begynner det ˋdypt, så kan det bare gå ˋopp, begynner det ˋhøyt, så ˋglir stemmen ˋned lite grann, som om den skulle ta ˋsats, og hopper ˋopp igjen!
12 Prøv å ˋgjenta etter meg noen ˋsprøe små ˋsetninger:

Quatre-vingt-dixième leçon

Les pièges de l'intonation

1 – Je suis sur *(Ici je suis assis avec)* ma leçon de norvégien, *(et)* je transpire et je m'énerve...
2 Cette histoire d'intonation *(Ça avec l'intonation)*... Je n'y comprends rien *(pas un coin-coin)* !
3 Personne ne me prendra jamais pour un Norvégien !
4 Je peux bien me décolorer les cheveux et me balader avec un pull jacquard *(tricoté avec des motifs)*, mon accent me trahit *(dévoile)* dès que j'ouvre la bouche !
5 Et moi qui m'imaginais que j'avais de l'oreille...
6 – Ce n'est pourtant pas si compliqué... en norvégien, la voix grimpe *(va)* volontiers dans les hauteurs *(vers le haut)* :
7 soit elle monte tout de suite, soit *(alors)* elle descend *(tombe)* d'abord un peu et monte immédiatement après.
8 – Ouais. C'est facile à dire *(pour toi)*. En principe, ça devrait marcher, mais dans la pratique, je suis complètement perdu *(ça tourne complètement pour moi)* !
9 – Je connais une petite astuce *(un peu d'une astuce)* – vraiment magique *(de la pure magie)* :
10 le plus important, c'est de repérer *(se remarquer)* si la première syllabe du mot se prononce [dans l']aigu ou [dans le] grave.
11 Si ça commence [dans le] grave, ça ne peut que monter, si ça commence [dans l']aigu, la voix glisse un petit peu *(une petite miette)* vers le bas, comme si elle devait prendre son élan, et s'élance *(saute)* à nouveau vers le haut.
12 Essaie de répéter après moi quelques petites phrases loufoques :

13 `Bønder spiser `bønner. – Hvordan vil `været være? – `Føllet vil `følge etter. – Vi tømmer `elven for `tømmer.

14 Dette `verket [8] får det til å `verke i `hodet mitt. – Skuffen ligger i `skuffen. – Det kunne `like godt være `liket. – `Ender `ender på `enden [9].

15 – Hokupokus(et) – en bonde, flere bønder – et føll – et lik – en and, flere ender. □

Prononciation
tounëf<u>a</u>lës ... **4** ... <u>a</u>ksa-ng-ën ... **9** ... H<u>ou</u>kusp<u>ou</u>kus **13** b<u>eu</u>nër ... b<u>eu</u>nër ... f<u>eu</u>lë ... f<u>eu</u>lë ... **14** ... <u>è</u>nër <u>è</u>nër ... <u>è</u>nen ...

Notes

1 **å ergre (seg)** peut être utilisé comme synonyme de **å irritere**, *irriter/agacer*, à la forme réfléchie pour *s'énerver*.

2 **kvekk(et)**, qui entre dans l'expression **jeg skjønner ikke et kvekk av det**, *je n'y comprends rien*, est d'abord une onomatopée désignant le coin-coin du canard ou le coassement de la grenouille.

3 Le verbe **å bleke**, *décolorer*, vient de l'adjectif **blek**, *pâle/blême*.

4 L'adverbe **oppover** et son contraire **nedover** sont des formes plus insistantes de **opp** et **ned**, également utilisés pour marquer l'idée de *monter* ou *descendre*. **Å gå oppover/nedover en bakke/en gate**, *monter/descendre une pente/une rue*. Tout comme l'on peut parler, en français, de *monter à Paris ou de descendre en Espagne*, on dit en norvégien : **Vi skal reise oppover til Nord-Norge/nedover i Europa**, *Nous voyagerons jusqu'en Norvège du Nord/en Europe*.

5 **stige (steg, steget)**, *monter/croître/augmenter*. **Feberen har steget**, *La fièvre a monté/augmenté* ; **Elven stiger om våren**, *Au printemps, la rivière est en crue* ; **Prisene stiger**, *Les prix ont augmenté* ; **Stig på sykkelen/på toget/inn i bilen!**, *Grimpe sur le vélo/monte dans le train/dans la voiture !* Et au contraire : **Vi må stige ut av bilen/av toget**. Notez également le nom **stige(n)**, *échelle*.

Quatre-vingt-dixième leçon / 90

13 Les paysans mangent des haricots. – Comment sera le temps ? – Le poulain veut nous suivre. – Nous vidons la rivière de [ses] troncs.

14 Cette œuvre me donne mal à *(dans)* la tête. – La pelle est dans le tiroir. – Ce pourrait aussi bien être le cadavre. – Les canards atterrissent *(finissent)* sur le derrière.

15 – Un *(des)* tour*(s)* de passe-passe – un paysan, des... – un poulain – un cadavre – un canard, des...

6 **knep(et)** que nous connaissons déjà dans le sens de *mauvais tour* peut aussi avoir le sens plus positif de *truc/astuce/ruse*. **Han kjenner alle knepene**, *Il a plus d'un tour dans son sac*.

7 **hokuspokus(et)**, évocation d'une formule magique, *abracadabra*, ou synonyme de **knep** est une déformation du latin de messe ***"hoc est corpus meum"***, *ceci est mon corps*. Il peut avoir un sens négatif : **Han driver med hokuspokus bak kulissene**, *Il se livre à des manigances en coulisse*.

8 **å verke** (= **å gjøre vondt**, *faire mal*) évoque une douleur lancinante. **Det verker i hodet mitt**, *La tête me fait mal*. Le nom apparenté est **verk(en)**, utilisé dans les expressions : **tannverk**, *mal de dents* ou **verkefinger**, *panaris*. Mais on dit : **hodepine(n)**, *migraine*, de **å pine**, *torturer*.

9 **enden**, *le bout/l'extrémité/la fin* désigne aussi *le postérieur*. **Han ble sparket i enden**, *Il s'est fait botter les fesses*. Rien à voir avec le pluriel de **en and**, *un canard* : **flere ender**.

Øvelse 1 – Oversett

❶ Temperaturen har plutselig steget. ❷ Det går tydeligvis helt rundt for henne. ❸ Da avslørte han seg. ❹ Papegøyen gjentar alltid den samme setningen. ❺ Læreren er vel litt sprø. ❻ Kan du flytte på stolen din lite grann? ❼ Hva er det for noe hokuspokus han driver med? ❽ Han tok sats, hoppet og falt på enden. ❾ Jeg har ikke det minste gehør. ❿ Jeg har tannverk. ⓫ Hester og føll står på engen bak gården. ⓬ I syden bleker mange kvinner håret. ⓭ Du er blek som et lik. ⓮ Han svettet så det rant av ham.

***

Øvelse 2 – Fyll ut med de riktige ordene

❶ Comment diable as-tu fait disparaître le lapin ? Tu as sûrement un truc !
Hvordan i .... fikk du .... til å ....?
Du har vel .. ..!

❷ Il ne comprenait rien à ce que nous lui expliquions.
Han .... ikke et ..... av det vi .... ham.

❸ Si j'étais un singe, j'aurais pitié du genre humain.
Hvis jeg var en ..., ville jeg .... på ....

Nittiførste (enognittiende) leksjon

Repetisjonsleksjon – Révision

1 Les verbes

• Il ne s'est trouvé cette semaine que peu de verbes forts vraiment nouveaux pour attirer notre attention :

å adlyde	adlød	adlydt	*obéir*
å fryse	frøs	frosset	*geler*
å skjære	skar	skåret	*couper*
å stige	steg	steget	*monter*

Corrigé de l'exercice 1

❶ La température a monté d'un coup. ❷ Manifestement, elle est complètement perdue. ❸ Là, il s'est trahi. ❹ Le perroquet répète toujours la même phrase. ❺ Le prof doit être un peu fêlé. ❻ Peux-tu déplacer la chaise un tout petit peu ? ❼ Qu'est-ce qu'il fait donc comme micmacs ? ❽ Il prit son élan, sauta et tomba sur le derrière. ❾ Je n'ai pas la moindre oreille musicale. ❿ J'ai mal aux dents. ⓫ Les chevaux et les poulains sont dans le pré derrière la ferme. ⓬ Dans les pays du sud, beaucoup de femmes se font décolorer les cheveux. ⓭ Tu es pâle comme un mort. ⓮ Il dégoulinait de sueur *(Il transpirait [tant] que ça coulait de [son visage])*.

***

Corrigé de l'exercice 2
❶ – allverden – kaninen – forsvinne – et knep ❷ – skjønte – kvekk – forklarte – ❸ – ape – synes synd – menneskeheten

Deuxième vague : 41ᵉ leçon

Quatre-vingt-onzième leçon

• En revanche, l'équipe des verbes de position et de leurs homologues indiquant le mouvement vers cette position mérite un récapitulatif. La plupart sont forts, mais nous indiquons aussi les temps des verbes faibles, pour vous aider à éviter les confusions.

å sette (seg)	satte	satt	(s')asseoir, poser
å sitte	satt	sittet	être assis
å legge (seg)	la	lagt	(se) coucher, poser à plat
å ligge	lå	ligget	être couché, posé, étendu
å henge	hengte	hengt	accrocher, suspendre
å henge	hang	hengt	être accroché, suspendu
å stille seg	stilte	stilt	se placer debout
å stå	sto(d)	stått	se tenir, être posé debout

2 Le genre des noms

Le genre des noms vous a sans doute donné au début quelque fil à retordre, mais sans doute gagnez-vous peu à peu en assurance. Une bonne nouvelle : pour les noms à signification abstraite que nous manions désormais en grand nombre, il existe quelques règles bien utiles. Retenez donc que :
– les noms se terminant par les suffixes **-het**, **-else** et **-dom** sont du genre commun ; exemples : **nødvendigheten**, *nécessité* ; **en rettelse**, *correction* ; **barndommen**, *l'enfance* ; mais notez que l'on dit : **et spøkelse**, *un fantôme* ; **et værelse**, *une pièce* ;
– la plupart des noms se terminant en **-skap** sont neutres ; exemple : **vennskapet**, *l'amitié* ; parmi les exceptions, citons : **en egenskap**, *une caractéristique / un trait de caractère*.

3 La prononciation

Notre 90e leçon a-t-elle *jeté un pavé dans la mare*, **skapt røre i andedammen**, créé de l'agitation dans la mare aux canards ou vous a-t-elle *ôté un poids du cœur*, **lettet en stein fra ditt hjerte** ? Comme nous l'avions signalé dans la préface de cet ouvrage, l'intonation constitue la seule difficulté réelle dans l'apprentissage du norvégien. Vous possédez désormais des moyens d'expression suffisants pour ne pas vous laisser aller au découragement, quelle que soit votre impression de réussite ou d'échec concernant ce point précis. C'est à dessein que nous ne nous sommes guère appesantis sur le sujet jusqu'à présent, afin de vous laisser acquérir, en matière de grammaire et de vocabulaire, l'assurance nécessaire. Nous touchons désormais au but dans tous les autres domaines de la langue, et vous pouvez donc vous permettre ce petit luxe : tenter de "chanter" le norvégien comme on le fait en Norvège ! Libre à vous d'y renoncer si la tâche vous paraît hors de portée au bout de quelques tentatives. Vous n'en parlerez pas moins norvégien, et l'on trouvera du charme à votre accent étranger. Aux plus ambitieux, nous proposons néanmoins de *prendre le taureau par les cornes*, **ta tyren ved hornene**, et à tous nous proposons les conseils qui suivent.

• Si vous disposez des enregistrements, reprenez des phrases courtes ou celles que vous connaissez particulièrement bien parmi les leçons passées. Écoutez et relisez à voix haute, en vous

Quatre-vingt-onzième leçon / 91

concentrant tout particulièrement sur la musicalité de la phrase. Faites de même avec des mots isolés (de préférence les mots marqués d'un accent), puis revenez à la phrase. Ce va-et-vient doit pouvoir vous permettre d'y voir, ou plutôt d'y entendre plus clair. Peut-être même, au bout d'un certain temps de ce "travail", réussirez-vous à déceler çà et là quelques divergences entre l'intonation notée dans les leçons et celle pratiquée par l'une des deux locutrices. C'est que nous avons tenu, en respectant le parler spontané de chacun, à vous placer dans une situation aussi réelle que possible. Lorsque vous serez capable de repérer ces différences, vous ne pourrez que vous féliciter ! Si par ailleurs vous avez la chance de pouvoir exploiter une oreille norvégienne dans votre entourage, profitez-en pour vous faire corriger. Nous ne vous promettons pas de merveilles : seul un séjour très long en Norvège pourrait vraiment norvégiser votre intonation. Mais il est du moins possible, quelles que soient les circonstances de votre apprentissage, d'éviter les pièges principaux, et de chanter la bonne mélodie sur les phrases les plus simples, les plus répétitives, de la vie quotidienne.

• Rappelons qu'il faut distinguer entre l'intonation à l'intérieur du mot, qu'on peut appeler accent tonique, ou ton (ton simple signalé en gras, ton double signalé par une voyelle en gras et une en italique), et la mélodie générale de la phrase. Celle-ci est sujette à des variations régionales, beaucoup plus fréquentes que pour les tons. Elle peut aussi différer entre deux phrases littéralement identiques, selon le sentiment qu'on souhaite exprimer. Mais surtout, elle influe sur le ton des mots de plus d'une syllabe : celui-ci n'est en effet nettement perceptible que lorsque le mot est mis en valeur à l'intérieur de la phrase, c'est-à-dire lorsqu'il porte "l'accent de groupe", marqué dans nos textes par le signe `. Ne vous étonnez donc pas de ne pas forcément bien reconnaître la mélodie d'un mot d'une phrase à l'autre. C'est aussi pourquoi il est utile que vous vous exerciez sur des mots isolés, afin que cette prononciation "dans l'absolu" marque le mieux possible votre mémoire auditive.

• Enfin, un dernier conseil : ne comptez pas exclusivement sur votre oreille. Plus d'un apprenti norvégophone s'y est usé les nerfs et les tympans. La tentation est grande de considérer l'intonation norvégienne comme un phénomène insaisissable, et de s'en remettre, pour acquérir ses secrets, au seul temps qui passe. Or, si la mélodie de la phrase est très fluctuante, il est possible, sinon de cerner, du moins d'approcher d'un peu plus près la répartition des deux tons, au moyen de quelques règles statistiques. Pour quiconque n'a pas acquis les tons du norvégien depuis l'enfance, la volonté de mémorisation et un certain "savoir-faire" réfléchi ont donc eux aussi leur rôle à jouer, que l'imprégnation passive viendra compléter. Les caractères gras et italiques (dont vous n'avez probablement pas sondé toute l'utilité jusqu'à présent) sont là pour vous y aider depuis nos toutes premières leçons. Mais le moment est peut-être venu pour vous (nous vous laissons le loisir d'en juger par vous-même), de vous pencher sur les quelques lois dont nous pouvons disposer. Vous les trouverez dans l'appendice à la fin du livre. Nous vous y donnons rendez-vous.

4 Quelques adverbes et expressions adverbiales

Passons d'un type de modulation à un autre, avec les adverbes et expressions adverbiales destinés à nuancer l'intensité du propos, ou à exprimer un lien logique. Voici les derniers rencontrés :
meget, **mye/svært/veldig**, *très/beaucoup*, appartient à un niveau de langage un peu guindé, ou volontairement emphatique comme : **Det vet du meget godt**, *Tu le sais très/parfaitement bien*.
aldeles, *tout à fait*
rett og slett, *purement et simplement*
temmelig = nokså, *assez/plutôt/pas mal*
slett ikke = ikke i det hele tatt, *pas du tout*
knapt et neppe, *à peine* (cf. 82e leçon, note 7)
nok, *sans doute*
særlig, *particulièrement*
ikke noe videre/ikke noe særlig, *pas spécialement*
for så vidt, *dans cette mesure*
tydeligvis, *de toute évidence*
likesom, *pour ainsi dire*
altså, *donc, par conséquent*
tvert imot, *au contraire*
først og fremst, *en premier lieu*
for det ene... for det andre, *d'une part... d'autre part/premièrement... deuxièmement*.

5 Inventaire des expressions de temps

Voici *un petit bout de temps*, **en stund**, que nous les avons laissé s'accumuler. Nous avons presque fait le tour de la question, et puisque nous parviendrons *dans peu de temps*, **om ikke så lenge**, et même *très bientôt*, **snarest** (superlatif de **snar/snart**, *rapide, rapidement, bientôt*) au bout de notre parcours commun, nous pouvons nous permettre de compléter la liste !

Notez que **en stund** est un mot très vague indiquant une *certaine durée/un petit moment* (tandis que **et øyeblikk** est par définition *un instant très court*).
Pour la durée encore :
på kort tid/på tre dager, *en peu de temps/en trois jours*
i en fei, *en un clin d'œil/en un tour de main*.
Pour situer un point dans le temps :
i fortiden/i fremtiden, *dans le passé/le futur*
til slutt, *finalement/à la fin*, et son contraire **i begynnelsen**, *au début*
på den tiden, *à l'époque/dans le temps*
den gangen, *à ce moment-là* (dans le passé)/*à cette époque*
fra den dagen, *à partir de ce jour/du jour où*
heretter, *désormais/dorénavant*
i fjor, *l'année dernière*
i formiddag, *ce matin*, et son pendant **i ettermiddag**, *cet après-midi*, expression à la valeur assez floue, puisque dépendant de l'heure choisie pour le repas (traditionnellement vers cinq heures, mais parfois plus tôt). **Med det samme** a plusieurs sens : suivi d'une proposition subordonnée, il signifie *dès que*, exprime la simultanéité dans des phrases comme : **Med det samme vi kjører dit, kan vi godt besøke ham**, *Tant qu'à y aller, on peut bien lui rendre visite*. Isolé comme expression adverbiale, **med det samme** peut se traduire par *sur le coup/sur le moment/tout de suite*, devenant parfois synonyme de **straks**, *tout de suite/immédiatement*. Précisons aussi que si l'on dit **til jul**, *à Noël*, la préposition change dans **i påsken**, *à Pâques* et **i pinsen**, *à la Pentecôte*.

Enfin, tirons au clair la traduction des expressions françaises contenant *depuis, il y a... (que), cela fait... que*. Aucun mot nouveau n'entre ici en jeu, mais employer la bonne tournure au bon endroit demande quelques précautions. Les exemples valent ici mieux

que des règles. Soyez attentif en particulier à l'emploi des temps : prétérit (le plus souvent) si l'action/l'état exprimé/e par le verbe est ponctuel/le, passé composé obligatoire s'il s'étend sur une durée :
– **Jan kom hit for tre år siden**, *Jan est arrivé il y a trois ans. / Il y a trois ans qu'il est arrivé.* Il s'agit d'un point précis dans le passé : la date de l'arrivée de Jan.
– **Jan har vært her i tre år**, *Il y a trois ans que Jan est ici. / Cela fait trois ans qu'il est ici. / Il est ici depuis trois ans.* Il s'agit d'une durée dont le point de départ est défini : la période qui s'est écoulée depuis l'arrivée de Jan.
– **Siden han kom har du bare latet deg**, *Depuis qu'il est arrivé, tu n'as fait que paresser.* (durée)
– **Jan har vært syk siden påske**, *Jan est malade depuis Pâques.* (durée)
– **Vi har nå øvd en stund/lenge**, *il y a un certain temps/longtemps que nous nous exerçons. / Cela fait un certain temps que nous nous exerçons.* (durée)

Nittiandre (toognittiende) leksjon

Sterke sinnsbevegelser

1 – (TV:) – Ikke prøv å `stikke av [1], din `elendige `kjøter! Vi har en `høne å plukke!

2 – Bæ-bu, bæ-bu!

3 – Peder, kan du ikke `leke med `brannbilen din et `annet sted?

4 – Men `Alf, er det virkelig så `farlig om du går `glipp av et eller to `skjellsord?

5 Uansett er det `altfor mye `vold i disse `fantasiløse `seriene du `svermer for!

6 Det `foregår ikke annet enn `knyttneveslag [2] og `fyllekalas [3] – `våpen og `blod: for en `vidunderlig verden!

7 – Nå er du i `gang `igjen med `moralprekenen din!

– **Vi har ikke truffet Jan på lenge = Det er lenge siden vi har truffet (vi traff) Jan,** *Il y a longtemps que nous n'avons pas rencontré Jan. / Cela fait longtemps que nous ne l'avons pas rencontré.* Remarquez que dans la seconde phrase norvégienne, la négation serait absurde : tandis que la première définit, comme en français, la longueur de la période qui s'est écoulée depuis la dernière entrevue (et donc le temps où l'on n'a pas vu Jan), la seconde, avec **siden**, met le doigt sur le point précis de la dernière rencontre (c'est-à-dire, effectivement, le moment où on l'a vu) !

À l'issue de cette 91ᵉ leçon, l'avant-dernière révision de votre parcours, nous pouvons affirmer : **Tiden flyr, men arbeider for oss,** Le temps passe trop vite *("vole")*, mais travaille pour nous/joue en notre faveur.

Deuxième vague : 42ᵉ leçon

Quatre-vingt-douzième leçon

Sensations fortes

1 – (TV:) – N'essaie pas de filer, [espèce de] salopard *(ton lamentable chien bâtard)*! On a un compte à régler *(une poule à plumer)* !

2 – Pin-pon, pin-pon !

3 – Peder, tu ne pourrais pas jouer avec ta voiture de pompiers ailleurs ?

4 – Voyons *(Mais)*, Alf, c'est vraiment si grave si tu loupes une ou deux injures ?

5 De toute façon, il y a trop de violence dans ces séries nulles *(sans imagination)* que tu adores !

6 Il ne s'y *(se)* passe rien d'autre que des coups de poing et de la soûlographie – des armes et du sang : quel monde merveilleux !

7 – C'est reparti pour un sermon *(Maintenant tu es à nouveau en marche pour le sermon)* !

92 / Nittiandre (toognittiende) leksjon

8 `Så kr**e**sen **⁴** er du vel **i**kke når det `dr**ei**er seg om **⁵** `**ø**mme **⁶** `t**å**peligheter **⁷**... `T**u**rtelduer som `k**y**sser `h**e**tt med `s**ø**tladen `fiolinmus**i**kk i `b**a**kgrunnen, `det har du **i**kke n**o**e im**o**t!

9 – Fy! Det var `st**y**gt sagt! Jeg har et `posit**i**vt syn på l**i**vet,

10 og **i**kke `n**o**e til `**o**vers **⁸** for `r**å**skap og `**ø**deleggelse, og `d**e**rmed `b**a**sta **⁹**!

11 Dess**u**ten kan g**u**tten b**a**re bli `d**å**rlig `p**å**virket **¹⁰** av sånt... Vi må `besk**y**tte b**a**rna mot `d**e**nslags.

12 – Skal jeg `ta deg på `**o**rdet, så går vi en `kv**e**ldst**u**r i `m**å**neskinn ned til `b**e**nsinstasjonen?

13 Og `fl**ø**teprinsen skal `nat**u**rligv**i**s `tr**i**lle **¹¹** barnevognen.

14 `Det er vel n**o**e det er `gl**a**ns **o**ver!

15 – Vold(en) – en d**u**e – måneskinnet – råskapen – ødeleggelsen – glansen.

 5 ... v**o**l ... 9 ... pouss**i**tivt ... 13 ... barnëvon-gn-ën

 Notes

1 å stikke av, *ficher le camp/filer*, etc.

2 neve(n), *le poing*, est ici complété par le verbe å knytte, *attacher* etc., qui évoque ici le poing fermé.

3 Dans **fyllekalas**, *beuverie/ivrognerie* etc., on retrouve la racine **full**, *plein* / **å fylle**, *remplir*, venue en ligne droite de **å drikke seg full**, *se soûler*, et le nom **kalas**, *festin*. Å holde kalas, *festoyer*.

4 **kresen**, *difficile/exigeant*, s'applique toujours à une personne.

5 **Det dreier seg om...**, *Ça tourne autour de... / Il s'agit de...*, est bâti sur **å dreie**, *tourner/faire tourner un objet*. **Vinden dreier**, *Le vent tourne*.

6 L'adjectif **øm** a pour premier sens *endolori/sensible* : **Jeg kjenner meg øm over hele kroppen**, *J'ai mal partout. / Je suis tout courbatu*. Appliqué à des sentiments, **øm** évoque la tendresse, l'affection : **et ømt blikk**, *un regard tendre* ; **ømhet**, *tendresse*.

Quatre-vingt-douzième leçon / 92

8 Tu n'es pas aussi difficile lorsqu'il s'agit *(ça tourne autour)* de niaiseries sentimentales *(tendres)*... Les tourtereaux *(tourterelles)* qui s'embrassent à bouche-que-veux-tu *(chaudement)* sur fond de violons langoureux *(musique mièvre de violon)*, ça, tu n'as rien contre !

9 – Là, tu es méchant *(Ouh ! C'était dit méchamment)* ! J'ai une vision positive de la vie,

10 et je n'aime pas la grossièreté ni *(et)* la destruction, un point c'est tout !

11 En plus, ça ne peut avoir qu'une mauvaise influence *(ça ne peut qu'agir mal)* sur le gamin... Il faut protéger les enfants contre ce genre de choses.

12 – Si je te prenais au mot *(Vais-je te prendre au mot)* et qu'on allait faire *(alors on va faire)* une promenade nocturne au clair de lune jusqu'à la station-service ?

13 Et bien entendu, le prince charmant *(le prince à la crème)* poussera la poussette.

14 C'est une idée brillante, non ? *(C'est bien quelque chose avec de l'éclat dessus !)*

15 – La violence – un pigeon – le clair de lune – la grossièreté – la destruction – l'éclat/le brio.

---

7 Dans **tåpelighet**, *niaiserie*, se trouve l'adjectif **tåpelig**, *niais*.

8 **til overs** contient l'idée du trop-plein, du surplus : **Jeg føler meg til overs**, *Je me sens de trop* ; **De har penger til overs**, *Ils ont de l'argent de côté*. L'expression **Jeg har ikke noe til overs for ham/for det**, *Je ne déborde pas de sympathie pour lui. / Je ne raffole pas de ça*, joue donc sur la litote.

9 **Og dermed basta**, *Un point c'est tout* ("et ça suffit comme ça"). Appréciez la rareté de cette importation d'origine italienne.

10 **å påvirke noen**, *avoir de l'influence sur quelqu'un*. Un emploi particulier : **Han var lett påvirket**, *Il était sous l'influence (de l'alcool)/éméché*.

11 Le verbe **å trille**, *pousser quelque chose qui roule*, vous est déjà connu dans **trillebåret**, *brouette*. On ne recourt à **å skyve** que si l'objet en question est vraiment lourd.

Øvelse 1 – Oversett

1 I går var det et vidunderlig vær. **2** De stakk av med det samme de hørte stemmen hans. **3** Jeg fikk et knytteneveslag i ansiktet. **4** Fy! For noen fæle skjellsord du bruker! **5** Unnskyld, er det langt til den neste bensinstasjonen? **6** Nils og Else er som to turtelduer. **7** Det er ditt eget ansvar, og dermed basta! **8** Barna får ikke lov å se filmer med vold. **9** Jeg skulle sagt ifra – Det er ikke så farlig. **10** Hadde du levd under krigen, så ville du ikke vært så kresen. **11** Jeg har en høne å plukke med ham. **12** De lever under elendige forhold. **13** Han strøk med glans til artium. **14** Ull beskytter mot kulde.

***

Øvelse 2 – Fyll ut med de riktige ordene

1 On s'est sentis de trop au milieu *(mélangés)* de ces gens distingués, et on a filé à la première occasion.
Vi følte oss ... . blant disse .... folkene, og vi .... ved første ....

2 Une foule de gens curieux suivaient le camion de pompiers et voulaient savoir ce qui se passait.
En ...... nysgjerrige mennesker ...... etter .... og ville vite hva ... .

3 Il est défendu de se promener avec des armes.
Det er .... å gå ..... med ......

Nittitredje (treognittiende) leksjon

Lyrikk

1 – "Stien til `seteren ¹ `snor seg `oppover den `bratte fjellskråningen.

2 Verden kan godt synke* i `grus ², bekymringene blir `tatt av vinden!

Corrigé de l'exercice 1

❶ Hier, le temps était merveilleux. ❷ Il a fichu le camp dès qu'il a entendu sa voix. ❸ J'ai reçu un coup de poing dans la figure. ❹ Ouh ! Quels affreux jurons *(tu utilises)* ! ❺ Excusez-moi, la prochaine station-service est-elle loin ? ❻ Nils et Else filent le parfait amour *(sont comme deux tourterelles)*. ❼ C'est ta propre responsabilité, un point, c'est tout ! ❽ Les enfants n'ont pas le droit de regarder des films violents. ❾ J'aurais dû prévenir. – Ce n'est pas grave. ❿ Si tu avais vécu pendant la guerre, tu n'aurais pas été aussi difficile. ⓫ J'ai un compte à régler avec lui. ⓬ Ils/Elles vivent dans des conditions lamentables. ⓭ Il a été collé au bac avec fracas *(éclat)*. ⓮ La laine protège du froid.

***

❹ **On soupçonne** *(Il y a un soupçon)* **qu'il était sous l'influence de l'alcool quand l'accident s'est produit.**
Det er en .... om at han var .... da ....
....

Corrigé de l'exercice 2

❶ – til overs – fornemme – stakk av – anledning ❷ – mengde – fulgte – brannbilen – som foregikk ❸ – forbudt – rundt – våpen ❹ – mistanke – påvirket – ulykken skjedde

Deuxième vague : 43ᵉ leçon

Quatre-vingt-treizième leçon

Poésie

1 – "Le sentier vers la bergerie grimpe en serpentant *(se tortille vers le haut)* le flanc abrupt de la montagne.

2 Le monde peut bien s'écrouler, les soucis sont emportés par le vent !

93 / Nittitredje (treognittiende) leksjon

3 Jeg ˋlytter til mitt hjertes ˋjevne banking, og ˋsteinene som ˋruller under ˋstøvlene...
4 og ˋplystrer en vise til ˋære for ˋskyene ³.
5 I det fjerne ˋkimer ⁴ usynlige ˋklokker, ˋgeiter går og ˋbeiter og ˋnikker ⁵ uavlatelig.
6 På ˋhalvveien venter fossen, ˋdrønner som torden,
7 som om den ville ˋstyrte ˋnådeløst ned på ˋhusklyngen som knapt ˋskjelnes nede i ˋdalen: ˋdet er ˋdens måte å ˋvære på.
8 Men når du går ˋover broen bak ˋvannsløret, vinker ˋregnbuen til deg, og du blir ˋsprøytet ⁶ av ˋlivet selv..."
9 Disse skribleriene mine er ˋgammeldagse, ˋuoriginale, ˋsøtladne og ˋsvulstige, ˋdet er jeg klar over!
10 Men ˋheldigvis blir de ˋneppe utgitt: jeg vil ikke ˋdumme meg ut.
11 – Nei ˋhør nå her, din ˋfjompenisse! Forlagene ville ˋslåss om tekstene dine, det er jeg villig til å ˋsverge på!
12 – Tror du det?
13 – En sti – en støvel – en sky – en foss – en husklynge – tordenen – et forlag. ☐

🗨 Prononciation

1 ... snour ... *3* ... st**eu**vlënë *6* ... tourdën *8* ... brouën ... re**ï**nbuën ... *11* ... fi**ou**mpënissë ...

📕 Notes

1 On appelle **seter(en)** une ferme de haute montagne utilisée pendant la période d'été où l'on mène les troupeaux dans les alpages.

2 Le verbe **å synke**, *baisser/descendre/couler/s'écrouler*, qui a pour prétérit **sank** et pour participe passé **sunket**, est le contraire de **å stige**, *monter/augmenter*. **Skipet er sunket**, *Le bateau a coulé*. **Temperaturen synker**, *La température*

Quatre-vingt-treizième leçon / 93

3 J'entends le battement *(les coups)* régulier de mon cœur et les cailloux qui roulent sous mes bottes...
4 et je siffle une chanson en l'honneur des nuages.
5 Au loin sonnent des cloches invisibles, des chèvres paissent *(vont et broutent)*, dodelinent du chef indéfiniment *(font "oui" de la tête sans cesse)*.
6 À mi-chemin [m']attend la cascade, [elle] gronde comme le tonnerre,
7 comme si elle voulait s'écraser impitoyablement sur le hameau qu'on distingue à peine, en bas, dans la vallée : c'est sa façon d'être.
8 Mais quand tu passes *(sur)* le pont derrière le voile d'eau, l'arc-en-ciel te fait signe, et tu es éclaboussé par la vie même..."
9 *(Ces)* mes gribouillages sont vieux jeu, sans originalité, mièvres et pompeux, j'en suis conscient *(clair)* !
10 Mais heureusement, ils ne seront sans doute pas *(guère)* publiés : je ne veux pas me ridiculiser.
11 – Non mais, écoute un peu *(maintenant ici)*, [espèce de] *(ton)* nigaud ! Les éditeurs se battraient pour tes textes, j'en mettrais ma main à couper *(je suis volontaire pour le jurer)* !
12 – Tu crois ?
13 – Un sentier – une botte – un nuage – une cascade – un hameau – le tonnerre – une maison d'édition.

baisse. **Vi synker ned i snøen**, *On s'enfonce dans la neige*. **Grus**, qui signifie *gravier/gravillons*, s'emploie également dans d'autres expressions : **legge i grus**, *détruire quelque chose*, **styrte i grus**, *être réduit à néant*.

3 **skyen**, *le nuage*. Il en dérive un verbe : **Det skyer til/over**, *Ça se couvre*.
4 **å kime**, *sonner/tinter*, s'applique uniquement au son des cloches.
5 **å nikke**, *faire un signe de tête*, en signe d'affirmation ou de reconnaissance. Pour *hocher la tête* en signe de négation, on recourt à **å riste på hodet**.
6 **å sprøyte**, *asperger/arroser/pulvériser/injecter* ; **en sprøyte**, *une piqûre* (au sens médical) ; **myggstikk(et)**, *une piqûre de moustique*.

93 / Nittitredje (treognittiende) leksjon

▶ Øvelse 1 – Oversett

❶ Gutten har skriblet med kulepenn på passet mitt! ❷ Talen hans lød* svulstig. ❸ Vi overnattet på en gammel seter. ❹ Jeg har lånt videokassetten med "Tatt av vinden". ❺ Han hørte på meg og nikket med et søtlatent smil. ❻ Flyet styrtet klokken tre om morgenen. ❼ Den elektriske ledningen har snurret seg rundt stolbenet. ❽ Denne boken er blitt utgitt av et fransk forlag. ❾ Vi skjelnet knapt huset i den tette tåken. ❿ Barna skal synge noe til ære for Kongen. ⓫ Spøkelser er usynlige. ⓬ Kyrne går og beiter på engene. ⓭ Kirkeklokken kimer. ⓮ Man skal ikke beskytte barn for mye. ⓯ Denslags ergrer meg.

*prét. de **å lyde***

***

Øvelse 2 – Fyll ut med de riktige ordene

❶ Maintenant qu'il est parti en vacances au bord de la mer, ses soucis ont disparu.

Nå som han er reist på ..... ute ved kysten, er .... hans ....

❷ Mets des bottes : il a plu et le sol est encore mouillé.

.... deg ....: det har regnet og ...... er ... enda.

❸ Je mettrais ma main à couper qu'il considère ça comme une bonne action.

Jeg er ...... til å .... at han .... det som en god ....

❹ Passez d'abord le pont, tournez à droite, et ensuite allez tout droit jusqu'au port.

Kjør først ... ., ... til ... og ...... frem til ....

❺ Quand il lave le carrelage, il siffle et il est gai comme un pinson *(une alouette)*. Quand il travaille sur son ordinateur, il fait une tête d'enterrement.

Når han ...., ... han og er så .... som ei lerke, men når han arbeider med PCen, setter han ... et surt ......

Corrigé de l'exercice 1

❶ Le gamin a gribouillé au stylo à bille dans mon passeport ! ❷ Son discours était *(sonnait)* pompeux. ❸ Nous avons passé la nuit dans une vieille bergerie. ❹ J'ai emprunté la cassette de *Autant en emporte le vent*. ❺ Il m'écoutait en opinant du chef avec un sourire mielleux. ❻ L'avion s'est écrasé à trois heures du matin. ❼ Le fil électrique s'est entortillé autour du pied de la chaise. ❽ Ce livre a été publié par un éditeur français. ❾ On distinguait à peine la maison dans le brouillard épais. ❿ Les enfants chanteront quelque chose en l'honneur du roi. ⓫ Les fantômes sont invisibles. ⓬ Les vaches broutent dans les prés. ⓭ La cloche de l'église sonne. ⓮ Il ne faut pas trop protéger les enfants. ⓯ Ce genre de choses m'agace.

***

Corrigé de l'exercice 2

❶ – ferie – bekymringene – forsvunnet ❷ Ta på – støvler – bakken – våt – ❸ – villig – sverge på – oppfatter – gjerning ❹ – over broen, sving – høyre – så rett – havnen ❺ – vasker gulvet – plystrer – blid – opp – tryne

Deuxième vague : 44e leçon

Nittifjerde (fireognittiende) leksjon

Fortidens trykk

1 – For et `vakkert `interiør! Jeg er virkelig `forbauset!
2 Du har det som `plommen [1] i `egget! Riktig `storfint...!
3 En `skinnsofa [2] for `ti `sigarrøkere, og en `gyngestol av `mahogni, `tinnlysestaker i `ny design!
4 – `Alt på `avbetaling, `unntatt `aneveggen.
5 – De ser `morske ut, disse `forfedrene [3] dine...
6 – Ja, du skulle bare `vite hvor `slitsomt det er å `omgås [4] dem!
7 Ser du han (= ham) `der med `stiv nakke og `hatt? Han er den `verste av hele `selskapet, `beskylder meg for å være en `ødeland [5].
8 Hver gang jeg lar meg `friste til en liten `ekstrautgift, kommer han med `innvendinger.
9 `Siste gang var det `stereoanlegget: jeg forklarte ham i det `vide og det `brede at `fire høyttalere er et `minimum...
10 ... Men han er `sta som et `esel: jeg måtte `snu ham mot veggen for å få `fred.
11 – Men her har vi en `yndig ung `pike [6] med `krøller og `sløyfe [7]!
12 – Jaja, blid og frisk og grei, ikke `sant? Hun spiller `uskyldig...
13 ... men hun var en `puritansk, `spissborgerlig [8] `hurpe, som `døde av at hun fikk et `fiskeben i halsen fordi `datteren skulle ha `barn med `sønnen til en `fabrikkarbeider fra `Narvik.

Quatre-vingt-quatorzième leçon

Le poids *(La pression)* **du passé**

1 – Quel intérieur splendide ! Je suis franchement épaté !
2 Tu es comme un coq en pâte *(Tu l'as comme le jaune dans l'œuf)* ! [C'est] vraiment le grand style *(de grand style)*... !
3 Un canapé en cuir pour dix fumeurs de cigare, un rocking-chair en acajou, des chandeliers d'étain nouveau design !
4 – Tout à crédit, sauf la galerie d'ancêtres *(le mur des ancêtres)*.
5 – Ils ont l'air grognon *(ces)* tes ancêtres...
6 – Oui, si tu savais *(tu devrais seulement savoir)* comme c'est pénible de les fréquenter !
7 Tu vois celui-là, là-bas, avec l'air guindé *(la nuque raide)* et un chapeau ? C'est le pire de toute la compagnie, [il] m'accuse d'être un panier percé *(pays désert)*.
8 Chaque fois que je me laisse tenter par un petit extra *(une petite dépense extra)*, il trouve quelque chose à redire *(il vient avec des objections)*.
9 La dernière fois, c'était la chaîne stéréo : je lui ai expliqué en long et en large que quatre haut-parleurs, [c']est un minimum...
10 ... Mais il est têtu comme un âne : j'ai dû le tourner contre le mur.
11 – Mais là, il y a *(nous avons)* une gracieuse jeune demoiselle, avec des boucles et un nœud !
12 – Ouais, réjouie, fraîche et aimable, n'est-ce pas ? Elle fait *(joue)* l'innocente...
13 ... mais c'était une mégère puritaine et petite-bourgeoise, qui est morte d'une arête *(d'avoir eu un os)* de poisson dans le gosier, parce que sa fille allait avoir un enfant avec le fils d'un ouvrier *(d'usine)* de Narvik.

firehundreogtrettiåtte • 438

14 Hun ville bli ˋkvalt* for ˋannen gang hvis hun ˋvisste om ˋBeates ˋpolitiske ˋstandpunkter.

15 – Tinn(et) – en lysestake – en hatt – en sløyfe – et standpunkt. ☐

Prononciation
*2 ... pl**ou**mën ... 3 ... ma**H**on-gn-i ...*

Notes

1 **plomme(n)**, *la prune* ; **eggeplomme(n)**, *le jaune de l'œuf. Le blanc d'œuf* se dit simplement **eggehvite(n)**.

2 **skinn(et)** est l'une des deux traductions du mot *cuir*. Le second, **lær(et)** s'applique, par exemple, à des *chaussures*, **lærsko** ; *un sac*, **en lærveske** ; *une ceinture*, **et lærbelte**.

3 **anene** ou **forfedrene**, *les ancêtres* (toujours au pluriel). Le premier mot est d'un usage rare, à l'exception de l'expression **anevegg**, qui désigne le mur du salon où sont accrochés, dans bien des maisons, les portraits des aïeux.

4 **å omgås noen**, *fréquenter quelqu'un*. Ce verbe a aussi donné une formule développée mais équivalente : **å ha omgang med noen**, **omgangen** se traduisant par *la fréquentation*.

***

Øvelse 1 – Oversett

❶ Bilen kommer vi selvfølgelig til å kjøpe på avbetaling. ❷ Hun beskyldte meg for å ha skjøvet pianoet på foten hennes, men det er bare løgn. ❸ Au! Jeg har svelget et fiskeben! ❹ Sangerinnen hilste med en yndig bevegelse og forsvant. ❺ Det har vi allerede forklart dere i det vide og det brede. ❻ Han har spissborgerlige meninger. ❼ Du må regne med noen ekstrautgifter. ❽ Hva slags innvendinger kom han med denne gangen? ❾ Jeg holdt på å bli kvalt da jeg hørte navnet hans. ❿ Slakteren ser morsk ut. ⓫ De to hurpene røk i tottene på hverandre. ⓬ Han snudde ryggen til meg. ⓭ Han kom med motorsykkelhjelm og skinnjakke. ⓮ Generalen snorket uavlatelig. ⓯ Da jeg fikk se den nye sjefen, styrtet planene mine i grus.

Quatre-vingt-quatorzième leçon / 94

14 Elle s'étoufferait *(serait étouffée)* une deuxième fois si elle savait les *(à propos des)* opinions *(points de vue)* politiques de Beate.

15 – L'étain – un chandelier – un chapeau – un nœud *(papillon)* – un point de vue.

5 **ødeland(en)** désigne un gaspilleur. Le mot signifie à l'origine *un pays désert* (attention dans ce cas : **et øde land**). **Et øde landskap**, *un paysage aride/désolé*. Mais *le désert* se dit aujourd'hui **ørkenen**.

6 **pike(n)**, synonyme de **jente**, est un terme fané, comme ces photographies.

7 **sløyfe(n)**, *le nœud/le nœud papillon*.

8 L'adjectif **spissborgerlig**, *petit-bourgeois*, dérive de **spissborger(en)**. Le nom **borger**, peu utilisé, est ambigu : il peut se traduire par *citoyen* (cf. **statsborgerskap(et)**, *nationalité*) mais ne revêt pas le caractère égalitaire que ce mot a en français, puisqu'il se confond aussi avec *bourgeois*. Quant à l'adjectif **borgerlig**, il a souvent une valeur péjorative, mais il peut aussi être neutre : depuis plusieurs décennies, le paysage politique norvégien est partagé entre les partis de centre droite, qui se nomment eux-mêmes **borgerlige partier**, et les *sociaux-démocrates*, **Arbeiderpartiet**.

***

Corrigé de l'exercice 1

❶ La voiture, on l'achètera bien sûr à crédit. **❷** Il m'a accusé de lui avoir poussé le piano sur le pied, mais ce n'est qu'un *(que)* mensonge. **❸** Aïe ! J'ai avalé une arête ! **❹** La chanteuse a salué d'un geste gracieux, et elle a disparu. **❺** Ça, on vous l'a déjà expliqué en long et en large. **❻** Il a des opinions petites-bourgeoises. **❼** Il faut que tu comptes sur quelques dépenses supplémentaires. **❽** Quel genre d'objections a-t-il fait cette fois-ci ? **❾** J'ai failli m'étouffer quand j'ai entendu son nom. **❿** Le boucher a l'air bourru. **⓫** Les deux mégères se sont crêpé le chignon. **⓬** Il m'a tourné le dos. **⓭** Il est venu avec son casque de moto et son blouson de cuir. **⓮** Le général ne cessait de ronfler *(ronflait sans cesse)*. **⓯** Quand je vis le nouveau patron, mes projets s'écroulèrent.

firehundreogførti

Øvelse 2 – Fyll ut med de riktige ordene

❶ On vient d'entendre [dire] au *(par le)* haut parleur que le magasin fermerait dans un quart d'heure.

Vi hørte .... gjennom .... at .... skulle stenge .. et ....

❷ L'œuvre du jeune compositeur a été impitoyablement critiquée dans les milieux *(le cercle)* artistique[s].

Den .... komponistens .... ble .... kritisert i .... kretsen.

***

L'intérêt pour la généalogie est un trait de caractère national. Cet intérêt s'affiche fréquemment sous la forme du fameux "mur des ancêtres", collection de portraits familiaux qui orne le salon. Tout comme le goût de l'histoire locale à l'échelle de la petite ville, de la vallée, voire du hameau, cette attitude est encore l'un des multiples signes de l'attachement des Norvégiens pour leur terroir, sous la forme d'un vécu quasiment individuel.

Nittifemte (femognittiende) leksjon

Sammensurium

1 – Sykepleier: – Kan du være så snill å sitte `stille? Det er ingen `grunn til å være `redd for en `skarve [1] `blodprøve!

2 – Pasient: – Jeg `kan ikke noe `for det: jeg har `arvet min fars `urolige [2] blod.

*****

3 – Undset, Hamsun, Wergeland... Har du `slukt all disse `mursteinene? [3]

4 – Nei, men jeg `forlanger at `barna mine skal.

*****

❸ Avec sa chemise blanche et son nœud papillon noir, il avait l'air encore plus guindé que d'habitude.
Med den hvite .... og den .... sin så han .... ut ....

Corrigé de l'exercice 2
❶ – nettopp – høyttaleren – forretningen – om – kvarter ❷ – unge – verk – nådeløst – kunstner – ❸ – skjorten – svarte sløyfen – enda stivere – enn vanlig

***

Il est sans doute peu de pays au monde où la paix sociale soit aussi proche d'être une réalité banale, sur laquelle il ne peut être question de revenir. C'est le propre d'une société sans laissés-pour-compte, marquée par des décennies de travail politique, juridique et psychologique au service de l'égalité, et où toute agressivité est définitivement considérée comme immorale.

Deuxième vague : 45e leçon

Quatre-vingt-quinzième leçon

Méli-mélo

1 – [L']infirmière : – Ne bougez pas, s'il vous plaît *(Pourriez-vous être assez gentil pour rester assis tranquille ?)* ! Il n'y a aucune raison d'avoir peur d'une malheureuse prise de sang !

2 – [Le] patient : – Je n'y peux rien, j'ai hérité de l'anxiété *(du sang agité)* de mon père.

*****

3 – Undset, Hamsun, Wergeland… Tu as avalé tous ces pavés *(briques)* ?

4 – Non, mais j'exige que mes enfants le fassent.

*****

95 / Nittifemte (femognittiende) leksjon

5 `Skolestil med `emne `"morgenstemning":

6 Hanen galer: "kykeliky!" Fuglene kvitrer: "pip-pip!" Hunden bjeffer: "vov-vov!" Katten mjauer: `"mjau-mjau!" Pappa banner [4], kjefter [5] og smeller*: "...! ...! ...!".

*****

7 – Jeg `angrer på at jeg `ikke kjøpte `bruktbil.

8 – Du trenger bare å `låne den `nye til `sønnen din noen `dager, og i `mellomtiden tar du `drosje.

*****

9 – Skal det være på `den måten, `går jeg min vei, og du kommer ikke til å `se meg igjen med det `første.

10 – `Hei så lenge. `Svinesteken [6] blir `ferdig om en `time.

*****

11 – `Generaldirektøren `avslo `forslaget mitt: det blir ikke noe `av `salgsnettet [7] i `Indre `Vrangdal.

12 – Du grep saken `galt an: du skulle ikke `sagt med `en gang at du ville ha `datteren hans som `hovedmedarbeider.

*****

13 – En drosje – et nett. □

 Prononciation

2 ... uroulië ... 5 skoulëstil ... 7 ... Çeuptë ... 11 ... avslou ... 12 ... Houvëdmédarbeïdër

Notes

1 **skarve**, *malheureux/minable/dérisoire*. **Noen skarve kroner**, *quelques sous*.

2 **urolig** signifie non seulement *agité* au sens propre, mais aussi *angoissé/énervé*. D'où **å berolige**, *calmer/tranquilliser*.

Quatre-vingt-quinzième leçon / 95

5 Rédaction scolaire sur le sujet "ambiance matinale":
6 Le coq chante : "cocorico !" Les oiseaux gazouillent : "cui-cui !" Le chien aboie : "ouah-ouah !" Le chat miaule : "miaou-miaou !" Papa jure et peste *(gueule et claque)* : "... ! ... ! ... !".

*****

7 – Je regrette de ne pas avoir acheté une voiture d'occasion *(voiture utilisée)*.
8 – Tu n'as qu'à prêter la neuve à ton fils quelques jours, et entre-temps tu prends le taxi.

*****

9 – Si c'est comme ça, je m'en vais *(je vais mon chemin)*, et tu ne me verras pas de sitôt *(à la première)*.
10 – À tout à l'heure *(Salut si longtemps)*. Le rôti de porc sera prêt dans une heure.

*****

11 – Le PDG a refusé ma proposition : il n'y aura pas de *(il n'adviendra rien du)* réseau de vente dans le Indre Vrangdal *(vallée intérieure du Vrang)*.
12 – Tu t'y es mal pris *(Tu as mal saisi la chose)* : tu n'aurais pas dû lui dire tout de suite que tu voulais avoir sa fille comme collaboratrice principale.

*****

13 – Un taxi – un filet.

---

3 Sigrid Undset (1882-1949), prix Nobel 1928, Knut Hamsun (1859-1952), prix Nobel 1920, Henrik Wergeland (1808-1845) sont trois grands noms de la littérature norvégienne.

4 **å banne**, *jurer/lancer des jurons/dire des gros mots* – à ne pas confondre avec **å sverge**.

5 **å kjefte på noen** (= **å skjelle ut noen**) vient du nom **kjeft(en)**, *la gueule* d'un animal. Appliqués à des humains, le nom comme le verbe appar-tiennent au vocabulaire familier, mais avec un degré de violence moins marqué que dans le français *gueule* ou *gueuler* : **Hold kjeft!** – variante de **Hold munn!**, *Ferme ton clapet !* – est à éviter, sauf en cas de colère... mais il est bon de le

firehundreogførtifire • 444

95 / Nittifemte (femognittiende) leksjon

comprendre. **Å smelle (smalt, smelt)** traduit un bruit violent : **Døren smalt**, *La porte a claqué* ; **Et skudd smalt**, *Un coup de feu a éclaté*. Les deux verbes s'allient dans l'expression **å kjefte og smelle**, *pester/tempêter/vitupérer*.

6 Dans **svinestek(en)** se trouve le nom **svin(et)**, qui désigne *le porc* une fois présenté sur la table. Ce peut aussi être une injure très violente à connotation sexuelle, qui n'a rien à voir avec le très anodin **gris**.

***

 Øvelse 1 – Oversett

❶ Hun er sykepleier på Ullevål Sentralsykehus. ❷ Det er ikke noe å angre på. ❸ Han har forfattet en murstein om kjærlighet og vold i de islandske sagaene. ❹ Solen skinner og fuglene kvitrer. ❺ Kan du ta svinesteken ut av ovnen? ❻ Han ga dem vann på mølla. ❼ Nå må jeg på posten. Hei så lenge! ❽ Alle medarbeiderne skulle møtes dagen etter. ❾ Pasienten blir gradvis utålmodig. ❿ Jeg har lånt tinnfatet av min kusine. ⓫ Forslaget kommer til å bli avslått, er jeg redd. ⓬ Har du skylt gaflene? ⓭ Hva kan jeg gjøre med de skarve hundre kronene? ⓮ Kundene forlanger at det skal finnes melk på bensinstasjonen.

***

Øvelse 2 – Fyll ut med de riktige ordene

❶ Quand il s'agit de convaincre tes parents, tu t'y prends toujours mal.
Når det .... å .... dine, ... du saken alltid .... an.

❷ Il change de sujet quand on lui demande [de parler] de son métier.
Han .... når han blir ..... om ..... sitt.

❸ Entre-temps, il avait eu une attaque et était mort.
I .... hadde han .... og var ....

❹ Elle a pesté pendant une heure après avoir trébuché sur tes chaussures de sport.
Hun .... og ..... i en time etter at hun hadde .... i sports ...... dine.

Quatre-vingt-quinzième leçon / 95

7 **nettet**, *le filet* et par extension, *le réseau*. *Un filet de pêche* se dit **et garn**. On utilise couramment **nettet**, *Internet*, *la toile*, *le net*, pour **Internett**, nom propre à l'orthographe norvégisée. **Jeg fant navnet hans på nettet/på Internett**, *J'ai trouvé son nom sur Internet*.

***

Corrigé de l'exercice 1
❶ Elle est infirmière à l'hôpital central d'Ullevål. ❷ Il n'y a rien à regretter. ❸ Il a rédigé un pavé sur l'amour et la violence dans les sagas islandaises. ❹ Le soleil brille et les oiseaux gazouillent. ❺ Peux-tu sortir le rôti de porc du four ? ❻ Il a versé de l'eau à leur moulin. ❼ Maintenant, il faut que j'aille à la poste. À tout à l'heure ! ❽ Tous les collaborateurs devaient se réunir le lendemain. ❾ Le patient s'impatiente progressivement. ❿ J'ai prêté le plat en étain à ma cousine. ⓫ Je crains que la proposition ne soit refusée. ⓬ As-tu rincé les fourchettes ? ⓭ Qu'est-ce que je peux faire avec ces malheureuses cent couronnes ? ⓮ Les clients exigent qu'il y ait du lait à la station-service.

***

❺ Une occasion comme ça ne se représentera pas *(on n'en aura pas)* de sitôt.
   En .... kommer vi ikke til å få ... ...

Corrigé de l'exercice 2
❶ – gjelder – overbevise foreldrene – griper – galt – ❷ – skifter emne – spurt – yrket – ❸ – mellomtiden – fått slag – død ❹ – kjeftet – smalt – snublet – skoene – ❺ – slik anledning – med det første

Deuxième vague : 46ᵉ leçon

Nittisjette (seksognittiende) leksjon

Fra en fiskers dagbok (I)

1 I dag var jeg ˈvitne til en ˈunderlig ˈscene mens jeg ˈsatt på ˈflytebryggen og ˈfisket.
2 ˈForresten var det ikke ˈnapp å få i ˈhele ˈformiddag:
3 disse ˈmarkene som onkel ˈBjarne, den ˈgamle ˈgjerrigknarken [1], har ˈprakket på meg for ˈfem kroner stykket, byr* ˈfiskene imot [2]... Selv ˈetter at jeg hadde ˈkappet dem opp i ˈsmåbiter.
4 En ˈjente – omtrent ˈatten, kort rødt hår, ˈmelkehvit hud med ˈfregner, riktig ˈsveisen [3] – hadde satt ˈopp ˈmalerutstyret sitt litt ˈlenger bort mellom ˈsvabergene [4].
5 Hun gjorde seg ˈflid med [5] å forevige [6] den ˈspeilblanke ˈsjøen, ˈmåkene, ˈmastene og kanskje til og med ˈfiskerne.
6 Jeg ˈskjelte [7] til henne av og til... Jeg har ikke ˈgreie på sånt, og ˈuansett kunne jeg ikke ˈse så langt, men ˈverket var ˈutvilsomt [8] ˈveldig godt.
7 Da kom en med ˈsolbriller, ˈblomstret ˈshorts og ˈspenstige ˈskritt og skulle ˈsjekke henne.
8 Han begynte med ˈekspertminer: litt mer ˈblått på ˈdenne siden, osv, osv...
9 "Din ˈtosk!" [9] ˈtenkte jeg, "du skulle ˈprøve å male ˈselv"...
10 Hun kunne vel ˈbedt ham ˈryke og ˈreise, og jeg ville gjerne ˈgjøvet* [10] løs på ham,

Quatre-vingt-seizième leçon

Extrait du journal d'un pêcheur (I)

1 Aujourd'hui, j'ai été témoin d'une drôle de scène, alors que j'étais assis sur le ponton, à pêcher *(et pêchais)*.
2 D'ailleurs, je n'ai pas eu une seule touche *(il n'y a pas eu une touche à avoir)* de la matinée :
3 ces vers qu'oncle Bjarne, le vieux grigou, m'a refilés à cinq couronnes *(la)* pièce dégoûtent les poissons... Même après que je les ai découpés en petits morceaux.
4 Une fille – environ dix-huit ans, cheveux roux courts, nez retroussé, teint de lait *(peau blanche comme le lait)* avec des taches de rousseur, beaucoup de chien – avait installé son matériel de peinture un peu plus loin dans les rochers.
5 Elle s'appliquait à immortaliser la mer d'huile *(lisse comme un miroir)*, les mouettes, les mâts et peut-être même les pêcheurs.
6 Je louchais vers elle de temps en temps... Je ne connais rien à ce genre de choses, et de toutes façons, je ne pouvais pas voir [de] si loin, mais son travail *(l'œuvre)* était sans aucun doute très bon.
7 [Voilà qu'] *(Alors)* est arrivé un [de ces spécimens] à *(avec)* lunettes de soleil, short à fleurs *(fleuri)* et [au] pas élastique *(souple)*, [pour] *(et devait)* lui faire du plat *(la vérifier)*.
8 Il a commencé par *(avec)* des mines de connaisseur : "un peu de bleu de ce côté", etc., etc.
9 "Espèce d'andouille !" ai-je pensé, "on voudrait t'y voir" *(tu n'as qu'à essayer de peindre toi-même)*...
10 Elle aurait très bien pu le prier de décamper, et [moi], j'aurais voulu lui rentrer dedans *(foncer sur lui)*,

firehundreogførtiåtte • 448

11 men hun og jeg har `like mye `selvbeherskelse.
12 – **Hu**den – en mark – en m**å**ke – en torsk/en tosk. □

Prononciation
4 ... freïner ... 6 ... chéltë ... 8 ... ossôvidërë 9 ... tochk ... 11 ... sèlbéHerskëlsë ...

Notes

1 **gjerrigknarken**, *le grippe-sou/le radin/le grigou* vient de **gjerrig**, *avare*.

2 **å by imot**, *dégoûter/répugner*, est construit sur **å by** (= **bød, bydd**), dont la première traduction est *offrir*, au sens le plus large. Nous l'avons déjà croisé incognito dans **tilbudet**, *l'offre*. On dit : **han bød oss penger for å få oss til å tie**, *il nous a offert de l'argent pour nous faire taire* ; **hvis/ når anledningen byr seg (...)**, *si l'occasion se présente (...)* ; **byen har mye å by på av kinoer og teatre**, *la ville compte de nombreux cinémas et théâtres* ("a beaucoup à offrir en matière de cinémas...") ; **denne saken byr på problemer**, *cette affaire est problématique* ("présente des problèmes"). N'oubliez pas que pour *offrir un cadeau*, on recourt simplement à **å gi**, ou à **å skjenke**, qui veut aussi dire *offrir/verser à boire*.

3 La racine de l'adjectif **sveisen**, *chic/élégant/beau*, se retrouve dans **en flott sveis**, *une belle coiffure* (pour un homme).

***

Øvelse 1 – Oversett

❶ Ryk og reis! ❷ Elevene gjorde seg flid med å gjenta etter læreren. ❸ Hvem har prakket på deg den gammeldagse regnfrakken? ❹ Jeg stod opp med det samme hanen galte. ❺ Han skjelte så fryktelig at man neppe kunne vite hvem han skjelte ut. ❻ Her har vi det som plommen i egget. ❼ Han holder på å male et tjern med grantrær og regnbue. ❽ Vi ville gjerne ha oss frabedt den evige klagingen. ❾ Hun sitter mellom svabergene og drømmer fra morgen til kveld. ❿ Jeg elsker å se på måkene som flyr bak båten. ⓫ Han kom med flott sveis og slips. Vi var alle forbauset. ⓬ Jeg fikk et forferdelig hosteanfall. ⓭ Fiskerne dro det tunge garnet opp av vannet. ⓮ Har du sjekket at døren er låst?

Quatre-vingt-seizième leçon / 96

11 mais elle comme moi, nous savons nous maîtriser
(elle et moi avons autant de sang froid).

12 – La peau – un ver – une mouette – une morue/un imbécile.

4 **svaberg(et)** désigne les rochers polis du bord de mer, **klippe(n)** désignant des formes rocheuses plus agressives, tout comme **skjær(et)**, *écueil*. Notez que **å klippe** et **å skjære** sont deux traductions de *couper*.

5 Dans **å gjøre seg flid med noe**, *s'appliquer à*, vous reconnaissez la racine de **husflid**, *travaux manuels domestiques*.

6 **å forevige**, *immortaliser/représenter*, contient l'adjectif **evig**, *éternel*.

7 Un petit piège de prononciation : **skjelte** *[chéltë]* est ici le prétérit de **å skjele**, *loucher* ; dans une autre phrase, ce pourrait être le prétérit de **å skjelle ut** *[chḛltë]*, la règle d'orthographe des prétérits faibles faisant systématiquement disparaître la double consonne.

8 **utvilsom**, *indéniable/indubitable*, dérive de **å tvile**, *douter* ; la forme adverbiale se traduit par *sans aucun doute/certainement*.

9 À chaque civilisation ses connotations alimentaires : **tosken**, *l'imbécile/ l'andouille*, est une mutation orthographique de **torsken**, *la morue* !

10 **å gyve (gjøv, gjøvet)**, *tourbillonner*. **Støvet gyver**, *la poussière tourbillonne* ; **å gyve løs på noen**, *se précipiter/se jeter sur quelqu'un*.

***

Corrigé de l'exercice 1

❶ Décampe ! ❷ Les élèves s'appliquaient à répéter après le professeur. ❸ Qui t'a refilé cet imperméable démodé ? ❹ Je me suis levé dès que le coq a chanté. ❺ Il louchait si affreusement qu'on pouvait à peine savoir qui il grondait. ❻ Ici, on est comme des coqs en pâte. ❼ Il est en train de peindre un étang avec des sapins et un arc-en-ciel. ❽ Nous nous passerions volontiers de ces éternelles plaintes. ❾ Elle est assise entre les rochers et rêve du matin jusqu'au soir. ❿ J'adore voir les mouettes voler derrière le bateau. ⓫ Il est venu bien coiffé et avec une cravate. On était tous épatés. ⓬ J'ai eu un accès de toux terrible. ⓭ Les pêcheurs tirèrent le lourd filet hors de l'eau. ⓮ As-tu vérifié que la porte était *(est)* fermée à clef ?

firehundreogfemti

Øvelse 2 – Fyll ut med de riktige ordene

① Il est tellement avare qu'il compte tous les jours les précieuses cuillères qu'il a héritées de ses ancêtres.
Han er så .... at han hver dag ...... de verdifulle skjeene som han har ..... etter ....

② Cette fois-ci, il est amoureux d'une Norvégienne avec des taches de rousseur et des boucles blondes.
Denne gangen er han .... i en norsk jente med .... og ....

③ Quand le père vit les jeunes dans le jardin, il se précipita sur eux et secoua le blanc-bec impitoyablement.
Da faren fikk se .... i ....., ... han ... på dem og ...... grønnskollingen ....

④ Elle a été effrayée par un malheureux ver de terre qui se tordait entre ses pieds.
Hun ble ...... av en .... som ...... seg mellom føttene hennes.

Nittisjuende (syvognittiende) leksjon

Fra en fiskers dagbok (II)

1 Den ˋfyren ˋrygget tre ˋskritt tilbake, ˋmyste [1] mot lerretet og ˋskapte seg [2]...
2 Og i ˋsamme ˋøyeblikk ramlet han ˋpladask [3] i ˋvannet.
3 På ˋdet ˋstedet er det ˋgrunt [4]: selv ikke et ˋstrykejern kan ˋdrukne der,
4 det vet jo ˋjeg som ˋkjenner bukten som min ˋegen ˋbukselomme.
5 Altså kunne jeg ikke ˋdy meg for å ˋjuble inni meg! ˋSlik kan det ˋgå når man vil være ˋtøff [5]...

Corrigé de l'exercice 2
❶ – gjerrig – teller – arvet – forfedrene ❷ – forelsket – fregner – lyse krøller ❸ – ungdommene – hagen, gjøv – løs – ristet – nådeløst ❹ – skremt – stakkars mark – snodde –

Deuxième vague : 47ᵉ leçon

Quatre-vingt-dix-septième leçon

Extrait du journal d'un pêcheur (II)

1 Le type a reculé [de] trois pas, il clignait [des yeux en regardant] *(vers)* la toile et faisait des manières...
2 Et tout d'un coup *(au même moment)*, il s'est retrouvé à la baille *(il s'est étalé dans l'eau)*.
3 À cet endroit, l'eau n'est pas profonde *(c'est peu-profond)* : même un fer à repasser ne peut pas s'y noyer,
4 je le sais bien, moi qui connais la baie comme ma poche *(ma propre poche de pantalon)*.
5 Donc, je n'ai pas pu m'empêcher de jubiler intérieurement *(dedans moi)* ! Voilà ce que c'est que de faire le malin *(ça peut se passer comme ça quand on veut être un dur)*...

97 / Nittisjuende (syvognittiende) leksjon

6 Jenta `reagerte `hurtig: hun var så `godhjertet at hun var på `nippet til å `stupe ⁶ uti, men da dukket han `opp igjen.

7 Og ikke `før var `plageånden `kommet opp av `vannet, så `begynte han igjen med å `kjekke seg ⁷,

8 den `ynkelige `fyren som `nettopp hadde `dummet seg ut til de `grader!

9 Det `slo meg `nå at han hadde `bilring ⁸ og `utstående ører.

10 Men hun `fortsatte `uforstyrrelig med `sitt og `svarte mutt.

11 Til `sjuende og sist besluttet jeg å `samle sammen `fiskestangen, `krokene og `fisketasken – `markene kastet jeg `uten å angre – og gikk `forbi henne med et `megetsigende blikk.

12 Det `skjønte hun vel: hun `blunket ⁹ til meg... Han hadde `tapt `spillet,

13 med mindre hun var blitt `blendet av `solen...

14 – En stang, flere stenger. □

Prononciation
3 ... dr**ou**knë ... **4** ... boukt**ë**n ... **13** ... bl**è**nët ...

Notes

1 å myse, *cligner des yeux*, lorsqu'on est ébloui ou qu'on cherche à concentrer son regard sur quelque chose.

2 Nous connaissons déjà **å skape** dans le sens de *créer*. Utilisée sans complément d'objet, la forme pronominale du verbe, **å skape seg**, équivaut à *faire des manières*.

3 L'adverbe **pladask**, dont la consonance est celle d'une onomatopée, **plask!**, *plouf!*, ne peut s'adjoindre qu'à un verbe comme **å falle**, *tomber*, ou **å ramle**, *dégringoler*, pour le souligner. **Han gled på et bananskall og ramlet pladask midt på gata**, *Il a glissé sur une peau de banane*

Quatre-vingt-dix-septième leçon / 97

6 La fille a réagi rapidement : elle a eu assez bon cœur pour s'apprêter à *(être sur le point de)* plonger *(dehors-dedans)*, mais à ce moment, il est réapparu *(a émergé de nouveau)*.

7 Et l'enquiquineur n'était pas plutôt sorti de l'eau *(pas sorti de l'eau avant)*, [qu']il a recommencé à se faire valoir,

8 ce pauvre type qui venait de se ridiculiser de cette façon *(à ces degrés)* !

9 Cela me frappait à présent [:] *(qu')*il avait une brioche *(un pneu de voiture)* et des oreilles décollées *(proéminentes)*.

10 Mais elle poursuivait imperturbablement *(avec)* son travail *(ses affaires)* et répondait [d'un air] boudeur.

11 Finalement *(En septième et dernier)*, j'ai décidé de rassembler [ma] canne à pêche, mes hameçons *(crochets)* et ma musette – les vers, je les ai jetés sans un regret – et je suis passé devant elle avec un regard complice *(qui en disait long)*.

12 Elle a sûrement compris : elle m'a fait un clin d'œil... Il avait perdu la partie *(le jeu)* ;

13 à moins [qu']elle [n']ait été éblouie par le soleil...

14 – Une barre, des barres.

---

et s'est étalé au milieu de la rue. Au sens figuré, il signifie le *coup de foudre* : Han falt pladask for henne, *Il a eu le coup de foudre pour elle*.

4 Nous avons rencontré le nom **en grunn** dans le sens de *une raison* ou dans l'expression **i grunnen**, *au fond*, proche du sens concret de ce nom : *le terrain*. **Grunn**, adjectif, est le contraire de **dyp**, *profond*. Il peut aussi s'utiliser au sens figuré : Hans kunnskaper på det området er temmelig grunne, *Ses connaissances dans ce domaine sont plutôt superficielles*.

5 **tøff** est une norvégisation de l'anglais ***tough***. Cet adjectif s'applique à une personne qui joue les durs.

6 **å stupe**, *plonger* en sautant la tête la première, est à distinguer de **å dukke**, qui donne simplement l'idée d'enfoncer la tête dans l'eau (ou de l'en sortir si l'on y ajoute l'adverbe **opp** – **dukke opp** au sens figuré signifie simplement *paraître*). Admirez la créativité et la précision de l'adverbe **uti**, qui donne à la fois l'idée de s'éloigner vers un point extérieur (**ut**), et celle de rentrer dans un volume (**i**), en l'occurrence dans l'eau.

97 / Nittisjuende (syvognittiende) leksjon

7 å kjekke seg, å briske seg, *se faire valoir/se faire mousser*. Souvenez-vous aussi de **å skryte**, *se vanter*. L'existence de synonymes est sans doute révélatrice du blâme collectif qui pèse sur le manque de simplicité.

***

Øvelse 1 – Oversett

❶ Han kjenner storskogen som sin egen bukselomme. ❷ Strykejernet står i skapet mellom håndklene og hodeputene. ❸ Jeg ble blendet av solen og bremset for sent. ❹ Hva er dette for et sammensurium? ❺ Tante Aud er et godhjertet menneske. ❻ Etter konserten applauderte og jublet tilhørerne i et kvarter. ❼ Bare fortsett med ditt! ❽ Han har vannskrekk og svømmer bare der det er grunt. ❾ Hvorfor myser du? – Jeg har glemt solbrillene. ❿ Til sjuende og sist besluttet vi å gå på politikammeret. ⓫ Hvorfor er du så mutt i dag? ⓬ Hva har du her å gjøre, din plageånd? ⓭ Han er av det tøffe slaget. ⓮ Du er spenstig for din alder. ⓯ Han dukker alltid opp når vi har minst lyst til å treffe ham.

***

Øvelse 2 – Fyll ut med de riktige ordene

❶ Je n'ai pas pu m'empêcher de penser que c'était bien fait pour lui.
Jeg kunne ikke .. meg for å tenke at det var ... ... for ham.

❷ Il a plongé dans la rivière et est réapparu avec une botte à la main.
Han ...... i ..... og .... igjen med en ...... i hånden.

❸ J'ai entendu le tonnerre au loin, et il y a eu plusieurs fois des éclairs.
Jeg hørte .... i det ......, og det ..... flere ganger.

❹ Notre PDG aime pêcher, échanger des regards complices avec les canards : la solitude est son idéal de vie, il s'est trompé de vocation, un point c'est tout.
Vår .... liker å ....., å veksle .... blikk med ......: .... er hans ...., han er kommet på feil ....., og ....

8 *Un pneu de voiture* se dit couramment et **bildekk**.

9 **å blunke**, *faire un clin d'œil*, est à distinguer de **å myse**.

***

Corrigé de l'exercice 1

❶ Il connaît la grande forêt comme sa poche. ❷ Le fer à repasser est dans l'armoire, entre les serviettes de toilette et les oreillers. ❸ J'étais ébloui par le soleil et j'ai freiné trop tard. ❹ Qu'est-ce que c'est que ce méli-mélo ? ❺ Tante Aud a bon cœur. ❻ Après le concert, les auditeurs ont applaudi et jubilé pendant un quart d'heure. ❼ Continue ce que tu étais en train de faire ! ❽ Il a peur de l'eau et ne nage que là où il a pied. ❾ Pourquoi clignes-tu des yeux ? – J'ai oublié mes lunettes de soleil. ❿ Finalement, nous avons décidé d'aller au commissariat. ⓫ Pourquoi as-tu l'air aussi boudeur aujourd'hui ? ⓬ Qu'est-ce que tu fiches ici *(Qu'as-tu à faire ici)*, espèce d'enquiquineur ? ⓭ C'est un dur. ⓮ Tu es alerte *(souple)* pour ton âge. ⓯ Il fait toujours son apparition au moment où l'on a le moins envie de le rencontrer.

Corrigé de l'exercice 2

❶ – dy – til pass – ❷ – stupte – elven – dukket opp – støvel – ❸ – tordenen – fjerne – lynte – ❹ – generaldirektør – fiske – megetsigende – endene – ensomheten – livsideal – hylle – dermed basta

Deuxième vague : 48ᵉ leçon

Nittiåttende (åtteognittiende) leksjon

Repetisjonsleksjon – Révision

1 Les verbes forts

Nous arrivons au bout de notre liste de verbes forts, dont vous trouverez le récapitulatif complet par ordre alphabétique dans l'appendice grammatical.

å by	bød	budt	*offrir*
å gyve	gjøv	gjøvet	*tourbillonner*
å kvele	kvalte	kvalt	*étouffer*
å lyde	lød	lytt	*sonner*
å smelle	smalt	smelt	*claquer*
å synke	sank	sunket	*sombrer*

2 *For* ou *til* ?

Mettons en lumière un point d'expression qui vous a déjà peut-être embarrassé : la traduction du français *pour* + infinitif donne en norvégien soit **for** + infinitif, soit **til** + infinitif. La différence est de l'ordre de la nuance, mais elle existe bel et bien. On peut grosso modo la définir comme suit : **for** + infinitif exprime une finalité, un but qu'on poursuit, le *pour* français pouvant être remplacé par *afin de/avec l'intention de* ; **til** + infinitif se rapporte à une action souvent plus concrète, plus immédiate, le rapport entre les propositions principale et subordonnée infinitive est plutôt de l'ordre du moyen direct ou de l'instrument. L'infinitive introduite par **til** est aussi liée à un nombre de verbes plus limité.

Voici quelques exemples :
Hun kom for å besøke oss, *Elle est venue pour* (avec l'intention de/afin de) *nous rendre visite*.
Jeg setter på meg brillene mine for å lese, *Je mets mes lunettes pour* (avec l'intention de/afin de) *lire*.
Han lærer norsk for å gjøre inntrykk på kollegaene sine, *Il apprend le*

Quatre-vingt-dix-huitième leçon

norvégien pour (avec l'intention d'/afin d') *impressionner ses collègues*.
De drikker kaffe for å kvikke seg opp, *Ils prennent un café pour* (avec l'intention de/afin de) *se remonter*.
Mais :
Jeg trenger din hjelp til å lage mat, *J'ai besoin de ton aide pour faire la cuisine*.
De har ikke penger til å reise utenlands, *Ils n'ont pas [assez] d'argent pour voyager à l'étranger*.
Jeg bruker Flopp til å vaske gulvet, *J'utilise Flopp pour laver le sol*.
Han mangler krefter til å gå opp trappen, *Il manque de forces pour monter l'escalier*.

Si la différence vous paraît par trop subtile, prenez pour garde-fou les quatre expressions verbales citées pour illustrer l'emploi de **til** (**å trenge noe til, å ha penger til, å bruke noe til, å mangle noe til**). Il ne s'agit pas là d'une liste exhaustive, mais elle vous sera utile pour vous y retrouver : **denne listen kan du bruke til å få bedre oversikt**.

3 Le nom *måte(n)*

Le nom **måten**, *la façon/la manière/le mode*, est fréquemment réapparu ces derniers temps. Ne le confondez ni avec **moten**, *la mode*, ni avec **motet**, *le courage*. Quelques expressions où entre **måte** :
Du kommer ikke til å klare det på denne måten, *Tu n'y arriveras pas de cette façon*.
Han har en rar måte å snakke på, *Il a une drôle de façon de parler*.
Det er hennes måte å være på, *C'est sa manière d'être*.
À quelqu'un qui vous souhaite, par exemple, *un bon week-end !*, **god helg!**, on répond : **i like måte!**, *à vous aussi !*
Måte a aussi le sens de *mesure* : **Han kan ikke drikke med måte**, *Il ne sait pas boire avec modération*.
Enfin : **Det er ikke måte på som han skryter**, *C'est fou ce qu'il peut se vanter*. Rappelons aussi que les *bonnes* ou *mauvaises manières* dont on fait preuve en compagnie se disent **manérer/manérene**, et l'expression *faire des manières* : **å skape seg**.

4 La traduction des verbes "couper", "découper"

Elle nous oblige de nouveau à distinguer **å skjelne** entre des synonymes.

• Premier élément distinctif : tout ce qui se coupe avec des ciseaux fait appel à **å klippe**.
Exemples : **du må klippe håret/neglene**, *il faut te couper les cheveux/les ongles* ; **i morgen går jeg og klipper meg**, *demain, j'irai me [faire] couper [les cheveux]* ; **jeg har klippet ut en avisartikkel**, *j'ai découpé un article de journal*. On dit aussi, peut-être par analogie avec les cheveux : **gressplenen må klippes hver uke**, *il faut tondre la pelouse toutes les semaines*.

• Lorsqu'il s'agit de couper avec un couteau, on utilise **å skjære** : **jeg har skåret meg i fingeren**, *je me suis coupé le doigt* – mais : **han fikk skåret av seg fingeren**, *il a eu le doigt tranché* ; **å skjære opp steken**, *découper le rôti* ; **å skjære en skive brød**, *découper une tranche de pain*. On dit aussi : **melken skar seg**, *le lait a tourné* ; et au sens figuré : **det skar seg** (expression familière), *ça n'a pas marché/ça a tourné en eau de boudin*, **denne musikken skjærer meg i ørene**, *cette musique m'écorche les oreilles*.

• **Å kutte**, que nous avons rencontré au sens figuré dans **kutt ut!**, *arrête/laisse tomber !*, s'utilise aussi concrètement, recoupant (!) parfois **å kappe**, dont la sonorité évoque un coup tranchant qui rappelle lui-même **å hogge** (cf. 52ᵉ leçon). Exemples : **hun torde ikke kappe av hodet på fisken**, *elle n'osait pas couper la tête du poisson* ; **han kuttet av/kappet av en gren**, *il a coupé une branche* ; **vi må kappe/hogge ved**, *il faut que nous coupions du bois*.
Signalons aussi que l'adjectif **skarp**, *tranchant/bien aiguisé*, a aussi le sens figuré de *acerbe*, **en skarp kritikk**, *une critique acerbe*, ou, s'appliquant au regard, à l'ouïe ou à l'intelligence de quelqu'un, celle de *fin/aigu/perçant* : **hun har et skarpt blikk/skarpt syn**, *elle a le regard/la vue perçant(e)* ; **han er skarp, han har et skarpt hode**, *c'est une tête, il est intelligent*.

Voilà qui ne suffira certainement pas à *vous couper le souffle*, **å ta pusten fra deg**, ni *l'appétit*, **å ta matlysten fra deg**.

Quatre-vingt-dix-huitième leçon / 98

5 La traduction de "tourner"

Au risque de vous donner le tournis (**det går rundt for meg**, *je m'y perds*), le norvégien possède au moins cinq verbes qu'on peut traduire par *tourner* : **å snu, å svinge, å dreie, å vende, å snurre**. Leurs usages se recoupent en partie, il n'est donc d'autre moyen pour s'y retrouver qu'une série d'exemples :
vinden dreier, *le vent tourne* ; **du må dreie/svinge/ta**, *(à pied)* ; **til venstre**, *il faut tourner à gauche* ; **det er ingen skam å snu**, *il n'y a pas de honte à faire demi-tour* ; **han snurrer på/dreier luen mellom hendene**, *il fait tourner ("tournicote") son bonnet dans ses mains* ; **han snur hodet**, *il tourne la tête* ; **han snur/vender meg ryggen**, *il me tourne le dos* ; **hun snudde seg i sengen**, *elle se retournait dans son lit* ; **bestemor må vende seg i graven**, *grand-mère doit se retourner dans sa tombe* ; **hun vendte blikket mot meg**, *elle tourna son regard vers moi*.

Ces mêmes verbes ont aussi des acceptions plus abstraites : **det dreier seg om 1 million**, *cela tourne autour d'un million / il peut s'agir d'un million* ; **han vendte seg til ministeren**, *il s'est adressé au ("tourné vers le") ministre* ; **alt vender seg til det beste**, *les choses prennent un bon tour* ; **hun snurrer ham rundt lillefingeren**, *elle le mène par le bout du nez*. Et n'oublions pas l'expression composée **å gå rundt** : **barna går rundt juletreet**, *les enfants tournent autour du sapin de Noël*.

6 "Noms d'oiseaux"

Votre collection, tout en excluant la vulgarité, présente désormais une certaine variété. Reprenons la gamme : si l'on est **en fjompenisse**, *un nigaud*, **en tufs / en tosk**, *un imbécile*, **en enfoldig stakkar**, *un pauvre innocent*, c'est qu'on fait preuve de **dumhet**, *bêtise*, voire de **tåpelighet**, *niaiserie*, autrement dit qu'on **tøyser** ou encore qu'on **tuller** (**å tøyse, å tulle**, *faire l'idiot/dérailler*). On pourrait donc aussi se faire traiter de **tøysekopp** (**kopp** est un vieux mot qui veut dire *tête*) ou de **tullekopp**. L'idiotie n'ayant pas de frontières, on pourrait aussi s'entendre lancer le très international **din idiot!**, *espèce d'idiot !* Et comme tout ce qui n'est pas **skarp**, *tranchant/vif/intelligent*, est **sløv**, *émoussé/apathique/abruti*, il convient de ne pas se sentir flatté si l'on s'entend dire : **Du er helt sløv!**, *Tu es*

firehundreogseksti • 460

complètement abruti ! Ce vocabulaire est bien entendu à consommer *avec modération*, **med måte**.

Ajoutons deux injures très courantes dont la traduction pose problème : **din drittsekk!**, *espèce de sac d'excréments !*, est loin d'avoir la charge d'agressivité ni de grossièreté qu'on pourrait lui attribuer d'après son sens littéral. Quant à **din djevel**, *espèce de diable*, c'est au contraire bien plus fort que ne l'imaginent les étrangers.

7 Douceur, tendresse, souplesse ou mollesse ?

C'est là la question, **det er saken**, comme eût dit un voisin danois à la sauce shakespearienne. Voici réunis quelques adjectifs qu'on peut opposer à **hard**, *dur* ; **stiv**, *raide* ; **grov**, *grossier* ; **tørr**, *sec* :

• **myk** : **mykt smør**, *du beurre mou* ; **en myk seng**, *un lit mou* ; **en myk kropp**, *un corps souple* ; **det myke i brødet**, *la mie ("le mou") du pain* ; **en myk hud**, *une peau souple et douce* ; **bilen stopper mykt**, *la voiture s'arrête en douceur* ; **den myke mannen**, *l'homme doux*, par opposition au "macho".

• **bløt** : **en bløt pakke**, **en myk pakke**, *un paquet mou* ; **et bløtkokt egg**, *un œuf mollet* ; **en bløtkake**, *un gâteau à la crème* ; **en bløt blyant**, *un crayon à mine tendre* ; **en bløt stemme**, *une voix douce* ; **en bløt vits**, *une plaisanterie qui tombe à plat* ; **han er helt bløt**, *il est complètement timbré*.

Nittiniende (niognittiende) leksjon

Det hører med til yrket

1 – Er du ˋtolk?! For et ˋfantastisk interessant liv!
2   Du må være ˋinnviet i ˋregjeringens ˋhemmeligheter! og ˋfortrolig med de ˋstores ˋskjulte ¹ ˋfremtidsvyer!

• **øm** : **ømme følelser**, *de tendres sentiments* ; **et ømt punkt**, *un point faible/sensible*.

• **mild** : **mildvær**, *le temps doux* ; **milde ord**, *des paroles douces* ; **en mild personlighet**, *un caractère doux*.

• **søt** : **en søt drøm**, *un doux rêve* ; **et søtt smil**, *un doux sourire*.

• **søtladen** : **en søtladen historie**, *une histoire sentimentale* ; **et søtladent smil**, *un sourire doucereux*.

• Enfin, n'oublions pas **doven** (= lat), *paresseux/indolent*, qui caractérise la mollesse physique, spécifique au fameux **slappfisk**, *poisson flasque*, en restant dans les mêmes connotations.

8 Pour s'extasier

Le monde est beau, vu de Norvège ! Nous ne possédons pas moins d'une douzaine d'adjectifs pour le dire : du plus neutre, **pen**, *beau*, aux plus grandiloquents, **prektig** et **praktfull**, *splendide/superbe*, en passant par **søt**, *mignon*, **nydelig** et **vakker**, *joli*, ou encore **sveisen/ stilig**, *chic/élégant*, **rålekker** et **deilig**, *ravissant/délicieux*, **skjønn**, *magnifique*, et **vidunderlig**, *merveilleux*. Vous voilà donc outillé pour vous extasier comme il convient.

Quatre-vingt-dix-neuvième leçon

Les risques du métier *(Ça fait partie du métier)*

1 – Vous êtes interprète ?! Quelle vie passionnante *(fantastiquement intéressante)* !
2   Vous devez être dans les *(initié aux)* secrets du gouvernement ! et familiarisé avec les visions d'avenir des grands [de ce monde] !

99 / Nittiniende (niognittiende) leksjon

3 – Ja, sett `utenfra kan det virke slik, men det er et `beinhardt yrke.
4 `Siste gang jeg skulle `tolke for `landbruksministeren måtte jeg `finne på [2] en `god del om `Norges holdning til `anvendelse [3] av `kjemisk `gjødsel i `ertedyrkingen [4].
5 Når han er `fyr og `flamme, snakker han `setesdalsdialekt... Det kan `enda gå `an hvis jeg `skjerper meg... [5]
6 ... men den kvelden `proppet han i seg [6] `alle `leverposteisnittene som `stod på `buffeten, `snakket med `munnen full, og til slutt fikk han `hikke.
7 `Formannen [7] for det `franske `gjødselprodusentforbundet `gjespet og `strakte seg fordi `han hadde vært på `nattklubb i `København, og gadd ikke `engang høre `etter.
8 Han bare `stammet: "ingenting kan `hindre oss i å `senke `lønnene!"
9 Og på `toppen av det `hele var det en `fagforeningsrepresentant fra gud vet `hvor som hadde `nervøse `rykninger, og `blunket til meg hvert `tredje sekund.
10 Det brakte* [8] meg etter `hvert [9] `ut av `balanse.
11 Jeg kunne `sunket i jorden da den `polske `tolken, et `språkgeni med `dødelig sjarm, `hvisket i `øret mitt:
12 – Hvis jeg ikke tar `feil, er du vel fra `Tvedestrand... eller kanskje fra `Risør [10]?
13 – Landbruket – en lønn – gjødselen – hikken – en snitte – posteien.

Quatre-vingt-dix-neuvième leçon / 99

3 – Oui, vu de l'extérieur, on dirait bien *(cela peut faire cet effet)*, mais c'est un métier de chien *(un métier dur comme l'os)*.

4 La dernière fois que j'ai dû traduire *(interpréter)* pour le ministre de l'Agriculture, j'ai dû inventer pas mal *(une bonne partie)* à propos du point de vue de la Norvège *(l'attitude norvégienne)* sur l'utilisation des engrais chimiques dans la culture des petits pois.

5 Quand il est tout feu tout flamme *(feu et flamme)*, il parle le dialecte du Setesdal… Ça peut encore aller si je fais un effort *(m'aiguise)*…

6 … mais ce soir-là, il a engouffré *(il a fourré en soi)* tous les canapés au pâté de foie qui se trouvaient sur le buffet, il parlait la bouche pleine, et à la fin, il a eu le hoquet.

7 Le président de l'association française des producteurs d'engrais bâillait et s'étirait parce qu'il avait passé la nuit dans une boîte de nuit à Copenhague, et n'avait même pas le courage d'écouter *(après)*.

8 Il se contentait de bégayer *(bégayait seulement)* : "rien ne peut nous empêcher de baisser les salaires !".

9 Et pour couronner le tout *(et sur le sommet du tout)*, il y avait un représentant syndical *(de syndicat)* de je-ne-sais-où qui avait des tics nerveux et me faisait de l'œil toutes les trois secondes.

10 Ça m'a peu à peu *(au fur et à mesure)* désarçonné *(mené hors de l'équilibre)*.

11 J'aurais voulu *(pu)* m'enfoncer sous *(dans la)* terre quand l'interprète polonaise, une polyglotte *(un génie des langues)* au charme venimeux *(mortel)* [m'a] chuchoté à *(mon)* l'oreille :

12 – Si je ne me trompe, vous êtes de Tvedestrand… ou peut-être de Risør ?

13 – L'agriculture – un salaire – l'engrais/le fumier – le hoquet – un canapé (= tartine) – le pâté.

firehundreogsekstifire • 464

Nittiniende (niognittiende) leksjon

Prononciation
6 ... l**è**vërpousteïsn**ị**tënë ... buf**éé**n ... **7** ... str**ạ**ktë-seï ... **9** ... r**ü**kning-ër ... **11** ... s**ou**nkët ... p**ou**lskë ... spr**ô**kchéni ...

Notes

1. **å skjule**, *dissimuler*, est plus abstrait que **å gjemme**, *cacher*.

2. **å finne på noe**, *inventer*, au sens d'imaginer une histoire, un prétexte, etc. Lorsqu'il s'agit d'inventer une machine, etc., on utilise **å finne opp noe**. Ski er en norsk oppfinnelse, *Le ski est une invention norvégienne*.

3. **anvendelse(n)** vient de **å anvende**, *appliquer/utiliser* (proche de **å bruke**).

4. **ertedyrking** se décompose en **ert(en)**, *pois*, et **dyrking(en)**, de **å dyrke**, *cultiver une plante*.

5. Le dialecte de la région du Setesdal, au nord-est de Kristiansand, est réputé pour être difficilement compréhensible par les autres Norvégiens. Cette vallée fut longtemps isolée du reste de la Norvège, ce qui explique la persistance de formes grammaticales (notamment des déclinaisons) proches de l'islandais.

***

Øvelse 1 – Oversett

❶ Hun er fortrolig med Assimil-bøkene. ❷ Som barn falt han engang ned i gjødselhaugen på sin onkels gård. ❸ Derfor har han nervøse rykninger og stammer. ❹ Det er mye han har skjult for oss i alle disse årene. ❺ I Norge spiller fagforeningene en viktig rolle. ❻ Det kan ikke hindre meg i å holde ord. ❼ Hun strever uke etter uke for en skarve lønn. ❽ Han ble fyr og flamme da han fikk se datautstyret. ❾ Etter joggeturen er det viktig å strekke musklene. ❿ Skøyteløperen mistet balansen i svingen. ⓫ Er det en kjærlighetsroman du holder på å lese? – Nei, en avhandling om potetdyrkningen. ⓬ Hun farer stadig med flauser. ⓭ Sjøluft skjerper matlysten min. ⓮ Når en diskuterer politikk, bør en beherske seg.

Quatre-vingt-dix-neuvième leçon / 99

6 **å proppe i seg mat**, *engouffrer/s'enfiler de la nourriture*. On peut dire aussi : **å proppe seg med mat**, *se goinfrer/se gaver/ se bourrer de nourriture*. Au sens figuré : **Han proppet hodene deres fulle med matematikk**, *Il leur a bourré le crâne de mathématiques*.

7 Par féminisme, les Norvégiens ont décidé de renoncer à féminiser les noms de métier et de fonctions officielles. Ainsi, le mot **formann** qui désigne le président d'une association, d'un conseil d'administration, etc., est-il aujourd'hui très souvent remplacé par **leder(en)**, qu'il s'agisse d'un homme ou d'une femme. De même, on dira aujourd'hui : **hun er lærer** (et non plus comme autrefois, **lærerinne**).

8 **å bringe (brakte, brakt)** entre dans des expressions abstraites un peu recherchées, avec le sens de *porter/apporter/mener*. **Hvem vet hva fremtiden vil bringe?**, *Qui sait ce que l'avenir nous apportera ?*

9 **etter hvert**, *au fur et à mesure/avec le temps*. À la différence de **litt etter litt**, qui évoque une quantité, il s'agit plutôt d'une expression de temps, qu'on trouve essentiellement dans des phrases au passé ou au futur.

10 Tvedestrand et Risør sont deux communes du Sørland, distantes d'une dizaine de kilomètres.

***

Corrigé de l'exercice 1

❶ Elle connaît bien les méthodes Assimil. ❷ Quand il était petit, il est tombé un jour dans le tas de fumier, à la ferme de son oncle. ❸ C'est pour ça qu'il a des tics et qu'il bégaye. ❹ Il y a beaucoup de choses qu'il nous a cachées, durant toutes ces années. ❺ En Norvège, les syndicats jouent un rôle important. ❻ Cela ne pourra pas m'empêcher de tenir parole. ❼ Elle s'échine *(à travailler)* semaine après semaine pour un maigre salaire. ❽ Il était tout feu tout flamme lorsqu'il a vu l'équipement informatique et il ne pouvait se maîtriser. ❾ Après le jogging, il est important de s'étirer. ❿ Le patineur a perdu l'équilibre dans le virage. ⓫ Est-ce un roman d'amour que tu es en train de lire ? – Non, un traité sur la culture de la pomme de terre. ⓬ Elle n'arrête pas de faire des gaffes. ⓭ L'air de la mer m'aiguise l'appétit. ⓮ Quand on parle politique, on a intérêt à *(on doit)* garder son calme.

firehundreogsekstiseks

Nittiniende (niognittiende) leksjon

Øvelse 2 – Fyll ut med de riktige ordene

1 Un homme en bonne santé ne peut pas calmer sa faim avec ces canapés minuscules.
En frisk og .... mann kan ikke bli .... av disse .... snittene.

2 Le gouvernement se réunira dans le chalet de montagne du Premier ministre.
.... skal ..... på statsministerens ..... på ....

3 Excusez-moi de bâiller : je n'ai pas fermé l'œil de la nuit.
Unnskyld at jeg ...., men jeg .... ikke ..... på øynene i hele natt.

4 Quand elle est sur les nerfs, elle se goinfre.
Når hun har nervene .. .. hun seg med mat.

***

En Norvège, on situe facilement son interlocuteur d'après sa façon de parler. La langue est un trait de personnalité à part entière. Elle porte la marque souvent étonnamment précise, non seulement de l'origine géographique, mais encore du parcours social d'un individu. Personne n'est évidemment condamné à avoir le même accent, la même grammaire, ni le même vocabulaire à vie : la coexistence de deux langues officielles (bokmål et nynorsk), le brassage des populations dans les villes, sont des facteurs d'influence qui ont pour résultat, volontairement ou non, des métissages aux nuances les plus variées. La proportion désormais très importante de Norvégiens d'origine immigrée ajoute encore au piquant de ce phénomène. Les accents étrangers s'estompent vite, car l'intégration linguistique, encouragée concrètement par les pouvoirs publics, est une véritable réussite, et la deuxième génération des **ikke etniske nordmenn**, *Norvégiens de la diversité, entre de plain pied dans la danse, en se définissant bien davantage par le parler typique de tel ou tel quartier d'Oslo.*

Quatre-vingt-dix-neuvième leçon / 99

Corrigé de l'exercice 2
❶ – sunn – mett – bittesmå – ❷ Regjeringen – møtes – hytte – fjellet
❸ – gjesper – fikk – blund – ❹ – på høykant propper –

***

L'identité culturelle et politique des Norvégiens s'est souvent exprimée à travers un choix linguistique délibéré : la langue – parlée ou écrite – est rarement neutre. Parmi les gens en vue, la Norvège a connu, depuis des temps immémoriaux, à la fois ceux qui faisaient rire en tirant artificiellement vers un langage populaire très éloigné de leurs propres sources, et ceux qui mettaient un point d'honneur à se distinguer de la masse, en s'interdisant, par exemple, systématiquement les substantifs au genre féminin – donnant tout autant dans le ridicule. Aujourd'hui, ces deux extrêmes peuvent encore se rencontrer, mais les passions linguistiques se sont relativement apaisées, et l'on accepte et l'on apprécie même en général cette diversité qui est précisément le propre du norvégien authentique...

Deuxième vague : 50ᵉ leçon

Leksjon hundre

Adjø, da!

1 – I dag er det `silkeføre ¹! Frem med `nikkers og `votter!
2   Heia! ² `Kom igjen! `Sett opp farten! `Skyv på stavene!
3 – Er du `fartsgal, så `bare kjør `forbi ³ meg!
4   For `min del går jeg helst `sakte, men `sikkert fremover...
5   `Pigg og `opplagt ⁴ går jeg `over `målstreken.
6 – `Slik en konklusjon ville vi `gjerne `høre fra deg som har vært `underveis med oss så `lenge.
7 – For `her skilles `veiene, eller `rettere sagt, `løypene våre.
8 – I løpet av de siste `månedene har vi lagt `bak oss `mang en `utforbakke og kjørt `slalåm mellom `atskillige `hindringer.
9 – Vi har satt deg i `skisporet og `skjøvet deg i gang. `Forhåpentligvis er du `stø nok på `foten til å klare deg `alene i de `fleste situasjoner.
10 – Alene? `Naturligvis ikke, vi `forlater deg med god samvittighet.
11   Nå er du jo i `stand til å `omgås nordmenn `utvungent ⁵ og `snakke om `litt av hvert ⁶.
12 – Du `kan en `masse! Men `fortsett gjerne med å `snappe opp litt `hist og litt `her ⁷, og `utvid `ordforrådet ditt.

Centième leçon

Au revoir !

1 – Aujourd'hui, la glisse est soyeuse ! Sortons *(En avant avec)* les knickers et les moufles !
2 Allez ! Vas-y ! Plus vite *(Mets la vitesse plus haut)* ! Pousse sur les bâtons !
3 – Si tu es un fou de vitesse, dépasse-moi donc !
4 Pour ma part, je préfère aller lentement *(doucement)*, mais sûrement *(de l'avant)*...
5 Je franchis la ligne d'arrivée en pleine forme *(frais et dispos)*.
6 – C'est une conclusion de ce genre que nous aimerions entendre de [votre bouche] *(vous)*, vous qui nous avez accompagnés si longtemps *(avez été en chemin si longtemps avec nous)*.
7 – Car ici se séparent nos routes, ou plutôt nos pistes.
8 – Au cours des derniers mois, nous avons laissé derrière nous plus d'une pente et fait du slalom entre pas mal *(un certain nombre)* d'obstacles.
9 – Nous vous avons mis sur la trace et vous avons poussé de l'avant *(en marche)*. Espérons que vous êtes assez stable sur vos jambes pour vous débrouiller dans la plupart des situations.
10 – Seul ? Bien sûr [que] non : nous vous quittons avec bonne conscience.
11 Vous êtes maintenant capable de parler avec aisance *(sans contrainte)* avec des Norvégiens – [de parler] un peu de tout *(de chaque)*.
12 – Vous en savez beaucoup ! Mais vous pouvez bien continuer *(continuez volontiers)* à grapiller [un peu] ici et là et à étendre votre vocabulaire *(provision de mots)*.

firehundreogsytti • 470

13 – `Adjø, da! "Vi `møtes ved `neste `korsve*i*" [8]...
14 – Godt føre – piggen på skistaven.

Prononciation
*11 ... **u**tvou-ng-ënt ... **13** ... **ko**chveï*

Notes
1 **føre**(t), contenu dans **silkeføre**, désigne la qualité de la neige : **I dag er det godt/glatt føre**, *Aujourd'hui, la neige est bonne/glissante.*

***

Øvelse 1 – Oversett

❶ I går var det godt føre, men nå smelter snøen. ❷ Vi ble forbikjørt av en svær lastebil med tømmer. ❸ Ingen var i stand til å svare på det. ❹ Vottene mine er dyvåte. ❺ Bøndene anvender nye dyrkingsmetoder. ❻ Hikken min er endelig over. ❼ Hun har ingen selvbeherskelse. ❽ I Norge nytter det ikke å være fartsgal, unntatt i skisporet. ❾ Han forsynte seg med litt av hvert på buffeten. ❿ Vi kjørte ham hjem i full fart. ⓫ Han er en gjerrigknark som bare kjøper bruktbil og forlanger at kona skal stoppe de gamle strømpene hans. ⓬ Jeg skjønner ikke et kvekk av det. – Nå må du skjerpe deg! ⓭ Da vi forlot ham, kom det en tåre frem i øyekroken.

Centième leçon / 100

13 – Au revoir *(alors)* ! "Nous nous retrouverons au prochain carrefour"...
14 – Une bonne neige – la pointe du bâton de ski.

2 Heia! est une exclamation d'encouragement utilisée notamment par les supporters dans les manifestations sportives.

3 å kjøre forbi s'utilise également pour *dépasser/doubler* en voiture.

4 L'expression **pigg og opplagt**, *frais et dispos/en forme*, est redondante. L'adjectif **pigg** vient du nom **piggen**, *spissen*, *la pointe/le piquant* – citons pour le plaisir un dernier nom d'animal : **piggsvinet**, *le hérisson*, qui se dit également **pinnsvin**.

5 utvungent, *avec aisance*, est issu de å tvinge (tvang, tvunget), *obliger/contraindre*. Jeg ble tvunget til det, *J'y ai été forcé*.

6 litt av hvert, *un peu de tout/des tas de choses*.

7 hist og her, *çà et là, ici et là, par-ci par-là*, etc.

8 "Vi møtes ved neste korsvei" : cette citation fameuse de *Peer Gynt* s'imposait en la circonstance...

***

Corrigé de l'exercice 1

❶ Hier, la neige était bonne, mais maintenant ça fond. ❷ On a été dépassés par un énorme camion transportant *(avec)* des troncs d'arbres. ❸ Personne n'a été en mesure de répondre. ❹ Mes moufles sont trempées. ❺ Les paysans appliquent de nouvelles méthodes de culture. ❻ Mon hoquet est enfin passé. ❼ Elle n'a aucune maîtrise de soi. ❽ En Norvège, il ne sert à rien d'être un fou de vitesse, sauf sur les *(la)* piste[s] de ski. ❾ Il s'est servi d'un peu de tout au buffet. ❿ Nous l'avons conduit à la maison à toute vitesse. ⓫ C'est un avare qui achète sa voiture d'occasion et exige que sa femme reprise ses vieilles chaussettes. ⓬ Je n'y comprends rien. – Fais donc un effort ! ⓭ Quand nous l'avons quitté, une larme a perlé au coin de son œil.

Øvelse 2 – Fyll ut med de riktige ordene

❶ Il s'est endormi au cours de la conférence, et il était en pleine forme pour le dîner.

Han ...... i ..... av konferansen, og var .... og .... til middagen.

❷ Espérons qu'il ne fera pas le malin devant tous les collaborateurs, sinon je piquerai ma crise.

.... kommer han ikke til å ...... seg for alle ...., ellers kommer jeg til å få ....

❸ Amundsen atteignit son but le 14 décembre 1911 *(dix-neuf-onze)*.

Amundsen .... sitt .... desember ....

❹ Les obstacles auxquels nous nous sommes heurtés nous donnent envie de continuer.

.... vi ...... på gir oss .... til å gå ....

***

Que diriez-vous d'un cadeau d'adieu ? Bien sûr, le norvégien littéraire n'est pas vraiment notre tasse de thé (**det er ikke vårt bord**, *"ce n'est pas notre table"). Pourtant, pas à pas, nous sommes parvenus au point où toute littérature n'est pas inabordable. En voici la démonstration avec ces quelques lignes, empreintes de* sentiments tendres, **ømme følelser**, *mais non de* mièvrerie, **søtlatenhet**. *Elles sont extraites de la dernière page de* **Våren**, Printemps, *l'un des premiers romans de Sigrid Undset, l'un des moins connus aussi, enraciné dans une Norvège poétique autant que quotidienne. Votre œil de linguiste repérera peut-être dans ce texte quelques petits archaïsmes, dont le plus notable est l'absence de la "règle de double détermination". Mais nous espérons surtout que vous y prendrez une petite bouffée d'air frais mêlée d'orgueil.*

Det var ikke så mørkt inne i skogen, da de hadde vennet (= vent) seg litt til det. Himmelen lyste svakt over grantoppene, og elven speilte den og skinte blankt gjennom orekrattet langs veien. Det luktet kaldt og vårlig derinne – av våt jord og nytt gress og trær som svedet (= svettet) ut sevje av alle de unge skudd. Så var de fremme der det lille huset lå gråhvitt i natten (…). De stod et

… Centième leçon / 100

Corrigé de l'exercice 2

❶ – sovnet – løpet – pigg – opplagt – ❷ Forhåpentligvis – kjekke – medarbeiderne – et anfall ❸ – nådde målet – fjortende – nittenelleve ❹ Hindringene – støtte – lyst – videre

***

øyeblikk og så nedover veien, der den løp videre inn i skogen igjen (...). Det var en underlig utydelig lyd i luften, høyt oppe over deres hoder. "Fugletrekk," sa Torkild. De stod der med armene om hinannen (= hverandre) og så opp i den grålyse, skyete himmel, hvor de ingenting kunne skjelne (...). Og mens han holdt henne inn til seg, forsøkte han å være jevn og stille i stemmen, da han sa: "Ja – så er vi hjemme da –"

Sigrid Undset: **Våren***, © H. Aschehoug & Co., Oslo 1975.*

Il ne faisait plus *("pas")* si sombre dans le bois, quand ils s'y furent habitués. Le ciel au-dessus de la cime des sapins luisait doucement *("faiblement")*, et la rivière le reflétait, brillant *("et brillait éclatante")* à travers les aulnes le long du chemin. On *("cela")* sentait [une odeur] fraîche *("froide")* et printanière – [l'odeur] de la terre mouillée, *("et")* de l'herbe nouvelle et des arbres qui sécrétaient *("transpiraient")* la sève par toutes leurs jeunes pousses. Ils s'arrêtèrent *("se tinrent debout")* un instant et regardèrent en bas le chemin, qui *("là où il")* s'enfonçait *("continuait")* à nouveau dans les bois. (...) Il y eut dans l'air un bruit étrange [et] confus, [très] haut au-dessus de leurs têtes. "Les oiseaux migrateurs *("migration d'oiseaux")* !" dit Torkild. Ils restaient *("se tenaient")* là, enlacés *("les bras autour l'un de l'autre")* et le regard levé *("et regardaient en haut")* vers le ciel nuageux, d'un gris lumineux, où ils ne pouvaient rien distinguer (...). Et tandis qu'il la tenait contre lui, il dit, forçant sa voix à rester égale et calme *("il s'efforça d'être égal et calme dans la voix et dit")* : "Eh bien *("oui")* – nous voici donc à la maison".

Pensez à terminer votre deuxième vague ! Il vous reste à reprendre les leçons 52 à 100 afin de poursuivre votre "phase d'activation" de la langue... Bonne continuation !

Deuxième vague : 51ᵉ leçon

Index grammatical

Le premier chiffre fait référence à la leçon, le second à la note ou, pour les leçons de révision, au paragraphe où sont développées les notions proposées. Les renvois à l'appendice grammatical sont précédés de a.g.

Adjectifs et pronoms démonstratifs : 9,8 ; 18,6 ; **21,3** ; **AG 2**
Adjectifs et pronoms indéfinis : **AG 6**
Adjectifs et pronoms interrogatifs : **7,4** ; **28,5** ; **AG 7**
Adjectifs et pronoms possessifs : 9,3 ; 11,5 ; **14,3.2** ; **AG 3**
Adjectifs qualificatifs (accord) : **7,3** ; **21,2** ; **AG 5**
Adverbe (place de l'~) : cf. Ordre des mots
Adverbes et compléments de lieu : 26,1 ; **35,8** ; **84,2**
Adverbes et compléments de temps : 49,1 ; **63,4** ; **91,5**
Adverbes et expressions nuançant le discours : **49,3** ; **77,2** ; **84,3** ; **91,4**
annen, **annet**, **andre** : **35,2** ; **AG 6**
Article défini : **7,3** ; **AG 1.2**
Article indéfini : **7,3** ; **AG 1.2**
Article partitif : 3,7 ; **AG 1.2** ; **AG 6**
Auxiliaires de mode : **7,2** ; 8,4 ; 8,8 ; **14,1** ; **42,1** ; **AG 10.2** ; **AG 10.3** ; **AG 10.4** ; **AG 10.6** ; **AG 10.7**
Comparatifs et superlatifs : **21,5** ; **28,2** ; **70,2** ; **84,2** ; **AG 5.1**
Compléments du nom : **14,2.1**
Conditionnel, expression de la condition : **21,1** ; **56,2**
Conjonctions de coordination : **AG 9.1**
Conjonctions de subordination : 18,5 ; **28,5** ; **49,1** ; **AG 9.2**
"depuis", *"il y a"* : **91,5** ; **AG 9.2**
Double détermination : 19,1 ; **21,2** ; **AG 1.3**
egen, **eget**, **egne** : 16,7 ; **AG 5**
få : **14,1** ; **42,3** ; **84,2**
Féminin (noms) : **14,2.2** ; **AG 1.1**
finnes (det ~) : **7,2**

før et **til** : **98,2** ; **AG 9.2**
Futur : **7,2** ; **14,1** ; **AG 10.2** ; **AG 10.3**
Génitif : **14,2.1** ; **AG 1.5**
Genre des noms : 1,4 ; **14,2.2** ; **91,2** ; **AG 1.1**
Heure : **28,1**
Impératif : 6,2 ; **7,2** ; **AG 10.4**
jo... desto : **70,2** ; **AG 5.1**
liten, **lite**, **lille**, **små** : **35,3** ; **AG 5**
mange et **mye** : 5,9 ; **AG 7**
når et **da** : **35,7** ; **AG 9.2**
Négation (place de la ~) : cf. Ordre des mots
noe, **noen** : **14,3.4** ; **AG 6**
Nombres : 20,3 ; **21,0**
om et **hvis** : **35,7** ; **AG 9.2**
Ordre des mots : **7,5** ; **21,6** ; **28,4** ; **AG 11**
Participes passés : **28,3** ; **42,1.1** ; **84,1.2** ; **AG 5** ; **AG 10.5**
Passif : **35,5** ; **42,1.2** ; **49,2.3** ; **AG 10.7**
Pluriel des noms : **14,2.3** ; **AG 1.4**
Prépositions solidaires du verbe : 19,2 ; **AG 11**
Présent : **7,2** ; **AG 10.2**
Prétérit et parfait : **42,1** ; **49,2** ; **AG 10.5**
Pronom relatif : cf. **som**
Pronoms personnels : **7,1** ; **14,3.1** ; **AG 4**
seg et **hverandre** : **21,4** ; **AG 4**
sin : **21,4** ; **AG 3**
som : 10,0 ; **14,3.4** ; **AG 8**
Superlatif : cf. Comparatif
Verbes composés : **63,2** ; **77,1.2** ; **84,1.2** ; **AG 10.1**
Verbes de modalité : cf. Auxiliaires de mode
Verbes de position et de déplacement : 1,0 ; 12,10 ; 13,5 ; **91,1**

Appendice grammatical

Sommaire

1 Le nom et l'article	479
1.1 Le genre	479
1.2 L'article	479
1.3 La règle de la "double détermination"	480
1.4 Le pluriel des noms	481
1.5 Le génitif	481
2 Les démonstratifs	482
3 Les possessifs	483
4 Les pronoms personnels	484
5 L'adjectif qualificatif et ses degrés de comparaison, l'adverbe	485
5.1 Comparatif et superlatif	487
6 Les adjectifs et pronoms indéfinis	489
7 Les adjectifs et pronoms interrogatifs	491
8 Le pronom relatif	492
9 Conjonctions de coordination et de subordination	492
9.1 Conjonctions de coordination	492
9.2 Conjonctions de subordination	493
10 Le verbe	494
10.1 L'infinitif	494
10.2 Le présent de l'indicatif	495
10.3 Le futur	495
10.4 L'impératif	496
10.5 Le passé	496
10.6 Le conditionnel	498
10.7 La voix passive	498
10.8 Le participe présent	499
11 L'ordre des mots	500
12 Points de repère pour la répartition des deux tons	502
12.1 Répartition des tons pour les mots composés	504
12.2 Récapitulatif de l'évolution des tons dans les mots variables	505
13 Liste des principaux verbes forts	507

1 Le nom et l'article

1.1 Le genre

Le bokmål connaît principalement deux genres : genre commun (masculin/féminin) et neutre.

Sous l'influence du nynorsk, il admet néanmoins, pour un nombre limité de mots, le genre féminin, surtout à la forme définie.

• Quelques règles peuvent être citées concernant la répartition des genres.
– Sont en général de genre commun : les noms se terminant par **-er**, **-ing**, **-else**, **-het**, **-dom**.
Exemples : **læreren**, *le professeur* ; **skråningen**, *la pente* ; **begravelsen**, *l'enterrement* ; **snillheten**, *la gentillesse* ; **barndommen**, *l'enfance*, mais : **værelset**, *la chambre*.
Remarque : Les noms en **-ing** peuvent aussi être féminins.
– Sont en général neutres : les noms finissant par **-eri**, **-skap**, **-al**, **-ek**, **-em**, **-tet**, **-iv**, **-ment** ainsi que les noms de matières.
Exemples : **maleriet**, *le tableau* ; **selskapet**, *la compagnie* ; **kvartalet**, *le quartier* ; **biblioteket**, *la bibliothèque* ; **universitetet**, *l'université* ; **initiativet**, *l'initiative* ; **departementet**, *le ministère* ; **jernet**, *le fer* ; **sølvet**, *l'argent* ; **gullet**, *l'or* ; **treet**, *le bois* ; **stoffet**, *la matière / le tissu* ; **papiret**, *le papier*.
Sont également neutres les noms constitués du radical "pur" d'un verbe.
Exemples : **et rop**, *un appel* ; **et svar**, *une réponse* ; **et bad**, *un bain*.

• Les noms composés prennent le genre du dernier nom, par exemple : **et skjold** → **et vikingskjold**, *un bouclier viking*.

1.2 L'article

L'article indéfini est **en** pour le genre commun, **et** pour le neutre. Il n'existe pas au pluriel.
Exemples : **en bil** (genre commun), *une voiture* ; **et hus** (neutre), *une maison* ; **hus**, *des maisons* ; **biler**, *des voitures*.
Un article indéfini féminin, **ei**, peut apparaître occasionnellement.
Exemple : **ei høne** (= **en høne**), *une poule*.

L'article partitif n'existe pas. Néanmoins, dans la langue orale, à la forme interrogative ou négative, on fait volontiers précéder le nom de **noen** (genre commun) et **noe** (neutre) :
Jeg skal kjøpe brød, *Je vais acheter du pain*.
Har du noe brød?, *As-tu du pain ?*
Cf. paragraphe 6.

L'article défini a la particularité d'être accolé au nom sous forme de suffixe : **-en** pour le genre commun, **-et** pour le neutre, et exceptionnellement **-a** pour le féminin. Au pluriel, la forme la plus courante est **-ene**. Certains noms neutres, très peu nombreux, prennent un **-a**.
Exemples : **bilen**, *la voiture* (g. commun) ; **huset**, *la maison* (neutre) ; **geita**, *la chèvre* ; **bilene**, *les voitures* ; **husene**, *les maisons* ; **geitene**, *les chèvres* ; **barna**, *les enfants* ; **be(i)na**, *les jambes*.

L'article défini est souvent omis lorsque le nom a un sens général.

1.3 La règle de la "double détermination"

Lorsque le groupe nominal à la forme définie comprend un adjectif qualificatif épithète, on applique la règle dite de la "double détermination". L'article défini se trouve alors doublé de la forme **den** (g. commun), **det** (neutre) ou **de** (pluriel) qui introduit le groupe.
Exemples : **den røde bilen**, *la voiture rouge* ; **det nye huset**, *la maison neuve* ; **de hvite geitene**, *les chèvres blanches* ; **de snille barna**, *les gentils enfants*.

Cette règle s'applique également lorsque le groupe nominal est déterminé par un adjectif possessif.

La double détermination n'est pas utilisée pour certaines formulations de style officiel ou solennel. On recourt alors à des majuscules pour souligner cette solennité.
Exemples : **De Olympiske Leker**, *les Jeux Olympiques* ; **De Forente Nasjoner**, *les Nations Unies* ; **Den Norske Regjering**, *le gouvernement norvégien*.
Elle peut également être omise dans certaines expressions figées, ou dans le langage publicitaire.

Exemples : **det søte liv**, *la dolce vita* ; **Dilldax, det nye middel mot flass!**, *Dilldax, la nouvelle arme contre les pellicules !*

1.4 Le pluriel des noms

Les deux formes de pluriel des noms les plus courantes sont caractérisées soit par le suffixe **-er**, essentiellement pour les noms du genre commun, soit par la réduction du nom à son radical, la plupart du temps pour les noms neutres monosyllabiques.
Exemples : **en bil → biler**, *des voitures* ; **en flaske → flasker**, *des bouteilles* ; **en sko → sko**, *des chaussures* ; **et hus → hus**, *des maisons*, mais : **et papir → papirer**, *des papiers*.

Les noms de genre commun en **-er** font leur pluriel en **-ere**.
Exemples : **en lærer → lærere**, *des professeurs* ; **en maler → malere**, *des peintres* ; mais : **en vinter → vintrer**, *des hivers* ; **en sommer → somrer**, *des étés* ; **en søster → søstre**, *des sœurs*.

D'une façon générale, les exceptions aux règles de pluriel sont nombreuses. Certains sont sujets à un changement de voyelle. Citons quelques cas parmi les plus courants : **en mann → menn**, *des hommes* ; **en far → fedre**, *des pères* ; **en mor → mødre**, *des mères* ; **en bror → brødre**, *des frères* ; **en datter → døtre**, *des filles* ; **en bonde → bønder**, *des paysans* ; **en fot → føtter**, *des pieds* ; **en bok → bøker**, *des livres* ; **en hånd → hender**, *des mains* ; **en natt → netter**, *des nuits* ; **en kraft → krefter**, *des forces* ; **et tre → trær**, *des arbres* ; **et håndkle → håndklær**, *des serviettes de toilette*.

Lorsqu'on veut désigner une quantité collective, sans en considérer séparément les unités, on laisse le nom au singulier.
Exemples : **Det finnes masse elg og bjørn i denne skogen**, *Il y a beaucoup d'élans et d'ours dans cette forêt*. Ou encore : **masser av elg / mye elg**.

1.5 Le génitif

Le génitif sert à former des compléments du nom. Le nom complément prend un **-s** et se place devant le nom complété. Le nom complété ne porte pas l'article défini, le génitif suffisant à le déterminer.

Exemples : **Elses far**, *le père d'Else* ; **morderens skygge**, *l'ombre de l'assassin*.

Cependant, dans la langue parlée, lorsque le complément est un nom commun, on recourt de préférence à une périphrase formée à l'aide d'une préposition, le plus fréquemment **til**, **i** ou **på**.
Exemples : **døren til huset**, *la porte de la maison* ; **stolene på kjøkkenet**, *les chaises de la cuisine*.

Une forme de génitif peu correcte en bokmål, mais courante en nynorsk et dans certains dialectes, fait appel à l'adjectif possessif **sin**. On pourra ainsi entendre : **Olav sin lue** au lieu de **Olavs lue**, *le bonnet d'Olav*.

2 Les démonstratifs

En l'absence d'adjectif qualificatif épithète, **den**, **det** et **de** ont la valeur d'adjectifs démonstratifs. Cette forme, la plus simple, coexiste avec d'autres plus appuyées. Les trois formes peuvent aussi servir de pronoms démonstratifs : **den** (g. commun) / **det** (neutre) / **de** (pluriel)... **her** / **der** qui insiste sur le lieu où se trouve l'objet désigné (comme en français *ci* et *là*), ainsi que **denne** (g. commun), **dette** (neutre) et **disse** (pluriel). Quelle que soit la forme utilisée, on applique la règle de la double détermination.
Exemples :
Jeg vil kjøpe den genseren her, *Je vais acheter ce pull (-ci)*.
Det huset der er min bestemors, *Cette maison-là est celle de ma grand-mère*.
Hvem har laget disse nydelige kakene?, *Qui a fait ces délicieux gâteaux ?*
Den er enda bedre, *Celui-ci est encore meilleur*.
Min sykkel er den her, *Mon vélo, [c']est celui-ci*.

Det et **dette**, utilisés seuls, ont par ailleurs la signification de *ceci/cela/c'/ça*, **dette** ayant un sens plus démonstratif que **det**, qu'on peut considérer comme un banal pronom personnel neutre :
Dette er mitt, *Ça, c'est à moi*.

3 Les possessifs

Les adjectifs possessifs ont également la fonction de pronoms possessifs.

	Singulier	Pluriel
1re pers.	**min**	**vår**
2e pers.	**din**	**deres**
3e pers., possesseur masculin	**hans**	**deres**
3e pers. possesseur féminin	**hennes**	
3e pers. poss. objet/animal	**dens**	
(forme de politesse*	**Deres**	**Deres**)

* La forme de politesse, commune au singulier et au pluriel, n'est pratiquement plus usitée.

• Il faut de plus ajouter à cette liste l'adjectif-pronom possessif réfléchi de la 3e personne (singulier et pluriel), sin. Celui-ci est utilisé exclusivement (mais obligatoirement), lorsque le possesseur de l'objet est aussi le sujet de la proposition.
Exemples :
Han snakker alltid om arbeidet sitt, *Il parle toujours de son travail*.
De har tatt med alle sakene sine, *Ils ont emporté toutes leurs affaires*.
mais : **Jeg/Rolf snakker om hans arbeid**, *Je/Rolf parle de son travail* (celui d'un autre). (Voir aussi le paragraphe 1.5)

• **Min**, **din**, **sin** et **vår** s'accordent avec le nom auquel ils se rapportent : ils prennent un **-e** au pluriel. Pour le neutre, ils prennent les formes : **mitt**, **ditt**, **sitt**, **vårt**.

• Les adjectifs possessifs peuvent être placés soit devant le nom (forme "antéposée"), soit derrière le nom (forme "postposée"), qui porte alors l'article défini sous forme de suffixe, ou la double détermination si le groupe nominal comprend un adjectif épithète. En norvégien moderne, il est plus courant d'utiliser la forme postposée. La forme antéposée relève souvent d'un style plus recherché.
Exemples : (**min bror**), **broren min**, *mon frère* ; (**våre venner**), **vennene våre**, *nos amis* ; (**hennes mann**), **mannen hennes**, *son mari* ; (**hans kone**), **kona hans**, *sa femme* ; (**deres barn**), **barna deres**, *vos (leurs) enfants*.
Néanmoins, lorsque le nom est au génitif, seule la forme antéposée est possible. Notez que le nom complément est à la forme indéfinie.
Exemple : **mine foreldres hus**, *la maison de mes parents*.

• Le norvégien oral pratique fréquemment la combinaison des adjectifs possessifs et démonstratifs. Cette formulation introduit une nuance de distance péjorative de la part du locuteur.
Exemple : **Disse fine manérene hans irriterer meg**, *Ses manières distinguées* ("ces manières distinguées à lui") *m'irritent*.

4 Les pronoms personnels

Il faut distinguer entre les formes de pronoms personnels sujets et compléments, bien que, dans certaines tournures, la langue orale ait de plus en plus tendance à les confondre. **Ham** tend ainsi à s'effacer systématiquement devant **han**. **Jeg**, **deg** et **vi** sont parfois éclipsés par **meg**, **deg** et **oss**.

	Singulier		Pluriel	
	sujet	compl.	sujet	compl.
1re pers.	jeg	meg	vi	oss
2e pers.	du	deg	dere	dere
3e pers. masc.	han	ham	de	dem
3e pers. fém.	hun	henne		
3e pers. objet g. comm.	den	den		
3e pers. objet g. neutre	det	det		
(forme de politesse	De	Dem)		

• Le pronom personnel complément réfléchi (3e personne, singulier et pluriel) est **seg** : **han kjeder seg**, *il s'ennuie*.

• Il existe en outre un pronom personnel complément réciproque (3e personne, singulier et pluriel) : **hverandre de snakker med hverandre**, *ils parlent ensemble (l'un avec l'autre)*.

À cette liste, on peut ajouter le pronom indéfini **man**, *on*. Son usage est assez limité, le norvégien lui préférant, chaque fois que cela est possible, le pronom personnel **de**, une tournure à la voix passive, ou encore le pronom **en** calqué sur l'article indéfini. Bien entendu, l'habitude consistant, en français oral, à remplacer systématiquement *nous* par *on* n'a pas cours en norvégien.

Exemples :
Bedre føre var enn etter snar, sier man, *Mieux vaut prévenir que guérir, dit-on.*
De sier at han er syk, det sies at han er syk, *On dit qu'il est malade.*
En skal ikke tro alt som sies på TV, *Il ne faut pas (on ne doit pas) croire tout ce qui est dit à la télévision.*

5 L'adjectif qualificatif et ses degrés de comparaison, l'adverbe

L'adjectif qualificatif en fonction d'attribut s'accorde avec le nom auquel il se rapporte. En règle générale, il prend la terminaison **-t** au neutre, et **-e** au pluriel.
Exemples : **mannen er høy / fjellet et høyt / trærne er høye**, *l'homme est grand / la montagne est haute / les arbres sont hauts.*

L'adjectif qualificatif en fonction d'épithète est toujours placé devant le nom. Lorsque le groupe nominal dont il fait partie est à la forme indéfinie, il s'accorde comme l'attribut.
Exemple : **Vi ser et høyt fjell / høye trær**, *Nous voyons une haute montagne / de grands arbres.*
Lorsque le groupe nominal est à la forme définie (cas où s'applique la règle de la double détermination), ou au génitif, il prend en général la terminaison **-e**.
Exemples : **det pene ansiktet / jentas pene ansikt**, *le beau visage / le beau visage de la jeune fille.*
Les adjectifs à la forme neutre peuvent presque toujours être employés comme adverbes. Exemple : **Hun kan synge svært høyt**, *Elle peut chanter très haut.*
Dans certains cas, on ajoute à l'adjectif le suffixe **-vis** : **en heldig mann**, *un homme qui a de la chance* ; **heldigvis**, *par chance.*

L'ajout des suffixes **-t** et **-e** modifie parfois le radical de l'adjectif :
– la plupart des adjectifs finissant par **-m** prennent **-mme** (mais : **-mt**) ;
– si l'adjectif finit par une double consonne, il n'en reste qu'une devant le **-t** ;
– si l'adjectif se termine en **-el**, **-er** ou **-en**, le **e** intermédiaire disparaît ; s'il y a double consonne, on n'en garde qu'une (**gammel**, **vakker**, **åpen**).
L'accord de l'adjectif connaît un certain nombre d'exceptions. Ne prennent pas le **-t** du neutre :

– les adjectifs finissant par **-ig** (le **g** final n'est pas prononcé, même lorsqu'il précède la terminaison **-e**) ;
– la plupart des adjectifs finissant par **-sk**. Mais quelques adjectifs monosyllabiques prennent le **-t** (**morsk**, **frisk**) ;
– les adjectifs **solid**, **redd**, **glad**, **lærd** ;
– certains adjectifs déjà terminés par un **-t**, en prennent un second : c'est le cas de **hvit** (neutre : **hvitt**), **søt** (neutre : **søtt**) ;
– les adjectifs finissant par une voyelle prennent **-tt** : **fri** (neutre : **fritt**), **skrå** (neutre : **skrått**), **ny** (neutre : **nytt**) ;
– **blå**, **grå** et **rå** prennent **-tt** au neutre, mais jamais **-e**.

Sont toujours invariables :
– **bra**, **sta** ;
– certains adjectifs en **-s** : **stakkars**, **nymotens**, **hersens** ;
– les adjectifs en **-e** non accentué : **stille**, **bedre**, **mindre** ;
– les participes présents.

L'adjectif **liten**, *petit*, a des formes particulières :

modèle	genre commun	neutre	pluriel
attribut	**fisken er liten**	**huset er lite**	**fiskene / husene er små**
épith. gr. déf.	**den lille fisken**	**det lille huset**	**små fisker/hus**
épith. gr. indéf.	**en liten fisk**	**et lite hus**	**de små fiskene/ husene**

Ainsi que l'adjectif **egen**, *propre, à soi* :

	genre commun	neutre	pluriel
épith. gr. défini	**min egen bil**	**mitt eget rom**	**mine egne barn**
épith. gr. indéf.	**en egen bil**	**et eget rom**	**egne penger**

Les participes passés utilisés comme adjectifs ne s'accordent pas. Exemple : **Båten er malt blå**, *Le bateau est peint en bleu*.

Lorsqu'il est épithète, le participe passé faible prend la forme **-ete** ou **-ede** (invariable).

Exemples : **den blåmalte båten / den foryngede mannen**, *le bateau peint en bleu / l'homme rajeuni*.

Le participe passé fort peut, selon le cas, conserver sa forme ordinaire (invariable) ou remplacer sa terminaison en **-et** ou **-en** par **-ne**.
Exemples : **de utvalgte varene / den stjålne bilen**, *les marchandises sélectionnées / la voiture volée*.
Néanmoins, le norvégien courant préfère recourir à une proposition relative.

5.1 Comparatif et superlatif

• Le comparatif d'égalité se construit à l'aide de l'adverbe **så** précédant l'adjectif. Le second terme de la comparaison est introduit par **som**.
Hun er så yndig som en flodhest, *Elle est aussi gracieuse qu'un hippopotame*.

Le comparatif d'infériorité n'est pas usité : on recourt au comparatif d'égalité nié.
Jeg spiller ikke så bra som du (deg), *Je joue moins bien (pas aussi bien) que toi*.

• En règle générale, on forme le comparatif de supériorité en ajoutant à l'adjectif le suffixe **-ere**. Le deuxième terme de la comparaison est introduit par **enn**.
Hodet hans er hardere enn en vikinghjelm, *Il a la tête plus dure que le casque d'un Viking*.

• Pour le superlatif, on ajoute à l'adjectif le suffixe **-est**. Le superlatif peut s'utiliser avec ou sans article. Pour les adverbes, seule la forme sans article est possible.
Det er den beste fiskepuddingen jeg noen gang har smakt, *C'est le meilleur pâté de poisson que j'aie jamais goûté*.
Han er flinkest til å skryte, *Pour la vantardise, c'est lui le plus fort. / Se vanter, c'est ce qu'il sait faire de mieux*.
Den som sover lengst, skal tømme søppelbøtten, *Celui qui dormira le plus longtemps devra vider la poubelle*.

• Particularités :
– Les adjectifs finissant en **-er**, **-el**, **-en** perdent la lettre **e** intermédiaire : **Hun er blitt enda magrere**, *Elle est devenue encore plus maigre*.
– Les adjectifs finissant en **-lig** prennent **-st** (au lieu de **est**) au superlatif. La lettre **g** est alors prononcée. **Det er den forferdeligste historien jeg har hørt på lenge**, *C'est l'histoire la plus terrible que j'aie entendue depuis longtemps*.

• Les comparatifs et superlatifs irréguliers sont nombreux :

	comparatif	*superlatif*
bra/god, *bon/bien*	bedre	best
dårlig/vond, *mauvais*	verre	verst
få, *peu nombreux*	færre	færrest
gammel, *vieux*	eldre	eldst
lang, *long*	lengre	lengst
liten, *petit*	mindre	minst
mange, *beaucoup/nombreux*	flere	flest
mye, *beaucoup/abondant*	mer	mest
nær, *proche*	nærmere	nærmest
stor, *grand*	større	størst
tung, *lourd*	tyngre	tyngst
ung, *jeune*	yngre	yngst

• Enfin, certains adjectifs ne tolèrent pas les formes à suffixe du comparatif et du superlatif. Il faut alors recourir à une périphrase formée de **mer** (comparatif) ou **mest** (superlatif) placés devant l'adjectif. Les adjectifs concernés sont les suivants :
– participes passés et présents : **Når han prøver å være snill, er han enda mer irriterende**, *Quand il essaie d'être gentil, il est encore plus agaçant*.
– adjectif en **-sk** de plus d'une voyelle : **På Vestlandet er landskapene mest typiske**, *C'est dans l'ouest de la Norvège que les paysages sont les plus typiques*.
– adjectifs composés : **Du er enda mer blåøyd enn din mann**, *Tu es encore plus naïve que ton mari*.
– adjectifs longs d'origine étrangère : **interessant → mer interessant → mest interessant** ; **komplisert → mer komplisert → mest komplisert**.

• La formulation *plus...plus* se traduit par **jo** + comparatif... **desto** (ou : **jo**) + comparatif. La construction de la phrase suit le modèle des propositions principales après **desto** (voir ci-après).
Jo mer du forklarer det, desto mindre forstår jeg, *Plus tu expliques, moins je comprends*.

6 Les adjectifs et pronoms indéfinis

• Le pronom indéfini **noen** signifie d'abord *quelqu'un*, et sa variante neutre **noe** *quelque chose*.
Er det noen her?, *Il y a quelqu'un (ici) ?*
Er det noe å spise?, *Y a-t-il quelque chose à manger ?*
Noen (g. commun et pluriel), **noe** (neutre) prend le sens de *quelque/quelques* lorsqu'il est utilisé comme adjectif, et par conséquent aussi, en tant que pronom, celui de *quelques-uns/unes*.
Det finnes noen kaker igjen i kjøleskapet, *Il reste quelques gâteaux dans le réfrigérateur*.
Son usage est obligatoire dans les phrases négatives, quand la négation **ikke** porte sur un groupe nominal indéfini singulier. **Ikke noen/noe** correspond alors au français *pas de*.
Vi har ikke noen bil, *Nous n'avons pas de voiture*.
On l'utilise aussi volontiers quand **ikke** porte sur un groupe nominal indéfini pluriel ou partitif.
Vi har ikke noe brød / noen penger, *Nous n'avons pas de pain / d'argent*.
La forme neutre **ikke noe** peut aussi s'utiliser, toujours dans les phrases négatives, devant un adjectif attribut.
Jeg synes ikke han er noe pen, *Je ne le trouve pas beau*.

• **Ingen**, *personne*, équivaut aussi à **ikke noen** devant un groupe nominal.
Han er ingen (ikke noen) lege, *Il n'est pas médecin*.

• **Hver**, **hvert** sert à la fois d'adjectif, *chaque*, et de pronom, *chacun/chacune*.
Hvert barn fikk en godtepose, *Chaque enfant a eu un paquet de bonbons*.
Hver har sin nistepakke, *Chacun a son casse-croûte*.
Enhver, **ethvert** est plus insistant, voire sentencieux : **ethvert menneske har sine feil**, *tout homme a ses défauts*.

• **Mange** et **mye**, *beaucoup*, s'utilisent respectivement pour désigner une quantité dénombrable ou indénombrable.
Hun har mange beundrere, *Elle a beaucoup d'admirateurs*.
På kontoret er det mye mas, *Au bureau, il y a beaucoup de tracasseries*.

• **En viss**, **et visst**, **visse** a le sens de *un(e) certain / certain(e)s*.
En viss psykolog fra Bodø, *Un certain psychologue de Bodø*.

• **Selv**, *même*, est invariable (pas de forme neutre, ni de pluriel) et s'utilise sans article.
Han snakket med Kongen selv, *Il a parlé avec le roi lui-même* ; ou encore : **med selve / selveste Kongen**.

• **Samme**, *le même*, est invariable. On peut l'utiliser avec ou sans article défini.
Vi har kjøpt samme sko, *Nous avons acheté les mêmes chaussures*.

• **Slik**, **slikt**, **slike**, *tel(le)*, et **sånn**, **sånt**, **sånne**, *comme ça*, se recoupent dans leurs usages, le second appartenant à un niveau de langage moins soutenu.
Hvordan kan du omgås med slik (sånn) en tølper?, *Comment peux-tu fréquenter un tel rustre ?*
Slikt (sånt) gjør man ikke, *Ce genre de choses ne se fait pas*.

• **Begge to**, **begge deler**, *tous (toutes) les deux/les deux*, désignent respectivement deux personnes ou deux objets (**begge to** pouvant aussi s'appliquer aux objets).
De er reist til Venezia begge to, *Ils sont partis tous les deux pour Venise*.
Skal du ta den gule eller den røde genseren? – Begge deler (= begge to), *Prendras-tu le pull jaune ou le rouge ? – Les deux*.

• **En eneste**, **et eneste/den eneste**, **det eneste**, **de eneste** signifie *un(e) seul(e)/ le (la) seul(e)*, etc. **Eneste** est invariable.
Han er den eneste pratsomme nordmannen jeg kjenner, *C'est le seul Norvégien bavard que je connaisse*.
Eneste peut aussi se combiner à **hver**, pour en renforcer le sens.
Hvert eneste hus i gaten er gulmalt, *Dans la rue, il n'y a pas une maison que ne soit pas peinte en jaune*.

• **All**, **alt**, **alle**, *tout/tous (toutes)*, est à distinguer de **hele**, **helt**, *tout(e)/entier(-ière)*.

Vi har besett alle husene som var til salgs, *Nous avons visité toutes les maisons qui étaient en vente*.
Hele huset er satt på hodet, *Toute la maison a été mise sens dessus-dessous*.
Du er helt gal, *Tu es complètement fou*.

• Les trois formes de **annen**, **annet**, **andre**, *autre*, s'utilisent de la façon suivante :

	genre commun	*neutre*	*pluriel*
épith. gr. déf.	den **andre** bilen	det **andre** rommet	**andre** biler / rom
épith. gr. indéf.	en **annen** bil	et **annet** rom	de **andre** bilene / rommene

7 Les adjectifs et pronoms interrogatifs

Les adjectifs interrogatifs sont **hvilken**, **hvilket**, **hvilke?**, *quel (quelle)/quels (quelles)*, qui peuvent aussi être utilisés comme pronoms.
Exemples : **hvilken stol?**, *quelle chaise ?* ; **hvilket skap?**, *quelle armoire ?* ; **hvilke klær?**, *quels vêtements ?*
Deux locutions ont une fonction similaire : **hva slags?** et **hva for en/et?**, *quelle sorte de ?*
Hva slags litteratur foretrekker du?, *Quelle sorte de littérature préfères-tu ?*
Hva er det for en bok du holder på å lese?, *Quel genre de livre es-tu en train de lire ?*
L'usage de **hvilken** comme adjectif exclamatif est aujourd'hui désuet. On recourt donc à la locution **for en/et** : **For en tøysekopp!**, *Quel farfelu !*

• Les autres pronoms interrogatifs sont **hvem?**, *qui ?* ; **hva?**, *quoi/que/qu'est-ce que ?* ; **når?**, *quand* ; **hvorfor?**, *pourquoi ?* ; **hvor?**, *où ?* (qui s'utilise lorsque le verbe n'indique pas de changement de lieu), **hvor .. hen?**, *où ?* (qui s'utilise avec des verbes tels que **å gå**, **å løpe**, **å reise**, **å kjøre**, etc. indiquant un déplacement).
Hvor bor du?, *Où habites-tu ?*
Hvor løper han hen?, *Où court-il ?*

- La combinaison **hvor mye/mange** correspond à *combien ?* On applique ici la même règle que pour l'usage de **mye** et **mange** comme adjectifs indéfinis :
Hvor mye bensin har du fylt på tanken?, *Combien d'essence as-tu pris ?*
Hvor mange jenter var med?, *Combien de filles étaient de la partie ?*
Pour beaucoup de formulations interrogatives commençant en français par *quel*, le norvégien utilise de la même façon une combinaison **hvor** + adjectif qualificatif/adverbe.
Hvor stor er du?, *Quelle taille fais-tu ?*

8 Le pronom relatif

Mis à part **hvor**, il n'existe en norvégien qu'un seul pronom relatif : **som**. Encore peut-il être omis lorsqu'il n'est pas sujet de la proposition relative.
Det (som) du sier er helt galt, *Ce que tu dis est complètement faux.*
Det var han som sa det, *C'est lui qui l'a dit.*

Som est obligatoire dans les propositions subordonnées commençant par **hvilken**, **hvem** ou **hva**.
Jeg ville gjerne vite hvem som har gjemt osten under sengen, *Je voudrais bien savoir qui a caché le fromage sous le lit.*

9 Conjonctions de coordination et de subordination

9.1 Conjonctions de coordination

Parmi les conjonctions de coordination, on peut distinguer deux groupes : d'une part les petits mots **og**, *et* ; **eller**, *ou* ; **men**, *mais* ; **for**, *car* ; d'autre part, les expressions "à deux termes" indissociables **både... og**, *aussi bien... que/à la fois... et* ; **enten... eller**, *soit... soit* ; et **hverken... eller**, *ni... ni*.
Placées en tête d'une proposition indépendante ou principale, les conjonctions de coordination n'ont en général pas d'influence sur sa construction.

Enten... eller constitue une exception : dans la proposition introduite par **enten**, le verbe passe devant le sujet (**enten** fonctionne comme un adverbe dans une proposition indépendante). Dans ce cas, on double volontiers **eller** de **så**, qui entraîne une construction similaire dans la deuxième proposition.

Enten går vi på restaurant, eller så lager jeg speilegg, *Soit on va au restaurant, soit je fais des œufs au plat*.

9.2 Conjonctions de subordination

Il est important de les reconnaître, en raison de la construction relativement stricte des subordonnées. Voici la liste des principales :

• **at**, *que*, qui peut être omis quand le verbe de la principale exprime une opinion.
Jeg synes (at) du burde høre på ham, *Je trouve que tu devrais l'écouter*.
At est en revanche obligatoire après une préposition dépendant du verbe de la principale.
Jeg er skuffet over at han ikke har skrevet, *Je suis déçu qu'il n'ait pas écrit*.

• **fordi**, *parce que*, qu'on remplace fréquemment par la conjonction de coordination **for**.

• **hvis**, *si* ("de condition") et **om**, *si* ("de condition" et interrogatif).
Han spurte om jeg ville være med, *Il a demandé si je voulais venir*.
Hvis/om du vil være med, må du kle godt på deg.
Hvis peut être omis. On place alors le verbe en tête de la proposition.
Har han sagt det, (så) er det sikkert sant, *S'il l'a dit, c'est sûrement vrai*.

• **når** et **da**, *quand/lorsque*, ce dernier ne s'utilisant que pour les cas où l'on fait référence à un fait unique (même long) situé dans le passé.
Når han kom, var/ble vi glade, *Quand il venait, nous étions contents*.
Da han kom, var/ble vi glade, *Quand il est venu, nous étions contents*.
Remarque : On remplace parfois une proposition subordonnée du type **da jeg var barn**, *quand j'étais enfant*, par un simple complément nominal introduit par **som** : **som barn**.

• **mens**, *pendant que* ; **siden**, *depuis que* ; **med det samme**, *dès que* ; **nå som**, *maintenant que*.

• **for at**, *pour que* ; **uten at**, *sans que* ; **slik at**, *de façon à ce que*.

• **selv om**, *même si / bien que / quoique* ; **med mindre**, *à moins que*.

• **hva/hvem/hvor...enn**, *qui...que / quoi...que / où...que*.

• Certaines conjonctions de subordination sont suivies d'un infinitif : **uten å** (= *sans* + infinitif) ; **for å**, **til å** (= *pour* + infinitif).
For å s'utilise pour exprimer une finalité, tandis que le rapport existant entre la principale et la subordonnée introduite par **til å** est plutôt d'ordre du moyen concret, de l'instrumental.
Jeg leser for å få tiden til å gå, *Je lis pour passer le temps*.
Han bruker helst penn til å skrive brev, *Il utilise plutôt un stylo pour écrire des lettres*.

10 Le verbe

10.1 L'infinitif

L'infinitif du verbe est normalement précédé de **å**.
Cependant, dans certains cas, on utilise l'infinitif sans **å** :
– après les auxiliaires de mode, les verbes **å torde**, *oser* ; **å la**, *laisser* et **å be**, *prier de* :
Jeg kan ikke si det på norsk, *Je ne sais pas dire ça en norvégien*.
Han torde ikke si henne sannheten, *Il n'a pas osé lui dire la vérité*.
– après les verbes de perception **å høre**, *entendre* ; **å se**, *voir* ; **å kjenne**, *sentir* :
Jeg så ham ramle i trappen og hørte ham skrike, *Je l'ai vu dégringoler dans l'escalier, et je l'ai entendu crier*.
Beaucoup de verbes norvégiens sont composés d'un verbe "simple" suivi d'un adverbe. Par exemple : **å rydde opp**, *ranger* ; **å ta av**, *maigrir* ; **å velge ut**, *sélectionner* ; **å stikke innom**, *passer chez quelqu'un*. Certains de ces verbes ont un "doublon" où l'adverbe se trouve en position de préfixe. Ces derniers appartiennent le plus souvent à un niveau de langage plus soutenu, voire désuet. Par exemple : **å spore opp / å oppspore**, *repérer*.
De très nombreux verbes norvégiens sont d'autre part suivis d'un complément introduit par une préposition obligatoire : **å vente på noen/noe**, *attendre quelqu'un/quelque chose* ; **å glede seg over noe**, *se réjouir de quelque chose*. Il en va de même de certaines expressions composées d'un verbe d'état et d'un adjectif : **å være stolt av**, *être fier de* ; **å bli sint på**, *se mettre en colère contre*.

Les conjugaisons norvégiennes se réduisent à une seule forme par temps, valable pour toutes les personnes.

10.2 Le présent de l'indicatif

Il est caractérisé par la terminaison **-r** ajoutée directement au radical de l'infinitif.
å ta, *prendre* → **jeg tar** :
å finne, *trouver* → **jeg finner**.
Les verbes suivants constituent des cas particuliers : **å spørre**, *demander* → **jeg spør** ; **å vite**, *savoir* → **jeg vet** ; **å si**, *dire* → **jeg sier** ; **å være**, *être* → **jeg er** ; **å torde**, *oser* → **jeg tør**.

• À cette liste, il faut ajouter les auxiliaires de mode, ainsi dénommés parce qu'ils sont en général accompagnés d'un autre verbe, à l'infinitif sans å. Ce sont : **å kunne**, *pouvoir* → **jeg kan** ; **å ville**, *vouloir* → **jeg vil** ; **å skulle**, *devoir/avoir l'obligation morale de* → **jeg skal** ; **å måtte**, *devoir/être obligé de* → **jeg må** ; **å burde**, *devoir, selon un conseil* → **jeg bør**.

• Pour décrire une action en train de se passer, le norvégien peut aussi recourir soit à un verbe de position précédant le verbe principal, soit à l'expression **å holde på** + infinitif complet.
Hun sitter og syr i en knapp, hun holder på å sy i en knapp, *Elle est en train de coudre un bouton*.
Ces deux tournures sont transposables au passé, avec la même idée de processus long.

• Le présent peut aussi avoir valeur de futur proche.
I morgen går vi til neste hytte, *Demain, nous irons jusqu'au prochain refuge*.

10.3 Le futur

Quant aux véritables formes de futur, elles sont au nombre de trois, et font intervenir des auxiliaires :

– **jeg skal** + **infinitif sans å** correspond davantage à une nécessité de l'ordre du programme, d'un déroulement d'événements prévus.
Vi skal til Andersens i morgen, *Nous irons chez les Andersen demain*.
– **jeg vil** + **infinitif sans å** donne l'idée d'une intention.
Jeg vil kjøpe den jakken der når jeg får penger, *J'achèterai cette veste quand j'aurai des sous*. En langue moderne et moins soutenue, on dira tout aussi volontiers : **Jeg skal kjøpe den jakken**. En revanche, l'utilisation de **å ville** reste très présente dans des phrases dont le sujet n'est pas une personne. Elle contient alors

l'idée d'une prévision plus ou moins objective : **Det vil sikkert bli krig**, *Il y aura sûrement une guerre*.
Dette vil få følger, *Ça aura des conséquences*.
Snøen vil vel smelte før påske, *La neige va certainement fondre avant Pâques*.
– **jeg kommer til** + infinitif complet est la formulation la plus neutre. C'est aussi la plus courante, lorsque l'utilisation du présent ne suffit pas. Elle peut souvent supplanter les deux autres formes de futur avec auxiliaire.
Du kommer til å angre på det, *Tu le regretteras*.
Jeg kommer til å kjøpe den jakken, *Je vais acheter cette veste*.
Dette kommer til å få følger, *Ça aura des conséquences*.

10.4 L'impératif

Il ne connaît que trois personnes : d'une part, les deuxièmes personnes du singulier et du pluriel (qui sont identiques) et, d'autre part, la première personne du pluriel.
Pour la 2e personne, le verbe est simplement réduit à son radical. Les verbes se terminant par **-e** à l'infinitif perdent le **-e** final. À la forme négative, la négation **ikke** précède le verbe.
Kom hit!, *Viens/Venez ici !*
Ikke tråkk på blomstene!, *Ne piétine/z pas les fleurs !*
Pour la 1re personne du pluriel, on fait appel à la formule **la oss** + infinitif sans **å** (de **å la**, *laisser*). Cette tournure appartient à un style plutôt pompeux. On lui préfère une tournure interrogative avec **skal**.
La oss synge!, Skal vi synge?, *Chantons ! / Si on chantait ?*

10.5 Le passé

Les temps du passé de l'indicatif font intervenir la distinction entre verbes faibles et verbes forts.
Pour les verbes faibles, les règles de formation du prétérit et du participe passé sont les suivantes :
– radical finissant par une voyelle finale accentuée : prétérit en **-dde**, participe passé en **-dd**.
ex : **å bo, jeg bodde, bodd**
– radical finissant par une diphtongue, **-g** ou **-v** : prétérit en **-de**, participe passé en **-d**.

ex : **å leve, jeg levde, levd**
– radical finissant par une consonne : prétérit en **-et**, participe passé en **-t**.
ex : **å lese, jeg leste, lest**
– radical finissant par plusieurs consonnes : prétérit en **-et**, participe passé en **-et**.
ex : **å vaske, jeg vasket, vasket**

Le verbe **å være** a pour prétérit **var**, et pour participe passé **vært**.

Pour les auxiliaires de mode, le prétérit est semblable au radical de l'infinitif.
ex : **å kunne**, **jeg kunne**, *je pouvais, j'ai pu* ; **å måtte**, **jeg måtte**, *je devais, j'ai dû*.
Leur participe passé, très rarement employé, se construit comme celui des verbes faibles : **å kunne → kunnet** ; **å måtte → måttet**, etc.

La liste des principaux verbes forts est située à la fin de cet appendice grammatical.

Le prétérit s'emploie pour parler d'un fait situé à un moment précis du passé. Il est de rigueur dans les interrogatives introduites par **når** portant sur une action passée.
Dans la langue parlée, le prétérit prend parfois la place du présent, dans des phrases du style : **det var snilt av deg**, *c'est gentil de ta part*, marquant une appréciation d'un fait présent.

Le parfait est composé de l'auxiliaire **har** (ou très rarement **er**), et du participe passé. L'auxiliaire **å være**, autrefois employé avec les verbes indiquant un changement de lieu, n'est plus obligatoire aujourd'hui qu'avec le verbe **å bli**, *devenir*.
Han har aldri snakket med sjefen, *Il n'a jamais parlé au patron*.
Han har/er kommet en gang, *Il est venu une fois*.
Han er blitt syk, *Il est tombé ("devenu") malade*.
Le parfait s'emploie pour parler d'un fait situé dans le passé, sans que le moment soit précisé.
Le parfait est également utilisé avec les compléments de temps introduits par **i**.
Vi har bodd her i to år, *Cela fait deux ans que nous habitons ici./ nous habitons ici depuis deux ans*.

Le plus-que-parfait, qui exprime l'antériorité par rapport à un autre fait du passé, se construit selon le même principe que le parfait, l'auxiliaire **å ha** (ou **å være**) étant au prétérit, ce qui donne : **hadde / var** + participe passé.
Han hadde vasket opp, *Il avait fait la vaisselle.*

10.6 Le conditionnel

Le conditionnel présent est formé à l'aide de l'auxiliaire **ville** + infinitif sans **å**.
Jeg ville være takknemlig, *Je serais reconnaissant.*
Pour les auxiliaires de mode, le conditionnel présent est semblable au prétérit (et donc au radical de l'infinitif).
Hun kunne jo det, hvis hun ville, *Elle le pourrait, si elle voulait.*
• Le conditionnel passé fait appel au même auxiliaire **ville** + participe passé. Dans un parler grammaticalement plus rigoureux, on intercale l'infinitif **ha** entre **ville** et cet infinitif.
Jeg ville gjøvet løs på ham, *Je lui serais rentré dedans.*
Vi ville ha tatt saken alvorlig, *Nous aurions pris l'affaire au sérieux.*

Remarque : Après les conjonctions de subordination **hvis** et **om**, le conditionnel est proscrit. On remplace le conditionnel présent par le prétérit et le conditionnel passé par le plus-que-parfait.
Hvis han hadde hjulpet meg, ville jeg klart det., *S'il m'avait aidé, j'y serais arrivé.*
Et de même, si la conjonction **hvis** est omise.
Hadde du vært mer tolerant, så ville du hatt mange venner, *Si tu avais été plus tolérant, tu aurais eu beaucoup d'amis.*

10.7 La voix passive

La voix passive existe sous deux formes :
– d'une part, une forme simple où le verbe prend la terminaison **-s** (au lieu de **-r** au présent, ou ajoutée à la forme de prétérit).
Skiene smøres hver morgen, *Les skis sont fartés tous les matins.*
– d'autre part, une forme composée de l'auxiliaire **å bli** et du participe passé.
Han blir uglesett, *Il est mal vu. / Il se fait mal voir.*
Le complément d'agent est introduit par la préposition **av**.

Du kan bli bitt av hunden, *Tu pourrais te faire mordre par le chien*.
Au prétérit, la forme en **-s** est très rarement utilisée. Le **-s** est simplement ajouté à la forme de prétérit actif. Le passif en **-s** n'existe pas au parfait. Pour la forme composée au passé, on change simplement le temps de l'auxiliaire.
Han ble skjelt ut (prétérit), *Il s'est fait semoncer*.
Han er blitt skjelt ut (parfait).
Han var blitt skjelt ut (plus-que-parfait).

Dans les phrases contenant un auxiliaire de mode, c'est l'infinitif accompagnant cet auxiliaire qui porte la marque du passif en **-s**.
Skoene må ryddes i skapet, *Les chaussures doivent être rangées dans le placard*.
Pour la forme composée, l'auxiliaire de mode est suivi de **å bli** à l'infinitif sans **å** et du participe passé : **du kunne bli spist av ulven**, *tu pourrais être dévoré par le loup*.
Remarque : Certains verbes ont en permanence la forme d'un passif en **-s**, bien que leur signification soit active. L'exemple le plus courant est **å synes**, *trouver que*.
Jeg synes du har rett i det, *Je trouve que tu as raison*.

La traduction adéquate du passif norvégien n'est pas toujours le passif français. La forme en **-s** a aussi fréquemment la valeur d'une forme pronominale. Les deux formes peuvent se traduire par un verbe actif ayant pour sujet *on*.
Elgkjøtt spises med brun saus, *La viande d'élan se mange avec de la sauce brune*.
Det fortelles mye om troll, *On raconte beaucoup de choses au sujet des trolls*.

10.8 Le participe présent

On le forme en ajoutant la terminaison **-ende** (invariable) au radical de l'infinitif. Les participes présents sont essentiellement utilisés comme adjectifs qualificatifs.
Han har et vinnende vesen, *Il sait gagner l'estime d'autrui*.
Pour les tournures françaises construites à partir du participe présent ou du gérondif, on préfère en norvégien une proposition subordonnée conjonctive.
Il lit le journal en mangeant, **Han leser avisen mens han spiser**.

11 L'ordre des mots

• Dans les phrases interrogatives non introduites par un pronom/adjectif interrogatif, le verbe est en tête de phrase ; lorsqu'il y a un adjectif/pronom interrogatif ou une locution interrogative, le verbe est le second élément.
Ble han fornærmet?, *A-t-il été vexé ?*
Hvorfor ble han fornærmet?, *Pourquoi a-t-il été vexé ?*
Hvor mange penger har du tjent?, *Combien d'argent as-tu gagné ?*

La construction des phrases norvégiennes est par ailleurs régie par trois règles essentielles.
• Quand la proposition indépendante ou principale commence par un autre élément syntaxique que le sujet (adverbe, complément quelconque), celui-ci est placé derrière le verbe. Autrement dit : le verbe est obligatoirement en deuxième position.
Om våren smelter snøen, *Au printemps, la neige fond*.
Les conjonctions de coordination ne comptent pas pour un élément syntaxique.
Men han ville ikke svare, *Mais il n'a pas voulu répondre*.
Si la proposition subordonnée précède la principale, elle compte comme premier élément syntaxique et l'effet est le même.
Da han så henne, tok han beina på nakken, *Quand il la vit, il prit ses jambes à son cou*.

• Dans la proposition subordonnée, un certain nombre d'adverbes parmi les plus courants ont obligatoirement leur place devant le verbe. Outre la négation **ikke** et ses "extensions" adverbiales, telles que **slett ikke**, *pas du tout* ; **ikke lenger**, *ne... plus* ; **ikke noe særlig**, **ikke noe videre**, *pas spécialement* ; les principaux adverbes concernés par cette règle sont :
– des adverbes marquant une "modulation" du propos : **naturligvis**, *bien sûr* ; **sannsynligvis**, *probablement* ; **tydeligvis**, *de toute évidence* ; **vanligvis**, *habituellement* ; **gjerne**, *volontiers* ; **sikkert**, *sûrement* ; **nok, visstnok**, *sans doute* ; **neppe**, *probablement pas* ; **akkurat**, *exactement/justement* ; **bare**, *seulement* ; **også**, *aussi* ; **ellers**, *sinon* ; **faktisk**, *en effet / effectivement* ; **absolutt**, *absolument* ; **dessverre**, *malheureusement* ; **gudskjelov**, *heureusement* ; **egentlig**, *au fond* ; **virkelig**, *réellement* ; **sannelig**, *vraiment* ; **særlig**,

en particulier ; **tvert imot**, *au contraire* ; **først og fremst**, *avant tout* ; **rett og slett**, *purement et simplement* ; **altså**, *donc* ; **for så vidt**, *dans cette mesure* ; **likesom**, *pour ainsi dire* ; **for det ene**, *premièrement* ; **for det andre**, *deuxièmement*...
– des adverbes de temps : **allerede**, *déjà* ; **alltid**, *toujours* ; **aldri**, *jamais* ; **ofte**, *souvent* ; **snart**, *bientôt* ; **sjelden**, *rarement* ; **engang**, *une fois* ; **nettopp**, *à l'instant/justement* ; **med en gang**, *tout de suite* ; **til slutt**, *finalement* ; **i begynnelsen**, *au début* ; **endelig**, *enfin*. C'est aussi le cas si ces adverbes sont renforcés par un autre, par exemple : **helt sikkert**, *très certainement* ; **så ofte**, *si souvent*.

Mais : **igjen**, *de nouveau* ; **nå**, *maintenant* ; **først**, *d'abord* ; **fort**, *rapidement* ; **likevel**, *quand même* ; **den gangen, på den tiden**, *à cette époque* ; **med det samme, uten videre**, *immédiatement* ; **av og til**, *parfois* ; **lenge**, *longtemps* ; **straks**, *immédiatement* ; **etterpå**, *après* ; **sent**, *tard* ; **tidlig**, *tôt* ; et, d'une façon générale, les locutions adverbiales plus proches d'un véritable complément de temps, comme **i dag**, *aujourd'hui* ; **i går**, *hier* ; **i morgen**, *demain* ; **i kveld**, *ce soir* ; **i sommer**, *cet été*, peuvent se placer soit avant, soit après le verbe, l'adverbe étant, dans le pemier cas, davantage mis en relief.

Échappent totalement à cette règle :
– **før**, *avant* ; **annerledes**, *autrement* ; **sånn, slik**, *ainsi* ;
– les adverbes de lieu (**her, der, ute, inne, oppe, dit, hit**, etc.) ;
– les adverbes de quantité (**mye, alt, lite**) ;
– les adjectifs à la forme neutre faisant fonction d'adverbes (par ex. **pent, falskt, dumt, forferdelig, hyggelig**).

• Dans les phrases contenant un verbe (une expression verbale) dont le complément est introduit par une préposition obligatoire (dépendante du verbe), la préposition reste solidaire du verbe chaque fois que le complément en est éloigné.
Hvem er det du venter på?, *Qui attends-tu ?* (verbe : **å vente på noen**)
Det er flere forseelser han har gjort seg skyldig i, *C'est de plusieurs délits qu'il s'est rendu coupable* (expression : **å gjøre seg skyldig i noe**).

12 Points de repère pour la répartition des deux tons

TON 1, "ton simple", montée linéaire de la voix indiquée par une voyelle en gras (ici en rouge) :

• les noms monosyllabiques des deux genres, à la forme définie du singulier
ex : m**a**nnen, b**i**len, t**u**ren, s**e**ngen, st**o**len... / b**a**rnet, tr**e**et, **e**gget, b**o**rdet, sk**a**pet...

• beaucoup de noms neutres à la forme définie du pluriel
ex : b**a**rna, **e**ggene, tr**æ**rne, b**å**ndene...

• les noms de deux syllabes en **-het**
ex : d**u**mhet, fr**e**kkhet, sn**i**llhet, bl**i**ndhet...

• de nombreux noms courts d'origine étrangère
ex : st**u**die, k**a**ffe, d**o**ktor, m**ø**bler, skj**e**ma, t**i**ttel, **a**rtium, d**a**to...

• de nombreux verbes à préfixe accentué
ex : **a**vslutte, **a**ngripe, **a**vfatte, **o**ppfatte, t**i**lbringe, t**i**ltrekke, gj**e**nta, t**i**lstå, fr**a**be, fr**a**tre, **a**ngå, **i**nnse, p**å**virke...
(mais : **o**verbevise, **o**verdrive, **o**verraske, f**o**restille, f**o**regå – le préfixe **for** n'est pas accentué : for**y**nge, fors**i**nke, forst**y**rre, fort**je**ne, fors**ø**ke...)

• les noms à préfixe accentué finissant en **-ing** (et **-else**)
ex : fr**e**mstilling, **a**vhandling, m**o**tsetning, m**o**ttakelse... (mais : utl**e**nding, overr**a**skelse)

• les adjectifs numéraux ordinaux en **-ende**
ex : sj**u**ende, **å**ttende, n**i**ende, t**i**ende, tr**e**ttende, fj**o**rtende, t**y**vende, tr**e**ttiende...

• de nombreux noms de pays
ex : Sv**e**rige, Fr**a**nkrike, F**i**nland, **E**ngland, T**y**skland, P**o**rtugal, Sp**a**nia, H**e**llas... (mais : N**o**rge, D**a**nmark, It**a**lia).

TON 2, "ton double", descente rapide, puis remontée de la voix, indiquée par une voyelle en gras (ici en bleu) + une voyelle en gris :

• la plupart des mots finissant par **-e**, notamment une foule d'infinitifs en deux syllabes
ex : e**p**le, sjoko**l**ade, **o**fte ... / å **kj**øre, å s**p**ise, å **t**elle, å **k**oke, å s**i**tte, å **l**ese, å s**p**are...

Remarque : une bonne partie des ces verbes, le plus souvent des verbes forts, prennent le ton 1 à la forme conjuguée du présent. Qu'ils soient faibles ou forts, ils retrouvent le ton 2 aux formes du prétérit ou du participe passé qui ont deux syllabes, ex :
verbes faibles : **å spise, jeg spiser, jeg spiste** / **å lese, jeg leser, jeg leste**
verbes forts : **å sitte, jeg sitter, jeg har sittet** / **å skrive, jeg skriver, jeg har skrevet** / **å finne, jeg finner, jeg har funnet** / **å sove, jeg sover, jeg har sovet**, **å komme, jeg kommer, jeg har kommet** / **å ligge, jeg ligger, jeg har ligget** / **å drikke, jeg drikker, jeg har drukket**...
Dans certains cas, cette particularité du présent permet de distinguer la forme verbale d'un nom bâti sur le radical du verbe, ex : **jeg skriver**, *j'écris*, mais : **en skriver**, *une imprimante*.

• la plupart des mots finissant par **-er**, notamment les noms au pluriel indéfini
ex : s**o**mmer, b**i**ler, l**æ**rer, l**ø**gner, **o**rdfører... (mais : **tølper, kjøter, spiker**)
Pour le présent des verbes, voir ci-avant.

• la plupart des mots finissant par **-en** (exception importante : les noms monosyllabiques à la forme définie du singulier)
ex : n**o**en, **u**ten, n**e**sten, s**u**lten ... (mais : **sammen, kjøkken, verden, orden**)
attention : **jeg er sulten**, *j'ai faim*, mais : **sulten**, *la faim*.

• la plupart des mots accentués sur une autre syllabe que la première
ex : bet**a**le, bes**ø**ke, interess**e**re...

• les adjectifs en **-(l)ig**, **-full**, **-løs**
ex : d**ei**lig, m**u**lig, utr**o**lig, v**a**nskelig, **e**rgerlig, **e**nig, **æ**rverdig, st**a**dig, sk**y**ldig, **o**ndskapsfull, m**å**lløs... (mais : **egentlig**)

• les noms en **-dom** et **-skap**
ex : r**i**kdom, f**o**rdom, s**y**kdom, v**e**nnskap, **e**kteskap, v**i**tenskap... (mais : **galskap, råskap, ondskap**)

• les noms de plus de deux syllabes en **-het**
ex : **e**vighe**t**, **kj**ærlighe**t**, **v**anskelighe**t**, **n**ysgjerrighe**t**...

• les formes nominales en **-ing** directement construites sur un verbe
ex : **sn**akk**i**ng, **s**eil**i**ng, **k**rangl**i**ng, **e**rt**i**ng...

• les noms finissant en **-else** sans préfixe, ou non accentués sur la première syllabe
ex : **ø**vels**e**, **st**avels**e**, **b**egravels**e**, **b**etingels**e**, **ø**deleggels**e**, **f**ristels**e**...

• les participes présents
ex : **i**rriter**e**nd**e**, **s**krik**e**nd**e**, **l**øp**e**nd**e**...

12.1 Répartition des tons pour les mots composés

La répartition des tons pour les mots composés dépend largement du ton du premier mot.

• Les mots composés dont le 1er élément porte isolément le ton 1, portent en général également le ton 1, sauf ceux commençant par les préfixes **over** et **under**.
ex : **m**ønster/strikket, **f**løyels/gardiner, **o**rdens/menneske, **i**nnpaknings/papir... (mais : **u**nder/t**ø**y, **o**ver/tr**o**).

• Les mots composés dont le 1er élément porte isolément le ton 2 ou est accentué sur la dernière syllabe portent le ton 2.
ex : **bl**omster/eng, **v**ideo/sp**i**ll, **sk**itten/tøy, **b**olig/flat**e**, **p**riv**a**t/brygg**e**, **sp**esial/forretn**i**ng, **b**utikk/innehav**e**r...

• Les mots composés dont les éléments sont reliés par la lettre **e** (qui fait généralement partie d'un premier élément portant le ton 2) portent le ton 2.
ex : **h**ekesk**u**dd, **l**ysekron**e**, **h**ostes**a**ft, **o**ljef**y**r, **l**øvef**o**t, **l**illefing**e**r, **f**iskepudd**i**ng, **s**omlepav**e**... (mais : **f**erie/stedet – **f**erie = ton 1).

• Pour les mots composés dont le premier élément est monosyllabique, c'est la voyelle de ce premier mot qui influe sur le ton, selon le principe général suivant : si cette voyelle est courte, la voix butant immédiatement sur un groupe de consonnes "dures", le mot prend le ton 1 ; si la voyelle est longue, ou si la voix "rebondit" sur un groupe de consonnes "molles", le mot prend le ton 2. C'est le cas des groupes **nn**, **nd**, **mm**, **ll**, **gn**, **ng** et même **gg**.

femhundreogfire

Exemples :

Ton 1	Ton 2
p*o*st/kort, sp*o*rts/sko	tog/pl*a*ss, troll/k*a*tt
f*y*r/stikk	by/f*o*lk, rygg/s*e*kk
sk*o*g/s/folk	bok/sk*a*p, sol/b*æ*r, flod/h*e*st
fr*u*kt/saft, tusj/p*e*nn	gull/f*i*sk, tull/pr*a*t,
r*ei*n/s/dyr	r*ei*n/flokk, r*e*gn/vær
fl*a*gg/stang, r*a*tt/fyll	gran/tr*e*, mann/f*o*lk,
sm*ø*r/brød	sand/sl*o*tt, ball/sp*i*ll
t*e*lt/tur, f*e*tt/klump	sj*ø*/mann, støv/d*o*tt
sk*i*p/s/reder, r*i*k/s/mål,	tre/sk*o*, fjell/t*u*r
stikk/ord, l*i*v/s/oppgave	stiv/n*a*kke, ring/fing*e*r

Remarquez en particulier le rôle joué par la lettre **s** qui, ajoutée en guise de liaison entre les deux éléments, raccourcit la première voyelle.

Il existe, parmi les mots courants, des exceptions à cette "règle" : **ski/tur, ku/melk, farfar, morfar**, etc. prennent par exemple le ton 1.

12.2 Récapitulatif de l'évolution des tons dans les mots variables

• Les noms

Noms monosyllabiques genre commun, ex : **en fjord**
Noms monosyllabiques neutres, ex : **et egg**

| forme définie sing. | ton 1 – ex : **fjorden** |
	ton 1 – ex : **egget**
forme indéfinie plur.	ton 2 – ex : **fjorder**
forme définie plur.	ton 2 – ex : **fjordene**
	ton 1 – ex : **eggene**

Remarque : le ton permet parfois de distinguer entre les genres : **en egg**, *le tranchant d'une lame*, **eggene**, mais : **et egg**, *un œuf*, **eggene** ; ou entre des homonymes : **en bøk**, *un hêtre*, **bøkene**, mais **en bok**, *un livre*, **bøkene**.

Certains pluriels irréguliers de noms monosyllabiques prennent le ton 1, d'autres le ton 2, mais dans les deux cas, ils ont le même ton à la forme définie et indéfinie.

Ton 1	fot	føtter	føttene
	bok	bøker	bøkene
	stang	stenger	stengene
	and	ender	endene
	hånd	hender	hendene
	natt	netter	nettene
Ton 2	bror	brødre	brødrene
	kraft	krefter	kreftene
	far	fedre	fedrene
	mor	mødre	mødrene

Les noms de plus d'une syllabe conservent leur ton d'origine à toutes les formes, sauf pour les pluriels irréguliers.
ex : (ton 1) **et postkort / postkortet / postkort / postkortene** –
(ton 2) **tallerken / tallerkenen / tallerkener / tallerkenene** -
(pluriel irrégulier) : **en finger / fingeren / fingre / fingrene** .

Les noms d'origine étrangère accentués sur la dernière syllabe prennent le ton 2 aux formes à suffixe.
ex : **ingeniør / ingeniøren / ingeniører / ingeniørene** – **situasjon / situasjonen**... – **kirurgi / kirurgien**... – **fysikk / fysikken**... – **telefon / telefonen**...

• Les adjectifs
Adjectifs monosyllabiques, ex : **pen – trett – god – stor**
Pluriel ou épithète ton 2 – ex : **pene – trette – gode – store**

Comparatif	ton 2 – ex : **penere – trettere** ton 1, comp. irr. – ex : **bedre – større**
Superlatif	ton 1, sans article – ex : **penest – trettest** ton 2, avec article – ex : **den peneste – den tretteste**

Les adjectifs de plus d'une syllabe gardent leur ton d'origine (le plus souvent ton 2) à toutes les formes : **elendig / elendige / elendigere / elendigst / den elendigste**.

femhundreogseks

- Les verbes
Verbes à infinitif en 2 syllabes en -e, ex : **å skrive**, **å snakke**

Infinitif	ton 2 – ex : **å skrive** (vb. fort) – **å snakke** (vb. faible)
Présent	ton 1 ou 2 – ex : **jeg skriver** – **jeg snakker**
Prétérit ou participe passé	ton 2 – ex : **skrevet** – **snakket**

Les autres verbes gardent leur ton d'origine à toutes les formes.
ex : (ton 1) **å angå** / **det angår** / **det angikk** / **det har angått** – **å avslutte** / **jeg avslutter** / **jeg avsluttet** / **jeg har avsluttet** –
(ton 2) **å bestemme** / **jeg bestemmer** / **jeg bestemte** – **å overbevise** / **jeg overbeviser** / **jeg overbeviste** / **jeg har overbevist**.

13 Liste des principaux verbes forts

infinitif	prétérit	participe passé	sens principal
å be	ba	bedt	*prier*
å bite	bet	bitt	*mordre*
å bli	ble	blitt	*devenir*
å brekke	brakk	brukket	*casser*
å bryte	brøt	brutt	*rompre*
å by	bød	budt	*offrir*
å bære	bar	båret	*porter*
å dra	dro	dradd	*tirer*
å drikke	drakk	drukket	*boire*
å drive	drev	drevet	*mener*
å fare	for	fart	*(expr. fixes)*
å finne	fant	funnet	*trouver*
å fly	fløy	fløyet	*voler*
å flyte	fløt	flytt	*flotter*
å forsvinne	forsvant	forsvunnet	*disparaître*
å fortelle	fortalte	fortalt	*raconter*
å fryse	frøs	frosset	*geler*
å følge	fulgte	fulgt	*suivre*
å få	fikk	fått	*recevoir*

å gi	ga	gitt	*donner*
å gidde	gadd	giddet	*avoir du courage*
å gjelde	gjaldt	gjeldt	*concerner*
å gjøre	gjorde	gjort	*faire*
å gli	gled	glidd	*glisser*
å gripe	grep	grepet	*saisir*
å gråte	gråt	grått	*pleurer*
å gyve	gjøv	gjøvet	*tourbillonner*
å gå	gikk	gått	*aller, marcher*
å henge	hang	hengt	*être suspendu*
å hete	het	hett	*s'appeler*
å hjelpe	hjalp	hjulpet	*aider*
å holde	holdt	holdt	*tenir*
å komme	kom	kommet	*venir*
å kvele	kvalte	kvalt	*étouffer*
å la	lot	latt	*laisser*
å late	lot	latt	*faire semblant de*
å le	lo	ledd	*rire*
å legge (seg)	la	lagt	*(se) coucher*
å ligge	lå	ligget	*être couché*
å lyde	lød	lydt	*sonner*
å lyve	løy	løyet	*mentir*
å løpe	løp	løpt	*courir*
å nyte	nøt	nytt	*profiter de*
å rekke	rakk	rukket	*atteindre*
å renne	rant	rant	*couler*
å rive	rev	revet	*déchirer, arracher*
å ryke	røk	røket	*fumer, se précipiter*
å se	så	sett	*voir*
å selge	solgte	solgt	*vendre*
å sette	satte	satt	*poser*
å si	sa	sagt	*dire*
å sitte	satt	sittet	*être assis*
å skjelve	skalv	skjelvet	*trembler*

å skjære	skar	skåret	*couper*
å skrike	skrek	skreket	*crier*
å skrive	skrev	skrevet	*écrire*
å skryte	skrøt	skrytt	*se vanter*
å skyte	skjøt	skutt	*tirer (arme)*
å skyve	skjøv	skjøvet	*pousser*
å slippe	slapp	sluppet	*laisser tomber*
å slite	slet	slitt	*user*
å slå	slo	slått	*frapper*
å smelle	smalt	smelt	*claquer*
å snyte	snøt	snytt	*tromper*
å sove	sov	sovet	*dormir*
å sprekke	sprakk	sprukket	*éclater*
å spørre	spurte	spurt	*demander*
å stige	steg	steget	*monter*
å stikke	stakk	stukket	*piquer*
å stjele	stjal	stjålet	*voler*
å strekke	strakte	strakt	*étirer*
å stryke	strøk	strøket	*repasser*
å stå	sto(d)	stått	*être debout*
å synge	sang	sunget	*chanter*
å synke	sank	sunket	*sombrer*
å ta	tok	tatt	*prendre*
å torde, jeg tør	torde	tort	*oser*
å tre	trådte	trådt	*(expr. fixes)*
å treffe	traff	truffet	*rencontrer*
å trekke	trakk	trukket	*tirer, passer*
å tvinge	tvang	tvunget	*obliger*
å velge	valgte	valgt	*choisir*
å vinne	vant	vunnet	*gagner*

Bibliographie

Reichborn-Kjennerud (Finn), *Norsk-fransk blå ordbok*, éd. Kunnskapsforlagets, Oslo, 1993.

Dictionnaires bilingues :

Elligers (Anne) & Jacobsen (Tove), *Fransk blå ordbok: fransk-norsk, norsk-fransk*, éd. Kunnskapsforlagets, Oslo, 2002.

Grundt (Lars Otto), *Stor Norsk-Fransk Ordbok*, éd. Universitetsforlaget, Oslo, 1991.

Dictionnaire unilingue :

Landrø (Marit Ingeborg) & Wangensteen (Boye), *Bokmålsordboka (Definisjons- og rettskrivningsordbok)*, éd. Universitetsforlaget Oslo, 2005.

Autres ouvrages :

Strandskogen (Åse-Berit & Rolf), *Norsk Grammatikk for Utlendinger*, éd. Gyldendal Norsk Forlag, Oslo, 1980.
(en norvégien)

Renaud (Jean), *Vocabulaire norvégien*, éd. Ophrys, Paris, 2002.

Lexique norvégien-français

Liste des abréviations		
sing. singulier	*pl.* pluriel	*fam.* familier
aux. auxiliaire	*int.* intransitif	*trans.* transitif
g.c. genre commun	*g.n.* genre neutre	*g.f.* genre féminin
prép. préposition	*adj.* adjectif	*conj.* conjonction
adv. adverbe	*pr.* pronom	*fig.* figuré

• La mention g.f. entre parenthèses signale les noms auxquels le bokmål classique attribue le genre commun, mais qui sont susceptibles de prendre le genre féminin au gré de variations sur les registres de langue, en particulier à l'oral.
• æ, ø et å sont les trois dernières lettres de l'alphabet norvégien.
• Les pluriels des noms figurent entre parenthèses après l'indication du genre dans le sens français-norvégien. Le lexique norvégien-français n'indique ces pluriels que lorsqu'ils sont irréguliers.
• Le numéro indiqué en référence est celui de la première leçon où apparaît le mot.
• Les noms propres ne figurent pas dans cette liste.
• Pour la majorité des mots composés, reportez-vous aux différents éléments du mot.
• Les verbes forts sont signalés par un astérisque (*).

A

absolutt 57	absolument
adjø! 100	au revoir !
admiral g.c. 85	amiral
adresse g.c. 80	adresse
advokat g.c. 64	avocat
afrikaner g.c. *(nom)* 16	Africain
afrikansk *(adj.)* 25	africain
agurk g.c. 89	concombre
akademiker g.c. 59	universitaire
ake (å) 83	faire de la luge
akkurat 40	exactement
aksent g.c. 90	accent
aktelse g.c. 65	respect
akvarell g.c. 82	aquarelle

alder g.c. 29	âge
aldershjem g.n. 82	maison de retraite
aldr*i* 15	jamais
al*e*ne 33	seul
al*g*e g.c. 25	algue
all, alt, **al**le 12	tout, toute, tous
all**e**rede 8	déjà
all**er**g*i*sk 32	allergique
allslags 87	toutes sortes de
alltid 15	toujours
all**v**erden (hvem i ~) 11	qui diable ?
all**v**erdens + *nom* 29	toutes sortes de
altså 53	donc
alvor 67	sérieux *(nom)*
alv**o**rl*i*g 18	sérieux *(adj.)*
amerik**a**ner g.c. *(nom)* 16	Américain
amerik**a**nsk *(adj.)* 64	américain
an 17	*adverbe-particule*
an**a**nas g.c. 44	ananas
and, **e**nder g.c. 17	canard
ane (å) 62	se douter de
ane g.c. 94	ancêtre
an*f*all g.n. 88	accès, crise
angre (å) 97	regretter
angripe* (å) 69	attaquer
angå* (å) 82	concerner
anl**ed**n*i*ng g.c. 30	occasion
annen, **an**net, **an**dre 31, 35	autre
annenhver 86	un sur deux
annerled*e*s 39	autrement
ans*i*kt g.n. 22	visage
ansiktstrekk g.n. 81	trait du visage
anstrengende 68	fatigant
ans**v**ar g.n. 61 + for	responsabilité
ans**v**arl*i*g + for	responsable de
anta* (å) 60	supposer
anvendel*s*e g.c. 99	utilisation, application
ape (å) 76	imiter, singer
ap**o**stel g.c. 36	apôtre, prosélyte
app**a**rat g.n. 39	appareil
appel**s**in g.c. 30	orange
april 20, 73	avril
apropos 19	à propos
arb**ei**d g.n. 45	travail
arbeide (å) 5	travailler
arbeidskont*o*r g.n. 32	agence pour l'emploi

arbeidsløs 32 — chômeur *(adj.)*
argument g.n. 26 — argument
ark g.n. 72 — feuille de papier
arm g.c. 60 — bras
artig 79 — amusant
artikkel g.c. 46 — article de journal
artium g.c. 78 — baccalauréat
arve (å) 64 — hériter
arvelig 71 — héréditaire
at 18 — que *(conj. de sub.)*
atskillig 100 — un certain nombre de
attpåtil 88 — par-dessus le marché
au! 83 — *interj. de douleur ou désagrément* (aïe !, zut !)
august 20 — août
auksjon g.c. 46 — vente aux enchères
av 12 — *préposition* (de)
avbetaling (på) 94 — à crédit
avbryte* (å) 48 — interrompre
avdeling g.c. (g.f.) 65 — rayon
avfatte (å) 76 — rédiger
avgjøre* (å) 73 — régler une affaire
avhandling g.c. 76 — traité, thèse
avholde* seg (å) + fra 59 — se retenir de
avis g.c. (g.f.) 6 — journal
avisbud g.n. 54 — porteur de journaux
avkrok g.c. 57 — endroit reculé
avløse (å) 41 — relayer, remplacer
avsender g.c. 80 — expéditeur
avskrekke* (å) 50 — faire peur, dissuader
avskyelig 59 — répugnant
avsløre (å) 90 — dévoiler, trahir
avslå* (å) 95 — refuser

B

baby g.c. 39 — bébé
bad g.n. 83 — bain
bade (å) 34 — (se) baigner
badekar g.n. 86 — baignoire
badstu (g.c.) g.f. 36 — sauna
bagatell 86 — bagatelle
bak 34 — derrière
bake (å) 43 — faire de la pâtisserie, du pain
bakgrunn g.c. 92 — arrière-plan
baktalelse g.c. 78 — médisance
balanse g.c. 99 — équilibre

balje g.c. 86	bassine
bamse g.c. 67	nounours
banditt g.c. 69	bandit
bane g.c. 50	train urbain, métro
bank g.c. 23	banque
banke (å) 45	cogner
bankkort g.n. 23	carte bancaire
banne (å) 95	lancer des jurons
barbere (å) 75	raser
bare 1	seulement, ne... que
barn g.n. 5	enfant
barndåp g.c. 67	baptême
barnevogn g.c. 92	poussette, landau
bart g.c. 66	moustache
basta 92	"ça suffit"
be* (å) 61	prier, inviter
bebreide (å) 66	reprocher
bedre 23	meilleur
bedrift g.c. 62	entreprise
begge 5	tous les deux (personnes)
begrense (å) 81	limiter
begrep g.n. 76	idée, concept
begripe* (å) 68	saisir, comprendre
begynne (å) 29	commencer
behandle (å) 88	traiter
behandling g.c. 60	traitement
beholde* (å) 71	garder, conserver
beinhard 99	très dur
beite (å) 93	router
bekjentskap g.n. 82	connaissance (de qqn)
beklage (å) 82	plaindre
beklager! 82	désolé !
bekomme (vel ~!) 45	bon appétit !
bekostning (på noens ~) 76	aux dépens de
bekymring g.c. 36	souci
belte g.n. 44	ceinture
belønne (å) 69	récompenser
ben g.n. 50	os, jambe
bensin g.c. 23	essence
bensinstasjon g.c. 92	station-essence
beregne (å) 73	calculer, prévoir
berømt 31	célèbre
besatt 85	occupé (mil.), obsédé
bese* (å) 85	visiter
beskjed (å få ~ om noe) 64	apprendre qqch., être informé de qqch.
beskjed (å gi noen ~) 64	informer qqn

femhundreogfjorten • 514

beskjeden 78	modeste
beskylde (å) 94	accuser
beskytte (å) 92	protéger
beslutning g.c. 87	décision
beslutte (å) 97	décider
bestandig 59	constamment
best 25	le meilleur
bestemme seg (å) + for 36	décider, se décider à
bestemor g.c. 9	grand-mère
bestikk g.n. 67	couverts
bestikkelse g.f. 73	corruption
bestille (å) 51	commander (marchandise)
besvime (å) 78	s'évanouir
besøk g.n. 51	visite
besøke (å) 15	rendre visite à
betale (å) 50	payer
betingelse g.c. 73	condition
betraktning g.c. 16	considération
betro seg (å) + til 64	se confier
bety (å) 22	signifier
betydning g.c. 81	signification
beundre (å) 62	admirer
beundring g.c. 38	admiration
bevares! 57	Dieu nous garde !
bevisst 87	conscient
beånde (å) 74	inspirer
BH g.c. 87	soutien-gorge
bidrag g.n. 76	contribution
biff g.c. 64	bifteck
bikkje g.f. 53	cabot
bil g.c. 23	voiture
bilbelte g.n. 44	ceinture de sécurité
bilde g.n. 9	image, photo
bilkjøring g.c. 26	conduite automobile
bind g.n. 60	tome, volume
binne g.f. 58	ourse
biologi g.c. 78	biologie, sciences naturelles
bit g.c. 30	bouchée, petit morceau
bite* (å) 59	mordre
bitte liten 86	minuscule
bjeffe (å) 53	aboyer
bjelke g.c. 52	poutre
bjørk g.f. 52	bouleau
bjørn g.c. 33	ours
blad g.n. 87	magazine
blad g.n. 89	feuille d'arbre ; lame de couteau

blande (å) 31	mélanger
blande seg opp (å) + i 78	se mêler de
blanding g.c. 71	mélange
blank 96	lisse, brillant
bleie g.c. (g.f.) 38	couche de bébé
blek 54	pâle
bleke (å) 90	décolorer
blende (å) 97	éblouir
bli (å) 5	devenir, *aux. du passif*
blid 66	joyeux
blikk g.n. 97	regard
blind 89	aveugle
blindhet g.c. 89	cécité, aveuglement
blink g.c. 64	cible
blivende 79	en puissance, potentiel
blod g.n. 69	sang
blodig 69	sanglant, ensanglanté
blodprøve g.c. 95	prise de sang
blokk g.c. (g.f.) 45	immeuble
blomst g.c. 13	fleur
blomstret 96	à fleurs (tissu)
blund g.c. 54	un somme
blund (å ikke få ~ på øynene)	ne pas fermer l'œil de la nuit
blunke (å) 97	faire un clin d'œil
blyant g.c. 72	crayon
blødme g.c. 79	calembour
bløt 74	mou, tendre
bløthjertet 74	sentimental, tendre
blå, blått, blå 62	bleu
blåse (å) 10	souffler
blåøyd 62	naïf
bo (å) 5	habiter
bok, bøker g.c. (g.f.) 13	livre
bokskap g.n. 74	bibliothèque, étagère à livres
bolig g.c. 62	résidence
bombesikkert 80	absolument, certain
bommert g.c. 81	gaffe
bonde, bønder g.c. 32	paysan
booke (å) 73	réserver
bord g.n. 38	table
bort, borte 25	*idée d'éloignement*
bort (å gå seg ~) 33	se perdre
bortskjemt 57	gâté (enfant)
bosette* seg (å) 57	s'établir (domicile)
bra 4	bon, bien
brannbil g.c. 92	voiture (camion) de pompiers

brasiliansk *(adj.)* 68	brésilien
bratt 86	abrupt, raide (pente)
bred 52	large
brekke* (å) 60	casser
bremse (å) 44	freiner
brenne* (å) 34	brûler
brev g.n. 20	lettre (postale)
briller *(pl.)* 9	lunettes
bringe* (å) 99	apporter (expr. fixes)
briske seg (å) 59	se faire valoir
bro g.c. (g.f.) 93	pont
brodert 80	brodé
bror, brødre g.c. 9	frère
brosje g.c. 81	broche
bruke (å) 12	utiliser, recourir
bruke opp (å) 62	utiliser en totalité
brukt 62	usagé, d'occasion
bruktbil 95	voiture d'occasion
brumme (å) 58	grogner
brun 19	marron
brus g.c. 6	limonade, soda
bry g.n. 68	peine
bry seg (å) 54	se préoccuper de
brygge g.c. (g.f.) 62	quai, ponton, embarcadère
bryllup g.n. 48	noce, mariage
bryte* (å) 61	rompre
bryte* inn (å) + hos 61	cambrioler
brød g.n. 43	pain
brødskive g.c. (g.f.) 89	tartine, tranche de pain
brøl g.n. 62	hurlement
brøle (å) 62	hurler
bråke (å) 52	faire du bruit
bråkebøtte g.c. 54	braillard
bråkete 54	qui fait du bruit
budeie g.f. 62	vachère
buffet g.c. 99	buffet garni
bukke (å) 83	se courber
bukse g.f. 55	pantalon
bukt g.c. 97	baie (mer)
bunad g.c. 67	costume folklorique
burde (å), jeg bør 24	devoir (conseil)
busk g.c. 53	buisson
butikk g.c. 31	boutique
by g.c. 13	ville
by* (å) 96	offrir, inviter
bygge (å) 81	bâtir, construire

byorkester g.n. 47	fanfare
bytte (å) 69	échanger
bytur g.c. 51	promenade en ville
bær g.n. 53	baie, fruit des bois
bærbar g.c. 69	ordinateur portable
bære* (å) 51	porter
bølge g.c. 34	vague
bønn g.c. 79	prière
bønne g.c. (g.f.) 90	haricot
bønnemøte g.n. 79	réunion de prière
bøtte g.c. (g.f.) 78	seau
bøye (å) 53	tordre, courber
bøye seg (å) 53	se pencher
både...og 86	à la fois, aussi bien... que
bånd g.n. 81	lien, ruban
båt g.c. 27	bateau

C

café g.c. 17	salon de thé, restaurant
cand. real. g.c. 78	diplômé de sciences

D

da 2	*adv. exclamatif*
da 31	alors
da 33	quand, lorsque
dag g.c. 8	jour
dag (i ~) 15	aujourd'hui
dagbok g.c. 96	journal intime
dal g.c. 93	vallée
dame g.c. (g.f.) 19	dame
danse (å) 32	danser
dansepartner g.c. 52	cavalier (danse)
datamaskin g.c. 33	ordinateur
dataspesialist 32	informaticien
datidens 62	d'autrefois
dato g.c. 67	date
datter g.c. (g.f.) 38	fille (parenté)
de 16	*pron. pers. 3e pers. pl.*
deg 8	*pron. pers. compl. 2e pers. sing.* (te, toi)
deilig 12	délicieux
dekke (å) 38	couvrir
dekke bordet	mettre la table
del g.c. 43	part, partie
delta* (å) 60	participer
dem 12	*pron. pers. compl. 3e pers. pl.* (les, leur)
demokrati g.n. 79	démocratie

femhundreogatten • 518

den 3	*pron. pers. 3ᵉ pers. sing.* chose ou animal
den, det, de 9	*adj. et pron. démonstratif / article défini (double détermination)*
denne, dette, disse 18	*adj. et pron. démonstratif g.c. sing.*
denslags 92	ce genre de
departement g.n. 68	ministère
deppa 66	déprimé *(fam.)*
der 11	là, là-bas
dere 11	vous *(pron. pers. 2ᵉ pers. pl.)*
deres 12	*adj. et pron. poss. 2ᵉ et 3ᵉ pers. du pl.*
deretter 54	ensuite
derfor 51, 56	c'est pourquoi/pour cela que
derimot 31	par contre
dermed 92	avec cela
desember 20, 41	décembre
dessuten 46	de plus, en outre
dessverre 32	malheureusement
det 1	*pron. pers. et démonstratif neutre* (ça, cela, "il" impersonnel + c',)
detalj g.c. 19	détail
dette 26	*adj. et pron. démonstratif neutre*
diagnose g.c. 59	diagnostic
dikte (å) 69	écrire, faire de la poésie
din, ditt, dine 11	*adj. poss. 2ᵉ pers. sing.*
ditt og datt 38	ci et ça
do g.c. 4	toilettes *(fam.)*
doktor g.c. 55	docteur
doktoravhandling g.c. 37	thèse (universitaire)
dopapir g.n. 65	papier-toilette
doven 68	fainéant, mou
dra* (å) 57	tirer
drage g.c. 66	dragon
drageskip g.n. 69	drakkar
dram g.c. 41	verre d'eau-de-vie
drastisk 60	drastique, radical
dreie (å) 92	tourner
dreie seg (å) 92	s'agir de
drepe (å) 69	tuer
dress g.c. 67	costume (homme)
drikke* (å) 6	boire
drittvær g.n. 58	mauvais temps *(fam.)*
drive* 34	verbe de sens très général, "faire"
dronning g.c. (g.f.) 38	reine
drosje g.c. 95	taxi
drukne (å) 97	se noyer
dryppe (å) 54	goutter

drøfte (å) 69	discuter de
drøm g.c. 43	rêve
drømme (å) 43	rêver
drønne (å) 93	gronder (tonnerre)
dråpe g.c. 54	goutte
du 1	*pron. pers. sujet 2ᵉ pers. sing.* (tu, toi)
due g.c. 92	pigeon, colombe
duge (å) 78	être capable de
duk g.c. 75	nappe
dukke (å) 34	plonger
dukke g.c. (dokke g.f.) 17	poupée
dukke opp (å) 97	émerger
dum 39	bête, sot
dumme seg *ut* (å) 93	se ridiculiser
dusj g.c. 88	douche
dy (å ikke kunne ~ seg) 97	ne pas pouvoir se retenir de
dyp 90	profond
dypfryst 65	congelé, surgelé
dyr 67	cher
dyr g.n. 29	animal
dyrke (å) 99	cultiver (agr.)
dyrking g.c. (g.f.) 99	culture (agr.)
dyrlege g.c. 81	vétérinaire
dø (å) 94	mourir
død g.c. 68	mort (la)
dømme (å) 71	juger
dør g.c. (g.f.) 24	porte
døv 61	sourd
dårlig 30	mauvais

E

edderkopp g.c. 58	araignée
effektiv 62	efficace
egen, eget, egne 16	propre, à soi
egentlig 19	au juste
egg g.n. 40	œuf
eggeglass g.n. 67	coquetier
eie (å) 11	posséder
eier g.c. 30	propriétaire
ekkel 71	dégoûtant
eksamen g.c. 78	examen
eksempel g.n. 15	exemple
eksemplar g.n. 73	exemplaire *(nom)*
eksemplarisk 72	exemplaire *(adj.)*
eksklusiv 62	exclusif
eksos g.c. 43	gaz d'échappement

ekspeditør g.c. 37	vendeur
ekspert g.c. 96	connaisseur
eksplodere (å) 78	exploser
ekte 40	authentique
ekteskap g.n. 41	mariage, vie conjugale
eldre 38	plus âgé *(comparatif de* gammel*)*
eldresenter g.n. 79	centre pour personnes âgées
elefant g.c. 76	éléphant
elektriker g.c. 32	électricien
elektrisk 86	électrique
elendig 39	lamentable, fichu, maudit
elg g.c. 1	élan (animal)
eller 17	ou
ellers 51	sinon
elske (å) 18	aimer (amour)
elskede g.c. 58	chérie
elv g.c. (g.f.) 90	rivière, fleuve
embete g.n. 83	poste de fonctionnaire
embetsmann g.c. 83	fonctionnaire
emne g.n. 76	sujet, thème
en 1	*article indéfini g.c.*
enda (ikke ~) 10	pas encore
ende (å) 90	finir
ende g.c. 79	fin
ende g.c. 90	derrière
endelig 15	enfin
ene (den ~) 38	l'un
energisparing g.c. (g.f.) 26	économies d'énergie
energi g.c. 26	énergie
eneste 16	seul, unique
enfoldig 87	innocent, simplet
eng g.c. (g.f.) 88	pré, prairie
engang (ikke ~) 24	même pas
engelsk 5	anglais *(adj.)*
enhver 33	chaque
enig 89	d'accord
enke g.c. 85	veuve
enkel 16	simple
enn 27	*conj. introduisant le 2e terme d'une comparaison*
ennå	*cf.* enda 30
ensom 83	solitaire
enten... eller 33	soit... soit
eple g.n. 30	pomme
erfaren 33	expérimenté
erfaring g.c. 78	expérience

ergre (å) 72	agacer
ergre seg (å) 72	s'énerver
erklære (å) 87	déclarer
erklæring g.c. 18	déclaration
erobring g.c. 80	conquête
ert g.c. 99	(petit) pois
erte (å) 37	taquiner
esel g.n. 94	âne
eske g.c. (g.f.) 80	boîte
eskimo g.c. 37	eskimo
estetisk 82	esthétique
et 1	*article indéfini neutre*
etter 10	après (*prép.*)
etterforskning g.c. 74	enquête
ettermiddag g.c. 45	après-midi
etterpå 17	après *(adv.)*
europeer g.c. 16	européen
eventyr g.n. 31	conte, aventure
evighet 68	éternité
evne g.c. 65	capacité

F

fabelaktig 68	fabuleux
fabrikkarbeider g.c. 94	ouvrier
fadese g.c. 81	gaffe
fagforening g.c. 9	syndicat
faks g.c. 64	fax
faktisk 29	effectivement
fall g.n. 79	cas
falle (å) 90	tomber
falsk 47	faux
familie g.c. 16	famille
fange (å) 69	attraper, capturer
fantasi g.c. 92	imagination
fantasiløs 92	dénué d'imagination
far, fedre g.c. 5	père
fare (å) 87	(dans expr.) aller, lancer...
fare g.c. 10	danger
farfar g.c. 46	grand-père paternel
farge g.c. 22	couleur
farlig 24	dangereux
fart g.c. 100	vitesse
fascinerende 68	fascinant
fastsette (å) 73	fixer (abstrait), définir, établir
fattig 61	pauvre (≠ riche)
februar 20	février

fedrelandskjærlighet g.c. 22	patriotisme
fei (i en fei) 73	en moins de deux
feie opp (å) 45	balayer
feil g.c. 29	erreur
feile (å ~ noe) 71	être malade
feire (å) 40	fêter
felle (å) 52	abattre (arbre)
felle g.c. (g.f.) 90	piège
felles *(adj.)* 72	en commun
fengsel g.n. 79	prison
ferdig 20	prêt, fini
ferie g.c. 4	vacances
feriested g.n. 73	lieu de vacances
fersk 81	frais, nouveau
fest g.c. 44	fête
feste (å) 82	fixer (concret), attacher
fetter g.c. 46	cousin
fiende g.c. 69	ennemi
fikse (å) 82	réparer
film g.c. 68	film
fin 3	beau, élégant, distingué
finne * (å) 43	trouver
finne opp (å) 99	inventer (découverte)
finne på (å) 57	inventer, imaginer
finnes (det ~) 4	il y a
fiolett 65	violet
fiolin g.c. 92	violon
firma g.n. 11	firme, entreprise
fisk g.c. 36	poisson
fiskeben g.n. 94	arête
fiskestang, fiskestenger g.c. 97	canne à pêche
fisketorg g.n. 62	marché au poisson
fjell g.n. 31	montagne
fjellbekk g.c. 58	torrent
fjellskråning g.c. 93	flanc de la montagne
fjelltur g.c. 24	promenade en montagne
fjerne (i det ~) 93	au loin
fjerne (å) 86	enlever, supprimer
fjernkontroll g.c. 39	télécommande
fjes g.n. 31	face *(péjoratif)*
fjompenisse g.c. 93	nigaud
fjor (i) 34	hier
fjord g.c. 22	fjord
fjær g.c. (g.f.) 80	plume, ressort
flagg g.n. 22	drapeau
flaggstang, flaggstenger g.c. 22	hampe

flamme g.c. 99	flamme
flaske g.c. (g.f.) 13	bouteille
flat 80	plat
flate g.c. (g.f.) 85	surface
flau 65	honteux
flause g.c. (g.f.)	gaffe
flekk g.c. 67	tache
flere 20	plusieurs
flesk g.n. 36	lard
fleste (de ~) 16	la plupart *(superlatif de* mange)
flette g.c. 57	tresse
flid g.c. 96	artisanat, travaux manuels
flink + i/til 38	doué, fort en, appliqué
flis g.c. 86	carreau, dalle
flodhest g.c. 83	hippopotame
flokk g.c. 69	troupeau, troupe
flokkinstinkt 37	instinct grégaire
flott 65	superbe, super, excellent
fly g.n. 33	avion
fly* (å) 64	voler (dans les airs)
flybillett g.c. 50	billet d'avion
flykte (å) 53	fuir, se réfugier
flyplass g.c. 64	aéroport
flyte*(å)	flotter
flytebrygge g.c. 96	ponton flottant
flytte (å) 29	déplacer, déménager
flyvertinne g.c. (g.f.) 81	hôtesse de l'air
fløte g.c. 12	crème fraîche liquide
fløteprins g.c. 92	bellâtre
fløyel g.c. 86	velours
folk *(pl.)*/ g.n. 16	des gens, du monde/peuple
folkevett g.n. 33	bon sens
for 3, 6	pour *(prép. et conj. de sub.)*
foran 20	devant *(prép. et adv)*
forandre (å) 55	changer, modifier
forbause (å) 94	épater
forberede (å) 43	préparer
forberedelse g.c. 40	préparation, préparatif
forbi 67	idée de "passer devant"
forbindelse g.c. 64	relation
forbrytelse g.c. 69	crime
forbund g.n. 99	association
forby* (å) 45	interdire
fordele (å) 20	répartir, distribuer
fordi 31	parce que
fordom g.c.76	préjugé

femhundreogtjuefire • 524

fordrive (å) 71	chasser, pourchasser
fordype seg i (å) 53	se plonger dans *(fig.)*
fordøyelse 45	digestion
foregå* (å) 92	se produire
foreldre *(pl.)* 37	parents
forelsket 81	amoureux
foreløpig 32	provisoirement
forene (å) 76	unir
foreskrive (å) 83	prescrire (médical)
forestille seg (å) 80	imaginer, se représenter
foretrekke* (å) 46	préférer
forevige (å) 96	représenter (art), immortaliser
forfatter g.c. 46	auteur, écrivain
forfedre *(pl.)* 74	ancêtres
forferdelig 24	terrible, affreux
forferdelse g.c. 60	terreur
forfølge* 60	persécuter
forhaste seg (å) 71	aller trop vite, se précipiter
forhold g.n. 66/87	circonstance, rapport, relation
forhånd (på ~) 44	à l'avance
forhåpentlig *(adv.)* 100	espérons que
forkjøle seg (å) 24	s'enrhumer, prendre froid
forkjølelse g.c. 24	rhume
forklare (å) 22	expliquer
forklaring g.c. 74	explication
forlag g.n. 93	éditeur, maison d'édition
forleden (her ~) 61	l'autre jour
forlovede 37	fiancé(e)
form g.c. 71	forme
formann g.c. 99	président
formiddag g.c. 85	matinée
formue g.c. 59	fortune
fornavn g.n. 67	prénom
fornem 75	distingué
fornuftig 44	raisonnable
fornye (å) 73	renouveler
fornærme (å) 60	vexer, blesser
fornøyd 83	satisfait
forpliktelse g.c. 83	engagement, obligation
forresten 33	d'ailleurs
forretning g.c. 37	magasin
forretningsbygg g.n. 64	immeuble de bureaux
forrige 45	précédent
forseelse 79	délit
forsett *(pl.)* 36	résolution, but, plan
forsikre (å) 60	assurer

forsiktig 31	prudent
forsinke (å) 72	retarder
forskjell g.c. 16	différence
forskudd g.n. 73	arrhes
forslag g.n. 69	proposition
forstyrre (å) 43	déranger
forstå* (å) 45	comprendre
forståelse g.c. 41	compréhension
forsvar g.n. 58	défense
forsvare (å) 58	défendre
forsvinne* 74	disparaître
forsyne (å) 81	servir, approvisionner
forsømme (å) 55	négliger
forsøple (å) 26	salir, polluer
forsørge (å) 64	nourrir (sa famille)
fort 23	vite
fortau g.n. 81	trottoir
fortelle* (å) 16	raconter
fortid g.c. (g.f.) 64	le passé
fortjene (å) 83	mériter
fortreffelig 51	excellent
fortrolig 99	familier
fortsatt 17	toujours (idée de continuité)
fortsette (å) 36	continuer
fortvilet 89	désespéré
forundre (å) 79	étonner
forurenser g.c. 26	pollueur
forurensing g.c. 26	pollution
forvandle (å) 73	transformer
forveksle (å) 81	confondre
forynge (å) 71	rajeunir
foryngelse g.c. 71	rajeunissement
foss g.c. 93	cascade
fot, føtter g.c. 24	pied
fotgjenger g.c. 55	piéton
fotgjengerovergang g.c. 79	passage-piétons
fotgjengersone g.c. 55	zone piétonne
fra 4	de *(prép. de provenance)*, depuis
frabe (å ~ seg) 89	dispenser de
frakte (å) 52	transporter
fransk *(adj.)* 5	français
franskmann g.c. *(nom)* 16, 76	Français
fraråde (å) 81	déconseiller
frastjele* (å) 81	voler qqch. à qqn, dépouiller de
fratre* (å) 83	démissionner
fravær g.n. 87	absence

fred g.c. 6	paix
fredag g.c. 15	vendredi
fregne g.c. 96	tache de rousseur
frekkhet g.c. 37	insolence, culot
frekk 37	insolent
Frelsesarme g.c. 39	Armée du Salut
frem 85	en avant *(adj. et adv.)*
fremmedord g.n. 59	mot étranger
fremover 100	envers
fri 22	libre
frigi (å) 69	libérer
frihet g.c. 22	liberté
frimerke g.n. 25	timbre
frisk 27	frais, vif, en forme, en bonne santé
frist g.c. 73	délai
friste (å) 40	tenter
fristelse g.c. 17	tentation
fristende 40	tentant
frisyre g.c. 81	coiffure
frisør g.c. 32	coiffeur
fritid g.c. 25	loisirs, temps libre
frokost g.c. 3	petit-déjeuner
frossenpinn g.c. 24	frileux *(nom)*
Fru g.c. 45	madame
frue g.c. (g.f.) 30	dame
frukt g.c. 30	fruit
fryktelig 36	terrible
fryse* (å) 33	geler, avoir froid
fugl g.c. 25	oiseau
fuktighet g.c. 80	humidité
full 38	plein
furu g.c. (g.f.) 52	pin
fy! 92	*interjection d'indignation*
fylle (å) 23	remplir
fyllekalas g.n. 92	beuverie
fyr g.c. 31	type, gars, bonhomme
fyre (å) 52	faire du feu, mettre le chauffage en marche
fyrverkeri g.n. 79	feu d'artifice
fæl 89	affreux, mauvais, etc.
færrest 81	*superlatif de* få
fødselsdag g.c. 9	anniversaire
føle (å) 66	sentir (toucher + sentiment)
følelse g.c. 23	sentiment
følge g.c. 59	conséquence, suite
følge* (å) 74	suivre

føll g.n. 90	poulain
før 6	avant *(prép. et conj. de subordination)*
føre g.n. 100	qualité de la neige
først 13	premier, d'abord
først 51	seulement, ne ... que (+ idée de temps)
førstehjelpsutstyr g.n. 72	trousse d'urgence
førsteklasses 73	de luxe
få 38, 42	peu de, peu
få* (å) 11, 18, 29, 42	(verbe de sens très général) obtenir, recevoir, avoir, pouvoir

G

gaffel g.c. 67	fourchette
gal 25	fou, faux, mauvais
gale (å) 95	chanter (coq)
galskap g.c. 81	folie
gammel 11	vieux, âgé, ancien
gammeldags 93	démodé
gang g.c. 30	fois
gang (å være i ~/å sette i ~) 60	être/mettre en marche
ganske 37	assez, plutôt
garasje g.c. 13	garage
gardin g.n. 86	rideau
gate g.c. (g.f.) 17	rue
gave g.c. 60	cadeau
gehør g.n. 90	oreille musicale
geit g.f. 3	chèvre
geiterams g.c. 43	laurier de Saint-Antoine (bot.)
generaldirektør 95	P.D.G.
generasjon g.c. 74	génération
geni g.n. 99	génie
genser g.c. 18	pull
gi* (å) 18	donner
gidde* (å) 68	avoir le courage, l'envie de
gift 11	marié
gifte seg (å) 18	se marier
gjelde* (å) 31	être valable, concerner, s'agir de
gjemme (å) 31	cacher
gjennom 62	à travers
gjenstand g.c. 25	objet
gjenta (å) 90	répéter
gjerne 17	volontiers
gjerning g.c. 85	action
gjerrig 96	avare *(adj.)*
gjerrigknark g.c. 96	grigou
gjespe (å) 99	bâiller

gjest g.c. 86	invité
gjesteværelse g.n. 86	chambre d'amis
gjette (å) 85	deviner
gjødsel g.c. 99	fumier, engrais
gjøre* (å) 13	faire
glad 18	content
glad (å være ~ i) 18	aimer bien
glans g.c. 92	éclat
glass g.n. 52	verre
glatt 85	glissant
glede g.c. 52	joie
glede seg (å) + over 15	se réjouir, être content
gledesdreper g.c. 64	trouble-fête, rabat-joie
glemme (å) 23	oublier
glemsom 61	distrait
gli* (å) 60	glisser
glipp (å gå ~ av) 39	manquer, rater, perdre
glo (å) 39	regarder fixement
god 12	bon
goddag 4	bonjour
godhjertet 97	qui a bon cœur
godta* (å) 37	accepter
godtepose g.c. 8	paquet de friandises
godtroende 25	naïf
grad g.c. 97	degré
gradvis 87	progressivement
grann (lite ~) 90	un petit peu
grantre g.n. 22	sapin
gratis 51	gratuit
gratulere (å) 50	féliciter
grav g.c. (g.f.) 33	tombe
gravere 67	graver
grei 15	bien, agréable, sympathique
greie (å ha ~ på noe) 40	s'y connaître en
gresk 25	grec
gress g.n. 45	herbe
grill g.c. 89	grill, barbecue
gripe* 95	saisir
gris g.c. 89	cochon, porc
gro (å) 83	croître, pousser
grunn 97	peu profond
grunn g.c. 24	raison, cause, fond
grunnen (i) 16	au fond
grunnlegge* (å) 64	fonder
grusom 99	cruel
grusomhet g.c. 89	cruauté

gryte g.c. 51	casserole
grønn 22	vert
grønnsaker *(pl.)* 65	légumes
grønnskolling g.c. 78	blanc-bec
grøt g.c. 31	bouillie
gråte* (å) 57	pleurer
gubbe g.c. 53	vieillard, radoteur
gud g.c. 71	dieu
gudbarn g.n. 67	filleul
gudskjelov 71	heureusement, Dieu soit loué
gudstjeneste g.c. 41	messe
guide g.c. 32	guide touristique
gul 22	jaune
gullfisk 23	poisson rouge
gulrot, gulrøtter g.c. 20	carotte
gulv g.n. 13	sol
gulvteppe g.n. 74	moquette
gutt g.c. 5	garçon
gylden 22	doré
gymnastikk g.c. 36	gymnastique
gyngestol g.c. 94	rocking-chair
gyve* (å) 96	se jeter, tourbillonner
gørr 34	ennuyeux, barbant *(fam.)*
gøy 34	agréable, amusant, chouette *(fam.)*
gå* (å) 10	aller, marcher
gård g.c. 40	ferme
gårde (å dra av ~) 88	s'en aller
gås g.f. 76	oie
gåsehud (å ha) 58	avoir la chair de poule
gåte g.c. (g.f.) 85	énigme, devinette

H

ha (å) 3	avoir
ha på (å) 27	porter (vêtement)
hage g.c. 85	jardin
hagearbeid g.n. 45	jardinage
hale g.c. 33	queue
haleben 85	coccyx
hallo 4	allô !, salut !
hals g.c. 81	cou, gorge
halsbånd g.n. 81	collier
halv 27	demi
halvveis 50	à mi-chemin
ham 15	*pron. pers. compl. 3e pers. sing. masc.*
hammer g.c. 45	marteau
han 5	*pron. pers. sujet 3e pers. sing.*

handel g.c. 79	commerce
handle (å) 30	faire des courses
hane g.c. 95	coq
hans 11	*adj. et pron. poss. 3ᵉ pers. sing., possesseur masc.*
hanske 62	gant
hard 40	dur
harmoni 47	harmonie
harsk 65	rance
haste (det haster) 73	être urgent
hate (å) 31	détester
haug g.c. 65	tas
hav g.n. 22	mer, océan
havn g.c. 37	port
havne (å) 37	atterrir *(fig.)*, se retrouver à un endroit
havregryn 89	flocons d'avoine
Hei! 17	Bonjour !, Salut !
Heia! 100	Allez, courage !
heks g.c. (g.f.) 60	sorcière
hekseskudd g.n. 74	lumbago
hektisk 55	trépidant, stressant
hel, helt, hele 16	entier, tout
heldig 38	chanceux, qui a de la chance
heldiggris g.c. 11	veinard
heldigvis 93	heureusement
helg g.c. 68	week-end
helikopter g.n. 33	hélicoptère
heller 13	plutôt
helse g.c. (g.f.) 30	santé
helst 32	de préférence
helt g.c. 62	héros
helvete 83	enfer
helvetes 83	maudit
hemmelig 80	secret *(adj.)*
hemmelighet g.c. 99	secret *(nom)*
hen 29, 35	*adv. indiquant la direction*
hende (å) 61	se produire, arriver
hendelig 61	qui peut se produire
henge* (å) 26	être suspendu/accroché ; suspendre, accrocher
hengekøye g.c. (g.f.) 50	hamac
henne 13	*pron. pers. compl. 3ᵉ pers. sing. fém.*
hennes 11	*adj. et pron. poss. 3ᵉ pers. sing. possesseur fém.*
hensikt g.c. 74	intention
hensyn (å ta ~ til) 33	avoir des égards pour, tenir compte de

hente (å) 24	aller chercher
her 1	ici
heretter 76	désormais
hermetikkboks g.c. 60	boîte de conserve
Herregud! 44	Mon Dieu !
herre 75	monsieur (ironique)
Herren 89	le Seigneur, le Bon Dieu
hersens 89	fichu, maudit
hest g.c. 41	cheval
hete g.c. 89	chaleur excessive
hete* (å) 67	s'appeler
hett 92	chaudement *(fig.)*
hevne (å) 67	venger
hi (å ligge i ~) 58	hiberner
hikke g.c. 99	hoquet
hilse (å) 53	saluer
himmel 22	ciel
hindre (å) 99	empêcher
hindring g.c. 100	obstacle
hissig 45	coléreux
hist og her 100	ici et là
historie g.c. 53	histoire
hit 35, 89	*adv.* (vers ici)
hittil 40	jusqu'à présent
hjelm g.c. 46	casque
hjelp g.c. (g.f.) 32	aide, secours
hjelpe* (å) 8	aider
hjem g.n. 13	maison, foyer *(fig.)*
hjem (å gå/komme ~)	rentrer à la maison
hjemme (å være ~) 82	être à la maison
hjemmesløyd g.c. 45	bricolage
hjemmestrikket 62	tricoté main
hjerte g.n. 86	cœur
hjørne g.n. 30	coin, angle
hobby, hobbier 25	passe-temps
hode g.n. 34	tête
hodetelefon g.c. 87	casque, écouteurs
hokuspokus g.n. 90	tour de passe-passe
holde* (å) 4	tenir
holde* opp (å) + med 37	cesser
holde* ut (å) 15	supporter
holdning g.c. 99	attitude, position
holme g.c. 34	îlot, récif
honning g.c. 58	miel
hoppe (å) 53	sauter
horn g.n. 67	cor

femhundreogtrettito · 532

hos 22	chez
hoste (å) 71	tousser
hostesaft g.c. 71	sirop contre la toux
hotell g.n. 73	hôtel
hoved- 78 *(préfixe)*	principal
hovedfag g.n. 78	matière principale (université)
hoven 88	enflé
hud g.c. 96	peau
hull g.n. 86	trou
humør g.n. 30	humeur
hun 5	*pron. pers. 3ᵉ pers. sing. fém.*
hund g.c. 34	chien
hurpe g.c. (g.f.) 94	mégère
hurra! 88	hourra !
hurtig 97	rapide
hus g.n. 13	maison
husflid g.c. 59	travaux manuels (tricot, broderie...)
huske (å) 17	se souvenir
huskelapp g.c. 72	pense-bête
husklynge g.c. 93	hameau
hva (?) 1	quoi (?)
hval g.c. 89	baleine
hvalfangst g.c. 89	chasse à la baleine
hvem (?) 9	qui (?)
hver, hvert 25	chaque, chacun(e)
hverandre 19	*pron. pers. réciproque*
hverdagslig 58	quotidien
hverken... eller 51	ni... ni
hvete g.c. 69	froment
hvile seg (å) 45	se reposer
hvilken, hvilket, hvilke? 87	quel, lequel ?
hvis 18	si (condition)
hviske (å) 99	chuchoter
hvit 22	blanc
hvor (?) 1	où (?) *interrogatif et relatif*
hvordan (?) 11	comment ?
hvorfor (?) 48	pourquoi ?
hyggelig 31	agréable, sympathique
hykler g.c. 44	hypocrite
hylle g.c. (g.f.) 58	étagère
hysteri g.n. 68	hystérie
hytte g.c. (g.f.) 4	chalet
høflig 48	poli
høne g.c. (g.f.) 92	poule
høre (å) + på 10	entendre, écouter
høre til (å) 12	faire partie de, aller avec

høst g.c *(invariable)* 21, 73	automne
høvding g.c. 69	chef (viking)
høy 34	haut
høyde g.c. 85	hauteur
høykant (å ha nervene på ~) 67	être sur les nerfs
høyre 29	droite
høysnue g.c. 88	rhume des foins
høytidelig 65	solennel
høyttaler g.c. 94	haut-parleur
håndkle g.n. 83	serviette de toilette
håpe (å) 11	espérer
hår g.n. 96	cheveu, poil
hårsår 65	susceptible
hårtørker 67	sèche-cheveux

I

i (*prép.*) 1	dans, en
i hvert fall 44	en tous cas
idé g.c. 13	idée
ideal g.n. 58	idéal
ifra (langt) 71	loin de là
igjen 2	encore, à nouveau
ihjel 33	périr (adjoint à un verbe pronominal)
ikke 10, 14	*négation*
ild g.c. 69	feu
imot 30	contre, envers
indre 95	intérieur
ingen 10	personne, *adj. ind. de négation*
ingeniør g.c. 85	ingénieur
ingenting 29	rien
initiativ g.n. 18	initiative
inkludert 43	inclus
inn (*adv.*) 12	*idée d'entrer dans un endroit*
innbille seg (å) 72	s'imaginer à tort
innbilsk 78	vaniteux, prétentieux
inne 27	à l'intérieur
innehaver g.c. 78	propriétaire
innendørs 52	dans la maison
innflytelse g.c. 78	influence
inngang g.c. 24	entrée
inni (= inne i) 86	à l'intérieur
innkjøp g.n. 13	achat
innlegge* (å) 59	hospitaliser
innpakning g.c. 80	emballage
innse* (å) 75	reconnaître, admettre
inntrykk g.n. 16	impression

innvending g.c. 94	objection, remarque négative
innvie (å) 99	inaugurer, initier
innvielsesfest g.c. 48	pendaison de crémaillère
installere (å) 39	installer
instinkt g.n. 43	instinct
intellektuell 65	intellectuel *(adj. et nom)*
intelligens g.c. 81	intelligence
intelligent 37	intelligent
interessant 46	intéressant
interessere (å) 17	intéresser
interiør g.n. 94	intérieur (décor domestique)
internasjonal 55	international
Internett 95	Internet
intervju g.n. 87	interview
invalid 88	invalide
invitere (å) 48	inviter
ironisk 76	ironique
irritere (å) 16	irriter, agacer
isbjørn g.c. 20	ours blanc
ishockey g.c. 60	hockey sur glace
iskake g.c. 64	gâteau glacé
iskald 24	glacé, très froid
islandsk 25	islandais
istedenfor 13	au lieu de

J

ja 1	oui
jaha! 90	*interjection* (ah bon !)
jakke g.c. (g.f.) 87	veste, blouson
jakt g.c. 87	chasse
jammen 68	*interjection* (dis donc !)
jamre (å) 89	gémir, pleurnicher
januar 20	janvier
japansk 25	japonais
jaså 4	*interjection* (ah bon, tiens !)
javel 4	*interjection* (ah bon !)
jeg 1	je, moi *(pron. pers. sujet)*
jente g.f. 29	fille, jeune-fille
jentefut g.c. 80	coureur de jupons
jevn 76	égal, moyen
jevnlig 78	également
jo 2	*adv. d'insistance*, "si" affirmatif
jo... desto + *comparatif* 65	plus... plus
jobb g.c. 19	job, travail
jogge (å) 36	faire du jogging
joghurt g.c. 89	yaourt

jord g.c. (g.f.) 99	terre
jordbær g.n. 3	fraise
journalist g.c. 87	journaliste
juble (å) 97	jubiler
juggel g.n. 81	du toc
jul 40	Noël
julaften 40	soir du 24 décembre
julebakst g.c. 40	pâtisserie de Noël
julenisse g.c. 41	Père Noël
julepynt g.c. 40	décorations de Noël
juletre g.n. 41	sapin de Noël
juli 20	juillet
juni 20	juin
jøss! 23	ça alors !
jåle g.f., jåleportrett g.n.	pimbêche
jålebukk g.c. 75	homme trop coquet

K

kaffe g.c. 12	café (boisson)
kake g.c. (g.f.) 12	gâteau
kalas g.n. 92	festin
kald 34	froid
kalender g.c. 72	calendrier
kalle (å) 17	appeler, nommer
kalv g.c. 53	veau
kam g.c. 41	peigne
kamp g.c. 60	compétition
kamp g.c. 69	combat
kanin g.c. 51	lapin
kanskje 17	peut-être
kappe (å) 96	couper, trancher
kar g.c. 51	type, bonhomme
kasse g.c. 54	caisse (magasin)
kassett g.c. 23	cassette
kaste (å) 13	jeter
katt g.c. 10	chat
kidnapping g.c. 69	enlèvement
kikke (å) 39	jeter un coup d'œil
kikke etter (å) 39	chercher du regard
kile (å) 88	chatouiller
kilo g.n. 30	kilo
kilometer g.c. 26	kilomètre
kime (å) 93	sonner (cloche)
kineser 16	chinois *(nom)*
kinesisk 20	chinois *(adj.)*
kinkig 73	épineux, délicat

femhundreogtrettiseks

kinn g.n. 72	joue
kino g.c. 68	cinéma
kiosk g.c. 30	kiosque
kirke g.c. 41	église
kirkegård g.c. 85	cimetière
kirsebær g.n. 22	cerise
kirurgi g.c. 82	chirurgie
kiste g.c. (g.f.) 26	coffre
kjede seg (å) 15	s'ennuyer
kjedelig 47	ennuyeux
kjefte (å) 95	râler, gueuler
kjekke seg (å) 97	faire le malin
kjelke g.c. 13	luge
kjeller g.c. 45	cave
kjemisk 99	chimique
kjempe g.c. 60	géant, *suffixe de renforcement*
kjempestor 60	énorme
kjenne (å) 19	connaître, sentir
kjerring g.f. 76	mégère
kjeve g.c. 59	mâchoire
kjære 25	cher, aimé
kjæreste g.c. 29	copain, copine, jules, dulcinée *(fam.)*
kjærlighetserklæring g.c. 18	déclaration d'amour
kjøkken g.n. 10	cuisine
kjøleskap g.n. 10	réfrigérateur
kjøp g.n. 85	achat
kjøpe (å) 13	acheter
kjøre (å) 26	conduire, aller en voiture
kjøre forbi (å) 100	dépasser (en voiture)
kjøter g.c. 92	chien bâtard
kjøtt g.n. 18	viande
kjøttkake g.c. 18	boulette de viande
klage (å) 58	se plaindre
klappe (å) 88	applaudir
klar 23	clair, prêt
klare (å) 39	réussir
klare seg (å) 100	se débrouiller
klasse g.c. 79	classe
klatre (å) 60	grimper
kle av (å) 24	déshabiller
kle på (å) 24	habiller
kle seg ut (å) 46	se déguiser
klem g.c. 72	embrassade
klemme (å) 72	coincer, pincer, presser, aplatir
klippe (å) 45	couper (ciseaux)
klissete 75	collant

klistre (å) 78	coller
klok 80	malin
klokke g.c. 27	pendule, montre
kloss g.c. 52	cube, cale de bois, personne balourde
klossete 76	balourd
klut g.c. 75	torchon, carré de tissu ménager
klær *(pl.)* 13	vêtements
klø (å) 88	démanger, gratter
knapp g.c. 55	bouton (vêtement)
knapt 73	tout juste
knep g.n. 79	mauvais tour
knep g.n. 90	truc, astuce, ruse
kniv g.c. 89	couteau
knuse (å) 60	écraser, casser
knute g.c. 88	nœud
knytte (å) 67	nouer, attacher
knyttneve g.c. 92	poing
koffert g.c. 23	valise
koke (å) 23	bouillir, faire cuire à l'eau
kokeplate g.c. 58	plaque de cuisson
kollega g.c. 19	collègue
komme *(å) 12	venir, arriver
komme *an* på (å) 17	dépendre de
komme godt *ut* av det (å) + med 66	bien s'entendre avec qqn
komme *inn* (å) 12	entrer
kommunikasjon g.c. 59	communication
kompanjong g.c. 66	associé
kompis g.c. 60	copain
kompleks g.n. 76	complexe (psych.)
komplisert 90	compliqué
komponist g.c. 62	compositeur
konditor g.c. 55	pâtissier
konditori g.n. 55	pâtisserie
kone g.f. 11	femme, épouse
konfekt g.c. 67	chocolats
konferanse g.c. 55	conférence
konjakk g.c. 24	cognac
konsert g.c. 47	concert
kontakt g.c. 46	contact
kontaktlinse g.c. 83	verre de contact, lentille
kontor g.n. 73	bureau (pièce)
kontorfolk *(pl.)* 68	employés de bureau
kontorfullmektig g.c. 73	responsable d'un bureau
konversasjonsleksikon g.n. 60	encyclopédie
kopp g.c. 12	tasse
kor g.n. 54	chœur, chorale

korsvei g.c. 100	croisement, carrefour
kort 73	court
kort g.n. 85	carte (postale)
kos g.c. 30	agrément, moment agréable
kose seg (å) 30	prendre du bon temps
koselig 16	agréable
koste (å) 51	coûter
kott g.n. 75	cagibi
kraft, krefter g.c. 57	force
kraftig 81	fort, costaud
krakk g.c. 60	tabouret
kran g.c. 54	robinet
krangle (å) 8	se disputer
krav g.n. 83	exigence
kresen 92	difficile (personne)
krets g.c. 62	cercle (société)
kreve (å) 69	exiger, réclamer
krig g.c. 53	guerre
kritikk g.c. 45	critique
kritisere (å) 66	critiquer
krok g.c. 97	coin, crochet
krone g.c. (g.f.) 54	couronne
kropp g.c. 81	corps
kruseduller *(pl.)* 64	circonlocutions, fioritures
kryss g.n. 55	carrefour
krølle g.c. 94	boucle (cheveux)
kråke g.c. (g.f.) 85	corneille
ku, kyr g.c. (g.f.) 29	vache
kubbestol g.c. 74	fauteuil taillé dans un rondin
kulde g.c. (g.f.) 89	froid
kuldegrad g.c. 58	degrés au-dessous de zéro
kulepenn g.c. 78	stylo à bille
kull g.n. 79	promotion, nichée
kultur g.c. 16	culture, civilisation
kunde g.c. 51	client
kunne, jeg kan (å) 10	pouvoir
kunst g.c. 62	art
kunstkritiker g.c. 59	critique d'art
kunstner g.c. 62	artiste
kur g.c. 71	cure
kurs g.c. 59	cours
kusine g.c. (g.f.) 23	cousine
kutte (å) 37	couper
kutte ut (å) 37	cesser, laisser tomber
kvadratmeter g.c. 85	mètre carré
kvalm 71	nauséeux

kvart over 28	et quart (heure)
kvart på 28	moins le quart (heure)
kvartal g.n. 62	quartier (ville)
kvarter g.c. 27	quart d'heure
kvekk g.n. 90	couac
kvekk (å ikke skjønne et ~)	n'y rien comprendre
kveld g.c. 17	soir
kvele* (å) 94	étouffer
kvikke seg opp 88	se retaper, se donner un coup de fouet
kvinne g.c. 33	femme
kvise g.c. 87	bouton (sur le visage)
kvitre (å) 95	gazouiller (oiseaux)
kvitt (å være/bli ~ noe) 53	se débarrasser, être débarrassé de qqch.
kykeliky! 95	cocorico !
kyss g.n. 72	baiser
kysse (å) 92	embrasser
kyst g.c. 85	côte (mer)
kø g.c. 65	file d'attente
køye g.c. (g.f.) 50	couchette

L

la* (å) 12	laisser
lage (å) 13	faire, fabriquer
laken g.n. 54	drap
laks g.c. 57	saumon
lam g.n. 67	agneau
land g.n. 40	pays
landbruk g.n. 99	agriculture
landskap g.n. 22	paysage
landsted g.n. 64	propriété de campagne
lang 20	long
langrennsspor g.n. 67	piste de ski de fond
langsint 48	rancunier
Langtvekkistan 40	Diable Vert (pays lointain imaginaire)
lapp g.c. 61	billet de banque, petit mot
lapskaus g.c. 60	ragoût
laptop g.c. 69	ordinateur portable
lastebil g.c. 52	camion
lat 13	paresseux
late seg (å) 13	paresser
late*(å late som) 58	faire semblant
latterlig 59	ridicule
lav 61	bas
le* (å) 57	rire
lede (å) 69	mener, diriger

ledning (elektrisk ~) g.c. 86	fil électrique
lege g.c. 5	médecin
legge* (å) 19	poser à plat, coucher
lei 53	triste
lei (å være ~ aven) 53	avoir assez de
leie (å) 4	louer (locataire)
leie ut (å) 4	louer (propriétaire)
leilighet g.c. 11	appartement
leke g.c. 67	jouet
leke (å) 25, 92	jouer
leketøy g.n. 67	jouet
lekker 81	délicieux, ravissant
lenge 27	longtemps
lengre 80	plus long *(comparatif de* lang*)*
lengte etter (å) 66	avoir la nostalgie de
lese (å) 6	lire
lete (å) + etter 10	chercher
lett 36	léger
lett 76	facile
leve (å) 16	vivre
leverpostei g.c. 99	pâté de foie
lide (å) 60	souffrir
lidenskap g.c. 99	passion
lidenskapelig 99	passionné
ligge* (å) 13	être couché
ligne/likne (å) 59	ressembler
lik 66	"égale" (signe mathématique)
lik g.n. 90	cadavre
like (å) 10	aimer (bien)
likestilling 10	égalité (des sexes)
likevel 23	quand même
lillefinger g.c. 88	petit-doigt
lite 12	peu
liten, lille, lite, små *(pl.)* 24, 35	petit
litt 27	un peu
litt etter litt 86	peu à peu
liv g.n. 15	vie
livredning g.c. 34	sauvetage
livrett g.c. 60	plat favori
livsstil g.c. 50	mode de vie
logikk g.c. 72	logique *(nom)*
lomme g.c. (g.f.) 23	poche
lommebok g.c. (g.f.) 23	portefeuille
lommetørkle g.n. 75	mouchoir
lov g.c. 12	loi
lov (å få ~) 12	avoir le droit

love (å) 18	promettre
lue g.c. (g.f.) 24	bonnet, casquette
luft g.c. (g.f.) 27	air
lukke (å) 24	fermer
luksus g.c. 51	luxe
lukte (å) 52	sentir (odorat)
lunsj g.c. 73	déjeuner (midi)
lur 62	malin
lure (å) 26	tromper, rouler qqn
lure på (å) 26	se demander
lurvete 79	douteux
lusekofte g.c. (g.f.) 24	veste tricotée
lut (å være ~ lei) 83	en avoir par-dessus la tête
lutefisk g.c. 41	morue séchée et lessivée
lyde* (å) 59	rendre un son
lykke g.c. 43	bonheur
lykkelig 75	heureux
lyne (det lyner) 72	il y a des éclairs
lynsnar 72	rapide comme l'éclair
lyrikk g.c. 93	poésie, art poétique
lys 20	clair
lysekrone g.c. 86	lustre
lysestake g.c. 94	chandelier
lyspære g.c. (g.f.) 65	ampoule électrique
lyst (å ha ~ til) 10	avoir envie
lytte (å) 33	écouter, prêter l'oreille
lærd 25	savant, instruit
lære (å) 20	apprendre
lærebok g.c. (g.f.) 20	méthode (livre)
lærer g.c. 29	professeur, instituteur
løfte (å) 74	soulever
løgn g.c. 79	mensonge
løk g.c. 88	oignon(s)
lønn g.c. (g.f.) 99	salaire
løpe* (å) 65	courir
løpet (i ~ + av) 100	au cours de
lørdag g.c. 15, 30	samedi
løs 96	détaché
løse (å) 73	résoudre
løsning g.c. 67	solution
løve g.c. 86	lion
løype g.c. (g.f.) 100	piste de ski
låne (å) 95	emprunter, prêter
låse (å) 58	fermer à clef

femhundreogførtito • 542

M

mage g.c. 58	ventre, estomac
magebelte g.n. 97	brioche, gros ventre
magesår g.n. 81	ulcère
mahogni g.c. 94	acajou
mai 20	mai
make g.c. 37	chose semblable
makt g.c. (g.f.) 60	puissance, pouvoir
male (å) 96	peindre
maler g.c. 96	peintre
maleri g.n. 25	peinture, tableau
mamma g.c. 81	maman
man 16	on
mandag g.c. 15, 51	lundi
manerer *(pl.)* 88	manières (comportement)
mange 4	beaucoup de *(dénombrable)*
mangle (å) 67	manquer
mangt 76	beaucoup de choses
mann, menn g.c. 9	homme
mareritt g.n. 54	cauchemar
mark g.c. (g.f.) 88	champ
mark g.c. 96	ver
markedsføring g.c. 62	marketing
mars 20	mars
mase (å) 24	insister, casser les pieds à qqn
maskinsag g.c. 52	tronçonneuse
masse 25	beaucoup de *(fam.)*
massevis (i) 26	en grande quantité *(fam.)*
mast g.c. 96	mât
mat g.c. 3	nourriture
mat (å lage ~) 13	faire le repas, la cuisine
matematikk g.c. 78	mathématiques
materiell 55	matériel
matlyst g.c. 41	appétit
matros g.c. 62	matelot
med 12	avec
med mindre 97	à moins que
medarbeider g.c. 95	collaborateur
medisin g.c. 71	médicament / médecine
meg 22	me, moi *(pron. pers. compl.)*
meget 75	très
megetsigende 97	parlant, éloquent
mel g.n. 40	farine
melding g.c. 72	message
melk g.c. 6	lait

mellom 33	entre
mellomtiden (i) 95	entre-temps
men 1	mais
mene (å) 16	penser, être d'avis que, vouloir dire
mengde g.c. 72	foule
menneske g.n. 52	homme, être humain, personne
mens 25	pendant que
mer 24	plus
merke (å legge ~ til noe) 19	faire attention à, remarquer
merkverdig 62	bizarre, curieux
mest 47	le plus *(superlatif de* mye*)*
mester g.c. 50	maître
mesterverk g.n. 68	chef-d'œuvre
mett 58	rassasié, qui a assez mangé
middag g.c. 60	repas chaud, dîner
middagslur g.c. 36	sieste
middel g.n. 87	moyen, produit
middelalder g.c. 62	Moyen Âge
middels 86	moyen *(adj.)*
midnatt g.c. 22	minuit
midnattssol g.c. 22	soleil de minuit
midt i 43	au milieu de
mil g.c. 43	10 kilomètres
mild 88	doux
militær 55	militaire
militærtjeneste g.c. 57	service militaire
miljø g.n. 26	environnement
miljøvern g.n. 26	défense de l'environnement
min, mitt, mine 10	mon, le mien, etc. *(adj. et pron. poss. 1ᵉ pers. sing.)*
mindre 27	plus petit
mindreverdighetskompleks g.n. 60	complexe d'infériorité
mine g.c. 96	mine (expression)
minimum g.n. 94	minimum
minister 55	ministre
minne (å) 59	rappeler
minne g.n. 53	souvenir
minst 23	le moins, au moins, du moins
mislykkes (å) 59	rater, échouer
mistanke g.c. 74	soupçon
misunne (å) 66	envier
misunnelig 48	jaloux, envieux
mjau! 95	miaou !
mjaue (å) 95	miauler
mjød g.c. 69	hydromel
mobiltelefon g.c. 53	téléphone portable

femhundreogførtifire • 544

modell g.c. 66	modèle
moden 87	mûr
moderne 6	moderne
modne (å) 87	mûrir
mopp g.c. 78	balai à franges
mor, mødre g.c. (g.f.) 13	mère
moral g.c. 79	morale
moralpreken g.c. 92	sermon *(fig.)*
morder g.c. 79	assassin
morgen g.c. 3	matin
morgen (i ~) 18	demain
morgenkvist(en) (på) 36	de très bonne heure
morges (i ~) 23	ce matin
morsk 94	bourru
morsmål g.n. 50	langue maternelle
mosjon g.c. 26	mouvement, exercice
mot 32	contre, envers
mote g.c. 67	mode
moteklær *(pl.)* 87	vêtements à la mode
motorsykkel g.c. 55	moto
motsatt 72	opposé, inverse
motsetning g.c. 72	opposition, contraste
mottakelse g.c. 75	accueil
motvillig 87	récalcitrant, de mauvaise volonté
mulig 33	possible
mulkt g.c. 66	amende
multe g.c. 43	baie arctique
munn g.c. 44	bouche
mur g.c. 86	mur, maçonnerie
murstein g.c. 95	brique
musikk g.c. 92	musique
mutt 97	taciturne, boudeur
mye 15	beaucoup de *(indénombrable)*
mygg g.c. 43	moustique
myk 80	doux, souple, mou
mynt g.c. 23	pièce de monnaie
myrull g.c. 43	linaigrette (*botanique*)
myse (å) 97	cligner des yeux
mystisk 80	mystérieux
møbler *(pl.)* 52	meubles
mølle g.c. (g.f) 76	moulin
mønster g.n. 51	motif
mønsterstrikket 90	jacquard
mørk 20	sombre, foncé
mørke g.n. 20	obscurité
møte (å) 100	rencontrer

møte g.n. 26	réunion
måke g.c. 96	mouette
mål g.n. 85	mesure, dimensions
mål g.n. 100	but
målløs 87	sans voix, interloqué, perplexe
målstrek g.c. 100	ligne d'arrivée
måltid g.n. 36	repas
måne g.c. 80	lune, calvitie
måned g.c. 100	mois
måneskinn g.n. 92	clair de lune
måte g.c. 43, 98	façon, manière
måte g.c. 75, 98	modération
måtte (å), jeg må 10	devoir

N

nabo g.c. 45	voisin
nakke g.c. 31	nuque, cou
napoleonskake g.c. 55	millefeuille
napp g.n. 96	touche (à la pêche)
narkotika *(pl.)* 79	drogue
narr g.c 22	bouffon
narr (å gjøre ~ av noen)	se moquer de qqn
nasjonal 22	national
natt g.c. 17	nuit
nattklubb g.c. 99	boîte de nuit
natur g.c. 20	nature
naturligvis 17	naturellement, bien sûr
navn g.n. 67	nom
ned 31	vers le bas
nei 10	non
neimen 29	non, mais...
nekte (å) 61	refuser
nemlig 51, 56	*adv. servant à expliquer ce qui précède*
neppe *(adv.)* 82	il est peu probable que
nerve g.c. 67	nerf
nervetablett g.c. 83	calmant
nervøs 99	nerveux
nese g.c. (g.f.) 86	nez
neste 27	prochain
nesten 20	presque
nett g.n. 95	filet, réseau
nettopp 37	exactement, justement, à l'instant
nevne (å) 45	mentionner, citer
nevø g.c. 55	neveu
nikke (å) 93	faire "oui" de la tête
nikkers g.c. 100	knickers (pantalons de ski)

nippe (å) + til 71	siroter
nippet (å være på nære ~ + til) 79	être tout près de, manquer de
nisse g.c. 31	lutin
nistepakke g.c. (g.f.) 23	casse-croûte
noe 15	quelque chose, quelque (ikke noe) rien, pas de, *adj. et pron. indefini*
noen 10	quelqu'un, quelque (ikke noen) pas de, *adj. et pron. indéfini*
nok 34	assez
nok 55	sans doute, bien
nokså 80	plutôt, assez, relativement
nordlandsk 37	de Norvège du Nord
nordmann, nordmenn g.c. 2, 16	Norvégien
normal 73	normal
Norge 1	Norvège
norsk 16	norvégien *(adj.)*
notebook g.c. 69	ordinateur portable
november 20	novembre
ny 19	nouveau, neuf
nybygd 48	construit récemment
nydelig 51	joli, délicieux
nyhet g.c. 39	nouvelle, information
nylig 46	récemment
nymotens 71	à la dernière mode
nynorsk 78	nouveau norvégien, néo-norvégien
nyse (å) 88	éternuer
nysgjerrig 48	curieux
nysgjerrighet g.c. 80	curiosité
nyte*(å) 62	savourer, profiter de
nytte (å) 87	être utile
nyttig 32	utile
nær 61	proche
nærhet g.c. 32	proximité
næringsliv g.n. 60	économie (d'un pays)
nærme seg (å) 74	s'approcher
nødt (å være nødt til) 38	être obligé de
nødvendig 33	nécessaire
nøkkel g.c. 26	clef
nøkkelost g.c. 3	fromage au cumin
nøle (å) + med 50	hésiter
nøye seg (å) + med 25	se contenter de
nå 10	maintenant
nådeløs 93	impitoyable
nål g.c. (g.f.) 72	aiguille
når 13	quand *(pron. interr. et conj. de sub.)*

O

oberst g.c. 53	colonel
ofte 26	souvent
og 2	et
også 20	aussi
okse g.c. 74	bœuf
oktober 20	octobre
OL 61	Jeux Olympiques
oldefar g.c. 89	arrière-grand-père
olje g.c. 26	pétrole
oljefyr g.c. 86	chaudière à mazout
oljeplattform g.c. 85	plate-forme pétrolière
om *(prép.)* 16	à propos de
om 27	dans (+ indication de temps)
om 24, 33	si *(interr. indir.)*
omfangsrik 69	vaste, étendu, volumineux
omgivelser *(pl.)* 43	environs
omgås (å) + med 57	fréquenter qqn
område g.n. 32	région, domaine
omsider 53	enfin
omtrent 96	environ
omvendt 13	en sens inverse, à l'envers
ond 71	mauvais
ondskapsfull 79	méchant
onkel g.c. 9	oncle
onsdag g.c. 15	mercredi
opp 23	vers le haut
oppblåst 88	gonflé
oppdage (å) 36	découvrir
oppdragelse g.c. 38	éducation
oppe 54	en haut
oppfatte (å) + som 85	considérer comme
oppføre seg (å) 46	se comporter
oppførsel g.c. 72	comportement
oppgang g.c. 54	cage d'escalier
oppgave g.c. 65	tâche, mission
opphold g.n. 73	séjour, arrêt
opplagt 100	en bonne forme
oppleve (å) 40	vivre qqch., faire l'expérience de qqch.
oppmuntre (å) 71	encourager
oppmuntring g.c. (g.f.) 71	encouragement
oppover 90	en montant
opprop g.n. 61	appel
oppsikt (å vekke oppsikt) 48	attirer l'attention
oppskrift g.c. 55	recette

oppspinn g.n. 60	invention, mensonge
opptatt 27	occupé
oppvaskkum g.c. 54	évier
optim**i**st**i**sk 20	optimiste
ord g.n. 15	mot
orde (å ta til orde) 69	prendre la parole
orden g.c. 27	ordre
ordensmenneske g.n. 72	personne qui aime l'ordre
ordforråd g.n. 100	vocabulaire
ordfører g.c. 78	maire
ork*e* (å) 27	avoir le courage de, la capacité physique, l'envie de
ork**e**ster g.n. 47	orchestre
oss 12	*pron. pers. compl. 1ᵉ pers. plur.*
ost g.c. 3	fromage
osv. (og så v**i**dere) 38	etc.
over 15	au-dessus de
over**a**lt 22	partout
overbev**i**s*e* (å) 71	convaincre
overdr**i**v*e* (å) 78	exagérer
overf*a*ll g.n. 79	attaque
overfor 76	envers, à l'égard de
overkjør*e* (å) 55	renverser qqn en voiture, etc.
overl**e**ss*e* (å) + med 53	arroser de *(fig.)*
overn**a**tt*e* (å) 33	passer la nuit
overnat**u**rl*i*g 31	surnaturel
overr**a**sk*e* (å) 13	surprendre
overr**a**skels*e* g.c. 11	surprise
overs (å **i**kke ha noe til ~ for) 92	ne pas raffoler
overs (å være til ~) 92	être de trop
overs**e**tt*e** (å) 50	traduire
overt*a** (å) 43	prendre le dessus
overtr*o* g.c. 31	superstition
ovn g.c. 24	poêle, four

p

p**a**dd*e* g.c. (g.f.) 73	crapaud
p**a**kk*e* g.c. (g.f.) 41	paquet, colis
p**a**kke s**a**mmen (å) 75	plier bagage
pal**a**ss g.n. 48	palais, palace
p**a**lm*e* g.c. 50	palmier
papeg**ø**y*e* g.c. 23	perroquet
p**a**ppa g.c. 6	papa
p**a**ppag*u*tt 78	fils à papa
parad**i**s g.n. 43	paradis
parapl**y** g.c. 27	parapluie

parfyme g.c. 81	parfum
parkere (å) 51	se garer
parykk g.c. 46	perruque
pasient g.c. 95	patient, malade
pass g.n. 73	passeport
passasjer g.c. 81	passager
passe (å) + på 12	être attentif
passe seg (å) 41	faire attention, être prudent
pause g.c. 47	pause, récréation
PC g.c. 69	micro-ordinateur
pedagogikk g.c. 5	pédagogie
peiling (å ha ~ på) 43	s'y connaître en, savoir s'y prendre
peis g.c. 52	cheminée, âtre
pen 9	beau
pengelens 64	sans le sou
pengelotteri g.n. 64	loterie
penger *(pl.)* 23	argent, sous
pepper g.c. 64	poivre
per *(prép.)* 51	par (mesure, calcul)
person g.c. 72	personne
personlighetstrekk g.n. 72	trait de personnalité, de caractère
pese (å) 88	souffler, être essoufflé
pigg g.c. 54	bout pointu
piggtråd g.c. 54	fil de fer barbelé
piggtrådmusikk g.c. 54	musique qui écorche les oreilles
pike g.c. 94	demoiselle
pikekyss 55	meringue
pine (å) 71	torturer, tourmenter
pinsevenn g.c. 79	pentecôtiste
pladask (å falle ~) 97	tomber de tout son long
plage (å) 29	embêter
plageånd g.c. 97	enquiquineur
plagsom 53	embêtant
planlegge* (å) 40	prévoir, faire un projet
plaske (å) 58	patauger
plass g.c. 29	place
pleie (å) 25	avoir l'habitude de, soigner
plikt g.c. (g.f.) 58	devoir moral
plomme g.c. (g.f.) 94	prune, jaune d'œuf
plukke (å) 32	cueillir
pluss 66	plus (calcul)
plutselig 54	soudain
plystre (å) 93	siffler
politi g.n. 61	police
politikammer g.n. 73	commissariat de police
politisk 94	politique

polsk 99	polonais
pommes-frites 89	frites
populær 37	qui a du succès
pose g.c. 54	sachet
positiv 92	positif
post g.c. 26	poste
postei g.c. 99	pâté
postkort g.n. 22	carte postale
potet g.c. 20	pomme de terre
potte g.c. (g.f.) 20	pot
prakke (å ~ noe på noen) 96	refiler qqch. à qqn
praksis g.c. 90	pratique
praktfull 86	splendide
praktisk 44	pratique
prate (å) 15	bavarder
pratsom 15	bavard
preken g.c. 92	sermon, homélie
prektig 82	superbe
prelle av (å) 76	rebondir, ricocher
presang g.c. 67	cadeau
presentere (å) 37	présenter
prins g.c. 73	prince
prinsipielt 73	en principe
pris g.c. 40	prix
pris (å sette ~ på)	apprécier
privat 85	privé
problem g.n. 59	problème
profitt g.c. 60	profit
program g.n. 41	programme
promille g.c. 44	alcoolémie
propaganda g.c. 89	propagande
proppe (å ~ seg full med / å ~ i seg) 99	se gaver de / s'enfiler
prosit! 88	À tes souhaits !
prøve (å) 18	essayer
psykolog g.c. 67	psychologue
pung (pengepung) g.c. 61	porte-monnaie
punktlig 72	ponctuel
puritansk 94	puritain
puss (å være i full ~) 67	être sur son trente-et-un
pusse (å) 38	nettoyer
puste (å) 75	respirer
pute g.c. (g.f.) 80	coussin
pynte (å) 75	décorer
pære g.c. 65	poire
pølse g.c. (g.f.) 89	saucisse

på *(prép.)* 6	sur
på**f**unn g.n. 71	trouvaille
pågangsmot (å ha) g.n. 66	avoir le moral
pålegg g.n. 89	ce que l'on met sur les tartines
påske g.c. 73	Pâques
påstå* (å) 67	affirmer
påvirke (å) 92	avoir de l'influence sur
påvirket 92	éméché

R

rabatt g.c. 51	rabais, remise
ramle (å) 72	dégringoler, tomber
ramme g.c. 82	cadre
rapport g.c. 76	rapport
rar 2	bizarre
raring g.c. 46	original, farfelu
rase (å) 52	faire rage, être en colère
rask 53	rapide
raus 64	généreux
reagere (å) 97	réagir
redd (å være ~) 46	avoir peur
redde (å) 33	sauver
redelig 79	honnête
redningssentral g.c. 33	centre de secours
regjering g.c. 99	gouvernement
regnbue g.c. 93	arc-en-ciel
regne (å) 10	pleuvoir
regne (å) 46	compter, calculer
regne (å) + med 57	compter sur
regnfrakk g.c. 27	imperméable
regnvær g.n. 11	temps de pluie
reie opp (å) 38	faire un lit
rein (reinsdyr) g.c. 37	renne
reise (å) 16	voyager
reise g.c. 29	voyage
rekke (å) 30	suffire
rekke (å) 89	passer, tendre
rekke* opp (å) 60	atteindre (en hauteur)
reklame g.c. 39	publicité
rekord g.c. 79	record
ren 13	propre, pur
rengjøring 32	nettoyage
renne * (å) 83	couler
reservere 73	réserver
respekt g.c. 33	respect
rest g.c. 41	reste

femhundreogfemtito • 552

rett 58	droit, tout droit
rett g.c. (å ha ~ i noe) 52	avoir raison
rett *(adj.)* 67	juste, bon
rett g.c. 60	plat
rett og slett 78	tout simplement, carrément
rett frem 85	tout de go
rettere sagt 89	ou plutôt
rettskrivning g.c. 73	orthographe
ribbe g.c. 41	rôti de côtes de porc
rik 61	riche
rikdom g.c. 76	richesse
riktig 4	exact, juste
rimelig 67	raisonnable
ring g.c. 81	anneau, bague
ringe (å) 4	téléphoner
ringeste (den/det/de ~) 82	le moindre
risengrynsgrøt g.c. 25	riz au lait
risikere (å) 33	risquer
riste (å) 71	secouer, griller
rive* (å) 80	déchirer, arracher
rive i stykker 80	déchirer en morceaux
ro (å) 46	ramer
ro g.c. 16	calme
rolig 23	calme
rolle g.c. 17	rôle
rom g.n. 4	pièce, chambre
romantisk 62	romantique
rop g.n. 59	appel
rope (å) 83	appeler
rosemaling g.c. 74	motifs de roses traditionnels peints
rote (å) 61	mettre du désordre
rug g.c. 69	seigle
rulle (å) + seg 58	(se) rouler
rundt *(prép.)* 35	autour de
rundt *(adv.)* 45	en rond
russeformann g.c. 79	président des bacheliers
rustfri 58	inoxydable
rydde (å) 13	ranger
rygg g.c. 24	dos
rygge (å) 97	reculer
ryggsekk g.c. 12	sac à dos
ryke* (å) 64	fumer, filer, décamper, se précipiter sur
rykning g.c. 99	tic nerveux
rykte g.n. 78	bruit qui court, rumeur, renommée
rynke g.c. 71	ride
rød 52	rouge

rødvin g.c. 64	vin rouge
røker g.c. 94	fumeur
rør g.n. 32	tuyau
røre (å) 74	remuer, toucher
rørlegger g.c. 32	plombier
røyke (å) 30	fumer
rå 44	cru, grossier
rå 81	*préfixe de renforcement*
råd g.n. 53	conseil, moyen
rådhus g.n. 55	mairie, hôtel de ville
råkjører g.c. 44	chauffard
råskap g.c. 92	grossièreté

S

saft g.c. 44	sirop
sag g.c. 52	scie
saga g.c. 69	saga
sagn g.n. 31	légende
sak g.c. 64	affaire
sakte 100	doucement
salat g.c. 89	salade
salg g.n. 51	vente
salt g.n. 89	sel
samarbeid g.n. 13	coopération, collaboration
samboer g.c. 78	concubin(e)
samfunn g.n. 37	société
samisk 37	lapon
samle (å) + på 36	collectionner
samle (å) + opp 97	rassembler, ramasser
samme 10	le, la, les même(s)
sammen 12	ensemble
sammenligne (å) 73	comparer
sammensurium g.n. 95	salmigondis, méli-mélo
samt 62	ainsi que, avec
samtids- 47	contemporain
samvittighet g.c. 68	conscience (bonne ou mauvaise)
samvittighetsnag g.n. 68	remords
sand g.c. 34	sable
sang g.c. 62	chant
sanger, sangerinne g.c. 68	chanteur, chanteuse
sann 9	vrai
sannelig 66	vraiment
sannhet g.c. 36	vérité
sannsynlig 86	vraisemblable
sannsynligvis 86	vraisemblablement
sans g.c. 82	sens (de l'humour, etc.)

femhundreogfemtifire

sats (å ta ~) 90	prendre son élan
satse (å) + på 32	miser sur
sau g.c. 29	mouton
saus g.c. 64	sauce
scene g.c. 96	scène
se ut (å) 19	avoir l'air de, avoir une apparence
se* (å) 10	voir
sed og skikk g.c. 43	us et coutumes
seddel g.c. 23	billet (de banque)
seg 15	se *(pron. pers. 3ᵉ pers. réfléchi)*
seilbåt g.c. 34	bateau à voile
seile (å) 46	naviguer à la voile
sekretær g.c. 66	secrétaire
sekund g.n. 99	seconde
selge* (å) 62	vendre
selskap g.n. 48, 53	société, compagnie
selskapelighet g.c. 48	vie en société, mondanités
selv 23	moi-même, toi-même, etc.
selvbeherskelse g.c. 96	maîtrise de soi, sang-froid
selvfølgelig 88	bien entendu, évidemment
seminar g.n. 19	séminaire
sende (å) 26	envoyer, diffuser
seng g.c. 38	lit
sengs (å gå til ~) 58	aller se coucher
senke (å) 99	baisser, diminuer
sent 8	tard
september 20	septembre
serie g.c. 92	série
sertifikat g.n. 44	permis de conduire
servere (å) 38	servir (à table)
seter g.c. 93	ferme d'alpage
setning g.c. 32	phrase
sette* (seg) (å) 54	(s')asseoir, mettre
sette* igang (å) + med 60	déclencher, mettre en marche, entreprendre
sette* opp (å) 57	prendre (une expression du visage), installer
sette* på varme (å) 24	mettre le chauffage en marche
shampoo g.c. 83	shampoing (produit)
shorts *(pl.)* 96	short
si* (å) 2	dire
si* ifra (å)	prévenir
side g.c. 29	côté
siden 26	depuis (que)
sigar g.c. 94	cigare
sigarett g.c. 30	cigarette

sikker 15	sûr
sikkert 8	sûrement
sild g.c. 69	hareng
silke g.c. 81	soie
sin 16	*adj. et pron. poss. 3ᵉ pers. (possesseur sujet)*
sinke g.c. 46	cancre
sinnsbevegelse g.c. 92	sensation
sint 31	en colère
sist 57	dernier
sitte* (å) 13	être assis
sitteplass g.c. 27	place assise
situasjon g.c. 73	situation
sjarm g.c. 99	charme
sjarmere (å) 57	charmer
sjef g.c. 19	patron
sjekke (å) 58	vérifier
sjekke *(fam.)* 96	draguer
sjekkhefte g.n. 23	carnet de chèques
sjelden 38	rare, rarement
sjenert 18	timide
sjokolade *g.c.* 6	chocolat
sjuende 97	septième
sjuende (til ~ og sist) 97	en fin de compte
sjø g.c. 96	mer
sjømann g.c. 16	marin
sjøsyk 46	qui a le mal de mer
skade (å) 86	endommager
skade g.c. 86	dégât
skadefryd g.c. 79	plaisir malin, joie malveillante
skaffe (å) + (seg) 37	procurer
skakk (å le seg ~) 68	se tordre de rire
skam g.c. 18	honte
skamme seg (å) 48	avoir honte
skap g.n. 10	armoire, placard
skape (å) 97	créer
skape seg 97	faire des manières
skarp 89	tranchant, intelligent, acerbe
skarve (en skarve...) 95	malheureux, pauvre, pitoyable
skatt g.c. 10	trésor
skatt g.c. 59	les impôts
skeptiker g.c. 71	sceptique
ski g.c. 22	ski
skifte (å) 38	changer, remplacer
skikk g.c. 43	coutume
skikk (sed og ~) 43	us et coutumes

skikkel*i*g 27	convenable
sk*i*lle (å) 100	séparer
sk*i*lle seg (å) 18	divorcer
sk*i*lsmisse g.c. 18	divorce
sk*i*nke g.c. (g.f.) 69	jambon
skinn g.n. 87	cuir
sk*i*nne (å) 89	briller
sk*i*nnende 89	brillant
skip g.n. 62	navire
sk*i*psreder g.c. 11	armateur
sk*i*spor g.n. 100	trace de ski de fond
sk*i*tten 87	sale
skje (å) 31	arriver, se passer
skje g.c. (g.f.) 67	cuillère
skjegg g.n. 52	barbe
skj*e*le (å) 96	loucher
skjell g.n. 25	coquillage, coquille
skj*e*lle *u*t (å) 78	semoncer, enguirlander
skj*e*llsord g.n. 92	juron
skj*e*lne (å) 93	distinguer
skj*e*lve* (å) 75	trembler
skjema g.n. 73	formulaire
skj*e*nke (å) 87	offrir, verser à boire
skjerf g.n. 62	écharpe
skj*e*rpe (å) + (seg) 99	aiguiser ; se concentrer
skjev 82	de travers
skjold g.n. 27	bouclier
skj*o*rte g.c. (g.f.) 67	chemise
skjule (å) 99	dissimuler
skj*æ*re* (å) 86	couper
skjønn 33	magnifique
skj*ø*nne (å) 15	comprendre
skj*ø*nnhet g.c. 19	splendeur
sko g.c. 36	chaussures
skog g.c. 1	forêt, bois
sk*o*le g.c. 62	école
sk*o*rte (å) + på 81	manquer, faire défaut
skranke g.c. 73	guichet
skr*a*pe (å bukke og ~) 83	faire des courbettes
skr*e*lle (å) 38	éplucher
skr*e*mme (å) 31	effrayer, faire peur
skr*e*mmende 31	effrayant
skribler*i* g.n. 93	gribouillage
skrik g.n. 55	cri
skr*i*ke* (å) 54	crier
skritt g.n. 80	pas

skrive (å) 37	écrire
skrivebord g.n. 9	bureau (meuble)
skryte* (å) + av 59	se vanter
skråning g.c. 93	pente, côte
skråplanet (å komme/være på ~) 79	être sur la mauvaise pente
skuespiller g.c. 68	acteur
skuff g.c. 90	tiroir
skuffe (å) 52	décevoir
skuffe g.c. (g.f) 58	pelle
skulder, skuldre g.c. 52	épaule
skulle (å), jeg skal 12	devoir
skum g.n. 83	écume
sky g.c. 93	nuage
skygge g.c. 50	ombre
skyld (for min ~) 22	en ce qui concerne, à mon avis
skyld (for en gang ~) 89	pour une fois
skyldig 79	coupable
skyllebøtte g.c. 78	semonce
skynde seg (å) 8	se dépêcher
skyte* (å) 79	tirer (arme), pousser
skyve* (å) 65	pousser
skøyte (å) 13	patiner
sladre (å) 45	médire, rapporter
sladrekjerring g.c. (g.f) 45	commère
slag g.n. 88	genre, sorte, espèce
slag g.n. 89	coup/attaque (médical)
slags (en slags, hva slags?) 45	genre de
slakteri g.n. 65	boucherie
slalåm g.c. 100	slalom
slappe av (å) 68	se détendre
slappfisk g.c. 36	mollasson
slapphet g.c. 71	apathie, mollesse
slede g.c. 41	traîneau
slekt g.c. (g.f.) 46	famille (sens large)
slektning g.c. 64	parent (sens large)
slepe (å) 34	traîner
slett ikke 10	pas du tout
slik, slikt, slike 19	tel, une chose pareille
slippe* (å) 23	lâcher, laisser tomber, éviter, une obligation
slips g.n. 67	cravate
slit g.n. 15	corvée, labeur
slitsom 94	fatigant, pénible
slott g.n. 11	château
sluke (å) 95	avaler, dévorer
slumre (å) 54	s'assoupir

slurk g.c. 71	gorgée
slutning g.c. 100	conclusion
slutt g.c. 30	fin
slutte (å) + med 34	arrêter, finir, cesser
slør g.n. 93	voile *(masc.)*
sløse bort (å) 68	gaspiller, gâcher
sløv 89	émoussé, abruti
sløyfe g.c. (g.f.) 94	nœud (papillon)
slå* (å) 45	frapper, battre
slå* i (å) 45	planter, enfoncer (clou)
slå* opp (å) 60	rompre (relation amoureuse), afficher
slåss* (å) 88	se battre, se bagarrer
smak g.c. 86	goût
smakfull 47	de bon goût
smalhans (det er/blir ~ i huset) 83	tirer le diable par la queue
smatte (å) 75	faire du bruit en mangeant
smelle* (å) 95	claquer
smelte (å) 24	fondre
smile (å) 19	sourire
sminke g.c. 67	maquillage
sminke seg (å) 67	se maquiller
smitte (å) 36	contaminer
smittsom 71	contagieux
smukkas g.c. 79	beau gosse, bellâtre
smykke g.n. 81	bijou
smør g.n. 3	beurre
smørbrød g.n. 17	sandwich, canapé
smøre (å) 41	tartiner, enduire
smøre seg inn (å) + med	se mettre de la crème
små 41	*cf.* liten
småbiter *(pl.)* 96	petits morceaux
småtteri g.n. 58	bagatelle, pécadille
snakke (å) 15	parler
snappe (å) 86	happer, attraper
snar 71	rapide
snart 19	bientôt
snill 31	gentil
snitte g.c. 99	canapé (aliment)
snobb g.c. 47	snob
snorke (å) 58	ronfler
snu (å) 33	tourner, faire demi-tour
snuble (å) 86	trébucher
snurre (å) 88	enrouler
snyltegjest g.c. 75	pique-assiette
snyte* (å) 54	tromper, rouler
snø (å) 2	neiger

snø g.c. 2	neige
snøstorm g.c. 52	tempête de neige
sofa g.c. 13	divan
softis g.c. 62	glace à la crème
sol g.c. (g.f.) 20	soleil
solbriller *(pl.)* 96	lunettes de soleil
solbærtoddy g.c. 24	boisson revigorante au cassis
sole seg (å) 20	prendre le soleil
solid 80	solide
solidaritet g.c. 61	solidarité
solkrem g.c. 34	crème solaire
solnedgang g.c. 69	coucher de soleil
som 8	comme
som 10	*pron. relatif* (qui/que)
somle (å) 89	lambiner
somlepave g.c. 89	lambin
sommer g.c. 21, 22	été
sommerfugl g.c. 25	papillon
sopp g.c. 53	champignon
sorg g.c. 60	chagrin
sosiologi g.c. 37	sociologie
sove (å) 10	dormir
sovehjerte (å ha et godt ~) 54	avoir le sommeil facile
sovne (å) 47	s'endormir
spaghetti *(pl.)* 25	spaghetti
spandere (å) 64	offrir (payer) à manger ou à boire
spansk 32	espagnol
spare (å) 26	économiser
spark g.c. (g.n.) 41	coup de pied
sparken (å få ~) 41	être mis à la porte
speil g.n. 68	miroir
speilblank 96	lisse comme un miroir
speilegg 87	œuf sur le plat
speilglatt 85	glissant comme une patinoire
spekulant g.c. 48	spéculateur
spennende 15	à suspense, qui rend impatient
spenstig 96	élastique, souple
spent 20	curieux, tendu
spesialist g.c. 46	spécialiste
spesiell 78	spécial
spiker g.c. 45	clou
spille (å) 17	jouer (théatre, cartes)
spiller g.c. 87	lecteur, baladeur
spilledåse g.c. (g.f.) 67	boîte à musique
spindelvev g.c. 86	toile d'araignée
spise (å) 6	manger

spisestue g.c. (g.f.) 86	salle à manger
spiss g.c. 45	pointe, bout
spissborgerlig 94	petit-bourgeois
splitterny 86	tout neuf
spontan 75	spontané
spore opp (å) 53	repérer, flairer
sprekke* (å) 72	éclater
springmarsj g.c. 88	course à pied
sprukken 86	fendu
sprø 90	timbré, fou, loufoque
sprøyte (å) 93	injecter, pulvériser, éclabousser
språk g.n. 32	langue
spyd g.n. 46	lance
spøk g.c. 67	plaisanterie
spøke (å) 10	plaisanter
spøkelse g.c. 60	fantôme
spørre* (å) 17	demander
spørsmål g.n. 29	question
sta 55	têtu
stabeis g.c. 55	tête de mule
stadig 66	constamment
stakkar g.c. 87	pauvre garçon
stakkars 11	pauvre, malheureux
stamme (å) 99	bégayer
stand g.c. 86	état (des choses)
standpunkt g.n. 94	point de vue, opinion
stang, stenger, g.c. 22	barre, perche
stanse (å) 44	s'arrêter
statue g.c. 59	statue
stav g.c. 100	bâton
stavelse g.c. 90	syllabe
sted g.n. 37	endroit
stek g.c. 61	rôti
steke (å) 89	rôtir, griller, cuire à la poêle
stelle + med 5	s'occuper de
stemme (å) 46	être exact
stemme g.c. 90	voix
sten (stein) g.c. 93	pierre, caillou
stenge (å) 30	fermer
stenrik 48	riche comme Crésus
stereoanlegg g.n. 94	chaîne stéréo
sterk 48	fort
sti g.c. 93	sentier
stige* (å) 90	monter, grimper
stikke* (å) 57	piquer
stikke innom (å) 57	faire un saut chez qqn

stikkontakt g.c. 86	prise de courant
stil g.c. 62	style
stille 29	calme, silencieux
stille seg (å) 83	se placer (debout)
stilling g.c. 60	place, poste, emploi
stiv 94	raide, guindé
stjele* 74	voler (dérober)
stoff g.n. 36	matière, matériau, tissu
stokk g.c. 52	tronc d'arbre abattu, bâton
stole (å) + på 44	compter sur qqn
stolt 38 + av	fier
stoppe (å) 79	stopper
stoppe (å) 80	repriser
stor 11	grand
storfin 94	de grande classe, super
storm g.c. 52	tempête
straks 90	en vitesse
stram 67	serré
strand g.c. (g.f.) 34	plage
strek g.c. 89	trait, ligne
strekke* (å) 99	étirer
stress g.n. 50	stress
streve (å) 40	s'échiner, faire un travail pénible
strid g.c. 65	querelle, conflit
strikke (å) 55	tricoter
stryke* 38	repasser (linge)
stryke* 78	être collé (examen)
strykejern g.n. 97	fer à repasser
strømpe g.c. 66	bas, chaussette
student g.c. 5	étudiant
studentby g.c. 45	cité universitaire
studere (å) 5	étudier
studie g.c. 53	étude
stue g.c. (g.f.) 45	salon, salle de séjour
stuegris g.c. 80	pantouflard
stum 74	muet
stumtjener g.c. 74	porte-manteau
stund g.c. 68	moment
stupe (å) 97	plonger
stygg 71	laid, vilain
stykk (per ~)	à la pièce
stykke g.n. 12	morceau
stykker (å gå i ~) 51	se casser en morceaux
styrte (å) 93	se précipiter
stø 100	stable
støte (å) 76	heurter

støv g.n. 32	poussière
støvdott g.c. 86	mouton (poussière)
støvel g.c. 93	botte
støvsuge (å) 74	passer l'aspirateur
støvsuger g.c. 58	aspirateur
støy g.c. 43	bruit
stå* opp (å) 23	se lever (du lit)
stå* til : hvordan står det til? 88	comment allez-vous ?
stå* (å) 12	être debout
stål g.n. 58	acier
sukk g.n. 68	soupir
sukker g.n. 40	sucre
sulten 6	qui a faim
sunn 30	sain
sunnhet g.c. 36	santé
super, supert, supre 18	super
supermarked g.n. 65	supermarché
sur 30	acide, aigre, de mauvaise humeur
surkål g.c. 41	choucroute
svaberg g.n. 96	rocher de bord de mer
svamp g.c. 83	éponge
svangerskap g.n. 55	grossesse
svangerskapspermisjon g.c. 55	congé de maternité
svare (å) 17	répondre
svart 19	noir
sveisen 96	élégant, qui a du chic, du chien
svelge (å) 71	avaler
svensk (adj) 76	suédois
svenske g.c. (nom) 61	Suédois
sverd g.n. 69	épée
sverge 79 + på	jurer
sverme (å) 86	être enthousiaste, raffoler de
svette (å) 90	transpirer
svi* (å) 61	laisser brûler (aliment), brûler
svigerdatter g.c. (g.f.) 38	belle-fille
svigerinne g.c. (g.f.) 46	belle-sœur
svigermor g.c. (g.f.) 34	belle-mère (mère du conjoint)
svinekam 41	carré de porc
svinestek g.c. 95	rôti de porc
sving g.c. 44	virage
svinge (å) 44	tourner (voiture)
svulstig 93	pompeux
svær 52	énorme
svært 23	très
svømme (å) 34	nager
svømmebasseng g.n. 73	piscine

sy (å) 55	coudre
Syden 19	les pays du sud (Méditerranée, Afrique, etc.)
syk 24	malade
sykdom g.c. 71	maladie
sykehus g.n. 59	hôpital
sykepleier g.c. 95	infirmier, infirmière
sykkel g.c. 55	vélo
sylte (å) 83	faire des confitures
syltetøy g.n. 3	confiture
syn g.n. 61	vue (sens)
synd g.c. 33	péché
synd (det var ~!) 33	dommage !
synes (å) 13	trouver que
synge* (å) 62	chanter
synke* (å) 93	sombrer, s'enfoncer
synsk *(adj.)* 64	clairvoyant, devin
sysle (å) + med 55	s'occuper de, s'affairer
systematisk 72	systématique
særlig 47	particulièrement
søke (å) + om 73	solliciter, postuler
sølv g.n. 39	argent (métal)
sølvtøy g.n. 39	argenterie
søndag g.c. 15, 45	dimanche
søndagsskole g.c. 81	catéchisme
sønn g.c. 38	fils
søppel g.n. 26	ordures, déchêts
søppelbøtte g.c. (g.f.) 39	poubelle
søren! 75	zut !
søster, søstre g.c. (g.f.) 9	sœur
søt 37	sucré, mignon
søtladen 92	mièvre
søvnløshet g.c. 71	insomnie
så *(adv.)* 12	aussi, tellement, alors...
sånn 22, 28, 60	de cette façon, comme ça, tel, pareil
såpe g.c. 83	savon
såpeopera g.c. 39	feuilleton à l'eau de rose
sår g.n. 81	plaie

T

ta* (å) 23	prendre
ta* beina på nakken	prendre ses jambes à son cou
ta* etter (å) 57	imiter
ta* forbi (å) 100	dépasser (à la marche)
ta* igjen (å) 55	rattraper
ta* imot (å) 75	accueillir

ta* seg av (å) 23	s'occuper de, se charger de
ta* seg nær av (å) 61	s'en faire
ta* seg sammen (å) 88	se prendre en main
ta* ut penger (å) 23	retirer de l'argent
tablett g.c. 71	comprimé
tak (å få* tak i) 46	mettre la main sur
tak g.n. 86	toit
takk! 29	merci !
takke (å) + for 76	remercier pour
takknemlig 75	reconnaissant
tale g.c. 48	discours
tale (ikke ~ om!)	pas question !
tallerken g.c. 51	assiette
tanke g.c. 85	pensée, idée
tann, tenner g.c. (g.f.) 51	dent
tannbørste g.c. 65	brosse à dents
tannlege g.c. 51	dentiste
tante g.c. (g.f.) 9	tante
tape (å) 97	perdre (jeu)
tapet g.n. 74	papier peint
tapetsere (å) 72	tapisser
tapper 66	courageux, dur au mal
taus 82	silencieux, muet
teater g.n. 17	théâtre
teaterbillett g.c. 17	billet de théâtre
tegne (å) 66	dessiner
tegneserie g.c. 60	bande dessinée
tegnestift g.c. 82	punaise (objet)
tegning g.c. 31	dessin
teip g.c. 82	ruban adhésif
tekst g.c. 50	texte
telefon g.c. 53	téléphone
telle (å) 78	compter
telt g.n. 80	tente
temmelig 73	assez, plutôt
tendens g.c. 68	tendance
tenke (å) + på 6	penser à
tenke seg til! 89	dire que... !
tenkemåte g.c. 50	façon de penser
tenne på (å) 24	allumer le feu, faire du feu
tenåring g.c. 87	adolescent
teori g.c. 90	théorie
teppe g.n. 74	tapis
termos g.c. 23	bouteille thermos
terrasse g.c. 82	terrasse
tid g.c. 18	temps

tide (det er på ~) 23	il est temps que
tidlig 36	tôt
tie stille (å) 29	se taire
til *(prép. et conj. de sub.)* 3	de, pour, jusque
tilbake 34	idée de revenir
tilbakelegge* (å) 100	parcourir, laisser derrière soi une distance
tilbringe* (å) 40	passer (le temps)
tilbud g.n. 32	offre
tilfeldigvis 61	par hasard
tilfelle g.n. 72	cas, coïncidence
tilhører g.c. 62	auditeur
tillatelse g.c. 75	autorisation
tillit g.c. 87	confiance
tilpasningsdyktig 32	qui a le sens de l'adaptation
tilstå* (å) 87	admettre, reconnaître, avouer
tiltrekke (å) 72	attirer
time g.c. 27	heure
time g.c. 78	cours
ting g.c. 55	chose
tinn g.n. 94	étain
tirsdag g.c. 15	mardi
tisse (å) 75	faire pipi
tittel g.c. 76	titre
tiurleik g.c. 43	parade amoureuse des coqs de bruyère
tivoli g.c. 65	parc d'attraction
tjene (å) 59	gagner (en travaillant)
tjern g.n. 43	étang
toalett g.n. 86	toilettes
tog g.n. 29	train
tokt g.n. 69	expédition
tolk g.c. 99	interprète
tolke (å) 99	interpréter
tolkning g.c. 47	interprétation
tom 10	vide
tonefall g.n. 90	intonation
tonn g.n. 40	tonne
tonnevis 40	à la tonne
topp g.c. 86	sommet
toppklasse g.c. 86	première classe
torden g.c. 93	tonnerre
torde* (å), jeg tør 48	oser
torg g.n. 62	place du marché
torsdag g.c. 15	jeudi
tosk g.c. 96	imbécile
tott g.c. 64	touffe

tottene (å ryke i ~ på hverandre)	se crêper le chignon
tran g.c. 71	huile de foie de morue
trapp g.c. 72	escalier
traske (å) 76	déambuler
tre, trær g.n. 1	arbre
treffe* (å) 53	rencontrer par hasard
tregulv g.n. 52	parquet
trekke (å) 72	tirer, migrer
trekker (det ~) 72	il y a des courants d'air
trenge (å) 26	avoir besoin
trening g.c. 67	entraînement
treningsdrakt g.c. 36	jogging (vêtement)
treskalle g.c. 52	qui a la tête dure, la comprenette lente
trikk g.c. 51	tramway
trille (å) 92	pousser qqch. qui roule
trillebår g.n. 65	brouette
trillinger 67	triplés
trimrom g.n. 36	salle de sport
trinn g.n. 86	marche d'escalier
trivelig 57	amusant, distrayant
tro (å) 40	croire
troll g.n. 31	troll
trompet g.c. 45	trompette
truse g.c. 87	slip de femme
trygg 73	sûr, en sécurité
trykk g.n. 94	pression
trykke (å) 94	appuyer
tryne g.c. 57	groin, tête
trøste (å) 60	consoler
tråd g.c. 54	fil
tråkke (å) 45	piétiner
tufs g.c. 66	imbécile
tullprat g.n. 37	bavardage stupide
tumle (å) 88	chanceler
tumle seg (å) 88	s'ébattre
tunge g.f. 69	langue (organe)
tuntre g.n. 69	arbre planté dans la cour de ferme
tur g.c. 45	promenade
turist g.c. 31	touriste
turistkontor g.n. 32	office de tourisme
turtelduer (pl.) 92	tourtereaux
tusjpenn g.c. 80	crayon feutre
tute (å) 44	klaxonner
TV g.c. 39	télévision
tvert imot 76	au contraire
tvillinger 67	jumeaux

tydelig 72	clair, distinct
tydeligvis 81	clairement
tyggegummi g.c. 78	chewing-gum
tykk 58	épais, gros
tyngre 80	plus lourd *(comparatif. de* tung*)*
type g.c. 80	type
tysk *(adj.)* 25	allemand
tysker g.c. *(nom)* 76	Allemand
tyttebær g.n. 53	airelle
tyttebærtur g.c. 53	cueillette des airelles
tyv g.c. 61	voleur
tøff 97	courageux, dur
tøffel, tøfler 80	chausson
tølper g.c. 75	goujat, malotru
tømme (å) 90	vider
tømmer g.n. 52	bois abattu
tømmerfløting g.c. 52	flottage du bois
tømmerhogger g.c. 52	bûcheron
tømmerhus g.n. 52	maison en rondins
tønne g.c. 69	tonneau
tørke (å) 75	sécher, essuyer
tørr 76	sec
tørst 6	qui a soif
tøy g.n. 87	linge
tøys g.n. 33	bêtises
tøyse (å) 33	dire, faire des bêtises
tå, tær g.c. 52	orteil
tåke g.c. 58	brume, brouillard
tåle (å) 25	supporter
tålmodig 41	patient
tålmodighet g.c. 29	patience
tåpelig 92	niais
tåpelighet g.c. 92	niaiserie
tåspissen (på ~) 45	sur la pointe des pieds

U

uansett 51	de toute façon, quel... que, quoi... que
uavlatelig 93	sans interruption
ubehøvlet 52	mal dégrossi
ubekvem 27	inconfortable
uff! 2	*interjection de déplaisir, de désapprobation*
uflaks g.c. 60	malchance, déveine
ufordragelig 89	insupportable
uforståelig 59	incompréhensible
ufyselig 2	affreux

femhundreogsekstiåtte • 568

ugle g.c. 88	hibou, chouette
uglesett (å bli ~ av n**o**en) 88	se faire mal voir de qqn
uhell g.n. 61	malchance, incident
uhygien**i**sk 74	anti-hygiénique
uh**ø**flig 52	impoli
uke g.c. 4	semaine
ukebl**a**d g.n. 30	revue hebdomadaire
ulempe g.c. 79	inconvénient
ul**e**seli*g* 80	illisible
ull g.c. 55	laine
ulv g.c. 69	loup
ulykke g.c. 31	malheur, accident
ulykkesf**u**gl g.c. 60	personne poursuivie par la malchance
um**u**lig 89	impossible
um**u**lius g.c. 57	personne impossible
under 26	sous
underbukse g.c 87	slip
underjord**i**sk *(adj.)* 33	souterrain
underjord**i**sk (de ~) 33	créatures vivant sous terre
underl**i**g 31	bizarre, étrange
undertegne (å) 61	signer
undert**ø**y g.n. 87	sous-vêtements
underv**e**is 80	en chemin
undervise (å) 78	enseigner
underv**i**sni*ng* 78	enseignement
ung 41	jeune
ungdom g.c. 54	jeunesse
ungdomme*r (pl.)* 87	des jeunes
unn**a** 53	*idée d'éloignement*
unngå* (å) 89	éviter, s'abstenir de
unnskyld! 9	pardon !
unnskylde (å) 9	excuser
unnt**a**k g.n. 73	exception
unntatt 73	sauf, excepté
uoppdragen 78	mal éduqué
uorigin**a**l 93	sans originalité
urettferdi*g* 83	injuste
urgamme*l* 43	très vieux
ur**o**lig 95	agité, inquiet
urtete g.c. 80	tisane
usk**y**ldi*g* 94	innocent
us**y**nlig 93	invisible
ut *(adv.)* 15	*idée de sortie*
utdannelse g.c. 32	formation
ute 20	dehors
ute **e**tter (å være ~) 32	être à la recherche de

utedo g.c. 4	toilettes extérieures
uten 36	sans
uten v**i**dere 87	de but en blanc
uten**at** (å k**u**nne n**o**e ~) 33	savoir par cœur
utenfor 51	à l'extérieur
utenfra 99	à partir de l'extérieur
utenkelig 74	impensable
utenlandsk 25	étranger
utflukt g.c. 73	excursion
utforbakke g.c. 41	descente
utgi (å) 93	publier
uti *(adv.)* 97	dedans
utland (i utlandet) 16	à l'étranger
utlending g.c. 22	étranger *(nom)*
utløpe (å) 73	arriver à expiration
utmattet 54	épuisé
utmerket 47	excellent, remarquable
utover *(adv.)* 27	au-dessus
utpeke (å) 69	désigner
utrolig 11	incroyable
utsalg g.n. 51	soldes
utsikt g.c. 75	vue (paysage)
utstyr g.n. 72	attirail, équipement
utstående 97	proéminent
uttale (å) 90	prononcer
uttale g.c. 59	prononciation
utvide (å) 55	étendre, élargir
utvilsom 96	indubitable
utvungen 100	à l'aise, dégagé
uunngåelig 53	inévitable
uunnværlig 82	indispensable
uvane g.c. 72	mauvaise habitude
uvitende 55	ignorant

V

v**a**kker 94	splendide
v**a**lg g.n. 26	choix
v**a**nlig 39	habituel
v**a**nligvis 5	habituellement
v**a**nn g.n. 4	eau
v**a**nskelig 45	difficile
v**a**nskelighet g.c. 50	difficulté
v**a**nt til 86	habitué à
v**a**re (å) 11	durer
v**a**re g.c. 65	article, marchandise
variasj**o**n g.c. 80	variation, variété

femhundreogsytti • 570

varm 4	chaud
varme 24	chaleur, chauffage
varsle (å) 61	avertir
vase g.c. 25	vase *(masc.)*
vask g.c. 86	lavabo
vaske (å) 23	laver
vaske opp 38	faire la vaisselle
vaskemiddel g.n. 39	lessive (produit)
ved 11	à côté de
ved g.c. 52	bois de chauffage
vedde (å) + på 50	parier
vegetariansk 89	végétarien
vegg g.c. 82	mur
vegne (på mine ~) 79	en mon nom
vei g.c. 17	chemin
vekke (å) 48	réveiller
vekslepenger 54	monnaie (que l'on rend)
vekt g.c. 33	poids
vel 17	bien
veldig 16	très, *adv. de renforcement*
velfortjent 83	bien mérité
velge* (å) 79	choisir
velge ut (å) 65	sélectionner
velkommen 12	bienvenue
vellykket 47	réussi
velmenende 76	plein de bonne volonté
velte (å) 52	renverser
venn g.c. 11	ami
venne seg (å) 86 + til	s'habituer à
venninne g.c. (g.f.) 37	amie
vennlig 48	amical
vennskap g.n. 11	amitié
venstre 34	gauche (côté)
vente (å) 27 + på	attendre
venterom g.n. 73	salle d'attente
veranda g.c. 86	véranda, balcon
verd (å være noe ~) 68	valoir qqch.
verden g.c. 16	monde
verdi g.c. 76	valeur
verdifull 69	précieux
verk g.n. 47	œuvre
verke (å) 90	faire mal
verks (å gå til verks) 72	procéder
verre, verst 27/24	pire, le pire
vesen g.n. 31	être, créature, caractère
veske g.c. 61	sac à main

veve (å) 83	tisser
vid 80	loin
vid 82	large
vide (i det ~ og det brede) 94	en long et en large
videospill g.n. 87	jeu vidéo
vidunderlig 92	merveilleux
viking g.c. 27	Viking
viktig 23	important
vill 83	sauvage
vilje g.c. 75	volonté
villa g.c. 75	villa
ville (å), jeg vil 5	vouloir
vin g.c. 64	vin
vind g.c. 10	vent
vindu g.n. 20	fenêtre
vinke (å) 93	faire un signe de la main
vinmonopol g.n. 54	magasin de vins et spiritueux
vinne* (å) 6	gagner (jeu)
vinter g.c. 20, 21	hiver
vinter-OL (*plur*) 39	Jeux Olympiques d'hiver
virkelig 15	réel
virkelighet g.c. 68	réalité
vise (å) 33	montrer
vise g.c. (g.f.) 54	chanson
viske ut (å) 80	effacer
viss (en viss) 64	un certain
visst 67	bien sûr, certainement
vite* (å), jeg vet 8	savoir
vitenskapsmann (-menn) g.c. 76	scientifique, savant
vitne g.n. 96	témoin
vitsehistorie g.c. 76	histoire drôle
vodka g.c. 44	vodka
vogn g.c. 65	chariot
voks g.c. 75	cire
voksen, voksne 82	adulte
vold g.c. 92	violence
vond 24	mauvais
vott g.c. 100	moufle
vær g.n. 31	temps (qu'il fait)
vær så god 12	je vous en prie, bon appétit
være (å) 10	être
værelse g.n.	pièce (habitation)
værmelding g.c. 33	bulletin météo
våken 74	réveillé
våpen g.n. 92	arme
vår g.c. 20, 21	printemps

vår, vårt, våre g.c. 18	notre, nos
våt 83	mouillé

W
whisky g.c. 54	whisky

Y
yndig 94	gracieux
yngre, yngst 78	plus jeune, le plus jeune
ynkelig 97	minable
ypperlig 20	sensationnel
yrke g.n. 29	métier
yrkesliv g.n. 87	vie professionnelle
ytre 69	extérieur
yttertøy g.n. 12	vêtements d'extérieur

Æ
ære g.c. 78	honneur, gloire
ærgjerrig 86	ambitieux
ærlig 74	franc, honnête
ærverdig 74	respectable
æsj 71	*interjection de dégoût*

Ø
ødeland g.c. 94	gaspilleur
ødelegge* (å) 34	détruire
ødeleggelse g.c. 92	destruction
økonomisk 76	financier, économique, pécunier
øks g.c. (g.f.) 52	hache
øl g.n. 41	bière
øm 92	tendre
ønske (å) + (seg) 16	souhaiter, désirer
øre g.c. 51	subdivision de la couronne
øre g.n. 81	oreille
øredobbe g.c. 81	boucle d'oreille
øve (å) 45	s'exercer
øvelse g.c. 1	exercice
øy g.f. (g.c.) 27	île
øye, øyne g.n. 62	œil
øyeblikk g.n. 44	instant
øyeblikkelig 53	instantanément

Å
åpen 30	ouvert
åpne (å) 50	ouvrir
år g.n. 34	année
århundre g.n. 25	siècle
årsak g.c. 87	cause

Lexique français-norvégien

A

abattre (arbre)	felle (å) 52
abord (d'~)	først 13
aboyer	bjeffe (å) 53
abrupt	bratt 86
abruti	sløv 89
absence	fravær g.n. 87
absolument	absolutt 57
abstenir (s'~ de)	unngå* (å) 89
acajou	mahogni g.c. 94
accent	aksent g.c. (-er) 90
accepter	godta* (å) 37
accident	ulykke g.c. (-r) 31
accord (d'~)	enig 89
accroché (être ~)	henge* (å) 26
accrocher	henge (å) 26
accueil	mottakelse g.c. (-r) 75
accueillir	ta* imot (å) 75
accuser	beskylde (å) 94
acerbe	skarp 89
achat	innkjøp g.n. 13, kjøp g.n. (-) 85
acheter	kjøpe (å) 13
acide	sur 30
acier	stål g.n. 58
acteur	skuespiller g.c. (-e) 68
action	gjerning g.c. (-er) 85
adaptation (qui a le sens de l'~)	tilpasningsdyktig 32
admettre	tilstå* (å) 87, innse* (å) 75
admiration	beundring g.c. 38
admirer	beundre (å) 62
adolescent	tenåring g.c. (-er) 87
adulte	voksen g.c. (voksne) 82
aéroport	flyplass g.c. (-er) 64
affaire	sak g.c. (-er) 64, 70
affairer (s'~)	sysle (å) + med 55
afficher	slå* opp (å) 60
affirmer	påstå* (å) 67
affreux	ufyselig 2, forferdelig 24, fæl 89
Africain	afrikaner *(nom)* g.c. (-e) 16
africain	afrikansk *(adj.)* 25
agacer	ergre (å) 72, irritere (å) 16
âge	alder g.c. 29

âgé	gammel, gamle 11
âgé (plus ~)	eldre 38 *(comparatif de* gammel*)*
agence pour l'emploi	arbeidskontor g.n. (-er) 32
agir (s'~ de)	dreie (å) (seg) + *om* 92, gjelde* (å) 31
agité	urolig 95
agneau	lam g.n. (-) 67
agréable	koselig 16, gøy 34, hyggelig 31, grei 15
agrément	kos g.c. 30
agriculture	landbruk g.n. 99
ah bon ! *(interjection)*	Jaha! 90, javel 4, jaså 4
aide	hjelp g.c. (g.f.) 32
aider	hjelpe* (å) 8
aïe !	au! 83
aigre	sur 30
aiguille	nål g. c. (g.f.) (-er) 72
aiguiser	skjerpe (å) + (seg) 99
ailleurs (d'~)	forresten 33
aimer	like (å) 10
aimer bien	å være glad i 18
aimer (amour)	elske (å) 18
air	luft g.c. (g.f.) 27
air (avoir l'~ de, avoir une apparence)	se ut (å) 19
airelle	tyttebær g.n. (-) 53
aise (à l'~)	utvungen 100
alcoolémie	promille g.c. 44
algue	alge g.c. (-er) 25
Allemand	tysker *(nom)* g.c. (-e) 76
allemand	tysk *(adj.)* 25
aller	gå* (å) 10
aller : comment allez-vous ?	hvordan har du det? 11, hvordan står det til? 88
aller (s'en ~)	(å) dra av gårde 88
aller avec	høre til (å) 12
aller chercher	hente (å) 24
aller en voiture	kjøre (å) 26
allergique (à)	allergisk (+ mot) 32
allez, courage !	heia! 100
allô !	hallo ! 4
allumer (chauffage)	sette* på varme (å) 24
allumer le feu, faire du feu	tenne på (å) 24
alors *(adv. exclamatif)*	da 2
alors	så 12, da 31
ambitieux	ærgjerrig 86
amende	mulkt g.c. (-er) 66
amener	ha / ta* med (å) 23

Américain	amerikaner *(nom)* g.c. (-e) 16
américain	amerikansk *(adj.)* 64
ami	venn g.c. (-er) 11
amical	vennlig 48
amie	venninne g.c. (g.f.) (-r) 37
amiral	admiral g.c. (-er) 85
amitié	vennskap g.n. 11
amour	kjærlighet g.c. 18
amoureux (de)	forelsket (+ i) 81
ampoule électrique	lyspære g.c. (g.f.) (-r) 65
amusant	gøy 34, artig 79, trivelig 57
ananas	ananas g.c. (-er) 44
ancêtre	ane g.c. (-r) 94
ancêtres	forfedre *(pl.)* 74
ancien	gammel 11
âne	esel g.n. (esler) 94
anglais *(adj.)*	engelsk 5
angle	hjørne g.n. (-r) 30
animal	dyr g.n. (-) 29
anneau	ring g.c. (-er) 81
année	år g.n. (-) 34
anniversaire	fødselsdag g.c. (-er) 9
août	august 20
apathie	slapphet g.c. 71
apôtre	apostel g.c. (apostler) 36
appareil	apparat g.n. (-er) 39
appartement	leilighet g.c. (-er) 11
appel	opprop g.n. 61, rop g.n. (-) 59
appeler	rope (å) 83
appeler (nommer)	kalle (å) 17
appeler (s'~)	hete* (å) 4
appétit	matlyst g.c. 41
appétit (bon ~ !)	vær så god! 12, vel bekomme! 45
applaudir	klappe (å) 88
application	anvendelse g.c. (-r) 99
appliqué	flink 38
apporter	ha / ta* med (å) 23, bringe* (å) 99
apprécier	sette pris på (å)
apprendre	lære (å) 20
approcher (s'~)	nærme seg (å) 74
approvisionner (en)	forsyne (å) (+ med) 81
appuyer	trykke (å) 94
après *(adv.)*	etterpå 17
après *(prép.)*	etter 10
après-midi	ettermiddag g.c. (-er) 45
aquarelle	akvarell g.c. (-er) 82

araignée	edderkopp g.c. (-er) 58
arbre	tre g.n. (trær) 1
arc-en-ciel	regnbue g.c. (-r) 93
arête	fiskeben g.n. (-) 94
argent	penger *(pl.)* 23
argent (métal)	sølv g.n. 39
argenterie	sølvtøy g.n. 39
argument	argument g.n. (-er) 26
armateur	skipsreder g.c. (-e) 11
arme	våpen g.n. (-) 92
Armée du Salut	Frelsesarme g.c. 39
armoire	skap g.n. (-) 10
arracher	rive*(å) 80
arrêt	opphold g.n. (-) 73
arrêter	slutte (å) + med 34
arrêter (s'~)	stanse (å) 44
arrhes	forskudd g.n. (-) 73
arrière-grand-père	oldefar g.c. (oldefedre) 89
arrière-plan	bakgrunn g.c. (-er) 92
arriver	komme* (å) 12
arriver (se passer)	skje (å) 31, hende (å) 61, foregå (å) 92
arriver à expiration	utløpe (å) 73
arriver (qui peut ~)	hendelig 61
arroser de *(fig.)*	overlesse (å) + med 53
art	kunst g.c. (-er) 62
article (journal)	artikkel g.c. (artikler) 46
article (marchandise)	vare g.c. 65
artisanat	flid g.c. 96
artiste	kunstner g.c. (-e) 62
aspirateur	støvsuger g.c. (-e) 58
assassin	morder g.c. 79
asseoir (s'~)	sette* (seg) (å) 54
assez	ganske 37, temmelig 73, nok 34, nokså 80
assez (en avoir ~ de)	være lei (å) + av 53
assiette	tallerken g.c. (-er) 51
assis (être ~)	sitte* (å) 13
association	forbund g.n. (-) 99
associé	kompanjong g.c. (-er) 66
assoupir (s'~)	slumre (å) 54
assurer	forsikre (å) 60
astuce	knep g.n. 90
attacher	feste (å) 82, knytte (å) 67
attaque	overfall g.n. (-) 79
attaque (médical)	slag g.n. (-) 88
attaquer	angripe* (å) 69

atteindre (en hauteur)	rekke* opp (å) 60
attendre	vente (å) + på 27
attentif (être ~)	passe (å) + på 12
attention (faire ~ à)	legge merke til noe (å) 19
attention (faire ~, être prudent)	passe seg (å) 41
atterrir *(fig.)*	havne (å) 37
attirail	utstyr g.n. 72
attirer	tiltrekke (å) 72
attirer l'attention	vekke oppsikt (å) 48
attitude	holdning g.c. (-er) 99
attraper	fange (å) 69, snappe (å) 86
au revoir !	adjø! 100
au-dessus *(adv.)*	utover 27
au-dessus de	over 15
auditeur	tilhører g.c. (-e) 62
aujourd'hui	i dag 15
aussi	så 12, også 20
aussi bien... que	både...og 86
auteur	forfatter g.c. (-e) 46
authentique	ekte 40
automne	høst g.c. *(invariable)* 21
autorisation	tillatelse g.c. (-r) 75
autour de	rundt 35, 45
autre	annen, annet, andre 31
autrefois (d'~)	datidens 62
autrement	annerledes 39
avaler	svelge (å) 71, sluke (å) 95
avance (à l'~)	på f. forhånd 44
avant (en ~) *(adj. et adv.)*	frem 85
avant *(prép. et conj. de sub.)*	før 6
avare *(adj.)*	gjerrig 96
avec	samt 62, med 12
avec cela	dermed 92
aventure	eventyr g.n. (-) 31
avertir	varsle (å) 61, si* ifra (å) 88
aveugle	blind 89
aveuglement	blindhet g.c. 89
avion	fly g.n. (-) 33
avis (être d'~ que)	mene (å) 16
avocat	advokat g.c. (-er) 64
avoir	ha (å) 3
avoir (obtenir)	få* (å) 11
avouer	tilstå* (å) 87
avril	april 20, 73

B

baccalauréat	artium g.c. 78
bagage (plier ~, faire ses ~)	pakke sammen (å) 75
bagarrer (se ~)	slåss* (å) 88
bagatelle	bagatell g.n. (-er) 86, småtteri g.n. (-er) 58
bague	ring g.c. (-er) 81
baie (fruit)	bær g.n. (-) 53
baie (mer)	bukt g.c. (-er) 97
baie arctique	multe g.c. (-r) 43
baigner (se ~)	bade (å) 34
baignoire	badekar g.n. (-) 86
bâiller	gjespe (å) 99
bain	bad g.n. (-) 83
baiser	kyss g.n. (-) 72
baisser (se ~)	bøye seg ned (å) 53
baisser *(verbe intr.)*	synke* (å) 93
baisser *(verbe trans.)*	senke (å) 99
balai à franges	mopp g.c. (-er) 78
balayer	feie opp (å) 45
balcon	veranda g.c. (-er) 86
baleine	hval g.c. (-er) 89
balourd	klossete 76
balourd *(nom)*	kloss g.c. (-er) 52
bande dessinée	tegneserie g.c. (-r) 60
bandit	banditt g.c. (-er) 69
banque	bank g.c. (-er)
baptême	barndåp g.c. (-er) 67
barbant *(fam.)*	gørr 34
barbe	skjegg g.n. (-) 52
barbe (la ~ !)	uff! 2
barbecue	grill g.c. (-er) 89
barre	stang g.c. (stenger) 22
bas	lav 61
bas (vers le ~)	ned 31
bas (vêtement)	strømpe g.c. (-r) 66
bassine	balje g.c. (-r) 86
bâtard (chien)	kjøter g.c. (-e) 92
bateau	båt g.c. (-er) 27
bateau à voile	seilbåt g.c. (-er) 34
bâtir	bygge (å) 81
bâton	stav g.c. (-er) 100, stokk g.c. (-er) 52
battre	slå*(å) 45
battre (se ~)	slåss* (å) 88
bavard	pratsom 15

bavardage stupide	tullprat g.n. 37
bavarder	prate (å) 15
beau	pen 9, fin 3, vakker 94
beau gosse	smukkas g.c. 79, fløteprins g.c. (-er) 92
beaucoup de (*dénombrable*)	mangt 76
beaucoup de *(fam.)*	masse 25, i massevis 26
beaucoup de (*indénombrable*)	mye 15
beaucoup de choses	mange 4
bébé	baby g.c. (-er) 39
bégayer	stamme (å) 99
belle-fille	svigerdatter g.c. (g.f.) (svigerdøtre) 38
belle-mère (mère du conjoint)	svigermor g.c. (g.f.) (svigermødre) 34
belle-sœur	svigerinne g.c. (g.f.) (-r) 46
berk !	æsj! 71
besoin (avoir ~)	trenge (å) 26
bête (sot)	dum (dumme) 39
bêtises	tøys g.n. 33
bêtises (dire/faire des ~)	tøyse (å) 33
beurre	smør g.n. 3
beuverie	fyllekalas g.n. (-er) 92
bibliothèque (meuble)	bokskap g.n. (-) 74
bien	vel 17, grei 15, bra 4
bien entendu	selvfølgelig 88
bien sûr	visst 67, naturligvis 17
bientôt	snart 19
bienvenue	velkommen 12
bière	øl g.c. 41
bifteck	biff g.c. (-er) 64
bijou	smykke g.n. (-er) 81
billet (de banque)	seddel g.c. (sedler) 23, lapp g.c. (-er) 61
billet d'avion	flybillett g.c. (-er) 50
billet de théâtre	teaterbillett g.c. (-er) 17
biologie	biologi g.c. 78
bizarre	rar 2, merkverdig 62, underlig 31
blanc	hvit 22
blanc-bec	grønnskolling g.c. (-er) 78
bleu	blå, blått, blå 62
blouson	jakke g.c. (g.f.) (-r) 87
bœuf	okse g.c. (-r) 74
boire	drikke* (å) 6
bois	skog g.c. (-er) 1
bois abattu	tømmer g.n. 52
bois de chauffage	ved g.c. 52
boîte	eske g.c. (g.f.) (-r) 80
boîte à musique	spilledåse g.c. (g.f.) (-r) 67
boîte de conserve	hermetikkboks g.c. (-er) 60

boîte de nuit	nattklubb g.c. (-er) 99
bon	god 12, rett *(adj.)* 67, bra 4
bon sens	folkevett g.n. 33
bonbons	godt 13
bonheur	lykke g.c. 43
bonhomme	kar g.c. (-er) 51, fyr g.c. (-er) 31
bonjour	goddag 4, hei! 17
bonnet	lue g.c. (g.f.) (-r) 24
botte	støvel g.c. (støvler) 93
bouche	munn g.c. (-er) 44
bouchée	bit g.c. (-er) 30
boucherie	slakteri g.n. (-er) 65
boucle (cheveux)	krølle g.c. (-r) 94
boucle d'oreille	øredobbe g.c. (-r) 81
bouclier	skjold g.n. (-) 27
boudeur	mutt 97
bouffon	narr g.c. (-er) 22
bouillie	grøt g.c. (-er) 31
bouillir	koke (å) 23
bouleau	bjørk g.f. (-er) 52
boulette de viande	kjøttkake g.c. (-r) 18
bourru	morsk 94
bout	spiss g.c. (-er) 45
bout pointu	pigg g.c. (-er) 54
bouteille	flaske g.c. (g.f.) (-r) 13
bouteille thermos	termos g.c. (-er) 23
boutique	butikk g.c. (-er) 31
bouton (sur le visage)	kvise g.c. (-r) 87
bouton (vêtement)	knapp g.c. (-er) 55
braillard	bråkebøtte g.c. (-r) 54
bras	arm g.c. (-r) 60
brésilien *(adj.)*	brasiliansk 68
bricolage	hjemmesløyd g.c. 45
brillant	skinnende 89, blank 96
briller	skinne (å) 89
brioche (gros ventre)	bilring g.c. (-r) 97
brique	murstein g.c. (-er) 95
broche	brosje g.c. (-r) 81
brodé	brodert 80
brosse à dents	tannbørste g.c. (-r) 65
brouette	trillebår g.n. (-) 65
brouillard	tåke g.c. 58
brouter	beite (å) 93
bruit	støy g.c. 43
bruit (faire du ~)	bråke (å) 52
bruit (faire du ~ en mangeant)	smatte (å) 75

bruit qui court	rykte g.n. (-r) 78
brûler	brenne* (å) 34, svi* (å) 61
brume	tåke g.c. 58
bruyant	bråkete 54
bûcheron	tømmerhogger g.c. (-e) 52
buffet garni	buffet g.c. (-er) 99
buisson	busk g.c. (-er) 53
bureau (meuble)	skrivebord g.n. (-) 9
bureau (pièce)	kontor g.n. (-er) 73
but	mål g.n. (-) 85/ 100, forsett g.n. (-er) 36
but (de ~ en blanc)	uten videre 87

C

ça alors !	jøss! 23
cabot	bikkje g.f. (-r) 53
cacher	gjemme (å) 31
cadavre	lik g.n. (-) 90
cadeau	gave g.c. (-r) 60, presang g.c. (-er) 67
cadre	ramme g.c. (-r) 82
café (boisson)	kaffe g.c. 12
cage d'escalier	oppgang g.c. (-er) 54
cagibi	kott g.n. (-) 75
caillou	sten (stein) g.c. (-er) 93
caisse (magasin)	kasse g.c. (-r) 54
calculer	regne (å) 46
cale de bois	kloss g.c. (-er) 52
calembour	blødme g.c. (-r) 79
calendrier	kalender g.c. (kalendre) 72
calmant	nervetablett g.c. (-er) 83
calme *(nom)*	ro g.c. 16
calme *(adj.)*	rolig 23, stille 29
calvitie	måne g.c. (-r) 80
cambrioler	bryte* inn (å) + hos 61
camion	lastebil g.c. (-er) 52
canapé (aliment)	snitte g.c. (-r) 99, smørbrød g.n. (-) 17
canard	and, ender g.c. 17
cancre	sinke g.c. (-r) 46
canne à pêche	fiskestang g.c. (fiskestenger) 97
capable (être ~ de)	duge (å) + til 78
capacité	evne g.c. (-r) 65
capturer	fange (å) 69
caractère (personne)	vesen g.n. (-er) 31
carnet de chèques	sjekkhefte g.n. (-r) 23
carotte	gulrot g.c. (gulrøtter) 20
carré de porc	svinekam (-mer) 41
carreau	flis g.c. (-er) 86

carrefour	kryss g.n. (-) 55, korsvei g.c. (-er) 100
carrément	rett og slett 78, rett frem 85
carte (postale)	kort g.n. (-) 85
carte bancaire	bankkort g.n. (-) 23
carte postale	postkort g.n. (-) 22
cas	fall g.n. (-) 79, tilfelle g.n. (-r) 72
cas (en tout ~)	i hvert fall 44
cascade	foss g.c. (-er) 93
casque	hjelm g.c. (-er) 46
casque (écouteurs)	hodetelefon g.c. (-er) 87
casquette	lue g.c. (g.f.) (-r) 24
casse-croûte	nistepakke g.c. (-r) 23
casser	brekke* (å) 60, knuse (å) 60, gå* i stykker (a) 51
casser les pieds à qqn	mase (å) 24
casserole	gryte g.c. (-r) 51
cassette	kassett g.c. (-er) 23
cassis (boisson au ~)	solbærtoddy g.c. (-er) 24
catéchisme	søndagsskole g.c. (-r) 81
cauchemar	mareritt g.n. (-) 54
cause	årsak g.c. (-er) 87, grunn g.c. (-er) 24
cavalier (danse)	dansepartner g.c. (-e) 52
cave	kjeller g.c. (-e) 45
ceinture	belte g.n. (-r) 44
ceinture de sécurité	bilbelte g.n. (-r) 44
célèbre	berømt 31
centime (subdivision de la couronne)	øre g.c. (-) 51
centre de secours	redningssentral g.c. (-er) 33
centre pour personnes âgées	eldresenter g.n. (eldresentre) 79
cercle (société)	krets g.c. (-er) 62
cerise	kirsebær g.n. (-) 22
certain (absolument ~)	bombesikkert 80
certain (de)	sikker (+ på) 15
certain (un ~)	viss (en viss) 64
certainement	visst 67
cesser	slutte (å) (+ med) 34, holde* opp (å) (+ med) 37, kutte ut (å) (+ med) 37
chagrin	sorg g.c. (-er) 60
chaîne stéréo	stereoanlegg g.n. (-) 94
chair de poule (avoir la ~)	**ha gasehud** (å) 58
chalet	hytte g.c. (g.f.) (-r) 4
chaleur	varme g.c. 24
chaleur excessive	hete g.c. 89
chambre	rom g.n. (-) 4
chambre d'amis	gjesteværelse g.n. (-r) 86

champ	mark g.c. (g.f.) (-er) 88
champignon	sopp g.c. (-er) 53
chanceler	tumle (å) 88
chanceux	heldig 38
chandelier	lysestake g.c. (-r) 94
changer	forandre (å) 55, skifte (å) 38
chanson	vise g.c. (g.f.) (-r) 54
chant	sang g.c. (-er) 62
chanter	synge*(å) 62
chanter (coq)	gale (å) 95
chanteur, chanteuse	sanger (-e), sangerinne g.c. (-r) 68
chapeau	hatt g.c. (-er) 94
chaque	enhver 33
chaque, chacun(e)	hver, hvert 25
charger de (se ~)	ta seg (å) + av
chariot	vogn g.c. (-er) 65
charme	sjarm g.c. 99
charmer	sjarmere (å) 57
chasse	jakt g.c. 87
chasse à la baleine	hvalfangst g.c. 89
chasser	gå* på jakt (å), fordrive (å) *(fig.)* 71
chat	katt g.c. (-er) 10
château	slott g.n. (-) 11
chatouiller	kile (å) 88
chaud	varm 4
chaudement *(fig.)*	hett 92
chaudière à mazout	oljefyr g.c. (-er) 86
chauffage	varme g.c. 24
chauffard	råkjører g.c. (-e) 44
chaussette	strømpe g.c. (-r) 66
chausson	tøffel g.c. (tøfler) 80
chaussure	sko g.c. (-) 36
chef	sjef g.c. (-er) 19
chef viking	høvding g.c. (-er) 69
chef-d'œuvre	mesterverk g.n. (-er) 68
chemin	vei g.c. (-er) 17
chemin (en ~)	underveis 80
cheminée (âtre)	peis g.c. (-er) 52
chemise	skjorte g.c. (g.f.) (-r) 67
chèque	sjekk g.c. (-er) 23
cher	dyr 67
cher (affectif)	kjære 25
chercher	lete (å) + etter 10
chercher du regard	se/kikke etter (å)
chérie	elskede g.c. 58
cheval	hest g.c. (-er) 41

cheveu	hår g.n. (-) 96
chèvre	geit g.f. (-er) 3
chewing-gum	tyggegummi g.c. (-er) 78
chez	hos 22, til 22
chien	hund g.c. (-er) 34
chimique	kjemisk 99
Chinois	kineser *(nom)* (-e) 16
chinois	kinesisk *(adj.)* 20
chirurgie	kirurgi g.c. 82
chnoque (vieux ~) *(fam.)*	gubbe g.c. (-r) 53
chocolat	sjokolade (-r) 6
chocolats	konfekt g.c. 67
chœur	kor g.n. (-) 54
choisir	velge* (å) 79
choix	valg g.n. 26
chômeur	arbeidsløs *(adj.)* 32
chorale	kor g.n. 54
chose	ting g.c. 55
chose pareille (une ~)	slikt 19, make g.c. 37
choucroute	surkål g.c. 41
chouette *(fam.)*	gøy 34
chouette (hibou)	ugle g.c. (-r) 88
chuchoter	hviske (å) 99
ci et ça	ditt og datt 38
cible	blink g.c. (-er) 64
ciel	himmel g.c. 22
cigare	sigar g.c. (-er) 94
cigarette	sigarett g.c. (-er) 30
cimetière	kirkegård g.c. (-er) 85
cinéma	kino g.c. (-er) 68
circonstance	forhold g.n. (-) 66/87
cire	voks g.c. 75
cité universitaire	studentby g.c. (-er) 45
citer	nevne (å) 45
civilisation	kultur g.c. (-er) 16
clair	tydelig 72, klar 23, lys 20
clair de lune	måneskinn g.n. 92
clairement	tydeligvis 81
clairvoyant	synsk 64
claquer	smelle* (å) 95
classe	klasse g.c. 79
classe (de grande ~)	storfin 94
clef	nøkkel g.c. (nøkler) 26
client	kunde g.c. (-r) 51
cligner des yeux	myse (å) 97
clin d'œil (faire un ~)	blunke (å) 97

clou	spiker g.c. (-e) 45
coccyx	haleben g.n. (-) 85
cochon	gris g.c. (-er) 89
cocorico !	kykeliky! 95
cœur	hjerte g.n. (-r) 86
cœur (qui a bon ~)	godhjertet 97
cœur (savoir par ~)	utenat (å kunne noe utenat) 33
coffre	kiste g.c. (g.f.) (-r) 26
cognac	konjakk g.c. (-er) 24
cogner	banke (å) 45
coiffeur	frisør g.c. (-er) 32
coiffure	frisyre g.c. (-r) 81
coin	hjørne g.n. (-r) 30, krok g.c. (-er) 97
coin perdu	avkrok g.c. (-er) 57
coincer	klemme (å) 72
coïncidence	tilfelle g.n. (-r) 72
colère (en ~)	sint *(adj.)* 31
colère (être en ~)	rase (å) 52
coléreux	hissig 45
colis	pakke g.c. (g.f.) (-r) 41
collaborateur	medarbeider g.c. (-e) 95
collaboration	samarbeid g.n. 13
collant	klissete 75
collé (être ~, examen)	stryke* (å) 78
collectionner	samle (å) + på 36
collègue	kollega g.c. (-er) 19
coller	klistre (å) 78
collier	halsbånd g.n. (-) 81
colonel	oberst g.c. (-er) 53
combat	kamp g.c. (-er) 69
commander (marchandise)	bestille (å) 51
comme	som
comme ça	sånn 21
commencer	begynne (å) 29
comment ?	hvordan (?) 11
commerce	handel g.c. 79
commère	sladrekjerring g.c. (g.f.) (-er) 45
commissariat de police	politikammer g.n. (-e) 73
commun (en ~)	felles *(adj.)* 72
communication	kommunikasjon g.c. (-er) 59
comparer	sammenligne (å) 73
compétition	kamp g.c. (-er) 60
complexe (psych.)	kompleks g.n. (-er) 76
complexe d'infériorité	mindreverdighets-kompleks g.n. (-er) 60
compliqué	komplisert 90
comportement	oppførsel g.c. 72

comporter (se ~)	oppføre seg (å) 46
compositeur	komponist g.c. (-er) 62
compréhension	forståelse g.c. 41
comprendre	forstå* (å) 45, skjønne (å) 15, begripe* (å) 68
comprendre (n'y rien ~)	ikke skjønne et kvekk av (å) 90
comprimé	tablett g.c. (-er) 71
compte (prendre en ~)	beregne (å) 73
compte (tenir ~ de, avoir des égards pour)	ta hensyn til noe/noen (å) 33
compter	telle (å) 78, regne (å) 46
compter sur qqn	stole (å) + på 44, regne (å) + med 57
concentrer (se ~)	skjerpe seg (å) 99
concept	begrep g.n. (-er) 76
concerner	angå* (å) 82, gjelde* (å) 31
concert	konsert g.c. (-er) 47
conclusion	konklusjon g.c. (-er) 100
concombre	agurk g.c. (-er) 89
concubin(e)	samboer g.c. (-e) 78
condition	betingelse g.c. (-r) 73
conduire	kjøre (å) 26
conduite automobile	bilkjøring g.c. 26
conférence	konferanse g.c. (-r) 55
confiance	tillit g.c. 87
confier (se ~)	betro seg (å) (+ til) 64
confiture	syltetøy g.n. 3
confitures (faire des ~)	sylte (å) 83
conflit	strid g.c. (-er) 65
confondre	forveksle (å) 81
confortable	bekvem 27
congé de maternité	svangerskaps-permisjon g.c. (-er) 55
congelé	dypfryst 65
connaissance (de qqn)	bekjentskap g.n. (-er) 82
connaisseur	ekspert g.c. (-er) 96
connaître	kjenne (å) 19
connaître (s'y ~ en)	ha greie 40, peiling på noe (å) 43
conquête	erobring g.c. (-er) 80
conscience (bonne ou mauvaise)	samvittighet g.c. 68
conscient	bevisst 87
conseil	råd g.n. (-) 53
conséquence	følge g.c. (-r) 59
conserver	beholde* (å) 71
considération	betraktning g.c. (-er) 16
considérer comme	oppfatte (å) + som 85
consoler	trøste (å) 60
constamment	bestandig 59, stadig 66, til stadighet 57

construire	bygge (å) 81
construit récemment	nybygd 48
contact	kontakt g.c. (-er) 46
contagieux	smittsom 71
contaminer	smitte (å) 36
conte	eventyr g.n. (-) 31
contemporain	samtids- 47
content (de)	glad (+ for) 18
content (être ~)	glede seg (å) (+ over) 15
contenter (se ~ de)	nøye seg (å) + med 25
continuer	fortsette (å) 36
contraire (au ~)	tvert imot 76, langt ifra 71
contraste	motsetning g.c. (-er) 72
contre	imot 30, mot 32
contre (par ~)	derimot 31
contribution	bidrag g.n. (-) 76
convaincre	overbevise (å) 71
convenable	skikkelig 27
coopération	samarbeid g.n. 13
copain (camarade)	kompis g.c. (-er) 60
copain, copine (amour)	kjæreste g.c. (-r) 29
coq	hane g.c. (-r) 95
coq de bruyère	tiur g.c. (-er) 43
coquet (homme ~, *nom*)	jålebukk g.c. (-er) 75
coquetier	eggeglass g.n. 67
coquillage, coquille	skjell g.n. (-) 25
cor	horn g.n. (-) 67
corneille	kråke g.c. (g.f.) (-r) 85
corps	kropp g.c. (-er) 81
corruption	bestikkelse g.c. (-r) 73
corvée	slit g.n. 15
costaud	kraftig 81
costume (homme)	dress g.c. (-er) 67
costume folklorique	bunad g.c. (-er) 67
côté	side g.c. (-r) 29
côté (à ~ de)	ved 11
côte (mer)	kyst g.c. (-er) 85
côte (pente)	skråning g.c. (-er) 93, bakke g.c. (-er) 41
cou	hals g.c. (-er) 81
couché (être ~)	ligge* (å) 13
couche de bébé	bleie g.c. (g.f.) (-r) 38
coucher	legge* (å) 19
coucher (aller se ~)	gå* til sengs (å) 58
coucher de soleil	solnedgang g.c. (-er) 69
couchette	køye g.c. (g.f.) (-r)
couci-couça	så som så 86

coudre	sy (å) 55
couler	renne * (å) 83
couleur	farge g.c. (-r) 22
coup	slag g.n. (-) 89
coup de pied	spark g.n. (-) 41
coupable	skyldig 79
couper	kutte (å) 37, 98 kappe (å) 96, 98 skjære* (å) 86, 98
couper (ciseaux)	klippe (å) 45, 98
courage (avoir le ~ de)	gidde* (å) 68, orke (å) 27
courageux	tøff 97, tapper 66
courants d'air (il y a des ~)	det trekker 72
courber	bøye (å) 53
courbettes (faire des ~)	bukke og skrape (å) 83
coureur de jupons	jentefut g.c. (-er) 80
courir	løpe* (å) 65
couronne	krone g.c. (g.f.) (-r) 54
cours	kurs g.c. (-er) 59, time g.c. (-r) 78
cours (au ~ de)	løpet i 100
course à pied	springmarsj g.c. (-er) 88
courses (faire des ~)	handle (å) 30
court	kort 73
cousin	fetter g.c. (-e) 46
cousine	kusine g.c. (g.f.) (-r) 23
coussin	pute g.c. (g.f.) (-r) 80
couteau	kniv g.c. (-er) 89
coûter	koste (å) 51
coutume	(sed og) skikk g.c. (-er) 43
couvert (mettre le ~)	dekke (på) bordet (å) 38
couverts	bestikk g.n. 67
couvrir	dekke (å) 38
crapaud	padde g.c. (g.f.) (-r) 73
cravate	slips g.n. (-) 67
crayon	blyant g.c. (-er) 72
crayon feutre	tusjpenn g.c. (-er) 80
créature	vesen g.n. (-er) 31
crédit (à ~)	på avbetaling 94
créer	skape (å) 97
crème (se mettre de la ~)	smøre seg inn med krem (å) 34
crème fraîche liquide	fløte g.c. 12
crème solaire	solkrem g.c. (-er) 34
crêper le chignon (se ~)	ryke i tottene på hverandre (å) 64
cri	skrik g.n. (-) 55, brøl g.n. 62
crier	skrike* (å) 54, brøle (å) 62
crime	forbrytelse g.c. (-r) 69
crise	anfall g.n. (-) 88

critique	kritikk g.c. (-er) 45
critique d'art	kunstkritiker g.c. (-e) 59
critiquer	kritisere (å) 66
crochet	krok g.c. (-er) 97
croire	tro (å) 40
croisement	korsvei g.c. (-er) 100
croître	gro (å) 83
cru (grossier)	rå 44
cruauté	grusomhet g.c. (-er) 89
cruel	grusom 99
cube	kloss g.c. (-er) 52
cueillette des airelles	tyttebærtur g.c. (-er) 53
cueillir	plukke (å) 32
cuillère	skje g.c. (g.f.) (-er) 67
cuir	skinn g.n. (-) 87
cuire	koke (å) 23, bake (å) 43, steke (å) 89
cuisine	kjøkken g.n. (-er) 10
culot	frekkhet g.c. (-er) 37
culotte	underbukse g.c. (-er) 87
cultiver (agr.)	dyrke (å) 99
culture (agr.)	dyrking g.c. (g.f.) 99
culture (civilisation)	kultur g.c. (-er) 16
cure	kur g.c. (-er) 71
curieux	merkverdig 62, nysgjerrig 48, spent 20
curiosité	nysgjerrighet g.c. 80

D

dalle	flis g.c. (-er) 86
dame	dame g.c. (g.f.) (-r) 19, frue g.c. (g.f.) (-r) 30
danger	fare g.c. (-r) 10
dangereux	farlig 24
dans (en)	i 1
dans (+ indication de temps)	om 27
danser	danse (å) 32
date	dato g.c. (-er) 67
de *(prép. et conj. de sub.)*	til 3, fra 4, av 12
déambuler	traske (å) 76
débarrassé (être ~ de)	være kvitt noe (å) 53
débarrasser (se ~ de)	bli kvitt noe (å) 53, kvitte seg med noe (å) 85
debout (être ~)	stå* (å) 12
débrouiller (se ~)	klare seg (å) 100
décamper	ryke* (å) 64
décembre	desember 20, 41
décevoir	skuffe (å) 52

femhundreognitti • 590

déchêts	søppel g.n. 26
déchirer (en morceaux)	rive*(å) (i stykker) 80
décider (se ~ à)	beslutte (å) 97, bestemme seg (å) + for 36
décision	beslutning g.c. (-er) 87
déclaration	erklæring g.c. (-er) 18
déclarer	erklære (å) 87
déclencher	sette* igang (å) (+ med) 60
décolorer	bleke (å) 90
déconseiller	fraråd (å) 81
décorations de Noël	julepynt g.c. 40
décorer	pynte (å) 75
découvrir	oppdage (å) 36
dedans (adv.)	uti 97
défendre	forsvare (å) 58
défense	forsvar g.n. 58
défense de l'environnement	miljøvern g.n. 26
définir (fixer)	fastsette (å) 73
dégagé (à l'aise)	utvungen 100
dégât	skade g.c. (-r) 86
dégoûtant	ekkel 71
degré	grad g.c. (-er) 97
degrés au-dessous de zéro	kuldegrad g.c. (-er) 58
dégringoler	ramle (å) 72
dégrossi (mal ~)	ubehøvlet 52
déguiser (se ~)	kle seg ut (å) 46
dehors	ute 20
déjà	allerede 8
déjeuner (midi)	lunsj g.c. (-er) 73
délai	frist g.c. (-er) 73
délicat (épineux)	kinkig 73
délicieux	deilig12, lekker 81, nydelig 51
délit	forseelse (-r) 79
demain	i morgen 18
demander	spørre* (å) 17
demander (se ~)	lure på (å) 26
démanger	klø (å) 88
déménager	flytte (å) 29
demi	halv 27
démissionner (de)	fratre* (å) (verbe trans.) 83
demi-tour (faire ~)	snu (å) 33
démocratie	demokrati g.n. (-er) 79
démodé	gammeldags 93
demoiselle	pike g.c. (-r) 94
dent	tann, tenner g.c. (g.f.) 51
dentiste	tannlege g.c. (-r) 51
dépasser (en marchant)	ta forbi (å) 100

dépasser (en voiture)	kjøre forbi (å) 100
dépêcher (se ~)	skynde seg (å) 8
dépendre de	komme* an på (å) 17
dépens (aux ~ de)	på noens bekostning 76
déplacer	flytte (å) 29
déprimé	deppa *(fam.)* 66
depuis (que)	siden 26
déranger	forstyrre (å) 43
dernier	sist 57
derrière *(nom)*	ende g.c. (-er) 90
derrière *(prép.)*	bak 34
descente	utforbakke g.c. (-r) 41
désespéré	fortvilet 89
déshabiller	kle av (å) 24
désigner	utpeke (å) 69
désirer (souhaiter)	ønske seg (å) 16
désolé !	beklager! 82
désordre (mettre du ~)	rote (å) 61
désormais	heretter 76
dessin	tegning g.c. (-er) 31
dessiner	tegne (å) 66
dessus (prendre le ~)	overta* (å) 43
destruction	ødeleggelse g.c. (-r) 92
détaché	løs 96
détail	detalj g.c. (-er) 19
détendre (se ~)	slappe av (å) 68
détester	hate (å) 31
détruire	ødelegge* (å) 34
deux (tous les ~) (personnes)	begge 5
deux (un sur ~)	annenhver 86
devant *(prép. et adv.)*	foran 20
déveine	uflaks g.c. 60
devenir	bli (å) 5
devin	synsk *(adj.)* 64
deviner	gjette (å) 85
devinette	gåte g.c. (g.f.) (-r) 85
dévoiler	avsløre (å) 90
devoir	måtte (å), jeg må 10, skulle (å), jeg skal 12
devoir (conseil)	burde (å), jeg bør 24
devoir moral	plikt g.c. (g.f.) (-er) 58
dévorer	sluke (å) 95
diable (qui ~ ?)	hvem i allverden (i)? 11
Diable Vert (pays lointain imaginaire)	Langtvekkistan 40
diagnostic	diagnose g.c. (-r) 59
dieu	gud g.c. 71

femhundreognittito • 592

Dieu (mon ~ !)	Herregud ! 44
Dieu nous garde !	bevares! 57
différence	forskjell g.c. 16
différent	annerledes 39
difficile	vanskelig 45
difficile (personne)	kresen 92
difficulté	vanskelighet g.c. (-er) 50
diffuser	sende (å) 26
digestion	fordøyelse 45
dimanche	søndag g.c. (-er) 15, 45
dimensions	mål g.n. (-) 85
diminuer (verbe trans.)	senke (å) 99
dîner	middag g.c. (-er) 60
diplômé de sciences	cand. real. g.c. 78
dire	si* (å) 2
dire que... !	tenke seg til! 89
diriger	lede (å) 69
dis donc !	jammen 68
discours	tale g.c. (-r) 48
discuter de	drøfte (å) 69
disparaître	forsvinne* 74
dispenser (se ~ de qqch.)	frabe seg noe (å) 89
dispute	strid g.c. (-er) 65
disputer (se ~)	krangle (å) 8
dissimuler	skjule (å) 99
dissuader	avskrekke* (å) 50
distinct	tydelig 72
distingué	fornem 75, fin 3
distinguer	skjelne (å) 93
distrait	glemsom 61
distrayant	trivelig 57
distribuer	fordele (å) 20
divan	sofa g.c. (-er) 13
divorce	skilsnisse g.c. 18
divorcer	skille seg (å) 18
docteur	doktor g.c. (-er) 55
domaine	område g.n. (-r) 32
dommage !	det var synd! 33
donc	altså 53
donner	gi* (å) 18
doré	gylden 22
dormir	sove (å) 10
dos	rygg g.c. 24
doucement	sakte 100
douche	dusj g.c. (-er) 88
doué	flink 38

593 • **femhundreognittitre**

douter de (se ~)	ane (å) 62
douteux	lurvete 79
doux	mild 88, myk 80
dragon	drage g.c. 66
draguer *(fam.)*	sjekke (å) 96
drakkar	drageskip g.n. (-) 69
drap	laken g.n. (-er) 54
drapeau	flagg g.n. (-) 22
drastique	drastisk 60
drogue	narkotika *(pl.)* 79
droit (≠ gauche)	høyre 29
droit (avoir le ~)	få lov (å)
droit *(nom)*	rett g.c. (rettigheter) 52
droit (tout droit)	rett 58
droite (à ~)	til høyre 29
dulcinée *(fam.)*	kjæreste g.c. 29
dur	tøff 97, hard 40, tapper 66
dur (très ~)	beinhard 99
durer	vare (å) 11

E

eau	vann g.n. 4
eau-de-vie (verre d'~)	dram g.c. (-mer) 41
ébattre (s'~)	tumle seg (å) 88
éblouir	blende (å) 97
échanger	bytte (å) 69
écharpe	skjerf g.n. (-) 62
échiner (s'~ à)	streve (å) med 40
échouer	mislykkes (å) 59
éclabousser	sprøyte (å) 93
éclair	lyn g.n. 72
éclair (rapide comme l'~)	lynsnar 72
éclairs (il y a des ~)	det lyner 72
éclat	glans g.c. 92
éclater	sprekke* (å) 72
école	skole g.c. (-r) 62
économie (d'un pays)	næringsliv g.n. 60
économies d'énergie	energisparing g.c. 26
économique (financier)	økonomisk 76
économiser	spare (å) 26
écouter	høre (å) + på 10, lytte (å) + til 33
écraser	knuse (å) 60
écrire	skrive* (å) 37
écrivain	forfatter g.c. (-e) 46
écume	skum g.n. 83
éditeur (maison d'édition)	forlag g.n. (-) 93

éducation	oppdragelse g.c. (-r) 38
éduqué (mal ~)	uoppdragen 78
effacer	viske ut (å) 80
effectivement	faktisk 29
efficace	effektiv 62
effrayant	skremmende 31
effrayer	skremme (å) 31
égal	jevn 76
égale (signe mathématique)	lik 66
également (de façon égale)	jevnlig 78
égalité	likestilling g.c. 10
égard (à l'~ de)	overfor 76
église	kirke g.c. (-r) 41
élan (animal)	elg g.c. (-er) 1
élan (prendre son ~)	sats (å ta sats) 90
élargir	utvide (å) 55
élastique (souple)	spenstig 96
électricien	elektriker g.c. (-e) 32
électrique	elektrisk 86
élégant	fin 3, sveisen 96
éléphant	elefant g.c. (-er) 76
elle	hun 5, henne 15
elles	de 16, dem 12
éloigner (s'~)	å gå*, å kjøre, etc. + unna 53, + bort 25
emballage	innpakning g.c. (-er) 80
embarcadère	brygge g.c. (g.f.) (-r) 62
embêtant	plagsom 53
embêter	plage (å) 29
embrassade	klem g.c. (-mer) 72
embrasser	kysse (å) 92
éméché	påvirket 92
émerger	dukke opp (å) 97
emmener	ta*/ha med (å) 23
émoussé	sløv 89
empêcher (de)	hindre (å) (+ i) 99
emploi (poste)	stilling g.c. (-er) 60
employés de bureau	kontorfolk *(pl.)* 68
emporter	ta*/ha med (å) 23
emprunter	låne (å) 95
en (dans)	i 1
enchères (vente aux ~)	auksjon g.c. (-er) 46
encore (de nouveau)	igjen 2
encore (pas ~)	ikke enda
encouragement	oppmuntring g.c. (g.f.) (-er) 71
encourager	oppmuntre (å) 71
encyclopédie	konversasjons-leksikon g.n. (-leksika) 60

endommager	skade (å) 86
endormir (s'~)	sovne (å) 47
endroit	sted g.n. (-er) 37
énergie	energi g.c. 26
énerver (s'~)	ergre seg (å) 72
enfant	barn g.n. (-) 5
enfer (juron)	helvete g.n. 83
enfin	omsider 53, endelig 15
enflé	hoven 88
enfoncer (clou)	slå i (å) 45
enfoncer (s'~)	synke* (å) 93
engagement	forpliktelse g.c. (-r) 83
enguirlander	skjelle ut (å) 78
énigme	gåte g.c. (g.f.) (-r) 85
enlèvement	kidnapping g.c. 69
enlever	fjerne (å) 86
ennemi	fiende g.c. (-r) 69
ennuyer (s'~)	kjede seg (å) 15
ennuyeux	kjedelig 47, gørr 34
énorme	kjempestor 60, svær 52
enquête	etterforskning g.c. 74
enquiquineur	plageånd g.c. (-er) 97
enrhumer (s'~)	forkjøle seg (å) 24
enrouler	snurre (å) 88
ensanglanté	blodig 69
enseignement	undervisning 78
enseigner	undervise (å) 78
ensemble *(adv.)*	sammen 12
ensuite	deretter 54
entendre	høre (å) 10
entendre (bien s'~ avec qqn)	komme godt ut av det (å) + med 66
enthousiaste (être ~, raffoler de)	sverme (å) (+ for) 86
entier	hel, helt, hele 16
entraînement	trening g.c. 67
entre *(prép.)*	mellom 33
entre-temps	i mellomtiden 95
entrée	inngang g.c. (-er) 24
entreprise	bedrift g.c. (-er) 62, firma g.n. (-er) 11
entrer	komme* inn (å) 12
envers	imot 30, mot 32, fremover 100, overfor 76
envers (à l'~)	omvendt 13
envie (avoir ~)	ha lyst til (å) 10, orke (å) 27, gidde* (å) 68
envier	misunne (å) 66
envieux *(adj.)*	misunnelig 48
environ	omtrent 96
environnement	miljø g.n. (-er) 26

environs	omgivelser *(pl.)* 43
envoyer	sende (å) 26
épais	tykk 58
épater	forbause (å) 94
épaule	skulder, skuldre g.c. 52
épée	sverd g.n. (-) 69
éplucher	skrelle (å) 38
éponge	svamp g.c. (-er) 83
épouse	kone g.f. (-r) 11
épuisé	utmattet 54
équilibre	balanse g.c. 99
erreur	feil g.c. (-) 29
escalier	trapp g.c. (-er) 72
eskimo	eskimo g.c. (-er) 37
espagnol	spansk 32
espérer	håpe (å) 11
espérons que	forhåpentlig *(adv.)* 100
essayer	prøve (å) 18
essence	bensin g.c. 23
essoufflé (être ~)	pese (å) 88
essuyer	tørke (å) 75
esthétique *(adj.)*	estetisk 82
estomac	mage g.c. (-r) 58
et	og 2
établir	fastsette (å) 73
établir (s'~) (domicile)	bosette* seg (å) 57
étagère	hylle g.c. (g.f.) (-r) 58
étain	tinn g.n. 94
étang	tjern g.n. (-) 43
état (des choses)	stand g.c. 86
etc.	osv. (og så videre) 38
étendre	utvide (å) 55
étendu	omfangsrik 69
éternel	evig 68
éternité	evighet (-er) 68
éternuer	nyse (å) 88
été	sommer g.c. 21
étirer	strekke* (å) 99
étonner	forundre (å) 79
étouffer	kvele* (å) 94
étrange	underlig 31
étranger	utenlandsk 25, fremmed 59
étranger *(nom)*	utlending g.c. (-er) 22
étranger (à l'~)	utland (i utlandet) 16
être	være* 10

être *(aux. du passif)*	bli* (å) 35
être *(nom)*	vesen g.n. 31
étude	studie g.c. (-r) 53
étudiant	student g.c. (-er) 5
étudier	studere (å) 5
européen *(nom)*	europeer g.c. 16
évanouir (s'~)	besvime (å) 78
évidemment	selvfølgelig 88
évier	oppvaskkum g.c. (-mer) 54
éviter	unngå* (å) 89, slippe* (å) 23
exact	riktig 4
exact (être ~)	stemme (å) 46
exactement	akkurat 40, nettopp 37
exagérer	overdrive* (å) 78
examen	eksamen g.c. (-er) 78
excellent	fortreffelig 51, utmerket 47, flott 65
excepté	unntatt 73
exception	unntak g.n. (-) 73
exclusif	eksklusiv 62
excursion	utflukt g.c. (-er) 73
excuser	unnskylde (å) 9
exemplaire *(adj.)*	eksemplarisk 72
exemplaire *(nom)*	eksemplar g.n. (-er) 73
exemple	eksempel g.n. (eksempler) 15
exercer (s'~)	øve (å) 45
exercice	øvelse g.c. (-r) 1
exercice (physique)	mosjon g.c. 26
exigence	krav g.n. (-) 83
exiger	kreve (å) 69
expéditeur	avsender g.c. (-e) 80
expédition (militaire)	tokt g.n. (-) 69
expérience	erfaring g.c. (-er) 78
expérience (faire l'~ de qqch.)	oppleve (å) 40
expérimenté	erfaren 33
expiration (arriver à ~)	utløpe (å) 73
explication	forklaring g.c. (-er) 74
expliquer	forklare (å) 22
exploser	eksplodere (å) 78
extérieur (à l'~)	utenfor *(adv.)* 51
extérieur (à partir de l'~)	utenfra *(adv.)* 99
extérieur *(adj.)*	ytre 69

F

fabuler	dikte (å) 69
fabuleux	fabelaktig 68

face (péjoratif)	fjes g.n. (-) 31
facile	lett 76
façon	måte g.c. (-r) 43
façon (de cette ~)	sånn 22, slik 19
façon (de toute ~)	uansett 51
façon de penser	tenkemåte g.c. 50
faim (avoir ~)	å være sulten 6
faim (qui n'a plus ~)	mett *(adj.)* 58
fainéant	doven 68
faire (abstrait)	gjøre* (å) 13, drive* 34
faire (fabriquer)	lage (å) 13
faire (+ infinitif)	**a få noe + participe passé 42**
faire "oui" de la tête	nikke (å) 93
faire un lit	reie opp (å) 38
familier	fortrolig 99
famille	familie g.c. (-r) 16
famille (sens large)	slekt g.c. (g.f.) (-er) 46
fanfare	byorkester g.n. (-orkestre) 47
fantôme	spøkelse g.c. (-r) 60
farfelu *(nom)*	raring g.c. (-er) 46
farine	mel g.n. 40
fascinant	fascinerende 68
fatigant	anstrengende 68
fatigant (pénible)	slitsom 94
fauché *(fam.)*	pengelens 64
fauteuil taillé dans un rondin	kubbestol g.c. (-er) 74
faux	falsk 47, gal 25
fax	faks g.c. 64
féliciter	gratulere (å) 50
femme	kvinne g.c. (-r) 33
fendu (fêlé)	sprukken 86
fenêtre	vindu g.n. (-er) 20
fer	jern g.n. (-) 97
fer à repasser	strykejern g.n. (-) 97
ferme	gård g.c. (-er) 40
ferme d'alpage	seter g.c. (setre) 93
fermer	lukke (å) 24, stenge (å) 30
fermer à clef	låse (å) 58
festin	kalas g.n. (-er) 92
fête	fest g.c. (-er) 44
fêter	feire (å) 40
feu	ild g.c. 69
feu (faire du ~)	fyre (å) 52
feuille d'arbre	blad g.n. (-) 89
feuille de papier	ark g.n. (-) 72
feuilleton à l'eau de rose	såpeopera g.c. (-er) 39

février	februar 20
fiancé(e)	forlovede (-r) 37
fichu (maudit)	hersens 89, elendig 39
fier de	stolt + av 38
fil	tråd g.c. (-er) 54
fil de fer barbelé	piggtråd g.c. (-er) 54
fil électrique	ledning (elektrisk ~) g.c. (-er) 86
file d'attente	kø g.c. (-er) 65
filer	ryke* (å) 64
filet	garn g.n. (-) 95
fille (parenté)	datter, døtre g.c. (g.f.) 38
fille (jeune fille)	jente g.f. (-r) 29
filleul	gudbarn g.n. (-) 67
film	film g.c. (-er) 68
fils	sønn g.c. (-er) 38
fils à papa	pappagutt (-er) 78
fin	slutt g.c. 30, ende g.c. 79
fin de compte (en ~)	til sjuende og sist 97
financier	økonomisk 76
fini (avoir ~)	være ferdig (å) (+ med) 20
fini (prêt)	ferdig 20
finir qqch.	slutte (å) + med 34, ende (å) + med 90
fioritures	kruseduller (pl.) 64
firme	firma g.n. (-er) 11
fixer (abstrait)	fastsette (å) 73
fixer (concret)	feste (å) 82
fjord	fjord g.c. (-er) 22
flairer (repérer)	spore opp (å) 53
flamme	flamme g.c. (-r) 99
flanc de la montagne	fjellskråning g.c. (-er) 93
fleur	blomst g.c. 13
fleurs (à ~, motif)	blomstret 96
fleuve	elv g.c. (g.f.) (-er) 90
flocon d'avoine	havregryn 89
flottage du bois	tømmerfløting g.c. 52
flotter	flyte* (å)
foie	lever g.c. 99
fois	gang g.c. (-er) 30
fois (à la ~)	både... og 86
fois (pour une ~)	for en gang skyld 89
folie	galskap g.c. (-er) 81
foncé	mørk 20
fonctionnaire	embetsmann g.c. (-menn) 83
fond	grunn g.c. (-er) 24
fond (au ~)	i grunnen 16

fonder	grunnlegge* (å) 64
fondre	smelte (å) 24
force	kraft g.c. (krefter) 57
forêt	skog g.c. (-er) 1
formation	utdannelse g.c. (-r) 32
forme	form g.c. (-er) 71
forme (en ~)	frisk 27, opplagt 100
formulaire	skjema g.n. (-er) 73
fort	sterk 48, kraftig 81
fort en qqch.	flink + i 38
fortune	formue g.c. (-r) 59
fou	gal 25, sprø 90
foule	mengde g.c. (-r) 72
four	ovn g.c. (-er) 24
fourchette	gaffel g.c. (gafler) 67
foyer *(fig.)*	hjem g.n. (-) 13
frais	fersk 81, frisk 27
fraise	jordbær (-) g.n. 3
franc	ærlig 74
Français	franskmann *(nom)* g.c. (-menn) 16, 76
français	fransk *(adj.)* 5
frapper	slå*(å) 45
freiner	bremse (å) 44
fréquenter qqn	omgås (å) + med 57
frère	bror g.c. (brødre) 9
friandises (paquet de ~)	godtepose g.c. (-r)
frileux *(nom)*	frossenpinn g.c. (-er) 24
frites	pommes-frites 89
froid	kulde g.c. (g.f.) 89
froid *(adj.)*	kald 34
froid (avoir ~)	fryse* (å) 33
froid (prendre ~)	forkjøle seg (å) 24
fromage	ost g.c. 3
fromage au cumin	nøkkelost g.c. 3
froment	hvete g.c. 69
fruit	frukt g.c. 30
fuir	flykte (å) 53
fumer	røyke (å) 30, ryke* (å) 64
fumeur	røker g.c. (-e) 94
fumier (engrais)	gjødsel g.c. 99

G

gâcher	sløse bort (å) 68
gaffe	bommert g.c. (-er), fadese g.c. (-r), flause g.c. (g.f.) (-r) 81
gagner (en travaillant)	tjene (å) 59

gagner (jeu)	vinne* (å) 6
gant	hanske (-r) 62
garage	garasje g.c. (-r) 13
garçon	gutt g.c. (-er) 5
garder	beholde* (å) 71
garer (se ~)	parkere (å) 51
gars	fyr g.c. (-er) 31, kar g.c. (-er) 51
gaspiller	sløse bort (å) 68
gaspilleur	ødeland g.c. 94
gâté (enfant)	bortskjemt 57
gâteau	kake g.c. (g.f.) (-r) 12
gauche (à ~)	til venstre
gauche (côté)	venstre *(adj.)* 34
gaver (se ~ de)	proppe seg full med (å), proppe i seg (å) 99
gaz d'échappement	eksos g.c. 43
gazouiller (oiseaux)	kvitre (å) 95
géant *(adj. et préfixe de renforcement)*	kjempe- g.c. (-er) 60
geler	fryse* (å) 33
gémir	jamre (å) 89
génération	generasjon g.c. (-er) 74
généreux	raus 64
génie	geni g.n. (-er) 99
genre de	en slags, hva slags? 45
genre (ce ~ de)	sånn 60
gens	folk *(pl.)*/g.n. 16
gentil	snill 31
glace	is g.c. (-) 12
glace à la crème	softis g.c. 62
glacé (très froid)	iskald 24
glissant	glatt 85
glissant comme une patinoire	speilglatt 85
glisser	gli* (å) 60
gloire	ære g.c. 78
gonflé	oppblåst 88
gorge	hals g.c. (-er) 81
gorgée	slurk g.c. (-er) 71
goujat	tølper g.c. (-e) 75
goutte	dråpe g.c. 54
goutter	dryppe (å) 54
goût	smak g.c. (-er) 86
goût (de bon ~)	smakfull 47
gouvernement	regjering g.c. (-er) 99
gracieux	yndig 94
grand	stor 11
grandir	gro (å) 83
grand-mère	bestemor g.c. (g.f.) (-mødre) 9

grand-mère maternelle	mormor g.c. 46
grand-mère paternelle	farmor g.c. 46
grand-père	bestefar g.c. (-fedre)
grand-père maternel	morfar g.c. 46
grand-père paternel	farfar g.c. 46
gratter	klø (å) 88
gratuit	gratis 51
graver	gravere (å) 67
grec *(adj.)*	gresk 25
gribouillage	skribleri g.n. (-er) 93
grigou	gjerrigknark g.c. (-er) 96
grill	grill g.c. (-er) 89
griller	steke (å) 89, riste (å) 71
grimper	klatre (å) 60, stige* (å) 90
grogner	brumme (å) 58
groin	tryne g.c. (-er) 57
gronder (tonnerre)	drønne (å) 93
gros	tykk 58
grossesse	svangerskap g.n. (-) 55
grossier	rå 44
grossièreté	råskap g.c. 92
guerre	krig g.c. (-er) 53
gueuler	kjefte (å) 95
guichet	skranke g.c. (-r) 73
guide touristique	guide g.c. (-r) 32
guindé	stiv 94
gymnastique	gymnastikk g.c. 36

H

habiller	kle på (å) 24
habiter	bo (å) 5
habitude	vane g.c. (-r) 72
habitude (avoir l'~ de)	pleie (å) 25
habitude (mauvaise)	uvane g.c. (-r) 72
habitué à	vant til 86
habituel	vanlig 39
habituellement	vanligvis 5
habituer (s'~ à)	venne seg (å) + til 86
hache	øks g.c. (g.f.) (-er) 52
hamac	hengekøye g.c. (g.f.) (-r) 50
hameau	husklynge g.c. (-r) 93
hampe	flaggstang g.c. (-stenger) 22
happer	snappe (å) 86
hareng	sild g.c. (-) 69
haricot	bønne g.c. (g.f.) (-r) 90
harmonie	harmoni g.c. (-er) 47

hasard (par ~)	tilfeldigvis 61
haut	høy 34
haut (en ~)	oppe 54
haut (vers le ~)	opp 23
hauteur	høyde g.c. (-r) 85
haut-parleur	høyttaler g.c. (-e) 94
hélicoptère	helikopter g.n. (-e) 33
herbe	gress g.n. 45
héréditaire	arvelig 71
hériter	arve (å) 64
héros	helt g.c. (-er) 62
hésiter (à)	nøle (å) (+ med) 50
heure	time g.c. (-r) 27
heure (dans les expressions pour dire l'heure)	klokken 8, 28
heure (de très bonne ~)	på morgenkvisten 36
heureusement	heldigvis 93, gudskjelov 71
heureux	lykkelig 75
heurter	støte (å) 76
hiberner	ligge i hi (å) 58
hibou	ugle g.c. (-r) 88
hier	fjor (i) 34
hippopotame	flodhest g.c. (-er) 83
histoire	historie g.c. (-r) 53
histoire drôle	vitsehistorie g.c. (-r) 76, vits g.c. (-er) 76
hiver	vinter g.c. (vintre) 20
hockey sur glace	ishockey g.c. 60
homme	mann g.c. (menn) 9
homme (être humain)	menneske g.n. (-r) 52
honnête	ærlig 74, redelig 79
honneur	ære g.c. 78
honte	skam g.c. 18
honte (avoir ~)	skamme seg (å) (+ over) 48
honteux	flau 65
hôpital	sykehus g.n. 59
hoquet	hikke g.c. 99
horreur (quelle ~ !)	fy! 92
hospitaliser	innlegge* på sykehus (å) 59
hôtel	hotell g.n. (-er) 73
hôtel de ville	rådhus g.n. (-) 55
hôtesse de l'air	flyvertinne g.c. (g.f.) (-r) 81
hourra !	hurra! 88
huile de foie de morue	tran g.c. 71
humeur	humør g.n. 30
humeur (de mauvaise ~)	sur 30
humidité	fuktighet g.c. 80

hurlement	brøl g.n. (-) 62
hurler	brøle (å) 62
hydromel	mjød g.c. 69
hypocrite *(nom)*	hykler g.c. (-e) 44
hystérie	hysteri g.n. 68

I

ici	her 1
ici et là	hist og her 100
idéal *(nom)*	ideal g.n. (-er) 58
idée	idé g.c. (-er) 13, begrep g.n. (-er) 76, tanke g.c. (-r) 85
ignorant	uvitende 55
il	han 5
il y a	det finnes
île	øy g.f. (g.c.) 27
illisible	uleselig 80
îlot	holme g.c. (-r) 34
ils	de 16
image	bilde g.n. (-r) 9
imagination	fantasi g.c. 92
imaginer	forestille seg (å) 80, finne på (å) 57
imaginer (s' ~ à tort)	innbille seg (å) 72
imbécile	tosk g.c. (-er) 96, tufs g.c. (-er) 66
imiter	ta* etter (å) 56
immeuble	blokk g.c. (g.f.) (-er) 45
immeuble de bureaux	forretningsbygg g.n. (-) 64
impensable	utenkelig 74
imperméable *(nom)*	regnfrakk g.c. (-er) 27
impitoyable	nådeløs 93
impoli	uhøflig 52
important	viktig 23
impossible	umulig 89
impossible (personne ~)	umulius g.c. (-ser) 57
impôts	skatt g.c. 59
inaugurer	innvie (å) 99
incident	uhell g.n. (-) 61
inclus	inkludert 43
incompréhensible	uforståelig 59
inconfortable	ubekvem 27
inconvénient	ulempe g.c. 79
incroyable	utrolig 11
indispensable	uunnværlig 82
indubitable	utvilsom 96
inévitable	uunngåelig 53
infirmier, infirmière	sykepleier g.c. (-e) 95

influence	innflytelse g.c. 78
influence (avoir de l'~ sur)	påvirke (å) (*verbe tr.*) 92
informaticien	dataspesialist (-er) 32
information	nyhet g.c. (-er) 39
informatique	data 32
informé (être ~ de)	å få beskjed om noe 64
informer qqn	å gi noen beskjed 64
ingénieur	ingeniør g.c. (-er) 85
initiative	initiativ g.n. (-er) 18
initier	innvie (å) 99
injecter	sprøyte (å) 93
injuste	urettferdig 83
innocent	uskyldig 94
innocent (simplet)	enfoldig 87
inoxydable	rustfri 58
inquiet	urolig 95
insister	mase (å) 24
insolence	frekkhet g.c. (-er) 37
insomnie	søvnløshet g.c. 71
installer	installere (å) 39, sette* opp (å) 57
instant	øyeblikk g.n. (-) 44
instant (à l'~)	nettopp 37
instantanément	øyeblikkelig 53
instinct	instinkt g.n. (-er) 43
instituteur	lærer g.c. (-e) 29
instruit	lærd 25
insupportable	ufordragelig 89
intellectuel *(adj. et nom)*	intellektuell 65
intelligence	intelligens g.c. 81
intelligent	intelligent 37, skarp 89
intention	hensikt g.c. (-er) 74
interdire	forby* (å) 45
intéressant	interessant 46
intéresser (s'~ à)	interessere (å) (+ seg for) 17
intérieur (à l'~)	inni 86, inne i
intérieur *(adj.)*	indre 95
intérieur (décor domestique)	interiør g.n. 94
international	internasjonal 55
Internet	Internett 95
interprétation	tolkning g.c. (-er) 47
interpréter	tolke (å) 99
interprète	tolk g.c. 99
interrompre	avbryte* (å) 48
interruption (sans ~)	uavlatelig 93
interview	intervju g.n. (-er) 87
intonation	tonefall g.n. (-) 90

invalide *(adj. et nom)*	invalid g.c. (-er) 88
inventer	finne på (å) 57
inventer (découverte)	finne opp (å) 99
invention (histoire)	oppspinn g.n. 60
inverse	motsatt 72
inverse (en sens ~)	omvendt 13
invisible	usynlig 93
invité *(nom)*	gjest g.c. (-er) 86
inviter	invitere (å) 48, be* (å) 61
ironique	ironisk 76
irriter	irritere (å) 16
islandais	islandsk 25

J

jacquard *(adj.)*	mønsterstrikket 90
jaloux	misunnelig 48
jamais	aldri 15
jambe	ben g.n. (-) 50
jambon	skinke g.c. (g.f.) (-r) 69
janvier	januar 20
japonais	japansk 25
jardin	hage g.c. (-er) 85
jardinage	hagearbeid g.n. 45
jaune	gul 22
jaune d'œuf	plomme g.c. (g.f.) (-r) 94
je	jeg 1
jeter	kaste (å) 13
jeter (se ~ sur)	gyve* (å) 96
jeter un coup d'œil	kikke (å) 39
jeu vidéo	videospill g.n. (-) 87
jeudi	torsdag g.c. (-er) 15
jeune	ung 41
jeunes (les)	ungdommer *(pl.)* 87
jeunesse	ungdom g.c. (-er) 54
Jeux Olympiques	OL 39
job	jobb g.c. (-er) 19
jogging (faire du ~)	jogge (å) 36
jogging (vêtement)	treningsdrakt g.c. (-er) 36
joie	glede g.c. (-er) 52
joie malveillante	skadefryd g.c. 79
joli	nydelig 51
joue	kinn g.n. (-) 72
jouer	leke (å) 25, spille (å) 17
jouet	leke g.c. / leketøy g.n. (-) 67
jour	dag g.c. (-er) 8
jour (l'autre ~)	her forleden 61, her om dagen 59

journal	avis g.c. (g.f.) (-er) 6
journal intime	dagbok g.c. (-bøker) 96
journaliste	journalist g.c.(-er) 87
joyeux	blid 66
jubiler	juble (å) 97
juger	dømme (å) 71
juillet	juli 20
juin	juni 20
jules *(fam.)*	kjæreste g.c. (-r) 29
jumeaux	tvillinger 67
jurer	sverge (å) (+ på) 79, banne (å) 95
juron	skjellsord g.n. (-) 92
jusqu'à présent	hittil 40
jusque	til 40
juste	riktig 4
juste *(adj.)*	rett 67
juste (au ~)	egentlig 19
juste (tout ~)	knapt 73
justement	nettopp 37

K

kilo	kilo g.c. (-er) 30
kilomètre	kilometer g.c. (-) 26
kiosque	kiosk g.c. (-er) 30
klaxonner	tute (å) 44
knickers	nikkers 100

L

là(-bas)	der 11
lâcher	slippe* (å) 23
laid	stygg 71
laine	ull g.c. 55
laisser	la* (å) 12
laisser tomber	slippe* (å) 23, kutte ut (å) 37
lait	melk g.c. 6
lambin	somlepave g.c. 89
lambiner	somle (å) 89
lame (couteau)	blad g.n. (-er) 89
lamentable	elendig 39
lance	spyd g.n. (-) 46
lancer	kaste (å) 13
landau	barnevogn g.c. (-er) 92
langue	språk g.n. (-) 32
langue (organe)	tunge g.f. (-r) 69
langue maternelle	morsmål g.n. (-) 50
lapin	kanin g.c. (-er) 51

sekshundreogåtte • 608

lapon *(adj.)*	samisk 37
lard	flesk g.n. 36
large	vid 82, bred 52
laurier de Saint-Antoine (botanique)	geiter*a*ms g.c. 43
lavabo	vask g.c. (-er) 86
laver	v*a*ske (å) 23
lecteur (baladeur)	sp*i*ller g.c. (-e) 87
légende	sagn g.n. (-) 31
léger	lett 36
légumes	gr*ø*nnsaker *(pl.)* 65
lentille de contact	kontaktlinse g.c. (-r) 83
lequel ?	hv*i*lken, hv*i*lket, hv*i*lke? 87
lessive (produit)	v*a*skemiddel g.n. (-midler) 39
lettre (postale)	brev g.n. (-) 20
lever (se ~ de son siège)	r*e*ise seg (å) 69
lever (se ~ du lit)	stå opp (å) 23
libérer	fr*igi** (å) 69
liberté	fr*i*het g.c. 22
libre	fri 22
licencier (se faire ~)	få sp*a*rken (å) 41
lien	bånd (-) g.n. 81
lieu	sted g.n. (-er) 73
lieu (au ~ de)	ist*e*denfor 13
ligne	strek g.c. (-er) 89
ligne d'arrivée	m*å*lstrek g.c. (-er) 100
limiter	begr*e*nse (å) 81
limonade	brus g.c. 6
linaigrette (botanique)	m*y*rull g.c. 43
linge	tøy g.n. 87
lion	l*ø*ve g.c. (-r) 86
lire	les*e* (å) 6
lisse	blank 96
lit	seng g.c. (-er) 38
livre	bok, b*ø*ker g.c. (g.f.) 13
logique *(nom)*	log*i*kk g.c. 72
loi	lov g.c. (-er) 12
loin	vid 80, langt (b*o*rte / av sted) 37
loin (au ~)	i det fj*e*rne 93
loisir (occupation)	h*o*bby g.c. (hobbier) 25
loisirs (temps libre)	fr*i*tid g.c. 25
long	lang 20
long (plus ~)	l*e*ngre *(comparatif de* lang*)* 80
long (en ~ et en large)	i det v*i*de og det br*e*de 94
longtemps	l*e*nge 27
lorsque	da 33
loterie	p*e*ngelotteri g.n. 64

loucher	skjele (å) 96
louer (locataire)	leie (å) 4
louer (propriétaire)	leie ut (å) 4
loufoque	sprø 90
loup	ulv g.c. (-er) 69
lourd (plus ~)	tyngre 80 *(comparatif de* tung*)*
luge	kjelke g.c. (-r) 13
luge (faire de la ~)	ake (å) 83
lui	han 5, ham 15
lumbago	hekseskudd g.n. 74
lundi	mandag g.c. (-er) 15, 51
lune	måne g.c. (-r) 80
lunettes	briller *(pl.)*
lunettes de soleil	solbriller *(pl.)* 96
lustre	lysekrone g.c. (-r) 86
lutin	nisse g.c. (-r) 31
luxe	luksus g.c. 51
luxe (de ~)	førsteklasses 73

M

mâchoire	kjeve g.c. (-r) 59
maçonnerie	mur g.c. (-er) 86
madame	Fru g.c. (-er) 45
magasin	forretning g.c. (-er) 37
magasin de vins et spiritueux	vinmonopol g.n. (-er) 54
magazine	blad g.n. (-) 87
magnifique	skjønn 33
mai	mai 20
main	hånd g.c. (hender) 24
main (mettre la ~ sur)	få* tak i (å) 46
main (se prendre en ~)	ta* seg sammen (å)
maintenant	nå 10
maire	ordfører g.c. 78
mairie	rådhus g.n. 55
mais	men 1
maison	hus g.n. (-) 13
maison (aller/rentrer à la ~)	hjem g.n. (-) 13 (å gå/komme ~)
maison (dans la ~)	innendørs 52
maison (être à la ~)	å være hjemme 82
maison de retraite	aldershjem g.n. (-) 82
maison en rondins	tømmerhus g.n. (-) 52
maître	mester g.c. (-e) 50
maîtrise de soi	selvbeherskelse g.c. 96
mal (faire ~)	verke (å) 90
mal de mer (avoir le ~)	være sjøsyk (å) 46
malade *(nom)*	pasient g.c. (-er) 95

malade *(adj.)*	syk 24
malade (être ~)	feile noe (å) 71
maladie	sykdom g.c. (-mer) 71
malchance	uflaks g.c. 60, uhell g.n. (-) 61
malchanceux *(nom)*	ulykkesfugl g.c. (-er) 60
malheur	ulykke g.c. 31
malheureusement	dessverre 32
malheureux	stakkars 11, skarve (en skarve...) 95
malin	klok 80, lur 62
malin (faire le ~)	kjekke seg (å) 97
maman	mamma g.c. (-er) 81
manger	spise (å) 6
manière	måte g.c. (-r) 43
manières (comportement)	manerer *(pl.)* 88
manières (faire des ~)	skape seg (å) 97
manquer	mangle (å) 67, skorte (å) + på 81, gå glipp av noe (å) 39
manquer de	være på nære nippet (å) + til 79
maquillage	sminke g.c. 67
maquiller (se ~)	sminke seg (å) 67
marchandise	vare g.c. (-r) 65
marche (être en ~)	være igang (å) 60
marche (mettre en ~)	sette* igang (å) 60
marché (par-dessus le ~)	attpåtil 88
marché au poisson	fisketorg g.n. (-) 62
marche d'escalier	trinn g.n. (-) 86
marcher	gå* (å) 10
mardi	tirsdag g.c. (-er) 15
mariage	ekteskap g.n. (-) 41, bryllup g.n. (-per) 48
marier (se ~)	gifte seg (å) 18
marié	gift 11
marin	sjømann g.c. (-menn) 16
marketing	markedsføring g.c. 62
marron	brun 19
mars	mars 20
marteau	hammer g.c. (-e) 45
matelot	matros g.c. (-er) 62
matériau	stoff g.n. (-er) 36
matériel *(adj.)*	materiell 55
mathématiques	matematikk g.c. 78
matière	stoff g.n. (-er) 36, fag g.n. (-) 78
matin	morgen g.c. (-er) 3
matin (ce ~)	i morges 23
matinée	formiddag g.c. (-er) 85
mât	mast g.c. (-er) 96
maudit	hersens 89, elendig 39, helvetes 83

mauvais	gal 25, dårlig 30, ond 71, vond 24, fæl 89
me *(pron. pers. compl.)*	meg 22
méchant	ondskapsfull 79
médecin	lege g.c. (-r) 5
médecine	medisin g.c. 71
médicament	medisin g.c. (-er) 71
médire	sladre (å) 45
médisance	baktalelse g.c. 78
mégère	hurpe g.c. (g.f.) (-r) 94, kjerring g.f. (-r) 76
meilleur	bedre *(comparatif de* god*)* 23
meilleur (le ~)	beste *(superlatif de* god*)* 25
mélange	blanding g.c. (g.f.) (-er) 71
mélanger	blande (å) 31
mêler (se ~ de)	blande seg opp (å) + i 78
mêli-mêlo	sammensurium g.n. 95
même (le, la, les ~)	samme 10
même (moi-~, toi-~, etc.)	jeg 1, meg 22, selv
même pas	ikke engang 24
ménage (faire le ~)	gjøre rent (å) 32
mener	lede (å) 69
mensonge	oppspinn g.n. (-er) 60, løgn g.c. 79
mentionner	nevne (å) 45
mer	sjø g.c. (-er) 96, hav g.n. (-) 22
merci !	takk! 29
mercredi	onsdag g.c. (-er) 15
mère	mor g.c. (mødre) 13
meringue	pikekyss g.n. (-) 55
mérité (bien ~)	velfortjent 83
mériter	fortjene (å) 83
merveilleux	vidunderlig 92
message	melding g.c. (g.f.) (-er) 72
messe	gudstjeneste g.c. (-r) 41
mesure (dimension)	mål g.n. (-) 85
météo (bulletin ~)	værmelding g.c. (-er) 33
méthode (livre)	lærebok g.c. (g.f.) (-bøker) 20
métier	yrke g.n. (-r) 29
mètre	meter g.c. (-) 85
mètre carré	kvadratmeter g.c. (-) 85
métro	bane g.c. (-r) 50
mettre	sette* (seg) (å) 54
meubles	møbler *(pl.)* 52
miaou !	mjau! 95
miauler	mjaue (å) 95
mi-chemin (à ~)	halvveis 50
micro-ordinateur	PC g.c. (-er) 69
miel	honning g.c. 58

sekshundreogtolv • 612

mièvre	søtladen 92
mignon	søt 37
migrer	trekke (å) 72
milieu (au ~ de)	midt i 43
militaire *(adj.)*	militær 55
millefeuille	napoleonskake g.c. (-r) 55
minable	ynkelig 97
mine (expression)	mine g.c. (-r) 96
minimum	minimum g.n. (minima) 94
ministère	departement g.n. (-er) 68
ministre	minister (-e) 55
minuit	midnatt g.c. 22
minuscule	bitte liten 86
miroir	speil g.n. (-) 68
miser (sur)	satse (å) (+ på) 32
mission (tâche)	oppgave g.c. (-r) 65
mode (à la dernière ~)	nymotens 71
mode (la)	mote g.c. (-r) 67
mode de vie	livsstil g.c. 50
modèle	modell g.c. (-er) 66
modération	måte g.c. 75
moderne	moderne *(invar.)* 6
modeste	beskjeden 78
modifier	forandre (å) 55
moi *(pron. pers. sujet)*	jeg 1
moi *(pron. pers. compl.)*	meg 22
moindre (le ~)	ringeste (den/det/de) 82
moins (le ~, au ~, du ~)	minst 23
moins (à ~ que)	med mindre 97
mois	måned g.c. (-er) 100
mollasson *(nom)*	slappfisk g.c.(-er) 36
mollesse	slapphet g.c. 71
moment	øyeblikk g.n. 44, stund g.c. 68
moment agréable	kos g.c. 30
mon, le mien, etc. *(adj. et pron. poss.)*	min, mitt, mine 10
mondanités	selskapelighet g.c. 48
monde	verden g.c. (-er) 16
monnaie (que l'on rend)	vekslepenger 54
monsieur (un ~) (ironique)	herre g.c. (-er) 75/89
montagne	fjell g.n. (-) 31
montant (en ~)	oppover 90
monter	stige* (å) 90, å gå, kjøre, etc. oppover 90
montre	klokke g.c. (-r) 27
montrer	vise (å) 33
moquer (se ~ de qqn)	gjøre narr av noen (å) 22

moquette	gulvteppe g.n. (-r) 74
moral (avoir le ~)	pågangsmot (å ha) g.n. 66
morale	moral g.c. 79
morceau	stykke g.n. (-r) 12
morceaux (petits)	småbiter *(pl.)* 96
mordre	bite* (å) 59
mort *(nom)*	død g.c. 68
mort *(adj.)*	død *(participe passé de* å dø*)*
morue	torsk g.c. (-er) 96
morue séchée et lessivée	lutefisk g.c. 41
mot	ord g.n. (-) 15
mot (petit ~ écrit)	lapp g.c. (-er) 61
motif	mønster g.n. (mønstre) 51
moto	motorsykkel g.c. (motorsykler) 55
mou	myk 80, bløt 74, doven 68
mouchoir	lommetørkle g.n. (-r) 75
mouette	måke g.c. (-r) 96
moufle	vott g.c. (-er) 100
mouillé	våt 83
moulin	mølle g.c. *(g.f.)* (-r) 76
mourir	dø (å) 94
moustache	bart g.c. (-er) 66
moustique	mygg g.c. (-) 43
mouton	sau g.c. (-er) 29
mouton (poussière)	støvdott g.c. (-er) 86
mouvement	mosjon g.c. 26
moyen *(nom)*	middel g.n. (midler) 87
moyen *(adj.)*	jevne 76, middels 86
moyens (avoir les ~ de)	ha råd til (å) 53
muet	stum, stumt, stumme 74, taus 82
mule (tête de ~)	stabeis g.c. (-er) 55
mur	vegg g.c. 82, mur g.c. 86
mûr	moden 87
mûrir	modne (å) 87
musique	musikk g.c. (-er) 92
musique criarde	piggtrådmusikk g.c. 54
mystérieux	mystisk 80

N

nager	svømme (å) 34
naïf	blåøyd 62, godtroende 25
nappe	duk g.c. (-er) 75
national	nasjonal 22
nature	natur g.c. (-er) 20
naturellement	naturligvis 17
nauséeux	kvalm 71

sekshundreogfjorten • 614

naviguer à la voile	seile (å) 46
navire	skip g.n. (-) 62
ne... pas	ikke 10
ne... que	bare 1, først 51
nécessaire	nødvendig 33
négliger	forsømme (å) 55
neige	snø g.c. 2
neige (dans expressions)	føre g.n. 100
neiger	snø (å) 2
néo-norvégien	nynorsk 78
nerf	nerve g.c. (-r) 67
nerfs (être sur les ~)	ha nervene på høykant (å) 67
nerveux	nervøs 99
nettoyage (ménage)	rengjøring g.c. 32
nettoyer	pusse (å) 38, gjøre rent (å) 32
neuf	ny 19
neuf (tout ~)	splitterny 86
neveu	nevø g.c. (-er) 55
nez	nese g.c. (g.f.) 86
ni... ni	hverken... eller 51
niais	tåpelig 92
niaiserie	tåpelighet g.c. (-er) 92
nichée	kull g.n. (-) 79
nigaud	fjompenisse g.c. (-r) 93
noce	bryllup g.n. (-er) 48, kalas g.n. (-er) 92
Noël	jul 40
Noël (soir du 24 décembre)	julaften (-er) 40
nœud	knute g.c. (-r) 88
nœud papillon	sløyfe g.c. (g.f.) (-r) 94
noir	svart 19
nom	navn g.n. 67
nom (en mon ~)	på mine vegne 79
nommer	kalle (å) 17
non	nei 10
non, mais...	neimen 29
Nord (de Norvège du ~)	nordlandsk 37
normal	normal 73
Norvège	Norge 1
Norvégien, Norvégienne	nordmann g.c. (nordmenn) 2, norsk kvinne g.c. 16
norvégien *(adj.)*	norsk 16
nostalgie (avoir la ~ de)	lengte etter (å) 66
notre, nos	vår, vårt, våre g.c. 18
nouer	knytte (å) 67
nounours	bamse g.c. (-r) 67
nourrir (sa famille)	forsørge (å) 64

nourriture	mat g.c. 3
nous	vi 1, oss 12
nouveau	fersk 81, ny 19
nouveau (à ~)	igjen 2
nouvelle	nyhet g.c. (-er) 39
novembre	november 20
noyer (se)	drukne (å) 97
nuage	sky g.c. (-er) 93
nuit	natt g.c. (netter) 17
nuque	nakke g.c. 31

O

objection	innvending g.c. (-er) 94
objet	gjenstand g.c. (-er) 25
obligation	forpliktelse g.c. (-r) 83
obligé (être ~ de)	være nødt til (å) 38
obscurité	mørke g.n. 20
obsédé	besatt 85
obstacle	hindring g.c. (g.f.) (-er) 100
obtenir	få* (å) 11, 29
occasion	anledning g.c. (-er) 30
occasion (d'~)	brukt 62
occuper (s'~ de)	stelle + med 5, ta seg å + av, sysle (å) + med 55
occupé	opptatt 27
occupé (militaire)	besatt 85
océan	hav g.n. (-) 22
octobre	oktober 20
œil	øye g.n. (øyne) 62
œil (ne pas fermer l'~ de la nuit)	ikke få blund på øynene (å) 54
œuf	egg g.n. (-) 40
œuf sur le plat	speilegg (-) 87
œuvre	verk g.n. (-er) 47
office de tourisme	turistkontor g.n. (-er) 32
offre	tilbud g.n. (-) 32
offrir	by* (å) 96
offrir (payer à manger ou à boire)	spandere (å) 64
offrir (verser à boire)	skjenke (å) 87
oie	gås g.f. (gjess) 76
oignon(s)	løk g.c. (-er) 88
oiseau	fugl g.c. (-er) 25
ombre	skygge g.c. (-r) 50
on	man 16, en 87
oncle	onkel g.c. (onkler) 9
opinion	standpunkt g.n. (-er) 94
opposé	motsatt 72

opposition	motsetning g.c. (-er) 72
optimiste	optimistisk 20
orange	appelsin g.c. (-er) 30
orchestre	orkester g.n. (orkestre) 47
ordinateur	datamaskin g.c. (-er) 33
ordinateur portable	bærbar g.c. 69, laptop g.c. 69, notebook g.c. 69
ordre (≠ désordre)	orden g.c. 27
ordures	søppel g.n. 26
oreille	øre g.n. (-r) 81
oreille musicale	gehør g.n. 90
original (homme)	raring g.c. (-er) 46
orteil	tå, tær g.c. 52
orthographe	rettskrivning g.c. 73
os	ben g.n. (-) 50
oser	torde* (å), jeg tør 48
ou	eller 17
où (?) *(interrogatif et relatif)*	hvor (?) 1
oublier	glemme (å) 23
oui	ja 1
ours	bjørn g.c. (-er) 33
ours blanc	isbjørn g.c. (-er) 20
ourse	binne g.f. (-r) 58
outre (en ~)	dessuten 46
ouvert	åpen 30
ouvrier	fabrikkarbeider g.c. (-arbeidere) 94
ouvrir	åpne (å) 50

P

pain	brød g.n. (-) 43
paix	fred g.c. 6
palace	palass g.n. (-er) 48
pâle	blek 54
palmier	palme g.c. (-r) 50
pantalon	bukse g.f. (-r) 55
pantouflard	stuegris g.c. (-er) 80
papa	pappa g.c. (-er) 6
papier	papir g.n. (-er) 65
papier peint	tapet g.n. (-er) 74
papier-toilette	dopapir g.n. 65
papillon	sommerfugl g.c. (-er) 25
Pâques	påske g.c. 73
paquet	pakke g.c. (g.f.) 41, pose g.c. (-er) 13
par (dans les mesures, calculs)	per 51
parade amoureuse	leik g.c. 43
paradis	paradis g.n. (-er) 43

parapluie	paraply g.c. (-er) 27
parc d'attraction	tivoli g.c. (-er) 65
parce que	fordi 31
parcourir	tilbakelegge* (å) 100
pardon !	unnskyld! 9
pareil	samme 10, lik 66
parent (sens large)	slektning g.c. (-er) 64
parents	foreldre *(pl.)* 37
paresser	late seg (å) 13
paresseux	lat 13
parfum	parfyme g.c. (-r) 81
parier	vedde (å) (+ på) 50
parlant (éloquent)	megetsigende 97
parler	snakke (å) 15
parole (prendre la ~)	ta* til orde (å) 69
parquet	tregulv g.n. (-) 52
part	del g.c. 43
participer (à)	delta*(å) (+ i) 60
particulièrement	særlig 47
partie (faire ~ de)	høre til (å) 12
partout	overalt 22
pas *(nom)*	skritt g.n. (-) 80
pas de *(adj. et pron. indéf.)*	ikke noen/noe
pas du tout	slett ikke 10
pas encore	ikke enda 10
passage-piétons	fotgjengerover-gang g.c. (-er) 79
passager	passasjer g.c. (-er) 81
passé *(nom)*	fortid g.c. (g.f.) 64
passeport	pass g.n. (-) 73
passer	rekke (å) 89
passer (le temps)	tilbringe* (å) 40
passer (se ~)	skje (å) 31, foregå* (å) 92, hende (å) 61
passer chez qqn	stikke innom (å) 57
passer devant	gå* kjøre (å) forbi 67
passer la nuit	overnatte (å) 33
passer l'aspirateur	støvsuge (å) 74
passe-temps	hobby g.c. (hobbier) 25
passionné (de)	gal (etter) 25
patauger	plaske (å) 58
pâté	postei g.c. (-er) 99
patience	tålmodighet g.c. 29
patient *(adj.)*	tålmodig 41
patiner	skøyte (å) 13
pâtisserie (faire de la ~, du pain)	bake (å) 43
pâtisserie (magasin)	konditori g.n. (-er) 55
pâtisserie de Noël	julebakst g.c. 40

pâtissier	konditor g.c. (-er) 55
patriotisme	fedrelandskjær-lighet g.c. 22
patron	sjef g.c. (-er) 19
pause	pause g.c. (-r) 47
pauvre	skarve (en skarve...) 95, stakkars 11
pauvre (≠ riche)	fattig 61
pauvre garçon	stakkar g.c. 87
payer	betale (å) 50
pays	land g.n. (-) 40
paysage	landskap g.n. (-) 22
paysan	bonde g.c. (bønder) 32
P.D.G.	generaldirektør g.c. (-er) 95
peau	hud g.c. (-er) 96
pécadille	småtteri g.n. (-er) 58
péché	synd g.c. (-er) 33
pédagogie	pedagogikk g.c. 5
peigne	kam g.c. (-mer) 41
peindre	male (å) 96
peine	bry g.n. 68, strev g.n. 70
peintre (artiste)	maler g.c. (-e) 96
peinture (tableau)	maleri g.n. (-er) 25
pelle	skuffe g.c. (g.f.) (-r) 58
pellicule (photo)	film g.c. 68
pencher (se ~)	bøye (å) seg
pendaison de crémaillère	innvielsesfest g.c. (-er) 48
pendant que	mens 25
pendre	henge (å) 26
pendule	klokke g.c. (-r) 27
pense-bête	huskelapp g.c. (-er) 72
pensée	tanke g.c. (-r) 85
penser (à)	tenke (å) (+ på) 6
penser (que)	mene (å) 16
pente	skråning g.c. (-er) 93
pente (être sur la mauvaise ~)	komme* på skråplanet (å) 79
pentecôtiste	pinsevenn g.c. (-er) 79
perche	stang g.c. (stenger) 22
perdre	gå* glipp (å) (+ av) 39
perdre (jeu)	tape (å) 97
perdre (se ~)	gå seg bort (å) 33
père	far, fedre g.c. 5
Père Noël	julenisse g.c. (-r) 41
périr	ihjel (+ *verbe pronom*inal) 33
permis de conduire	sertifikat g.n. (-er) 44
perplexe	målløs 87
perroquet	papegøye g.c. (-er) 23
perruque	parykk g.c. (-er) 46

persécuter	forfølge* (å) 60
personne	menneske g.n. (-r) 52, person g.c. (-er) 72
personne (*négation*)	ingen 10
petit	liten, lille, lite, små 24, 35
petit (plus ~)	mindre *(comparatif de* liten*)* 27
petit déjeuner	frokost g.c. (-er) 3
petit doigt	lillefinger g.c. (-fingre) 88
petit-bourgeois *(adj.)*	spissborgerlig 94
pétrole	olje g.c. 26
peu	lite 12
peu (un ~)	litt 27
peu (un petit ~)	grann (lite grann) 90
peu à peu	litt etter litt 86
peu de	få *(adj.)* 38, 42
peuple	folk *(pl.)*/ g.n. 16
peur (avoir ~)	redd (å være redd) 46
peur (faire ~)	skremme (å) 31, avskrekke* (å) 50
peut-être	kanskje 17
photo	bilde g.n. (-r) 9
phrase	setning g.c. (-er) 32
pièce (à la ~)	per stykk
pièce (habitation)	værelse g.n. (-er), rom g.n. (-) 4
pièce de monnaie	mynt g.c. (-er) 23
pied	fot g.c. (føtter) 24
piège	felle g.c. (g.f.) (-) 90
pierre	sten (stein) g.c. (-er) 93
piétiner	tråkke (å) 45
piéton	fotgjenger g.c. (-e) 55
pigeon	due g.c. (-r) 92
pimbêche	jåle g.f. (-r), jåleportrett g.n. (-r)
pin	furu g.c. (-er) 52
pincer	klemme (å) 72
pipi (faire ~)	tisse (å) 75
pique-assiette	snyltegjest g.c. (-er) 75
piquer	stikke* (å) 57
pire, le pire	verre, verst 27/24
piscine	svømmebasseng g.n. (-er) 73
piste de ski	løype g.c. (g.f.) (-r) 100, langrennsspor g.n. (-) 67
placard	skap g.n. (-) 10
place (emploi)	stilling g.c. (-er) 60
place (ville)	plass g.c. (-er) 29
place assise	sitteplass g.c. (-er) 27
place du marché	torg g.n. (-) 62
placer (se ~ debout)	stille seg (å) 83
plage	strand g.c. (g.f.) (strender) 34

plaie	sår g.n. (-) 81
plaindre	beklage (å) 82
plaindre (se ~)	klage (å) 58
plaisanter	spøke (å) 10
plaisanterie	spøk g.c. (-er) 67, vits g.c. (-er) 76
plans (projets)	forsetter *(pl.)* 36
planter	slå i (å) 45
plaque de cuisson	kokeplate g.c. (-r) 58
plat *(nom)*	rett g.c. (-er) 60
plat *(adj.)*	flat 80
plat favori	livrett g.c. (-er) 60
plate-forme pétrolière	oljeplattform g.c. 85
plein	full 38
pleurer	gråte* (å) 57
pleurnicher	jamre (å) 89
pleuvoir	regne (å) 10
plombier	rørlegger g.c. (-e) 32
plonger	dukke (å) 34, stupe (å) 97
plonger (se ~ dans) *(fig.)*	fordype seg i (å) 53
pluie (temps de ~)	regnvær g.n. 11
plume	fjær g.c. (g.f.) (-) 80
plupart (la ~)	de fleste *(superlatif de* mange*)*
plus	mer 24
plus (calcul)	pluss 66
plus (de ~)	dessuten 46
plus (le ~)	mest *(superlatif de* mye*)* 47
plus... plus	jo... desto + *comparatif* 65
plusieurs	flere 20
plutôt	ganske 37, temmelig 73, heller 13, nokså 80
plutôt (ou ~)	rettere sagt 89
poche	lomme g.c. (g.f.) (-r) 23
poêle (four)	ovn g.c. (-er) 24
poème	dikt g.n. (-) 69
poésie (art poétique)	lyrikk g.c. 93
poids	vekt g.c. (-er) 33
poil	hår g.n. (-) 96
poing	knyttneve g.c. (-r) 92
point de vue	standpunkt g.n. (-er) 94
pointe (clou)	spiker g.c. (spikre) 45
pointe (bout pointu)	spiss g.c. (-er) 45
pointe (sur la des ~ pieds)	på tåspissen 45
poire	pære g.c. (-r) 65
pois (petit ~)	ert g.c. (-er) 99
poisson	fisk g.c. (-er) 36
poisson rouge	gullfisk g.c. (-er) 23

poivre	pepper g.n. 64
poli	høflig 48
police	politi g.n. 61
politique (adj.)	politisk 94
polluer	forsøple (å) 26
pollueur	forurenser g.c. (-e) 26
pollution	forurensing g.c. 26
polonais (adj.)	polsk 99
pomme	eple g.n. (-r) 30
pomme de terre	potet g.c. (-er) 20
pompeux	svulstig 93
pompiers (voiture de ~)	brannbil g.c. (-er) 92
ponctuel	punktlig 72
pont	bro g.c. (g.f.) (-er) 93
ponton	brygge g.c. (g.f.) (-er) 62
ponton flottant	flytebrygge g.c. (-er) 96
porc	gris g.c. (-er) 89
port	havn g.c. (-er) 37
porte	dør g.c. (g.f.) (-er) 24
porte (être mis à la ~)	få* sparken (å) 41
portefeuille	lommebok g.c. (g.f.)(-bøker) 23
porte-manteau	stumtjener g.c. (-e) 74
porte-monnaie	pung (pengepung) g.c. (-er) 61
porter	bære* (å) 51
porter (vêtement)	ha på (å) 27
porteur de journaux	avisbud g.n. (-) 54
poser (à plat)	legge* (å) 19
positif	positiv 92
position	holdning g.c. (-er) 99
posséder	eie (å) 11
possible	mulig 33
poste	stilling g.c. (-er) 60, post g.c. (-er) 26
poste de fonctionnaire	embete g.n. (-r) 83
postuler	søke (å) (+ om) 73
pot	potte g.c. (g.f.) (-r) 20
potentiel (adj.)	blivende 79
pouah !	uff! 2
poubelle	søppelbøtte g.c. (g.f.) (-r) 39
poulain	føll g.n. (-) 90
poule	høne g.c. (g.f.) (-r) 92
poupée	dukke g.c. (dokke g.f.) (-r) 17
pour (prép. et conj. de sub.)	for 3, til 3
pourchasser	fordrive* (å) 71
pourquoi ?	hvorfor(?) 48
pourquoi (c'est ~)	derfor 51, 56
pousser	gro (å) 83, skyte* (å) 79, skyve* (å) 65

sekshundreogtjueto • 622

pousser qqch. qui roule	tri*ll*e (å) 92
poussette	ba*r*nevogn g.c. (-er) 92
poussière	støv g.n. 32
poutre	bj*el*ke g.c. (-r) 52
pouvoir	ku*nn*e, jeg kan (å) 10, **o**rke (å) 27
pouvoir (avoir le droit)	få (å) 11, 18
pouvoir *(nom)*	makt g.c. (g.f.) 60
pratique *(adj.)*	praktisk 44
pratique *(nom)*	praksis g.c. 90
pré	eng g.c. (g.f.) (-er) 88
précédent	fo*r*rige 45
précieux	verdi*f*u*ll* 69
précipiter (se ~)	forha*s*te seg 71, st**y**rte (å) 93
précipiter (se ~ sur)	r**y***k*e* (å) 64
préférence (de ~)	helst 32
préférer	f**o**retrekke* (å) 46
préjugé	fo*r*d**o**m g.c. (-mer) 76
prélasser (se ~)	late seg (å) 13
premier	først 13
prendre	ta* (å) 44
prendre (savoir s'y ~)	p*ei*l*i*ng (å ha peiling på) 43
prénom	fo*r*n**a**vn g.n. (-) 67
préoccuper (se ~ de)	bry seg (å) 54
préparatif, préparation	fo*r*beredelse g.c. (-r) 40
préparer	fo*r*berede (å) 43
près (être tout ~ de)	å være på nære nippet + til 79
prescrire (médicament)	f**o**reskrive (å) 83
présenter	presente*r*e (å) 37
président	fo*r*m**a**nn g.c. (-menn) 99
presque	n**e**sten 20
pression	trykk g.n. 94
prétentieux	*i*nnbilsk 78
prêt	klar 23, ferd*i*g 20
prêter	lå*n*e (å) 95
prévoir	planlegge* (å) 40
prie (je vous en ~)	vær så g**o**d 12
prier	be* (å) 61
prière	bønn g.c. (-er) 79
prince	prins g.c. (-er) 73
principal	h**o**ved- *(préfixe)* 78
principe (en ~)	prinsip*i*elt 73
printemps	vår g.c. (-er) 20
prise de courant	stikkontakt g.c. (-er) 86
prise de sang	bl**o**dprøve g.c. (-r) 95
prison	f**e**ngsel g.n. (f**e**ngsler) 79
privé	priv**a**t 85

prix	pris g.c. (-er) 40
probable (il est peu ~ que)	neppe *(adv.)* 82
problème	problem g.n. (-er) 59
procéder	gå* til verks (å) 72
prochain	neste 27
proche	nær 61
procurer (se ~)	skaffe seg (å) 37
produire (se ~)	foregå* (å) 92, hende (å) 61
produit	middel g.n. (midler) 87
proéminent	utstående 97
professeur	lærer g.c. (-e) 29
profit	profitt g.c. 60
profiter de	nyte* (å) 62
profond	dyp 90
profond (peu ~)	grunn 97
programme	program g.n. (-mer) 41
progressivement	gradvis 87, litt etter litt 86
projet (faire un ~)	planlegge* (å) 40
promenade	tur g.c. (-er) 24
promettre	love (å) 18
promotion	kull g.n. (-) 79
prononcer	uttale (å) 90
prononciation	uttale g.c. (-r) 59
propagande	propaganda g.c. 89
propos (à ~)	apropos 19
propos (à ~ de)	om *(prép.)* 16
proposition	forslag g.n. (-) 69
propre	ren 13
propre (à soi)	egen, eget, egne 16
propriétaire	eier g.c. (-e) 30, innehaver g.c.(-e) 78
propriété de campagne	landsted g.n. (-er) 64
protéger	beskytte (å) 92
provisoirement	foreløpig 32
proximité	nærhet g.c. 32
prudent	forsiktig 31
prune	plomme g.c. (g.f.) (-r) 94
psychologue	psykolog g.c. (-er) 67
publicité	reklame g.c. (-r) 39
publier	utgi (å) 93
puissance	makt g.c. (g.f.) (-er) 60
puissance (en ~)	blivende 79
pull	genser g.c. (-e) 18
pulvériser	sprøyte (å) 93
punaise (objet)	tegnestift g.c. (-er) 82
pur	ren 13
puritain *(adj.)*	puritansk 94

Q

quai	brygge g.c. (g.f.) (-r) 62
quand *(conj. de sub.)*	da 33
quand *(pron. interrogatif et conj. de sub.)*	når 13
quand même	likevel 23
quart (et ~, heure)	kvart over 28
quart (moins le ~, heure)	kvart på 28
quart d'heure	kvarter g.c. (-er) 27, 28
que *(conj. de sub.)*	at 18
quel ?	hvilken, hvilket, hvilke? 87
quel... que (quoi... que)	uansett 51
quelque chose, quelque	noe 15
quelqu'un	noen 10
querelle	strid g.c. (-er) 65
question	spørsmål g.n. (-) 29
question (pas ~ !)	ikke tale om! 65
queue	hale g.c. (-r) 33
queue (faire la ~)	stå* i kø (å) 65
qui (?)	hvem (?) 9
qui / que *(pron. relatif)*	som 10
quitter	forlate* (å) 100
quoi (?)	hva (?) 1
quoi... que	uansett 51
quotidien	hverdagslig 58

R

rabais	rabatt g.c. 51
raconter	fortelle* (å) 16
radical *(adj.)*	drastisk 60
raffoler (ne pas ~)	ikke ha noe til overs for (å) 92
ragoût	lapskaus g.c. 60
raide (≠ souple)	stiv 94
raide (pente)	bratt 86
raison (motif)	grunn g.c.(-er) 24
raison (avoir ~)	ha rett i noe (å)
raisonnable	fornuftig 44, rimelig 67
rajeunir	forynge (å) 71
rajeunissement	foryngelse g.c. 71
râler	kjefte (å) 95
ramasser (rassembler)	samle (å) 97
ramer	ro (å) 46
rance	harsk 65
rancunier	langsint 48
ranger	rydde (å) 13

rapide	hurtig 97, snar 71, rask 53
rappeler	minne (å) 59
rapport	forhold g.n. (-) 66/87, rapport g.c. (-er) 76
rapporter	sladre (å) 45
rare	sjelden 38
rarement	sjelden 38
raser (se ~)	barbere seg (å) 75
rassasié	mett 58
rassembler	samle (å) 97
rater	glipp (å gå g. av) 39, mislykkes (å) 59
rattraper	ta* igjen (å) 55
ravissant	lekker 81
rayon (magasin)	avdeling g.c. (g.f.) (-er) 65
réagir	reagere (å) 97
réalité	virkelighet g.c. (-er) 68
rebondir	prelle av (å) 76
récalcitrant	motvillig 87
récemment	nylig 46
recette	oppskrift g.c. (-er) 55
recevoir (qqch.)	få* (å) 11
recevoir (qqn)	ta* imot (å) 75
recherche (être à la ~ de)	være ute etter noe (å) 32
récif	holme g.c. (-r) 34
réclamer	kreve (å) 69
récompenser	belønne (å) 69
reconnaissant	takknemlig 75
reconnaître (admettre)	innse* (å) 75, tilstå* (å) 87
reconnaître (qqn)	kjenne igjen (å) 19
record	rekord g.c. (-er) 79
recourir à	bruke (å) 12
récréation	pause g.c. (-r) 47
reculer	rygge (å) 97
rédiger	avfatte (å) 76
réel	virkelig 15
refiler qqch. à qqn	prakke noe på noen (å) 96
réfrigérateur	kjøleskap g.n. (-er) 10
réfugier (se)	flykte (å) 53
refuser	avslå* (å) 95, nekte (å) 61
regard	blikk g.n. (-) 97
regarder	se* på (å) 6
regarder fixement	glo (å) 39
région	område g.n. (-r) 32
régler une affaire	avgjøre* (å) 73
regretter	angre (å) 97
reine	dronning g.c. (g.f.) (-er) 38
réjouir (se ~)	glede seg (å) (+ over) 15

relation	forhold g.n. (-) 66/87, forbindelse g.c. (-r) 64
relativement	nokså 80
relayer	avløse (å) 41
remarquable	utmerket 47
remarque (objection)	innvending g.c. (-er) 94
remarquer	å legge merke til noe 19
remercier (pour)	takke (å) (+ for) 76
remise (rabais)	rabatt g.c. (-er) 51
remords	samvittighetsnag g.n. 68
remplacer	skifte (å) 38, avløse (å) 41
remplir	fylle (å) 23
remuer	røre (å) 74
rencontrer	møte (å) 100
rencontrer par hasard	treffe* (å) 53
rendre (qqch.)	gi* tilbake (å) 34
renne	rein (reinsdyr) g.c. (-) 37
renouveler	fornye (å) 73
rentrer à la maison	gå*/komme* hjem (å) 13
renverser	velte (å) 52
renverser qqn en voiture	overkjøre (å) 55
renvoyé (être ~)	få sparken (å) 41
réparer	fikse (å) 82
répartir	fordele (å) 20
repas	måltid g.n. (-er) 36
repas chaud	middag g.c. (-er) 60
repasser (linge)	stryke* 38
repérer	spore opp (å) 53
répéter	gjenta (å) 90
répondre	svare (å) 17
réponse	svar g.n. (-) 17
reposer (se ~)	hvile seg (å) 45
représenter (art)	forevige (å) 96
représenter (se ~)	forestille seg (å) 80
repriser	stoppe (å) 80
reprocher	bebreide (å) 66
répugnant	avskyelig 59
réseau	nett g.n. (-) 95
réserver	booke (å) 73, reservere (å) 73
résidence	bolig g.c. (-er) 62
résolutions (bonnes ~)	forsetter *(pl.)* 36
résoudre	løse (å) 73
respect	aktelse g.c. 65, respekt g.c. 33
respectable	ærverdig 74
respirer	puste (å) 75
responsabilité	ansvar g.n. (-) (+ for) 61

responsable (d'un bureau)	kontorfullmektig g.c. (-er) 73
responsable *(adj.)*	ansvarlig (+ for)
ressembler	ligne/likne (å) 59
ressort	fjær g.c. (g.f.) (-er) 80
restaurant	kafé g.c. (-er) 17, restaurant g.c. (-er)
reste	rest g.c. (-er) 41
rester	bli* (å)
retaper (se ~, se revigorer)	kvikke seg opp (å) 88
retarder	forsinke (å) 72
retenir (ne pas pouvoir se ~ de)	ikke kunne dy seg (å) + for 97
retenir (se ~ de)	avholde* seg (å) + fra 59
retirer de l'argent	ta ut penger (å) 23
retrouver à un endroit (se ~)	havne (å) 37
réunion	møte g.n. (-r) 26
réunir (se ~)	møtes (å) (passif de å møte)
réussi	vellykket 47
réussir	klare (å) 39/100
réveillé	våken 74
réveiller	vekke (å) 48
revenir	gå*/komme* (å) tilbake 34
rêve	drøm g.c. (-mer) 43
rêver (de)	drømme (å) (+ om) 43
revue hebdomadaire	ukeblad g.n. (-er) 30
rhume	forkjølelse g.c. (-r) 24
rhume des foins	høysnue g.c. (-r) 88
riche	rik 61
riche comme Crésus	stenrik 48
richesse	rikdom g.c. (-mer) 76
ricocher	prelle av (å) 76
ride	rynke g.c. 71
rideau	gardin g.n. (-er) 86
ridicule	latterlig 59
ridiculiser (se ~)	dumme seg ut (å) 93
rien	ingenting 29
rien *(pron. indéfini)*	ikke noe
rire	le* (å) 57
risquer	risikere (å) 33
rivière	elv g.c. (g.f.) (-er) 90
riz au lait	risengrynsgrøt g.c. 25
robinet	kran g.c. (-er) 54
rocher	holme g.c. (-r) 34, svaberg g.n. (-) 96
rocking-chair	gyngestol g.c. (-er) 94
rôle	rolle g.c. *(-r)* 17
romantique	romantisk 62
rompre	bryte* (å) 61
rompre (liaison)	slå* opp (å) 60

rond, en rond	rund 45
ronfler	snorke (å) 58
rôti	stek g.c. (-er) 61
rôti de côtes de porc	ribbe g.c. (-r) 41
rôti de porc	svinestek g.c. (-er) 95
rôtir	steke (å) 89
rouge	rød 52
rouler (qqn)	snyte* (å) 54, lure (å) 26
rouler (se ~)	rulle seg (å) 58
ruban	bånd g.n. (-) 81
ruban adhésif	teip g.c. (-er) 82
rue	gate g.c. (g.f.) (-r) 17
rumeur	rykte g.n. (-r) 78
rustre *(nom)*	tølper g.c. (-e) 75

S

sable	sand g.c. 34
sac à dos	ryggsekk g.c. (-er) 12
sac à main	veske g.c. (-r) 61
sachet	pose g.c. (-r) 54
saga	saga g.c. (-er) 69
sain	sunn 30
saisir	gripe* (å) 95
saisir (comprendre)	begripe* (å) 68
salade	salat g.c. (-er) 89
salaire	lønn g.c. (g.f.) (-er) 99
sale	skitten 87
salir	forsøple (å) 26
salle à manger	spisestue g.c. (g.f.) (-r) 86
salle d'attente	venterom g.n. (-) 73
salle de séjour	stue g.c. (g.f.) (-r) 45
salle de sport	trimrom g.n. (-) 36
salon	stue g.c. (g.f.) (-r) 45
salon de thé	kafé g.c. (-er) 17
saluer	hilse (å) 53
salut !	hallo! 4, hei! 17
samedi	lørdag g.c. 15, 30
sandwich	smørbrød g.n. (-) 17
sang	blod g.n. 69
sang-froid	selvbeherskelse g.c. 96
sanglant	blodig 69
sans	uten 36
sans doute	nok 55
santé	helse g.c. (g.f.) 30, sunnhet g.c. 36
santé (en bonne ~)	frisk 27
sapin	grantre g.n. (-trer) 22

sapin de Noël	juletre g.n. (-trer) 41
satisfait (de)	fornøyd (+ med) 83
sauce	saus g.c. (-er) 64
saucisse	pølse g.c. (g.f.) (-r) 89
sauf (exception)	unntatt 73
saumon	laks g.c. (-er) 57
sauna	badstu (g.c.) g.f. (-er) 36
saut (faire un ~ chez qqn)	stikke innom (å) (+ hos / tr.) 57
sauter	hoppe (å) 53
sauvage	vill 83
sauver	redde (å) 33
sauvetage	livredning g.c. (-er) 34
savant *(nom)*	vitenskapsmann g.c. (-menn) 76
savant *(adj.)*	lærd 25
savoir	vite* (å), jeg vet 8
savon	såpe g.c. (-r) 83
savourer	nyte*(å) 62
scène	scene g.c. (-r) 96
sceptique *(nom)*	skeptiker g.c. (-e) 71
scie	sag g.c. (-er) 52
sciences naturelles	biologi g.c. 78
scientifique	vitenskapsmann g.c. (-menn) 76
se *(pron. personnel)*	seg 15
seau	bøtte g.c. (g.f.) (-r) 78
sec	tørr 76
sèche-cheveux	hårtørker (-e) 67
sécher	tørke (å) 75
seconde	sekund g.n. (-er) 99
secouer	riste (å) 71
secouer (se ~)	ta* seg sammen (å) 88
secours	hjelp g.c. (g.f.) 32
secret *(nom)*	hemmelighet g.c. (-er) 99
secret *(adj.)*	hemmelig 80
secrétaire	sekretær g.c. (-er) 66
sécurité (en ~)	trygg 73
seigle	rug g.c. 69
Seigneur (le ~), le Bon Dieu	Herren 89
séjour	opphold g.n. (-) 73
sel	salt g.n. 89
sélectionner	velge ut (å) 65
semaine	uke g.c. (-r) 4
semblant (faire ~)	late*(å late som) 58
séminaire	seminar g.n. (-er) 19
semonce	skyllebøtte g.c. (-r) 78
sens (de l'humour, etc.)	sans g.c. (-er) 82
sensation	sinnsbevegelse g.c. (-r) 92

sensationnel	ypperlig 20
sentier	sti g.c. (-er) 93
sentiment	følelse g.c. (-r) 23
sentimental	bløthjertet 74, søtladen 92
sentir	kjenne (å) 19
sentir (odorat)	lukte (å) 52
sentir (toucher + sentiment)	føle (å) 66
séparer	skille (å) 100
septembre	september 20
série	serie g.c. (-r) 92
sérieux *(nom)*	alvor g.n. 67
sérieux *(adj.)*	alvorlig 18
sermon (homélie)	preken g.c. (-er) 92
sermon *(fig.)*	moralpreken g.c. (-er) 92
serré	stram 67
service militaire	militærtjeneste g.c. (-r) 57
serviette de toilette	håndkle g.n. (-kler) 83
servir	forsyne (å) 81
servir (à table)	servere (å) 38
seul	alene 33
seul (le ~, l'unique)	eneste 16
seulement	bare 1, først 51
shampoing (produit)	shampoo g.c. (-er) 83
short	shorts *(pl.)* 96
si (affirmatif)	jo 2
si (condition)	hvis 18
si (interrogation indirecte)	om 24, 33
si (tellement)	så 12
siècle	århundre g.n. (-r) 25
siècle (ex. XIXe)	(atten)-hundretallet 62
sieste	middagslur g.c. (-er) 36
siffler	plystre (å) 93
signe (faire un ~ de la main)	vinke (å) 93
signer	undertegne (å) 61
signification	betydning g.c. (-er) 81
signifier	bety (å) 22
silencieux	stille 29, taus 82
simple	enkel 16
simplement (tous ~)	rett og slett 78, rett frem 85
singer	ape etter (å) 76
sinon	ellers 51
sirop	saft g.c. (-er) 44
sirop contre la toux	hostesaft g.c. (-er) 71
siroter	nippe (å) + til 71
situation	situasjon g.c. (-er) 73
ski	ski g.c. (-) 22

ski (faire du ~)	gå* på ski (å) 22
slalom	slalåm g.c. 100
slip	truse g.c. (-r) 87, underbukse g.c. (-er) 87
snob *(nom)*	snobb g.c. (-er) 47
société (*pays*)	samfunn g.n. (-) 37
société (compagnie)	selskap g.n. (-er) 48, 53
soda	brus g.c. (-er) 6
sœur	søster g.c. (g.f.) (søstre) 9
soie	silke g.c. 81
soif (avoir ~)	være tørst (å) 6
soigner	pleie (å) 25
soir	kveld g.c. (-er) 17
soit... soit	enten... eller 33
sol	gulv g.n. (-) 13
soldes	utsalg g.n. 51
soleil	sol g.c. (g.f.) (-er) 20
soleil (prendre le ~)	sole seg (å) 20
soleil de minuit	midnattssol g.c. 22
solennel	høytidelig 65
solidarité	solidaritet g.c. 61
solide	solid 80
solitaire	ensom 83
solliciter	søke (å) (+ om) 73
solution	løsning g.c. (-er) 67
sombre	mørk 20
sombrer	synke* (å) 93
somme (un)	blund g.c. (-er) 54
sommeil (avoir le ~ facile)	ha et godt sovehjerte (å) 54
sommet	topp g.c. (-er) 86
sonner (cloche)	kime (å) 93
sonner (rendre un son)	lyde* (å) 59
sorcière	heks g.c. (g.f.) (-er) 60
sortes (toutes ~ de)	allverdens 29, allslags 87
souci	bekymring g.c. (-er) 36
soudain	plutselig 54
souffler	blåse (å) 10, pese (å) 88
souffrir (de)	lide* (å) (+ av) 60
souhaiter	ønske seg (å) 16
souhaits (à tes ~ !)	prosit! 88
soulever	løfte (å) 74
soupçon	mistanke g.c. (-r) 74
soupir	sukk g.n. (-) 68
souple	myk 80, spenstig 96
sourd	døv 61
sourire	smile (å) 19
sous	under 26

sous-vêtements	undertøy g.n. 87
souterrain *(adj.)*	underjordisk 33
soutien-gorge	BH g.c. (-er) 87
souvenir	minne g.n. (-r) 53
souvenir (se ~)	huske (å) *(tr.)* 17
souvent	ofte 26
spaghetti	spaghetti *(pl.)* 25
spécial	spesiell 78
spécialiste	spesialist g.c. (-er) 46
spéculateur	spekulant g.c. (-er) 48
splendeur	skjønnhet g.c. (-er) 19
splendide	praktfull 86, vakker 94, skjønn 19, prektig 82
spontané	spontan 75
stable	stø 100
station-service	bensinstasjon g.c. (-er) 92
statue	statue g.c. (-r) 59
stopper	stoppe (å) 79
stress	stress g.n. 50
stressant	hektisk 55
style	stil g.c. (-er) 62
stylo à bille	kulepenn g.c. (-er) 78
succès (qui a du ~)	populær *(adj.)* 37
sucre	sukker g.n. 40
sucré	søt 37
Sud (Méditerranée, Afrique, etc.)	Syden 19
Suède	Sverige g.c. 16
Suédois	svenske *(nom)* g.c. (-r) 61
suédois	svensk *(adj.)* 61
suffire	rekke (å) 30
suffit (ça ~ !)	basta! 92
suite (conséquence)	følge g.c. (-r) 59
suivre	følge* (å) (+ etter) 74
sujet	emne g.n. (-r) 76
super	storfin 94, flott 65 ; super, supre 18
superbe	prektig 82, flott 65 ; praktfull 86, vakker 94
supermarché	supermarked g.n. (-er) 65
superstition	overtro g.c. 31
supporter	holde* ut (å) 15, tåle (å) 25
supposer	anta* (å) 60
supprimer	fjerne (å) 86
sur	på 6
sûr	trygg 73,
sûrement	sikkert 8
surface	flate g.c. (g.f.) (-r) 85

surgelé	dypfryst 65
surnaturel	overnaturlig 31
surprendre	overraske (å) 13
surprise	overraskelse g.c. (-r) 11
susceptible	hårsår 65
suspendre	henge (å) 26
suspendu (être ~)	henge* (å) 26
suspense (à ~)	spennende 15
syllabe	stavelse g.c. (-r) 90
sympathique	hyggelig 31, grei 15
syndicat	fagforening g.c. (-er) 9
systématique	systematisk 72

T

table	bord g.n. (-) 38
table (mettre la ~)	dekke bordet (å) 38
tabouret	krakk g.c. (-er) 60
tache	flekk g.c. (-er) 67
tache de rousseur	fregne g.c. (-r) 96
tâche	oppgave g.c. (-r) 65
taciturne	mutt 97
taire (se ~)	tie stille (å) 29
tante	tante g.c. (g.f.) (-r) 9
tapis	teppe g.n. (-r) 74
tapisser	tapetsere (å) 72
taquiner	erte (å) 37
tard	sent 8
tartine	brødskive g.c. (g.f.) (-r) 89
tartiner	smøre (å) 41
tas	haug g.c. (-er) 65
tasse	kopp g.c. (-er) 12
taxi	drosje g.c. (-r) 95
tel	slik, slikt, slike 19
télécommande	fjernkontroll g.c. (-er) 39
téléphone	telefon g.c. (-er) 53
téléphone portable	mobiltelefon g.c. (-er) 53
téléphoner	ringe (å) 4
télévision	TV g.c. (-er) 6
tellement	så 12
témoin	vitne g.n. (-r) 96
tempête	storm g.c. (-er) 52
temps	tid g.c. (-er) 18
temps (il est ~ que)	det er på tide 23
temps (mauvais ~) (*fam.*)	drittvær g.n. 58
temps (prendre du bon ~)	kose seg (å) 30
temps (qu'il fait)	vær g.n. 31

tendance	tendens g.c. (-er) 68
tendre *(adj.)*	bløt 74, øm 92, bløthjertet 74
tendre *(verbe)*	rekke (å) 89
tendu	spent 20
tenir	holde*(å) 4
tentant	fristende 40
tentation	fristelse g.c. (-r) 17
tente	telt g.n. (-) 80
tenter	friste (å)
terrasse	terrasse g.c. (-r) 82
terre	jord g.c. (g.f.) (-er) 99
terreur	forferdelse g.c. 60
terrible	fryktelig 36, forferdelig 24
tête	hode g.n. (-r) 34, tryne *(fam.)* g.c. 57
tête (en avoir par-dessus la ~)	å være lut lei 83
tête dure (qui a la ~)	treskalle g.c. (-r) 52
têtu	sta 55
texte	tekst g.c. (-er) 50
théâtre	teater g.n. (teatre) 17
thème	emne g.n. (-r) 76
théorie	teori g.c. (-er) 90
thèse (universitaire)	doktoravhandling g.c. (-er) 37
tic nerveux	rykning g.c. (-er) 99
timbre	frimerke g.n. (-r) 25
timide	sjenert 18
tirer	dra* (å) 57, trekke* (å) 72
tirer (arme)	skyte* (å) 79
tirer le diable par la queue	det er/blir smalhans i huset 83
tiroir	skuff g.c. (-er) 90
tisane	urtete g.c. 80
tisser	veve (å) 83
tissu	stoff g.n. (-er) 36
titre	tittel g.c. (titler) 76
toc	juggel g.n. 81
toi *(pron. personnel)*	du 1, deg 8
toile d'araignée	spindelvev g.c. (-) 86
toilettes	toalett g.n. (-er) 86, do g.c. (-er) *(fam.)* 4
toilettes extérieures	utedo g.c. (-er) 4
toit	tak g.n. (-) 86
tombe	grav g.c. (g.f.) (-er) 33
tomber	ramle (å) 72, falle (å) 90
tomber de tout son long	falle pladask (å) 97
tome	bind g.n. (-) 60
tonne	tonn g.n. 40
tonneau	tønne g.c. (-r) 69
tonnerre	torden g.c. 93

toqué	sprø 90
torchon	klut g.c. (-er) 75
tordre	bøye (å) 53
tordre (se ~ de rire)	å le seg skakk 68
torrent	fjellbekk g.c. (-er) 58
torturer	pine (å) 71
tôt	tidlig 36
touche (pêche)	napp g.n. 96
toucher	røre (å) 74
touffe	tott g.c. (-er) 64
toujours	alltid 15
toujours (idée de continuité)	fortsatt 17
tour (mauvais)	knep g.n. 79
tour de main (en un ~)	i en fei 73
tour de passe-passe	hokuspokus g.n. 90
tourbillonner	gyve* (å) 96
touriste	turist g.c. (-er) 31
tourmenter	pine (å) 71
tourner	dreie (å) 92, snu (å) 33, snurre (å) 94, vende (å) 94, gå* rundt (å) 90, svinge (å) 44, cf. aussi 98
tourtereaux	turtelduer *(pl.)* 92
tousser	hoste (å) 71
tout	hel, helt, hele 16
tout de go	rett frem 85
tout, toute, tous	all, alt, alle 12
trace	spor g.n. (-) 53
trace (ski de fond)	skispor g.n. (-) 100
traduire	oversette* (å) 50
trahir	avsløre (å) 90
train	tog g.n. (-) 29
train urbain	bane g.c. (-r) 50
traîneau	slede g.c. (-r) 41
traîner	slepe (å) 34
trait	strek g.c. (-er) 89
trait (personnalité, caractère)	personlighetstrekk g.n. (-) 72
trait (visage)	ansiktstrekk g.n. (-) 81
traitement	behandling g.c. (g.f.) (-er) 60
traiter	behandle (å) 88
traité	avhandling g.c. (-er) 76
tramway	trikk g.c. (-er) 51
tranchant	skarp 89
tranche de pain	brødskive g.c. (g.f.) (-r) 89
trancher	kappe (å) 96
transformer	forvandle (å) 73
transpirer	svette (å) 90

sekshundreogtrettiseks • 636

transporter	frakte (å) 52
travail	jobb g.c. (-er) 19, arbeid g.n. (-er) 45
travailler	arbeide (å) 5
travaux manuels	flid g.c. 96, husflid g.c. 59
travers (à ~)	gjennom *(prép.)* 62
travers (de ~)	skjev 82
trébucher	snuble (å) 86
trembler	skjelve* (å) 75
trempé	dryppende våt 83
trente-et-un (être sur son ~)	være i full puss (å) 67
trépidant	hektisk 55
très	veldig 16, svært 23, meget 75
trésor	skatt g.c. (-er) 10
tresse	flette g.c. 57
tricoté main	hjemmestrikt 62
tricoter	strikke (å) 55
triplés	trillinger 67
triste	lei 53
troll	troll g.n. (-) 31
tromper	snyte* (å) 54, lure (å) 26
trompette	trompet g.c. (-er) 45
tronc d'arbre abattu	stokk g.c. (-er) 52
tronçonneuse	maskinsag g.c. (-er) 52
trop	for mye/mange 6
trop (être de ~)	være til overs (å) 92
trottoir	fortau g.n. (-er) 81
trou	hull g.n. (-) 86
trouble-fête (rabat-joie)	gledesdreper g.c. (-e) 64
troupe, troupeau	flokk g.c. (-er) 69
trousse d'urgence	førstehjelpsutstyr g.n. 72
trouvaille	påfunn g.n. (-) 71
trouver	finne * (å) 43
trouver que	synes (å) 13
truc (astuce)	knep g.n. (-) 90
tu	du 1
tuer	drepe (å) 69
tuyau	rør g.n. (-) 32
type	type g.c. (-r) 80, kar g.c. (-er) 51, fyr g.c. (-er) 31

U

ulcère	magesår g.n. (-) 81
un (l'~)	ene (den ene) 38
unir	forene (å) 76
universitaire	akademiker g.c. (-e) 59
urgent (c'est ~)	det haster 73

us et coutumes	sed og skikk g.c. 43
usagé	brukt 62
utile	nyttig 32
utile (être ~)	nytte (å) 87
utilisation	anvendelse g.c. (-r) 99
utiliser	bruke (å) 12
utiliser en totalité	bruke opp (å) 62

V

vacances	ferie g.c. (-r) 4
vache	ku, kyr g.c. (g.f.) 29
vachère	budeie g.f. (-r) 62
vague	bølge g.c. (-r) 34
vaisselle (faire la ~)	vaske opp 38
valable (être ~)	gjelde* (å) 31
valeur	verdi g.c. (-er) 76
valise	koffert g.c. (-er) 23
vallée	dal g.c. (-er) 93
valoir (se faire ~)	briske seg (å) 59
valoir qqch.	være noe verd (å) 68
vaniteux	innbilsk 78
vanter (se ~)	skryte* (å) (+ av) 59
variation, variété	variasjon g.c. (-er) 80
vase (un)	vase g.c. (-r) 25
vaste	omfangsrik 69
veau	kalv g.c. (-er) 53
végétarien *(adj.)*	vegetarisk 89
veinard	heldiggris g.c. (-er) 11
velours	fløyel g.c. 86
vélo	sykkel g.c. (sykler) 55
vendeur	ekspeditør g.c. (-er) 37
vendre	selge* (å) 62
vendredi	fredag g.c. (-er) 15
venger (se ~)	hevne (å) (+ for) 67
venir	komme *(å) 12
vent	vind g.c. (-er) 10
vente	salg g.n. (-) 51
ventre	mage g.c. (-r) 58
ver	mark g.c. (-er) 96
véranda	veranda g.c. (-er) 86
vérifier	sjekke (å) 58
vérité	sannhet g.c. 36
verre	glass g.n. (-) 52
vert	grønn 22
veste	jakke g.c. (g.f.) (-r) 87
veste tricotée	lusekofte g.c. (g.f.) (-r) 24

vêtements	klær *(pl.)* 13
vêtements d'extérieur	yttertøy g.n. 12
vétérinaire	dyrlege g.c. (-r) 81
veuf/veuve	enkemann g.c. (-menn) /enke g.c. (-r) 85
vexer	fornærme (å) 60
viande	kjøtt g.n. 18
vide	tom 10
vider	tømme (å) 90
vie	liv g.n. (-) 15
vieux *(nom)* (péjoratif)	gubbe g.c. (-r) 53
vieux *(adj.)*	gammel, gamle 11
vieux (très ~)	urgammel 43
vif	frisk 27
Viking	viking g.c. (-er) 27
vilain	stygg 71
villa	villa g.c. (-er) 75
ville	by g.c. (-er) 13
vin	vin g.c. (-er) 64
vin rouge	rødvin g.c. 64
violence	vold g.c. 92
violet	fiolett 65
violon	fiolin g.c. (-er) 92
virage	sving g.c. (-er) 44
visage	ansikt g.n. (-er) 22
visite	besøk g.n. (-) 51
visite (rendre à ~)	besøke (å) 15
visiter	bese* (å) 85
vite	fort 23
vitesse	fart g.c. 100
vitesse (en ~)	straks 90
vivre	leve (å) 16, oppleve (å) *(tr.)* 40
vocabulaire	ordforråd g.n. (-) 100
voile (faire de la ~)	seile (å) 46
voile (un)	slør g.n. (-) 93
voir	se* (å) 10
voir (se faire mal ~ de qqn)	bli uglesett av noen (å) 88
voisin	nabo g.c. (-er) 45
voiture	bil g.c. (-er) 23
voix	stemme g.c. (-r) 90
voix (sans ~)	målløs 87
voler (dans les airs)	fly* (å) 64
voler (qqch. à qqn)	frastjele* (å) 81, stjele* 74
voleur	tyv g.c. (-er) 61
volonté	vilje g.c. (-r) 75
volonté (de mauvaise ~)	motvillig 87
volonté (plein de bonne ~)	velmenende 76

volontiers	gj**e**rne 17
volume	bind g.n. (-) 60
volumineux	**o**mfangsr*i*k 69
vouloir	v*i*lle (å), jeg vil 23
vouloir dire	m**e**ne (å) 16
vous (*pron. pers. 2ᵉ pers. plur.*)	d**e**re 11
voyage	r**e**ise g.c. (-r) 29
voyager	r**e**ise (å) 16
vrai	sann 9
vraiment	s**a**nnel*i*g 66
vraisemblable	sannsynl*i*g 86
vue (paysage)	**u**ts*i*kt g.c. (-er) 75
vue (sens)	syn g.n. (-) 61

W

week-end	helg g.c. (g.f.) (-er) 68
whisky	wh**i**sky g.c. 54

Y

yaourt	j**o**ghurt g.c. (-er) 89

Z

zone piétonne	f**o**tgjengers**o**ne g.c. (-r) 55
zut !	s**ø**ren! 75, uff! 2

Petit vocabulaire NYNORSK (néo-norvégien)

andlet, g.n.	*[an'n-lét]*	visage
auge, g.n.	*[eu-uguë]*	œil
beite, g.f.	*[beïtë]*	prairie
bilete, g.n.	*[bilëtë]*	image, photo
born, pl	*[bôrn]*	enfants
bu	*[bu]*	habiter
byrja	*[bürya]*	commencer
de, pl	*[de]*	vous *(2e pers. pl.)*
dei, pl	*[deï]*	ils, elles
djup	*[diup]*	profond
dreg	*[drég]*	*présent du verbe* tirer
drikk	*[drikk]*	*présent du verbe* boire
dykk	*[dügg]*	vous *(2e pers. pl. complément)*
dykkar	*[dükkar]*	votre, vos *(possessif, 2e pers. pl.)*
då	*[dô]*	lorsque, quand
eg	*[ég]*	je
eige	*[eïguë]*	posséder
ein, eit	*[eïn, eït]*	un, une *(article indéfini)*
ein gong	*[eïn gon-ng]*	une fois
einkvan, eitkvart	*[eïnkva'n]*, *[eïtkvart]*	quelqu'un, quelque chose, quelconque
einskild	*[eïnchill]*	simple
enno	*[ènnou]*	encore
et	*[ét]*	*présent du verbe* manger
fekk	*[fèkk]*	*prétérit de* **få** = obtenir, recevoir, pouvoir
fleire	*[fleïrë]*	plus, davantage *(quant. dénombrable)*
forbode	*[forbôë]*	interdit
fortelja	*[fortèlya]*	raconter
frå	*[frô]*	de, à partir de
fyrst	*[fürst]*	d'abord, premier
føre	*[feurë]*	avant
gjekk	*[yekk]*	*prétérit de* **gå** = aller
gjer	*[yèr]*	*présent du verbe* faire
gjesta	*[yèsta]*	rendre visite
gjev	*[yèv]*	*présent du verbe* donner
granne, g.m.	*[grannë]*	voisin
grev	*[grèv]*	*présent du verbe* creuser
grip	*[grip]*	*présent du verbe* saisir

græt	*[grèt]*	*présent du verbe* pleurer
heil	*[Heïl]*	tout, entier
heim	*[Heïm]*	à la maison (direction)
heime	*[Heïmë]*	à la maison
heiter	*[Heïtër]*	*présent du verbe* s'appeler
held	*[Hell]*	*présent du verbe* tenir
heng	*[Hè-ng]*	*présent du verbe* être accroché
hennar, g.f.	*[Hènnar]*	son, sa, ses *(possesseur féminin)*
hjå	*[yô]*	chez
ho	*[Hou]*	elle
honom	*[Honoumm]*	le, lui *(pron. pers. 3ᵉ pers. sing. compl.)*
hovud, g.m.	*[Houvud]*	tête
høgg	*[Heugg]*	*présent du verbe* frapper
høve	*[Heuvë]*	occasion
høyra	*[Heuyra]*	écouter
ikkje	*[iÇÇë]*	négation
kjem	*[Çèmm]*	*présent du verbe* arriver, venir
kjærleik, g.m.	*[Çèrleïk]*	amour
koma på	*[kôma pô]*	se souvenir de
kor	*[kourr]*	où
korkje... eller	*[kourÇe.. èllër]*	ni... ni
korleis	*[kourleïs]*	comment
kva	*[kva]*	que, quoi
kvar	*[kvar]*	chaque
kvarandre	*[kvara'ndrë]*	l'un l'autre
kven	*[kvèn]*	qui *(interrogatif)*
kvifor	*[kvifor]*	pourquoi
kyrkje, g.f.	*[ÇürÇë]*	église
laurdag, g.m.	*[leu-urdag]*	samedi
let	*[lét]*	*présent du verbe* laisser
løe, g.f.	*[leu-ë]*	grange
medan	*[méda'n]*	pendant que
meir	*[meïr]*	plus, davantage *(quant. indénombrable)*
morgon, g.m.	*[morgô'n]*	matin
mykje	*[müÇÇë]*	beaucoup
noko	*[nôkou]*	quelque chose
nokon	*[nôkounn]*	quelqu'un
nokre, pl	*[nôkrë]*	quelques
Noreg	*[Nourëg]*	Norvège
purke, g.f.	*[purkë]*	porc
risa	*[riissa]*	se lever
seia	*[seïa]*	dire
selja	*[sèlya]*	vendre

sekshundreogførtito • 642

sia	[sia]	depuis
sit	[sit]	*présent du verbe* être assis
sjuk	[chuk]	malade
sjølv	[cheulv]	moi-même, toi-même, lui-même, etc.
sjå	[chô]	voir
skriv	[skriv]	*présent du verbe* écrire
skule, g.m.	[sku*lë*]	école
stad, g.m.	[sta]	ville
stig	[stig]	*présent du verbe* monter
syng	[sü-ng]	*présent du verbe* chanter
søv	[seuv]	*présent du verbe* dormir
såleis	[sôleïs]	ainsi, comme cela
teia	[te*ïa*]	se taire
tek	[ték]	*présent du verbe* prendre
til dømes	[til d*eumës*]	par exemple
tysdag, g.m.	[tüsdag]	mardi
utan	[*u*ta'n]	sans
veke, g.f.	[v*ékë*]	semaine
ven	[vén]	beau
vera	[vèra]	être
vert	[vèrt]	*présent du verbe* rester
åt	[ôt]	vers

La signification de nombreux mots néo-norvégiens est facile à deviner si l'on connaît un certain nombre de correspondances phonétiques :

-ju- = -y-	**sjuk / syk** = malade
-au- = -ø-	**rauk / røk** = (il) fumait
-øy- = -ø-	**køyra / kjøre** = conduire
-ei- = -e-	**skreiv / skrev** = (il) écrivait
-leg = -lig	**tidleg / tidlig** = tôt

Par ailleurs, ce sont souvent les terminaisons qui diffèrent du bokmål, le **-a-** remplaçant fréquemment le **-e-** (notamment la terminaison **-et** du prétérit des verbes faibles).

N° édition 4372 : Le norvégien
Imprimé en France par Laballery - septembre 2024
408061